葛剑雄 主编

中国移民史

第二卷 先秦至魏晋南北朝时期

葛剑雄 著

復旦大學出版社

目录

表目

图目

第一章

先 秦 时 期

在本书导论中已经指出，在中国的历史时期之前，即在完全没有文字记载的时期，同样存在着移民活动，但今天要了解和研究却是非常困难的。

这一时期又可以分为前后两段：传说前时期和传说时期。后者虽然同样没有留下文字记载，但由于当时口头流传下来的历史被后人所记录，所以多少有一些间接的记载可考；前者却连这样的记录也不存在，因而完全无法通过史料的途径加以了解。

中国目前已经发现的最早的文字——甲骨文，记载了商朝的历史片断。如果以此作为历史时期的开始，那就应始于约公元前 16 世纪。现存的甲骨文虽然数量不少，但其中记载历史事实的内容并不多，涉及的地域范围也很有限，所以很难找到直接反映移民史实的记载。但是甲骨文的存在证实了传统史料的可信度，使我们能够比较有把握地应用这些史料，勾勒出当时移民过程的某些片断和轮廓。

近年来出现了中国的文字产生于甲骨文之前的说法，并有过具体发现的报道。但即使如此，也不等于改变了这一时间界限。因为存在或发现了文字是一回事，这些文字是否足以构成历史记载又是一回事，所以本书还是以公元前 16 世纪为传说时期的终点。

对传说中的三皇五帝说法不一，很难确定他们的存在时间和世系。一般推断黄帝距今约 4 500—4 700 年，传说时期大致可以追溯到约五千年前，所以有五千年文明史之说。

对传说以前时期，即距今五千年前的人口迁移，目前只能通过考古发掘的成果来进行推断。最主要的根据是各种文化遗址的特征、时间和传播关系。例如，一般认为甘肃、青海一带的仰韶文化约在公元前 3000—前 2000 年，而在陕西、河南、山西、河北、宁夏和陇东等地的同类文化遗址都在约公元前 6000—前 5000 年。显然，仰韶文化是从东部传入甘肃、青海的，在公元前 5000 年至前 3000 年之间，由东部而来的移民进入甘肃，以后又进入青海，这些移民及其后裔留下了与原地类型相同的文化遗址。

但是，利用考古成果有很大的局限性。因为文化遗址的多少固然决定于它们当时的客观存在，也与另外两个因素有关：一是遗址的保存情况，一是发掘或发现与否。正因为这样，现有的文化遗址分布还不能准确地反映当时人口分布的实际，更难显示人口迁移的情况。实际上，近年来的一些考古新发现已经对以往某些结论提出了强有力的挑战。

其次，由于没有文字记载，文化遗址的时间确定很难精确，类型的划分也比较简略，要判断它们之间的承继关系，并进而推断这些遗址的主人们的迁移活动就非常困难。如根据考古成果得出的结论，前面所举的仰韶文化的主人从东部迁入甘肃、青海的过程，几乎有两千多年的时间。数目不详的人移动一段并不很长的距离竟需要如此长的时间，这样的结果对移民史研究的意义就不大了。

确定文化遗址的类型、承继和传播关系的正确与否，对推断人口迁移的方向和时间起着决定性的作用。但由于早期文化的某些必然存在的共同点，学者们往往会作出错误的结论。西方学者曾经持有的中国文化西来的观点，国内一些学者一度以黄河流域为中国唯一的文化发源地，如果信从这些观点，得出的结论只能是：现在的中国人都是西方移民的后裔，或者今天绝大部分中国人都是从黄河流域迁来的。但随着考古发现的增加和研究的深入，这两种观点的谬误已不言自明，由此产生的结论当然也不能成立了。

根据现有的考古研究成果，我们可以得出的基本结论是这样两点：在约公元前六千年开始的新石器时代，历史中国的范围内存在着不止一个的文明发源地；从这些发源地出发的移民活动是相当频繁而复杂的。除了一些局部地区以外，要对这些移民活动进行具体的叙述还缺乏必要的条件。至于更早的旧石器时代，主要是古人类学的研究领域，不属于我们的论述范围。

第一节

传说时期的人口迁移

有关传说时期的史料不仅相当缺乏，而且很大一部分已被证明是出于后人的附会和伪造，并非历史事实。因此在运用这些史料时，绝不能拘泥于具体的人物、时间和地点，只能从中探寻某些规律。

一、主要部落联盟：黄帝

《史记》卷1《五帝本纪》记载黄帝的事迹有：

与炎帝战于阪泉之野。阪泉，大致在今河北涿鹿县东南，一说在今山西运城市解池附近。

与蚩尤战于涿鹿之野。涿鹿，即今河北涿鹿县东南。

> 天下有不顺者，黄帝从而征之，平者去之，披山通道，未尝宁居。
>
> 东至于海，登丸山，及岱宗。西至于空桐，登鸡头。南至于

江，登熊、湘。北逐荤粥，合符釜山，而邑于涿鹿之阿。迁徙往来无常处，以师兵为营卫。[1]

这里提到的地名：丸山，一作凡山，在今山东临朐县东北。岱宗，即泰山。空桐，山名，一作崆峒，在今宁夏隆德县东。鸡头，山名，即崆峒山。熊，即今河南熊耳山，一说当在江南某地。湘，山名，即今湖南岳阳市西南的君山。荤粥，即猃狁，古代北方的游牧民族，商周之际活动在今陕西、甘肃北部和内蒙古西部。釜山，一说在今河北怀来县北，一说在今河北徐水县西。

黄帝死后，葬于桥山。桥山在今陕西子长县西北，以后以今黄陵县境为桥山所在。

如果我们透过这些对黄帝神化记载的表象，剖析这一个部落或部落集团的活动，还是可以找到一些规律的。黄帝集团的活动范围东至今黄海，西至宁夏南部，南至洞庭湖，北至河北、陕西北部。但是它并没有占有这一地区，而是处于不断的迁移和战争之中，这就说明在当时的条件下，即使是一个居统治地位的部落集团，也还经常受到同类或自然的威胁，不得不经过战争或迁移才能保持自己的安全。另一方面，黄帝集团的活动范围基本在黄河流域，只是偶然涉足长江中游，可见各部落集团大致也已有了自己的活动范围。

二、南方部族：廪君、蜀王、夜郎

《后汉书》卷86《南蛮传》记载了另一种迁移的传说：

巴郡、南郡蛮，本有五姓：巴氏、樊氏、瞫氏、相氏、郑氏。皆出于武落钟离山。其山有赤黑二穴，巴氏之子生于赤穴，四姓之子皆生黑穴。未有君长，俱事鬼神，乃共掷剑于石穴，约能中者，奉以为君。巴氏子务相乃独中之，众皆叹。又令各乘土船，约能浮者，当以为君。余姓悉沉，唯务相独浮。因共立之，是为廪君。

1 《史记》卷1，中华书局1959年版(下同)。附注：本书各卷引自“二十四史”的引文，均据中华书局版本，并统一采用阿拉伯码注明卷数或页数。

> 乃乘土船，从夷水至盐阳。盐水有神女，谓廪君曰："此地广大，鱼盐所出，愿留共居。"廪君不许。盐神暮辄来取宿，旦即化为虫，与诸虫群飞，掩蔽日光，天地晦冥。积十余日，廪君伺其便，因射杀之，天乃开明。廪君于是君乎夷城，四姓皆臣之。[1]

武落钟离山，在今湖北长阳县境；夷水，即今清江；夷城，即夷都，在今湖北宜都市。从他们的发祥地到定居地，巴人迁移的距离并不长，但值得注意的是，这一传说至少向我们说明了两点：第一，巴人早期是聚族而居，至多只出于赤穴、黑穴这两支血缘系统；巴人的迁移也是以共同血缘系统的宗族为单位的，到达新的定居地以后，黑穴系的四姓还是与巴氏聚居。第二，这类迁移并没有明确的目的地，开始只是顺流而下，最后来到清江入长江处的平原地区，因自然条件适宜而定居。神女留难的神话反映了迁移过程中与另一母系氏族的战争，也说明了巴人对地理环境的选择。盐水的确指说法不一，应是清江自长阳至宜都段的一条支流。从这一段清江沿岸的地形看，当然是宜都一带平原最开阔，条件最好，所以巴人最终在此地定居。

扬雄《蜀王本纪》所载蜀国先王的更迭更富有神话色彩：

> 蜀王之先名蚕丛，后代名曰柏濩，后者名鱼凫。此三代各数百岁，皆神化不死，其民亦颇随王化去。鱼凫田于湔山，得仙，今庙祀之于湔。时蜀民稀少。
>
> 后有一男子，名曰杜宇，从天堕，止朱提。有一女子名利，从江源井中出，为杜宇妻。乃自立为蜀王，号曰望帝。治汶山下，邑曰郫，化民往往复出。
>
> 望帝积百余岁，荆有一人，名鳖灵，其尸亡去，荆人求之不得。鳖灵尸随江水上至郫，遂活，与望帝相见，望帝以鳖灵为相。[2]

分析这些传说，我们可以相信，蚕丛、柏濩、鱼凫很可能是土著部族，所以在更迭过程中迁移的距离并不太远，本族的人口也随着首领的去留而迁移。杜宇则是不知确切来源的外来部族首领，与本地的母

1 《后汉书》卷86《南蛮传》，中华书局1965年版。
2 严可均辑：《全汉文》卷53，中华书局1991年影印本，第414页。

系氏族首领结合，成为蜀地部族联盟的首领，并且逐渐控制了蚕丛、柏濩、鱼凫诸族的人口。鳖灵来自长江中游，但他没有率部族入蜀，所以只能投靠杜宇族。当然，这些传说并不是很可靠的历史记录，只是一定程度上反映了早期部族迁移的规律。

类似传说也见于《后汉书》卷 86《西南夷传》：

> 夜郎者，初有女子浣于遯水，有三节大竹流入足间，闻其中有号声，剖竹视之，得一男儿，归而养之。及长，有才武，自立为夜郎侯，以竹为姓。

《华阳国志·南中志》《水经·温水注》所载大致相同。夜郎侯代表的是外来的个人或小部族，主要依靠土著母系氏族而发展，最终取代了该母系氏族。

三、惩罚性迁移：尧流四凶

《史记》卷 1《五帝本纪》记载了尧时的迁移传说：

> 讙兜进言共工，尧曰不可而试之工师，共工果淫辟。四岳举鲧治鸿水，尧以为不可，岳强请试之，试之而无功，故百姓不便。三苗在江淮、荆州数为乱。于是舜归而言于帝，请流共工于幽陵，以变北狄；放讙兜于崇山，以变南蛮；迁三苗于三危，以变西戎；殛鲧于羽山，以变东夷：四罪而天下咸服。

《左传·文公十八年》也有类似的记载：

> 昔帝鸿氏有不才子，掩义隐贼，好行凶德，丑类恶物……天下之民谓之"浑敦"。少皞氏有不才子，毁信废忠，崇饰恶言……天下之民谓之"穷奇"。颛顼氏有不才子，不可教训，不知话言……天下之民谓之"梼杌"。此三族也，世济其凶，增其恶名，以至于尧，尧不能去。缙云氏有不才子，贪于饮食，冒于货贿，侵欲崇侈，不可盈厌……天下之民以比三凶，谓之"饕餮"。舜臣尧，宾于四门，流四凶族浑敦、穷奇、梼杌、饕餮，投诸四裔，以御魑魅。是以

尧崩而天下如一，同心戴舜以为天子，以其……去四凶也。[1]

这两段记载虽然内容不一，来源却是共同的。这说明，强制性的迁移已经被作为一种政治或军事手段来加以运用，居于统治地位的部族可以将有罪的或治理无方的部族首领放逐到边远地区。前一段文字明确提到以四人去“变”周边的戎狄蛮夷，后一段也称三凶为“三族”，可见流放的对象不是个人，而是一个部族。舜因为成功地驱逐了这些部族而受到了多数部族的拥戴，证明部族间的争夺已在政治生活中起了很大的作用。

四、夏朝

夏朝的历史目前还没有完全通过考古发现得到证实，也只能归之于传说时期。根据《古本竹书纪年辑本》[2]等书的记载，传说中的夏都曾经有过多次迁移，这意味着在夏朝占统治地位的部落集团的人口进行了多次迁移。

《竹书纪年》所记夏的第一个都城是阳城，在今河南登封市东南告成镇。第二个都城斟鄩，在今河南巩义市西南，近年来考古学者认为即发现于河南偃师二里头的遗址。第三个都城帝丘，在今河南濮阳县西。第四个都城原，在今河南济源市西北。第五个都城老丘，在今河南开封市祥符区东南。第六个都城西河，在今河南内黄县东南。见于其他比较可靠的史籍的夏都还有：平阳，在今山西临汾市西南；安邑，在今山西夏县西北；晋阳，在今山西太原市西南；斟灌，在今河南清丰县东南（见图 1－1）。据传说推算，夏朝历时约五个世纪。在此期间仅都城就要迁移那么多次，有的地方还不止一次成为夏的都城，足以说明当时人口迁移的频繁。都城以外的人口迁移之多也就可想而知了。

类似的记载在史籍中还可找到不少，归纳起来，应能说明几个问题：

第一，由于当时的生产水平很低，人类抵御自然灾害的能力非常

1 《春秋左传集解》卷 9，上海人民出版社 1977 年版。
2 据方诗铭：《古本竹书纪年辑证》，上海古籍出版社 1981 年版。

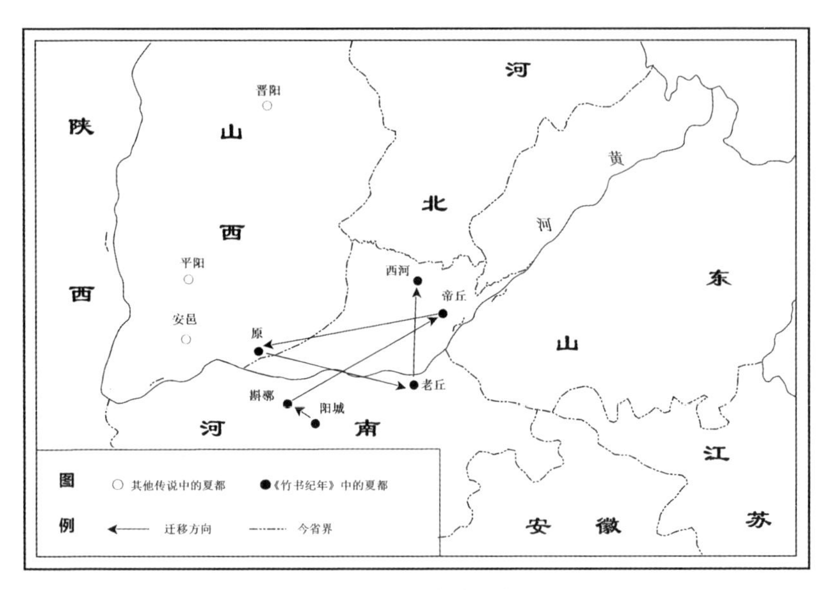

图 1-1　夏都的迁移

有限，所以在洪水、大旱一类自然灾害发生以后，以迁移来躲避成为主要的手段。另一方面，由于当时人的生活、生产方式都非常简单，积累的物资也很有限，对原来居住的地方不会有多少留恋。处于游牧、狩猎和迁移性农业生产的部族，更以不断迁移为正常的生活方式。

第二，在总人口很少的情况下，各地普遍地广人稀，迁移的部族在离开原地后，一般都不难找到新的生活和生产基地。但随着人口的增加，一些开发较早的地区如黄河流域，由于自然条件适宜和已有的开发成果，成为部族间争夺的对象，失败的部族只能迁出这些地区，进入边远地方或条件较差的地方从事新的开发。军事和政治手段已经在迁移中起了重要作用。

第三，由于人们的地理知识有限，早期的迁移并没有明确的目标，往往受到各种偶然因素的影响，很难找到规律。但地理因素起了很大的作用，是很明显的，所以人们会顺江河而下，循河谷迁移，翻越分水岭的缺口，寻找高于平原的台地，由寒冷地带向温暖地带转移。

第四，迁移的基本单位是以共同的血缘关系为基础的部族或部族集团、部族联盟。

在传说时期人口迁移的研究中，一些学者运用了姓氏和地名方面的资料，根据姓氏的来源及地名的共同性来证明某些氏族或部族的迁移过程和迁移途径。在直接记载极其缺乏的情况下，这未尝不是一种弥补的手段，但过于强调这两方面的证据却具有很大的危险性。最根本的原因，是我们今天能看到的资料，包括姓氏和地名方面的，都是汉文记载，而曾经在中原生活过的其他民族没有留下片言只语。这些资料又经过了后世无数次的修改和加工，有意无意作了有利于汉族的增删和改变。例如对根本不是汉族语系的地名，却按照汉语发音作了望文生义的解释；为非汉族的姓氏编造了出自汉族的世系。如果我们完全信从这些资料，只能得出中国所有民族的祖先都出自华夏一系和各地的人口全部迁自黄河流域的结论，显然这是完全不符合历史事实的。

第二节

盘庚迁殷：商人的迁移传统

一、早期商人的迁移

关于商人的来源，学术界还没有取得一致的看法。以前史学家大多以为商人来自东方，如范文澜《中国通史简编》[1]、郭沫若主编的《中国史稿》[2]、李亚农《李亚农史论集》[3]等都持此说。但金景芳先生发表《商文化起源于我国北方说》[4]，认为商文化起源于辽水发源处，即今内蒙古赤峰市一带，故商人来自北方。近年来的一些考古新发现似乎

1 《中国通史简编》修订本第一编，人民出版社 1964 年版，第 107—108 页。
2 《中国史稿》第一册，人民出版社 1976 年版，第 155—156 页。
3 《李亚农史论集》，上海人民出版社 1978 年版，第 404—405 页。
4 载《中华文史论丛》第七辑，上海古籍出版社 1978 年版。

越来越有利于北方说，但作结论还为时过早。

不过对商人进入黄河流域以后的频繁迁移，史籍中记载颇多，学者们的意见也大体一致。据王国维的考证，在商建国前的迁移有八次：第一次，契本居于亳，在今山东曹县东南；迁居蕃，在今山东滕州市。第二次，昭明迁至砥石，今地不详。第三次，昭明又迁至商，在今河南商丘市睢阳区东南。第四、五次，可能相土迁至东都，在泰山下；又迁回商。第六次，夏朝帝芬三十三年，迁于殷，在今河南安阳。第七次，夏朝孔甲九年，迁回商丘。第八次，成汤迁回亳，"从先王居"，回到了祖宗的发祥地[1]。

商王朝建立后，都城又有过多次迁移，据《古本竹书纪年辑本》《尚书序》《史记·殷本纪》等的记载，迁移的过程大致如下：

中(仲)丁由亳迁于嚣(隞)，在今河南荥阳市北敖山南。河亶甲迁于相，在今河南内黄县东南。祖乙迁于邢(耿)，在今河北邢台市；又迁于庇，在今山东郓城县东北。南庚迁于奄，在今山东曲阜市。盘庚迁于殷，在今河南安阳小屯。从盘庚迁殷至殷商亡，维持了 273 年(一说 253 年、275 年)，基本没有再迁。在此期间，仅帝武乙时有过迁移，但估计不久又回到了殷。帝乙及其子帝辛(纣)经常居于牧(朝歌，在今河南淇县东北)，但正式的都城还是在殷(见图 1-2)。

根据目前的发现，考古学者一般认为，河南偃师尸乡沟商城即汤都亳(西亳)，郑州商城即仲丁所都隞，而安阳殷墟为商最后一个也是最稳定的都城是毫无疑问的。但考古发现还无法解释商人或商都的全部迁移过程，所以我们只能采用文献记载的说法。

二、盘庚迁殷

盘庚迁殷，是商王朝复兴的一个重要转折，也使商王朝的都城由不断迁移变为基本稳定，具有重大意义。但在当时却受到贵族和臣民的激烈反对，因此盘庚专门发表了训词，留下了中国历史上第一篇为迁都而记录下来的文献，即收入《尚书》的《盘庚》上、中、下三篇。

---

1 王国维：《说自契至于成汤八迁》，《观堂集林》卷 12，中华书局 1959 年版，第 515—516 页。

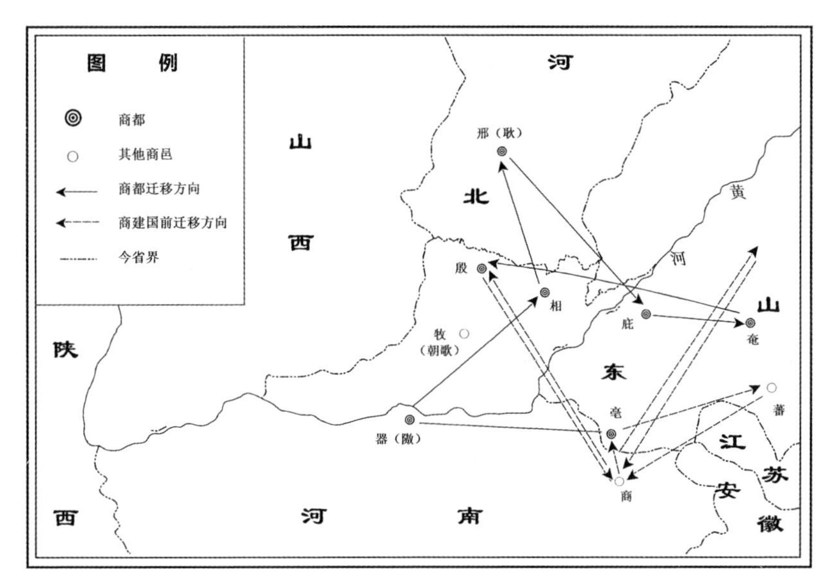

图 1－2　商都的迁移

上篇的主要内容译文[1]如下：

盘庚迁都于殷，人民居住在那里感到不舒服，因而呼吁起来。贵族们起来说很直率的话。……盘庚这样教导人民：帮助在位的大臣们，要崇尚旧有的制度，整顿（已坏了的）法度。他说："谁也不要听从小人们批评我的话。"于是王命令众人都到王廷上来。

王这样说："你们都到这儿来，我告诉你们，教导你们。把你们的（私）心压一压吧！不要这样骄傲，只想安乐。……你们不向百姓们说好话，那是你们自作祸害。……那时你们后悔也来不及了。试看一般无用的小人都还顾虑旁人的指摘，恐怕说错了话。何况我掌着生杀你们的大权，（你们怎敢这样乱来？）你们（有什么意见）为什么不先告诉我，竟用浮言恐吓人民？坏事的流行就像草原上烧起来的火那样快，简直使你不能接近它，还能扑灭它吗？这样就是你们自找不安靖，不是我的过错。……

1　录自翦伯赞、郑天挺主编：《中国通史参考资料》古代部分第一册，中华书局 1962 年版，第 24—25 页。

“现在我把困难告诉了你们，（我们的行动）要像射箭一样，必须有一个目的。你们不要狎侮成人，也不要轻视年幼的人。你们各人应当安居下来，努力工作，听我一人出主意。不论远近，凡是有犯罪，就加以诛罚；作好事就加以表扬。国家有福，归于我们大家；有祸，我一人承当。

“你们都去告诉人民，从今以后，每个人都要恭敬地做自己的事，严肃地对待自己的职位，闭上你们的嘴（不要乱说）。（如果不听我的话）刑罚就会加到你们的身上，后悔也来不及了。”

这篇训词主要是针对贵族臣民的态度而言，并没有提及迁都的具体原因。因此历来对盘庚迁殷以及此前商都的屡次迁移的原因有各种不同的解释，有的认为是游牧的需要，有的认为是迁移性农业的需要，有的说是商统治者“去奢行俭”，有的说是以此维持统治地位，更多的人则认为是为了趋避黄河泛滥或改道的水灾。但从《盘庚》的内容可以肯定，盘庚迁殷遇到了很大的阻力，这些阻力显然并不是物质条件的困难，如农业生产的退化、黄河水患等，否则他的迁都必定要得到贵族和民众的拥护。由于原始资料的缺乏，这些说法都没有充分的论据，推测的成分很大，而且都不能完全解释反复迁移的原因，更难说明为什么在迁殷以后商都却能基本固定下来。

实际上，盘庚以前的反复迁移，不能用单一的因素来解释，而应该从自然和社会两方面加以综合分析。就自然条件而言，商人迁移的这些地点都在黄河下游，从周以后有关黄河水道变迁的资料看，这些地方正处于河道泛滥改道的范围内。黄河下游要到战国的公元前 4 世纪左右才筑起堤防，这些基本都位于华北平原上的都城是无法抵挡黄河水患的。另一方面，每次改道或泛滥以后的淤积区又是最适宜的农业区，对农耕民族必然有很大的吸引力。从社会方面的因素来说，商民族无论来自东方还是北方，总还摆脱不了游牧或迁移性农业的影响，养成了以迁移来对付自然灾害、克服生产上的困难和解决社会矛盾的习惯，这从夏人也曾不断迁移可以得到印证。所以在汤以后商都的多次迁移，或许客观上的确有此必要，或许事实上已经无此必要，但商人还是根据自己的传统方式行事。

而且，我们还可以推断，在殷以前的夏都、商都，由于统治者没有长期打算，并未着意经营，建置比较简陋，所以使用一段时间后就不适用了，可以轻易放弃。而盘庚迁殷以后，决心改变这种经常迁移的习惯，大兴土木，建造都城，这从殷墟考古发掘的成果所显示的巨大规模和丰富的器物可以证明，这可能也正是贵族臣民们激烈反对的主要原因。但《尚书·盘庚》的内容证明这位下决心改变旧习惯的君主不顾一切坚持自己的主张，最后终于获得成功，从此商人有了基本上固定的首都，结束了经常迁都的历史。

商朝的统治区主要是在黄河中下游地区，晚期才发展到淮河流域。但在商的统治区以外，必定也存在着大量的人口迁移，即使在商的领域内，移民也不限于都城的迁移。在历史中国范围内，各民族的迁移和各民族内部的迁移肯定在频繁地进行着。例如据《后汉书·东夷传》的记载：在帝武乙时，随着商朝国力的衰退，"东夷浸盛，遂分迁淮、岱，渐居中土"。这条史料的来源虽不甚清楚，但从以后东夷、淮夷、莱夷等在淮河流域和山东半岛的广泛分布来看，当时发生过规模不小的迁移是完全可能的。另外，近年来在长江流域和南方已发现了不少商的器物和商文化的遗址，说明商人移民已经扩展到了长江流域和南方。但由于史料的缺乏，我们还无法了解这些迁移的具体过程。

第三节

周人的分封和东迁

一、周人早期的迁移

《史记·周本纪》与其他文献对周人早期的迁移有基本一致的

记载：

周人的始祖后稷(弃)，传说是姜嫄踏巨人足迹而生。后稷是尧的农师，被舜封于邰(今陕西武功县西南)。后稷的后裔不窋失官后奔戎狄间，大致在今甘肃庆阳一带。他的孙子公刘迁到豳(今陕西旬邑县西)，开荒定居。到了古公亶父(约公元前 12 世纪)时，因受戎狄之逼，由豳渡过漆水和沮水，翻过梁山，迁至岐山下的周原(今陕西岐山县境)，由陕北黄土高原进入了关中平原。“豳人举国扶老携幼，尽复归古公于岐下。及他旁国闻古公仁，亦多归之。”看来是一次规模不小的移民。“于是古公乃贬戎狄之俗，而营筑城郭室屋，而邑别居之。作五官有司。”周人不但人口增加，而且文明程度有了很大提高，从此强大起来。大约在公元前 11 世纪，文王(姬昌)建丰邑(在今西安市沣河西岸)为都城，又向东作了一次大迁移。以后武王都镐(在今西安市西)，与丰相近。

迄今为止的考古发掘证明，从古公亶父迁岐开始的历史记载是正确的，但此前的历史却还找不到可靠的证据，因而目前有多种说法。以文献研究为主的学者有的仍坚持传统观点，即《史记》的记载基本反映了周人迁移的事实，周是泾渭流域的土著民族；有的认为周人起于晋南，《史记》所载地名基本都在晋南，或者是周人西迁后才把原来的地名带到关中的。考古学界则大多倾向于周文化发源于关中，或者本来就是戎狄的一支，或者来自陇东，但也有人认为出于晋南或晋中[1]。

虽然目前还无法作出比较肯定的结论，但早期周人与戎狄的密切关系似乎可以肯定。因此即使周人来自东方，也已吸收了大量戎狄成分，这在远古的民族迁移中是相当普遍的现象。

二、西周分封：周人的扩散迁移

约在公元前 11 世纪中期，周武王最终消灭了商朝。为了巩固周

---

1 参见叶文宪：《周人起源与周文化渊源研究述评》，载《中国史研究动态》1992 年第 8 期。

朝的统治，武王大规模分封诸侯。武王的分封有两种类型：一种是就地分封或承认既成事实，一种是易地分封或将本国本族的人封至周的故地以外。前者不引起人口的迁移，后者却都是一次次数量不小的移民运动。这是因为建诸侯国的地方原来都不是周的国土，要使当地人民接受周朝所封的诸侯为他们的统治者，或者要他们让出自己的土地，没有一定的人力为后盾是绝对办不到的。如果封地是尚未开发的处女地，也需要有一定数量的人口才能开发利用。

限于史料，对一部分诸侯还难以断定他们未受封前是在什么地方，因而无法确定他们是否应属于移民之列。如封神农之后于焦（今安徽亳州市），黄帝之后于祝（今山东肥城市东南），帝尧之后于蓟（应为燕，即南燕，今河南延津县东北），帝舜之后于陈（今河南周口市淮阳区），大禹之后于杞（今河南杞县）[1]。但是另一部分受封的周王子弟宗族和功臣的诸侯国却可以肯定是一支支移民，这些诸侯国有：

召公奭，封于燕，在今河北北部和辽宁西端，都于蓟（今北京城西南隅）。

武王弟叔鲜，封于管，在今河南郑州一带，都于管（今郑州）。

武王弟叔度，封于蔡，在今河南境内，后改封于今上蔡县一带，都于上蔡（今上蔡县西南）。

武王弟武（处、霍叔），封于霍（今山西霍州市西）。

武王弟封（康叔），封于康（今河南禹州市西北）。

武王弟叔振铎，封于曹（今山东菏泽市定陶区西南）。

周章（仲雍曾孙）之弟虞仲，封于虞（今山西平陆县东）。

武王之子成王继位后，周公旦摄政，平息了商纣王子武庚和管叔、蔡叔的叛乱以及夷人的反抗，再次分封，一部分“殷顽民”（参与叛乱的殷遗民）也被分封给诸侯，随他们迁入新的封地：

周公之子伯禽，封于鲁，在今山东西南一带，都于曲阜（奄，今曲阜市）。

吕尚（师尚父），封于齐，在今山东北部，都于营丘（淄博市

1　参见徐中舒：《先秦史论稿》，巴蜀书社 1992 年版，第 134—135 页。

东北）。

康叔，改封于卫，在今河南北部，都于朝歌（今淇县）。

商纣王异母兄微子开，封于宋，在今河南东部及江苏、安徽、山东间地，都于商丘（今河南商丘市睢阳区南）。

成王弟唐叔虞，封于晋，在今山西西南，都于唐（今翼城县西）。

成王弟某，封于韩，在今山西河津市东北。

成王七年，周公营建成周洛邑（在今河南洛阳市），建有王城和成周二城，作为周朝控制东方的政治中心，周公旦在此驻守，并且将大批“殷顽民”也迁至洛邑，所以必定有相当一部分周人迁入洛邑。

根据《左传·僖公二十四年》富辰说[1]，被分封的周宗室姬姓诸侯还有：

郕，在今山东宁阳县东北。

毛，确地无考，一说在今河南宜阳县境内。

聃，在今河南平舆县北。

郜，在今山东成武县东南。

雍，在今河南焦作市西南。

滕，在今山东滕州市。

毕，在今陕西咸阳市东北。

原，在今河南济源市西北。

丰，在今陕西山阳县。

郇，在今山西临猗县西南。

邘，在今河南沁阳市西北。

应，在今河南鲁山县东。

蒋，在今河南淮滨县东南。

邢，在今河北邢台市。

茅，在今山东巨野县南。

胙，在今河南延津县东北。

祭，在今河南荥阳市东北。

---

1 《春秋左传集解》第六，僖公中，上海人民出版社 1977 年版，第 344 页。

此外，姬姓诸侯国还有耿（在今山西河津市东南）、息（在今河南息县西南）、顿（在今河南商水县西南）、随（在今湖北随州市）等“汉东诸国”。

西周期间，还有一些零星的分封，如宣王二十二年（前 806 年）封异母弟友于郑（今陕西渭南市华州区）。已封的诸侯国也有一些迁移，如幽王八年（前 774 年）郑桓公将部族迁至郐（今河南新郑市西北）、东虢（今河南荥阳市东北）之间（以上见图 1－3）。

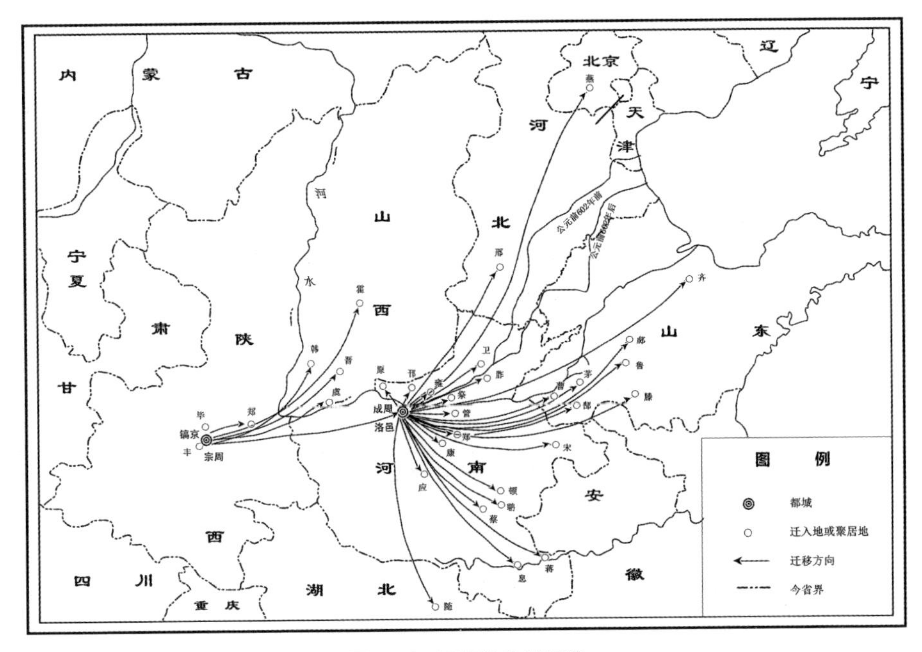

图 1－3　西周的分封迁移

由于以上这些诸侯都是始封时才由其他地方迁入的，除了齐和宋以外都是周人的宗族，所以我们可以看成是周人扩散性迁移所达到的大致范围。但此后各诸侯国还在不断地扩张或迁移，所以这只是西周初期的态势。

周幽王十一年（前 771 年），犬戎攻入镐京，幽王被杀。幽王子宜臼继位，是为平王。次年（平王元年，前 770 年）平王东迁雒邑，周人由关中平原向伊洛平原做了最大的也是最后一次迁移。岐山以西的周故地赐给了秦，但当时实际上在戎人手中，得由秦人自己夺取。周人的绝大部分已经东迁，但还有少数支族留在原地。如在今陕西宝鸡一带的西虢（城虢）国，开国君主是周文王之弟。西周灭后，西虢的支族仍未迁走，称小虢，直到公元前687年为秦所灭。

三、太伯奔吴的传说和史实

周人在周原定居后不久，据说古公（太王）的两个儿子迁往吴地。对这一传说，《史记》卷31《吴太伯世家》作了这样的记载：

> 吴太伯，太伯弟仲雍，皆周太王之子，而王季历之兄也。季历贤，而有圣子昌；太王欲立季历以及昌，于是太伯、仲雍二人乃奔荆蛮，文身断发，示不可用，以避季历。季历果立，是为王季，而昌为文王。太伯之奔荆蛮，自号句吴。荆蛮义之，从而归之千余家，立为吴太伯。
>
> 太伯卒，无子，弟仲雍立，是为吴仲雍。仲雍卒，子季简立。季简卒，子叔达立。叔达卒，子周章立。是时周武王克殷，求太伯、仲雍之后，得周章。周章已君吴，因而封之。乃封周章弟虞仲于周之北故夏虚，是为虞仲，列为诸侯。

对于这一传说，从清代学者崔述[1]开始，不少学者都持否定态度。但当代学者已从文献记载和考古发现两方面证明了它真实的一面，即春秋时代吴国的君主的确是周人之后，只是周人迁吴的时间不是古公时代。董楚平先生认为：

> 宁镇及其附近地区大量西周墓的相继发现，纠正了文献记载的一个错误，即周人初到江南的时间不是殷代、先周的古公时期，而是西周成王、康王年间，因为现已发现的江南周文化遗存，其年代未有早于这个时候。按一般情理推测，与中原形制相同的青铜器，在江南出现的时间应该略晚于中原。
>
> 这些考古新发现还纠正了一般文献记载的另一个错误，即

1 见崔述：《丰镐考信录》，《丛书集成初编》本，中华书局1985年版。

周人初到江南的地点，不是无锡、苏州一带，而是宁镇至皖南一带。

他还根据1954年在江苏丹徒烟墩山出土的《宜侯夨簋》铭文的考释，肯定铭文中的“宜”即南吴，是康王时由北虞分封出来，其初建之封邑可能在今江北仪征一带，后来南迁丹徒或其附近[1]。

所以实际情况是，周人由今山西一带西迁时，有一支留在原地，太伯即为这一支的首领，以后被称为虞或北虞，在今山西平陆县东一带。至周康王时（约公元前11、前10世纪间）又从虞分封出宜（吴），始封地可能在今江苏仪征市一带，以后南迁至丹徒，并且扩大至宁（南京）镇（镇江）丘陵和皖南，最后东下进入平原，在今无锡、苏州地区发展建都。

康王时周的势力虽然已经扩展到江淮之间，并且在成王时已往宜地迁过一些人，但仪征一带毕竟已是边缘地带，所以正式封国时必定要从虞国迁出数量不少的人口。但这批移民与江南的土著人口相比还是极少数，所以主要依靠政治、文化的优势向周围扩展，而在生活方式上不得不接受当地人“断发文身”的习俗。所以吴国的君主和部分统治者是北方姬姓移民的后裔，但国民的绝大多数依然是土著越人。

不过，董先生认为先周时代周人还不可能从西北远征东南，“一来当时的湖北、湖南、安徽、江西、宁镇都是商的领土；二来周人当时还是西北小邦，没有远征的必要与力量”，理由却未必充分。因为不要说商代，就是到西周时，在南方的疆域一般也只限于政治中心或军事据点，并不包括整个地区，所以从关中盆地到江南间存在着大片商人势力不及的地区，尤其是在丘陵山区，移民完全可以通过。其次，先民的迁移原因很多，部落首领间的争夺、一次不大的天灾都可能导致一次迁移。何况南方的考古发现还很不全面，不能排除新证据出现的可能，因此古公时代就有周人迁往南方并非不可能。

---

1 董楚平：《吴越文化新探》，浙江人民出版社1988年版，第139—151页。

第四节

筚路蓝缕，以启山林：楚与南方诸国

一、楚

楚国的先世，据说是出于帝颛顼高阳氏和帝喾的火正祝融氏，但实际上的始祖鬻熊却是住在荆山（在今湖北西部、武当山东南、汉水西岸）的荆蛮，并且在周夷王时（约公元前9世纪）和楚武王三十五年（前706年）时楚王还都以蛮夷自居。鬻熊的曾孙熊绎，在周成王时得到了周朝的承认，封为楚（荆）子，建都丹阳（在今湖北秭归县东南）。当时的湖北西部还是未经开垦的深山丛林，物产很少，人口稀少，楚人“荜露蓝蒌（筚路蓝缕），以处草莽，跋涉山林”[1]；历尽艰辛。

到楚武王（前740年—前690年在位）时，楚国先后征服了一些小国，疆土扩大到长江中游。楚人的主体也沿着长江向下游迁移，由山区进入平原。公元前689年武王之子文王熊赀继位后，就将都城从丹阳迁到了郢（今湖北荆州市江陵西北纪南城）。以后楚国继续吞并周围的小国，并北上与晋国争霸，楚庄王一度成为霸主，楚国的疆域西北到武关（今陕西丹凤县东南），东到昭关（今安徽含山县北），北到今河南南阳市，南到洞庭湖以南。在疆域扩展的过程中，楚国主要是增加了被占领国的人口，但本国、本宗族的人口肯定也随之而扩散到新的疆域范围之内。

与此同时，楚也将一些被灭国的人口迁至本国内地，或在本国内部移民。如楚灵王七年（前534年），“就章华台，下令内（纳）亡人实

1 《史记》卷40《楚世家》。

之"[1]。章华台是楚王的离宫，故址本在今湖北潜江市西南龙湾。灵王喜欢干溪（今安徽亳州市东南干溪沟）的风景，又在那里建章华台。由于远离楚国的中心区，又是新辟地区，所以需要移民充实。"亡人"可能是楚国内部的流亡人口，也可能是从别国俘虏来或招诱来的人口。

战国时，楚国的疆域又有扩大，东北达今山东南部，西南至今广西东北角，楚怀王（前 328 年—前 299 年在位）时攻入越国，还一度占有今浙江、江苏。但以后屡被秦国击败，疆域日渐缩小。公元前 278 年，秦军攻下郢，楚国迁都于陈（今河南周口市淮阳区）。迁都的过程，是楚国宗族、大臣和国人的一次大迁移。但在秦军的继续追击下，到考烈王十年（前 253 年）又迁都巨阳（今安徽阜阳市北）；二十一年（前 242 年），再迁都寿春（今安徽寿县）。公元前 223 年为秦所灭。在短短的三十几年间，楚国的大量人口从长江中游长途迁至淮河中游，规模之大，距离之长，在整个春秋战国时期也是罕见的。

楚人另一次有重大影响的移民发生在公元前 279 年左右，尽管这是军事征伐没有达到预期目的的结果。楚将庄蹻奉顷襄王之命率军队向西南进攻，由沅水溯流而上，攻克在今贵州都匀、黄平、贵定一带的且兰国，又征服了在今贵州西部的夜郎国，一直进至滇池。公元前 277 年，秦国再度夺取楚国的黔中郡和巫郡，隔断了庄蹻与本国的联系。由于归路已断，庄蹻就"以其众王滇，变服，从其俗以长之"，成为统治当地民族的滇王，王都设在滇池西南今宁晋县境内[2]。他的部众有多少人，史料中没有任何记载，估计当有数千。尽管为了便于统治数量大得多的当地民族，他们改变了自己的服装和风俗习惯，但也必然带去了相对先进的文化，促进了长江中游地区和西南边疆之间的联系和交流。

---

1 《史记》卷 40《楚世家》。

2 见《史记》《汉书》《后汉书》的《西南夷列传》及《华阳国志·南中志》等。关于庄蹻入滇的时间，《史记》等作楚威王时，实误；杨宽先生辨之甚详，见《战国史》，上海人民出版社 1980 年版，第 353—354 页。

二、巴

在西周初，巴人已经在今四川东部立国。周武王灭商后，封巴为子国，称巴子国。巴人西迁的确切时间已无法考证，但这一过程显然是在西周以前完成的。由夷城（今湖北宜都市）至巴国的新都江州（在今重庆市渝中区），正好溯长江而上，很可能是随着人口的增加和疆域的扩大而逐渐向西迁移的。

春秋时，巴国极盛时期的疆域包括今四川盆地的大部，北至秦岭，南至贵州中部，东至湖北西部；其实力超过楚国。战国时逐渐衰弱，国都由江州北迁垫江（今重庆市合川区），再迁阆中（今四川阆中市），东南部被楚国蚕食[1]。周慎靓王五年（前316年），为秦所灭。

在巴国兴衰的漫长过程中，巴人的主体由今湖北西部迁入四川东部，一部分又北迁至汉中盆地。以后留在阆中和汉中一带的巴人被称为“板楯蛮”。没有西迁的巴人，一部分南迁湘西，成为“武陵蛮”；另一部分东移鄂东，到东汉时被称为“江夏蛮”[2]。

三、蜀

四川盆地的另一个古老的民族——蜀，长期居于中西部，其早期的迁移目前还无法证实，但可以肯定蜀人在西周初已建成了自己的国家，至西周中期都城已迁至成都平原。近年来在广汉三星堆的惊人发现，使蜀人的来历和早期历史更蒙上了一层神秘而辉煌的色彩。灿烂的三星堆文化渊源于何处？蜀人究竟是从哪里迁入成都平原的？这些问题都还有待于进一步研究。

目前所知蜀人的迁移，距离都不太远，如蜀人先开发的似乎是今雅安地区，然后再进入成都平原。但由于蜀国亡后，蜀人的主体外迁，以后的居民主要是秦汉时的移民，所以在西汉末年扬雄作《蜀王本纪》

---

1 参见任乃强：《华阳国志校补图志》卷1《巴志》，上海古籍出版社1987年版。

2 详见《后汉书》卷86《南蛮传》。

时对很多历史事实已经语焉不详了。

而在蜀亡以后，蜀人却进行了一次影响深远的长途迁移。

秦惠文王更元九年（前 316 年）灭蜀时，蜀国的势力还相当强大，秦国只能继续立蜀王的子孙为蜀侯来统治蜀国，而另派相国加以控制。但蜀人不甘亡国，接连拥蜀侯反叛。在三十多年间秦国杀了三位蜀侯，又“移秦民万家以实之”，才控制了局势，并废除蜀侯，直接派郡守治理。开明氏的子孙宗族见复国无望，于是大批南迁[1]。

这支蜀人南迁时，也是先退居今雅安，再从雅安出发，越大相岭至汉源，再渡大渡河至今越西，越小相岭至泸沽，沿安宁河至西昌。再南下渡金沙江，到达今云南姚安一带，又顺礼社江而下进入元江，由元江东南至今越南境内。蜀王的后人进入今越南北方后，击败了当地的雒王，建立了自己的政权，称安阳王。越南历史上称为蜀泮，所建为蜀朝。据《交州外域记》，“蜀王子将兵三万来讨雒王”；如蜀人兵民之比以一比三计，南迁至今越南境内的蜀人至少应有 12 万人。由于蜀人南迁时并没有明确的目的地，所以是边迁边居留，安阳王建国时可能已在公元前 230 年，离开四川盆地已经几十年了。也正因为如此，到达今越南北部的蜀人中可能还有不少西南的其他民族人口。另一方面，一些蜀人留在途中，直到西汉时，今四川西昌和云南姚安一带还住有蜀王的子孙。

公元前 180 年，赵佗灭安阳国，安阳王从海路南逃，但已在这里定居了 50 年的蜀人大概多数未再迁移，都成了南越人的组成部分。

四、吴、越

吴国人和越国人都是百越系统的部族，吴国的开国国君虽是来自中原的周人，但经本地民族的长期同化，其后裔早已越人化了。吴国从宁镇丘陵发展到长江三角洲平原后，初都蕃离（一作梅里，今江苏无锡市锡山区东南），后迁于吴（今江苏苏州市），疆域有今江苏、上海

1　开明氏后裔南迁事，详见蒙文通：《安阳王杂考》，载《越史丛考》，人民出版社 1983 年版。

市大部以及浙江、安徽的一部分。公元前506年吴王阖闾一度击败楚国，攻入郢都。其子夫差在位时又战败越国，并北上与晋国争霸，势力扩张到淮河流域和今山东南部。公元前473年为越所灭。越国建都会稽(今浙江绍兴市)。春秋末年常与吴国相战，公元前494年被吴国大败，几乎亡国；至公元前473年攻灭吴国。越国的最大疆域有今山东东南部、江苏北部运河以东、江苏南部、安徽南部、江西东部和浙江北部。《吴越春秋》和《越绝书》都记载了勾践在灭吴以后迁都琅邪(今山东胶南市西南)，《墨子》《孟子》《世本》等书还具体提到越人曾攻齐、鲁、莒(在今山东莒县)等国，还灭了今山东南部一些小国。以后国势渐衰，国都迁回吴，约在公元前306年为楚所灭。但越君仍拥有以会稽为中心的今浙东地区，直到公元前222年才为秦所灭。

从吴、越两国的兴衰过程可以看出，越人移民最北到达了今山东南部和淮河流域。在越国退回南方时，大部分越人必定迁回了苏南、浙东，但也有一些越人散居于江淮之间。蒙文通认为越国曾封其支庶于干(在淮河下游)，这些越人以后被称为干越，到秦、西汉时在江淮地区还有广泛的分布[1]。

《越绝书》中还记载了一支"外越"或"东海外越"，关于这支越人的分布地和迁移过程存在各种说法。一般认为"外越"是相对大陆的越人而言，是指在今舟山群岛等近海岛屿上的越人。这些越人自然是从大陆迁去的，但距离较近，影响不大。蒙文通认为是指在台湾、澎湖群岛的越人，早在春秋时已在吴、越的统治之下[2]。陈桥驿先生根据距今11 000—7 000年前中国东部的海陆变迁、日本列岛的自然地理条件和人文地理状况，结合文献记载，进一步提出，"外越"或"东海外越"不仅包括在今台湾、澎湖群岛上的越人和印度支那的越人，而且还有迁至日本列岛的越人移民。并认为，这些移民是在距今10 000—7 000年前今舟山群岛及其东陆地沦入海域的过程中迁往日本等地的[3]。如果这一论点最终得到证实，这将是中国大陆对海外移民

1 详见《越人迁移考》第三节《释干越》，载《越史丛考》，人民出版社1983年版。
2 见《外越与澎湖、台湾》，载《越史丛考》。
3 详见《吴越文化和中日两国的史前交流》，载《浙江学刊》1990年第4期。

最早的篇章。但如果“外越”真是指这批早已东渡的越人及其后裔，那么他们是如何与大陆的越人保持联系的就是必须解决的问题了。

总之，南方各族、各国的人口迁移，尽管距离很长，但经历的时间也很长，所以实际上是相当缓慢的。这是由于除了受到战争的压力而发生大规模的、迅速的人口迁移以外，其他经常性的移民活动都是随着土地的开发和经济的发展而进行的。南方当时的自然条件较差，地形复杂，交通困难，加上人口稀少，开发的过程本身就是相当缓慢的。在人口不多的情况下，开发的结果往往不是扩张，而是迁移，即人们放弃了原来条件较差的居住区，迁至新开发的地区。而且，限于人们的地理知识，一些长距离的迁移并不是事先规划的结果。

南方诸国、诸族的迁移概况见图 1－4。

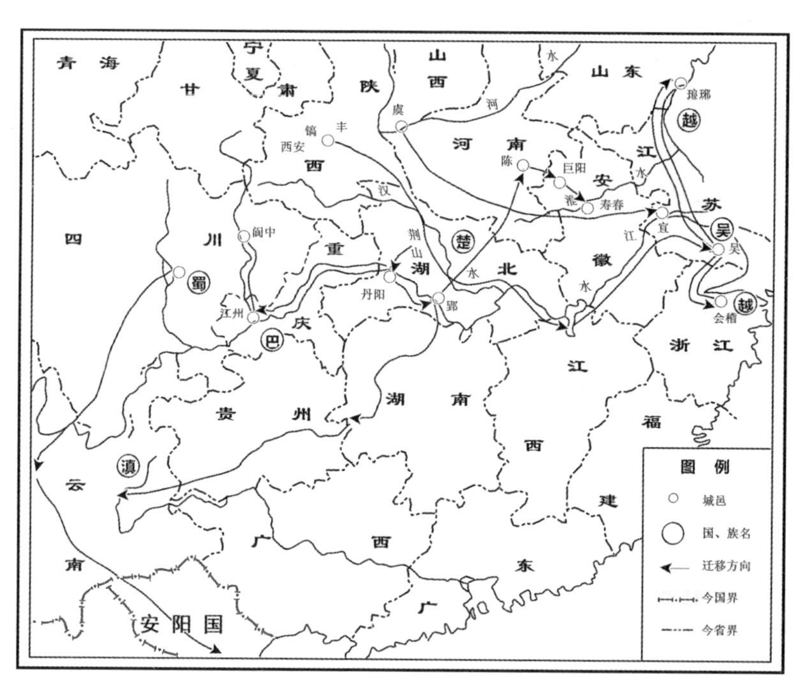

图 1－4　南方诸国、诸族的迁移

第五节

兼并与开拓：北方诸国

西周时分封的诸侯国主要是在北方的黄河流域，加上原来就存在的方国，大大小小的国成百上千。还在西周时，大的诸侯国已经在不断吞并小国和弱小的部族。到了春秋战国，周天子的统治和权威名存实亡，诸侯间的弱肉强食随时爆发为激烈而残酷的战争，生存下来的诸侯国不断扩张，其人口也在不断迁移。为了保持生存和竞争的实力，各国还千方百计开发残存的处女地或夺取非华夏族的住地，以扩大各自的疆域。

与南方相比，北方的人口迁移要频繁得多、复杂得多、迅速得多，但距离却要短得多。限于史料，对其中的绝大多数已经无法查考了。现存史料中有关人口迁移的直接记载很少，但从各国都城的迁移和疆域的变迁过程中还可以推断一些人口迁移的情况。

一、晋

晋国初封时都于唐（今山西翼城县西），不久迁至翼（绛，翼城县东南）。“唐在河、汾之东，方百里。”[1]唐和翼都处于浍河上游的中条山余脉间，开发的余地很小，周围还都是戎狄等非华夏部族。所以直到晋昭公五年（周景王十八年，前 527 年），晋国的使臣籍谈还向周王抱怨晋国始封时的待遇：“晋居深山，戎狄之与邻，而远于王室。王灵不及，拜戎不暇。”[2]

晋人先是沿浍河向下游发展，进入了与浍河相交处的汾河谷地，

---

1 《史记》卷 39《晋世家》。以下引《晋世家》者不再一一注明。
2 《左传·昭公十五年》。

自然条件比原来大大改善。接着晋人又向南进入涑水河谷，至昭侯元年（周平王二十六年，前745年）封他的叔父成师于曲沃（今山西闻喜县东北）。当时，“曲沃邑大于翼”，说明涑水河谷的开发已经取得很大成效。曲沃的发展和强大导致与晋的分裂，经过多年的争夺战争，曲沃武公于公元前678年最终灭晋，并得到周王承认，正式取代晋国，改称晋武公。晋献公八年（前669年）迁都于绛（今翼城县东南），但晋人已经沿着汾水下游和涑水河谷移殖扩散，所以献公时晋国“蒲（今山西隰县西北）边秦，屈（今吉县北）边翟”，其西界和北界已推进到黄河和今山西中部。至晋景公迁都新田（新绛，今侯马市），在此前汾、浍之间已成为晋国主要人口所在地。景公九年（前591年）灭赤狄，晋人扩展到今山西中北部。

二、赵

赵的先世在西周时被封于赵城（今山西洪洞县北赵城），西周末年成为晋的属国。晋献公时赵夙受封于耿（今山西河津市东南），晋文公时赵衰被封为原大夫，迁居于原（今河南济源市西北），但赵氏宗族大多还在耿。晋定公十五年（前497年），赵简子开始以晋阳（今山西太原市西南）为基地。赵与韩、魏三家分晋后，于周威烈王二十三年（前403年）被承认为诸侯。赵桓子即位（前425年），迁都于中牟（今河南鹤壁市西）。赵敬侯元年（前386年）由中牟迁都邯郸（今河北邯郸市）[1]。至此，赵的疆域有今山西中部、陕西东北角和河北西南部。

赵武灵王实行胡服骑射后，于二十年（前306年）开始发动对中山、林胡、楼烦的进攻，至惠文王三年（前296年）灭中山国，疆域扩大到今河北西部、山西北部和内蒙古河套地区。其中的山西北部和内蒙古河套一带原来都是游牧民族所有，人口极少，为了开发这些地区、巩固北部边疆，一批移民从赵国中心区迁入这里。《汉书·地理志》称“定襄、云中、五原，本戎狄地，颇有赵、齐、卫、楚之徙”，说明赵国移民

1 据《史记》卷43《赵世家》。以下据《史记》本国世家者不再一一注明。近代的一些研究成果证明《史记》的记载存在错误，但仍不足于形成较完整的新说，故本卷还只能据《史记》立论。

的后裔到西汉时还存在。

公元前 475 年，赵襄子灭代国（在今河北蔚县一带），封给侄子赵周，称代成君。这是赵氏宗族迁移的东北终点。公元前 228 年，秦军攻破赵国，赵王迁降。赵公子嘉出奔代，自立为代王。六年后，秦灭代，一部分代王宗族被迁往关中秦地。

三、韩

韩国的先人韩武子是春秋时晋国的大夫，封于韩原（在今山西河津市东北）。春秋末年，韩贞子迁居平阳（今山西临汾市西南）。韩武子（与始祖同称，前 424—前 409 年在位）时迁都宜阳（今河南宜阳县西）。与赵、魏分晋后，于公元前 403 年得到周威烈王承认，成为诸侯，建都于阳翟（今河南禹州市）。韩哀侯二年（前 375 年），灭郑，迁都新郑（今河南新郑市）。韩国的疆域包括今山西东南角和河南中部。直到公元前 230 年为秦所灭，韩人未再进行大的迁移。但韩国地处中原的中心，介于秦、楚、魏三国之间，是诸侯间必争之地，也是各方面交通的必经之地，因此韩国与周围国家或地区间的小规模移民肯定不少。

四、魏

魏国的始祖毕万，是晋献公的大夫。公元前 661 年晋献公灭魏（在今山西芮城县北），就将魏封给毕万，其后裔即以魏为氏。约在公元前 7 世纪末，魏悼子迁至霍（今山西霍州市西南）。晋悼公十一年（前 562 年），魏绛（昭子）徙治安邑（今山西夏县西北）。三家分晋后，魏国也于公元前 403 年正式成为诸侯国，建都安邑。战国初年，魏文侯任用李悝实行改革，国力大增，向西夺取了秦国的西河（今山西、陕西间黄河西岸南部），向北击败中山，向东南战胜楚国，攻占大梁（今河南开封市）。在向东方发展并进入黄河下游平原的情况下，处于中条山麓的安邑已经不能适应都城的地位，因此魏惠王（前 369—前 319 年在位）前期迁都大梁。魏的极盛疆域包括今陕西黄河西岸南部、山西南部、河南东部，但以后陆续被秦国夺取。公元前 225 年为秦所灭。

五、燕

燕国的都城一直在蓟（今北京城西南隅），从未迁移；仅在战国时以武阳（今河北易县南）为下都；因此燕的宗族没有进行过大规模或远距离的迁移。其疆域有今河北北部和辽宁西端。燕昭王时，燕将秦开击败东胡，燕国的北界扩展到今内蒙古的东南缘、辽东半岛和朝鲜半岛的西端。公元前 226 年，秦军攻入燕都，燕王喜迁于辽东，四年后为秦所灭。燕的北疆扩大以后，必定有移民进入其北方和辽东。从燕王喜避居辽东并能延续四年看，辽东的移民已有了一定的规模。另外，《史记·朝鲜列传》称："自始全燕时，尝略属真番、朝鲜，为置吏，筑鄣塞。"为了便于治理和守卫，燕国人移居朝鲜半岛也是合乎逻辑的结果。《朝鲜列传》说汉初燕人卫满逃亡朝鲜后，所统治的对象有"故燕、齐亡命者"，说明燕国人移民朝鲜半岛的已不在少数。

六、秦

秦人的始祖大业，据说是女脩吞玄鸟卵所生。林剑鸣根据"图腾崇拜"、经济生产和墓葬材料等方面的共同性，确定秦人来自东方[1]。到了西周孝王时（约公元前 890 年），秦人的首领非子在犬丘（西犬丘、西垂，今甘肃天水市西南）从事畜牧，被周王召至"汧渭之间"（今陕西扶风、眉县一带）养马，受封于秦（今甘肃清水县秦亭附近）。至周平王东迁，秦襄公以救护之功，被封为诸侯，"赐之岐以西之地"，但这片土地已被戎人夺去，"秦能攻逐戎，即有其地"[2]，得靠自己夺回来。

秦文公三年（前 763 年）率兵七百"东猎"，于次年到达"汧渭之会"，在那里建邑定居。十六年（前 750），驱逐了戎人，疆域扩大到岐，

---

1 见《秦史稿》，上海人民出版社 1982 年版，第二章第二节。

2 《史记》卷 5《秦本纪》。

真正获得了“岐以西之地”。宁公二年(前714年)迁都平阳(今陕西宝鸡市陈仓区东阳平村)。秦德公时(前677—前676年在位)迁都于雍(今陕西凤翔县),这是因为雍位于周原最富庶的地方,又处于地势较高的周原,地理位置十分重要。秦献公二年(前383年)迁都栎阳(今陕西西安市临潼区北渭水北岸),标志着秦人经过长期经营以后,政治经济重心已经转到渭水下游。孝公十二年(前350年)迁都咸阳(今陕西咸阳市西北窑店东),从此再未迁移。秦国都城的迁移基本是由西向东,由陇东高原进入渭水下游,这也是秦人的主体由西向东迁移的过程。

随着疆域的扩展,秦国不断吸收或强制迁入其他国家的人口,同时也将本国的人口大量迁入新占领地区,以巩固自己的统治地位。其中最主要的一次是惠文王更元九年(前316年)灭蜀国以后,曾迁入万户人口[1]。以每户四五口计,就有四五万人。这是见于记载的最早的、最大规模的由官府实施的移民。这批移民和以后源源不断迁入巴蜀的移民,不仅逐步同化并取代了原来的蜀人,并且用关中文化取代了早期的蜀文化,所以到秦汉时,巴、蜀已成为广义的关中的一部分。

在战国后期秦国取得别国的领土后,有时还将原来的居民驱逐,而代之以本国移民。如惠文王十三年(前325年)攻下魏国的陕后,“出其人与魏”;昭襄王二十一年(前286年)获得魏国所献的安邑后,也“出其人”,另外“募徙河东赐爵,赦罪人迁之”[2]。当时已经开始实行奖励、招募移民的政策以及罪犯可以迁移边区抵罪的制度,这是中国移民史上值得注意的新事物。

七、齐

相比之下,齐国的都城基本稳定在营丘(后称临淄,今山东淄博市临淄区东北),仅胡公时一度迁于薄姑(今山东博兴县东南),为时很

1 《华阳国志》卷3《蜀志》。
2 《史记》卷5《秦本纪》。

短。但齐国初期在今山东中部，齐灵公于公元前 567 年灭莱，疆域扩展到山东东部，必定有大批齐人迁入新辟地区。后期还有不少人迁至朝鲜半岛。

八、卫

卫国国君是周王的近支，曾经是西周时一个重要的诸侯国。但在春秋战国的前期受到附近戎狄的压迫，后期又处于几个强大的诸侯国之间，始终不得安宁，迁移频繁。卫国初都朝歌（今河南淇县），拥有原商都附近地区和七族殷民，是个大国。到公元前 460 年被翟打败，国都被攻破，国君懿公被杀。当时，“卫之遗民男女七百有三人”，加上共、滕二邑的人口才五千人，拥立戴公迁到曹（今河南滑县东）[1]。在齐桓公率其他诸侯的救助下，才迁到楚丘（今河南滑县东，曹以东）安顿下来，从此成为小国。后又迁都帝丘（今河南濮阳县西南）。公元前 254 年为魏所灭，后又在秦国的庇护下复国，迁到野王（今河南沁阳市），作为秦的附庸一直存在到公元前 209 年，才为秦二世所废。卫的迁移范围不大，都在今河南省内，代表了当时一些小国的处境。

九、郑

郑国初封于郑（今陕西渭南市华州区）。西周末年，郑桓公见“王室多故”，为自己寻找后路，将宗族和国民迁至雒阳以东，取得了东虢（在今河南荥阳市东北）和郐（在今河南新郑市西北）的十邑，在这一带立国。东周初，郑武公灭此两国，建都于新郑（今新郑市）。从此至公元前 375 年为魏所灭，郑都未再迁移。

1 《左传·闵公二年》。

第六节

春秋战国时的其他移民

除了这种以国都为转移的较大规模的、以宗族或国人为单位的移民之外，春秋战国时期，特别是战国后期，存在着各种其他类型的移民。

一、学者、人才和食客

各种学术、思想流派的学者为了创立、传播自己的学说，或者为了求学，来往于各国之间，有的就在异国异地定居。

如孔子曾经到过不少诸侯国和其他地方，最后回鲁国曲阜定居，但他的学生来自各地。见于《史记・仲尼弟子列传》的外地学生如子路（仲由）是卞人，子贡（端木赐）是卫人，子游（言偃）是吴人，子夏（卜商）是卫人（据《史记集解》引《孔子家语》），子张（颛孙师）是陈人，子舆（曾参）是南武城人，子羽（澹台灭明）是武城人，子长（公冶长）是齐人，季次（公皙哀）是齐人（据《家语》），子羔（高柴）是齐人（据《家语》），子牛（司马耕）是宋人（据《家语》），叔鱼（梁鳣）是齐人（据《家语》），子石（公孙龙）是卫人（据《家语》，郑玄说是楚人），子南（秦祖）是秦人（郑玄说），子徒（壤驷赤）是秦人（郑玄说），选（任不齐）是楚人（郑玄说），子正（公良孺）是陈人（郑玄说），等等。这些学生中不少人在鲁或异地活动、定居，不再返回故乡。

又如战国时齐都临淄稷门（西边南首门）附近地区，齐桓公、威王时就曾聚集了不少学者，宣王在此扩置学宫，招揽文学游说之士数千人，任其讲学议论。来自外地的著名学者如：慎到，赵人；环渊，楚人；

荀卿，赵人[1]。

各国的国君为了在激烈的竞争和兼并中立于不败之地，或要成为霸主，或意在统一天下，无不千方百计延揽人才，很多诸侯国都任用异国人为大臣，委以重任。同时学者士人及有一技之长的人为了获得施展才能的机会，也纷纷离开故乡，奔走于各国，寻求合适的地位或效力的对象。

春秋战国时不少著名的政治家、军事家都不是本国或本地人。如管仲是颍上（今河南境内）人，为齐相。鲍叔牙大概是他同乡，“子孙世禄于齐，有封邑者十余世，常为名大夫”[2]。晏婴是夷维（今山东高密市）的莱人，为齐相[3]。申不害是郑国京（今河南荥阳市东南）人，任韩昭侯相[4]。孙武是齐人，做了吴王阖闾的大将[5]。吴起是卫国人，先后成为魏国和楚国的大臣[6]。伍子胥是楚人，当了吴国的大臣[7]。此外，先后在秦国执政或举足轻重的人物中商鞅是卫国人，张仪是魏国人，甘茂是下蔡（今安徽凤台县）人，穰侯魏冄是楚人，范雎是魏国人，蔡泽是燕国人，吕不韦是阳翟（今河南禹州市）人，李斯是楚国上蔡人（今河南上蔡县西南），蒙恬的祖父蒙骜是齐国人，赵高是赵国人[8]。

不仅国君，就是一些贵族、公子、大臣，都供养了大批门客、宾客，这些人来自四面八方，九流三教，无所不有；鸡鸣狗盗，无所不能。如齐国的孟尝君，“招致诸侯宾客及亡人有罪者”，“以故倾天下之士”，有食客数千人。他任齐相时，“封万户于薛（今山东滕州市南），其食客三千人，邑入不足以奉客”。这些食客前后累计极多，不少人就定居于薛一带。到西汉时司马迁过薛时，发现“其俗闾里率多暴桀子弟，与邹、鲁殊。问其故，曰：‘孟尝君招致天下任侠，奸人入薛中盖六万余家矣。’”[9]即便这一数字有所夸大，但此类移民影响之大、数量之多实在

1 《史记》卷74《孟子荀卿列传》。
2 《史记》卷62《管晏列传》。
3 同上。
4 《史记》卷63《老子韩非列传》。
5 《史记》卷65《孙子吴起列传》。
6 同上。
7 《史记》卷66《伍子胥列传》。
8 均见《史记》各传。
9 《史记》卷75《孟尝君列传》。

超过了一般想象。赵国的平原君、魏国的信陵君和楚国的春申君也都以养门客著名，从各地收罗了数千人。秦国的丞相吕不韦“以秦之强，羞不如，亦招致士，厚遇之，至食客三千人”。重要的学术著作《吕氏春秋》就是出于众食客之手[1]。

这类移民的总数不会很多，但由于都是具有较高文化水准或政治才干的人物，至少也是有一技之长或富于冒险精神的人，所以他们起的作用是不能用他们在总人口中的比例来估价的。春秋战国时期是中国学术思想空前繁荣的时期，在此后长期产生深远影响、发挥巨大作用的思想流派几乎都已出现并奠定了基础。各国的政治、经济改革进展也很迅速，新的制度较快得到确立。当时知识阶层的频繁迁移，各国争相罗致人才，各种思想和流派的传播和竞争，人才本身的优胜劣汰，无疑都起了重要作用。秦国主要的政治家、军事家几乎都是移民或移民后裔，从这一角度看，秦国的最终胜利绝非偶然。

二、城市、工商移民

战国时，中原地区的商业已相当发达，各国都有一批人专门从事商业，并成为巨富。《史记·货殖列传》记载的就有范蠡（陶朱公）、子贡、白圭、猗顿、郭纵、乌氏倮、巴寡妇清等以工商致富的人物。吕不韦也是“家累千金”的“大贾人”。商业活动不仅增加了流动人口，还促进了手工业的发展和城市的扩大。不少人由农业生产转为手工业生产，从农村进入城市。战国时各国已普遍设置了郡县，县筑有城墙，城中有市，不少城的户口已经超过万家。

齐国的首都临淄，据苏秦说有7万户，每户不下“三男子”，可以征集21万人。“临淄甚富而实，其民无不吹竽鼓瑟，弹琴击筑，斗鸡走狗，六博蹋鞠者。临淄之涂，车毂击，人肩摩，连衽成帷，举袂成幕，挥汗成雨，家殷人足，志高气扬。”[2]苏秦的话意在奉承和激励齐王，自然不无夸张，但一些基本情况离事实也不至于太远，否则岂能获得齐王

1 《史记》卷85《吕不韦列传》。
2 《史记》卷69《苏秦列传》。

信任？

《盐铁论·通有篇》列举战国时的著名商业城市："燕之涿（今河北涿州市）、蓟（今北京城西南），赵之邯郸（今河北邯郸市），魏之温（今河南温县西南）、轵（今河南济源市东南轵城），韩之荥阳（今河南荥阳市东北），齐之临淄，楚之宛（今河南南阳市宛城区）、陈（今河南周口市淮阳区），郑之阳翟（今河南禹州市），三川之二周（洛阳、巩，今洛阳市、巩义市），富冠海内，皆天下名都。"如果再加上楚国的郢（今湖北荆州市荆州区）、秦国的咸阳，这些大商业城市已经分布在今河南、河北、山东、陕西、湖北数省之地。

这些城市中的居民，除了原有的国君、公族、大臣、官吏、宾客、兵士、奴仆等，更多的是商人、手工业者、士人和他们的家属，移民肯定在城市人口中占大部分。除了来自附近农村以外，应不乏长距离的移民。战国时期是中国城市发展史上的一个重要阶段，大量人口移居城市是城市发展、扩大和增加的基础。

三、逃亡、避乱者

在各诸侯国激烈的战争和兼并中，一些人口因逃避或流亡，在其他地方定居。在这类迁移中，贵族一般还是以宗族为单位的。如公元前658年晋献公假道虞伐虢，虢大臣舟之侨知国之将亡，率领宗族投奔晋国。虞国大臣宫之奇谏国君拒绝晋国假道，无效，也带了全家老小迁往西山[1]。

从西周时数以百计的小国，至战国七雄和不多的小国，其间经历了亡国过程的国同样数以百计。为了巩固自己的胜利，战胜国一般都要将被灭国的国君（或其家族）与民众迁至本国境内或其他便于控制的地方，或者被灭国的国君与民众已在事前逃离本国。这类迁移极其频繁，留下的记载却不多，有的人数有限，有的距离不长，有的反复迁移，最终有多少人成为定居移民大多已无从考证了。

---

1 《国语》卷8《晋语二》，《虢将亡舟之侨以其族适晋》《宫之奇知虞将亡》。

第七节

华夏的扩张和戎狄的退缩

西周和春秋前期，戎、狄、蛮、夷等非华夏族在中国北方，甚至在华夏人口最集中、势力最大的黄河中下游流域，分布还相当广泛，人口也很多。关于这个问题，史念海先生在《西周与春秋时期华族与非华族的杂居及其地理分布》[1]一文中有详尽的论述。史先生指出，西周初年，西北方面从未安定过。周穆王征犬戎以后，曾迁戎于太原；夷王、宣王也曾征伐过太原之戎。旧说太原即今山西太原，一说在今甘肃平凉，实际应在今泾水下游之北，离周人的中心相当近。丰镐附近渭水两侧的戎人也相当众多。在东都洛邑附近也曾居住过许多戎人，如有杨拒、泉皋、伊洛之戎。

他还指出，春秋初期，鲁国周围，今山东鱼台县东、曹县西北、成武县西南附近和泰山中就有戎人。卫国迭为狄人侵扰而不得不屡次迁都，最后迁至濮阳，但城外就有戎州，居有戎人。郑国受到在黄河北太行山中"北戎"的侵扰。在今山西，华族居住的北界是霍太山，晋献公时的西北界是自今吉县西南经该县东北、隰县西北而至于汾水之滨。中条山以南也是非华族的活动范围。在这些地区活动的主要是狄人，即赤狄、白狄和长狄。赤狄分为六种，在太行山以东的白狄有鲜虞、肥与鼓。在伊洛流域，除杨拒等戎外，还有陆浑之戎、茅戎和蛮氏等部落。渭水下游有戎人部落彭戏氏、大荔之戎，秦国的西部今甘肃天水和甘谷一带有邽、冀戎，其西有义渠等多种戎人。东海之滨有莱、介、根牟、郯、莒等夷人，分布在今山东东部。淮水流域有淮夷和徐戎。东北的燕国几乎被非华族包围，无终、山戎、秽貉、冷支、孤竹、屠何等都

1 上、下篇，载《中国历史地理论丛》1990年第1辑。

在今河北和辽西一带。

但是到战国结束秦始皇统一六国时，形势已经完全变了。在这以前，秦、赵、燕三国都已在北方筑起了长城，这三国的长城分为两段，西段大致从今甘肃岷县向北至临洮，再东北经宁夏固原、甘肃环县、陕西横山与神木、内蒙古东胜，至托克托对岸黄河边；东段自河套今乌加河北岸沿阴山南麓经呼和浩特、卓资，河北张北县北、沽源县北、围场，内蒙古敖汉旗，辽宁阜新市北、开原县南，折东南越过鸭绿江，终于朝鲜清川江入海口。在长城之内的黄河流域，非华夏族已经基本消失，至少已经没有他们的聚居地了。

这些戎、狄、蛮、夷到哪里去了呢？当然并不是都从肉体上被消灭了。一部分显然是被华夏人融合、同化了。如陆浑戎，原来是在瓜州，即今陕西武功县一带。公元前638年，秦穆公用武力将他们赶走，正好晋国人要利用他们来开发“狐狸所居，豺狼所嗥”的伊川“南鄙之田”[1]，即今河南嵩县一带。这支戎人处于华夏族的中心区附近，又长期从事农业生产，逐渐融合于华夏之间了。还有的非华夏人迁入华夏地区，脱离了原来的种族，也渐渐成了华夏的一部分。另一部分是迁移了，尤其是原来处于西北和北方边区的民族。如赵国的北部本是林胡、楼烦和匈奴人居住、活动的地方，武灵王将他们打败，加以驱逐后才归入赵国。这些部族的大部分北迁了，建筑长城显然就是为了防止他们卷土重来。类似的过程也发生在燕国的北部和东北。

总之，通过长期的迁移和杂居，华夏的聚居区大大扩张，而戎狄等非华夏族基本已退至长城以外。这一过程以后还将在南方重演。

---

1 《左传·僖公二十二年》《襄公十四年》。

秦汉三国时期移民的社会与自然背景

本阶段起于公元前 221 年秦始皇灭六国、建立统一的中央集权政权，终于公元 280 年西晋灭吴、重新统一。

第一节 各政权疆域和政区的变化[1]

一、秦朝的疆域政区

从公元前 230 年秦将内史腾灭韩国开始，到公元前 221 年齐王建在临淄向兵临城下的秦军投降，曾经称雄数百年的六国先后灭亡，它

1 本节详见拙著《中国历代疆域的变迁》，中共中央党校出版社 1991 年版。

们的国土都已成为统一的秦帝国的一部分。

大约在公元前222年至前221年间，秦军进入今浙江南部和福建，征服了那里的越人政权，设置了闽中郡。秦始皇三十二年（前215年），蒙恬率30万大军驱逐了河套一带的匈奴人，收复了战国时赵国的旧地。第二年又在阴山以南、黄河以东设立了九原郡，管辖新设的34个（一说44个）县。早在二十九年（前218年）前后，秦始皇就派尉屠睢率50万军队分五路越过南岭，但却没有能完全征服当地的越人。三十三年（前214年），秦军再次南下，终于夺取了今广东、广西和越南东北一带，设置了南海、桂林和象郡三郡。在西南，秦朝以成都平原为基地，向西、北两个方向扩张到今大渡河以北和岷江上游，又从今四川宜宾向云南曲靖开通了一条"五尺道"，在沿线控制了不少据点，设置了一些行政机构。

这样，到公元前210年秦始皇去世时，秦朝已拥有北起河套、阴山山脉和辽河下游，南至今越南东北和广东大陆，西起陇山、川西高原和云贵高原，东至于海的辽阔疆域。秦朝的首都在咸阳（今陕西咸阳市西北）。境内先后设置过大约48个郡，各郡的治所一般固定驻于一个属县的治所。每郡管辖数个或数十个县。

秦朝的疆域以北，是以蒙古高原为基地的匈奴；在东北，散布着东胡、夫余、肃慎、高句丽、沃沮等族。乌孙和月氏（支）游牧于河西走廊，而在今新疆及其以西地区已经存在着以绿洲为中心建立起来的数十个小国。青藏高原和云贵高原的西部分布着一些羌人部族。另外，在秦朝的南方还有很多非华夏族的聚居区，实际上处于它的行政控制之外。

二、西汉的疆域政区

经历了秦末和楚汉之际的战争，到公元前202年汉朝建立时，它的疆域已经大大缩小：匈奴迅速崛起，不仅重新占领了曾被秦始皇收复的土地，还一度推进到今陕西、山西的北部；不久又赶走了乌孙和月氏，征服了西域大部分国家，并吞了东胡。东南原闽中郡境内的越人在今福建以闽江下游为中心建立了闽越国，以原闽中郡的治所治（今福建福州市）为都，在今浙江南部的越人以东瓯（今浙江温州市）为中心建立了东海国(一作东瓯国)。它们名义上服从汉朝,实际上并不受约束。秦末代理南海郡尉(军事长官)的赵佗起兵据有岭南,在公元前206年自立为南越王,建都于番禺(今广东广州市);大约在公元前181年又灭了安阳国,将疆域扩展至今越南北部和中部。随着秦朝的灭亡而撤销的在云贵高原的行政机构,西汉初期也没有恢复。

到汉武帝(前140—前87年在位)时,经过一系列的军事行动,汉朝不仅恢复了秦朝的最大疆域,而且有了很大的扩展。建元三年(前138年),武帝趁东瓯受到闽越围攻请求解救之机,出兵将东瓯人全部迁走,取消了这个政权。元鼎六年(前111年),汉军灭南越,在南越旧地和海南岛设置了九个郡。第二年又灭了闽越,并将闽越人也全部迁离。从元光六年(前129年)开始,汉军对匈奴连续发动进攻,到元狩二年(前121年)夺取了河西走廊和湟水流域。但对西域控制权的争夺,直到宣帝神爵二年(前60年)才以汉朝的决定性胜利而告终。元光五年(前130年)和元狩元年(前122年),武帝在西南开疆拓土,到元封二年(109年)已扩展到今高黎贡山和哀牢山一线。同年武帝用兵朝鲜,次年朝鲜投降,朝鲜半岛的北部成为汉朝的郡县。

这一空前辽阔的疆域基本保持到了公元初的西汉末年。与秦朝相比,东北增加了朝鲜半岛北部和今吉林南部,南方增加了今越南北部和中部,西南的云贵高原上普遍设置了郡县,西北边境达到了今巴尔喀什湖东南、锡尔河上游和帕米尔高原。公元前202年汉高祖称帝时以雒阳(今河南洛阳市东北)为都,同年迁都长安(今陕西西安市西北)。西汉沿袭秦朝的郡县制,初期全国设有数十个郡,部分直辖中央,部分归属诸侯王国;末年有103个郡、国,全部直属中央。郡、国管辖县、道(设置于少数民族地区)、侯国(侯的封邑,行政权仍属郡)、邑(公主的封邑,行政权仍属郡),末年有1 500多个县级单位。西汉中期开始设置14个州刺史部、司隶校尉部,作为郡以上的监察机构。

三、东汉和三国的疆域政区

两汉之际匈奴内侵,因此东汉初一度放弃北方的大片领土。但到建武二十五年(公元 49 年)匈奴分裂为南北二部,南匈奴降汉,汉朝恢复了原有疆域。以后北匈奴在瓦解中西迁,鲜卑人成为蒙古高原的主人。随着高句丽的兴起,汉朝在朝鲜半岛和辽东的辖境不断收缩。东汉中期后,羌人的反抗规模越来越大,汉朝在西北的行政机构多次内迁,实际上为匈奴、羌和其他非华夏族的内迁敞开了门户。

东汉建都雒阳,初平元年(190 年)迁都长安,建安元年(196 年)迁都于许(今河南许昌市东)。刺史部并为 13 个,其职权逐渐加重,至末年演变为郡以上一级的行政区,此后的政区制度变成州、郡、县三级。

东汉中平六年(189 年)开始的战乱和随后的分裂割据,使汉族政权的实际控制区更为缩小,而非华夏少数民族的聚居区继续扩大,也为这些民族人口的内迁提供了新的机会。

220 年,曹丕逼汉献帝退位,建国号魏,定都洛阳。次年,刘备即帝位,仍称汉朝,建都成都(今四川成都市),史称蜀或蜀汉。222 年,孙权称吴王,以建业(今江苏南京)为都,后曾两次迁都武昌(今湖北鄂州市),不久仍迁回。各国内部仍沿用州、郡、县制。263 年,蜀灭于魏。265 年司马炎代魏,建晋朝,仍以洛阳为都;太康元年(280 年)灭吴,恢复统一局面。

第二节

人口数量和分布的变化[1]

一、人口数量的变化

关于秦代的人口数量,史料中找不到任何直接的记载。但从西汉

1 详见葛剑雄:《西汉人口地理》,人民出版社 1986 年版;葛剑雄:《中国人口发展史》第四章,福建人民出版社 1991 年版。

初的人口数量推测，在秦始皇统一六国时（前 221 年）至少应有 4 000 万左右，而战国后期的人口数量还可能更高。

由于秦朝过度使用人力和秦汉之际的连年剧烈战乱，西汉初也即楚汉之战结束的公元前 202 年，在西汉疆域内的人口有 1 500 万—1 800 万。此后，随着社会秩序的稳定和经济的恢复发展，至武帝元光元年（前 134 年）增加至约 3 600 万；这一阶段的人口年平均增长率高达 10‰—12‰。在汉武帝中后期，由于大规模的对外战争和徭役征发、自然灾害和社会动荡，造成了连续多年人口的零增长或负增长。至武帝后元二年（前 87 年），人口总数降至 3 200 万。至于史书上称当时已"户口减半"，则是户籍登记虚假不实的结果。从昭帝初至宣帝地节元年（前 86—前 69 年），处于恢复中的人口年平均增长率达到 12‰，总数迅速增加到 4 000 万。以后大致维持着 7‰的增长率，至平帝元始二年（公元 2 年）出现了约 6 000 万的高峰。

在王莽政权和东汉初年，持续不断的战乱和严重的自然灾害波及全国大部分地区，因此在短短的十多年间，人口锐减至 3 500 万左右。

在东汉初的 80 年间，社会基本安定，没有发生严重的、持续的灾害，黄河中下游的农业生产得到恢复，南方的农业开发有了进展，人口增长率虽不很高，但比较稳定，所以到 2 世纪初，全国人口已接近西汉的最高数。只是由于户口隐漏严重，登记数为 5 300 余万，低于公元 2 年。此后，由于西北和北方战乱频仍，天灾迭降，人口增长相当缓慢。但到永寿三年（157 年）或稍后几年，东汉的总人口还是突破了西汉的高峰。

从光和七年（184 年）黄巾起义爆发，到公元 220 年三国形成，由于战祸遍及黄河中下游和长江流域，大旱、大疫等天灾也极其严重，人口减少了约 60%，仅存 2 300 万左右。到三国结束的西晋太康元年（280 年），估计总人口还只略高于 3 000 万。

在这些中原王朝的疆域之外的其他政权或部族，一般人口不多。如西域诸国中乌孙和大宛分别有 63 万和 30 万人口的记载[1]，其余都

---

1 《汉书》卷 96《西域传》，中华书局 1962 年版（下同）。

不足 10 万,少的才数百人。匈奴的人口估计也不过五六十万,在青藏高原、东北和西南的一些部族的人数一般都不会更多。

二、人口分布的变化

这一时期的人口分布很不均衡,各地的人口密度相差很大。

自秦至西汉这 200 多年间,人口集中在关东,即北自渤海湾,沿燕山山脉而西,西以太行山、中条山为界,南自豫西山区循淮河至海滨之间的地区。元始二年(公元 2 年),这一范围内的平均人口密度为 77.6 人/平方千米(以下同),远高于全国平均数 14.63。该区面积仅占西汉疆域的 11.4%,但人口却占了 60.6%。区内除鲁西南山区、胶东丘陵和渤海西岸人口较稀少外,其余地区的密度大多接近或超过 100。

关东以外虽没有连成大片的人口稠密区,但关中平原、南阳盆地、成都平原的人口密度也接近或超过 100,临汾运城河谷盆地、豫西山区的涧水河谷及其西的黄河南岸一线、江淮之间平原、河套平原、太原河谷平原、杭州湾南岸及宁(波)绍(兴)平原、越南红河下游等地都有较高的人口密度,局部地区甚至与关东不相上下。首都长安及其周围的陵县地区是全国人口最密集的地方,百余平方公里的范围内人口密度超过 1 000。

长江以南大多数地区人口稀少,尤其是今浙江南部、福建、两广、贵州大多还榛莽未辟,人口密度最低,其中不少地方还是无人区。北方以河西走廊、东北缘边地区的密度最低,但一般仍略高于南方。其中河套地区及其以东一带更远高于周围地区。

西汉疆域之外地区的人口数量本来就有限,他们的居住或游牧范围又相当辽阔,所以人口密度极低。除台湾岛的情况还缺乏估计的根据外,其他地区的人口密度都不会高于 1。

直到东汉永和五年(140 年),上述人口分布的格局并没有多大的改变,但关中平原和西北地区的人口密度已大幅度下降,而长江以南尤其是长江中游南部的人口密度成倍或数倍地增加。由于南方的人口总数还很少，因此人口密度的绝对数依然远低于北方的关东，除小片的人口稠密区外，以郡为单位的人口密度高的不过20，低的仅在2以下。

三国期间，由于北方人口锐减，即使以往人口最稠密的地区也大多化为丘墟；而南方所受损失相对较小，又有北方移民迁入，与北方在人口密度上的差距大为缩小。如果以今淮河、秦岭和白龙江一线划分为南北两部分，则南方与北方的人口已大致接近。但随着三国后期北方的相对安定和经济的恢复，北方人口所占的比重又逐渐增加了。

第三节

影响人口迁移的行政和社会因素

一、法律、制度和社会影响对人口迁移的制约

秦国自商鞅变法后已经实行了户籍登记制度，严格控制百姓的迁移。百姓外出都必须持有官府的文书，旅馆核对无误后才能留宿，否则连旅馆主人一起治罪，以致在商鞅本人出逃时也无处投宿[1]。商鞅主张“使民无得擅徙”[2]，因而秦国已制定了相应的法律。出土的《秦律》中就记有这样的问答：“甲徙居，徙数谒吏，吏环，弗为更籍。”证明准备迁居的人必须向官吏申请，由官府办理“更籍”手续后，才能合法迁移。秦国还制定了“游士律”，规定：“游士在亡符，居县赀一甲，卒岁责之。有为故秦人出，削籍，上造以上为鬼薪，公士以下刑为城旦。”[3]外出的人必须带有官府的文书——符，否则就是非法行为，在

1 《商君书·垦令第二》，高亨：《商君书注译》，中华书局1974年版，第25页。
2 《史记》卷68《商君列传》。
3 据《云梦秦简释文》，载《文物》1976年第7期。

当年年底要向县里交罚金。如果是原秦国范围内的居民，就不仅要丧失秦国的户籍，而且要被罚作苦役。一般说来，这些法律在秦统一以后就被推广到了全国。

汉承秦制，对户口的控制和迁移限制的法律与秦朝一脉相承，而规定也更为具体。汉代规定每人都得著籍，脱籍是非法的。汉律中有专门的“户律”，原文虽已不得而见，但从以后各朝沿袭下来的条文看，对脱籍的惩罚不仅限于本人，还包括家长[1]。隐匿逃户逃人同样要治罪，贵为诸侯王或列侯也不能免。如薄昭根据汉文帝的旨意致淮南王的信中就指出：“亡之诸侯，游宦事人，及舍匿者，论皆有法。”（意思是：脱离户籍逃亡到诸侯国，不务正业而投靠诸侯，对这些对象隐匿不报，都可以根据法律定罪）[2]有一位胡孰侯被免去侯爵的两项罪名之一，就是“坐知人脱亡名数，以为保”（了解该人为脱离户籍的逃亡者却用为仆人）[3]。要合法地离开原籍，必须履行一定的手续。如淳于意要外出行医，恐怕受到地方官的拘押，“故移民名数左右，不修家生”[4]，即申请将自己的户籍列入“左右”项内，估计是作为流动户口。但这类对象估计只限于行医、经商、求学或临时外出等特殊情况，而且他们的户口还是在原籍。对某些特殊地区间的迁移或来往的规定更加严格，如关中与关东及其他地区之间、边郡与内地之间。

即使是对各级官员，法律也禁止他们任意行动。在职官员不得随意离开自己的任所，如冯野王任琅邪太守，在请病假时与妻子回杜陵老家医病，就受到御史中丞的告劾，罪名是“赐告养病而私自便，持虎符出界归家，奉诏不敬”[5]。诸侯王、列侯也不得自行离开封地。如《汉书·王子侯表》载杨丘侯安，“坐出国界，削为司寇”；终陵侯华禄，“坐出界，耐为司寇”；不仅被削去侯爵，而且判为拘役。

对地方官来说，辖区内户口的多少以及与上一年度的增减是每

---

1 如《唐律》：“诸脱户籍，家长徒三年。”《唐律》中的“户婚律”源于汉萧何所定汉律，见《唐律疏义》。则汉时必有此罪名，且处罚不会更轻。

2 《汉书》卷44《淮南厉王刘长传》。

3 《汉书》卷15《王子侯表》。

4 《史记》卷105《扁鹊仓公列传》。

5 《汉书》卷78《冯奉世传》。

年“上计”的主要内容，也是上司考核下属政绩的主要项目。因此，地方官无不希望辖区内的户口逐年增加，当然就要防止所辖百姓外迁。对于列侯和诸侯王来说，侯国或王国内户数的多少直接关系到他们每年俸禄的数量，必定也要制止居民的外流。

当时境内绝大多数人口从事农业生产，在小农经济的条件下，人们形成了对土地尤其是自己耕种的土地的依赖性。加上宗族成员间的联系和长期聚居的影响，安土重迁的观念已经根深蒂固，因而在大多数情况下人们不愿意离开自己的故乡。即使遇到天灾人祸被迫流亡外出，一旦可能，大多还是要返回故乡的。

汉代的政治、经济、文化重心都在北方，优越的政治、经济、文化条件对世家大族、文武官员、文人学者、富人商贾都具有很大的吸引力。非但已居住在北方的人不会轻易迁出，就是原来居住在南方的人也要设法迁入；对首都所在的关中或洛阳一带更是如此。北方的平民百姓自然也会受到影响，存在一种关东人或关中人的优越感。由于人口中的大多数长期生活在北方，习惯于北方的自然环境，尤其是比较干燥的气候，而不适应南方的湿热环境；“江南卑湿，丈夫早夭”几乎是北方人一致的看法。如文帝时贾谊被任为长沙王太傅，以为是极大的不幸，心情忧郁，虑无善终[1]。景帝子刘发因“无宠”才被封于长沙，直到100多年后，刘发的后代舂陵侯刘仁等人还自愿减少封户迁往南阳[2]。而在当时的生产水平下，南方有利的自然条件还难以发挥，开发之初的确有很大困难，因而北方人对南方存在着一种恐惧和鄙视的心理。北方人不愿意去南方，已经去了的也要千方百计返回。

二、法律和制度的实际作用

但这些并不意味着这一阶段就没有出现过较大规模的移民，更不是说就不存在移民现象，因为客观上有利于人口流动和移民的条件是同时存在的。

---

1 《史记》卷84《屈原贾生列传》。

2 《汉书》卷53《景十三王传·长沙定王发》;《后汉书》卷14《宗室四王传·齐武王縯》。

首先，法律并不一定得到严格的执行，一般在制定之初或王朝的初期还比较有效，到了中后期就逐渐名存实亡。像隐匿户口和离家逃亡这类违法行为，由于涉及面很广，往往难以治罪，更无法制止。各方面的史料证明，东汉期间隐匿户籍的现象已经相当严重，而对地区间的迁移进行限制的法律往往形同虚设，例如外地籍官员迁入或居留首都洛阳一带已相当容易。在自然灾害发生时，官府或者无力赈济，或者失去控制，只能容许或默许灾区的百姓外流。一旦出现战乱，或政权倾覆，法律的力量就更是荡然无存了。而且，天高皇帝远，边远地区少数民族聚居区以及离行政区治所较远的乡村、山区大多还处于行政管辖之外，往往成为流民的乐土。

其次，将户口多少与地方官、列侯、诸侯王的利益连在一起固然有控制逃亡的一面，同时也有保护甚至招引逃亡的一面。他们对逃亡到自己辖境或封地来的百姓，一般都是欢迎并予以庇护的，因为这无疑是增加赋税收入、显示政绩的极好机会。地主豪强要隐匿户口，重要的手段就是接受逃亡者，其中自然不乏来自外地或远地的流民。当中央政权缺乏权威时，地方势力或分裂割据势力就会与朝廷争夺民户，西汉前期的诸侯王国和东汉时的地方豪强都曾这样做过。

最后，无论贫富贵贱，对绝大多数人来说，生存的愿望总是第一位的，总会超越其他观念，如乡土、宗族、地域等方面的考虑。所以，迫于生计的农民、逃避追捕的犯人、寻求活命的灾民会迁往南方、边疆甚至匈奴等异族地区。一旦发现有比原籍好的生活条件，他们会毫无顾虑地定居下来。

但是，制约人口迁移的因素毕竟是多方面的、有力的，因而在正常的情况下，流动人口在总人口中的比例是不高的，其中最终成为移民的更少。

三、强制性移民和自发性移民

另一方面，统治者出于政治、经济、军事甚至个人欲望的需要可以通过法律或行政命令的方式将某些人口迁入指定的地点，因此较大规模的移民基本都是行政措施的结果。秦国后期已经将“迁”(强制迁移)列入刑法,根据出土秦简,一些轻微的罪过都能被判处迁刑,家长也能要求官府将子弟处以迁刑。

到秦始皇时,为了获得足够的移民,还可以任意规定将某种对象列入“谪”或“谪戍”的范围。见于《史记·秦始皇本纪》的就有豪富、黔首(普通百姓)、童男女、逋亡人(逃亡者)、赘婿(因家贫而至女方成家的男子)、贾人(商人)等多种。

两汉的刑名中都有“徙边”一项,但至今尚未发现完整的法律条文。从史料记载看,一般都用之于犯了罪的官吏及其家属,其中相当一部分是定期或有期的,或实际上有被赦迁回故乡的机会,被迁对象大多不会成为移民[1]。另一类为普通罪犯,涉及的数量较多,返回内地或故乡的机会不多,会形成较多的移民。特殊情况下,统治者为了获得更多的移民,甚至不惜修改法律。如王莽为了增加迁往新设的西海郡的犯人,“又增法五十条”,“禁民不得挟弩铠,徙西海”,造成“徙者千万数”[2]。

出于行政命令的移民,如汉初开始的“实关中”、武帝时的移民实边、东汉初的边民内迁等,与秦始皇时一样,并没有严格的法律规定,而是根据需要或可能进行的。

但这些类型的迁移在正常情况下数量不会很多,安置区一般只限于边疆、首都或少数特定地点。正因为如此,迁移范围最广、涉及人数最多的移民只能发生在战乱时期,如本阶段的秦汉之际、两汉之际和东汉末年至三国初期。在这种情况下,从朝廷到地方的行政控制已经全部或部分解体,而生存的威胁又使战乱地区的居民别无选择。一般说来,受战乱波及严重的地区如黄河流域是移民迁出区,而相对安定的地区如南方和某些边疆地区包括少数民族聚居区是移民迁入区。

此外,从西汉开始已经存在局部的人口稠密区,即所谓的“狭乡”,

1 如西汉时获罪被迁到西北边疆地区和岭南的官员及其家属,有机会迁回故乡。又如《北堂书钞》卷45引蔡邕徙朔方后报杨复书:“昔此徙者,故城门校尉梁伯喜、南郡太守马季长,或至三岁,近者岁余,多得旅返。”则东汉后期谪迁西北边疆的官员返回的可能性更大。

2 《汉书》卷99《王莽传》。

那里的农民往往没有足够的耕地，会自发地迁往人口稀少的“宽乡”。从总体上说，关东地区大多是狭乡，而南方基本是宽乡。到东汉时，随着南方开发的进展，宽乡的优势开始显示，所以自发的南迁逐渐增加。

第四节

自然环境和灾害的影响

一、气候的变化

从春秋时期（前770—前476年）开始，气候又逐渐转暖[1]。根据孟子和荀子的说法，相当于今山东省的齐鲁地区在战国后期农作物可以一年两熟，而近代直至20世纪40年代末，淮河以北还习惯于两年轮作三季作物，说明当时的气候比近代更暖和。

这一温暖的气候长达数百年，由此形成的植被分布状况在公元前1世纪依然表现得非常明显。如从司马相如《上林赋》的描述中可以看出，在上林苑所在的今陕西秦岭以北生长着橘、柑、枇杷、杨梅、樱桃等果树。司马迁的《史记·货殖列传》所记载的经济作物分布是：“蜀、汉、江陵千树橘……陈、夏千亩漆，齐、鲁千亩桑麻，渭川千亩竹。”这些植物的分布范围都比今天偏北，这应该是长期温暖气候的结果。

但从公元前1世纪问世的《氾胜之书》证实，西安、洛阳一带的初霜时间和冬小麦播种时间分别比现在要提前一个多月或20天，这说明当时已经开始受到寒冷空气的侵袭，气候正在转寒。这种趋势一直持续到4世纪前半期，估计年平均气温要比现在低2—4℃。

这一阶段的湿润状况，也与气温的变化大致相适应。在距今

1 关于本阶段气候的概述主要据《中国自然地理·历史自然地理》第二章《历史时期的气候变迁》，科学出版社1982年版，第9—10页。

2 500 年之前，也即从公元前 6 世纪末开始，在经历了一个变干阶段后，气候又稍湿润，然后再次变干。自公元初以后，水灾相对减少，而旱灾相对增加，并持续至本阶段结束。

因而在这一时期，黄河流域从整体上说，比长江流域具有更好的气候条件，温暖湿润，适合农作物生长。但从公元初开始，黄河流域逐渐向比较寒冷和干燥的方向转化，长江流域的温度和湿度则渐渐降低，过于湿热的不利气候条件得到改变。由于长期形成的植被对气候的调节作用，寒冷对黄河流域的影响在一定程度上被削弱和推迟了。

由于气温和湿润状况的转变发生在公元前 1 世纪至公元初，在此前后的气候经常出现异常的变化，导致频繁发生自然灾害；其中的旱、涝、蝗对社会和人口的影响最大。汉武帝中后期和两汉之际人口锐减，自然灾害是主要原因之一。传染病的爆发和流行与气候的变化也有密切的关系。当时的“大疫”都曾造成大量人口的死亡和外迁，而外迁的人口往往起了扩大疫区的作用。公元 3 世纪初（建安年间）的大疫是其中最严重的一次，持续时间之长、传染范围之广，造成死亡人数之多都是罕见的[1]。

二、黄河下游河道和渤海湾的变迁

这一时期，人口最稠密的黄河下游地区（当时海河水系尚未形成，黄河出海口摆动于今天津和山东之间，因而今海河流域大致也包括在黄河下游地区之内）也是大多数人口居住的地区，因此黄河下游河道的决溢对人口的分布和迁移影响很大[2]。

在战国中期大规模筑堤以后，黄河下游的河道固定了下来，但泥沙堆积也随之加速，至西汉前期即公元前 2 世纪中叶，开始出现频繁决溢的记载。西汉期间有记载的决溢有 9 次，其中武帝元光三年（前

1 如著名医学家张仲景家族 200 余人，在不到十年间死了三分之二；见张机：《伤寒论》，《丛书集成》本。又如文学家“建安七子”在建安二十二年（217 年）就因染疫而死了四人；见曹丕：《与吴质书》，《昭明文选》卷 42。

2 有关黄河下游水道的变迁和水灾的概述，据《中国自然地理·历史自然地理》第四章第二节；谭其骧：《何以黄河在东汉以后会出现一个长期安流的局面》，原载《学术月刊》1962 年第 2 期。

132年)的一次影响最大。当时河水从今河南濮阳西南一带决口,东南泻入巨野泽,由泗水经淮水入海。由于丞相田蚡的封邑在河以北,河水南决对封邑的安全有利,所以他极力反对堵口,以至于洪水泛滥遍及16郡,历时20余年,直到元封二年(前109年)才将决口堵住。

王莽始建国三年(公元11年),黄河在今河北大名县东以上一段决口,因河水向东泛滥,使他在元城(今河北大名县东)的祖坟不再受洪水威胁,所以王莽也不实行堵口。直到东汉明帝永平十二年(69年)才由王景主持治河,至次年完成,形成了一条从荥阳(今河南荥阳市东)至千乘(今山东高青县东北)、由今山东利津入海的新河道。从此,黄河出现了一个长期安流的局面。在此期间,见于记载的河溢,仅有东汉一次和三国魏两次,灾情都不严重。

东汉以后黄河安流的根本原因是中游土地利用方式的改变,即原已开垦利用的农田成为牧地或完全荒芜,天然植被得到恢复,水土流失得到控制。而西汉期间的严重决溢,正是秦汉时期向中游地区大规模移民和开垦导致水土流失加剧的结果。下游的泛滥会造成巨大的灾害,导致人口的外迁,甚至成为由关东向西北移民的直接原因[1];而移民在西北(主要是黄河中上游)的开垦和耕种又引起严重的水土流失,从根本上加剧了下游的水患。移民与黄河水灾竟有如此直接的因果关系!

西汉中叶,渤海湾西岸发生过一次大海侵[2],新形成的海岸线大致经过今天津市区4米等高线。这片没入海水的土地到东汉中叶以后重新成为陆地,东汉末年大致恢复到海侵前的形势。

与黄河下游河道的变迁和这次海侵相比,其他水系和海岸线的变化就没有如此剧烈和显著。而且由于涉及的地区人口都还比较稀少,人口的分布和迁移所受到的影响要小得多。

---

1 如元狩四年(前119年)的大移民就是关东连年水灾后出现大批流民后采取的措施,见《汉书》卷6《武帝纪》。

2 详见谭其骧:《历史时期渤海湾西岸的大海侵》,原载《人民日报》1965年10月8日。

秦朝：大移民时代

从公元前221年秦始皇灭六国，至公元前206年子婴向刘邦投降，统一的秦朝只存在了短短的15年。但在此期间移民的人数之多、距离之远、次数之频繁，不仅是空前的，也是其他多数朝代所少见的，因此秦朝完全称得上是一个大移民的时代。当然秦朝的移民政策是战国后期秦国移民政策的继续，有其历史渊源。

第一节 从外迁到互迁

一、疆域扩张中的对外移民

与此前的其他政权一样，秦国在扩张的过程中也不断将本国的人口迁入新占领地区，这一措施至少可以追溯到秦惠文王八年（前330年）。据《史记·樗里子列传》，秦军在攻占曲沃（今河南灵宝市东北）后，“尽出其人，取其城，地入秦”。既然秦国要占有此城，又驱逐了原来的居民，当然必定要迁入本国的人口。即使可以暂时由军队驻防，但随着疆域的扩大，军队又要向前推进，还得由移民来居住，这从以后的记载中可以得到证实。如惠文王十三年（前325年）张仪攻下陕（今河南三门峡市陕州区）后，同样“出其人与魏”[1]。

昭襄王二十一年（前286年），秦将司马错进攻魏的河内地区，魏国被迫献出安邑（今山西夏县西北），“秦出其人，募徙河东赐爵，赦罪人迁之”[2]。安邑曾经做过魏国的都城，应该是一个不小的城市，迁出的魏人和迁入的秦人都不会少。所以秦国的移民已经包括了两个方面：一是招募的平民，给予赐“爵”的优待；一是罪犯，以迁入这类新占领区折免刑罚或刑期。前者基本上是自由选择的，后者却是带强制性的。这两方面的措施也是以后直到东汉由官方组织实施的移民中最常用的手段。

所谓“爵”，本来是奖励武功的。秦国制定的爵有20级之多，其中从第一级公士至第八级公乘属于民爵，平民可根据军功取得。民爵虽然不会带来直接的物质利益，但这是身份的标志，而且法律允许以爵折自己或亲人的罪[3]，特殊情况下官方还出卖爵位[4]，所以赐爵可以看作为一种物质奖励。

以后随着秦国攻城略地的增加，这类移民更多，见于《史记》卷5《秦本纪》的有：

（昭襄王）二十六年（前281年），赦罪人迁之穰（今河南邓州市）。

二十七年，（司马）错攻楚，赦罪人迁之南阳（今河南西南一带）。

二十八年，大良造白起攻楚，取鄢（今河南漯河市郾城区南）、邓

---

1 《史记》卷5《秦本纪》。

2 同上。

3 见秦《军爵律》：“欲归爵二级以免亲父母为隶臣妾者一人，及隶臣斩首为公士，谒归公士而免故妻隶妾一人者，许之，免以为庶人。”载《云梦秦简释文》（二），《文物》1976年第7期。

4 如《史记》卷6《秦始皇本纪》：“四年……天下疫。百姓纳粟千石，拜爵一级。”则爵一级与粟千石等值。西汉也有类似做法。

（今漯河市郾城区西北），赦罪人迁之。

三十四年，秦与（作“以”解）魏、韩上庸地（今湖北竹山县西南一带）为一郡，南阳免臣迁居之。

所谓“免臣”，就是得到赦免的奴隶或战俘。南阳虽不是秦国的旧地，但从昭襄王二十七年占领并移民，至此已有 7 年，已经有条件像秦国本土一样输出移民了。

二、灭六国中的强制迁移

秦国取得的别国领土越来越多，而秦国本身的人口毕竟有限，自然不可能无限制地迁出，于是在昭襄王后期秦国改而实行另一种政策，即在占领地进行相互之间的移民。这样做的目的，显然是为了使原来的统治者或一部分有权势的人物及阶层脱离原地或原来的统治基础，处于他们不熟悉或便于受到控制的地区。由于与新占领区相比，秦国旧地已显得狭小，所以这类移民大多就在六国之间或一国内部进行。但也有一部分国君和大族还是被安置在秦国旧地或首都咸阳。

与此同时，必定还有一些六国旧人不甘心国家的灭亡，或者不愿意服从秦国的强制性迁移，因而逃离家乡，有的就在边远地方或秦统治区之外定居。这类情况见于记载的有：

昭襄王五十二年（前 255 年），迁西周公于𢠸狐（今河南汝州市西北），而周民向东逃亡[1]。庄襄王元年（前 249 年），又在附近的阳人聚安置了东周君的后人[2]。

秦始皇八年（前 239 年），攻占魏国的东郡（今河南东北与相邻的山东一带）后，将原在帝丘（今河南濮阳县西南）的卫元君迁至野王（今河南沁阳市）[3]。

十七年灭韩后，韩哀侯的后裔平氏被从平邑（可能在今河南南乐

1 《史记》卷 4《周本纪》。
2 《史记》卷 5《秦本纪》。
3 《史记》卷 6《秦始皇本纪》、卷 37《卫康叔世家》。

县东北)迁至下邑(今安徽砀山县东)[1]。

十九年灭赵后,有的赵人被迁至温(今河南温县西南)[2];一部分赵人被迁于蜀,其中有钱财买通押送官员的被安置在葭萌(今四川广元市西南)一带,另一些如卓氏、程郑等则迁至临邛(今四川邛崃市)[3]。赵王迁被流放到房陵,即今湖北房县;这是一个处于大巴山、武当山和荆山之间又远离交通线和居民点的偏僻地点,直到近代还相当闭塞。无怪这位亡国君王,"思故乡,则为作山木之讴",以至"闻者莫不陨涕"[4]。赵王的宗族、名将赵奢的后人从邯郸迁至咸阳[5]。

二十二年秦灭魏国,魏都大梁(今河南开封市)的人口一部分 迁至丰(今江苏丰县)。当时的大梁移民估计数量不少,所以在秦末汉初有"丰,梁徙也"的说法,汉高祖刘邦也称其祖父是从大梁迁于丰的[6]。附近的沛(今江苏沛县)也有来自大梁的移民[7]。有迁至外黄(今河南民权县西北)的,如张耳[8]。有迁至南阳湖阳(今河南唐河县西南)的,如东汉冯鲂的祖先[9]。南阳的郡治宛县(今河南南阳市宛城区)也是魏人的迁入地,如以后以铁冶致富的孔氏就是这批移民中的一员;此外还包括一批"不轨之民"[10]。信陵君的后裔卑子本来可能也是被迁移的对象,但逃到了泰山[11]。

二十四年秦灭楚后,也有一系列的移民措施:楚王的一部分宗族

---

1 《通志·氏族略》,四部备要本。

2 《史记》卷103《万石张叔列传》载石奋父赵亡后徙温。

3 《史记》卷129《货殖列传》。

4 《淮南子·泰族训》。

5 《新唐书》卷72下《宰相世系表》,中华书局1975年版(下同);《广韵》上声卷3马第三十五。《后汉书》卷24《马援传》:"其先赵奢为赵将,号曰马服君,子孙因为氏。武帝时,以吏二千石自邯郸徙焉。"则赵氏之后徙关中者非仅国亡之时。

6 《汉书》卷1《高帝纪·赞》:"秦灭魏,迁大梁,都于丰,故周市说雍齿曰:'丰,故梁徙也。'是以颂高祖云:'汉帝本系,出自唐帝。……涉魏而东,遂为丰公。'丰公,盖太上皇父。其迁日浅,坟墓在丰鲜焉。"

7 如《新唐书》卷71上《宰相世系表》:刘氏"十世战国时获于魏,遂为魏大夫。秦灭魏,徙大梁,生清,徙居沛"。

8 《史记》卷89《张耳列传》。

9 《后汉书》卷33《冯鲂传》:"其先魏之支别,食菜冯城,因以氏焉。秦灭魏,迁于湖阳,为郡族姓。"

10 《史记》卷129《货殖列传》。

11 《通志·氏族略》。

迁至严道(今四川荥经县)[1]。贵族上官氏被迁至陇西的上邽(今甘肃天水市秦州区)[2];迁于陇西的还有其他大姓,如权氏[3]。以后成为河东大族的柳氏,据说原来是鲁国的宗室,鲁亡后仕于楚,是楚被灭后才迁去的[4]。据班固《汉书·叙传》,班固的先人是楚国令尹子文之后,"秦之灭楚,迁晋、代之间,因氏焉。始皇之末,班壹避地于楼烦(今山西宁武县)",也是楚国灭亡后的移民。

二十六年,最后一个灭亡的齐国向秦军投降,国王建被迁至共[5]。共,即今甘肃泾川县北一带[6]。《通志·氏族略》来氏载"齐有来章,秦末,徙于义阳之新野(今河南新野县)";可能也是灭齐后移民的一部分。

还有一些例子可能也是秦灭六国过程中的移民。如周勃,"其先卷(今河南原阳西北)人,徙沛"[7]。卷本属魏国,秦昭襄王三十三年(前274年)为秦所取[8];周勃的先人很可能就是在此时迁于沛的。又《史记》卷90《魏豹彭越列传》载其兄魏咎"故魏时封为宁陵君。秦灭魏,迁咎为家人"。家人就是奴仆,魏咎被"迁"为家人,自然不会留在原来的封邑。虽然我们无法肯定魏咎被迁至何处,但无疑已迁离故乡。

应该指出,由于秦国和秦朝的史料非常有限,今天能够找到的移民实例,无论是直接记载还是间接记载,都只能是极少的一部分。但从这不多的事例中,我们还是不难想象从秦国后期开始到秦始皇完成统一过程中频繁的移民行动,而且可以肯定这类移民的总数是相当大的。

---

1 《太平御览》卷66引《蜀记》:"秦灭楚,徙严王之族于严道。"以往一般认为严王即庄王,因东汉明帝名庄,汉人避讳而改。但庄王在位于公元前613年至前591年,在楚灭之前三百多年,为什么还有单独的"庄王之族"?任乃强在《华阳国志校补图志》卷3《蜀志》严道县注中也以为《史记》中已有严道之名,则不可能为避讳而改。疑"严"字别有所解,但系楚王宗族当不至于有误。

2 《通志·氏族略》:楚王子兰为上官大夫,因以为氏。秦灭楚,徙陇西之上邽。

3 《新唐书》卷75下《宰相世系表》称:权氏,"秦灭楚,迁大姓于陇西,因居天水"。

4 《新唐书》卷73上《宰相世系表》柳氏:"楚灭鲁,仕楚。秦并天下,柳氏迁于河东。楚末,柳下惠裔孙安始居解县。"

5 《史记》卷46《田敬仲完世家》。

6 说见马非百:《秦集史·迁民表》,中华书局1982年版,第927页。

7 《史记》卷57《绛侯世家》。

8 《史记》卷5《秦本纪》。

第二节

对首都地区和西北边疆的移民

一、咸阳和关中

如果说秦始皇将少量六国旧族安置在咸阳只是出于加强控制的考虑,那么对咸阳的大规模移民就兼有增加首都地区人口和经济实力的双重目的了。二十六年(前 221 年),秦始皇“徙天下豪富于咸阳十二万户”[1]。以每户 5 口计,共有 60 万人。豪富主要集中在关东,所以关东是移民的主要来源。

根据战国后期的标准,齐都临淄以 7 万户著称,估计咸阳的人口不会更多,加上在吞并六国后必定会从咸阳派出一些人员驻在全国各地,常住人口还会有所减少。这就是说,这次移民完成以后,关东移民已经大大超过了咸阳的土著人口,而咸阳的总人口已接近 100 万了。这还没有计入各地到首都地区服役,参加修建秦始皇的陵墓和阿房宫的数十上百万的流动人口。相比之下,西汉末年已经成为首都达 200 年之久的长安户口也只有 68 万多口[2],实际人口也不会比咸阳多。这样大量的移民使咸阳成为中国史上第一个百万人口级的大城市。

到了三十五年(前 212 年),秦始皇又“徙三万家丽邑,五万家云阳”[3]。关于这次移民的动机和这些移民的来源,《史记》上没有直接的记载,但从当年的形势和秦始皇的活动中还是可以找到答案:

---

1 《史记》卷 6《秦始皇本纪》。

2 《汉书》卷 28《地理志》。此为长安县户口数,即包括城外部分,但绝大多数应是城内人口。

3 《史记》卷 6《秦始皇本纪》。

三十五年，除道，道九原，抵云阳，堑山堙谷，直通之。于是始皇以为咸阳人多，先王之宫廷小，吾闻周文王都丰，武王都镐，丰镐之间，帝王之都也。乃营作朝宫渭南上林苑中。先作前殿阿房……表南山之颠以为阙。为复道，自阿房渡渭，属之咸阳……隐宫徒刑者七十余万人，乃分作阿房宫，或作丽山。发北山石椁，乃写蜀、荆地材皆至。关中计宫三百，关外四百余。于是立石东海上朐界中，以为秦东门。因徙三万家丽邑，五万家云阳，皆复不事十岁。[1]

这几件事都是互相关联的。首先是筑了从咸阳经过云阳（今陕西淳化县西北），劈山填谷直达九原（今内蒙古包头市西北）的驰道。其次是秦始皇感到咸阳人口太多，原来留下的宫殿太小，决定在渭水之南另建新宫，并征集了 70 万刑徒投入筑造。刑徒中的一部分继续在丽山为始皇修建陵墓。再次是在东方朐县（今江苏连云港市海州区西南）海滨立石，作为秦朝的东门。最后才是向这两地的移民。

因此我们可以肯定，这次移民是秦始皇扩大首都计划的一部分。因为嫌宫殿小，所以要扩建；以咸阳人多，就要疏散。他自然不会将好不容易迁来的人口迁回去，但咸阳周围又要广建宫室，不可能安置城内的过剩人口，因此就迁至云阳和丽邑。尽管云阳已处于陕北高原的边缘，但新建成的驰道便利了与咸阳的联系，并且使它成为关中通向北部主要交通线上的一个重要衔接点。根据秦始皇雄心勃勃的规划，这里是未来的首都的北缘。而丽邑（今陕西西安市临潼区东北）是秦始皇的陵墓所在，在这里形成一个壮观的城市，对于要使自己的坟墓成为另一个世界的皇宫的秦始皇来说，当然是很有必要的。而且，丽邑可以看作为新首都的东缘。作这样的推断绝不是无根之谈，因为秦始皇已经建成“咸阳之旁二百里内宫观二百七十”，往西北完全有连接云阳之势；从他要将东门筑至东海的气势和仅仅当作前殿的阿房宫的规模看，这样的计划更显得顺理成章了。

根据这样的规划，同时考虑到当时已经多次、经常性地动用或迁

1 《史记》卷 6《秦始皇本纪》。

移了大批人口，这8万户移民就是迁入咸阳的部分“天下豪富”的再迁移。在秦始皇二十六年迁入咸阳的12万户中，有三分之二又迁出了，留在咸阳的人口似乎过少了。其实这倒符合秦始皇的意图。因为既然秦始皇有建成“大咸阳”的计划，这样的迁移只是首都内部人口分布的重新安排，他要将咸阳一带作为主要的宫殿区，居民区就只能紧缩。另一方面，这些豪富不会自己生产粮食，咸阳附近又无田可种；这从以后西汉的情况可以推断，要维持这些移民的粮食供应并不是容易办到的事情。所以虽然我们并不排除在二十六年以后秦始皇又曾从外地迁入人口的可能，但数量不会太多。

这些移民来自当时经济文化最发达的地区，又大多是拥有经济、政治、文化实力的上层人士，他们高度集中在咸阳或云阳、丽邑，按照一般规律，应该对这些迁入地产生巨大的影响，但事实却并非如此。这除了是由于秦始皇的专制暴虐，对这些来自六国旧地的移民控制甚严以外，最主要的原因还是在于这些移民在关中居留的时间太短，绝大多数人没有能真正定居。

到公元前202年楚汉之战结束时，咸阳已成一片废墟，关中人口稀少，至多只有二三十万人[1]。显然，这批移民在关中已基本消失。他们的去向大致有几方面：项羽东归前焚烧宫室，咸阳残破，造成人口的减少和外迁。豪富们迁入咸阳本是被迫，秦亡后政治压力消除，离家不过十多年的移民自然会迁回故乡。项羽分封诸侯后，六国基本恢复，公族旧臣更要投向故国。在楚汉之争中，关中作为刘邦的基地提供了几乎全部人力，如汉高祖二年（前205年），萧何“发关中老弱未傅悉诣军”，连未成年人和老弱者都征发了，可见留在关中的人口已经极少了。而同年“关中大饥，米斛万钱，人相食，令民就食蜀汉”[2]。即使还有劫余的移民，也大多迁入蜀汉了。如果说原籍关中的人在灾害过后还愿意返回的话，那么这些原来就不是关中人的移民就没有这个必要了。总之，秦朝对关中的移民没有留下什么明显的结果。

前面提到过，在灭六国的过程中秦始皇曾将一些贵族大家迁至

---

1 见拙著《西汉人口地理》第二章第二节，人民出版社1986年版，第23—24页。

2 《汉书》卷1《高帝纪》。

西北，另外本国的罪人也有被迁至西北边地的记录。如秦王政八年（前239年）王弟长安君成蟜将军击赵；反，死屯留（今山西屯留县南），军吏皆斩死，迁其民于临洮（今甘肃岷县）[1]；但数量一般并不多，迁入地也比较分散。

西汉名将李广的先人李信，“秦时为将，逐得燕太子丹者也。故槐里，徙成纪”[2]，即从关中今陕西兴平市东南迁至今甘肃静宁县西南。从李广“家世世受射，孝文帝十四年……而广以良家子从军击胡”的背景看，李氏迁居陇西显然已有多年，所以很可能是在秦朝就已迁至成纪，《北史·序传》的说法是完全不可信的[3]。

二、西北边疆的开拓

三十二年（前213年），秦始皇派蒙恬率30万人进攻匈奴，略取河南地，即黄河上游今宁夏以下、内蒙古境内黄河以南的部分。第二年，蒙恬驱逐了匈奴，“自榆中，并河以东，属之阴山，以为四十四（一作三十四）县，城河上为塞。又使蒙恬渡河取高阙、阳山、北假中，筑亭障以逐戎人。徙谪，实之初县”。蒙恬此后留驻上郡，继续负责长城的修筑[4]。至此，一个开疆拓土并移民设置行政区域的过程基本完成了。

这一移民区的范围既以秦长城为北界，所以可根据秦长城的位置来确定。考古学者勘定这段长城是“在呼和浩特市东北穿越大青山，逶迤在大青山北面的岗岚之上，经武川县、固阳县而进入乌拉特前旗，分布在狼山南麓的乌拉特中后旗和潮格旗境内，向西伸入乌兰布和沙漠中”[5]。其南界大致在战国时的秦长城一线，即今宁夏固原市

1 《史记》卷6《秦始皇本纪》。
2 《史记》卷109《李将军列传》。
3 《北史》卷100《序传》称：“信孙元旷，仕汉为侍中。元旷弟仲翔，位太尉。仲翔讨叛羌于素昌，一名狄道。仲翔殒命，葬狄道川。《史记·李将军传》所云其先自槐里徙居成纪，实始此也。仲翔曾孙广，仕汉。”以司马迁与李氏的关系，如其先人有本朝的太尉，又为征羌阵亡，何至于在列传中不及一字？西汉初的太尉不可能在《史记》《汉书》中漏载，若真是在征羌中阵亡，在有关羌人的传中也应提及，可见李信与李广中间的世系纯系李氏后人为强调门第而随意编造。
4 《史记》卷6《秦始皇本纪》。
5 内蒙古文物工作队、内蒙古博物馆：《内蒙古文物考古工作三十年》，载《文物考古工作三十年》，文物出版社1979年版，第73页。

原州区，甘肃环县，陕西吴起县、榆林市横山区西北。这一地区大多从未开发或仅作为游牧区，尤其是河套平原有丰富的水源，灌溉便利，土地肥沃，秦人认为与他们秦中（关中）故乡一样富饶，因此被称为新秦中。同年在河套新设了九原郡[1]，治所在九原县（治今内蒙古包头市西北）。

移民的主要来源是“谪”或“谪戍”，实际上是秦始皇根据强制移民的需要而随意决定的对象。由于北方边疆气候寒冷，条件艰苦，百姓视为畏途，被征发到的人就像判了死刑一般，所以只能采取强制手段：先征发犯了罪过的官吏，然后再找赘婿（因家贫而到女方成家的男子）、商人；人数不足，再征发曾经登记过商人户籍的人，或者祖父母、父母曾经登记过商人户籍的；进一步征发时就轮到住在“闾左”的穷人了[2]。但蒙恬率领的30万军人中也应有一部分转为屯垦，并负对迁入的罪犯的监督管理之责。关于移民的数量，史籍中未发现任何记载。要充实新设的40多个县，人数必定不能太少。以每县平均500户计算，应有2万多户，近10万人；如每县以千户计，则应有4万余户，近20万人。但移民区范围广大，移民数量依然不足，因此到三十六年（前211年），“迁北河、榆中三万家，拜爵一级”[3]。这次的迁入区是河套平原，显然是出于开垦的便利和巩固北部边疆的双重目的。迁入的对象已是平民，所以才有拜爵的奖励。这批移民的来源也不详，但上一年已经筑成的关中经云阳至九原的直道，可能是移民迁入的路线。

两次移民的结果，至少有近30万人迁入了河套地区，从事开垦和农耕。此前的赵武灵王虽也曾拓展到河套，但还没有大规模移民，因此这是中原农业人口第一次推进到如此远的北方，阴山南麓成为中国农业区新的北界。但三十七年（前201年）秦始皇死后，蒙恬即被秦二世赐死。“蒙恬死，诸侯畔秦，中国扰乱，诸秦所谪徙戍边者皆复去。

1 据谭其骧：《秦郡新考》，《长水集》上册，人民出版社1987年版，第6—7页。
2 《汉书》卷49《晁错传》。
3 《史记》卷6《秦始皇本纪》。

于是匈奴得宽，复稍度河南与中国界于故塞。”[1]实际上从蒙恬死至诸侯叛秦还有一二年时间，移民的逃离也不是有组织的，而是陆续进行的。第二批移民迁入不到一年，又是平民身份，迁离最容易；第一批移民一般要到秦朝的统治瓦解后才能全面逃亡。由于匈奴随即卷土重来，并且一直占据到汉武帝时期，必定有少数未能逃离的移民流入匈奴。

东汉末的应劭在《风俗通义》中甚至称鲜卑人就是秦始皇时逃亡戍卒罪犯的后裔："秦始皇遣蒙恬筑长城，徒士犯罪，亡依鲜卑山，后遂繁息；今皆髡头衣赭，亡徒之明效也。"[2]这种说法当然是无稽之谈，但至少证明直到东汉末年，秦朝的戍卒罪犯流入匈奴地区（后大多为鲜卑所占）的传说还相当流行。

由于蒙恬开拓的疆土已完全丧失，对这一地区的移民成果也荡然无存了。

第三节

对岭南的征服和对越人地区的移民

一、征服岭南后的移民

战国时楚国的疆域还没有达到南岭以南，秦灭楚后才进一步向南扩张。但对于这次重大的军事行动的过程和结果，《史记》中的记载却非常简略，而且自相矛盾。《秦始皇本纪》云：

三十三年（前214年），发诸尝逋亡人、赘婿、贾人略取陆梁

1 《史记》卷110《匈奴列传》。
2 王利器：《风俗通义校注·佚文》，中华书局1981年版，第492页。

地，为桂林、象郡、南海，以谪遣戍。

《南越列传》却说：

> 秦时已并天下，略定杨越，置桂林、南海、象郡，以谪徙民，与越杂处十三岁。

《淮南衡山列传》中伍被对淮南王的一段话也涉及此事：

> 又使尉佗逾五岭攻百越。尉佗知中国劳极，止王不来，使人上书，求女无夫家者三万人，以为士卒衣补。秦皇帝可其万五千人。

《平津侯主父列传》载武帝时齐人严安上书：

> 及至秦王，蚕食天下，并吞战国，称号曰皇帝……又使尉屠睢将楼船之士南攻百越，使监禄凿渠运粮，深入越，越人遁逃。旷日持久，粮食绝乏，越人击之，秦兵大败。秦乃使尉佗将卒以戍越。

从秦亡的二世三年（前207年）往上推13年，应该是始皇二十八年（前219年），而不是三十三年。再说，仅仅靠“逋亡人、赘婿、贾人”又怎么能“略定杨越”从而置三个新郡呢？倒是严安道出了真相，原来秦始皇对岭南的征服并不顺利，因而持续了多年，《秦始皇本纪》的记载实际上只是事情的结局。

西汉的淮南王刘安在他的《淮南子·人间训》中的记载最完整具体：

> （秦皇）又利越之犀角象齿翡翠珠玑，乃使尉屠睢发卒五十万为五军：一军塞镡城之领，一军守九疑之塞，一军处番禺之都，一军守南野之界，一军结余干之水。三年不解甲弛弩，使监禄无以转饷，又以卒凿渠而通粮道。以与越人战，杀西呕君译吁宋。而越人皆入丛薄中，与禽兽处，莫肯为秦虏。相置桀骏以为将，而夜攻秦人，大破之，杀尉屠睢，伏尸流血数十万，乃发谪戍以备之。

《淮南子》问世时离秦始皇征南越不过百来年时间，淮南国又与越人为邻，对越人的情况相当熟悉，刘安这些说法就是从当地长老那里了解来的[1]，所以应是可信的。

至于在尉屠睢被杀后派去将兵的“尉佗”，并不是以后建南越政权的赵佗。因为《史记》《汉书》的《南越传》都说得很清楚，赵佗在秦亡时的身份是龙川令，南海郡的尉是任嚣。如果真是赵佗取代了屠睢并最终平定了岭南，他绝不会退而担任一个小小的县令。秦时大将大臣失传的很多，这位尉佗也是如此。

现在可以肯定，秦始皇征南越的行动可能开始于二十八年，最迟不晚于三十年。在遭受巨大损失后，又派出增援人员，并开凿了沟通湘江和漓江的灵渠，直到三十三年才基本结束军事行动，设置了新的郡县。

由此可见，三十三年后留在南越的移民有两部分：一是尉屠睢率领的士兵和尉佗增援的人员，一是三十三年征发去的“尝逋亡人(曾经逃亡过的人)、赘婿、贾人”以及以后派去的戍卒。尉屠睢的军队虽号称50万，却分了五路：一支在“镡城之领”(“领”同“岭”，大致指今南岭山脉的西段)，一支在“九疑之塞”(今湖南宁远县南)，一支在“南野之界”(今江西赣州市南康区南)，一支在“余干之水”(今江西余干县一带)，只有一支到了“番禺之都”(今广东广州市)。为了维持粮食供应，控制交通线，即使在越人的反抗被镇压下去后，其余四支军队也不可能都调入岭南。而进驻番禺的一支在越人的打击下损失惨重，留下的大概不足10万。正因为如此，尉佗向秦始皇要求“为士卒衣补”的妇女只是3万，而得以批准的数字又减少了一半。从西汉时的记载看，中原与岭南的交通还非常困难，加上秦朝在几年后就已覆灭，此后再迁入的人数不会太多。

从各方面的情况看，中原移民在南越并没有数量上的优势。秦末，南海尉任嚣对形势的分析是：“且番禺负山险，阻南海，东西数千里，颇有中国人相辅，此亦一州之主也，可以立国。”[2]这说明移民主要

1 《汉书》卷64《严助传》引淮南王安上书：“臣闻长老言，秦之时尝使尉屠睢击越，又使监禄凿渠通道。越人逃入深山林丛，不可得攻。留军屯守空地，旷日持久，士卒劳倦，越乃出击之。秦兵大破，乃发谪戍以备之。”

2 《史记》卷113《南越列传》。

集中在番禺一带。西汉初陆贾出使南越时，赵佗"魋结，箕倨见陆生"，自己承认"居蛮夷中久，殊失礼义"；文帝元年（前179年）赵佗上书时也自称"蛮夷大长老夫"[1]。这些都证明汉人虽居统治地位，但人数有限，因此不得不接受越人的习俗。据《汉书·地理志》，元始二年（公元2年）南海郡的人口数是94 252，而相当于秦时三郡的南海、郁林、苍梧和合浦四郡合计才约39万。即使这些人都是中原移民的后裔，200年前也只有10万多人。考虑到赵佗在将疆域扩展到今越南北部时曾迁去人口，而西汉末年的统计数中也包括了一部分西瓯、骆越等当地民族，则秦末移民数应在10万—15万之间。

秦朝三郡的辖境大致相当于今广东和广西二省，但移民主要定居于珠江三角洲，东江、北江和桂江沿岸的河谷平原和连接中原的交通线上，西部还是土著的聚居地。这从可考的秦县和以后西汉县的分布可以得到证实[2]。移民的来源以黄河中下游即关东地区为主，如赵佗本人就来自真定（今河北正定县南）。

由于西汉初期南越与汉朝基本处于隔绝或对峙状态，加上岭南与中原相隔遥远，交通困难，在岭南的中原移民没有返回的可能。在南越国建立以后，中原移民成为统治民族。在返回故乡既无可能、迁入地的生活条件又有所改善的情况下，中原移民就此稳定地定居了。

秦人迁入南越的路线和在南越的分布见图3－1。

二、汉人的迁入和越人向山区的迁移

战国后期，楚国逐渐吞并了越国的大部分领土，但越国依然存在[3]。越人还聚居于以会稽（今浙江绍兴市）为中心的浙东平原，并散布在今浙江中南部、安徽南部、江西中南部和福建这一广阔的区域内。直到秦始皇二十五年（前222年），"王翦遂定荆江南地；降越君，置会

1 《史记》卷113《南越列传》。
2 参见《中国历史地图集》第二册，秦淮汉以南诸郡、西汉交趾刺史部。
3 见蒙文通：《越人迁徙考》，载《越史丛考》，人民出版社1983年版，第30—40页。

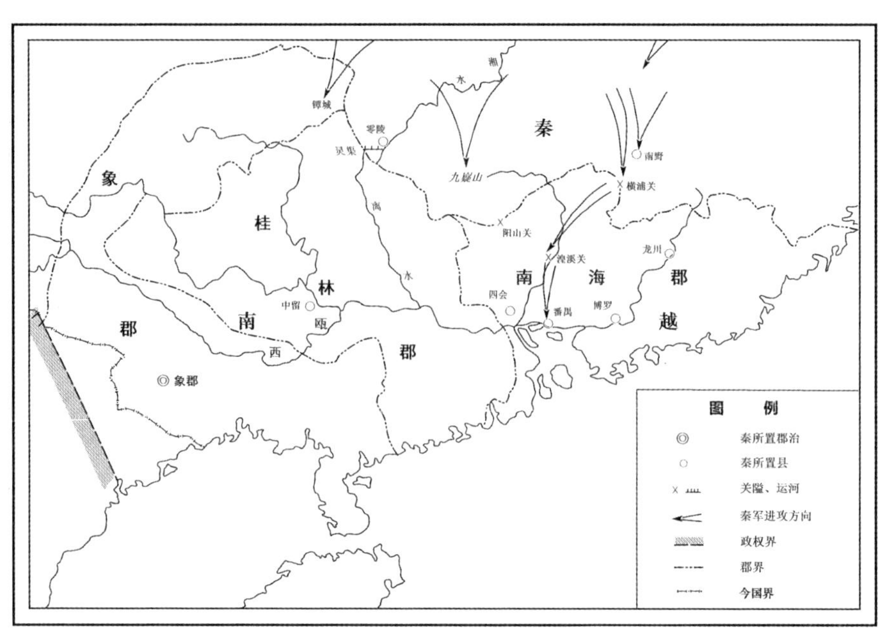

图 3-1　秦人迁入南越路线及其分布

稽郡"[1]。秦在今福建境内置闽中郡估计就是降越君的继续，即在公元前 222 年或稍后。在这些新占领区，秦朝必定要留驻军队，迁入必要的行政机构和人员。但秦始皇没有立即采取移民行动，可能是忙于应付更紧迫的事务，对东南一带还鞭长莫及，因此越人的居住区并没有明显的改变。

三十七年（前 210 年），秦始皇进行了他一生中最后一次巡游。值得注意的是，他的前半段行程大多在越人聚居区，据《史记》卷 6《秦始皇本纪》：

> 十一月，行至云梦，望祀虞舜于九疑山。浮江下，观籍柯，渡海渚。过丹阳，至钱唐。临浙江，水波恶，乃西百二十里从狭中渡。上会稽，祭大禹，望于南海，而立石刻，颂秦德。……还过吴，从江乘渡。

1 《史记》卷 6《秦始皇本纪》。

秦始皇离咸阳后估计是从南阳盆地南下，到达今湖北中部的云梦，又溯湘江而上，直到今湖南宁远南的九嶷山，再返回长江，顺流而下至今安徽当涂东北的丹阳，东南行至今杭州一带，在钱塘江较狭处渡江，到达今浙江绍兴，再到江苏苏州，然后在句容市北渡长江北上。这位始皇帝不远千里，跋涉于他从未到过的南方，自然不是为了游山玩水，也不仅是为了祭祀虞舜和大禹，而是出于镇抚越人的目的。一方面通过炫耀威仪实力震慑民众，另一方面又以祭祀越人祖先的手段争取他们心理上的认同。

但这显然还不足以巩固秦朝的统治基础，因此秦始皇对越人的中心区采取了大规模移民的措施。《越绝书·记地传》载："是时徙大越民置余杭、伊攻、故鄣，因徙天下有罪谪吏民置南海故大越处，以备东海外越。乃更名大越曰山阴。"[1] 同书《记吴地传》又云："乌程、余杭、黟、歙、无湖、石城县以南，皆大越徙民也。秦始皇刻石徙之。"《太平寰宇记》卷94引《越绝外传》："秦始皇至会稽，徙于越之人于乌程。"[2] 阚骃《十三州志》在於替（潜）县下也引《吴越春秋》："秦徙大越鸟语之人置。"[3]

这些地点绝大部分有今地可考，所以可以勾画出越人迁入地的大致范围。余杭在今浙江杭州市余杭区西南余杭镇，乌程在今湖州市南，故鄣在今安吉县北，石城在今安徽当涂县东北，无湖在今芜湖市东，黟县在今县城东北，歙县即今县，於潜县在今浙江临安市西於潜，仅伊攻故址无考；这一区域即今浙江西北和安徽东南的丘陵山区。越人被从已经过长期开发的浙东平原迁入基本尚未开垦的山区，自然会使他们的生产能力和生活水平大大倒退，人口的增长也会受到抑制。但越人付出的巨大代价客观上促进了这一山区的开发，为四百年后孙吴政权设置新的政区准备了条件。

主要来自中原的移民定居在以山阴为中心的浙东平原，并向东、向南扩展。这一带设于秦朝的县，除山阴外还有上虞（今浙江省绍兴市上虞区）、余姚（今市）、句章（今余姚市东南）、鄞（今奉化市东南）和

1 乐祖谋点校本，上海古籍出版社1985年版。
2 光绪八年（1882年）金陵书局刊本。
3 《十三州志辑本》，《丛书集成》本，第46页。

鄮(今宁波市东)六县。这七县的平原或县治周围的人口估计多数已为外来移民,但山区的居民还是以越人为主,证据是直到东汉末年,剡县(今嵊州市)境内还有大批山越人[1],其他县的情况应基本相同。由于移民来自经济文化发达地区,定居于自然条件优越、开发已久的平原地区,又得到官方行政和军事力量的支持,所以得到了稳定而迅速的发展,人口增长较快,华夏文化由是取得主导地位,并逐步取代了当地的越文化。

第四节

巴蜀和其他地区

一、巴蜀地区

从秦惠文王更元十一年(前314年)第一次向巴蜀大规模移民开始,秦国一直把巴蜀作为流放罪犯和安置移民的地方。这一方面是由于巴蜀地居后方,地形险阻,交通闭塞,迁移对象逃亡的可能性不大,另一方面是因为这里自然条件优越,资源丰富,移民容易生存,也就乐意定居了。

迁入最多的是各种罪犯、俘虏和来自原六国的人口,这些迁移当然是强制性的。

对罪犯,当时专门制定有法律,在云梦出土的秦简为我们提供了有关条文和实例:

爰书:某里士伍甲告曰:"谒鋈亲子同里士五(伍)丙足,署

1 见《三国志》卷60《吴志·贺齐传》:"守剡长。县吏斯从轻侠为奸,齐欲治之,主簿谏曰:'从,县大族,山越所附,今日治之,明日寇至。'"

(迁)蜀边县,令终身毋得去署(迁)所,敢告。"告法(废)丘主:士五(伍)咸阳才(在)某里曰丙,坐父甲谒鋈其足,署(迁)蜀边县,令终身毋得去署(迁)所论之。署(迁)丙如甲告,以律包。今鋈丙足,令吏徒将传及恒书一封诣令史,可受代吏徒,以县次传诣成都。成都上恒书太守处,以律食。法(废)丘已传,为报,敢告主。[1]

这是一个父亲要求将亲生儿子强制迁往蜀地的边县,并且让他终身不得离开迁入地的案例。值得注意的是,官府似乎并没有经过什么审讯就满足了父亲的要求,并动用行政手段,将儿子逐县押送至成都。这至少说明了两点:一是当时这类处罚必定是非常普遍,并且是相当轻微的,否则不至于如此随意,因而数量一定很多。一是已经形成了一套逐县押送、分配和安置的制度和手续,可以完成强制遣送大量"罪犯"移民的事务。

除平民外,也包括官吏和上层人物及其家属。如秦始皇九年(前238年),嫪毐作乱被杀后,其舍人党羽"夺爵迁蜀四千余家,家房陵"[2]。每家以五人计,就有二万人。这些人大概都在房陵定居了,因为两年后,秦始皇曾"复嫪毐舍人迁蜀者"[3],即给予他们免除赋役的优待。

十二年(前235年),已被罢免相国的吕不韦被迫自杀,舍人数千人私自为他举行葬礼,秦始皇下令将其中的晋人驱逐出境,其中的秦国人"六百石以上夺爵,迁;五百石以下不临,迁,勿夺爵"[4]。因而舍人爵位在五百石以下的即使未参加葬礼也在迁移之列,只是保留了爵位而已。《史记》未明载舍人们的迁地,估计也是蜀地。吕不韦的家属也被迁于蜀[5]。吕氏宗族子孙虽被强制迁移,但人数众多,又来自发达地区,估计资产尚颇雄厚,以后人口繁衍,到西汉时又向西南边疆

1 《睡虎地秦墓竹简》,文物出版社1978年版,第261—262页。
2 《史记》卷6《秦始皇本纪》。
3 《史记》卷6《秦始皇本纪》。卷85《吕不韦列传》作"乃皆复归嫪毐舍人迁蜀者",与《本纪》异。按始皇既欲清除吕不韦、嫪毐势力,又将吕不韦舍人或驱逐或迁移,何至于会将嫪毐舍人放归?但免其徭役,使之定居则完全可能。故应以《本纪》所载为是,"归"字当为衍文。
4 《史记》卷6《秦始皇本纪》。
5 《史记》卷85《吕不韦列传》。

移殖。

在大规模迁入本国各类罪犯、政敌和六国旧人的同时，秦始皇也曾将本国民众迁往蜀地。尽管目前能找到的证据极少，仅在《华阳国志·蜀志》临邛县（今四川邛崃市）下有这样的记载："本有邛民，秦始皇徙上郡民实之。"这里的上郡，任乃强先生认为是指"关东中原诸郡，对边疆民少赋薄之下郡而言。不可体会为三十六郡之上郡。""上郡在关内，民稀，多胡寇，亦赖山东民迁实。不可能自彼上郡徙民实此。"[1]此说不无道理，因秦上郡相当于今陕北和毗邻的内蒙古南部，本身也地广人稀；但在秦汉的文献中似乎还没有上郡、下郡这样的用法，因此也存在一种可能：秦始皇在将关东人口迁往北部边疆的同时，将当地秦国旧民迁往蜀地。值得注意的是，《华阳国志》中用的是"民"，而不是迁人、迁虏、戍卒、谪戍、谪一类特殊对象。在迁入卓氏、程氏等六国"迁虏"时，同时迁入一部分本国居民以巩固统治基础，也是顺理成章之事。

移民的增加和繁衍使秦朝的疆域进一步扩展，土著居民则因受到压迫而迁出了原来的居住地。如前面提到的临邛本是邛人的聚居区，但中原移民迁入后邛人就逐渐迁走了，所以后人才有"本有邛人"这样的记载。司马相如曾报告汉武帝："邛、筰、冄、駹者近蜀，道亦易通，秦时尝通为郡县，至汉兴而罢。"[2]这一范围大致相当今四川北至松潘、南至西昌的川西一带。既然秦朝能在那里设置郡县，来自中原的移民数量必定已经很多。但移民的分布并不限于这一地区。《史记》卷116《西南夷列传》称："秦时常頞略通五尺道，诸此国颇置吏焉。十余岁，秦灭。及汉兴，皆弃此国而开蜀故徼。巴蜀民或窃出商贾。"一般认为五尺道起今四川宜宾，通向云南曲靖。而据上文，诸国是指云南滇池一带的部族政权。无论是开通五尺道，还是在沿途及滇池一带设置行政机构，都需要一定数量的人口。筑路的人口或许能在蜀地就地征发，但行政机构的人员肯定有相当大一部分是关中或其他地区的移民。不过这一地区比川西距离更远，迁移的人口必定更少，所

1 《华阳国志校补图志》卷3《蜀志》，第160页。
2 《史记》卷117《司马相如列传》。

以还不足以设置郡县。尽管这些机构随着秦朝的灭亡而撤销，但从蜀人继续"窃出商贾"看，大概会留下少量移民。

迁入蜀地的移民，无论是迁自关东，还是来自秦国本土，其生产技能和文化水平一般都比本地居民为高，传入了比较先进的生产手段。蜀地优越的自然条件和丰富的资源使移民的作用得到充分发挥。如赵国的卓氏、关东的程氏等入蜀时一无所有，以后都以冶铁致富。蜀地地形险阻，交通闭塞，从并入秦国之初直到汉初，始终未受到战乱的影响，移民再迁移的可能性很小，所以在百余年间社会稳定，农业、手工业、采矿冶炼业有了很大的发展。但移民以下层为主，文化经济水准较高的移民因被剥夺了原有资产和政治特权，又处于监督控制之下，不可能很快发挥自身的优势，加上当地的经济还处于开发的初期，文化也比较落后，在中原人的眼中更是如此。所以在项羽分封时，范增因"巴蜀道险，秦之迁人皆居蜀"而建议将刘邦封为汉王[1]。

二、其他地区

秦始皇二十八年（前 219 年），曾经进行过一次特殊的移民。是年，秦始皇东巡，在"穷成山（今山东荣成市成山角），登之罘（今烟台市芝罘岛）"后，"南登琅邪（今青岛市黄岛区西南），大乐之，留三月。乃徙黔首三万户琅邪台下。复十二岁，作琅邪台，立石刻，颂秦德，明得意"[2]。三万户就有十余万人，相当于当时一个较大的县的人口。这是秦始皇巡游过程中唯一一次移民，其动机未见记载，但估计是出于他对琅邪的偏爱。因为此前他已在琅邪住了三个月，"大乐之"，而且以后二十九年（前 218 年）、三十七年（前 210 年）的两次巡游中都到过琅邪。琅邪虽曾作过勾践北迁后的越国都城，但在越人迁回后久已荒废，周围人口稀少。始皇既然喜爱这里的自然风光，希望再来住一段时间，自然要使当地有充足的粮食、物资和人员供他和庞大的随员使用。另一种可能则与徐福等方士入海求仙有关，因为遣徐福携童男女

1 《史记》卷 7《项羽本纪》。
2 《史记》卷 6《秦始皇本纪》。

数千出海的事就发生在琅邪刻石之后，三十七年再至琅邪时又有查询徐福等人求神药情况的事，那么将这些移民安置在琅邪可能是为了满足筹备及补充入海的人员和物资。这两种可能性都能合理地解释为什么要给予移民免除12年赋役的优待。从秦始皇9年内又到过两次看，移民的措施必定已得到实行。移民的来源不详，但从《史记》未载具体地点分析，很可能来自周围不太远的地方。

战国后期，燕国曾在朝鲜半岛北部的真番、朝鲜设置过行政机构，并建有军事防御工程。秦灭燕后，朝鲜半岛北部属于"辽东外徼"[1]，但同样作为疆域的一部分，所以秦始皇二十六年划分郡级政区时确定的范围是"地东至海暨朝鲜"[2]。尽管未发现秦朝实施向朝鲜移民的记载，但只要没有强行禁止，从战国就开始的移民势头是不会停止的。

移民从辽东进入朝鲜半岛已相当普遍，从山东半岛航海前往朝鲜半岛也已没有什么困难。《后汉书》卷85《东夷传》说："辰韩耆老自言秦之亡人，避苦役，适韩国，马韩割东界地与之。其名国为邦，弓为弧，贼为寇，行酒为行觞，相呼为徒，有似秦语，故或名之为秦韩。"辰韩地处朝鲜半岛的东南部，这些亡人主要应通过海路来自山东半岛。山东半岛是秦始皇多次巡游之地，从前面提到的迁三万户于琅邪的举措可见，当地百姓所承担的"苦役"是相当严重的，以逃亡海外作为永远摆脱秦朝苛政的手段是很自然的。值得注意的是，辰韩本是马韩的一部分，秦移民迁入后成为他们的聚居地，所以直到后世还有明显的语言特征。但朝鲜半岛南部的东岸和中部马韩、弁韩聚居区内不会没有分散的秦移民，只是他们不占数量上的优势，逐渐为当地人所同化了。

在秦朝疆域内部，因各种原因而逃亡的人也很多。如项羽的叔父项梁是下相（今江苏宿迁市西南）人，因杀了人，与项羽"避仇于吴中（今江苏苏州市）"；"每吴中有大繇役及丧，项梁常为主办，阴以兵法部

1 《史记》卷115《朝鲜列传》。
2 《史记》卷6《秦始皇本纪》。

勒宾客及子弟”[1]。由此可见，项梁的避仇已具有定居性质，并且拥有不少“宾客子弟”，其中必定有一些人是随同他们迁入的。以后成为刘邦岳父的单父（今山东单县）人吕公，也是因“避仇”而定居于沛县（今江苏沛县）的[2]。张良的先人五世相韩，应是新郑（今河南新郑市）人，因策划刺杀秦始皇失败，“乃更名姓，亡匿下邳（今江苏睢宁县西北）”[3]。秦灭魏国几年后，得知张耳、陈余是魏国的名士，下令通缉，二人“变名姓”，从外黄迁至陈（今河南周口市淮阳区）[4]。

秦朝的法律规定：服徭役者不能按时报到要处死刑[5]，所以大批无法在规定时间内到达服役地的人就只能选择逃亡。如刘邦以亭长身份替沛县押送刑徒赴骊山服役，刚到丰县（今江苏丰县）西就已有大批逃亡，他估计等到达时大概会逃光，索性将他们都放了，自己也“隐于芒（今河南永城市西北）、砀（今河南夏邑县东南）山泽岩石之间”[6]。黥（英）布是六县（今安徽六安市东北）人，因犯罪服刑于骊山，后与一批同伙“亡之江中为群盗”[7]。由于秦朝征发的刑徒、闾左、黔首、戍卒动辄数十百万，逃亡的人也必定很多。这类人中一部分以后会返回故乡，特别是在秦亡之后。但当时很多地方还地广人稀，或者尚未开发，逃亡者要生存下来并不困难，集体逃亡者更是如此，会有一部分人就此在他乡落户，成为移民。陶渊明的《桃花源记》虽非实录，但将桃花源的主人假托为避秦始皇的苛政，还是不乏历史根据的。

以上各种原因形成的移民一般都是离心型的，即从政治中心区迁往边缘，从城市迁往乡村，从人口稠密区迁往人口稀少或无人区，从平原迁往水泽、山区，从内地迁往边疆。但迁移的距离大多并不长，没有明确的目的地，迁入地也相当分散。除了其中极少数以后成为重要人物者见于记载外，已经毫无踪影可寻了。

---

1 《史记》卷7《项羽本纪》。
2 《史记》卷8《高祖本纪》。
3 《史记》卷55《留侯世家》。
4 《史记》卷89《张耳陈余列传》。
5 《史记》卷48《陈涉世家》：“失期，法皆斩。”
6 《史记》卷8《高祖本纪》。
7 《史记》卷91《黥布列传》。

从秦王政十七年(前230年)灭韩至二十六年灭齐,十年间秦朝的疆域扩大了几倍。为了巩固和维持对六国旧地的统治,秦朝不可能完全依靠当地人员,必定要派遣大量军队驻防各地,大批人员担任行政官吏;其中的高中级人员主要来自关中和秦国旧地。与西周初因分封而引发的周人大迁移相比,这次的范围更大,规模也不小。到秦亡时,这些人员已在驻地或治所居留了一二十年,加上战乱情况下不一定能返回故乡,肯定会在各地留下一批秦人移民。

第五节

徐福的传说和秦朝对海外的移民

近年来对徐福的研究越来越受到重视,新的说法也越来越多,但最原始的史料还只是见于《史记》《汉书》中的这几条。

《史记》卷6《秦始皇本纪》:

> (二十八年)既已,齐人徐市(福)等上书,言海中有三神山,名曰蓬莱、方丈、瀛洲,仙人居之。请得斋戒,与童男女求之。于是遣徐市发童男女数千人,入海求仙人。
>
> (三十五年,侯生、卢生亡去。)始皇闻亡,乃大怒曰:"……徐市等费以巨万计,终不得药,徒奸利相告日闻。"……
>
> (三十七年)并海上,北至琅邪。方士徐市等入海求神药,数岁不得,费多,恐谴,乃诈曰:"蓬莱药可得,然常为大鲛鱼所苦,故不得至,愿请善射与俱,见则以连弩射之。"始皇梦与海神战,如人状。问占梦博士,曰:"水神不可见,以大鱼蛟龙为候。今上祷祠备谨,而有此恶神,当除去,而善神可致。"乃令入海者赍捕巨鱼具,而自以连弩候大鱼出射之。自琅邪北至荣成山,弗见。至之罘,见巨鱼,射杀一鱼。遂并海西。

《史记》卷28《封禅书》的记载又有所不同：

及至秦始皇并天下，至海上，则方士言之（三神山、仙人、不死药）不可胜数。始皇自以为至海上而恐不及矣，使人乃赍童男女入海求之。船交海中，皆以风为解，曰未能至，望见之焉。其明年，始皇复游海上，至琅邪，过恒山，从上党归。后三年，游碣石，考入海方士，从上郡归。后五年，始皇南至湘山，遂登会稽，并海上，冀遇海中三神山之奇药。不得，还至沙丘崩。

《史记》卷118《淮南衡山列传》载伍被说吴王曰：

又使徐福入海求神异物，还为伪辞曰："臣见海中大神，言曰：'汝西皇之使邪？'臣答曰：'然。''汝何求？'曰：'愿请延年益寿药。'神曰：'汝秦王之礼薄，得观而不得取。'即从臣东南至蓬莱山，见芝成宫阙，有使者铜色而龙形，光上照天。于是臣再拜问曰：'宜何资以献？'海神曰：'以令名男子若振女与百工之事，即得之矣。'"秦皇帝大说，遣振男女三千人，资之五谷种种百工而行。徐福得平原广泽，止王不来。

《三国志》卷47《吴书·吴主传》黄龙二年：

遣将军卫温、诸葛直将甲士万人浮海求夷洲及亶洲。亶洲在海中，长老传言秦始皇帝遣方士徐福将童男童女数千人入海，求蓬莱神山及仙药，止此洲不还，世相承有数万家，其上人民，时有至会稽货布，会稽东县人海行，亦有遭风流移至亶洲者。所在绝远，卒不可得至，但得夷洲数千人还。

《后汉书》卷85《东夷列传》叙及会稽海外内容大致相同。

此外，《汉书·地理志》勃海郡下有千童县。唐李吉甫《元和郡县图志》卷18沧州饶安县云："本汉千童县，即秦千童城，始皇遣徐福将童男女千人入海求蓬莱，置此城以居之，故名。"

尽管这些记载不无矛盾之处，但仔细分析，还是可以得出几点结论：

第一，徐福其人及其率众入海应确有其事。《史记》中所作的多次记载不可能是无根之谈，其中伍被的说法更值得重视。因为伍被说此话至迟在汉武帝元狩元年(前 122 年)，离秦始皇时不满百年，这至少可以证明徐福“止王不来”的说法在淮南一带是无异议的。

第二，徐福入海是打着为秦始皇求仙或神药的旗号，得到秦始皇的全力支持，所以不仅可带走童男女和百工，还能携带充足的物资，完全有可能在海外从事开拓。

第三，《秦始皇本纪》和《封禅书》的记载都没有提到徐福入海后的结果，而《淮南衡山王列传》《三国志・吴主传》和《后汉书・东夷传》却都肯定了徐福已在海外定居繁衍。前者是西汉淮南一带的说法，后二者是东汉和三国会稽沿海(今浙江至福建沿海)的传闻，都流传于南方。《元和郡县图志》的说法虽是北方的传说，也只能说明徐福携童男女出海有其事，并且无法证明是否起源于西汉。

第四，徐福究竟到了什么地方，伍被只说是“平原广泽”，《吴主传》和《东夷传》说是亶(澶)洲，但同样只是传说，因为卫温、诸葛直只到了夷洲。夷洲一般认为是指台湾岛，那么我们至多只能肯定，徐福所定居的不是台湾岛。至于是否一定是日本列岛，在这些文献中是无法找到答案的。

但是中国和日本的考古研究和航海史研究却可以肯定，在公元前二三世纪之交时从中国沿海航行到日本列岛已经不存在什么困难，在这一时代来自中国沿海地区的文化的确曾在日本传播，所以秦朝时已有数量不少的中国人移居日本。山东半岛是移民的主要出发地，但从淮南和会稽的传说更加具体这一点分析，迁出地并不限于山东一地。当时的山东半岛和南方其他地方都不存在人口压力，海外的传说也还不足以成为对移民的拉力，所以迁移的对象主要是逃避秦朝统治的人，包括因求仙不成无法向秦始皇交差的方士。

总之，徐福的传说反映了公元前二三世纪之交一次较大的移民，这也是中国史上有一定规模的海外移民的开始。

汉代的关中和洛阳移民

秦汉时的关中，其含义有广狭之分。广义的关中泛指函谷关（故址在今河南灵宝市东北，前 114 年东移至今新安县东）以西的今陕、甘、宁、内蒙古和四川；本章所取的是狭义的关中，即今陕西关中平原及其周围的少部分地区。西汉建都长安，东汉末年也曾短期迁都长安；洛阳则是东汉绝大部分年代的首都。从这一意义上，两者有一定的共性。

第一节

定都长安后的移民

楚汉战争结束时，关中已相当残破，留下的人口很少。刘邦称帝后定都洛阳，固然是由于功臣大将多为关东人，不愿西去，但关中残破，人口太少未尝不是一个重要原因。

因此在汉高祖五年(前202年)五月,在洛阳下诏"兵皆罢归家"时就规定:"诸侯子在关中者,复之十二岁,其归者半之。"[1]企图以赋役上的优待吸引他们居留在关中。这说明,即使不迁都长安,刘邦也在设法增加关中的人口。

一、迁都关中

同年六月,戍卒娄敬上言:"陛下取天下与周异,而都雒(洛)阳,不便,不如入关,据秦之固。"张良也赞成这一建议,刘邦立即决定迁都。娄敬被封为奉春君,赐姓刘氏。尽管宫殿和长安城还未建成,至后九月刘邦就下令将诸侯子全部迁入关中[2]。五月的诏令还只是用经济手段加以鼓励,诸侯们有选择的余地,这一次就毫无例外了。这既是为了进一步增加关中的人口,也是将诸侯的儿子作为人质,以加强对他们的控制,这双重目的实际上贯穿于以后全部"实关中"的过程中。大约不久,又迁"吏二千石"于长安[3],所谓"吏二千石"就是每年享受二千石粮食俸禄的官吏,相当于朝廷的三公九卿等高官和地方一级政区的行政长官郡太守的级别。

第二年,汉高祖大封功臣,被封为列侯的有一百余人[4]。根据汉朝的制度,列侯拥有实际封地,世袭;其封邑称为侯国,相当于县级,其户数由皇帝在初封时确定,以后有特殊情况也可以增封或削减。侯按户数收取租税作为自己的俸禄,但不管理民政。受封的侯一般应居住在封邑,迁住封邑称为"就国"。这些列侯的封邑都不在关中,大多是在关东,但他们却没有就国,而都留在长安,这从以后汉文帝下令列侯就国的诏书可以得到证明。

比列侯低一级的是关内侯,也是沿袭秦朝的制度。关内侯没有具

1 《汉书》卷1《高帝纪》。
2 同上。
3 据《汉书》卷1《高帝纪》十二年三月诏:"吏二千石,徙之长安,受小第室。"此系对往事的追叙,推其事当在迁都关中之初。
4 《汉书》卷18《高祖功臣侯表》。列侯又称彻侯,后因避武帝讳改称通侯,本是秦朝二十军功爵中最高的一级,见《汉书》卷19《百官公卿表》。

体的封邑，只能按规定领取俸禄，还必须居住在关中。因此原籍在外地而被封为关内侯的就得移居关中，如宣帝王皇后之祖就是封了关内侯后从沛县迁入关中的[1]，朱建也因被封平原君（相当关内侯）而由楚徙居长安[2]。

尽管战乱甫息，天下初定，汉朝廷的机构和人员还不可能相当庞大，但首都的迁移必定也是一次规模不小的移民。从皇帝、贵族、大臣、官吏及其家属，到士兵、徒隶、奴婢，以及自发随迁的人员，可能不会少于十万。这些人口多数没有再迁出关中，按照西汉期间的年平均增长率7‰[3]计算，到西汉末年应繁衍到约40万了。

由于秦都咸阳已毁，宫室无存，刘邦入关后暂驻栎阳（今陕西西安市临潼区东北）。一年多后迁入新建成的长乐宫，丞相以下机构也迁入新都长安[4]。惠帝时开始筑长安城，至六年（前189年）完全建成[5]。除少数人可能是由附近迁入外，长安的居民主要是关东和外地的移民，可以说是个典型的移民城市。

二、强本弱末：实关中

刘邦虽从迁都之初就采取了一些增加关中人口的措施，但这些人口与首都的地位是极不相称的。而关东六国旧贵族的残余势力却相当强大，加上异姓诸侯地广人众，战争平息后流民大量返回，关东人口的增长远比关中快。西北的匈奴不仅完全夺回了河南地，还随时威胁着关中和长安的安全。刘邦所面临的形势，正如刘敬所指出的："今陛下虽都关中，实少人，北近胡寇，东有六国强族，一日有变，陛下亦未得安枕而卧也。""匈奴河南白羊、楼烦王，去长安近者七百里，轻骑一日一夕可至。"为此刘敬又提出建议："徙齐诸田，楚昭、屈、景，燕、赵、韩、魏后及豪杰名家，且实关中。无事可以备胡；诸侯有变，亦足率以

1 《汉书》卷97《外戚传·孝宣王皇后》。
2 《汉书》卷43《朱建传》。
3 据《西汉人口地理》结论。
4 《史记》卷8《高祖本纪》。
5 《史记》卷9《吕后本纪》。

东伐,此强本弱末之实也。”[1]这一意见完全符合当时的形势和汉政权巩固统治的需要,因而立即被采纳。如果说在这以前刘邦还只是一般地采取一些增加关中人口的措施的话,那么到这时就已经有了明确的指导思想和具体的方针——强本弱末(或称为“强干弱支”),即加强中央政权的统治基础和经济实力,防范和削弱关东地方势力和诸侯王国;而从关东移民入关就是实行这项政策的主要措施。以后的西汉诸帝一般都遵循这一方针,尽管因形势不同而有程度不同的调整。

高祖九年(前198年)十一月,“徙齐楚大族昭氏、屈氏、景氏、怀氏、田氏五姓关中”[2]。据《史记》《汉书》的《刘(娄)敬传》,同时迁入的还有燕、赵、韩、魏之后和豪杰名家,总数有十余万口。这是西汉第一次大规模的行政性移民,也是人数最多的移民之一,对关中的恢复和发展影响也最大。按年平均增长率7‰计,到西汉末年这批移民的后裔至少已有40万人,占当时关中三辅[3]地区总人口的六分之一。如果考虑到实际移民在10万以上,他们的人口年平均增长率又比平均水平要高的话,他们的后裔就应更多。

迁入的人口中,以齐国诸田数量最多,势力也最大。见于《汉书》的田(后改车)千秋、田延年、田何等都是诸田后裔。由于在长安和陵县中姓田的太多,家族内部只好以序数来排列区分,以后索性以第几为姓了,如东汉的第五伦[4]。看来至少还应有姓第一至第四的,只是后世失传了。诸田在原籍就是世袭的最大宗族,资产富厚,迁入关中的时间又最早,占据了经济上的优势,以后几乎垄断了关中的商业。“关中富商大贾,大抵尽诸田。”[5]

此外,见于记载的还有赵国的廉氏之后,自苦陉(今河北定州市东南)徙入关中[6]。当然,实际迁入的六国大族应该很多,只是史籍失

1 《汉书》卷43《娄敬传》。
2 《汉书》卷1《高帝纪》。
3 汉景帝二年(公元前155年)分内史为左、右内史,与主爵中尉(不久改都尉)同治长安城中。因所辖皆京畿之地,故合称“三辅”。武帝太初元年(前104年)此三政区改名京兆尹、左冯翊、右扶风。辖境均相当于今陕西中部。
4 《后汉书》卷41《第五伦传》。
5 《史记》卷129《货殖列传》。
6 《后汉书》卷31《廉范传》。

载,无从查考而已。

三、新丰——丰邑的复制

汉初另一次移民是高祖七年(前 200 年)为太上皇在丽邑建新丰。原来刘邦迁都长安后,让他的父亲太上皇住在丽邑的宫殿中,可是这位老人家却闷闷不乐,想回丰县(今江苏丰县)老家。刘邦好生奇怪,悄悄问左右是什么缘故,得到的回答是:"平生所好皆屠贩少年,酤酒卖饼,斗鸡蹴踘,以此为欢,今皆无此,故不乐。"[1] 于是刘邦下令完全按照丰县的样子改建丽邑,"立城社,树枌榆,令街庭若一"[2]。又将丰县的人口,特别是"旧社屠儿酤酒煮饼"统统迁来。由于布局与建筑与丰县一样,据说,迁来的商人将鸡豚羊犬放在大街上竟都能找到主人的家[3]。高祖十年,太上皇死,丽邑正式改名新丰。十一年,"令丰人徙关中者,皆复终身"[4],移民得以终身享受免役的优待。至此这次移民已经完成。

丽邑在秦始皇时虽曾迁入三万户,但如前所述,汉初时人口已很少。为使新丰与丰县相仿,自丰县迁来的人口不能太少,所以估计有万余人。

新丰的建立可谓是丰邑的复制,等于是将丰邑的人口和建筑物都搬到了关中,人造出一个文化氛围。移民既享受优待,又受到限制,不可能再迁回,所以至少在一代人中是稳定的,新丰是周围五方杂错的文化汇流中一个很纯的"岛"。但新丰与丰邑之间并不存在经常性的联系,以后也没有再得到人口或其他补充,所以这个脱离了文化本土的复制品不可能长期存在下去。从文献中从未发现新丰有什么文化特色推断,这个"文化岛"不久就消失,与周围没有什么区别了。

---

1 李泰:《括地志·雍州新丰县》,贺次君辑校本,中华书局 1980 年版,第 20 页。
2 《水经注》卷 19《渭水》,陈桥驿点校本,上海古籍出版社 1990 年版,第 377 页。
3 《三辅旧事》,《丛书集成》本。
4 《史记》卷 8《高祖本纪》。

第二节

文景时的停顿和逆向迁移

一、列侯就国，取消关禁

至文帝时，情况发生了变化。文帝二年（前 178 年）下诏："今列侯多居长安，邑远，吏卒给输费苦，而列侯亦无由教驯（训）其民，其令列侯之国，为吏及诏所止者，遣太子。"但列侯大多不愿离开长安，因此到次年十一月，文帝又诏令列侯之国，并将丞相周勃免职，要他带头就国[1]。按照诏令的规定，只有在朝廷担任现职和个别皇帝特诏留下的列侯才可留在长安，但他们也必须派太子回侯国。

文帝十二年更进一步取消了关禁，不再使用进出关的证件——传[2]，允许百姓自由出入关内外。

文帝这样做当然有其政治目的，如以促使列侯就国为由免除了丞相周勃的职位。在异姓诸侯消灭殆尽，而同姓诸侯势力强大的情况下，以外藩入继帝位的文帝，需要缓和与同姓诸侯之间的矛盾，也是原因之一。但起决定作用的还是经济因素，因为关中的农业虽然有所恢复和发展，但由于大批非生产性移民的到来和国家机构的逐渐扩大，非生产人口的比例相应提高。关中的粮食增产赶不上人口增长的速度，由关东输入的粮食逐年增加。汉初每年输入数十万石，武帝时增加到约六百万石，估计文帝时的输入数大概已在一百万石以上。列侯的封地大多在关东，由于他们长住关中，每年又须将封邑所收的粮食输入关中，这也增加了运输的困难，文帝在诏书中已经指出。列侯的

1 《汉书》卷 4《文帝纪》。
2 同上。

徒隶很多，如惠帝三年（前 192 年）曾发诸侯王、列侯徒隶二万人筑长安城，则徒隶的总数还不止二万人。列侯的徒隶自然应随他们归国，因此这次从关中迁往关东的徒隶至少在一万以上。加上列侯及其家属，外迁的总数可能接近二万。

其次，汉初人口增长较快，数十年间的年平均增长率约 10‰。关东的增长率更高，个别侯国高达 26‰[1]。虽然全国人口总数还不大多，但由于经济基础不同，发展不平衡，所以在某些地区已经出现了人口相对过剩的现象。景帝元年（前 156 年）就已存在各地宽狭不同、苦乐不均的局面："郡国或硗狭，无所农桑系畜；或地饶广，荐草莽，水泉利，而不得徙。"因此下诏"其议民欲徙宽大地者，听之"[2]。从人口分布看，密度高的是关东地区，而关中的人口密度相对较低。允许人口自由迁移，对关中的开发和发展并无害处。

但景帝这一诏令在当时不可能得到有效的执行，因为朝廷与吴楚等各诸侯国的冲突已非常尖锐，一触即发。还在文帝时，同姓诸侯与中央政权争夺民户的现象已经相当严重，正在加紧策划叛乱的关东各国绝不会容许自己的剥削对象和兵力来源迁入中央政权的直接统治区。所以在文帝期间及景帝初年，除了迁入陵县的民户外（详见下节），基本上没有移民进入关中。相反，由于列侯就国和诸侯的招诱逃亡，还有相当多的人口迁往关东。

二、关禁的重建和强化

景帝三年（前 154 年），吴楚七国之乱平息，鉴于七国反叛的教训，为限制关东诸侯人力、军力的增加，第二年春天就恢复了进出关的稽查制度，"复置关，用传出入"。中元四年（前 146 年）下令严格限制壮马和强弩流出关外，"禁马高五尺九寸以上，齿未平，不得出关"，"弩十石以上"也禁止出关。这两项禁令直到昭帝始元五年（前

1 见《西汉人口地理》第二章第一节。
2 《汉书》卷 5《景帝纪》。

82 年)才废除[1]。只允许高度不足五尺九寸的小马及牙齿已经磨平的老马、拉力不足十石的弩出关,目的自然在于限制关东诸侯国的军事实力。

武帝时继续实行限制关中人口流往关东的措施。元鼎三年(前114 年),楼船将军杨仆因耻为关外民,上书要求将函谷关东移,以便使自己的家乡划入关中,并愿意承担全部迁关费用。这正符合武帝扩大关中的意图,因此将函谷关东移三百里,从今河南灵宝市东北旧址迁到了新安(今新安县东)。太初四年(前 101 年),"徙弘农都尉治武关"。这是由于原在弘农(今河南灵宝市东北)的都尉治所即设在函谷关,兼有控制关中与南方通道的任务,函谷关东移后作用就不大了。而武关(今陕西商南县西南)扼守着关中通向南阳盆地及南方各地的要道,在武关设置都尉无疑能进一步加强对这条要道的控制。天汉二年(前 99 年),诏关都尉,"今豪杰多远交,依东方群盗,其谨察出入者"[2],进一步加强了对出入人员的检查。

当时,出入关口的人员都必须持有官府的文书"传",否则就不许通过。如宁成,为了混出函谷关,就"诈刻传"[3],自己伪造了文书。入关的人还必须保留符传,作为日后出关的依据。如终军入关时,"关吏予军繻","为复传,还当以合符"[4];那就是说,如果没有这"复传",或者不能与关口留下的那一半"合符"的话,就不能证明是合法入关的关外人,就不许出关。从这些事例可以看出,虽然对出入关的对象都要检查督察,但对出关比入关控制更严,主要是防止关中人口特别是某些特殊对象的流出。

这种措施一直未放宽过,只是在宣帝本始四年(前 70 年),为了缓和关中粮食供应的困难,曾规定"民以车船载谷入关,毋用得传"[5]。

1 关于马的禁令见《汉书》卷 5《景帝纪》,而弩的禁令《景帝纪》未载。但《汉书》卷 7《昭帝纪》:"夏,罢天下亭母马及马弩关。"据孟康注:"旧马高五尺六寸齿未平,弩十石以上,皆不得出关,今不禁也。"则弩十石以上不许出关的禁令也应与马禁同时实行。
2 《汉书》卷 6《武帝纪》。
3 《汉书》卷 90《酷吏传·宁成》。
4 《汉书》卷 64《终军传》。
5 《汉书》卷 8《宣帝纪》。

在灾年，当大批流民聚集在关前时，也几次破例放他们入关。但容许关中人自由出关的事例却未见记载。

景帝后元二年(前 142 年)冬十月，曾经“省彻侯之国”[1]，似乎已经不再实行列侯归国的措施。但据《汉书》卷 52《窦婴传》，武帝建元元年(前 140 年)婴为丞相时，“令列侯就国，除关……诸外家为列侯，列侯多尚公主，皆不欲就国”，则不到三年又恢复了列侯就国制度。次年，窦婴即罢相，从以后的记载看，列侯仍须就国，除关显然并未实行。即使曾短期撤销过，但不久就恢复了，以至史籍中未留下其他记录。

第三节

陵县的设置与徙陵县

一、陵县的设置和移民过程

西汉移民关中的主要办法是设置陵县安置关东移民。

秦始皇曾移民于丽邑，理由是咸阳人满，但迁入丽邑的有三万户之多，似乎也有增加他自己陵墓周围居民的目的。这是符合秦始皇的想法的，因为他把陵墓作为自己在另一个世界的宫殿，恨不得把世间的一切都带走，陵墓周围自然不能太冷清了。这一观念看来被汉朝的皇帝继承了。

高祖十年(前 197 年)，太上皇死后葬于栎阳(今陕西西安市临潼区东北)北原，并在栎阳城内设万年县[2]，已开了因陵设县的先河。但正式设置陵县则始于汉高祖的长陵，此后就成为制度。西汉元帝前的诸帝，即位后就开始修建自己的陵墓，同时在陵墓附近建立居民点，或

1 《汉书》卷 5《景帝纪》。
2 《汉书》卷 1《高帝纪》十年，师古注。

扩大原有的居民点，迁入移民，称为陵邑。至皇帝死后葬入陵墓，陵邑即升格为县级政区，成为陵县。无论原来是否是县级单位，置为陵县后就不再归所在郡管辖，改属太常。

西汉诸帝陵县的设置和移民情况如下：

（1）高帝长陵，故址在今陕西咸阳市东北。高祖十二年（前195年）建陵置邑，吕后六年（前182年）建城，并确定长陵令秩二千石[1]，相当于郡太守的级别。史籍中未见建陵后移民的记载，但在此前三年高祖已从关东迁入十万余人[2]，当是长陵居民的主要来源。据《汉书·地理志》，元始二年（公元2年）长陵县有户50 057、口179 469。

（2）惠帝安陵，去长陵十里，见《三辅黄图》[3]。故址在今咸阳市东北。本周之程邑。据《关中记》，"徙关东倡优乐人五千户以为陵邑。善为啁戏，故俗称女啁陵也"。参照其他陵县的户数，5 000户的数字是可信的，但都是倡优户却不可理解，当时似不应有这样的措施。最大的可能是移民中这类成分较多，所以以后吸引了关中其他地方的这类人聚集到安陵来。根据西汉一般人口增长率估算，此县至元始二年至少有二万户，人口近十万。

（3）文帝霸陵，故址在今西安市东北。本秦芷阳，文帝九年（前171年）筑陵改名[4]。《汉书·文帝纪》赞称霸陵"皆瓦器……因其山，不起坟"，在诸陵中是最节俭的。但晋愍帝建兴三年（315年）霸陵被掘时，同样"珠玉采帛以千万计"[5]，可见《汉书》的赞颂过于夸张。至于移民的规模，就更不会受到节俭的影响，因为徙陵县、实关中是一项重大政治措施，并非一般挥霍浪费。

（4）景帝阳陵，故址在今西安市高陵区西南。本弋阳[6]，景帝五年（前152年）筑陵改名。是年夏，"募民徙阳陵，赐钱二十万"[7]。

---

1 《汉书》卷2《高后纪》。

2 《汉书》卷28《地理志》："汉兴，立都长安，徙齐诸田、楚昭、屈、景及诸功臣家于长陵。"当时所迁有十余万人，不可能全部安置在长陵。据宋敏求《长安志》卷14引《关中记》，长陵亦置万户。

3 陈直：《三辅黄图校证》，陕西人民出版社1980年版。

4 《汉书》卷28《地理志》。

5 《晋书》卷60《索綝传》。

6 《汉书》卷28《地理志》。

7 《汉书》卷5《景帝纪》。

(5) 武帝茂陵，故址在今兴平市东北。本槐里县茂乡，建元二年(前139年)筑陵置邑。三年，"赐徙茂陵者户钱二十万，田二顷"。元朔二年(前127年)夏，"又徙郡国豪杰及訾三百万以上于茂陵"。太始元年(前96年)，"徙郡国吏民豪杰于茂陵"[1]。武帝在位日久，茂陵规模也最大。而且主父偃曾上言武帝："茂陵初立，天下豪杰兼并之家、乱众之民，皆可徙茂陵，内实京师，外销奸猾，此所谓不诛而害除。"[2]此策为武帝所采纳，因此徙入茂陵的人口特别多。据《三辅黄图》引《三辅旧事》："武帝……徙户一万六千，置茂陵。"有人据《汉书·地理志》所载茂陵"户六万一千八十七，口二十七万七千二百七十七"，以为《三辅旧事》的"一万六千"乃"六万一千"之误。其实《旧事》所载数是初期迁入数，当有所据；而《汉书·地理志》所记是西汉末数，亦即迁入人口经过百余年增殖及流动后达到的数字，当然不应相同。汉末茂陵人口为诸陵县之冠。

(6) 昭帝平陵，去茂陵十里，见《三辅黄图》，故址在今咸阳市西北。昭帝时置，宣帝本始元年(前73年)，"募郡国吏民訾百万以上徙平陵"。二年春，"以水衡钱为平陵徙民起第宅"[3]。

(7) 宣帝杜陵，故址在今西安市东南。本杜县，宣帝元康元年(前65年)，"以杜东原上为初陵，更名杜县为杜陵。徙丞相、将军、列侯、吏二千石、訾百万者杜陵"[4]。

以上七陵，都在长安附近。其中的长陵、安陵、阳陵、茂陵、平陵在渭河之北，合称"五陵"，所徙官僚、豪富尤多，最为繁盛。

此外还有文帝母薄太后南陵，故址在今西安市东。文帝七年(前173年)建陵，因在霸陵南，故名。景帝二年(前155年)置县。

昭帝母赵婕妤(追尊为皇太后)云陵，故址在今淳化县东南。武帝后元二年(前87年)昭帝即位后筑陵，因地处云阳县境故名。始元元

---

1 《汉书》卷6《武帝纪》。

2 《汉书》卷64《主父偃传》。

3 《汉书》卷8《宣帝纪》。按中华书局标点本作"以水衡钱为平陵，徙民起第宅"；于义不妥。应劭等注亦不得要领。汉制，天子即位一年即建陵，昭帝平陵不必待宣帝赐钱而后建。上年已募民徙平陵，也不待此时才徙民。很明显，宣帝是以水衡钱赐移民建第宅，断为二句误。水衡钱，即水衡所藏皇室私钱。

4 《汉书》卷8《宣帝纪》。

年(前 86 年)起庙园。三年秋,"募民徙云陵,赐钱田宅"。四年,"徙三辅富人云陵,赐钱,户十万"[1]。据《汉书》卷 97《外戚传·孝武钩弋赵婕妤》,县初设时有户三千。

宣帝父史皇孙奉明园(因未为帝不得称陵),元康元年(前 65 年)户数增加到 1 600 户,立为县[2]。实际上也是陵县,但户数少,规制自不能与诸陵县相比。奉明故址在今西安市西北。

以上南陵、云陵、奉明三县和万年县并不是正式的陵县,但是它们设置的目的、居民的来源与陵县基本相同,性质与陵县更无二致,因而可称为"准陵县"。

陵县分布在京兆尹、左冯翊、右扶风三个郡级政区(三辅)中,却不归三辅管辖,而是直属于朝廷的太常,地位明显高于一般县。其中的长陵县令还享受二千石的待遇,与郡太守相同,更为特殊。这样的设置首先当然是为了显示对先皇列祖的尊崇,因为在这些陵县中不仅有已故皇帝的陵墓,还有大量举行祭祀活动的场所,而太常正是负责这类活动的最高机构和长官。同时由于陵县居民大多是贵族高官、豪强巨富,非一般地方官所能治理,直属朝廷多少能起些震慑作用。

二、迁陵县的对象

对迁入陵县的对象,班固在他著名的《西京赋》中曾有这样的描写:

> 英俊之域,绂冕所兴,冠盖如云,七相五公,与乎州郡之豪杰,五都之货殖,三选七迁,充奉陵邑。[3]

所谓"三选七迁",就是指徙陵县的三种主要对象:吏二千石、高訾富人及豪杰兼并之家和对七个陵县(不计南陵、云陵和奉明县)的迁入。

---

1 《汉书》卷 7《昭帝纪》。
2 《汉书》卷 63《武五子传·戾太子刘据》。
3 《后汉书》卷 40 上《班固传》。

具体地说，迁入陵县的有以下几种对象：

（1）丞相、御史大夫、将军等现职高级官员，即所谓“七相五公”。对“七相五公”的含义，李善在《文选》注中认为是指具体的人物：七位丞相是韦贤（迁平陵）、车千秋（迁长陵）、黄霸（迁平陵）、平当（迁平陵）、魏相（迁平陵），五公是御史大夫张汤（迁杜陵）、杜周（迁茂陵）、前将军萧望之（迁杜陵）、右将军冯奉世（迁杜陵）、大将军史丹（迁杜陵）。而在《后汉书·班固传》的注中列出的却是：七相为丞相车千秋（长陵人），黄霸、王商（杜陵人），韦贤、平当、魏相、王嘉（平陵人）；五公为太尉田蚡（长陵人），大司马张安世、大司空朱博（杜陵人），司徒平晏、大司马韦赏（平陵人）。二说不但相互矛盾，而且都不尽合理。实际上这些人在迁入陵县时大多并未具有“相”或“公”的身份，有的甚至还没有做官。所以“七相五公”显然是泛指高官。按照当时的制度，现职的丞相、御史和将军等都应迁入在位皇帝的陵邑，即使已经居住在其他陵县也不能例外，称为“随时帝而徙”。如黄霸自云陵迁入杜陵[1]，张汤家随时帝而徙了不止一次[2]，赵充国以后将军的身份自金城令居（今甘肃永登县西北）迁入杜陵[3]。这类对象部分来自关东（极个别来自其他地区），部分是从此陵迁往彼陵或从关中其他地区迁入的。

（2）宠臣、公主、外戚及其他特殊人物。如高帝时的籍孺、惠帝时的闳孺迁安陵[4]。成帝时外戚班况迁昌陵（成帝所建，未成，详见下述），再迁长安[5]。司马迁原籍左冯翊夏阳县（今陕西韩城市南），父子相继为太史令，武帝时徙家茂陵显武里[6]。司马相如为蜀人，病免后也家居茂陵[7]。

（3）吏二千石，包括九卿、郡太守、都尉、郎中令等。如张孺以上谷太守自平阳（今山西临汾市西南）迁至茂陵[8]，何比干以丹阳都尉自

---

1 《汉书》卷89《循吏传·黄霸》。
2 《汉书》卷59《张汤传》。
3 《汉书》卷69《赵充国传》。
4 《史记》卷125《佞幸列传》。
5 《汉书》卷100《叙传》。
6 《史记》卷130《太史公自叙》索隐引《博物志》。
7 《史记》卷117《司马相如列传》。
8 《汉书》卷76《张敞传》。

汝阴(今安徽阜阳市)徙家平陵[1],周文(仁)以郎中令自任城(今山东微山县西北)迁于阳陵[2]。

(4) 六国诸侯、贵族的后裔。尤以齐国诸田人数最多,在陵县中势力最大。

(5) 豪杰。此类人并无严格的界限,在于他们的影响及地方官吏的掌握程度。如郭解,照财产标准并不符合,但名声太大,尽管由大将军出面向武帝疏通也无济于事,还得列入徙居对象[3]。

(6) 高訾富人,资产在一定数额以上的,具体标准因时而异。如武帝元朔二年(前127年)徙茂陵的标准是訾三百万以上[4],宣帝本始元年(前73年)徙平陵的标准是訾百万以上[5]。

(7) 群盗。如袁盎之父以群盗自楚(都于今江苏徐州市)徙安陵[6]。但这类人未见有其他记载。武帝初建茂陵时,主父偃建议迁入的对象中有"乱众之民",但亦无实例可证明包括有"群盗"。可能在前期有少量此类人物迁入,但以后由于三辅陵县治安不佳,统治者为自身安全计,改为迁于边疆,如武帝元狩五年(前118年),"徙天下奸猾吏民于边"[7]。

(8) 汉初功臣的后裔。据《汉书·地理志》,汉初曾徙诸功臣家于长陵。但文帝时遣列侯就国,只有少数还留在关中。汉初封的功臣侯国至武帝时已废绝殆尽,这些侯国被除时绝大多数侯并不在关中任职,也未担任二千石或更高的官职,按理应居住在自己的封邑,基本上都在关东。但据《汉书·功臣侯表》,在宣帝元康四年(前62年)绍封时,大多数功臣侯的后裔都注籍于关中。在统计到的121人中,关中籍的有88人,占73%;而其他籍的33人,仅占27%(见表4-1、4-2)。功臣侯的后裔要再迁入关中,只能是高訾或豪杰方有可能,但

1 《后汉书》卷43《何敞传》。
2 《汉书》卷46《周仁传》。
3 《史记》124《游侠列传》。
4 《汉书》卷6《武帝纪》。
5 《汉书》卷8《宣帝纪》。
6 《汉书》卷49《爰(袁)盎传》。
7 《汉书》卷6《武帝纪》。

这两种对象在他们中的比例不可能如此之高。由此可见，文帝遣列侯就国时，功臣侯并没有全家迁往封邑，只有侯本人及其继承人就国，至少还有其他子女留在关中，这就是为什么因“无后”已经绝封的侯却有后裔在关中的原因。元康绍封时，留在关中的后裔自然捷足先登，而只有在关中的一支后裔也已断绝的侯，才由关东一支绍封。当然部分在关东的废侯后裔因符合徙陵县的条件而重新迁入关中的可能性也不能排除，但数量不会多。

表 4－1　元康四年（前 62 年）有关中籍后裔的功臣侯

侯国名	原在郡国	后裔入籍地	侯国名	原在郡国	后裔入籍地
汝阳	汝南	长安	成阳	汝南	阳陵
信武		长安	鄢陵	颍川	阳陵
清阳	清河	长安	塞		茂陵
平棘	常山	长安	东武	琅邪	茂陵
曲逆	中山	长安	贳	巨鹿	茂陵
缪		长安	曲成	东莱	茂陵
临汝		长安	祁	太原	茂陵
蓼	六安	长安	南		茂陵
武	信都	长安	辟阳	信都	茂陵
故市	河南	长安	临汝		茂陵
斥丘	魏	长安	橐	山阳	茂陵
安国	中山	长安	东阳	清河	茂陵
乐成	河间	长安	柏至		长安
郸	沛	长安	中水	涿	长安
北平	中山	长安	杜衍	南阳	长安
平皋	河内	长安	捊		长安
埤山		长安	历	信都	长安
戴	梁	阳陵	强		长安
衍	陈留	阳陵	宁	济南	长安
中牟	河南	阳陵	襄平	临淮	长安
高梁	河东	阳陵	绳		长安
煮枣	济阴	阳陵	慎阳	汝南	长安

续 表

侯国名	原在郡国	后裔入籍地	侯国名	原在郡国	后裔入籍地
开封	河南	长安	台	济南	长陵
须昌	东郡	长安	高胡		长陵
江邹		长安	宣平		长陵
下相	临淮	长安	祝阿	平原	长陵
戚	东海	长安	傅阳	楚	长陵
桃安	信都	长安	便（编）	南郡	长陵
纪		长安	堂邑	临淮	霸陵
景		长安	吴房	汝南	霸陵
张	广平	长安	共	河内	霸陵
卤（茵）	安定	长安	禾成	巨鹿	霸陵
柳丘	渤海	长安	堂阳	巨鹿	霸陵
平阳	上郡	长安	广	齐	安陵
留	楚	阳陵	汲	河内	安陵
隆虑	河内	阳陵	节氏		平陵
昌武	胶东	阳陵	深泽	中山	平陵
厌次	平原	阳陵	棘蒲	常山	云阳
安丘	琅邪	阳陵	复阳	清河	云阳
巢	庐江	茂陵	城文	沛	新丰
阴陵	九江	长陵	平曲	东海	槐里
舞阳	颍川	长陵	宁陵	陈留	南陵
新阳	汝南	长陵	平阳	河东	杜陵
魏其	琅邪	长陵	朝阳	济南	奉明

表 4-2　元康四年（前 62 年）无关中籍后裔的功臣侯

侯 国 名	原 在 郡 国	后裔入籍地	所 在 郡 国
阳都	城阳	临沂	东海
河阳	河内	即丘	东海
彭	东海	费	东海
都昌	北海	（都）昌	北海
严	?	平寿	北海

续表

侯国名	原在郡国	后裔入籍地	所在郡国
高宛	千乘	高宛	千乘
清	东郡	高宛	千乘
发娄	?	阳安	汝南
东茅	东平	鲖阳	汝南
安平	豫章	解	河东
猗氏	河东	猗氏	河东
宋子	巨鹿	宋子	巨鹿
广阿	巨鹿	广阿	巨鹿
土军	西河	阿武	涿郡
平定	西河	安平	涿郡
繁	蜀	繁	蜀
平州	巴	涪	巴
梁邹	济南	夫夷	零陵
南安	犍为	南安	犍为
肥如	辽西	肥如	辽西
终陵	济南	于陵	济南
涅阳	南阳	涅阳	南阳
昌	琅邪	昌	琅邪
邔	南郡	邔	南郡
阳羡	丹阳	南和	广平
期思	汝南	寿春	九江
谷阳	沛	谷阳	沛
轪	江夏	竟陵	江夏
梧	楚	梧	楚
安阳	汝南	沃	?
平棘	常山	项圉	?
武原	楚	郭	?
陆量	?	郦阳	?

说明:“?”处表示所在郡国无考。

迁入陵县的移民来源很广,根据《史记》《汉书》《后汉书》及其他史籍的统计(见表 4－3),来自 32 个郡国。功臣侯的后裔入籍于陵县或关中其他地方的也出于 39 个郡国(见表 4－1)。由此可见,移民迁出的范围主要是在淮河以北、晋陕间黄河以东、燕山以南的关东地区(见图 4－1)。在此范围之外,或者绝无记载,如江南、岭南、辽东;或者仅有个别特殊情况,如梁桥(原籍北地,治今甘肃庆城县西北)之訾(资)产特多,赵充国(原籍金城令居,今甘肃永登县)之有特殊身份。

表 4－3 徙关中实例

徙 居 人	原籍	迁入地	迁入时间	徙居原因	资 料 来 源
车千秋祖	齐	长陵	汉初	诸田	《汉书》卷 66
第五伦祖	齐	长陵	高帝	诸田	《后汉书》卷 41
田延年祖	齐	阳陵	高帝	诸田	《汉书》卷 90
田何	齐	杜陵	汉初	渚田	《汉书》卷 88
*主父偃	齐	长安	武帝	游宦	《汉书》卷 64
*楼护及其父	齐	长安	元成间	行医	《汉书》卷 92
法雄祖	齐	扶风	宣帝	诸田后	《后汉书》卷 38
韦贤	鲁	平陵	昭帝	大鸿胪	《汉书》卷 73
朱云	鲁	平陵	宣帝	?	《汉书》卷 67
史丹	鲁	杜陵	宣帝	将军	《汉书》卷 82
孔霸	鲁	长安	元帝	名儒、关内侯	《汉书》卷 81
鲁恭祖	鲁	平陵	哀平间	二千石	《后汉书》卷 25
宣帝王后祖	沛	长陵	高帝	关内侯	《汉书》卷 97
萧何后	沛	长陵	汉初	功臣后	《潜夫论》卷 9
施雠	长陵		武帝	?	《汉书》卷 88
何并祖	汝南	平陵	宣帝	二千石	《汉书》卷 77
何比干	汝南	平陵	宣帝	都尉	《后汉书》卷 43
*翟方进	汝南	长安	元帝	求学	《汉书》卷 84
石奋	河内	长安	高帝	外戚	《汉书》卷 46
郭解	河内	茂陵	武帝	豪杰	《汉书》卷 92
张禹父	河内	莲勺	武帝	?	《汉书》卷 81
马援祖	赵	茂陵	武帝	二千石	《后汉书》卷 24
*江充	赵	长安	武帝	逃亡	《汉书》卷 45

续 表

徙 居 人	原籍	迁入地	迁入时间	徙居原因	资 料 来 源
朱建	楚	长安	高帝	平原君	《汉书》卷 43
袁盎父	楚	安陵	惠文间	群盗	《汉书》卷 49
张孺	河东	茂陵	武帝	上谷太守	《汉书》卷 76
尹翁归	河东	杜陵	宣帝	二千石	《汉书》卷 76
张欧	高密	阳陵	景帝	九卿	《汉书》卷 46
郑崇祖	高密	平陵	宣帝	訾百万	《汉书》卷 77
任安	河南	武功	武帝	留居	《史记》卷 104
贾光	河南	平陵	宣帝	二千石	《后汉书》卷 36
原涉祖	颍川	茂陵	武帝	豪杰	《汉书》卷 92
冯唐父	代	安陵	汉初	赵大臣	《后汉书》卷 50
魏相	济阴	平陵	宣帝	丞相	《汉书》卷 74
平当祖	梁	平陵	宣帝	訾百万	《汉书》卷 71
韩延寿	广阳	杜陵	宣帝	二千石	《汉书》卷 76
董仲舒	信都	茂陵	武帝	诸侯王相	《汉书》卷 56
繁延寿	南郡	杜陵新丰	元帝	御史大夫	《潜夫论》卷 9
黄霸	淮阳	云阳	武帝	豪杰役使	《汉书》卷 89
杜邺父	魏郡	茂陵	武帝	二千石	《汉书》卷 85
杜周	南阳	茂陵	武帝	御史大夫	《汉书》卷 60
萧望之	东海	杜陵	宣帝	御史大夫	《汉书》卷 78
冯奉世	上党	杜陵	宣帝	光禄大夫	《汉书》卷 79
周仁	东平	阳陵	景帝	郎中令	《汉书》卷 46
耿弇祖	巨鹿	茂陵	武帝	二千石	《后汉书》卷 19
王商	涿	杜陵	宣帝	外戚	《汉书》卷 82
廉范	中山	杜陵	汉初	豪族	《后汉书》卷 31
梁桥	北地	茂陵	武帝?	訾千万	《后汉书》卷 34
* 陈汤	山阳	长安	元成间	求官	《汉书》卷 70
辛庆忌	陇西	昌陵长安	成帝	将军	《汉书》卷 69
赵充国	金城	杜陵	宣帝	将军	《汉书》卷 69
窦融高祖	常山	平陵	宣帝	二千石	《后汉书》卷 23
班况	雁门	昌陵长安	成帝	外戚	《汉书》卷 100

续 表

徙 居 人	原籍	迁入地	迁入时间	徙居原因	资料来源
籍孺	?	安陵	惠帝	宠臣	《汉书》卷 93
闳孺	?	安陵	惠帝	宠臣	《汉书》卷 93
冯参	宜乡	长安	成帝	特许	《汉书》卷 79
* 司马相如	蜀	茂陵	武帝	孝文园令	《汉书》卷 57

说明：徙居人前有 * 者或系暂居，不一定已入籍关中。廉范祖迁于汉初，是时尚无杜陵，当系先迁关中，后复迁入杜陵。

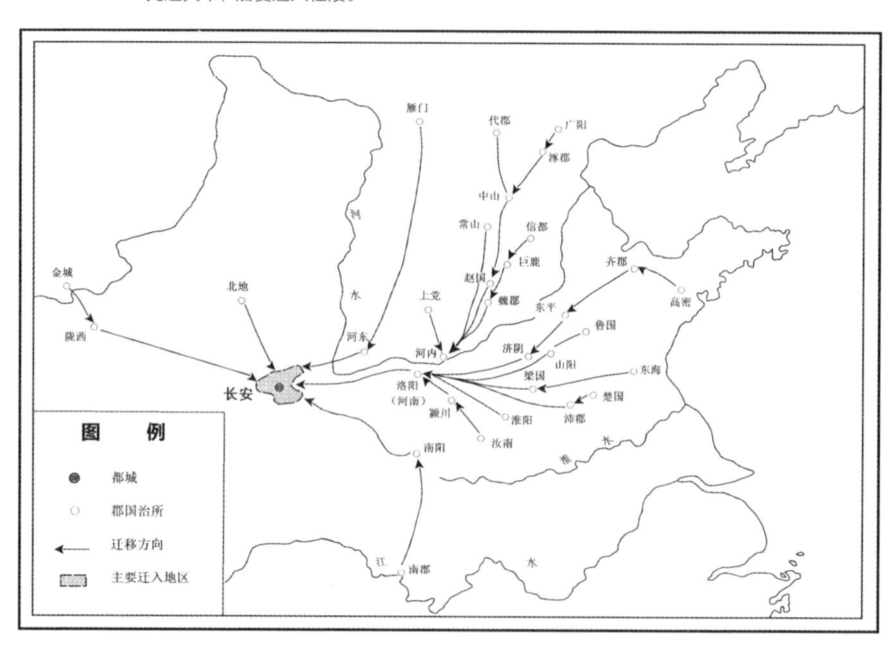

图 4-1 西汉期间对关中的移民

三、陵县的实际废止

元帝永光四年(前 40 年)十月的一道诏书结束了陵县的特殊地位,从此各陵县都按所在地分属三辅。同时元帝还下令今后不再设置陵邑和陵县：

> 安土重迁,黎民之性;骨肉相附,人情所愿也。顷者有司缘臣

子之义，奏徙郡国民以奉园陵，令百姓远弃先祖坟墓，破业失产，亲戚别离，人怀思慕之心，家有不安之意。是以东垂被虚耗之害，关中有无聊之民，非久长之策也。……今所为初陵者，勿置县邑，使天下咸安土乐业，亡有动摇之心。布告天下，令明知之。[1]

诏书所列确系实情，但具体情况还要更复杂些，最主要的是关中和陵县本身的矛盾。

第一，随着关中人口的增加和农业的发展，土地开发已近极限。武帝扩大上林苑，占据了大片可耕地，地少人多的矛盾更为突出。武帝太始元年（前96年）徙郡国豪杰于茂陵的同时，也迁于云阳[2]，就是因为渭水两岸人口已过于集中，而云阳一带人口还相对稀少。在长安周围的渭水两岸和泾、渭交汇处这一狭长地带已有人口相当密集的陵县，其中长安、茂陵到西汉末人口都在20万以上，长陵有十几万，其他陵县也都有几万至十余万，这一带人口密度已超过1 000人/平方千米，为全国之冠[3]。加上宫殿、陵墓、官寺、池苑、兵营等又要占去很大面积，实际上回旋的余地极小，再要设置陵县已十分困难。

第二，关东移民大多是地主官僚，非生产人口比例很高。由于他们在政治、经济上享有种种特权，生活优裕、妻妾众多，人口繁衍迅速，使总人口中非生产人口的比例越来越高。总人口尤其是非生产性人口增长的速度大大超过了当地粮食增产的速度，每年需要由关东输入的粮食越来越多，朝廷不胜负担。

第三，安置迁入陵县的民户，一般要赐田宅、赐钱。在人口密集、土地占尽的情况下，已无田宅可赐。赐钱和建造陵县也需要大笔开支，这在朝廷财政日益困难的情况下自然无力继续下去了。

第四，陵县中官僚地主、高訾富户、豪杰兼并之家集中，这些人声势煊赫，纵横睥睨，加上依附于他们的宾客爪牙狐假虎威，推波助澜，

---

1 《汉书》卷9《元帝纪》。

2 《汉书》卷6《武帝纪》作云陵，师古注已指明其误。

3 详见《西汉人口地理》第六章第四节，第102—103页。宋敏求《长安志》卷14引《关中记》："元帝时，三辅七十万户，始断不复徙人陪陵。"按《汉书·地理志》户口数，元始二年三辅合计尚不足七十万户，而自元帝至此期间三辅人口即使无新的迁入，也不可能减少，因此七十万户说不可信。至于《汉书·地理志》三辅户口数有误的可能虽不能完全排除，但目前尚无任何证据可提出这一怀疑。

治理实非易事。主管陵县的太常,“烦剧多罪过”[1],被视为畏途。在政权控制力强时,有意识地将这些不稳定因素置于近畿,便于朝廷镇压,也完全对付得了。但在政治腐败、治理不力时就适得其反,难以收拾。西汉中期以后连长安的治安都很差[2],再增加陵县人口就更难控制了。

第五,关东地主富户移居关中并非自愿,同样需要采取有力的强制措施,而且要冒遭到他们反抗的风险。元帝时,政权日趋腐败,治理更加无能,只得力图缓和与关东地主的矛盾,以免加剧他们的反对。

元帝之罢陵县是势在必行,不失为明智之举。也正因为如此,此后的成帝再建陵县,就必定以失败而告终。

鸿嘉元年(前20年),在陈汤等人的怂恿下,成帝放弃原来已修了10年的延陵,又以新丰戏乡为昌陵。第二年,徙郡国豪杰訾五百万以上5 000户于昌陵,并在陵邑赐丞相、御史、将军、列侯、公主、中二千石家地、第宅,以便建成后迁入[3]。由于不考虑实际可能,加上规划不善,“因卑为高,积土为山”,“卒徒工庸以巨万数,至然脂火夜作,取土东山,且与谷同贾(价),作治数年,天下遍被其劳,国家罢敝,府藏空虚,下至众庶,熬熬苦之”[4],造成百姓“物故流离以十万数”[5]。在民众和大臣的激烈反对下,成帝不得不在永始三年(前14年)下诏罢昌陵,已迁入的人户大多返回原籍[6],大臣名家则乘机入籍长安,如将军辛庆忌[7]、外戚班况等[8]。

成帝建昌陵是西汉陵县史上一段不成功的插曲,因而陵县的建置是以宣帝的杜陵为终点的。

1 《汉书》卷73《韦贤传》。
2 如宣帝时长安多偷盗,见《汉书》卷76《张敞传》;闾里少年取富人为质,见同卷《赵广汉传》;又多剽劫行者等,见卷90《酷吏传·尹赏》。
3 《汉书》卷10《成帝纪》。
4 《汉书》卷70《陈汤传》。
5 《汉书》卷36《刘向传》。
6 《汉书》卷10《成帝纪》。
7 《汉书》卷69《辛庆忌传》。
8 《汉书》卷100《叙传》。

第四节

西汉期间其他徙关中类型

一、特殊身份的移民

西汉期间还有少数因其他种种原因迁入关中的移民：

（1）名儒。元帝时的孔霸，特诏由鲁（今山东曲阜市）移籍长安[1]。但这种对象若非绝无仅有，也是极少的。

（2）受封为关内侯或列侯贬爵为关内侯。按制度在朝廷无现职的列侯应就国，但关内侯得留长安，所以也有人自愿贬爵为关内侯，以达到居留长安的目的，如宜乡（今地无考）侯冯参[2]。

（3）受经求学者。武帝时，备博士弟子50人，昭帝时增至百人，元帝时至千人，成帝时一度达到3 000人，常年保持在1 000人。这些人多数来自全国各地，学成后也有部分留在首都任职[3]。如汝南上蔡（今河南上蔡县西南）人翟方进家贫，赴长安受经，母也随入，方进后位至丞相[4]。又如魏郡元城（今河北大名县东）人王禁，少学律法于长安，以后任廷尉史[5]。从翟方进之母也能随至长安看，朝廷对这类人的入关控制较松。

（4）求官者。如陈汤，山阳瑕丘（今山东兖州市东北）人，“少好书，博达善属文，家贫匄貣无节，不为州里所称。西至长安求官，得太

1 《汉书》卷81《孔光传》。
2 《汉书》卷79《冯奉世传》。
3 《汉书》卷88《儒林传》公孙弘奏：“请选择其秩比二百石以上及吏百石通一艺以上补左右内史、大行卒吏……制曰可。”是以博士弟子中不断有人补为吏，在长安任职。
4 《汉书》卷84《翟方进传》。
5 《汉书》卷98《元后传》。

官献食丞”[1]。又如临淄(今山东淄博市东北)人主父偃,也是“不容于齐,家贫,假贷无所得”,“以诸侯莫足游者,元光元年,乃西入关见卫将军”[2]。

但是上述两种对象之得以居留关中,并不等于已经入籍关中了,按当时的法令,他们不过是临时居留(尽管可以是终生或延续到下一代),一旦不再担任官职,就应返回原籍,他们的子女也不能改变籍贯,除非获准徙居陵县。陈汤之所以要千方百计怂恿成帝建昌陵,也是因为妻子是长安人,儿女都不愿回关东,希望能乘机迁入新建的昌陵,合法地得到入籍关中的机会。

(5) 逃亡者。如赵国邯郸(今河北邯郸市)人江充,得罪了赵太子,“遂绝迹亡,西入关”,“诣阙告太子丹”[3]。此类人能入关,显然是利用了中央政权对诸侯王的疑忌,一般得罪于官府或地主豪强的逃亡者是难以入关的。

(6) 行医者。如楼护之父,齐(今山东淄博市东北一带)人,为医长安;护随父至长安,“出入贵戚家”,“学经传,为京兆吏数年,甚得名誉”[4]。楼护的经历也证明,行医者可合法地携带家属入关。当然多数进关中行医者只是流动人口,并不居留关中。如临淄人淳于意行医,也曾入关,但仍返回齐郡[5]。

(7) 匈奴等少数民族归降、被俘、被征发及移居的人员。据《汉书·百官公卿表》:“越骑校尉掌越骑,长水校尉掌长水宣曲胡骑。又有胡骑校尉,掌池阳胡骑,不常置。”所谓“越骑”,按如淳的注,是“越人内附,以为骑也”。但越人生长于南方,并不善骑射,如何能充当精锐骑兵?晋灼注为“取其材力超越也”,似乎更合理。故越骑大概是由降附的少数民族中选出的“材力超越”者编成。“长水宣曲胡骑”即屯驻在长水、宣曲的胡骑,“池阳胡骑”是屯驻于池阳的胡骑。此外,三辅胡

---

1 《汉书》卷70《陈汤传》。
2 《汉书》卷64《主父偃传》。
3 《汉书》卷45《江充传》。
4 《汉书》卷92《游侠传·楼护》。
5 《史记》卷105《扁鹊仓公列传》。

骑还有屯驻于长杨者[1]。这些军人来自西北或其他边疆的少数民族，作为拱卫京师的精锐力量。由于来源有限，不可能像汉族士兵一样采取轮流服役的办法，因此基本上是长住关中的。

武帝时及此后与匈奴的战争中有不少归降和被俘人员，这些人绝大多数不安置在关中，但也有少数例外。如金日磾，本匈奴休屠王太子，元狩中随昆邪王降汉后，与母弟没入官，输黄门养马。后来金日磾当了辅佐昭帝的大臣，子孙显贵，成为新的士族，长住长安，完全汉化了[2]。

在汉匈交往中，通婚并不少见，连忠于汉朝、矢志不二的苏武也在匈奴娶妻生子。宣帝时，武与胡妇所生子通国随使者至，以为郎，留居关中[3]。张骞出使归来时也带回了匈奴妻子[4]。解忧公主出嫁乌孙，甘露三年（前 51 年）与孙男女三人归京师，后二岁卒，三孙留守坟墓[5]。

从以上七类人的来源和移居情况可以看出，他们的数量是很少的，而其中能正式入籍关中的更少。不过，从我们规定的移民定义看，即使没有入籍关中的人，实际上大多也已成为迁入关中的移民了（详见表 4 - 3）。

二、由流动人口产生的移民

关中是首都所在，作为政治、经济、文化的中心，必然有相当多的流动人口。这些流动人口也是关中移民的来源之一，尽管他们中的绝大多数只是时间不等地停留在关中而已。

流动人口中最大量的是关东流民。关东由于人口稠密，地少人多，人口相对饱和，一遇天灾便会出现大批流民，其中部分必然流向关中。但由于进入关中的通道都设关把守，统治者为关中的供应和治安

---

1 见《汉书》卷 68《金日磾传》附金涉，师古注。
2 《汉书》卷 68《金日磾传》。
3 《汉书》卷 54《苏武传》。
4 《汉书》卷 61《张骞传》。
5 《汉书》卷 96《西域传·乌孙》。

考虑，一般是不许流民入关的。但在灾情严重、流民麇集的情况下，为不致酿成骚乱，也曾多次开关放入流民，或实际上允许流民入关。见于记载的有：

元帝初，“关东连年被灾害，民流入关”[1]。

阳朔元年（前 24 年），“流民入函谷、天井、壶口、五阮”[2]。这四个关中，函谷在今河南新安县东，天井在今山西晋城市南太行山上，壶口在今山西长治市上党区东南壶口，五阮即今河北易县西北紫荆关，都是控制着通向关中方向的交通要道。进入此四关的流民虽不一定都能进入关中，但都是向关中方向推进的。

鸿嘉四年（前 17 年），成帝诏：“关东流冗者众……流民欲入关，辄籍内。所之郡国，谨遇以理，务有以全活之。”[3]所谓“籍内”，就是“录其名籍而内之”，即将流民的户籍登记下来后放入关内。登记的目的可能是为了安排沿途的救济，也可能是为了便于在灾害过后遣返。

地皇三年（公元 22 年），“流民入关者数十万人”[4]。

流民入关一般只是临时性的安排，因为流民数量多，不可能都安置在关中狭窄的地带，其中部分通过关中徙入边郡，部分待灾情缓和后返回原地，留在关中的人不多。但从鸿嘉四年和地皇三年的流民规模和统治者的对策分析，有一部分流民最终成为关中居民的可能性也是存在的。

长安及其周围经常要修建宫殿、官寺，诸帝陵墓的建造更是一项旷日持久的工程，还要屯驻大量军队。因此常年都有大批来自全国各地的平民和刑徒服兵役和劳役。但这些人除死亡的外，期满后都返回原籍，留下的只是特殊现象。

各郡国的重大罪犯须送长安定罪或受刑，重大案子的当事人、证人都须集中长安听审。但在定罪服刑或结案后都安置于边郡或遣返原籍。

1 《汉书》卷 71《于定国传》。
2 《汉书》卷 10《成帝纪》。
3 同上。
4 《汉书》卷 99《王莽传》。

各部刺史每年奏事京师，各郡国每年派掾史来京上计，并有若干吏卒同行[1]。

各地商人来关中经商。进入关中的各处关口除控制出入外，还收商税[2]，所以商人出入关中须凭文书及纳税。由此也可看出进出关中的商人数量不少。

求学、行医等人员，除前面已提到的少数居留关中者外，多数也是流动人口。

在张骞通西域和武帝击败匈奴后，匈奴、西域的使者和商人络绎不绝，使者也兼营贸易。这些人大多往返于长安与匈奴、西域之间，但常住长安的也不少。如长安有藁街蛮夷邸[3]，就是专门接待各国各族人员的馆舍。武帝曾多次招待“外国客”[4]。又如成帝时曾“大夸胡人以多禽兽”，在长杨宫射熊馆置禽兽，“令胡人手搏之”[5]。元始五年（公元 5 年），王莽掘共王母、丁姬故冢时，参加的十余万人中就有“四夷”[6]。

这些流动人口在传播文化和经济流通等方面的意义是相当大的，尤其是在一个人口分布基本凝固的农业社会中，不过其中转化为移民者是很有限的。

第五节

自关中外迁的类型

与迁入的数量和次数相比，从关中迁出的人口要少得多，而且除

1 《续汉书・百官志》。详见拙著《秦汉的上计和上计吏》，载《中华文史论丛》1982 年第 2 辑，上海古籍出版社 1982 年版。
2 《汉书》卷 91《酷吏传・义纵》。
3 《汉书》卷 70《陈汤传》。
4 《汉书》卷 6《武帝纪》；《三辅黄图》卷 4。
5 《汉书》卷 87《扬雄传》。
6 《汉书》卷 97《外戚传・定陶丁姬》。

了文、景时期曾有过较多人口迁出外，几乎再也没有大规模的迁出。

迁出的主要原因和类型有如下几种：

(1) 诸侯王、列侯就国。如前所述，文帝以后，除了在中央政权任职及得到特许者外，列侯都应就国。诸侯王更必须就国，且不能随意回京。原来就不是关中籍的列侯，也得从原籍迁入封邑。一旦废绝，这些人就居留当地，不得再返回关中了。在朝廷任职的列侯被免职后也应就国，如息夫躬封为宜陵侯后任左曹光禄大夫，后被免官，即"遣就国"[1]。特许的例子不多，如刘富，被封为红侯后本应就国，只是因为他母亲与窦太后有亲戚关系，怕他到关东去不安全，要求留在长安，才得到批准[2]。又如前述宜乡侯冯参，不惜自愿贬爵，才获得特许。

(2) 大臣获罪免职后徙归故郡。如哀帝时，傅太后从弟子傅迁"免官遣归故郡"；侍中傅嘉免为庶人，"归故郡"[3]。大臣被处死后，家族徙归故郡，如冯参家族等[4]。据前引《汉书·陈汤传》，非关中籍的大臣死后，家属也应归原籍。外戚因后妃被废而徙归故郡，如外戚丁、傅、许家[5]。

(3) 大臣获罪后，与其家属徙边，地点有：

敦煌（今甘肃敦煌市西），如陈汤（后改安定）、解万年[6]、薛况[7]等。

酒泉（今甘肃酒泉市），如杨恽妻子[8]。

辽西（今辽宁义县西），如赵钦家属[9]。

合浦（今广东徐闻县南），如息夫躬妻[10]、王章妻子[11]、傅晏及其家属[12]等。

---

1 《汉书》卷45《息夫躬传》。
2 《汉书》卷36《楚元王传》。
3 《汉书》卷81《孔光传》。
4 《汉书》卷97《外戚传·孝元冯昭仪》。
5 《汉书》卷97《外戚传·定陶丁姬、孝元傅昭仪、孝成许后》。
6 《汉书》卷70《陈汤传》。
7 《汉书》卷83《薛宣传》。
8 《汉书》卷66《杨恽传》。
9 《汉书》卷97《外戚传·孝成赵后》。
10 《汉书》卷45《息夫躬传》。
11 《汉书》卷76《王章传》。
12 《汉书》卷97《外戚传·孝元傅昭仪》。

上党(今山西长子县西南),如鲍宣[1]。

也有一些具体地点不详,如京房家属[2]。

这些人中,一部分日后被准许返回故乡,但允许回长安及关中的是少数(详见表4-4)。

表4-4 迁出关中实例

迁往地点	被迁人	迁出时间	备注	出处(《汉书》卷数)
合浦	淳于长妻子	成帝		93
合浦	浩商家属	成帝		84
合浦	王章妻子	成帝	后归故郡	76
合浦	息夫躬妻与家属	哀帝		45
合浦	张由、史立	平帝		77
合浦	毋隆将、丁玄、赵昌	平帝		77
合浦	傅晏及家属	平帝		97、82
合浦	董贤父、弟及家属	平帝		93
合浦	冷褒、段犹等(议立定陶恭王庙号者)	平帝		60、86
合浦	孙宠、右师谭	平帝		45
合浦	卫宝女(中山王后)	平帝		97
故郡(山阳)	成帝许后亲属	成帝		97
(济南)	石显与妻子	成帝	石显道病死	93
(魏郡)	淳于长母	成帝	后还长安,复徙	93
(上党)	外戚冯氏宗族	哀帝		79、97
(河内)	傅迁、傅嘉、外戚傅氏宗族	平帝		81、97
(山阳)	外戚丁氏宗族	平帝		97
(巨鹿)	董贤母	平帝		93
敦煌	戾太子乱时吏士劫掠者	武帝		66

1 《汉书》卷72《鲍宣传》。

2 《汉书》卷80《宣元六王传·淮阳宪王刘钦》。

续　表

迁往地点	被　迁　人	迁出时间	备　注	出处（《汉书》卷数）
敦煌	解万年、陈汤	成帝	汤改徙安定，后归长安	70、84
敦煌	薛况	哀帝		83
敦煌	李寻、解光	哀帝		75
敦煌	唐林	哀帝		77
酒泉	杨恽妻子	宣帝		66
上党	鲍宣	哀帝		72
辽西	赵钦、赵䜣、外戚赵氏家属	哀帝		97
边地	京房及张博兄弟三人妻子	元帝	确地不详，后归	80

（4）吏民、刑徒从军及戍边。见于记载的有：

元狩五年（前118年），“徙天下奸猾吏民于边”。

元封二年（前109年），“募天下死罪击朝鲜”。

太初元年（前104年），“发天下谪民西征大宛”。

天汉元年（前100年），“发谪戍屯五原”。四年，“发七科谪及勇敢士”，遣李广利等征匈奴[1]。

这几次是普遍征发，自应包括关中在内。

征和二年（前91年），戾太子与丞相刘屈氂在长安大战后，“吏士劫掠者，皆徙敦煌郡”[2]。这次变乱涉及人数颇多，迁出人口也必不少。

元凤元年（前80年），发三辅、太常（即所辖诸陵县）徒，击武都氐人。五年，“发三辅及郡国恶少年吏有告劾亡者，屯辽东”[3]。这两次或全征三辅地区，或三辅占相当比例。

从军或戍边并非不能返回，但战争及边防的死亡很多，如李广利

1 《汉书》卷6《武帝纪》。
2 《汉书》卷66《刘屈氂传》。
3 《汉书》卷7《昭帝纪》。

征大宛，“岁余而出敦煌六万人，负私从者不与”，战败后“入玉门者万余人”[1]。因此，每次征发实际上就减少了当地人口。

西汉时的关中是首都所在，自然条件也比关东优越，水利灌溉比较发达，所以除初年的大灾曾造成“民就食巴蜀”[2]的后果外，未见大灾和流民的记录，直到新莽末年关中才有大量人口外流。

第六节

西汉关中移民人数的估计

对于迁入和迁出关中的人口数量，史料中缺乏记载，仅高祖九年（前198年）的移民有十余万的数字可考。但正如前面所论证的，迁入关中的移民主要是采取徙陵县的方式，并且大多定居在陵县，因此如能推算出徙陵县的人口数，关中移民的数量也就大致可考了。

西汉一代正式的徙陵县是七次，其中高祖长陵估计就是安置高祖九年迁入的十余万人中的大部分人口，武帝的茂陵前后徙了多次。此外，南陵未见专门移民的记载，云陵仅在三辅范围内徙入，奉明县称“益满”，只是从附近迁入加上其自然增长。而昌陵罢后，所徙民户大多返回故乡，留在长安的人数相当有限。

《关中记》云：“徙民置县者凡七，长陵、茂陵各万户，余五陵各五千户。”[3]每个皇帝迁入陵县的规模一般为五千户是可信的，这还可从其他记载得到证实：(1) 成帝徙昌陵是五千户，陵县有一定制度，成帝不至于超过前代诸帝，但也不会少于成数。(2)《关中记》载惠帝安陵徙户五千，正与昌陵数合，当非偶然。(3) 昭帝母赵婕妤是追尊的太后，其云陵尚且徙户三千，则帝陵徙五千应属合理。但茂陵迁万户之

1 《汉书》卷61《李广利传》。
2 《汉书》卷24《食货志》。
3 《长安志》卷14引。

说却与事实不符,而《三辅黄图》引《三辅旧事》称茂陵徙户一万六千与《武帝纪》所载有三次徙茂陵倒是吻合的。如每次亦以五千户计,武帝迁入茂陵的也有一万五千户。

《元和郡县图志》卷 1:"汉徙关东豪族以奉陵邑,长陵、茂陵各万户,其余五陵各千户。""千"之前当有一"五"字,因为五陵不可能仅及长陵和茂陵的十分之一,更不会比赵婕妤的云陵规模还小。《太平寰宇记》卷 26 作"其余五陵各五百户","百"字也应系"千"字之误。

当然各陵县实际人口不止五千户,因为各县一般原来都是一个居民点,有的还是县治所在,还有从其他陵县迁入或又迁入了其他陵县的,包括随时帝而迁的大臣家庭。即使以同样的户数为起点,每年的人口增长率相同,由于设置的时间有先后,最终的人口数也是不相同的。

根据迁入的年代、人口约数(每户以 4.5 人计)和人口年平均增长率(以略高于同期全国年平均增长率的 9‰计),至西汉末年的元始二年(公元 2 年),移民后裔的总数即可推算出来(见表 4-5)。考虑到高祖时的移民迁入长安与长陵的无法区分,而迁入长安的以后也有不少人又迁入其他陵县,所以均计入长陵。

表 4-5 西汉徙陵县人口及其后裔数估计

序 数	迁 入 时 间	迁入人口(万)	元始二年(公元 2 年)人口(万)
1	高祖九年(前 198 年)	10.00	60.01
2	惠帝七年(前 188 年)	2.25	12.35
3	文帝十年(前 170 年)	2.25	10.51
4	景帝六年(前 151 年)	2.25	8.86
5	武帝建元二年(前 139 年)	2.25	7.89
6	元朔二年(前 127 年)	2.25	7.15
7	太始二年(前 95 年)	2.25	6.44
8	宣帝本始二年(前 72 年)	2.25	4.37
9	元康二年(前 64 年)	2.25	4.06
	合 计	28.45	121.63

因此，西汉一代从关东迁入关中人口累计近30万人，而至西汉末年，在关中的关东移民后裔已有约122万，几乎占三辅人口的一半。由于居住集中，长安和陵县中移民后裔所占的比例更高。移民中贵族、豪强、地主多，附庸人口也多，所以每户迁入的实际人口可能不止4.5人，那么这项估计还是保守的。

考虑到高祖时的移民应该不止10万，而从丰县迁入的人口又未计入，大致可以抵消文帝时及景帝初迁出关中的人数；其他时期的出入大致相当，则上述数字可以看作为关中因移民迁入而增加的人口总数。此外，迁都关中时还有近10万的移民，大多也是来自关东，但因不属于直接徙陵县的而未予列入，这些移民的后裔到西汉末年至少也已有40万以上。所以，在关中的关东移民后裔占当地总人口的比例还应更高。

第七节

东汉期间的关中

一、迁都和战乱的影响

两汉之际的战乱使关中受到很大的破坏，"民饥饿相食，死者数十万，长安为虚，城中无人行"[1]。建武元年（公元25年），刘秀定都洛阳，长安丧失了首都的地位。随着政治中心的转移，关中在政治、经济上的优势已不复存在，原在关中的一部分宗室、贵族、在朝廷任职的人员以及他们的附属人口必定会东迁洛阳[2]。因此即使在东汉的全盛

1 《汉书》卷99《王莽传》。
2 如《后汉书》卷41《第五伦传》载：章帝时，伦上书称外戚马防"私赡三辅衣冠……又闻腊日亦遗其在洛中者钱各五千"，可见"三辅衣冠"在洛阳者颇多。

时代，关中也没有能恢复到西汉的水平。在这种情况下，东汉的关中既不可能再获得出于行政手段强制迁入的移民，也不具有对自发移民的吸引力。

在东汉中后期，西北的“羌乱”发展到非常严重的程度，汉朝的一些行政机构不得不内迁，同时也强制当地居民迁移。永初元年（107年），迁凉州民于三辅[1]。五年，陇西郡从狄道（今甘肃临洮县）迁治襄武（今甘肃陇西县东南），安定郡从临泾（今甘肃镇原县西南）迁治美阳（今陕西武功县西北），北地郡从富平（今宁夏吴忠市利通区西北）迁治池阳（今陕西泾阳县西北），上郡从肤施（今陕西榆林市榆阳区东南）迁治衙县（今陕西黄龙县西南），居民随之内迁[2]。由于“羌乱”波及三辅，本地人也外出避难。如窦融之后窦章迁居于陈留郡外黄县（今河南民权县西北），以后未再返回[3]。到永建四年（129年），安定、北地、上郡才迁回原地。尽管内迁的人口也被要求迁回，但可以肯定，经过20多年的客居，加上边境的残破，总有一部分人会设法留在关中的。

永和五年（140年），南匈奴反，西河、上郡、朔方三郡内迁，其中上郡迁治夏阳（今陕西韩城市西南）。次年，巩唐羌攻至三辅，安定和北地二郡又内迁于关中的扶风和冯翊境内[4]。因此在东汉中期以后，在关中又增加了一些战乱带来的移民，但数量不大。同时，又有不少关中人外出避乱并不再返回。

在此期间，境外和边疆的少数民族逐步移居内地，关中成了这一类移民的一个中转站和定居点。这将在其他章节中详述。

《续汉书·郡国志》所载户口数是永和五年乱前的记录，三辅共有523 860口，比西汉元始二年（公元2年）时减少了78%。当然东汉的户口隐漏严重，实际人口还应多些，但比之西汉还是有大幅度的下降。东汉前期，关中也保持了70年的安定，照理人口应该能够恢复到西汉的水平，之所以仍然如此之低，人口外流是一个主要原因。到光和年

1 《后汉书》卷51《庞参传》。
2 《后汉书》卷5《安帝纪》。
3 《后汉书》卷23《窦融传》。
4 《后汉书》卷6《顺帝纪》。

间(178—183年),西汉时曾经拥有5万户、17万口的长陵县领户竟不足4 000[1]。其他陵县的状况也可想而知。在此期间,大量羌族和其他少数民族人口迁入关中,但汉族人口继续外迁应是事实。

二、东汉末年的大破坏

初平元年(190年),董卓强行迁都长安,出动军队将洛阳周围数百万人口驱赶一空,宫殿、官府、民居统统付之一炬。"于是尽徙洛阳人数百万口于长安,步骑驱蹙,更相蹈藉,饥饿寇掠,积尸盈路。……二百里内无复孑遗。"[2]尽管如此,还是有不少百姓逃脱了董卓军队的驱逼,东迁避难,以后在彭城(今江苏徐州市)一带就聚集了大批来自洛阳的难民[3]。加上董军沿途的残杀,到达长安的人数已大大减少。

关中本来就已十分残破,黄巾起义爆发后,又有大批人"南出武关,北徙壶关,存者十三四"[4]。留下的居民与自洛阳迁来的合计也不过"数十万户"[5]。

初平三年董卓被杀,不久董氏余党李傕、郭汜攻入长安,以后又相互攻击,造成人口大量死亡和外逃,以致关中"无复人迹"[6]。可见董卓的强制迁移除了给洛阳地区和洛阳长安沿途制造了一场空前的浩劫以外,没有留下任何有意义的移民成果。就连被迫从洛阳东迁的数十万难民也大多在战乱中丧生,能在外地定居或最终回到故乡的都极少。

在曹操统一北方以后,关中也有一定程度的恢复,但建安十六年(211年)又发生了马超、韩遂反曹操的战争。尽管战事很快以曹操的胜利而结束,却又使关中有"数万家"由子午谷(今陕西西安东南越秦

---

1 《续汉书·郡国志》京兆尹长陵县注引蔡邕《樊陵颂》。
2 《后汉书》卷72《董卓传》。
3 《三国志》卷10《魏书·荀彧传》注引《曹瞒传》:"自京师遭董卓之乱,人民流移东出,多依彭城间。"又卷15《魏书·司马朗传》载司马朗也在当时东迁。中华书局1959年版(下同)。
4 《后汉书》卷57《刘陶传》。
5 《后汉书》卷72《董卓传》。
6 同上。

岭至安康市汉滨区境的道路)逃入汉中,由张鲁收容[1]。建安二十年曹操进兵汉中,张鲁降,汉中民"数万户"又被迁到长安、三辅[2]。这数万户中的大多数应该就是四年前由关中出逃的,但必定也包括原来长期在汉中居住的人口,而且关中难民中也有一部分已经南迁蜀中了。

第八节

移民对关中的文化影响

战国后期的秦国和秦朝虽是军事和政治上的巨人,却是文化上的侏儒。这不仅是因为秦地的文化缺乏基础,更是由于商鞅变法时推行了愚民政策,禁止游学,禁毁诗书;秦始皇时又变本加厉,焚书坑儒,造成秦国本土学术文化的长期落后。

从上述迁入关中对象的分析中可以看出,尽管这些人类型颇复杂,但大多是上层人物及其家属,政治经济地位优越,文化素质远高于一般民众,并且多数来自经济文化最发达的关东地区。尽管西汉初期被迁入关中的移民也是出于朝廷的强制,但迁入以后却受到各种优待,这与秦朝迥然不同。以后徙陵县的对象都得到土地、住宅和钱财的赏赐,享受不少特权,加上他们本来就具有的政治地位和经济实力,陵县居民成为荣誉和地位的象征,这些都为移民直接传播较高水准的学术文化提供了非常有利的条件。

但移民在迁入地的发展有一个过程,文化的传播也是如此。首批移民迁入时,关中战乱甫定,极其残破,"民亡盖臧,自天子不能具醇驷,而将相或乘牛车"[3]。在这种情况下,朝廷自然无暇考虑崇儒兴

1 《三国志》卷8《魏书·张鲁传》。
2 《三国志》卷15《魏书·张既传》。
3 《汉书》卷24《食货志》。

学，对移民的优待也很有限。另一方面，移民中的旧贵族经过亡国、秦汉之际的战乱和长途迁移已元气大伤，定居后必定以生存繁衍为当务之急。移民中的功臣、列侯、二千石虽成新贵，但大部分出身细微，或目不识丁，也还没有“文”化。到了武帝时代，经济得到恢复，开始重视文化，在京师设太学，以后逐渐扩大规模[1]。移民中的豪强贵族之后已在关中得到发展，如来自齐国的田氏中既出了丞相、富民侯田千秋这样一些高官，占了关中“富商大贾”中的绝大多数[2]，又形成了庞大的家族，以至于不得不“以次第为氏”[3]。移民中的新贵经过几代的演替而依然能保持高位的，基本上都已逐步士族化了，即世代高官又世代业儒。

据卢云在《汉晋文化地理》一书[4]中的统计，如果以武帝后元二年（前 87 年）为界，在三辅所出的 52 种书籍中，此前仅出 10 种，而 20 家私家教授全部出现在此后。这说明，关中的学术文化优势是到西汉后期才显示出来的，这与移民定居、发展、发挥传播文化作用的过程是一致的。

同书列出的西汉 21 个士族[5]中，属于京兆尹和右扶风的有 7 家，其中冯奉世、杜周、萧望之、韦贤、董仲舒、平当 6 家都是关东移民，刘向一家虽是宗室，但其曾祖刘富也是在景帝时由楚国迁至京师的；这些士族产生和形成的时间都在武帝以后。属于其他地区的士族中，还有相当大一部分实际上也是在移居关中时形成的，如表 4-3 所列翟方进、孔光。又如于定国是东海（治今山东郯城县北）人，但至迟在昭帝时已至长安任职，宣帝时官至丞相，封侯，其子也在长安任职，并娶宣帝长女馆陶公主[6]。翼奉也是东海人，元帝初应征到长安，“以中郎为博士、谏大夫，年老以寿终。子及孙，皆以学在儒官”[7]，显然从此就定居在长安了。匡衡是东海承县（今山东枣庄市薛城区东南）人，从元

1 《汉书》卷 88《儒林传》。
2 《史记》卷 129《货殖列传》。
3 《后汉书》卷 41《第五伦传》。
4 卢云：《汉晋文化地理》，陕西人民教育出版社 1991 年版。
5 同上书，第 34 页。
6 《汉书》卷 71《于定国传》。
7 《汉书》卷 75《翼奉传》。

帝初就在长安做官，也位至丞相，封侯[1]。其他还有几家，始祖或成员中也有在长安居留的经历。关中学术文化在全国的地位由此可见。

此外，还有异族移民成为士族的事例。匈奴休屠王之子金日磾被俘后得到武帝重用，与霍光一起接受武帝遗诏辅佐昭帝；其侄金安上为侍中，封侯。《汉书·金日磾传·赞》评价金氏："传国后嗣，世名忠孝，七世内侍，何其盛也！"应该完全有资格列为士族。金日磾毫无汉文化基础，金氏之成为士族完全是关中上层浓厚的学术文化氛围熏陶所致。

由于移民不限于上层和士人，来自不同地方，他们在主观上都希望传播或复制自己的文化，但客观上却都受到其他地区文化的影响，自觉不自觉地仿效其他文化。在不同文化的长期共存、碰撞中，一种不同于关中土著文化又不同于移民迁出地文化的移民文化逐渐形成。西汉成帝时的学者[2]给我们描绘了丰富多彩的关中文化：

> 是故五方杂厝，风俗不纯。其世家则好礼文，富人则商贾为利，豪桀则游侠通奸。濒南山，近夏阳，多阻险轻薄，易为盗贼，常为天下剧。又郡国辐凑，浮食者多，民去本就末，列侯贵人车服僭上，众庶放效，羞不相及，嫁娶尤崇侈靡，送死过度。

东汉的关中再无昔日的繁盛，但其衰落也有一个由渐变到突变的过程。东汉初，长安还保留着西汉的大部分宫室，朝廷多次派人修缮，长安被称为西都，名义上与首都有同等地位。由于关中的大族定居已有一二百年，他们的主要财产是土地，所以大多还留在关中。他们不甘心首都地位的丧失，多次向朝廷提出还都长安的请求，如西汉杜周家族的后裔、京兆杜陵人杜笃"以关中表里山河，先帝旧京，不宜改营洛邑"，向光武帝上《论都赋》[3]。直到数十年后的章帝初年，"关中耆老犹望朝廷西顾"，班固为此专门作了《两都赋》，"盛称洛邑制度之美，以折西宾淫侈之论"[4]。东汉前期关中在文化上的优势依然很

1 《汉书》卷81《匡衡传》。
2 见《汉书·地理志》附《域分》《风俗》。据《志》乃成帝时刘向及朱赣所作。
3 《后汉书》卷80《文苑传·杜笃》。
4 《后汉书》卷40《班固传》。

明显。在全国统计到的568种书籍中,出在三辅的有87种,占15%;470位列传士人中,三辅籍的有66位,占16%;不列传的士人520位中有63位,占12%;213处私家教授中有22处,占10%;在302位三公九卿中有37位,占12%。仅在五经博士中所占比例较低:在72位中有5位,占7%[1]。

这就证实了中国历史上文化中心转移过程中这样一种规律:在政治中心转移以后,原来依靠政治中心的地位而形成的文化中心一般还能继续存在相当长一段时间。我把这称为文化中心转移的滞后现象,西汉故都长安就是一个有说服力的例子。但这种滞后不是没有条件的,并且转移最终是不可避免的。

由于一部分"三辅衣冠"已经迁往洛阳,关中又失去了绝大部分素质较高的新移民和流动人口,仅靠原有的人口和人才维持着一定的优势。以上的各项统计中,都以右扶风最为集中,基本都出在茂陵、平陵、安陵三县;而京兆尹的人物和人才又聚集在长陵和阳陵二县。如《后汉书》列传的60位三辅籍士人中,属于这五个陵县的有47位,并且大多产生在安帝之前。这意味着,维持关中文化优势的并不是作为故都的长安,而是这五个陵县。毫无疑问,起作用的已不是现实,而是文化传统了。

中期以后西北的战乱给关中带来的移民一般文化素质较低,相反,关中一些士人因避乱而东迁。与此同时,大量羌人和其他少数民族移居关中,这虽然对羌族等的文化进步和汉羌间的融合有利,但在当时却只会导致更多汉族士人的迁离。关中的文化优势至此丧尽,是必然的结果。

从中平元年(184年)黄巾起义爆发到董卓余党的混战,使关中经历了空前浩劫,也熄灭了两汉关中文化的余烬。令人惊奇的是,前后从关中迁入蜀地的数十万人口中,仅见到被刘焉编为"东州兵"的记载[2];而在《三国志》有籍贯可考的61位迁蜀人物中,来自三辅的竟只有射援、马超和法正三位;这是东汉后期关中文化没落的明显证据。

---

1 据《汉晋文化地理》附表5-9,第522、526、530、538页。
2 《后汉书》卷75《刘焉传》。

第九节

东汉期间对洛阳的移民

秦和西汉期间，洛阳是一个发达的商业城市和地区性的都会。由于朝廷移民的重点是关中和西北，洛阳所在的关东属于移民输出地区。所以虽然洛阳能够凭借地理位置和经济地位的优势来吸引附近的移民，却同时要向关中和西北边疆输出一些移民。但到公元 25 年光武帝刘秀定都洛阳，洛阳第一次成了真正的全国性的政治中心，情况就发生了根本的变化。

在现存的史料中，我们找不到东汉朝廷实施过向洛阳移民的任何直接记载，事实上很可能的确没有实行过这一类措施。这是由于洛阳及其周围一带在西汉末年已经是全国人口最稠密的地区之一，尽管在两汉之际的战乱中也遭受过严重损失，但依靠本地的人口自然增长就足以恢复，无需由外来移民弥补。而且洛阳周围平原面积有限，建都后皇家的宫殿苑囿和官僚贵族田宅又占去了很多土地，不可能再安置大批移民。所以我们可以肯定，东汉期间迁入洛阳的移民数量不会很多。

但由于洛阳作为全国首都的特殊地位，迁入的移民也有显著的特点，他们的作用远远大于数量上的意义。

东汉期间迁入洛阳的移民主要有以下几类：

一、内迁边民

东汉初北方八郡官民内迁，到建武二十六年(50 年)才迁回，详见本卷第五章第三节。但 12 年后的永平五年(62 年)，官方还在以每人赐钱二万的代价发遣滞留在内郡的边民[1]，这就不能排斥边民(特别是其中的上层人士)迁入首都的可能性。

类似的例子还有东汉中期西北“羌乱”爆发时，西北数郡也曾内迁，部分边民也可能迁入洛阳一带。如安定临泾(今甘肃镇原县东南)人李恂被羌人执获后释放，“恂因诣洛阳谢。时岁荒，司空张敏、司徒鲁恭等各遣子馈粮，悉无所受。徙居新安关(今河南渑池县东)下”[2]，估计当时迁入的人口颇多，因此一般只能安置在离洛阳有一定距离的周围地区内。而像李恂这样有声望的前任太守，如果愿意居住在洛阳，显然是没有什么困难的。

二、功臣官僚

东汉初的功臣和以后的文武大臣大多不是洛阳人，尽管这些人的户籍不一定在洛阳，但其中不少人或他们的后裔实际上已迁入洛阳，成为定居人口。

如功臣来歙是南阳新野(今河南新野县)人，他的孙子娶了明帝之女武安公主，以下的后裔一直在朝廷任职，直到灵帝时还有人任司空[3]。

邓禹也是南阳新野人，他的封邑在高密(今山东高密市西南)等四县，但他显然是在洛阳终老的。他的两个孙子都娶了明帝的公主，他们的后裔大多在洛阳任职。邓禹的另一位孙女成为和帝皇后，她的兄弟及其后裔大多数定居洛阳。“邓氏自中兴后，累世宠贵，凡侯者二十九人，公二人，大将军以下十三人，中二千石十四人，列校二十二人，州牧、郡守四十八人，其余侍中、将、大夫、郎、谒者不可胜数。”[4]这些官职和爵位大部分是在京城的，即使是地方官，家属也多数在洛阳。

寇恂是上谷昌平人(今北京市昌平区东南)，孙女是大将军邓骘夫

1 《后汉书》卷2《明帝纪》。
2 《后汉书》卷51《李恂传》。
3 《后汉书》卷15《来歙传》。
4 《后汉书》卷16《邓禹传》。

人，玄孙娶了桓帝的妹妹，寇氏宗族在相当长一段时间住在洛阳，到延熹（158—167年）中因寇荣获罪才被迁回故乡[1]。

岑彭是南阳棘阳（今河南南阳市宛城区南）人，其子遵任屯骑校尉；玄孙娶安帝之妹涅阳长公主，其子为黄门侍郎[2]。显然他们也都居住在京城。

贾复是南阳冠军（今河南邓州市西北）人，建武年间“与公卿参议国家大事”，卒于洛阳。其子宗任长水校尉，曾孙娶和帝女临颍长公主，任光禄勋[3]。

耿弇，扶风茂陵（今陕西兴平市东北）人，“兄弟六人皆垂青紫，省侍医药，当代以为荣”；本人“以列侯奉朝请，每有四方异议，辄召入问筹策”。均定居洛阳。曾孙在延光年间（122—125年）娶安帝妹濮阳长公主。其兄弟的后裔中也有多人在朝廷任职或娶公主。整个东汉期间，耿氏有“大将军二人，将军九人，卿十三人，尚公主三人，列侯十九人，中郎将、护羌校尉及刺史、二千石数十百人”。耿氏家族的多数成员自然是居住在洛阳的[4]。

任光，南阳宛（今河南南阳市宛城区）人，“（建武）五年，征诣京师，奉朝请”。子、孙都在朝廷任职[5]。

朱祐也是南阳宛人，建武十五年（39年）奉朝请，二十四年卒于洛阳[6]。

刘隆，南阳安众（今河南邓州市东北）人，建武间以列侯奉朝请，居于洛阳[7]。

窦融，扶风平陵（今陕西咸阳市西北）人，在东汉初，“窦氏一公，两侯，三公主，四二千石，相与并时。自祖及孙，官府邸第相望京邑”。窦氏家族作为重要的外戚，在权力斗争失败时曾被免归本郡，但以后又

---

1 《后汉书》卷16《寇恂传》。
2 《后汉书》卷17《岑彭传》。
3 《后汉书》卷17《贾复传》。
4 《后汉书》卷19《耿弇传》。
5 《后汉书》卷21《任光传》。
6 《后汉书》卷22《朱祐传》。
7 《后汉书》卷22《刘隆传》。

得迁还[1]。

马援，扶风茂陵人，其女为明帝皇后。其子马防“兄弟贵盛……皆买京师膏腴美田，又大起第观”。马氏家族也一度失势，被迁归本郡，但以后又“诏诸马子孙还京师”[2]。

卓茂，南阳宛人，建武初为太傅，卒于洛阳。其子官至大司农[3]。

鲁恭，扶风平陵人，长期任职朝廷，其子也任“三老”，卒于官[4]。

刘宽，弘农华阴（今陕西华阴市东南）人，其父是司徒，本人官至太尉，子任宗正[5]。

宋弘，京兆长安（今陕西西安市西北）人，建武初任大司空，免官后卒于洛阳。弟、侄也任职京师，至元和（84—87年）时被免归故郡[6]。

蔡茂，河内怀（今河南武陟县西南）人，建武二十年任司徒，卒于位[7]。

冯勤，魏郡繁阳（今河南内黄县西北）人，建武时任司徒，卒于位。子孙二代都有人娶公主、任职于朝廷[8]。

赵熹，南阳宛人，建武末任太尉，建初五年（80年）卒于洛阳；生前就有诸子七人为郎吏，子、孙都有人任职于朝廷[9]。

牟融，北海安丘（今山东安丘市西南）人，永平五年（62年）起任司隶校尉，至建初四年卒于太尉任。其长子已归故乡，余子留在洛阳，但皇帝赐葬地于显节陵下，又除其长子为郎[10]，所以全家都定居于洛阳了。

赵典，蜀郡成都（今四川成都市）人，其父为太尉，本人官至长乐少府、卫尉，二位侄子相继为三公，直至东汉末[11]。

---

1 《后汉书》卷23《窦融传》。
2 《后汉书》卷24《马援传》。
3 《后汉书》卷25《卓茂传》。
4 《后汉书》卷25《鲁恭传》。
5 《后汉书》卷25《刘宽传》。
6 《后汉书》卷26《宋弘传》。
7 《后汉书》卷26《蔡茂传》。
8 《后汉书》卷26《冯勤传》。
9 《后汉书》卷26《赵熹传》。
10 《后汉书》卷26《牟融传》。
11 《后汉书》卷27《赵典传》。

郭伋，扶风茂陵人，建武二十二年（46年）为太中大夫，赐宅，次年卒后又赐葬地，家属应已定居洛阳[1]。

樊宏，南阳湖阳（今河南唐河县西南）人，光武帝之舅，建武时位次三公，卒后葬于洛阳，子孙世代任职于朝廷[2]。

阴识，南阳新野（今河南新野县）人，异母妹是光武帝皇后；弟阴兴，阴皇后亲弟。阴氏世代显贵，第四代又有和帝皇后。至阴后被废，父兄或死或徙，才迁离洛阳[3]。

朱浮，沛国萧（今安徽萧县西北）人，自建武初任职于朝廷，直到永平中被杀[4]。

冯鲂，南阳湖阳人，建武末任太仆，在朝廷任职至建初三年（78年），元和二年（85年）卒于洛阳。其子娶明帝女，子孙世代显贵[5]。

梁统，安定乌氏（今宁夏固原市原州区西南）人，建武十二年以列侯奉朝请，拜太中大夫，除子四人为郎。子松为光武帝女婿，受遗诏辅政，永平（58—75年）中被杀，家属徙九真（治今越南清化省东山县）。永元九年（97年），和帝得知自己是梁统孙女梁贵人所生，诸梁迁还京师，一门三侯，"位皆特进，赏赐第宅奴婢车马兵弩什物以巨万计……诸梁内外以亲疏并补郎、谒者"。梁商之女又被立为顺帝皇后，商与其子冀相继执政，"冀一门前后七封侯，三皇后，六贵人，二大将军，夫人、女食邑称君者七人，尚公主者三人，其余卿、将、尹、校五十七人"，是洛阳一个庞大的家族，直到延熹元年（158年）梁冀被废自杀才被诛灭[6]。

张纯，京兆杜陵（今陕西西安市长安区东北）人，建武时位至司空。子奋曾一度归侯国，永平十七年（75年）后任职于朝廷。孙甫嗣位后任津城门侯，官虽不大，却依然是在洛阳[7]。

郑众，河南开封（今河南开封市南）人，永平初任职于朝廷，以大司

1 《后汉书》卷31《郭伋传》。
2 《后汉书》卷32《樊宏传》。
3 《后汉书》卷32《阴识传》。
4 《后汉书》卷33《朱浮传》。
5 《后汉书》卷33《冯鲂传》。
6 《后汉书》卷34《梁统传》。
7 《后汉书》卷35《张纯传》。

农卒官，子、孙都是京官[1]。

张霸，蜀郡成都人，官至侍中，死前命诸子“今蜀道阻远，不宜归茔，可止此葬”；“诸子承命，葬于河南梁县（今河南汝州市西南），因遂家焉”[2]。

桓荣，沛郡龙亢（今安徽怀远县西北）人，建武间拜为议郎，授太子书，永平初拜为五更，封关内侯。整个东汉，桓氏“父子兄弟代作帝师”[3]。

丁鸿，颍川定陵（今河南舞阳县东北）人，父綝光武帝时以功臣封侯；永平中任侍中，永元六年（94年）卒于太尉任[4]。

刘般，宗室，父纡被王莽所废，家于彭城（今江苏徐州市）。永平间征为行执金吾事，后任宗正；子、孙位至三公[5]。

袁安，汝南汝阳（今河南商水县西北）人，永平间任河南尹（治洛阳），位至司徒。直至汉末，袁氏累世三公[6]。

周荣，庐江舒（今安徽庐江县西南）人，曾任尚书令。子任尚书郎，孙位至太尉，曾孙也至太尉[7]。

郭躬，颍川阳翟（今河南禹州市）人，官至廷尉；“数世皆传法律，子孙至公者一人，廷尉七人，侯者三人，刺史、二千石、侍中、中郎将者二十余人，侍御史、正、监、平者甚众”[8]。

杨震，弘农华阴（今陕西华阴市东南）人，元初四年（117年）任太仆，位至太尉。杨氏子孙“四世太尉”，被称为“东京名族”[9]。

李颉，汉中南郑（今陕西汉中市东）人，任博士。子郃，孝廉出身，官至司空[10]。孙李固，位至太尉；固子燮，任议郎、河南尹[11]。

---

1 《后汉书》卷35《郑兴传》。
2 《后汉书》卷36《张霸传》。
3 《后汉书》卷37《桓荣传》。
4 《后汉书》卷37《丁鸿传》。
5 《后汉书》卷39《刘般传》。
6 《后汉书》卷45《袁安传》。
7 《后汉书》卷45《周荣传》。
8 《后汉书》卷46《郭躬传》。
9 《后汉书》卷54《杨震传》。
10 《后汉书》卷82《方术传·李郃》。
11 《后汉书》卷63《李固传》。

任延，南阳宛人，永平十一年（68 年）卒于河内太守任；少子恺官至太常[1]，可能已迁居洛阳。

秦彭，扶风茂陵人，官至颍川太守。弟惇、褒并为射声校尉，均是在京任职[2]。

王涣，广汉郪县（今四川中江县东南）人，元兴元年（105 年）卒于洛阳令任内，永初二年（108 年）其子石被任为郎[3]。

许武，会稽阳羡（今江苏宜兴市南）人，官至长乐少府。孙许荆卒于谏议大夫任。荆孙馘灵帝时为太尉[4]。许氏家族看来已迁居洛阳。

周纡，下邳徐县（今江苏泗洪县南）人，历任洛阳令、司隶校尉，卒于将作大匠任内[5]。

黄昌，会稽余姚（今浙江余姚市）人，卒于太中大夫任内[6]。

苏顺，京兆霸陵（今陕西西安市东北）人，卒于郎中任[7]。

刘珍，南阳蔡阳（今湖北枣阳市西南）人，永建元年（126 年）卒于卫尉任[8]。

王逸，南郡宜城（今湖北宜城市南）人，顺帝时为侍中[9]。

以上这些人物，基本上都是东汉初的功臣、位至三公、九卿的大臣或二代以上在京师任职的官员，还不包括本人任职于洛阳，后代留在洛阳而未见明确记载者。功臣和东汉初的大臣中，来自光武帝的故乡南阳和西汉旧都长安所在的三辅地区者占多数。

东汉制度与西汉无异，除非经过特许，任职于洛阳的官员户籍仍在故乡，退职后就应回原籍，死后或获罪后家属也应迁回故郡。但这项制度的执行看来并不严格，如李郃是汉中南郑籍，任司空时其子李固居于洛阳，“司隶、益州并命郡举孝廉，辟司空掾”。照当时制度，孝廉应由原籍举荐，李固只能由汉中所属的益州提名。洛阳所属的司隶

1 《后汉书》卷 76《循吏传・任延》。
2 《后汉书》卷 76《循吏传・秦彭》。
3 《后汉书》卷 76《循吏传・王涣》。
4 《后汉书》卷 76《循吏传・许荆》。
5 《后汉书》卷 77《酷吏传・周纡》。
6 《后汉书》卷 77《酷吏传・黄昌》。
7 《后汉书》卷 80《文苑传・苏顺》。
8 《后汉书》卷 80《文苑传・刘珍》。
9 《后汉书》卷 80《文苑传・王逸》。

也提名，实际上就承认了李固拥有洛阳户籍。从中可以看出，一部分居住在洛阳的高官已经被视为合法的居民。

又如蜀郡成都籍的张霸遗命不归葬，死后葬于梁县，后人就家于梁县[1]。梁县治今河南汝州市西南，地处近畿，等于西汉的三辅之内，张霸葬此即子孙定居于此显然并不需要经过特许，也可见去职或亡故官员的家属要留在洛阳一带并不困难。

这一类人物本身的数量不多，但他们大多是大家族，附庸人口如门生、故吏、奴仆更多，如前面列举的耿氏、窦氏、马氏、梁氏等家族，因此实际产生的移民也相当可观。这些人在故乡往往依然保留着住宅、田产，与故乡有密切联系，加上他们在政治、经济和文化上的优势地位，所以在经济、文化的交流与传播方面起着重要的作用，特别是在洛阳地区与原籍之间。

三、宦官

东汉的宦官也大多来自洛阳之外，他们自己一般都终老于京城。东汉初开始，宦官已经全部由阉人充当了[2]，尽管他们自己没有生育能力，却有家属，不少人还有养子。阳嘉四年（135 年）规定宦官的爵位可由养子袭封，这自然促使宦官都领养儿子了。由于宦官在东汉权力斗争中的特殊地位，封侯拜官者不少，权势大的宦官同样拥有众多的家族、奴婢和其他附庸人员，也形成了一个移民集团。见于《后汉书·宦者列传》的有：

郑众，南阳犨（今河南鲁山县东南）人。永平中开始侍奉太子，和帝时因诛窦宪功升大长秋，是东汉第一个掌实权的宦官。永元十四年（102 年）封巢乡侯，元初元年（114 年）卒，由养子袭封。传二世后国绝，延熹二年（159 年）郑众养曾孙被封为关内侯。即使其养子、孙袭封后离开洛阳去封地，家族也很可能还是住在京城，到其曾孙封关内侯后则肯定已居洛阳了。

---

1 《后汉书》卷 36《张霸传》。
2 《后汉书》卷 78《宦者传·序》。本节以下据此传者不再注明。

蔡伦，桂阳（治今湖南郴州市）人，永平末入宫，和帝时任中常侍，以发明造纸术著称。永初元年（107年）自杀。

孙程，涿郡（北）新城（今河北保定市徐水区西南）人，安帝时为中黄门，延光四年（125年）封浮阳侯。同时受封的宦官共19人，即所谓“十九侯”。后一度离开洛阳就国，但二年后就迁回，阳嘉元年（132年）卒。其弟和养子分享袭封。

曹腾，沛国谯（今安徽亳州市）人，安帝时为黄门从官，桓帝初封费亭侯，“用事省闼三十余年，奉事四帝”。卒后由养子曹嵩袭封，即曹操之父。

与桓帝密谋杀梁冀的五名宦官，除单超是本地人外，其余都来自外地：徐璜是下邳良城（今江苏邳州市东南）人，具瑗是魏郡元城（今河北大名县东北）人，左悺是河南平阴（今河南孟津县东北）人，唐衡是颍川郾（今河南漯河市郾城区南）人。此五人同时封侯，每人封户高达一万三千至二万户，赐钱千万以上，恩宠无比。“五侯宗族宾客虐遍天下，民不堪命。”单超死后，四侯“皆竞起第宅，楼观壮丽，穷极伎巧。金银罽毦，施于犬马。多取良人美女以为姬妾，皆珍饰华侈，拟则宫人。其仆从皆乘牛车而从列骑。又养其疏属，或乞嗣异姓，或买苍头为子，并以传国袭封。兄弟姻戚皆宰州临郡，辜较百姓，与盗贼无异”。这些宦官家族，无论是其人数，还是拥有的姬妾、奴婢、仆从，比之其他世家豪族都已有过之而无不及了。

侯览，山阳防东（今山东单县东北）人，桓帝时为中常侍，后封高乡侯。侯览的田宅都置于济阴，但本人一直在洛阳任职，位至长乐太仆，熹平元年（172年）自杀。

曹节，南阳新野（今河南新野县）人，顺帝初任小黄门，灵帝初以诛窦武、陈蕃功封育阳侯，同时受封的宦官共17人。又以诬勃海王悝谋反功赠封，“父兄子弟皆为公卿列校、牧守令长，布满天下”；在洛阳的人员必也不少。官至尚书令，光和四年（181年）卒，养子袭封。

吕强，河南成皋（今河南荥阳市西北）人，灵帝时为中常侍，中平元年（184年）自杀。

张让，颍川（治今河南禹州市）人；赵忠，安平（今河北安平县）人，桓帝时为小黄门，灵帝时为中常侍，与其他十名中常侍皆“封侯贵宠，父兄子弟布列州郡”，权倾一时。张让奴仆众多，“有监奴典任家事，交通货赂，威形喧赫”。当时一位富翁孟佗为了巴结张让求官，竟别出心裁，竭力馈赠这些奴仆。奴仆们十分感激，就问孟佗能为他做些什么，孟佗说我只要你们当了众人的面给我一拜。平时在张让门口求见的车常有数百上千辆，孟佗故意去得很晚，车离门很远。监奴率领众奴仆在路旁拜迎，并一起把孟佗的车抬进大门。求见的宾客大惊，以为孟佗与张让关系非同一般，都争着向他送礼。孟佗分一部分给张让，张让大喜，给了孟佗一个凉州刺史。中平六年(189 年)灵帝死后，张让等或自杀或被杀。

此外，还有济阴(治今山东菏泽市定陶区西北)人丁肃、下邳(治今江苏睢宁县西北)人徐衍、南阳(治今河南南阳市宛城区)人李巡、北海(治今山东昌乐县西)人赵祐、甘陵(今山东临清市东北)人吴伉等。

四、上计吏、儒生及其他人员

此外，东汉时各郡每年要向朝廷派遣上计吏，其中不少人就被留下为郎官，到延熹年间(158—167 年)“三署见郎七百余人”[1]。各郡国举荐的孝廉往往也任职朝廷。作为一个延续了 165 年的首都，这一类移民的数量累计起来也是不少的。

作为全国文化中心，洛阳设有当时的最高学府太学。由于从光武帝开始就“爱好经术”，所以四方学士“莫不抱负坟策，云会京师”，博士增加到了 14 种。到本初元年(146 年)后，太学中“游学增盛，至三万余生”[2]。

一部分儒生因担任博士等学官，或由博士出身成为任职朝廷的官员，见于《后汉书·儒林传》的就有：

刘昆，陈留东昏(今河南兰考县东北)人，远支宗室，习《施氏易》，建武时征拜议郎，后为光禄勋，授皇太子及诸王小侯，年老退职时“诏

1 《后汉书》卷 54《杨震传》附杨秉。
2 《后汉书》卷 79《儒林传》。

赐洛阳第舍”。子轶，永平（58—75 年）中任太子中庶子，后以宗正卒官。“遂世掌宗正焉”，成为洛阳的世族。

洼丹，南阳育阳（今河南南阳市宛城区南）人，传《孟氏易》，建武初为博士，后以大鸿胪卒官。

觟阳鸿，中山（治今河北定州市）人，传《孟氏易》，永平中为少府。

杨政，京兆（治今陕西西安市西北）人，在洛阳从代郡范升受《梁丘易》，建初（76—84 年）中官至左中郎将。

张兴，颍川鄢陵（今河南鄢陵县西北）人，习传《梁丘易》，博士出身，永平中为侍中祭酒，后以太子少傅卒官。

戴凭，汝南平舆（今河南平舆县北）人，习《京氏易》，征试博士，拜郎中，以侍中卒官。

曹曾，济阴（治今山东菏泽市定陶区西北）人，受《尚书》，位至谏议大夫；子祉，河南尹（治洛阳）。

张驯，济阴定陶（今山东菏泽市定陶区西北）人，少游太学，能诵《春秋左氏传》，教授《大夏侯尚书》，后拜议郎，历任侍中、尚书，初平中以大司农卒官。

尹敏，南阳堵阳（今河南方城县东）人，初习《欧阳尚书》，后受《古文》，兼善《毛诗》《谷梁》《左氏春秋》，建武初拜郎中，永平中以谏议大夫卒。

高诩，平原般（今山东乐陵市西南）人，世传《鲁诗》，博士出身，建武时以大司农卒官，“赐钱及冢田”，应是家属留在洛阳的明证。

包咸，会稽曲阿（今江苏丹阳市）人，习《鲁诗》《论语》，建武中举孝廉，除郎中，授皇太子《论语》，以大鸿胪卒官；子福，拜郎中，以《论语》授和帝。

魏应，任城（治今山东微山县西北）人，习《鲁诗》，建武初在洛阳从博士学《鲁诗》，永平初为博士，后任侍中、大鸿胪等，以骑都尉卒官。

伏恭，琅邪东武（今山东诸城市）人，叔父湛任司徒，叔父黯任光禄勋，传《齐诗》，永平中任太仆、司空，元和元年（84 年）卒。

杜抚，犍为武阳（今四川眉山市彭山区东）人，定《韩诗章句》，建初中以公车令卒官。

召驯，九江寿春（今安徽寿县）人，习《韩诗》，建初初任骑都尉，侍讲章帝，章和年间以光禄勋卒官，“赐冢茔陪园陵”。

卫宏，东海（治今山东郯城县北）人，学《毛诗》，作《毛诗序》，又学《古文尚书》，作《训旨》，光武帝时为议郎。

董钧，犍为资中（今四川资阳市）人，习《庆氏礼》，建武中举孝廉，辟司徒府，永平初为博士，后以骑都尉卒。

丁恭，山阳东缗（今山东金乡县）人，习《公羊严氏春秋》，建武初博士，“与侍中刘昆俱在光武左右，每事谘访焉”，以骑都尉卒官。

周泽，北海安丘（今山东安丘市西南）人，习《公羊严氏春秋》，建武末辟大司马府，征试博士，建初中以骑都尉致仕。

孙堪，河南缑氏（今河南偃师市东南）人，明经学，永平中拜光禄勋，以侍中骑都尉卒官。

锺兴，汝南汝阳（今河南商水县西北）人，习《严氏春秋》，建武时拜郎中，以《春秋》授皇太子，卒于官。

甄宇，北海安丘人，习《严氏春秋》，建武中博士，以太子少傅卒官。

楼望，陈留雍丘（今河南杞县）人，习《严氏春秋》，永平初为侍中，永元十二年（100 年）以左中郎将卒官。

张玄，河内河阳（今河南孟州市西北）人，习《严氏春秋》，兼通《冥氏春秋》等数家，举孝廉，拜博士，卒。

李育，扶风漆（今陕西彬县）人，习《公羊春秋》，建初初为议郎，后拜博士，以侍中卒官。

何休，任城樊（今山东兖州市西南）人，父为少府，精研《六经》，作《春秋公羊解诂》，注训《孝经》《论语》等，以谏议大夫卒官。

这类人的数量自然也不多，但他们每一个人往往就是一个学派的代表，拥有数百甚至数千的门徒，他们在洛阳的定居也就吸引了大批游学之士，同时也使洛阳成为儒家学说的中心，成为全国儒家文化最发达的地方。

另一些人是由游学太学而迁居洛阳的。如著名学者张衡是南阳西鄂（今河南南阳市宛城区北）人，“少善属文，游于三辅，因入京师，观太学，遂通五经，贯六艺”。安帝征拜郎中，迁太史令，至永和四年（139

年)以尚书卒官,其间仅外出任河间相三年[1]。当然游学之士并不都会定居于洛阳,另一些人如会稽上虞(今浙江上虞市)人王充、安定临泾(今甘肃镇原东南)人王符等虽在洛阳居住过,却还是返回了故乡[2],但如此多的士人中总有部分人像张衡那样成为移民。这些具有很高文化素质的人物在传播先进文化方面的作用是不能低估的,如王充、王符的故乡在当时还是文化落后地区,他们的学术成就显然得益于在洛阳的游学经历。

东汉初还有过一次特殊的迁移。建武十七年(41 年),赵熹任平原太守(治今山东平原县西南,辖境约相当于今山东德州、齐河、阳信间地),"时平原多盗贼,熹与诸郡讨捕,斩其渠帅,余党当坐者数千人。熹上言:'恶恶止其身,可一切徙京师近郡。'帝从之,乃悉移置颍川、陈留"[3]。这次迁移的人数是数千人,并不很多,但迁入地是"京师近郡",显然是出于加强控制的目的。从赵熹上言的方式看,这种迁移方式似乎不是偶一为之,而是某种惯例,只是因为迁移对象都是"盗贼""群盗"一类,所以史料中仅偶尔留下踪影,就像西汉时迁入关中的"群盗"仅见袁盎之父一例一样。

五、边疆民族和西域移民

还有一些边疆地区的少数民族人员因种种原因迁入洛阳。如建武二十五年(49 年),辽西乌桓大人郝旦等九千余人到洛阳"诣阙朝贡",其中一部分人"愿留宿卫",被编入驻在洛阳一带的警卫部队[4]。又如建宁三年(170 年)段颎镇压羌人获胜回师时,"将秦胡步骑五万余骑……生口万余人"带至洛阳。段颎接任河南尹、司隶校尉[5],任所都在洛阳,这些秦胡军人和羌人"生口"至少有一部分就安置在洛阳一带了。这类少数民族移民一般没有返回故乡的可能,由于社会地位低

1 《后汉书》卷 59《张衡传》。
2 《后汉书》卷 49《王充王符传》。
3 《后汉书》卷 26《赵熹传》。
4 《三国志》卷 30《魏书·乌丸传》。
5 《后汉书》卷 65《段颎传》。

下，又处于数量和文化水准占绝对优势的汉人之中，因而逃避不了被强制同化的命运。

迁入汉地的西域移民中，相当大一部分是定居在洛阳的，详见本卷第七章第五节。

移民由各地迁入洛阳的示意图见图4-2。

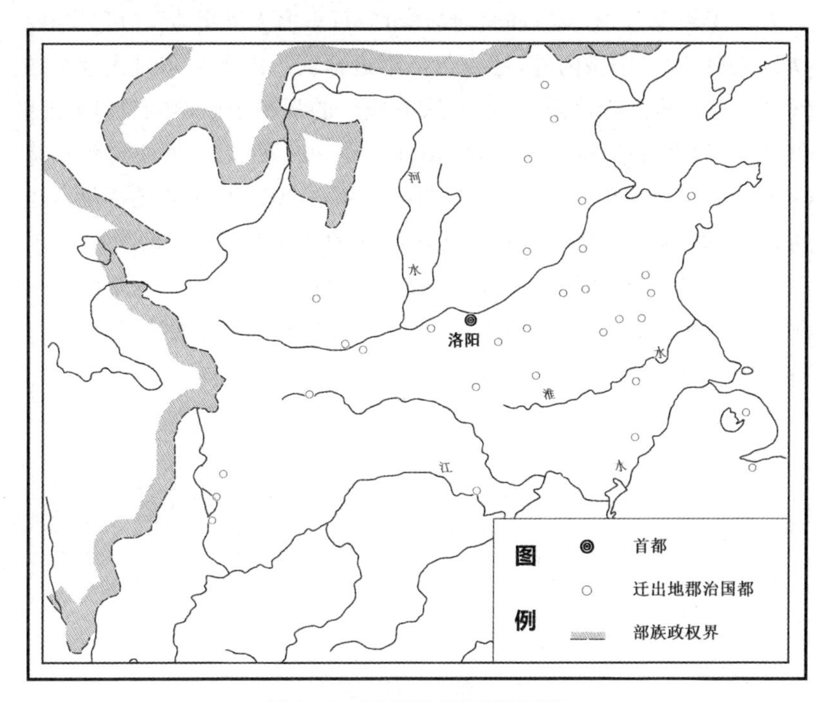

图4-2 东汉迁入洛阳移民示意

根据《续汉书·郡国志》记载，永和五年(140年)洛阳所在的河南尹辖境内有“户二十万八千四百八十六，口百一万八百二十七”。相比之下，西汉末年与河南尹辖境大致相当的河南郡有“户二十七万六千四百四十四，口一百七十四万二百七十九”[1]，似乎东汉时洛阳的人口比西汉末年还少。但实际上因为东汉时户口隐漏相当严重，洛阳作为首都，官僚贵族、地主豪强集中，隐漏率必定更高。同时前面已经指

1 《汉书》卷28《地理志》。

出，有一部分官僚及其家属虽然早已定居洛阳，但户籍依然统计在原籍。而且从永和五年至东汉末年的大动乱还有四十多年的时间，人口还会继续增加，所以东汉洛阳实际人口的最高数至少不会比西汉时少。

据《后汉书》卷72《董卓传》，初平元年（190年）曾“尽徙洛阳人数百万口于长安”，“悉烧宫庙官府居家，二百里内无复孑遗”。可见当时所迁人口，除洛阳城内外，还应包括附近地区。由于关东讨伐董卓的军队此时尚未逼近洛阳，董卓又采取残暴的强制手段，必定迁得相当彻底。“数百万口”虽无确数，但估计应在200万以上，即使这包括洛阳所在的整个河南尹的辖境（东西已远超过200里，南北稍不足），也可证明东汉末该区的人口数量比西汉末的174万要多。河南尹辖21县，但人口集中在伊洛平原和黄河沿岸，所以洛阳城内和近郊的人口最多时肯定已经超过100万。移民及其后裔的数量已无法推算，不过如以三分之一计也有30万以上。

第五章 西北地区的移民

汉代的西北地区，主要是指河西的敦煌、酒泉、张掖、武威、金城等郡和安定、天水（东汉改汉阳）、陇西三郡的北部或西部，阴山以南的朔方、五原、云中、定襄等郡和西河、上郡、北地三郡的北部，以及玉门关外的西域都护府辖地。大致相当于今新疆、甘肃和宁夏的大部、青海东部、内蒙古阴山以南、陕西北部以及境外中亚巴尔喀什湖和帕米尔高原以东地区。

第一节 西汉初的形势和晁错的“徙民实边”计划

西汉初年，匈奴内侵，不仅秦始皇新开拓的疆土尽失，而且原来在塞内的土地也被占领。刘邦定都关中前夕，“匈奴河南白羊、楼烦王，去长安近者七百里，轻骑一日一夕可以至”[1]。秦时移民大多已逃离，留下的也被匈奴掳掠，随匈奴迁徙。汉初数十年间，匈奴侵扰不绝，几乎年年入塞劫掠。文帝十四年（前166年），匈奴十四万骑入朝那（今宁夏固原市原州区东南）、萧关（今地同上），甚至逼近了首都长安[2]。

文帝时，晁错针对边防空虚的形势，总结了秦朝强制移民的失败教训，提出了募民徙塞下的建议。晁错上汉文帝的“守边备塞、劝农力本”[3]策是中国边疆移民史上一篇重要文献。

晁错指出，秦朝的失败除了由于其目的是“贪戾而欲广大”，并不是“卫边地而救民死”外，还因为“起兵而不知其势”，违背了客观形势。一方面，“胡貉之地”气候太冷，“杨粤之地”气候太热，“秦之戍卒不能其水土”；实行强制迁移的结果使“秦民见行，如往弃市”。另一方面，“秦之发卒也，有万死之害，而亡铢两之报，死事之后不得一算之复”，对移民的待遇过于苛刻。

但当时边疆的形势对汉朝不利：匈奴是游牧民族，“非有城郭田宅之归居，如飞鸟走兽于广野，美草甘水则止，草尽水竭则移”；他们活动范围极广，随时可以乘虚而入，“转牧行猎于塞下”，“或当燕代，或当上郡、北地、陇西，以候备塞之卒，卒少则入”。而汉朝的对策则处于两难选择：不救，“则边民绝望而有降敌之心；救之，少发则不足，多发，远县才至，则胡又已去。聚而不罢，为费甚大；罢之，则胡复入。如此连年，则中国贫苦而民不安矣”。

晁错认为，派遣戍卒轮流守边的做法对付不了匈奴的入侵，应改为屯戍结合的定居移民，同时要在工事、城池的建筑和布局上给予保证：

> 然令远方之卒守塞，一岁而更，不知胡人之能，不如选常居者，家室田作，且以备之。以便为之高城深堑，具蔺石，布渠答，复为一城其内，城间百五十步。要害之处，通川之道，调立城邑，毋下千家，为中周虎落。先为室屋，具田器。

1 《汉书》卷43《娄敬传》。
2 《汉书》卷110《匈奴传》。
3 《汉书》卷49《晁错传》。

移民的对象，首先是招募正在服刑的罪犯及获得赦免或刑满的罪犯；如数量不足，就招募准备用奴婢为自己赎罪的犯人和愿意用奴婢买爵位的人；再不足，就招募愿意迁移的百姓。对这些移民，都要赐给他们较高的爵位，免除全家的赋役，发给他们四季的衣服，供应粮食，直到能够自给。原来是平民身份的人可以买爵位至相当于卿的一级，成不了家的人由政府给他们买一个配偶。

“塞下之民，禄利不厚，不可使久居危难之地。”移民所处的条件本来不如内地，为了保证他们的安全，激励他们互助自救，凡是能制止匈奴掳掠或将已被掳掠的人救回来的，分一半人作为对他们的奖励，然后官府付钱将这些人赎出。移民为了促使家属或亲戚获得重奖，一定会“邑里相救助，赴胡不避死”。

这项建议的确有精辟的见解和切实可行的措施，因而为文帝所采纳并予实行，但从各方面情况看，实际效果并不大。这是因为当时关东还有不少荒地没有垦复，人口压力并不大。即使遇到水旱灾害，灾区农民在短期流亡后，也完全可以返回家乡，或在附近其他地区定居。各国诸侯与朝廷分庭抗礼，正千方百计与朝廷争夺民户，当然不会允许自己所属的人口迁离；而诸侯王的辖境占了关东大部，应该是主要的移民来源。加上匈奴经常侵扰，边境条件艰苦，朝廷经济实力有限，因此计划虽好，实际上却无法实现。即使有些移民，数量也不会很多。

第二节

西汉中后期的大规模移民

一、移民过程

到武帝时形势发生了变化：关东土地开发殆尽，人口压力已相当大，一遇灾害便有大批流民。诸侯国虽还存在，只是衣食租税，对朝廷唯命是听。汉朝对匈奴的军事行动不断取得胜利，不仅收复了秦末的失地，而且开拓了新的疆域。同时，经过数十年的积累，物力雄厚，可以向边区调运大量粮食，保证移民定居初期的基本生活需要。因此，武帝时对西北边境实行了几次大规模的移民。

元朔二年（前127年），“收河南地，置朔方、五原郡”，即收复了阴山以南的秦朝故地。当年夏，“募民徙朔方十万口”[1]，这是西汉第一次对西北边疆的大规模移民。应该指出这里的朔方是一个地区的概念，并不限于《汉书·地理志》中朔方郡的范围。因为当时朔方郡刚刚设置，辖境不可能十分明确，以后也不可能没有变化。同时设置的五原郡也是新收复地区，不可能不迁入移民。另外，西河郡属县中有很多确址已无考，其地当在该郡北部与朔方、五原二郡相邻处，估计不少县就是在这次移民的基础上设立的。因此，这次移民的安置地区应以今黄河、乌加河一带的河套平原为中心，包括周围及黄河以南地区。

元狩四年（前119年），关东连年遭受水灾，流民无处安置，“乃徙贫民于关以西，及充朔方以南新秦中”[2]，总数有72.5万人[3]，是对西北边疆移民中人数最多的一次。

这次移民的迁入地，据《汉书·武帝纪》，是陇西、北地、西河、上郡和会稽。但“会稽”二字明显是衍文[4]。但《武帝纪》还漏了河西，这从当时的形势可以看得很清楚。

这次移民的内部原因固然是自然灾害，但其外部条件则是领土的扩大。两年前，“匈奴昆邪王杀休屠王，并将其众降汉，凡四万余人”，河西走廊从此纳入了汉朝的疆域。“于是汉已得昆邪，则陇西、北地、河西益少胡寇，徙关东贫民处所夺匈奴河南地新秦中以实之，而减北地以西戍卒半。”[5]而西河郡的南部地处山区，不可能安置什么移

1 《汉书》卷6《武帝纪》。
2 《史记》卷29《平准书》。
3 《汉书》卷6《武帝纪》。
4 详见拙著《西汉人口地理》第十章第三节。
5 《汉书》卷94《匈奴传》。

民，但其北部秦长城之外有大片新辟地。《汉书·地理志》载西河郡有36县，多数当在北部，显然是因移民而设的。这些县中，《中国历史地图集》第二册作治所无考的有16个，而据《续汉书·郡国志》，到东汉永和五年（140年）仅存乐街、益兰、平陆3县，其余13县均已废弃。因此可以推断，这些县大多在北部缘边地带，因而在南匈奴入居后就撤销了。同时也可证明这些县的人口基本上由移民构成，人口流动性大，存在时间有限。上郡、北地、五原3郡分别有7县、3县、4县无考，东汉时仅存1县，情况当与此相同。当时陇西郡尚未析置安定、金城2郡，陇西的东部地近关中，人口并不缺乏，安置区自应在其西部，包括新近从匈奴手中获得的土地以及原来因受到匈奴骚扰而不适宜定居的缘边地区。总之，这一迁入区的范围大致应包括今内蒙古南部、山西西北部、陕西西北部、宁夏南部和甘肃中西部，也即秦长城（故塞）内外以及河西走廊。

元鼎六年（前111年），羌人被逐出湟水流域，退到今青海湖（鲜水海）及其以西地区，汉人开始向湟水流域移殖[1]。随着移民的增加，县城先后设立。昭帝始元六年（前81年），从天水、陇西、张掖三郡析置了金城郡。由于该郡的辖境都是新辟疆土，羌人又都被驱逐，居民几乎全部是内地移民。但从新郡到30年以后才设置这一点可以看出，移民是逐步迁入的，所以大部分应该是从附近地区转迁去的，也可能有少量移民是从内地直接迁去的。

在向西北大规模移民之后，汉武帝又在"上郡、朔方、西河、河西开田官，斥塞卒六十万戍田之"[2]。这60万戍卒当然没有像移民那样定居，多数是定期轮换的，而且并不一定始终保持着这样一个数额。但开垦的规模如此之大，常年保持的人口必定也相当可观。从出土的《居延汉简》记载的内容看，一部分戍卒实际上已过着定居生活，与移民无异。

关于武帝设置河西四郡（武威、张掖、酒泉、敦煌）的时间和顺序，《汉书》中的说法不一，至今还没有一种为大家所接受的结论。但四郡

1 《后汉书》卷87《西羌传》。
2 《汉书》卷24《食货志》。

的人口基本都是内地移民这一点，却是确定无疑的。移民始于元狩四年（前119年），以后不断有所增加。部分移民并非一次定居，而是随着汉朝势力的扩张和巩固逐步由内向外缘迁徙。

征和二年（前91年），武帝之子戾太子因迫于武帝宠臣江充的谗害，在长安发兵。被平息后，变乱中“吏士劫掠者，皆徙敦煌郡”[1]。这次变乱涉及的人很多，被迁至敦煌的人口也必不少。

昭帝始元二年（前85年），“冬，发习战射士诣朔方，调故吏将屯田张掖郡”[2]。屯田人员中有一部分会成为当地的定居人口。

当时，“自敦煌西至盐泽，往往起亭，而轮台（今新疆轮台县东）、渠犁（今新疆库尔勒市）皆有田卒数百人”[3]。元凤四年（前77年），又在伊循（今新疆若羌县东）屯田，后更置都尉。宣帝时，屯田远达车师（今新疆吐鲁番盆地）、莎车（今新疆莎车县）、北胥鞬（今地无考），设有屯田校尉。元帝时，复置戊己校尉，屯田车师前王庭（今吐鲁番市西）。但这些屯田区范围较小，迁入的人口不多且不稳定，一般没有成为真正的移民。

平帝元始四年（公元4年），王莽执政，招诱羌人纳土，在湟水以西、青海湖周围地区新设西海郡，“徙天下犯禁者处之”[4]。为了增加西海郡的人口，王莽竟不惜人为扩大“犯禁”的范围，制造更多的“罪犯”；“又增法五十条，犯者徙之西海，徙者以千万数”。始建国二年（10年），“禁民不得挟弩铠，徙西海”[5]。西海郡的设置完全是出于王莽夸耀它的疆域拥有“四海”（当时已有以南海、东海、北海命名的郡，独缺西海）的私欲，既侵犯了羌人的利益，又给成千上万无辜百姓带来灾难，因此在他覆灭后，羌人即将郡地夺回[6]。被迫迁去的“罪犯”都逃回或迁往其他地方，移民也就不复存在了。

1 《汉书》卷66《刘屈氂传》。
2 《汉书》卷7《昭帝纪》。
3 《汉书》卷96《西域传》。
4 《汉书》卷12《平帝纪》。
5 《汉书》卷99《王莽传》。
6 《后汉书》卷87《西羌传》。

二、移民的数量和分布

自汉武帝开始，对西北边区的移民遍及朔方、五原、西河、上郡、北地、安定、陇西、天水、金城、武威、张掖、酒泉、敦煌诸郡，而以朔方、五原、金城及河西四郡最为集中。

《汉书·地理志》在叙述河西四郡的风俗时指出："其民或以关东下贫，或以报怨过当，或以悖逆亡道，家属徙焉。"实际上这是西北边区移民的共同特点。西北地区移民的来源，一是关东贫民，其主要成分是元朔二年（前 127 年）的 10 万和元狩四年（前 117 年）的 72.5 万。另一类是被强制迁移的罪犯及其家属，见于记载的基本上都来自长安和三辅，见上一章表 4－4。但实际来源应该比这些广泛得多，因为见于记载的都是上层人物，所以集中在首都一带，普通罪犯虽遍及全国，却不大会有人留下原籍和姓名。另外，有的人虽不属于罪犯，却被朝廷根据某项特定的标准强制迁移了，如元狩五年，"徙天下奸猾吏民于边"[1]。这样的对象和标准，当时或许有具体标准，后世已无从查考了。被徙的官吏及其家属人数有限，部分人还有返回的机会。西汉时期，未发现容许占多数的普通罪犯及其家属返回内地的记载，他们迁离的机会是微乎其微的。

移民有数量可考的即达 82.5 万。他们从关东到西北要经过长途跋涉，边疆自然条件和生活条件都很艰苦，开垦和定居需要较长时间，移民的有偶率低，罪犯尤其如此，因此移民的人口增长率较低。但即使以年平均增长率 3‰计，到元始二年（公元 2 年），这 80 多万人的后裔已达 120 万。加上其他零星小批移民和罪犯，内地移民及其后裔至少有 150 万。根据《汉书·地理志》西北各郡户口数（见表 5－1）分析，可以断言：河西四郡以及金城、朔方、五原等郡基本都由移民组成，北地、西河、上郡的居民中移民约占一半以上，陇西、天水、安定也有一定数量的移民。

---

1 《汉书》卷 6《武帝纪》。

表 5-1　西汉元始二年（公元 2 年）西北各郡人口统计

郡　名	人　　口	面积（平方千米）	人口密度（人/平方千米）
陇　西	236 824	25 443	9.31
天　水	261 348	23 238	11.25
安　定	143 294	54 807	2.62
北　地	210 688	55 100	3.82
西　河	698 936	55 000	12.71
上　郡	606 658	63 025	9.63
武　威	76 419	24 243	3.15
张　掖	88 731	45 264	1.96
酒　泉	76 726	37 301	2.06
敦　煌	38 335	28 236	1.36
金　城	149 648	34 888	4.29
朔　方	136 628	58 369	2.34
五　原	231 328	9 063	25.52
合　计	2 955 563	513 977	5.75

资料来源：摘自《西汉人口地理》第六章第三节，表 7。

第三节

东汉初的边民内迁

王莽当政时盲目挑起了对匈奴等周边民族的战争，破坏了西汉后期汉匈间的和睦关系。建武三年（27 年），彭宠占据渔阳郡（治今北京市密云区西南）反叛，并攻下蓟县（今北京城区西南），自称燕王。匈奴单于出兵七八千骑相呼应[1]。卢芳在三水（今宁夏同心县东）自称西平王，被匈奴立为汉帝。到建武五年，匈奴公然扶植卢芳入塞，在九

1 《后汉书》卷 12《彭宠传》。

原县(今内蒙古包头市西北)建“都”,占有汉朝的五原、朔方、云中、定襄和雁门五郡(约相当于今山西、陕西北部以北地),并出兵与卢芳一起侵扰汉朝的北边[1]。由于正忙于消灭中原各地的割据势力和巩固自己的政权,光武帝无力北顾,只能步步退让。

建武九年,汉朝将雁门郡(治今山西左云县西)的官吏百姓迁至太原郡(治今山西太原市西南,辖境约有今山西中部吕梁山以东地)。十年,撤销了定襄郡(治今内蒙古和林格尔县西北),将该郡百姓迁至西河郡(治今山西吕梁市离石区)。十一年,朔方刺史部(辖境约相当于今宁夏银川至壶口的黄河流域,北括阴山南北,南迄陕西宜川、富县一线)被并入并州刺史部。十五年,又将雁门、代郡(治今河北蔚县东北)和上谷(治今河北怀来县东南)三郡官吏百姓全部迁至常山关(在今河北唐县西北太行山东麓倒马关)和居庸关(在今北京市昌平区西北)以东。据《后汉书》卷18《吴汉传》,内迁吏民有六万余口。二十年,撤销五原郡(治今内蒙古包头市西北),将该郡的官吏百姓迁至河东郡(治今山西夏县西北,辖境约有山西西南部)[2]。

在此期间撤销或内迁的还有朔方、云中、北地三郡。此事虽未见具体记载,但《后汉书·光武纪》建武二十六年明载“于是云中、五原、朔方、北地、定襄、雁门、上谷、代八郡民归于本土”,则曾经撤销或内迁的单位包括此三郡毫无疑问,只是史文有遗漏所致。如建武十一年并朔方于并州,很可能同时撤销了朔方、北地二郡,而二十年撤销五原郡时,云中郡肯定已不存在了。

至此,汉朝的北界退至今北京西北,太行山中段,五台山,山西偏关、河曲一线,在此以北的居民大多已南迁。

据《汉书·地理志》,以上八郡在西汉末年约有165万人口,假定在两汉之际的战乱中损失了一半,余下的又有一半被匈奴掳掠或留在原地,内迁的总数也有40余万人之多。建武十五年内迁的6万余口只是其中的一部分,其余几次没有留下具体数字。而且,从以后的遣返过程看,不少边民是自发内迁的,没有集中居住在朝廷规定的安

---

1 《后汉书》卷12《卢芳传》、卷89《南匈奴传》。
2 《后汉书》卷1《光武纪》。

置区内。

匈奴在西线也向南扩张，以至河西五郡（敦煌、酒泉、张掖、武威、金城）“斗绝在羌胡中”，即与汉朝其他地区分离而存在于“羌胡”（泛指匈奴、羌等少数民族）包围之中的形势。但在窦融的统率下，五郡拥地自保，并加强了边境的防卫，匈奴很少能侵犯河西，“安定、北地、上郡（约相当今宁夏、陕西北部地）流人避凶饥者，归之不绝”[1]，成为流民的乐土；还有不少士人也避乱河西[2]。这些人在乱定后大多返回故乡，或转徙他处，但也可能有少数人就此定居河西。如元帝时担任过西域都护的段会宗是天水上邽（今甘肃天水市秦州区）人，但到他的曾孙段颎已是武威姑臧（今甘肃武威市）人[3]。尽管我们找不到段氏家族何时迁居的史料，但以段会宗的身份，在正常情况下似不会再向边区迁移，所以因两汉之际避地河西后定居的可能性很大。

直到建武二十五年，匈奴南单于向汉朝称臣，入居云中郡，匈奴的威胁解除。二十六年，朝廷将云中、五原、朔方、北地、定襄、雁门、上谷、代郡八郡百姓迁回本郡。同时，又“发遣边民在中国者，布还诸县，皆赐以装钱，转输给食”[4]。后者显然是指在官方迁移之外，自行流入内地的边民，因此不在集中安置区内。

由于居民大部内迁，又受到匈奴和卢芳等军队的破坏，八郡范围内“城郭丘墟，扫地更为”，已成一片废墟，使光武帝对当年的决定后悔不已[5]。内迁的边民在内地已经生活了十多年，所以尽管朝廷给予资助，还是有不少留居内地，不愿返回。永平五年（62 年），朝廷“发遣边人在内郡者，赐装钱人二万”[6]。此时离官方组织边民北归已有 12 年了，在此期间没有发生新的内迁，因此这次要发遣的对象还是滞留未归的边民，可见数量不在少数。以后再未见这类记载，看来经过永平五年的行动，部分边民终于迁回边区了，余下的也被官方默许定居内地了。

---

1 《后汉书》卷 23《窦融传》。
2 如见《后汉书》卷 27《杜林传》、卷 29《申屠刚传》、卷 31《孔奋传》等。
3 《后汉书》卷 65《段颎传》。
4 《后汉书》卷 1《光武帝纪》。
5 《后汉书》卷 1《光武帝纪》建武二十六年注引《东观记》。
6 《后汉书》卷 2《明帝纪》。

第四节

东汉期间的移民

一、移民过程

东汉对北方和西北边区的移民记录，最早见于建武十二年（36年）：“遣谒者段忠将众郡弛刑配（杜）茂，镇守北边，因发边卒筑亭候，修烽火，又发委输金帛缯絮供给军士，并赐边民，冠盖相望。茂亦建屯田，驴车转运。”[1]但当时的“北边”和杜茂屯田的地方，是在晋阳（今山西太原市西南）和广武（今山西代县西南）一带，迁移的对象也只是犯人。以后这里成为后方，又有屯田的成果，所以这些从事屯田的犯人很可能就定居于此了。

真正向收复了的边疆移民，是从永平八年（65年）的诏令开始的：

> 诏三公募郡国中都官死罪系囚，减罪一等，勿笞，诣度辽将军营，屯朔方、五原之边县；妻子自随，便占著边县；父母同产欲相代者，恣听之。其大逆无道殊死者，一切募下蚕室。亡命者令赎罪各有差。凡徙者，赐弓弩衣粮。[2]

从这道诏书看，移民的对象只限于京师和地方监狱中已定罪的一般死刑犯，因“大逆无道”一类重罪而定死刑者不在此例。按规定，犯人有选择是否接受减刑徙边的自由，并可由直系亲属代替。但迁移是永久性的，因为自愿同行的妻、子等家属的户籍就此登记在边县了。由于范围很小，估计迁移的对象不过数千人，加上家属至多一二万人。

1 《后汉书》卷22《杜茂传》。
2 《后汉书》卷2《明帝纪》。

这些移民的安置区在朔方、五原二郡的边县，即今内蒙古黄河支流乌加河沿岸至固阳县一带。负安置之责的度辽将军驻于五原郡的曼柏县(今内蒙古达拉特旗东南)。按法律，免除死刑的犯人应受笞刑，这必定会造成一些伤残或死亡。但迁往边县还得经过长途跋涉，为了便于押送安置，增加边疆的人口，也就免了他们的笞刑。此条以后成为定制。

当时，北匈奴还在侵扰边境，南匈奴虽已安置在塞内，但朝廷既要防范他们的反复，又要调拨粮食等物资供给，因此急需加强边区实力，并就地解决部分粮食供应。但由于北方边区条件艰苦，又是在长期战乱以后，自愿迁去的犯人大概也不多。所以第二年又下诏移民，但各项规定已有了变化：

> 诏郡国死罪囚减罪，与妻子诣五原、朔方占著，所在死者皆赐妻父若男同产一人复终身；其妻无父兄独有母者，赐其母钱六万，又复其口筭。[1]

与上一年诏书不同的是：(1)“募”已改为规定，这就是说死刑犯即使不愿接受减刑徙边也不行了；(2)妻、子必须同行，而不再是自便了；(3)取消了直系亲属可代替的条款；(4)增加了犯人迁入边区死亡后对其妻的父母、亲兄弟的优待抚恤。

最后一条也证明了被迁犯人徙边后，由于路途中和定居后的不良待遇，死亡率很高，所以有些犯人或家属宁可不减刑也不愿徙边，以至于朝廷不得不在加以强制的同时制定这样的抚恤标准。而犯人的妻、子虽然必须随同迁移，却毕竟是自由人，所以优抚集中在妻、子一方，以示对平民移居边区的奖励。

永平十六年，汉将窦固击败北匈奴，留兵屯伊吾卢城(今新疆哈密市)。同年又下诏令“郡国中都官死罪系囚减死罪一等，勿笞，诣军营”，安置地除朔方外，增加了成为伊吾卢后方的敦煌。诏书还是规定“妻子自随，父母同产欲求从者，恣听之；女子嫁为人妻，勿与俱”[2]，可

1 《后汉书》卷2《明帝纪》。
2 同上。

见也是移民性质。从专门说明已改嫁的妻可以不随迁看，所谓“妻自随”绝不能理解为妻迁不迁听便，而是必须随迁的。

此外，在永平年间先后发生了广陵王、楚王、淮阳王、济南王“谋反”案，受牵连的人及其家属“徙者万数”，“远屯绝域”[1]，大概都流放在西北边疆。

此后见于记载的犯人徙边诏令还有：

建初七年（82 年），“诏天下系囚减死一等，勿笞，诣边戍；妻子自随，占著所在；父母同产欲相从者，恣听之；有不到者，皆以乏军兴论”。不迁者以妨碍军需定罪，须处死刑。元和元年（84 年）诏：“郡国中都官系囚减死一等，勿笞，诣边县；妻子自随，占著在所。”[2]

章和元年（87 年），夏四月，对象同上；秋，“死罪囚犯法在丙子赦前而后捕系者，皆减死，勿笞”，都是“诣金城戍”[3]。这次减罪徙边的对象原来没有包括“亡命未发觉者”（逃亡未归案者），廷尉郭躬为此上封事：“……今死罪亡命无虑万人，又自赦以来，捕得甚众，而诏令不及，皆当重论……死罪已下并蒙更生，而亡命捕得独不沾泽。臣以为赦前犯死罪而系在赦后者，可皆勿笞诣金城，以全人命，有益于边。”得到章帝批准。[4]

永元八年（96 年），“系囚减死一等，诣敦煌戍”[5]。

延光三年（124 年），对象同上，“诣敦煌、陇西及度辽营”[6]。度辽营仍在五原郡。

永建五年（130 年），对象同上，“诣北地、上郡、安定戍”[7]。

建和元年（147 年），“减天下死罪一等，戍边”[8]。

永兴二年（154 年），对象同上，“徙边戍”[9]。

从这些记载中，我们不难发现，终东汉一代，朝廷既无实力，也无

---

1 《后汉书》卷 48《杨终传》。
2 《后汉书》卷 3《章帝纪》。
3 同上。
4 《后汉书》卷 46《郭躬传》。
5 《后汉书》卷 4《和帝纪》。
6 《后汉书》卷 5《安帝纪》。
7 《后汉书》卷 6《质帝纪》。
8 《后汉书》卷 7《桓帝纪》。
9 同上。

向西北移民的意图，而只能强迫减罪的死刑犯及其家属迁往边区。这类迁移虽然也有屯田或开发的作用，但主要是军事防御的紧迫需要。如章和元年的两次徙金城，是由于刚平定了羌人的反叛。延光三年徙敦煌、陇西、度辽营是因上一年北匈奴和车师攻扰河西，班勇出守西域。而永建四年才将北地、上郡、安定三郡迁回旧地，次年就有徙犯人于三郡之举。

二、移民的遣返

也正因为并无移民实边的长远打算，加上这类移民的逃亡必定很多，维持困难，所以在边境形势缓和时，或者在遭受自然灾害时，或者作为皇帝的一项德政，往往容许部分徙边者返回家乡。如：

永元元年（89年），窦宪击败匈奴后，下诏“其徙出塞者，刑虽未竟，皆免归田里”[1]。

建初元年（76年），连年大旱，灾情严重，校书郎杨终上疏请求将因受广陵、楚、淮阳、济南诸王案件牵连迁往边疆和屯驻西域的人员放还。经大臣与杨终反复驳议，终于获得章帝同意，“听还徙者，悉罢边屯”[2]。但实际上，遣返措施并未落实，次年四月，才下诏“还坐楚、淮阳事徙者四百余家，令归本郡”[3]；似乎并未将被迁人员全部遣回。

永初四年（110年），“诏自建初以来，诸祅言它过坐徙边者，各归本郡”[4]。建和三年（149年）又下诏：“其自永建元年迄乎今岁，凡诸妖恶，支亲从坐，及吏民减死徙边者，悉归本郡；唯没入者不从此令。”[5]

三、迁入地点和数量

移民安置的地点，明确见于记载的有朔方、五原、敦煌、金城、陇

1 《后汉书》卷4《和帝纪》。
2 《后汉书》卷48《杨终传》。
3 《后汉书》卷3《章帝纪》。
4 《后汉书》卷5《安帝纪》。
5 《后汉书》卷7《桓帝纪》。

西、北地、上郡、安定诸郡。但从东汉西北形势分析，有的郡只是偶然安置移民，如金城、陇西、安定、上郡。因为这些郡在羌乱发生的情况下连原来的行政区都无法在原地维持，至多只是在恢复阶段临时充实一些人口。比较经常性的移民区是河西走廊的敦煌、张掖和居延（张掖居延属国）以及河套的五原、朔方这五郡，而迁入的时间又集中在和帝永元年间（89—105 年）或稍前，理由是此期间曾多次救济这几郡的贫民：永元十二年闰四月，“赈贷敦煌、张掖、五原民下贫者谷”。十三年二月，“赈贷张掖、居延、朔方、日南贫民”。十四年夏四月，“赈贷张掖、居延、敦煌、五原、汉阳（原陇西）、会稽流民下贫谷，各有差”[1]。在并无天灾记录的情况下，接连三年救济这些郡的“下贫”或“流民”，只能理解为一种特殊政策，即对安置不久或定居发生困难的移民的照顾。

东汉中期以后，与西北的联系常因羌乱而隔断，而入居塞内的南匈奴相对安定，河套地区还比较稳定，所以朔方、五原二郡是犯人徙边经常性的安置区[2]。如马融曾被免去南郡太守，徙朔方[3]。蔡邕被定死罪后，“有诏减死一等，与家属髡钳徙朔方”，实际居五原（西）安阳县（今内蒙古乌拉特前旗东南）[4]。但到东汉后期，北方少数民族大规模南下，这一带已成为“羌胡”的天下。有可能逃回原籍的移民估计都已离开，但余下的汉族移民为数也不少，这从原来从事牧业的鲜卑人较快发展了农业的事实可以得到证明。

在金城郡的移民可能一度迁至今青海湖畔的故西海郡城（今青海海晏县），永元十四年（102 年），曾“缮修故西海郡，徙金城西部都尉以戍之”[5]。金城西部都尉原驻龙支城（今青海民和县东南），随着驻地的西迁，必定有兵士和平民及其家属随同迁移。但到永初四年（110 年），就因羌乱而将金城郡治内迁于襄武（今甘肃陇西县东南），在其西

---

1 《后汉书》卷 4《和帝纪》。

2 也有徙北地者，如杨终，见《后汉书》卷 48《杨终传》。但杨终的罪名仅是为别人说情，且不久放归故乡，所以估计是安置轻罪的地方。

3 《后汉书》卷 60《马融传》。

4 《后汉书》卷 60《蔡邕传》。

5 《后汉书》卷 4《和帝纪》。

的据点西海城自然不会再坚守了。

东汉重开西域都护府、西域长史府后，曾在西域屯田、驻军。如永平十六年(73 年)后曾在伊吾卢、楼兰、车师、戊己校尉驻地屯田，但到建初元年(76 年)就撤销了[1]。以后的屯驻时间也都不长，加上屯驻人员本来就是流动的，所以基本上没有形成移民。

关于这类移民的数量虽无记载，却肯定不会很多。《后汉书》卷61《邓训传》记其章和二年(88 年)在湟中破迷唐羌后，“遂罢屯兵，各令归郡。唯置弛刑徒二千余人，分以屯田，为贫人耕种，修理城郭坞壁而已”。如前所述，在此前一年，正好两次徙“弛刑徒”去金城郡，应该就是这二千余“弛刑徒”的来源。由此可以推断，这类移民每批不过二三千人，加上家属大概不出万人。个别情况下可能数量要多些，如章和元年那次据郭躬所言“今死罪亡命无虑万人，又自赦以来，捕得甚众”[2]；假定逃亡的死罪犯人有一半被捕或投案，加上狱中已有的犯人，合计应超过万人。但这次并未规定家属必须随迁，所以家属不会太多，那么移民总数大致在二万左右。由于朝廷曾几次将这类移民遣返，获罪徙边的官员返回的机会更多，所以真正定居的移民就更少了。

以《续汉书·郡国志》所载永和五年(140 年)的户口数与西汉元始二年(公元 2 年)比较，迁入移民较多的郡也还有较大幅度的下降(见表 5-2)。

表 5-2　西北部分郡西汉、东汉户口数比较

郡　名	公元 2 年	140 年	下降百分比
敦　煌	38 335	29 170	24%
张　掖	88 731	44 725*	50%
五　原	231 328	22 957	90%
朔　方	136 628	7 843	94%

* 张掖、张掖属国、张掖居延属国合计，大致与西汉张掖郡相当。

由于各郡的辖境略有变动，比较不十分精确，但下降幅度之大是

1 《后汉书》卷 88《西域传》、卷 48《杨终传》。
2 《后汉书》卷 46《郭躬传》。

绝对肯定的。户口下降的原因是多方面的，但至少也证明了东汉至永和五年为止，向这几郡的移民数量是很少的。

至此，我们可以得出这样的结论：东汉时西北和北方边区的汉族人口主要还是西汉移民的后裔，东汉时新增加的移民数量很少，影响也不大。

第五节

移民定居后的状况及其影响

一、边疆的开发

在移民进入之前，西北边区长期处于无人居住或未开发状态，或者仅作为游牧之地。移民的迁入和定居使其中一些自然条件比较适宜的地区得到初步开发，来自关东农业发达地区的移民带来了先进的农业技术，在土地充足的情况下，较快地建成了一些小规模的农业区。例如神爵元年(前61年)，金城、湟中"谷斛八钱"[1]。这说明当地产粮大致已满足了人口的需要，因为如果依靠内地供应，数量必定受到限制，价格不会如此之低。

但是边地"习俗颇殊，地广民稀，水草宜畜牧"，主要的产业还是牧业。由于内地移民多数习惯于单一的农业经济，他们定居边区以后多数人也还是开荒种地，所以在移民集中的地区往往出现天然植被破坏，水土流失加剧，土地沙化、盐碱化，甚至导致沙漠的扩大。一部分移民区正处于黄河中游上段黄土高原，这些地区的不合理开垦导致严重的水土流失，使流入黄河的泥沙大大增加，成为西汉中期以后黄

1 《汉书》卷69《赵充国传》。

河下游水患加剧的主要原因[1]。

还必须指出，由于西北地区缺乏农业开发的基础，移民初期的粮食供应必须依靠政府的调拨。元狩四年徙民 70 万，以平均每人每年需粮 18 石计，至少需要 1 300 万石，是关东输入关中粮食最高年份 600 万石的两倍以上。在开始几年，还需要“贷与产业”，提供种子、饲料、农具等，以至“费以亿计，县官大空”[2]。这种大规模的移民，只有在财政宽裕、粮食积聚充分的条件下才有可能进行。因此，这种行动的经济意义，显然远不如其政治和军事上的作用。到东汉时，北方和西北边疆的移民形势发生了根本性的变化，绝不是偶然的。

二、移民的境遇

移民成分复杂，富于反抗性。为了稳定边疆，增加军事实力，地方官不得不采取不同于内地的治理方法：“保边塞，二千石治之，咸以兵马为务；酒礼之会，上下通焉，吏民相亲。是以其俗，风雨时节，谷籴常贱，少盗贼，有和气之应，贤于内郡。”[3]在匈奴臣服、不再构成军事威胁的西汉后期，边境出现了“边城晏闭，牛马布野，三世无犬吠之警，黎庶亡干戈之役”[4]的安宁局面。

但另一方面，边区的自然条件毕竟较差，移民徙边都是出于无奈或受到强制，因而统治者要通过严格的法律措施或习惯做法加以限制。

一是移民不得移居内地。《后汉书·张奂传》称：“旧制边民不得内移。”直到东汉后期张奂才因战功而作为特殊恩宠，由敦煌徙户弘农（治今河南三门峡市陕州区）。这一条应是自西汉就沿袭下来的制度，而且包括土著边民。东汉初功臣寇恂是上谷昌平（今北京昌平区东南）人，属于边郡。其后裔寇荣于延熹中（158—166 年）被免归故郡，

---

1 详见谭其骧：《何以黄河在东汉以后会出现一个长期安流的局面》，《长水集》下册，人民出版社 1987 年版。

2 《汉书》卷 24《食货志》。

3 《汉书》卷 28《地理志》。

4 《汉书》卷 94《匈奴传》。

因受人陷害去洛阳告状，被刺史以“擅去边”的罪名控告[1]。土著如此，移民就更无自由了。

二是刑法重于内地。《后汉书·光武帝纪》：建武十八年(公元42年)四月甲戌诏曰：“今边郡盗谷五十斛，罪至于死，开残吏妄杀之路，其蠲除此法，同之内郡。”当时东汉立国不久，不可能已在边郡另立新章，从诏书也可以看出，这必定是西汉旧制无疑。

三是移民在政治、经济上地位很低。《后汉书·贾复传》称：“旧内郡徙人在边者，率多贫弱，为居人所仆役，不得为吏。”这虽不一定有明确的法律条文，但已成习惯。所谓“居人”，大概是早期定居的或已取得社会地位的内地移民。在原来有少量汉人的边郡，这也可能是指有势力的土著。

所以，实际上多数移民的境遇是很差的，作为移民定居的自然、经济、政治基础是不巩固的。一旦统治者的压榨超过了移民可以忍受的程度，或正常的封建秩序瓦解，或战乱发生，就必然会出现新的人口流动。正因为如此，西汉对西北移民的成果到东汉时就不能全部保持了。

三、移民与文化进步

由于移民基本都是底层贫民，文化程度低下，加上边区以加强军事防卫为主要目标，日常生活始终保持一定的军事性质，所以人口的增加、农业生产的进步并没有同时带来文化上的提高和发展。直到西汉结束，西北边疆的文化还相当落后，没有出现一个有重大影响的人物。

东汉期间，情况有了变化，凉州的文化进步尤其突出，在《后汉书》列传的士人有16人，公卿有11人，凉州人著书也有16种[2]。但分析这些人的经历，可以发现一个明显的特征：绝大多数人实际上居住在

1 《后汉书》卷16《寇恂传》附寇荣。
2 《汉晋文化地理》，第82页。

内地，或者是在内地接受教育。举例如下：

安定乌氏（今宁夏固原市原州区东南）梁氏，自梁统以下世代多习经者，堪称士族。但梁氏自武帝时已迁居茂陵，到西汉末年才迁回安定，梁统本人在关中成人，东汉初又在朝廷任职。其子梁松，“少为郎，尚光武女舞阴长公主”，“博通经书，明习故事，与诸儒修明堂、辟雍、郊祀、封禅礼仪”。松子扈“亦敦《诗》、《书》”，一直在京任职。松弟竦“生长京师，不乐本土”，“少习《孟氏易》，弱冠能教授”，颇多著述[1]。梁氏家族的文化地位实际应属洛阳，与安定关系不大。

王符是安定临泾（今甘肃镇原县东南）人，但“少好学，有志操，与马融、窦章、张衡、崔瑗等友善”[2]。马融等人都是知名学者，主要活动在洛阳一带，王符要与他们友善，自然必须在洛阳住上好几年，或许就是从小在洛阳生长或求学的。所以尽管他著名的《潜夫论》是隐居故乡后的作品，洛阳的文化熏陶和中原学者的影响无疑是重要因素。

东汉后期最著名的“凉州三明”（即皇甫规，字威明；张奂，字然明；段颎，字纪明）之成为名人，与内地也有密切关系。皇甫规是安定朝那（今宁夏固原市原州区东南）人，但祖父是度辽将军，父亲任扶风都尉，很可能有在关中受教育的机会；以后作为安定郡的上计掾，举贤良方正，征拜议郎，都有在洛阳的经历。张奂是敦煌渊泉（今甘肃瓜州县东）人，父亲是汉阳太守，本人“少游三辅，师事太尉朱宠，学《欧阳尚书》。……后辟大将军梁冀府……复举贤良，对策第一，擢拜议郎”，完全是在关中和洛阳受教育并任职的。段颎倒是生长在武威姑臧的，不过“少便习弓马，尚游侠，轻财贿，长乃折节好古学。初举孝廉，为宪陵园丞，阳陵令”[3]，看来他的向学是长大后的事，并且不久就任职关中，当地的文化传统对他当然不无影响。

与内地没有直接联系的人物只发现两位：李恂，安定临泾人，“少习《韩诗》，教授诸生常数百人”。以后才辟司徒桓虞府，拜侍御史，晚

1 《后汉书》卷34《梁统传》。
2 《后汉书》卷49《王符传》。
3 本段引文均见《后汉书》卷65《皇甫张段传》。

年移居新安关下[1]。李的学术地位显然形成在至洛阳前。侯瑾，敦煌人，从《后汉书·文苑传》所载经历看一直居住于原籍，并徙入山中，著作有《矫世论》《皇德传》等。

总之，凉州地区的文化人物绝大多数还是直接或间接由内地培养或受到内地文化强烈影响的，完全在本地成长的很少，而且有全国性影响的人物都产生于东汉的中后期。这与关中地区在移民迁入后二三十年就出现文化发达的局面完全不同，说明移民的素质起着决定性的作用，移民在迁入地的社会地位和生存条件也有重要影响。

同时，文化的传播也必然受到迁入地的自然地理和人文地理环境的制约，因而在传播过程中会产生变异，并不是一种简单的复制。东汉时，无论是凉州籍人士在内地接受的，还是中原学者以地方官身份传播的[2]，都是儒家文化。但凉州的自然环境兼利农牧，不同于内地纯农业区。加上地处边疆，民间一直喜习骑射，西汉以来就是“出将”的地方。羌氐等少数民族不断迁入，与汉人杂居，东汉中期以后“羌乱”不绝，更刺激了当地的尚武习俗。所以即使是修经业儒的士人，往往也兼习弓马兵战。像“凉州三明”中的张奂和段颎就是兼资文武的人物，都是东汉镇压羌乱的主将；皇甫规的侄子皇甫嵩，“少有文武志介，好《诗》《书》，习弓马”，也是镇压黄巾起义的主将[3]。

北部西汉属朔方刺史部、东汉属并州刺史部的几个边郡的情况与凉州大致相同。但北部边疆在两汉之际一度为匈奴所占，东汉末年又成为“羌胡”聚居区，文化发展的条件比凉州更差，所以东汉期间也没有明显的进步，没有出现全国性的人物。

---

1 《后汉书》卷51《李恂传》。

2 如东汉初南阳宛人任延，“年十二，为诸生，学于长安，明《诗》、《易》、《春秋》，显名太学”；后任武威太守，“造立校官，自掾史子孙，皆令诣学受业，复其徭役。章句既通，悉显拔荣进之。郡遂有儒雅之士”。

3 《后汉书》卷71《皇甫嵩传》。

匈奴、鲜卑、西域和东北地区的汉人移民

汉人与匈奴人、鲜卑人的习俗差异很大，一般来说，汉人的农耕生活比匈奴人、鲜卑人的游牧生活条件优越，因此汉人之迁入匈奴、鲜卑与匈奴、鲜卑之徙于内地一样，基本都是被客观条件所强制。西域与中原相距遥远，自然和人文环境差异很大，西汉和东汉虽曾几度将西域辟为疆域，但基本上只是视为势力范围，实行的统治方式与内地郡县不同，仅以都护府执行军事监护和外交控制，派遣的人员主要是屯戍的军人和行政人员。所以，在匈奴、鲜卑和西域地区的汉人移民数量不多，而且都不是正常迁移的结果。东北的情况虽有所不同，即当地的人文地理条件与中原差异较小，但在正常情况下移民数量也不多，战乱时的流动人口虽多，乱后定居者也仅占其中一小部分。

第一节

匈奴、鲜卑地区

一、匈奴的掳掠和汉人的逃亡

汉人流入匈奴，在秦代甚至秦代以前就已经开始，因为匈奴一直从秦国与赵国、燕国缘边地区掳掠人口，当然会有一部分人留在匈奴之中。秦末汉初匈奴重新占领“河南地”“新秦中”以后，在秦始皇迁往西北的数十万人口中，必定有一部分留在原地或被匈奴俘获。当匈奴在汉军反击下再次撤退时，其中总会有些人被迁往匈奴地区。

西汉前期，迁入匈奴的人口主要也是缘边各地被匈奴掳掠的吏民以及历次战争中的被俘、投降人员，据《史记》《汉书》中《匈奴传》和有关本纪、列传统计，大致有以下这些：

高祖七年(前 200 年)，韩王信逃亡入匈奴。

十二年，卢绾与数千人逃亡入匈奴。

高后七年(前 181 年)冬十二月，匈奴寇狄道(今甘肃临洮县)，掳掠了 2 000 余人。

文帝前元三年(前 177 年)，匈奴入居北地、河南(今宁夏和河套地区)为寇。十一年，匈奴寇狄道。从匈奴一贯的做法看，这两次必定会掳掠人口带回。

十四年，匈奴寇边，“虏人民畜产甚多”。从史料中未载明具体地点分析，入侵的范围很广，所以才会掠夺大量人口。

文帝后元六年(前 158 年)，匈奴 3 万骑入上郡(今陕西西北部和内蒙古南部)，3 万骑入云中(今内蒙古土默特、呼和浩特一带)。这一阶段，匈奴“岁入边，杀略人民甚众，云中、辽东(今辽河下游和辽东半岛)最甚,郡万余人。”云中和辽东合计以2万计,加上其他边郡,估计一年就要掠夺四五万人口;连续几年,如以四五年计,就有20万左右。

景帝中元二年(前148年),匈奴入燕(今燕山南一带)。中元六年,匈奴入雁门(今山西北部至内蒙古集宁一带)、上郡。后元二年(前142年),匈奴入雁门。这几次无掳掠的记载,只是规模较小而已。

武帝元光六年(前129年),匈奴入上谷(今河北西北部),杀略吏民;数千人侵入边境抢掠,渔阳(今河北东北部)受损失尤其严重。汉将公孙敖从代郡(今山西东北、河北西北)出击,损失士兵7 000人。其中相当大部分应是被俘的。

元朔元年(前128年)秋,匈奴杀辽西(今辽宁医巫闾山以西地)太守,掠走2 000余人;败渔阳太守军千余人,入雁门杀略千余人。

二年,匈奴入上谷、渔阳,杀略吏民千余人。被杀与被掳掠两项虽未区分,但一般掠走的较多,即使以各半计,每次也不下500人。

三年,匈奴入代,杀太守,略千余人;入雁门,杀略千余人。

四年,匈奴入代、定襄(今内蒙古清水河、和林格尔一带)、上郡,杀略千余人。入河南,侵扰朔方(今内蒙古南部黄河以南),杀略吏民甚多。

五年,入代,杀都尉,略千余人。

六年,汉征匈奴,损失两将军、3 000余骑兵。

元狩元年(前122年),匈奴入上谷,杀数百人。

二年,入雁门,杀略数百人。

三年,入右北平(今河北东北角、辽宁西边和内蒙古赤峰以南地)、定襄,杀略千余人。

四年,汉两军出塞伐匈奴,损失私马11万多匹,人员损失必定也很大。

元鼎五年(前112年),匈奴入五原,杀太守。

元封四年(前107年),匈奴寇边。

太初二年(前103年),赵破奴率2万骑败降匈奴。

三年,匈奴入定襄、云中、五原、朔方,杀略数千人;入张掖、酒泉(河西走廊东段),略数千人。

天汉二年（前 99 年），李陵步骑 5 000 战败降匈奴。

三年，匈奴入雁门。

征和二年（前 91 年），匈奴入上谷、五原，杀略吏民。

三年，李广利将 7 万人伐匈奴，兵败降。

后元二年（前 87 年），匈奴入朔方，杀略吏民。

元凤三年（前 78 年），匈奴 3 000 骑入五原，杀略数千人。又行攻塞外亭障，略取吏民去。

由于缺乏具体数字，仅有的一些约数又未区别杀、略二类，因此无法统计出被略或降于匈奴的汉人的总数。而且由于前后相差 100 多年，这些人口并非同时存在于匈奴之中。但照上述情况估计，总数至少有 20 万，最多时在匈奴的汉人可能接近 10 万。如从太初二年（前 103 年）至征和二年（前 91 年）这 12 年间，赵破奴、李陵、李广利这三次败军就有 9 万多，尽管必定有部分军人战死或病死，但这几年中还有被掳掠的平民。

此外，还有少数汉朝的官员或使者因各种原因逃亡匈奴。如文帝时宦者中行说，因不愿出使匈奴，被强迫出使后即降于匈奴。又如卫律，父亲本是长水胡人，本人已在汉朝生长，与协律都尉李延年关系密切，经李延年推荐而出使匈奴。卫律出使归来，正好李延年全家被收捕，卫律怕受牵连被杀，就逃还匈奴[1]。

至于平民逃亡匈奴，据元帝时郎中侯应所言，大致有三种情况：(1) 以往从军去匈奴的有不少人没有返回，他们的子孙生活贫穷，就设法逃出去投奔亲人；(2) 在边区当奴婢的境遇很差，很多人想逃亡匈奴，说："闻匈奴中乐，无奈候望急何！"（听说匈奴日子好过，只是边境防守太严）尽管如此，还是有逃出塞的；(3) "盗贼"和其他犯法的人，如果无路可走了，就往北边逃亡[2]。这三类人中，第一类人一般发生在汉匈交战期间及结束不久，由于汉军留在匈奴的累计有十多万，加上武帝后期刑法严酷、赋税繁重，国内人民逃亡普遍，当时这类人可能会有数万之多。第二类人、第三类人是经常性的，但数量有限。

---

1 《汉书》卷 94《匈奴传》。

2 同上。

在汉匈关系中，还有一种特殊的移民，那就是为实行“和亲”而嫁往匈奴的宗室女子（或以宫女代替）及其随员。最著名的是元帝时的王嫱（昭君），还有文帝时派遣的宗人女翁主[1]。但这类人的数量是很有限的，除王昭君这样的特殊情况外，一般所起的作用并不大的。

王莽代汉前后，对匈奴采取了一系列错误政策，重新挑起了汉匈战争。始建国二年（公元 10 年），西域车师后王（在今新疆吉木萨尔县一带）须置离之兄狐兰支率士众 2 000 余人，“举国亡降匈奴”。第二年，汉朝戊己校尉（驻今新疆吐鲁番市东南）的属官陈良等劫略吏卒数百人，杀戊己校尉，“胁略戊己校尉吏士男女二千余人入匈奴”；这些人被安置在零吾水（即余吾水，今蒙古国土拉河）上从事农耕。此后，匈奴不断“入塞寇盗，大辈万余，中辈数千，少者数百，杀雁门、朔方太守、都尉，略吏民畜产不可胜数，缘边虚耗”。到王莽覆灭这几年间，“匈奴数为边寇，杀将率吏士，略人民，驱畜产去甚众”。结果是，“北边虚空，野有暴骨”[2]。这一阶段被掠入匈奴的边区人民是相当多的。

东汉初，匈奴乘光武帝无暇北顾，南下杀略的范围扩大到上党（治今山西长子县，辖山西东南部）、扶风（治今陕西西安市，辖陕西秦岭北、西安以西地）、天水（治今甘肃通渭县西北，辖甘肃清水至榆中一带）、上谷、中山（治今河北定州市，辖周围十余县市）等地[3]，直到建武二十四年（48 年）匈奴内部分裂才停止。此期间因此也有不少汉人被迁往匈奴地区。

南单于降汉后，于建武二十六年率部迁至西河郡美稷县（今内蒙古准格尔旗西北），匈奴部族散居在汉朝西北缘边地区，原来由南匈奴掠去的汉人也应随之回到塞内，大部分估计能返回故乡，或在汉朝其他地方定居。同时，北单于也归还了不少掠走的汉人，“以示善意”[4]。此后北单于方面不断有部众降汉，还会带回一些汉人。在汉军的多次打击下，北单于迁至康居（今乌兹别克斯坦塔什干一带），以后转迁欧

---

1 《汉书》卷 94《匈奴传》。
2 同上。
3 《后汉书》卷 1《光武帝纪》、卷 12《卢芳传》、卷 89《南匈奴传》。
4 《后汉书》卷 89《南匈奴传》。

洲。北单于是否带走了在匈奴的汉人不得而知，但可以断定，即使有的话数量也很少，而且大概都已匈奴化了。

但汉朝对南匈奴毕竟只是实行军事监护，南匈奴也不时有些反抗行动，所以还会有一些汉人被掳掠，也会有汉人逃亡投奔匈奴，因而在民间留下了各种传说。如《周书》卷30《窦炽传》称："窦炽……扶风平陵人也。汉大鸿胪章十一世孙。章子统，灵帝时为雁门太守，避窦武之难，亡奔匈奴，遂为部落大人。后魏南徙，子孙因家于代，赐姓纥豆陵氏。"此说大概并非事实，因为窦章在《后汉书》卷23《窦融传》中有附传，只提到其"中子唐，有俊才，官至虎贲中郎将"。要是他真的还有一个儿子官至郡太守，又有受窦武案牵连的事，《后汉书》是不会不载的。而且《后汉书·窦武传》中也没有提到有这样一位窦统，更不能想象窦氏在当了匈奴的部落大人近200年后，还会保持汉姓。这显然是窦氏在内迁并汉化后子孙的附会，但这一类逃亡，包括汉朝某些官员因犯罪或政治斗争而逃亡的事应该是存在的，匈奴和汉族民间都有此类传说，所以才能成为附会的基础。

二、匈奴掳掠、收容汉人的原因

匈奴之所以大量掠夺汉人，收容汉朝逃亡、降人、俘虏，是出于两方面的目的。

一是为了增加人口。匈奴是游牧民族，所居地区自然条件恶劣，物质生活艰苦，人口增长率低，人口稀少。在连年战争的情况下，人口更是大量减少。获得绝大多数是成年男子的汉人可以使紧缺的人力得到补充。正因为如此，被俘获的汉人一般不会被杀，与匈奴通婚、生儿育女的相当普遍。如李陵投降后，单于将女儿嫁给他[1]。又如张骞被俘后，匈奴也许给他妻子，并生了孩子[2]。苏武在匈奴也有"胡妇"，并产一子[3]。以苏武的气节，匈奴照样可以让他与匈奴妇女通婚，汉

1 《汉书》卷94《匈奴传》。
2 《汉书》卷61《张骞传》。
3 《汉书》卷54《苏武传》。

朝也不以为非，说明这种汉匈间的通婚在当时是普遍现象。

二是利用汉人先进的生产技术和统治管理能力。中行说降匈奴后，“教单于左右疏记，以计识其人众畜牧”[1]，并为单于策划对付汉朝的办法。至今未发现匈奴有文字的证据，这也是匈奴人可能掌握了数字和计算方法的唯一记载。李陵被俘降后，被匈奴“立为右校王，卫律为丁零王，皆贵用事”[2]。李广利降后，单于也以女妻之，“尊宠在卫律上”[3]。汉将无论以往曾给匈奴造成多大损失，投降后一律予以高位，授予军政实权。

卫律曾经与单于谋划“穿井筑城，治楼以藏谷，与秦人守之”[4]。这三种技术——生产粮食、打井、筑城建楼，都是由原来居住在黄土高原上的秦人（秦胡）和汉人传入并从事操作的。武帝末年，匈奴的农业也已有了一定的规模，对匈奴的经济生活已有了相当影响。匈奴杀李广利后，“会连雨雪数月，畜产死，人民疫病，谷稼不孰”，引起单于的恐慌[5]。

三、鲜卑的掳掠和汉人的迁入

匈奴南迁和西迁以后，汉朝疆域以北成了鲜卑的天下。东汉前期，鲜卑的实力还有限，对汉朝尚未构成大的威胁。以后由于有了“控弦数万骑”，又在抄略边郡时连连得手，“胆意转盛”。延光元年（122年）冬，鲜卑侵入雁门、定襄二郡，一直攻至太原郡，“掠杀百姓”。永建二年（127年）受到汉军打击，但三年、四年又两次侵犯渔阳和朔方郡。永寿二年（156年），鲜卑首领檀石槐将三四千骑入寇云中郡。延熹二年（159年）又攻入雁门，“杀数百人，大抄略而去”。九年夏，以数万骑对汉朝缘边九郡进行全面侵扰，“并杀掠吏人”。朝廷无奈，只得封檀石槐为王，想实行和亲。檀石槐不接受，“寇抄滋甚”。到灵帝时，“幽、

1 《汉书》卷94《匈奴传》。
2 《汉书》卷54《李陵传》。
3 《汉书》卷94《匈奴传》。
4 同上。
5 同上。

并、凉三州缘边诸郡无岁不被鲜卑寇抄，杀略不可胜数”。熹平六年（177 年），汉军三路出兵征讨，结果大败而归。鲜卑从辽西到酒泉，继续从事对汉朝缘边地区的杀略破坏[1]。

在这数十年间，被掠往鲜卑的缘边百姓究竟有多少？根据史料中那样的记载是无法作出估计的。但鲜卑的抄掠范围从辽东至河西走廊，次数如此频繁，汉朝又没有任何对付的办法，相信被略的百姓不会比西汉时被略入匈奴的少。也就是说，在鲜卑的汉人最多时可能在十万以上。但由于被略的大多是边区的贫民，一般都被鲜卑用作奴隶，因此对鲜卑社会的发展没有起明显的作用。

到了东汉末年，黄河流域陷于战乱，袁绍割据河北，与曹操对抗。一方面鲜卑利用汉朝的混乱，更大量地抄略人口和财物。另一方面，也有不少汉人为逃避战祸从中原迁往鲜卑地区。后者不仅限于一般贫民，还包括了一些官员、士人、将士、工匠等，他们对鲜卑人“教作兵器铠盾，颇学文字”，从物质和精神两方面都传播了先进的文化；因而使鲜卑首领轲比能“勒御部众，拟则中国，出入弋猎，建立旌麾，以鼓节为进退”。鲜卑的物质生产和社会制度从此有了很大的进步[2]。

建安年间，轲比能被魏将曹彰击败，退至塞外。黄初二年（221年），轲比能将在鲜卑的五百余家中原人安置到代郡。第二年，又率3 000 余骑，驱赶了 7 万余头牛羊南下“交市”（互市交易），并将在鲜卑的千余家中原人安置在上谷郡[3]。由此可见，自愿去避乱和被掠的中原人在鲜卑地区数量很多。这些被安置在最靠近魏国领土的中原人应是出于自愿或已能服从鲜卑，否则鲜卑人不会将他们遣回汉地。早在东汉后期檀石槐时代，鲜卑就遇到了“种众日多，田畜射猎不足给食”的困难；大量不善牧业及射猎的汉人在鲜卑地区无疑会发生粮食供应问题。把这些汉族人户安置在代郡和上谷郡，显然是为了让他们从事农业，这也从一个侧面说明了鲜卑人的进步。

---

1 《后汉书》卷 90《鲜卑传》。
2 《三国志》卷 30《魏书・鲜卑传》。
3 同上。

第二节

西域地区

西域所指有广狭二义，这里所指的西域为狭义，即汉玉门关、阳关以西至葱岭（今帕米尔高原）以东地区。中原与西域之间的人员交往可以追溯到秦朝以前，但在汉武帝之前，匈奴占据了西北包括河西走廊在内的通道，隔绝了内地与西域之间的交流和联系。张骞通西域以及汉朝对匈奴战争的胜利，使汉朝与西域各国的关系发生了根本性的变化。特别是在神爵二年（前60年）设置西域都护府之后，西域城郭诸国纳入了汉朝的疆域范围。

一、西汉时期

西域与汉朝内地，特别是人口稠密区相隔遥远，本身地广人稀，居民点分散，因而政治关系的加强并没有导致人口的大量迁移。汉朝在西域都护、戊己校尉驻地及几处屯田区常驻有军队或戍卒，但他们负有行政和军事任务，都是独立存在的，并不与当地人杂居，更不会融合。他们在西域的存在也完全与汉朝对西域的控制相始终。而且这些人员中大多数是定期轮换的，在正常情况下是流动人口。王莽时被劫往匈奴的戊己校尉属员有“吏士男女二千余人”，加上劫持他们的吏卒数百人[1]，合计不超过3 000人。由此可见，汉朝在西域都护府辖区的常驻人员及他们的家属不过数千人。而上述2 000余人之被迁入匈奴，是一种特殊情况。

但在通西域以后，也有少数汉人徙居西域，有的逐渐融合于当地

1 《汉书》卷94《匈奴传》。

民族之中。主要的移民有如下几类：

（1）张骞通西域后，武帝不断派遣使者，“使者相望于道，一辈大者数百，少者百余人”，“汉率一岁中使者多者十余，少者五六辈，远者八九岁，近者数岁而返”[1]。使者及其随从既多且滥，有的实际等于商贩，“其使皆私县官（朝廷）赍物，欲贱市以私其利”，以致引起与当地统治者的冲突[2]。因此使者及其随从中必定有人流落西域。

（2）汉军在西域有过多次军事行动，有的规模很大，必然留下降、俘及流亡人员。如李广利于太初元年（前104年）征大宛（今乌兹别克斯坦、塔吉克斯坦费尔干纳盆地），“发属国六千骑及郡国恶少年数万人”，二年后回敦煌时，“士不过什一二”。同年，又出动至少20万人出塞，至太初四年获胜归来时“入玉门关者万余人”[3]。在损失的二三十万人中当然有大量死亡，但肯定也还有不少人留在西域。在对抗汉军时，大宛城中曾经获得会打井的汉人[4]，就可以证明这一点。汉军在西域用兵次数颇多，流落的汉人也不止一批。这类人数量较多，本身大多是劳动者，具有农耕或手工技能，这对于传播中原的生产经验和技术是有积极意义的。

（3）武帝元封年间，以江都王女细君为公主，嫁乌孙（今哈萨克斯坦伊塞克湖与伊犁河一带与新疆西北部）王，随行有“官属宦者侍御数百人”。以后又“间岁遣使者持帷帐锦绣给遗焉”。公主死后，更以楚王戊之孙解忧为公主嫁乌孙王。公主在乌孙生儿育女，侍者冯嫽“持汉节为公主使，行赏赐于城郭诸国”[5]。解忧公主以后虽年老归国，但多数随行人员显然并未归来。

龟兹（今新疆库车一带）王娶乌孙公主女，元康元年（前65年）入朝，宣帝“赐以车骑旗鼓，歌吹数十人”。“后数来朝贺，乐汉衣服制度，归其国，治宫室，作徼道周卫，出入传呼，撞钟鼓，如汉家仪。”[6]由此可

1 《汉书》卷61《张骞传》。
2 同上。
3 《汉书》卷61《李广利传》。
4 同上。
5 《汉书》卷96《西域传》。
6 同上。

知在龟兹国必定有一定数量的汉人，包括从事礼仪、音乐、服装制作等人员。

这类移民数量很少，但由于成为当地统治者的配偶或直接为统治者服务，所以对迁入地的政治、经济、文化、社会有较大的影响。

尽管至今还没有在史料中发现以上三类移民中的具体人物，但至少可以肯定高昌（今新疆吐鲁番市一带）是西汉以来中原移民聚居的地方。《隋书》卷 93《西域传·高昌》称："昔汉武帝遣兵西讨，师旅顿敝，其中尤困者因住焉。其地有汉时高昌垒，故以为国号。"由于西汉移民数量较多，西汉以后也吸引了更多的中原移民，所以到南北朝时，先后立为国王的还是汉族移民，国内依然保持了很多中原文化的特色：

> 其都城周回一千八百四十步，于坐室画鲁哀公问政于孔子之像。国内有城十八。官有令尹一人，次公二人，次左右卫，次八长史，次五将军，次八司马，次侍郎、校郎、主簿、从事、省事。……男子胡服，妇人裙襦，头上作髻。其风俗政令与华夏略同。[1]

我们同样可以肯定，在西域其他地区也有西汉以来的中原移民，只是不如高昌这样集中，所以逐渐为当地民族所融合，没有留下这样典型的移民政权。

二、东汉时期

王莽末年，最后一任西域都护李崇"没"于龟兹[2]，内地与西域的联系断绝。东汉初，光武帝以"天下初定，未遑外事"为由，不允许重开西域。直到永平十六年（73 年），才在击败北匈奴后，在伊吾卢（今新疆哈密市）置宜禾校尉屯田；次年恢复了西域都护府和戊己校尉的建置。但到建初元年（76 年）就撤回校尉，停派都护。永元三年（91 年）复置都护，驻龟兹它乾城（今新疆新和县西南大望库木旧城）；戊己校尉居高昌壁（今新疆吐鲁番市东南）。永初元年（107 年）又弃西域。

1 《隋书》卷 83《西域传·高昌》。《魏书》卷 101《西域传·高昌》也有类似记载。

2 《汉书》卷 96《西域传》。

延光二年(123 年),设西域长史,屯柳中(今新疆鄯善县西南)。六年,又恢复在伊吾卢屯田。永兴(153—154 年)以后,汉朝对西域的控制已经名存实亡了[1]。

从东汉在西域的经营可以看出,由于持续时间不长,实际控制的范围有限,不可能对移民产生什么吸引力。而且东汉在西域的机构和官员,主要是运用汉朝的威望征调西域各国的军队,本身派出的兵力人员是很少的。如永元三年置的戊己校尉仅领兵 500 人;班勇担任西域长史,所将仅弛刑士 500 人[2];班超用兵时最多只出动“吏士贾客千四百人”。因此也都不可能留下有数量意义的移民。汉朝常驻西域的人员,无论普通士兵,还是官吏,“本非孝子顺孙,皆以罪过徙补边屯”[3];到西域服役是出于无奈,所以一旦可能,当然是要设法返回故乡的,即使在汉朝撤离西域时,流落西域的人必定极少。

值得注意的是,班超动用的人员中有贾客。这说明来往于内地和西域的商人相当活跃,并且数量不少。商人以赢利为目的,通西域时固然便于经商,断西域时未尝不是赚钱的好机会。在汉朝“三通三绝”的复杂形势下,汉人因经商而留居西域的可能性颇大,但数量也是很少的。

第三节 东北地区

一、西汉的自发移民

中原人口向辽东半岛及朝鲜半岛的迁移在秦代已经开始。从战

1 《后汉书》卷 88《西域传》。
2 同上。
3 《后汉书》卷 47《班超传》。

国后期燕国与朝鲜半岛的关系看，在秦的统治下，有大量燕人移居朝鲜半岛是十分正常的。

秦末汉初，朝鲜半岛未受到战争影响，“燕、齐、赵人往避者数万口”[1]。移民的来源主要是今山东、河北、辽宁等相近地区，路线也是陆路和海上两方面。汉初燕人卫满“聚众数千人”统治朝鲜时，境内的汉人就是“故燕、齐亡在者”。由于当时朝鲜法律简易、民风淳朴，对大陆汉人具有吸引力，所以“所诱汉亡人滋多”[2]。如东汉时以治理黄河著称的王景，其八世祖仲，本是琅邪不其（今山东青岛市崂山区西北）人，吴楚七国之乱时，“济北王兴居反，欲委兵师仲，仲惧祸及，乃浮海东奔乐浪（朝鲜半岛中部）山中”[3]。王仲是否真有这样的身份或因此原因才逃亡朝鲜并不重要，但说明“浮海东奔”在当时的山东半岛是比较普遍的现象。

汉武帝元封三年（前108年）平朝鲜，设置了乐浪、玄菟、临屯、真番四郡。“郡初取吏于辽东，吏见民无闭臧（藏），及贾人往者，夜则为盗，俗稍益薄”[4]；在这样一批贪官污吏的统治下，移民会有所减少。但汉朝在四郡的统治毕竟不如内地严酷，加上地广人稀，当地民族“天性柔顺”[5]，内地移民还会大量涌入，在发生天灾人祸时尤其如此。

元始二年（公元2年），乐浪、玄菟二郡（另二郡已在此前撤并）有户口六十多万[6]，其中绝大部分应是燕、齐、赵的移民及其后裔。扬雄的《方言》将“燕、代、朝鲜洌水（一作列水，一般认为即今朝鲜大同江）之间”作为一个方言区，可见朝鲜半岛北部的人口多数应为汉族移民，语言基本上与燕、代（今河北西北部及相邻内蒙古地区）相同，也说明来自燕、代的移民在早期朝鲜人口中占有优势。

虽然汉朝的势力始终未达到朝鲜半岛的南部，但那里同样有汉人移入。如辰韩，“耆老自言秦之亡人，避苦役，适韩国，马韩割东界地

---

1 《后汉书》卷85《东夷传》。
2 《汉书》卷95《朝鲜传》。
3 《后汉书》卷76《循吏传·王景》。
4 《汉书》卷28《地理志》。
5 《后汉书》卷85《东夷传》。
6 《汉书》卷28《地理志》。

与之”[1]。从当时的政治形势、交通条件、中国大陆与朝鲜半岛南部的联系来看,这一移民潮流必然会延续到汉代,但限于史料,具体情况已无法查考了。

二、辽东屯田

昭帝元凤五年(前76年),“发三辅及郡国恶少年吏有告劾亡者,屯辽东”。次年春正月,“募郡国徒筑辽东玄菟城”[2]。在此前的始元五年(前82年),西汉撤销了临屯郡,并入乐浪郡,同时将玄菟郡的治所从朝鲜半岛的沃沮县(治今朝鲜咸镜南道咸兴)迁至辽东的高句骊县(治今辽宁新宾县西南),这两次征发人员应是为了巩固玄菟郡的地位。第一次征发的对象是无赖少年和被人告发而逃亡的吏,数量不会多。这些人无法在短期内完成玄菟的筑城任务,所以第二年就在全国范围内招募刑徒。前一次是屯田,显然是长期的;而后一次是筑城,属临时征发,一般情况下这些刑徒应在事成后返回。不过玄菟城建成后,必定会招致移民,而不仅仅是安置从朝鲜半岛内迁的人员。只是由于汉朝处于守势,玄菟郡的迁治只求维持,估计不会有多少移民迁入。

西汉在辽东屯田的规模和实施情况如何,已找不到具体记载,但东汉的一项措施却给我们提供了推断的基础,那就是顺帝阳嘉元年(133年)十二月,“复置玄菟郡屯田六部”[3]。首先,既然说“复”,就是原来有此制度,而东汉以来,汉朝在朝鲜和辽东继续处于守势,要恢复的只能是西汉的旧制。其次,由于在此前的安帝时玄菟郡治已经再次内迁至今辽宁沈阳市西,也就是在西汉辽东郡的范围内,所以“玄菟郡屯田六部”就是昭帝时在辽东的屯田,位置在今辽宁抚顺、沈阳及其西南的浑河两岸。至此,我们可以肯定,从昭帝时开始实行的辽东屯田,以后发展到六部;西汉末年废,到顺帝时才恢复。屯田虽不属正式移

1 《后汉书》卷85《东夷传》。
2 《汉书》卷7《昭帝纪》。
3 《后汉书》卷6《顺帝纪》。

民，但经常保持着一定数量的军事和生产人员，其实际意义与集中移民无异。

《续汉书·郡国志》记载永和五年（140年）玄菟郡的户口数是：户1 594，口43 163，平均每户有口27.08。出现这样不正常的结果，原因之一当然是数字本身的错误。但也不能排除另一种可能：玄菟郡这六部屯田（假设有三万人或略多）的人口计入了该郡的总口数，但这些屯田者却无户可计，因而户数还是当地民户一千多户的数字，两者合计就产生了这样奇特的结果。

三、夫余、高句骊的掳掠

从东汉开始，汉朝东北边境和境外的夫余、高句骊不断侵入，杀略汉人。如永初五年（111年），夫余步骑七八千人寇钞乐浪；永和元年（136年），夫余王夫台将二万余人寇玄菟。但高句骊的掳掠更为严重：建武二十五年（49年），高句骊侵入右北平、渔阳、上谷、太原四郡（相当于今河北北部至山西中部）。元兴元年（105年）春，攻入辽东，寇略六县。元初五年（118年），攻玄菟郡、华丽城（今朝鲜咸镜南道永兴附近）。建光元年（121年）春，“潜遣三千人攻玄菟、辽东，焚城郭，杀伤二千余人”。其年夏，与辽东鲜卑八千余人攻辽队（治今辽宁辽阳市西南）。秋天又与马韩、秽貊数千骑围攻玄菟郡城[1]。

在这些侵掠行动中被掳掠的汉民必定很多。延光元年（122年），高句骊王宫死，其子遂成归还了一些被掠去的“生口”，但从朝廷的诏书可以看出历年被掠人口很多，送回的只是极少部分：“鲜卑、濊貊（应包括高句骊）连年寇钞，驱略小民，动以千数，而裁送数十百人，非向化之心也。自今已后，不与县官战斗而自以亲附送生口者，皆与赎直（值），缣人四十匹，小口半之。”[2]估计至少已有数万汉民被掠往鲜卑、秽貊和高句骊。从汉朝愿以每成人四十匹、儿童二十匹缣这样的代价赎回被掠人口分析，这样大规模的抢掠已经给汉朝边境地区造成了

1 《后汉书》卷85《东夷传》。
2 同上。

很大的困难。而以后高句骊经济文化的迅速进步，国力的日益强大，与源源不断地获得大量汉人移民有直接的关系。

到东汉后期，高句骊掳掠人口的行动又频繁起来。在质帝、桓帝之际（约 146 年），高句骊侵入辽东西安平县（今辽宁丹东市东北），杀了带方县（今朝鲜黄海道沙里院东南）令，甚至将乐浪太守的妻子都掠走了[1]。

四、战乱时期的汉人流民

另一方面，汉人也在继续逃亡至朝鲜半岛，尤其是在动乱时期。东汉灵帝末年，“韩、涉并盛，郡县不能制，百姓苦乱，多流亡入韩（朝鲜半岛南部）者”[2]。

黄巾起义爆发后，中原大乱。当时刘虞任幽州牧，“青、徐（辖境约相当于今山东和江苏北部）士庶避黄巾之难归虞者百万余口”[3]。但初平四年（193 年）公孙瓒杀刘虞，建安四年（199 年）袁绍又灭公孙瓒[4]。在这不断的混战中，“三郡乌丸（桓）承天下乱，破幽州，略有汉民合十余万户”[5]。这些流民大多被迁至今河北北部和辽宁西部一带。乌桓由于长期与缘边汉人杂居，受汉人影响较深。中平四年（187 年），前中山太守张纯进入辽西乌桓，自称弥天安定王，竟成为乌桓的元帅[6]。可见历年因各种原因迁入乌桓地区的汉人已不在少数，有的还获得了乌桓人的信任，如广阳（今北京市西南）人阎柔，“少没乌桓、鲜卑中，为其种人所归信”[7]；因此这十余万户中必定有一部分是自愿避入乌桓地区的。建安九年（204 年），曹操平定河北，阎柔率领部分鲜卑、乌桓归附[8]，其中应包括一部分流入的汉人。十二年，曹操征乌

---

1 《后汉书》卷 85《东夷传》。
2 《同上。
3 《后汉书》卷 73《刘虞传》。
4 《后汉书》卷 73《公孙瓒传》。
5 《三国志》卷 1《魏书・武帝纪》。
6 《后汉书》卷 90《乌桓传》。
7 同上。
8 同上。

桓,“胡汉降者二十余万口”[1];尚留在乌桓的汉人至此基本上回归汉地了。

这一百余万流民经过多次战祸和迁移,最后估计只剩下二十来万,其余大多已死于战乱和天灾,如中平四年幽州就遇大旱和蝗灾,“旱蝗谷贵,民相食”[2]。但是这还不是流民的全部去向,有一些应该已继续东迁,进入了辽东公孙度的割据地区。这虽然还未发现直接的记载,但《三国志·魏书·公孙度传》说他当时“东伐高句骊,西击乌丸,威行海外”。作为一个汉人政权,从东汉末开始又保持了数十年的安定,对中原流民自然会比乌桓有更大的吸引力。曹操征乌桓时,辽东、辽西和右北平的乌桓首领与投奔他们的袁尚等就有数千骑逃往辽东[3];同时有流民迁入也在意料之中。公孙度不仅一度分辽东郡为辽西中辽郡,还在今朝鲜半岛中部设置了带方郡,这至少说明他拥有较多的人口。此外,公孙度“越海收东莱诸县,置营州刺史”[4];山东半岛东北部也会有人迁入辽东。

总之,这百余万流民最终成为定居移民的大概只有少数进入辽东的幸存者,而被曹操收回的20万人大多被另行安置,能返回故乡的是极少数。

在中原战乱发生时,也有不少人直接避居辽东,其中包括一些知名人士。如国渊,乐安盖县(今山东沂源县东南)人;邴原、管宁,均北海朱虚县(今山东临朐县东南)人;王烈,平原(今山东东北部)人:他们都到了辽东。除了王烈死于辽东,其余都先后返回故乡,或接受了曹魏的招聘。“中国少安,客人皆还”[5]。在故乡有产业、有地位的人基本上都没有在辽东定居。但在辽东避乱的人颇多,如《三国志·魏书·管宁传》说:“时避难者多居郡南,而宁居北,示无迁意,后渐来从之。”说明移民在不断增加,所以原来不大有人住的郡北也居民渐渐多

1 《三国志》卷1《魏书·武帝纪》。
2 《后汉书》卷73《公孙瓒传》。
3 如《三国志》卷28《魏书·毌丘俭传》载其青龙年间赴幽州刺史任时,“昔随袁尚奔辽东者,率众五千余人降。”此时离袁尚初奔辽东已三十多年。
4 《三国志》卷8《魏书·公孙度传》。
5 《三国志》卷11《魏书》各人本传。

了。多数避难者在辽东从事农耕，如王烈，虽名气比邴原、管宁还大，也是“躬秉农器，编于四民，布衣蔬食”[1]。一旦在辽东有了比较安定的生活，一般贫民就会定居，成为真正的移民。

1 《三国志》卷11《魏书·王烈传》注引《先贤行状》。

第七章

少数民族的内徙和西迁

西汉完成统一、巩固内部之后，与北方游牧民族的正面冲突势所难免。同时，匈奴等族受地理环境制约，只能向南方农业区或西方草原地带发展，或是以军事掳掠的手段，或以和平相处的方式。在汉朝内部分裂、国力衰弱时，匈奴等游牧民族就以武力南下；在汉朝国家统一、国力强盛时，匈奴等只能以和平的方式迁入内地——这都导致了匈奴等族移民在汉地定居。而匈奴等族在军事上处于极端劣势又无法内迁时，只能沿着草原地带西迁。汉朝对匈奴的胜利打开了通向西域的大门，汉朝与西域诸国的经济文化交流展开了新的一页。陆续进入汉朝的西域移民尽管数量有限，对传播外来文明却起了巨大作用。因征服南越和朝鲜而扩大的汉朝疆域，为内地汉人提供了新的移殖地，当地民族仅少数上层人物被内迁。

第一节

匈　奴

一、汉朝对零星匈奴降俘的安置

从汉初的军事冲突开始，汉、匈双方互有降掳。在武帝中期以前，汉朝对匈奴的侵扰还处于被动应付局面，所以匈奴的降人或俘虏都是零星少量的。对有地位的匈奴降人，汉朝一般采取封侯的形式安置在内地，据《汉书·功臣侯表》所载，至少有34人（见表7-1）。这些侯国大多在关东人口稠密地区，它们存在的时间虽然都不太长，但受封的匈奴人[1]及其家属、随从也就在该地入籍，逐渐融合在包围着他们的汉人之中了。部分匈奴降人被征从军，如表中有宜冠侯高不识、煇渠忠侯仆朋等都是以“故匈奴归义”的身份参加对匈奴的战争立功封侯的。至于俘虏的安置，由于数量很少，未见任何记载。

表7-1　匈奴降人内徙封侯表

侯国名、受封人	原身份	受封时间	所在郡县
弓高侯韩颓当	相国（故韩王子）	文帝十六年（前164）	河间
襄城侯韩婴	相国（韩王信孙）	文帝十六年	魏（郡）
安陵侯于军	王	景帝中三年（前147）	平原
桓侯赐	王	景帝中三年	?
迺侯陆彊	王	景帝中三年	?
容城（携）侯徐卢	王	景帝中三年	?

1　含汉人降匈奴后之子孙，如卢绾之子，因不能排除其与匈奴妇女所生之可能，且汉朝亦已归之匈奴降人。

续 表

侯国名、受封人	原身份	受封时间	所在郡县
易侯仆黥	王	景帝中三年	?
范阳侯范代	王	景帝中三年	涿郡
翕侯邯郸	王	景帝中三年	魏郡内黄
亚谷侯卢它之	东胡王（卢绾子）	景帝中五年	?
翕侯赵信	相国	武帝元光四年（前131）	魏郡内黄
特辕侯乐	都尉	元朔元年（前128）	南阳
亲阳侯月氏	相	元朔二年（前127）	颍川舞阳
若阳侯猛	相	元朔三年	南阳平氏
涉安侯於单	单于太子	元朔三年（前126）	?
昌安侯赵安稽	王	元朔四年（前125）	颍川舞阳
襄城侯桀龙	相国	元朔四年	上党襄垣
潦侯王援訾	赵王	元狩元年（前122）	颍川舞阳
宜冠侯高不识	故归义	元狩二年（前121）	琅邪昌
煇渠侯仆朋	故归义	元狩二年	南阳鲁阳
下摩侯謼毒尼	王	元狩二年	河东猗氏
湿阴侯昆邪	昆邪王	元狩三年（前120）	平原
煇渠侯应疕	王	元狩三年	南阳鲁阳
河綦侯乌黎	右王	元狩三年	济南
常乐侯稠雕	大当户	元狩三年	济南
杜侯复陆支	归义因孰王	元狩四年（前119）	勃海重平
众利侯伊即轩	归义楼剸王	元狩四年	?
湘成侯敞屠洛	符离王	元狩四年	阳成
散侯董舍吾	都尉	元狩六年（前117）	阳成
臧马侯雕延年	王	元狩六年	琅邪朱虚
瞭侯次公	归义王	元鼎六年（前113）	颍川舞阳
开陵侯成娩	故介和王	?	?

二、匈奴降俘的增加和五属国的设立

在汉武帝对匈奴大规模用兵之后，匈奴降人、俘虏大大增加，至元狩二年（前121年）匈奴昆邪王降汉之前，匈奴降人、俘虏大概已有二三万人了[1]。元狩二年秋，昆邪王率四万余人降汉，至此，原有的安置办法已完全不适应了。

于是，“乃分处降者于五边郡故塞外，而皆在河南，因其故俗为属国”[2]。这就是五属国的设置。据《汉书·地理志》，五属国的治所分别是：陇西郡治勇士（元鼎后析属天水郡，今甘肃榆中县北），北地郡治三水（元鼎后析属安定郡，今宁夏同心县东），上郡治龟兹（今陕西榆林市北），西河郡治美稷（今内蒙古准格尔旗西北），五原郡治蒲泽（今地无考，大约在内蒙古达拉特旗、准格尔旗一带）[3]。这些属国治所都在秦长城之外、黄河的东南，周围土地空阔，汉族居民很少，为匈奴人留有足够的牧地。安置在属国的匈奴人依然保持他们的“故俗”，以游牧为主，所以他们的居住和活动范围是在治所周围的广大地区，而不限于治所这一据点。安置在属国的匈奴人以来自河西的昆邪王降众为主，但其他大批匈奴降人、俘虏也应有大部分被安置在属国。

对匈奴的安置虽然是“因其故俗”，但也采取了加强监督、控制的措施。昆邪王等首领以封侯的方式分别安置在平原、南阳、济南等郡（见上表），与他们的部众分离。汉朝原来只设有“典属国”一职，其职权是“掌蛮夷降者”；至此又在各属国内置都尉、丞、侯、千人等职[4]，具体实施监督和控制，由典属国管辖。编入属国的匈奴内部仍然保持原来的编制和职务，如《汉书·功臣侯表》中有昆侯渠复絫，身份是属国大渠首。从姓氏看，此人是匈奴人无疑，“大渠首”则应是属国内匈奴系统的职称。

由于匈奴人精于骑射、骁勇善战，除有部分降人被征从军，并有人以军功封侯外，还有一些人被选编为一支特种部队，作为拱卫京师的精锐兵力，驻扎在长安附近。《汉书·百官分卿表》列有：“长水校尉掌

---

1 据《汉书》卷6《武帝纪》、卷94《匈奴传》、卷55《卫青霍去病传》等统计：元朔元年“获首虏数千级”，二年“获首虏数千级”，其中“捕伏听者三千一十七级”，五年“首虏万五千级”（又作“得右贤王人众男女万五千人”），元狩二年“首虏三万二百”。由于杀、掳二项不分，难以统计出确切俘虏数，只能大致估计。

2 《汉书》卷55《卫青传》。

3 据谭其骧：《西汉地理杂考》，载《益世报》1942年3月24日，并载《长水集》上册，第92—93页。

4 《汉书》卷19《百官公卿表》。

长水、宣曲胡骑。又有胡骑校尉，掌池阳胡骑，不常置。”颜师古注：“宣曲，观名，胡骑之屯于宣曲者。”“胡骑之屯池阳（今陕西泾阳县西北）者。”而长水为关中的川名，长水胡骑即屯驻于长水一带的匈奴骑兵。这两个校尉“皆武帝初置”，胡骑校尉是临时设置，可能是匈奴降人数量多时收编的，但长水校尉是常制，必定是以属国的降人为经常性的补充来源。如卫律的父亲就是长水胡人，卫律生长于汉地[1]，可见这些胡人已在汉地定居。属国胡骑还经常受到临时的征发，如李广利征大宛，就发属国 6 000 骑[2]；又如赵破奴击姑师，也曾发属国骑[3]。

少数曾经顽抗过或有罪的匈奴人则另行处置，如金日磾“本匈奴休屠王太子也……日磾以父不降见杀，与母阏氏、弟伦俱没入官，输黄门养马”[4]。从《汉书·金日磾传》还可看出，当时没入官的也不止金氏一家。

在元狩二年以后，还有几批数量较多的匈奴、西域的降俘人员：

元狩四年，卫青、霍去病远征匈奴，卫青“行捕斩首虏凡万九千级”，霍去病“得胡首虏凡七万余人”[5]，估计俘虏有二三万以上。

天汉二年（前 99 年），李广利与右贤王战于天山，“斩首虏万余级”。李陵出居延北，也“斩首虏万余级”[6]。但李陵不久即兵败而降，所以将俘虏送回汉地的可能性不大。

《续汉书·郡国志》载有张掖属国，亦武帝时置。据上述史料分析，唯一的可能就是为了安置元狩四年的降人而设，其时五属国设置不久，不便骤增数万降人，所以在张掖另辟新据点。宣帝初，张掖尚有属国都尉，见《汉书·匈奴传》。但《汉书·地理志》中张掖郡已无属国，则在元始二年（公元 2 年）前已撤废。

征和四年（前 89 年），汉重合侯莽通将四万骑击匈奴。“是时，汉恐车师兵遮重合侯，乃遣闿陵侯将兵别围车师，尽得其王民众而

1 《汉书》卷 54《李陵传》。
2 《汉书》卷 61《李广利传》。
3 《汉书》卷 96《西域传》。
4 《汉书》卷 68《金日磾传》。
5 《汉书》卷 94《匈奴传》。
6 《汉书》卷 6《武帝纪》。

还。”[1]而《汉书·西域传》则称:“复遣开陵侯将楼兰、尉犁、危须凡六国兵别击车师……车师王降服,臣属汉。”又有宣帝时“车师复通汉”的记载,所以看来这次并未将车师国的民众都迁回,或者仅迁其中的一部分。《西域传》又载武帝的轮台罪己诏云:“前开陵侯击车师时,危须、尉犁、楼兰六国子弟在京师者皆先归,发畜食迎汉军,又自发兵,凡数万人,王各自将,共围车师,降其王。诸国兵便罢,力不能复至道上食汉军。汉军破城,食至多,然士自载不足以竟师,强者尽食畜产,羸者道死数千人。”可见汉军连自己归途的食粮都无法携带,以致有数千人在途中饿死,当然更不可能将车师人带回汉地了。所谓“尽得其王民众而还”大概只是将车师人从其故地迁走,可能即分给了出兵的西域六国。如元帝时甘延寿、陈汤击郅至单于,“生虏百四十五人,降虏千余人,赋予城郭诸国所发十五王”[2]。

本始三年(前71年),校尉常惠将乌孙兵入匈奴右地,“获单于父行及嫂、居次、名王、犁汙都尉、千长、将以下三万九千余级”,加上其他将领的战果,斩俘共有四万二千余人。“其后汉出三千余骑,为三道,并入匈奴,捕虏得数千人还”[3]。这次行动所获降俘人员估计也有二三万。

地节三年(前67年)秋,“匈奴前所得西嗕居左地者,其君长以下数千人皆驱畜产行,与瓯脱战,所战杀伤甚众,遂南降汉”[4]。由于沿途死伤不少,进入汉地的人不会有那么多。

神爵二年(前60年)秋,匈奴日逐王先贤掸将人众万余降[5]。五凤三年(前55年),“置西河、北地属国以处匈奴降者”[6]。西河郡在元狩初已置有属国,至此再置,或者原来的属国已罢,至此恢复;或者别置一处,该郡曾有两个属国并存。北地属国,也不载于《汉书·地理

1 《汉书》卷94《匈奴传》。
2 《汉书》卷70《陈汤传》。
3 《汉书》卷94《匈奴传》。据孟康注,西嗕,“匈奴种也”。
4 同上。
5 《汉书》卷8《宣帝纪》。《匈奴传》作数万,《郑吉传》作“口万二千人,小王将十二人”,但“颇有亡者”,故从《宣帝纪》。
6 《汉书》卷8《宣帝纪》。

志》,应当也罢于元始二年(公元2年)前。

置于属国的匈奴人时有逃亡出塞。据《汉书·冯奉世传》,昭帝末,西河属国有数千人叛逃。元帝初,上郡属国万余人反去。这样大规模的逃亡,可能就是某些属国罢废的原因。

匈奴是游牧民族,迁入属国后,基本生活和生产条件并未改变,人口出生率不会有明显的增加。但即使以很低的年平均增长率2‰计算,那么到元始二年,内迁的匈奴人及其后裔差不多也有20万了。内迁的匈奴人绝大多数居于秦长城之外,实际上还是武帝拓地前的匈奴故地,与汉人基本隔绝,并且受到属国都尉的监督限制,因而不可能与汉人有融合的机会。但内迁的匈奴人毕竟增加了与汉人的接触和交流,不可能不受到汉文化的影响,这对东汉开始的匈奴人继续内迁进而与汉族交流融合是起了一定的作用的。少数迁入关中或内郡的匈奴人则已不再作为另一种族存在于周围的汉人之外了。

宣帝时匈奴降汉后,已经作为汉朝一个合法的藩属国而存在,对在汉朝境内的本族人自然会具有吸引力。如有属国治理失当或吏治腐败而引起匈奴人的不满,就可能导致他们逃回塞外的故国,尤其是那些迁入时间还不长的匈奴人。如前面提及的西河、上郡属国的叛逃,很可能就是这类情况。到西汉末王莽挑起了与匈奴的战争,匈奴南侵,属国所在地几乎又都被匈奴所占。东汉初,匈奴的势力更深入到汉朝西北八郡,所以西汉时内迁的匈奴人或其后裔,除了极少数随汉人南迁外,其余就与匈奴本部会合了。

三、南匈奴的内迁

东汉建武二十四年(48年),匈奴分裂为南北二部,南部的呼韩邪单于向汉朝投降。二十六年,汉朝遣使臣于五原西部塞八十里处(今内蒙古包头市西)建单于庭。不久又让南单于率部进入云中郡(今内蒙古土默特右旗一带)。因还是受到北单于的威胁,该年再次将南单于迁至西河郡美稷县(治今内蒙古准格尔旗西北),并派中郎将段郴及副校尉王郁留驻在西河郡照料监护,专门设立了官府、从事、掾史的机构和人员。还下令西河长史每年率领 2 000 名骑兵和 500 名弛刑徒，协助中郎将保卫南单于，作为一项经常性的制度。从此，南单于就长驻于此[1]。

南单于入居塞内后，就将所属诸部分布于汉朝的缘边地带：韩氏骨都侯屯北地郡（治今甘肃庆阳市西北，辖境约相当于今宁夏贺兰山、青铜峡、山水河以东及甘肃环江、马莲河流域），右贤王屯朔方郡（治今内蒙古杭锦旗北，辖境约相当于今内蒙古河套西北部及后套地区），当于骨都侯屯五原郡，呼衍骨都侯屯云中郡，郎氏骨都侯屯定襄郡（治今内蒙古和林格尔县西北，辖境约相当于今内蒙古长城以北的卓资、和林格尔、清水河一带），左南将军屯雁门郡（治今山西右玉县南，辖境约有今山西河曲、五寨、宁武等县以北，恒山以西，内蒙古黄旗海、岱海以南地），栗籍骨都侯屯代郡（治今河北蔚县东北，辖境约有今河北怀来、涞源以西，山西阳高、浑源以东的内外长城间地和长城外东洋河流域）。南匈奴各部散布在今甘肃、宁夏、内蒙古、山西、河北这样广大的范围内。

在匈奴衰落，南北二部分裂之际，原来被匈奴掠为奴隶的丁令、羌人和其他部族人逃亡到金城、武威、酒泉北黑水、西河东西，即今甘肃兰州一带黄河两岸、武威至民勤一带，河西走廊的黑河和党河流域。这些被称为"赀（匈奴语奴隶）虏"的部族集团直到汉魏之际还在这里游牧，数量已发展到几万落[2]，估计有一二十万人。

此后，在汉朝、南匈奴和鲜卑人的联合打击下，在南匈奴得到汉朝优待后安居塞内的吸引下，北匈奴方面不断有部众南下移居塞内。

永平二年（59 年），北匈奴护于丘率千余人降。

建初二年（77 年），南单于攻北匈奴于涿邪山（今蒙古境内阿尔泰山山脉东南部），降者三四千人。

八年，北匈奴三木楼訾大人稽留斯等率 3.8 万人、马 2 万匹、牛羊 10 余万头，至五原塞降。

元和二年（85 年），北匈奴大人车利、涿兵等共 73 批人入塞投降。

---

1 《后汉书》卷 89《南匈奴传》。本节以下据此传者不再一一注明。

2 《三国志》卷 30《魏书・乌丸鲜卑东夷传》裴松之注引《魏略・西戎传》。

同年又有数千人降。

章和元年(87 年),鲜卑从东部进攻北匈奴,北庭大乱,屈兰、储卑、胡都须等五十八部,口 20 万,胜兵 8 000 人,至云中、五原、朔方、北地投降。

二年,北匈奴蝗灾,降者不断。

永元元年(89 年),汉将耿秉、窦宪及南单于出朔方,大破北匈奴,“首虏二十余万”。

二年,汉军与南单于两路出击北匈奴,“生虏数千口而还”。

六年,新降的北匈奴十五部 20 余万人拥立逢侯为单于,发动叛乱,出朔方逃往漠北。在追击中,汉军前后杀 1.7 万人,俘虏万余人,其余都随之出塞。逢侯在塞外分为左右两部。至永元八年冬,左部还朔方投降,共有胜兵 4 000 人,弱小万余口,分散安置在北部边郡。同年,南单于部下乌居战率数千人叛出塞,被汉军击败收降,于是将乌居战部下和其他归降者共 2 万余人安置在安定、北地二郡(今宁夏大部和甘肃东部)。逢侯部下也陆续有人入塞投降。

永元十二年,南单于从逢侯部下收回“生口”前后数以千计。

永初四年(117 年),逢侯被鲜卑所破,部众归入鲜卑。五年,逢侯将百余骑至朔方投降,被安置在颍川郡(今河南中部)。这是东汉时匈奴首领被安置在中原内地的唯一记录,原因显然是为了防止这位有过反复又在北匈奴人中有一定号召力的人物再次兴风作浪。

此后,南匈奴所部也时有反叛,但一般不久即被平息,匈奴人的居住范围大致稳定在今内蒙古南部、山西北部、甘肃东部和宁夏东北部。

对南迁的匈奴人的数量,仅仅根据史料记载还难以作出精确的估计,因为历次南迁或投降的匈奴人的数量并没有完整的记载,无法加以统计。而且记下的一些数字也不一定准确,一部分肯定有夸大,还有的因匈奴人反复无常、时降时叛而重复统计。

据《后汉书·南匈奴传》,永元二年,南匈奴接连获得俘虏和归降人员,“党众最盛,领户三万四千,口二十三万七千三百,胜兵五万一百七十”。值得注意的是,南匈奴每户平均 7 口有余,此“户”显然与匈奴原来的“落”无异，未必限于直系亲属家庭。但南迁的匈奴人并没有全部归于南单于，还有的被安置在汉朝管辖地区，所以总数比这更多。从永元二年到东汉末黄巾起义爆发的光和七年（184 年）之间有 94 年时间，这些匈奴人即使以 4‰的年平均增长率递增[1]，也应该增加 46%，达到 34.5 万人。加上其他散居的匈奴人，估计进入汉朝疆域内的匈奴移民和他们的后裔至少有 50 万人。

四、匈奴的继续内迁

永和五年（140 年），南匈奴内乱，左部句龙王等招诱右贤王一起围攻美稷的单于庭，杀了汉朝朔方、代郡的地方官。是年秋，又“东引乌桓，西收羌戎及诸胡等数万人”，寇掠并、凉、冀、幽四州。汉朝无力镇压，只能将西河郡治从平定（今内蒙古准格尔旗西南）迁至离石（今山西吕梁市离石区），上郡郡治从肤施（今陕西榆林市榆阳区东南）迁至夏阳（今陕西韩城市西南），朔方郡治从临戎（今内蒙古磴口县北）迁至五原郡治（今包头市西）。汉朝行政机构的后撤必定导致汉族居民的内迁，自河套至壶口的黄河以西地区已经完全让给匈奴和其他少数民族了，留下的汉人估计已极少。原来在边区的匈奴人进一步南下，并渡过黄河进入山西的汾水流域。

中平四年（187 年），南匈奴又发生内乱，国人杀了单于羌渠，另立须卜骨都侯为单于。羌渠之子於扶罗去朝廷控告，却正逢灵帝死后京城大乱，根本无人受理此事，于是就在河内、太原诸郡（今河南北部和山西中部）寇掠。因国人不接受他回去，就率领数千部众滞留在平阳（今山西临汾市西南）一带。至此，匈奴出现了两个单于庭：在美稷的没有再立新单于，“以老王行国事”；在平阳的由於扶罗、呼厨泉相继任单于。

建安二十一年（216 年），呼厨泉单于到邺（今河北临漳县西南）朝见曹操，被留在邺。曹操另遣右贤王去卑回平阳，同时将在河东的匈

1　考虑到东汉南匈奴已逐渐南迁，部分已从事农业生产并定居，与西汉属国内的匈奴人不同，故人口年平均增长率有可能比以往提高。

奴部众编为五部：左部都尉统一万余落居太原郡原兹氏县(治今山西汾阳市)，右部都尉统六千余落居祁县(今山西祁县东南)，南部都尉统三千余落居蒲子(今山西隰县)，北部都尉统四千余落居于新兴(郡，治今山西忻州市)，中部都尉统六千余落居于大陵(今山西文水县东北)。各部都以匈奴人为帅，而以汉人为司马加以监督[1]。又在并州刺史的治所晋阳(今山西太原市西南)驻匈奴中郎将，监护五部[2]，因此匈奴的不少上层人士多居于晋阳[3]。在河东的五部匈奴共有3万余落，以每落四至五口计，就有十几万人。於扶罗刚到平阳时不过数千骑，这些匈奴人应是不断从河西迁来的南匈奴旧部。随着迁来部众的增加，匈奴的主要部分已经转移到了并州的汾水流域。但在河东的匈奴人总数绝不止十几万，还有不少匈奴人已经散居于其他郡县，没有被编入五部。

另一部分匈奴人已被迁至中原其他地方，如建安年间梁习任并州刺史时，就曾将数万人送往邺城[4]，其中大量是匈奴人。又如陈泰在魏正始年间(240—249年)任并州刺史、护匈奴中郎将时，也有不少"京邑贵人"寄给他"宝货"，让他购买匈奴人为奴婢[5]。此事虽遭陈泰拒绝，但肯定由来已久，并且从未停止过。直到西晋太安年间(303—304年)，并州刺史司马腾还将"诸胡"大量卖往山东。当时20岁的石勒就是被"两胡一枷"(两个胡人合用一枷锁住)卖到茌平(治今山东茌平西南)为奴的[6]。"诸胡"虽包括像石勒那样的羯人，但是在并州的"胡"主要还是匈奴人。又如两晋之际的名将祖逖有胡奴"王安"[7]，在其弟祖约投石勒被杀时救出了祖逖之子。这一方面可以证明自魏以后官僚贵族用胡奴已很普遍，另一方面，从这位胡奴的姓名和对已故主人的忠心也可以说明，至少有一些生活在汉人中的匈奴人汉化的程度已相当深了。

---

1 《晋书》卷79《北狄匈奴传》，中华书局1974年版(下同)。
2 《三国志》卷22《魏书・陈泰传》。
3 见《晋书》卷101《刘元海载记》。
4 《三国志》卷15《魏书・梁习传》。
5 同上。
6 《晋书》卷104《石勒载记》。
7 见《晋书》卷100《祖约传》。

匈奴南迁后虽还保持着旧俗，但生产方式和生活条件都发生了很大的变化。在居于缘边地区时，尽管他们还是以畜牧为主，但一方面由于与汉民杂居，必然受到农业生产的影响；另一方面由于朝廷经常以粮食、纺织品给济赏赐，生活方式也逐渐有了改变。进入汾水流域后，匈奴与汉民的接触更加密切，客观条件也更有利于农业生产而不利于牧业生产，所以农业生产在匈奴人的产业中的比重不断增加。匈奴的上层人士在与汉族统治者和学者的交往中，逐渐掌握了汉族文化，有的已经具有很高的水平。被掠卖至各地的分散的匈奴人，已被强制进入了汉化的过程，如前面提到的王安，或者可能是王安的先人，就是明显的例子。可以这样说，从匈奴南迁开始的与汉族之间缓慢的融合，随着匈奴进入河东而大大加快，而其上层人士和散居于汉人之间者，到三国结束时已在相当大程度上汉化了。

五、北匈奴的西迁

永元三年(91 年)北单于被汉军打败后向西逃亡，直到 4 世纪 70 年代出现在欧洲，此期间的迁移过程，中文史料中只有蛛丝马迹可寻。齐思和汇集中西文史料，论证了北匈奴迁入欧洲的经过[1]：

(1) 悦般时期(约公元 91—160 年)。北单于战败后，逃至乌孙西北的悦般国，数十年后又迁至康居。《魏书 · 西域传》载："悦般国，在乌孙西北。……其先，匈奴北单于之部落也。为汉车骑将军窦宪所逐，北单于度金微山，西走康居，其羸弱不能去者住龟兹北。"

(2) 康居时期(约 160—260 年)。北匈奴留下老弱，以其精锐攻入中亚阿姆河流域的康居，统治该国多年。

(3) 粟特时期(约 260—350 年)。进入康居的匈奴主力大约在 3 世纪后期统治了粟特国(在今阿姆河、锡尔河之间的泽拉夫尚河流域)。对此，《魏书 · 西域传》称："粟特国，在葱岭之西，古之奄蔡，一名

1 齐思和：《匈奴西迁及其在欧洲的活动》，载《历史研究》1977 年第 3 期。

温那沙，居于大泽，在康居西北。……先是，匈奴杀其王而有其国，至王忽倪已三世矣。”

(4) 阿兰时期(约 350—374 年)。可能因受柔然压迫，北匈奴侵入位于西亚和黑海北岸的阿兰，该国被征服。阿兰人部分逃亡，大部分为匈奴统治。此后，欧洲人有了“匈人”的记载，匈奴进一步向欧洲扩张。

北单于离开北庭西逃时，其弟右谷蠡王於除鞬率残部退至蒲类海(今新疆巴里坤湖)。所以可以推断，北单于是从蒙古高原西迁至阿尔泰山西端，然后在天山以北循伊犁河谷到达巴尔喀什湖之滨，再进入阿姆河、锡尔河之间的。匈奴西迁是出于生存需要，并无明确的目的地，所以经过了多次、多年的过渡，其中一部分人就在沿途定居，同时又有沿途的其他人口加入新的迁移。匈奴西迁出发时的人数并不多，以后增加的除了是有部众不断向西投奔以外，应该是吸收了其他民族成分的结果。

匈奴的内向迁移见图 7 - 1A 和图 7 - 1B。

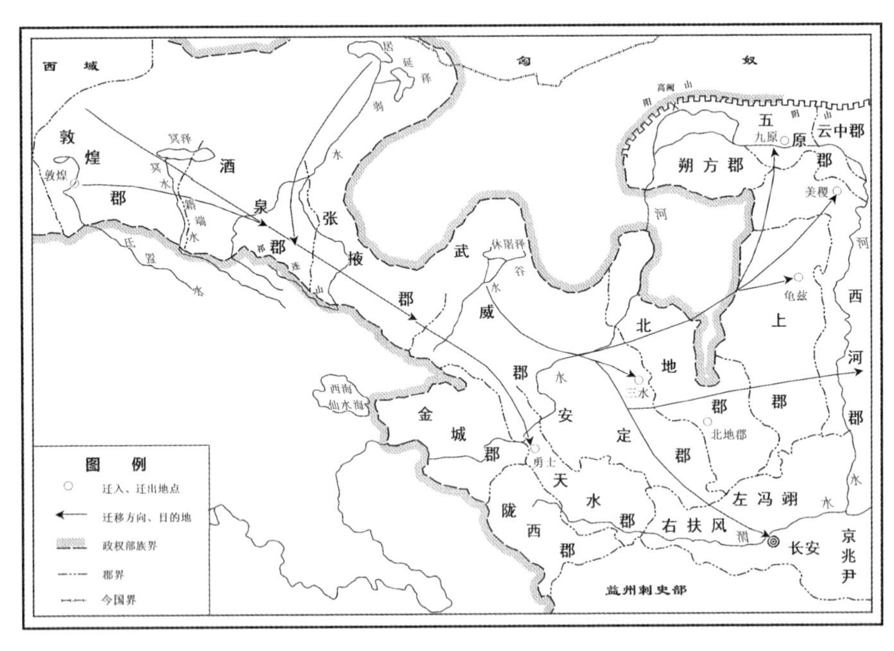

图 7 - 1A　匈奴的内向迁移(西汉、东汉后)

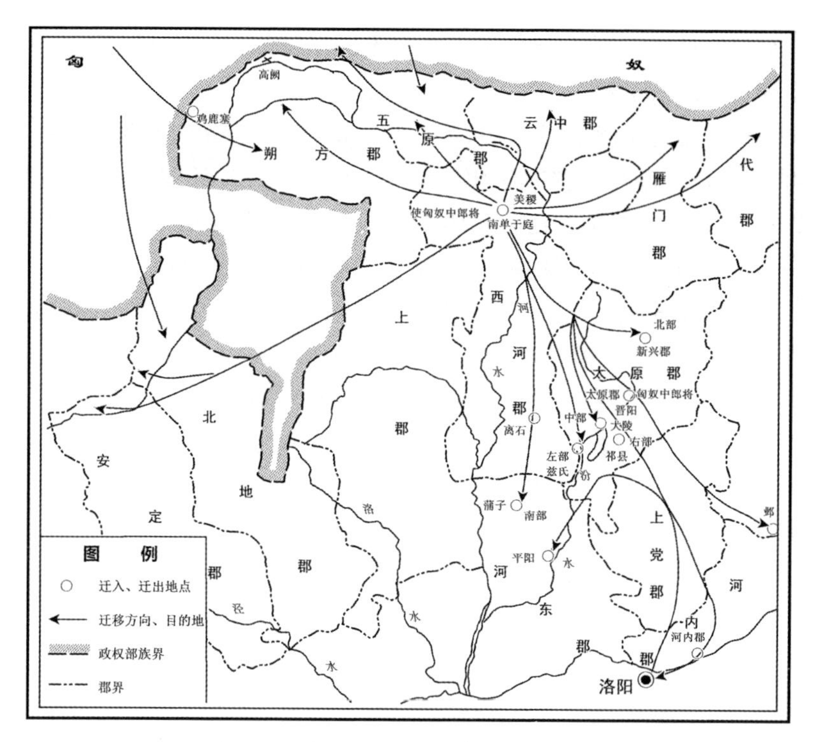

图 7－1B 匈奴的内向迁移（西汉、东汉后）

第二节

乌 桓（丸）

一、两汉、三国时期的内迁

乌桓是东胡族的一支，公元前 206 年（汉高祖元年）被匈奴击破[1]，余

1 《史记》卷 110《匈奴传》。

众聚保于乌桓山(在今辽河上游西拉木伦河以北、内蒙古阿鲁科尔沁旗附近),臣服于匈奴[1]。

汉武帝元狩四年(前119年),卫青、霍去病率汉军攻破匈奴左部,将乌桓迁至汉朝的上谷、渔阳、右北平、辽东、辽西五郡的塞外(今内蒙古东南部、河北北部和辽宁北部一带)居住。以后乌桓一直生活在这一地区,以在上谷塞外白山(今河北大马群山)的一部分最为强大。

东汉初的建武二十二年(46年),乌桓乘匈奴内乱,击败匈奴,迫使匈奴"北徙数千里,漠南地空"。在这种情况下,可能有一些乌桓人会移居漠南。但乌桓人的基地没有改变,所以移民者估计人数有限。

建武二十五年,辽西乌桓大人郝旦等9 000余人[2]到达洛阳"诣阙朝贡",其中一部分人"愿留宿卫",被编入驻在洛阳一带的警卫部队。另外有81人被封为"侯王君长",安置在缘边塞内。这批人虽然数量不多,但他们负有"招来种人,给其衣食,遂为汉侦候,助击匈奴、鲜卑"之责,所以必定继续有不少乌桓人入居塞内。他们"布列辽东属国、辽西、右北平、渔阳、广阳、上谷、代郡、雁门、太原、朔方诸郡界"[3],居住的范围扩大到今内蒙古河套地区和山西、河北二省的北部。同时汉朝在上谷宁城(今河北张家口市万全区)设置护乌桓校尉,在那里"开营府,并领鲜卑,赏赐质子,岁时互市焉"[4]。据此,乌桓和鲜卑的质子就留在宁城,此地常住有一批乌桓人。加上互市也在此进行,这里成为乌桓人集中的一个地方。

乌桓人骁勇善战,因此入居塞内的乌桓人被汉朝征入军队。见于记载的有延熹八年(165年)度尚为中郎将,曾率"幽、冀、黎阳、乌桓步骑二万六千人"远征桂阳、零陵二郡(今湖南南部和毗邻的广东、广西一部分)[5]。

---

1 《后汉书》卷90《乌桓传》,以下据此传者不再一一注明。

2 据《三国志》卷30《魏书·乌丸传》。《后汉书·乌桓传》作九百二十二人,与下文内容似不符合,故不取。

3 《三国志》卷30《魏书·乌丸传》裴松之注引《魏书》。

4 《后汉书》卷90《乌桓传》。

5 《后汉书》卷38《度尚传》。此据中华书局标点本断句,但此句也可断为"幽、冀、黎阳乌桓步骑二万六千人"。如此,则应理解为此次用兵出动的都为乌桓人,且除幽、冀二州缘边地带外,黎阳(今河南浚县东北)也驻有由乌桓人组成的军队,或许就是东汉初"愿留宿卫"的那批乌桓人的后裔。但因目前还找不到其他证据,只能谨慎地采用现在的断法,理解为乌桓人仅是这支军队中的一部分人,其余则是来自幽、冀、黎阳的汉族军队。

这样的征发估计不是一次，只是这一次的规模大、路程远，才留下了记载。《后汉书·孝明六王传·陈王宠》载汉献帝初，陈王刘宠被袁术所杀后，“夫人姬妾多为丹陵兵乌桓所略云”。丹陵所指何地不详，但不会离陈国（都于今河南淮阳）太远。当时北方乌桓还没有被大量内迁，此丹陵兵中的乌桓应该也是此前就被编入汉朝军队的乌桓人。

东汉末，蹋顿统治了辽东、辽西、右北平三郡境内的乌桓，以后又加上了上谷郡的乌桓，势力强大，乘中原大乱，略取或招引了二十余万户的汉民。建安十二年（207 年），曹操亲自出征，在柳城（今辽宁朝阳市）斩蹋顿，得降人二十余万；乌桓在幽、并二州的余众还有一万余落；曹操“悉徙其族居中国”[1]，并从中挑选优良的骑手编入自己的军队，“由是三郡乌丸为天下名骑”。在这二十余万降人中，多数应是避居或被掳掠在乌桓的汉人，一万余落则都是乌桓人，所以内迁的乌桓人估计也有十余万。进入内地的乌桓人，或分散于各地，或被编入军队，从此逐渐融合于汉人之中了。

留在塞外的乌桓人还有一定的数量，被人数众多的鲜卑人所吸收，成了鲜卑人的一部分。但也有陆续迁入塞内的。如在蹋顿被曹操攻灭时，一部分余众随袁尚投奔辽东公孙氏。袁尚被杀后，一支右北平乌桓就留在辽西，到魏景初元年（237 年），右北平乌桓五千余人投降，被就地安置[2]。

二、三国后的乌桓（丸）

幽州依然是乌桓人比较集中的地方，西晋末王浚据有幽州，所辖就有“乌丸审广、渐裳、郝袭”。建兴二年（314 年），石勒袭杀王浚后，“迁乌丸审广、渐裳、郝袭、靳市等于襄国（今河北邢台市）”。同年，石勒又徙平原乌丸展广、刘哆等部落三万余户于襄国[3]。平原在今山东东北，这里的乌桓（丸）人估计是在西晋期间转迁来的。考虑到当时的

---

1 《三国志》卷 30《魏书·乌丸传》。
2 《三国志》卷 30《魏书·乌丸传》裴松之注引《魏略》。
3 《晋书》卷 104《石勒载记》。

记载中往往对非汉民族不加区分，或者仅根据其中的多数相称，这三万余户是否都是乌桓人是很可疑的。或许只是乌桓人占多数而已。这样的估计并非纯粹出于猜测，证据是，稍后的代国建国二年（339年）就已如此称呼："建国二年，初置左右近侍之职……其诸方杂人来附者，总谓之'乌丸'，各以多少称酋、庶长，分为南北部，复置二部大人以统摄之。"[1]可见"乌丸"已经不是一个民族或部族的专名。

由于这批乌桓人毕竟还比较多，所以在经历了后赵和前燕以后还是聚居在今河北中南部一带。晋太和五年（370年）前秦灭前燕后，苻坚将其遗民迁往关中时，"处乌桓杂类于冯翊、北地"[2]。但在与其他民族杂居五十多年后，纯粹的乌桓人就更少了，所以被称为"乌桓杂类"。

苻坚的移民措施不可能将乌桓人完全迁走，所以当十四年后慕容垂起兵反秦进攻邺城时，这一带还有乌丸（桓）人响应[3]，"垂引丁零、乌丸之众二十余万，为飞梯地道以攻邺"。但此二十余万是指慕容垂之众的总数[4]，而且主要是鲜卑、丁零人，乌丸人数量很少。北魏皇始二年（397年），魏军围后燕中山，城中慕容普邻"遣乌丸张骧率五千余人出城求食，寇常山之灵寿，杀害吏民"。天兴元年（398年），其子张超"收合亡命，聚党三千余家，据勃海之南皮，自号征东大将军、乌丸王，抄掠诸郡"。次年被魏军击破，张超在平原被杀[5]。张骧、张超是乌丸人当然没有问题，但所率的五千余人或所聚的三千余家却并不都是乌丸人。

幽州也还留有一些乌桓人，398年，后燕的慕容奇在建安（今河北迁安市东北）与慕容盛对抗时，部众中就有"丁零严生、乌丸王龙之"。慕容盛击败慕容奇后，"斩龙、生等百余人"[6]。可见乌桓人的数量很

1 《魏书》卷113《官氏志》，中华书局1974年版（下同）。
2 《晋书》卷114《苻坚载记》。
3 同上。
4 见《晋书》卷123《慕容垂载记》："以太元八年自称……燕王……众至二十余万，济自石门，长驱攻邺。"
5 《魏书》卷2《太祖纪》。
6 《晋书》卷124《慕容盛载记》。

少。北魏天兴元年(398 年),渔阳乌丸库傉官韬“聚党为寇”[1],即被讨平。此乌丸人所聚的“党”也未必都是乌丸人。

八十年后,这些迁入关中的乌桓人已经不再作为一个民族而存在了。北魏太平真君十二年(451 年),魏主拓跋焘出动全国大军攻宋,在包围宋的盱眙城时,曾在与宋将臧质的信中列举动用的各族兵力,其中有“三秦氐、羌”,却没有再提到乌桓[2]。其他地区也没有再发现有关乌桓人的记载。

第三节

鲜　卑

一、早期的迁移

关于拓跋鲜卑的来历和早期的迁移,《魏书》卷 1《序纪》有这样的说法:

> 昔黄帝有子二十五人,或内列诸华,或外分荒服,昌意少子,受封北土,国有大鲜卑山,因以为号。其后,世为君长,统幽都之北,广漠之野,畜牧迁徙,射猎为业。……宣皇帝讳推寅立。南迁大泽,方千余里,厥土昏冥沮洳。谋更南徙,未行而崩。……献皇帝讳邻立。时有神人言于国曰:“此土荒遐,未足以建都邑,宜复徙居。”帝时年衰老,乃以位授子。圣武皇帝讳诘汾。献帝命南移,山谷高深,九难八阻,于是欲止。有神兽,其形似马,其声类牛,先行导引,历年乃出。始居匈奴之故地。

1 《魏书》卷 2《太祖纪》。
2 《宋书》卷 74《臧质传》,中华书局 1974 年版(下同)。

除去鲜卑为黄帝之后之类的附会和神话色彩，鲜卑的迁移过程还是明确的，即从其发祥地大鲜卑山南迁大泽，后又南迁，颇多曲折，最后到达匈奴故地。

《魏书》卷100《乌洛侯传》和卷108《礼志》的两则记载提供了“大鲜卑山”和“幽都”的线索：

> 世祖真君四年来朝，称其国西北有国家先帝旧墟，石室南北九十步，东西四十步，高七十尺，室有神灵，民多祈请。世祖遣中书侍郎李敞告祭焉，刊祝文于室之壁而还。

> 魏先之居幽都也，凿石为祖宗之庙于乌洛侯国西北。自后南迁，其地隔远。真君中，乌洛侯国遣使朝献，云石庙如故，民常祈请，有神验焉。其岁，遣中书侍郎李敞诣石室，告祭天地，以皇祖先妣配。……石室南距代京可四千余里。

时隔1 537年后的公元1980年，这个石室重见天日。它位于今内蒙古呼伦贝尔市鄂伦春自治旗阿里河镇西北10公里甘河上游大兴安岭北段东麓一座峭壁上，当地鄂伦春族人称为“嘎仙洞”。在洞内西侧的石壁上，正刻着当年李敞等的祝文，与《魏书·礼志》所载基本相同[1]。至此，我们可以肯定，拓跋鲜卑心目中的大鲜卑山是今大兴安岭的北段，这一带应是拓跋鲜卑的发祥地。但从史料分析，由于拓跋鲜卑早期没有文字记载，到太平真君四年(443年)时已经不清楚祖先的来历了，乌洛侯人的报告才引起了他们的注意，确认石室为“先帝旧墟石室”，此后才修的《魏书》是以石室位置为前提来叙述拓跋鲜卑早期迁移的起点的，所以这并不意味着拓跋鲜卑的发祥地绝对是在石室一带[2]。但限于史料，目前还只能作如是说。

推寅南迁大泽，大约在公元前40年或稍后，相当于西汉后期，大泽的位置在今嫩江下游[3]。由于鲜卑在大泽又居住了一段时间，所以南迁至匈奴故地至少已是东汉初了。

---

1 米文平：《鲜卑石室的发现与初步研究》，载《文物》1981年第2期。

2 此说是我的研究生安介生君(现复旦大学中国历史地理研究所教授)提出的，见复旦大学硕士论文《北魏前期人口迁移及相关问题》(未刊)。

3 据陈可畏：《拓跋鲜卑南迁大泽考》，载《黑龙江民族丛刊》1989年第4期。

但据《后汉书》卷90《乌桓传》及《三国志》卷30《魏书·乌丸传》注[1]的记载，鲜卑也是东胡的一支，与乌桓同时被匈奴击败后，聚集在鲜卑山（今大兴安岭南段），汉武帝元狩四年（前119年）乌桓南迁至汉朝缘边五郡塞外后，鲜卑才南迁至乌桓旧地今西拉木伦河流域，但仍受到匈奴控制。显然这是另一支鲜卑人，因为发祥于大兴安岭北段的拓跋鲜卑在西汉初还不可能与匈奴有接触，也不可能在汉武帝时迁至乌桓旧地。

二、东汉、三国时期

东汉建武二十四年（48年）南匈奴降汉后，鲜卑也接受汉朝的招抚，并接连进攻北匈奴。估计就在此后的数年间，鲜卑的一部分开始西迁，填补了二部匈奴间的空白，根据是永平元年至十二年间（58—69年），到汉朝辽东太守祭肜处受赏赐的已经有“鲜卑自敦煌、酒泉以东邑落大人”了[2]。拓跋鲜卑迁入匈奴故地大致也在这一阶段，两支鲜卑人的会合使他们人数大增，在汉朝北部缘边自敦煌至辽东间都有分布。

元和二年（85年），鲜卑与南匈奴、丁零、西域诸族从四面攻击北匈奴，使之“远引而去”。章和元年（87年），鲜卑又从东面打击北匈奴，造成“北庭大乱”，单于西逃，鲜卑从此控制了漠北匈奴旧地。留下的匈奴人10余万落“诣辽东杂处，皆自号鲜卑兵”，成为以后宇文部的主要成分。

由于鲜卑本身还处于发展阶段，加上它与汉朝之间还存在着南匈奴、乌桓，所以在东汉大多数时间内对汉朝“或降或畔，与匈奴、乌桓更相攻击”，而没有对汉朝构成主要威胁。

到了东汉后期，檀石槐成为鲜卑的共同首领。他在高柳（今山西阳高县）以北300里的弹汗山（在今内蒙古商都县附近）建立

1 本节以下据此二传者，不再一一注明。
2 《三国志·乌丸传》注引《魏书》作“永平中，祭肜为辽东太守”，按《后汉书》卷20《祭肜传》当在永平十二年前。

牙帐，“南抄汉边，北拒丁零，东劫夫余，西击乌孙，尽据匈奴故地”，控制了“东西万二千里，南北七千余里”的广阔领地。他将鲜卑分为三部分：自汉朝的右北平至辽东以北共20余邑为东部，自右北平以西至上谷以北共10余邑为中部，自上谷以西至敦煌共20余邑为西部。各部置大人统领。值得注意的是，各部都拥有若干“邑”，即具有定居人口的居民点。这说明，一部分鲜卑人或鲜卑的上层已经过着定居生活，这无疑是他们进入汉朝缘边地区受到农业民族影响的结果。各部大人有了相对固定的地域，也是鲜卑民族进步的标志。

檀石槐死后，轲比能一度统一过中部和东部鲜卑，但魏青龙三年(235年)轲比能被曹魏刺客暗杀，鲜卑又分为几部分。直到三国结束，它们基本还都在中原王朝的缘边地带活动。

鲜卑的迁移见图7-2。

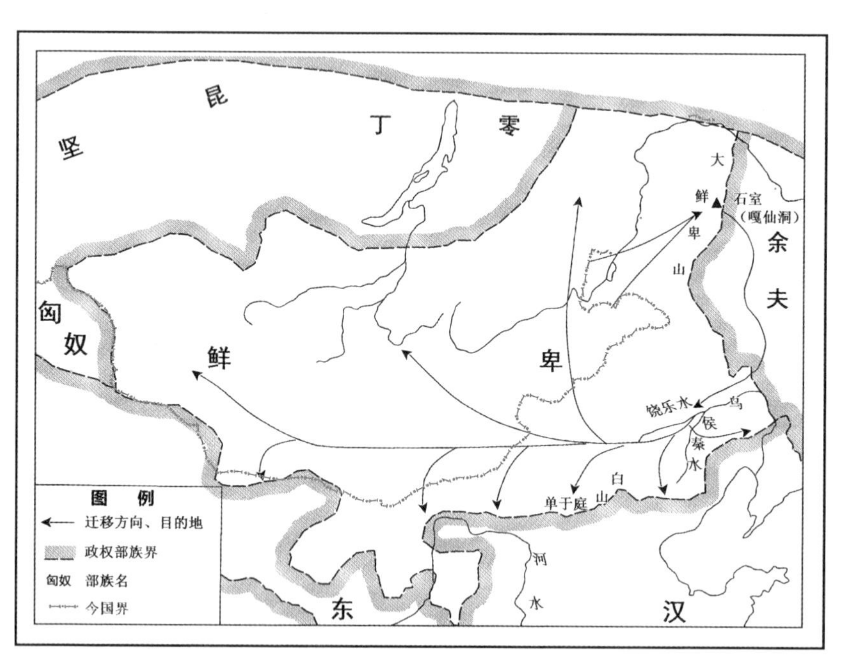

图7-2 鲜卑的迁移

第四节

月氏、乌孙的西迁

一、月氏的西迁和小月氏

月氏(氏一作支)在秦汉之际游牧于今敦煌和祁连山之间,一度拥有"控弦者可一二十万"[1],全部人口应有三四十万或更多。西汉文帝初年(约前175年前后),月氏被匈奴冒顿单于击败,大部分西迁至今伊犁河流域。但不久又为同样被匈奴驱赶来的乌孙人驱逼,不得不继续西迁至妫水(今中亚阿姆河)流域,征服了当地的大夏人,在那里设置王庭,建立国家。

月氏西迁时,"其余小众不能去者,保南山羌,号小月氏"[2]。小月氏进入南山(今祁连山)后,"依诸羌居止,遂与共婚姻"。所以实际上已成为月氏与羌族相融合的新民族,"被服饮食言语略与羌同,亦以父名母姓为种"[3]。

元狩二年(前121年),汉将霍去病打败匈奴,夺取了河西走廊,开通了内地与湟中地区(今青海湟水流域)的联系。"于是月氏来降,与汉人错居"[4]。这里的"月氏",自然是指进入祁连山的小月氏。这批小月氏人离开祁连山区后,可能进入了河湟谷地或河西走廊。据《汉书·功臣侯表》,到元封四年(前107年),小月氏右苴王稽姑谷将众来降,被封为騠兹侯,封邑1 900户。同年正月,又有小月氏王杆者,将

---

1 《史记》卷123《大宛列传》。
2 《汉书》卷96《西域传》。
3 《后汉书》卷87《西羌传》。
4 同上。

众千余骑来降，被封为瓡讘侯，封邑760户。从二人封邑的比例看，稽姑谷率领的降人应比杆者多一倍以上，可能超过2 000户。他们的侯国分别在琅邪郡（今山东东南部和江苏东北角）和河东郡（今山西西南部），他们本人、家属和少量随从应迁入侯国。这些部众是汉军骑兵的来源，很可能被安置在张掖属国（确地无考，大致在河西走廊中段以北一带），成为以后的"义从胡"，经常活跃在汉朝重大的军事行动中。

到东汉中期，小月氏的基地还是在湟中和令居（今甘肃永登西北），《后汉书·西羌传》称："其大种有七，胜兵合九千余人，分在湟中及令居。又数百户在张掖，号曰义从胡。"总数大概有数万人。

二、乌孙的西迁

乌孙人原来也居住在河西走廊西部今敦煌一带。《史记·大宛列传》载张骞出使归来向汉武帝报告："臣居匈奴中，闻乌孙王号昆莫，昆莫之父，匈奴西边小国也。匈奴攻杀其父，而昆莫生弃于野。……及壮，使将兵，数有功，单于复以其父之民予昆莫，令长守于西域。昆莫收养其民，攻旁小邑，控弦数万，习攻战。单于死，昆莫乃率其众远徙。"这是张骞的亲身经历，相隔时间也不长，应该是可靠的。

尽管这条记载比较简单，但还是能够说明几个问题：乌孙的西迁发生在汉武帝初张骞出使被留在匈奴期间，即公元前139年至前129年之间。乌孙迁至今伊犁河和伊塞克湖一带，赶走了先迁到那里的月氏人，从此在此定居，建都于赤谷城（在今伊塞克湖南）。乌孙在未迁时已经"攻旁小邑"，因此西迁的人口还应包括周围这些小部族。乌孙在未迁前已有"控弦数万"，并能在迁入之初就击败已经定居了三四十年的月氏人，而月氏未迁时已有"控弦之士二十万"，原因之一是乌孙人"习于战"，本身有较强的战斗力，又有发动进攻的突然性；原因之二可能是月氏人西迁时留下了较多人口（即前述小月氏），而乌孙迁移时却吸收了较多的其他族人口，从而使力量对比发生了变化。

月氏再迁时没有带走当地人口，连本族人也有一部分留在当地，所以在以后的乌孙国中就有塞种、大月氏人。到西汉后期，乌孙国有

63万人口，是西域都护府属国中人口最多的一个[1]。这应该是乌孙移民与当地人口共同增长的结果。

月氏、乌孙的迁移见图7-3。

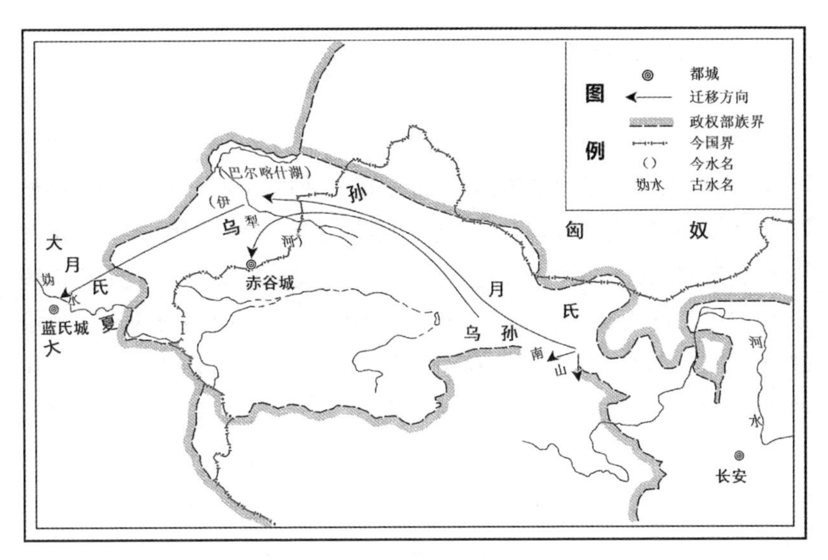

图7-3 月氏和乌孙的西迁

第五节

西域诸族的内迁

西域各族向内地的迁移，文献中未发现明确的记载。但在张骞通西域以后，特别是在中原王朝在西域行使主权、道路畅通的情况下，西域各国在长安常有使者、质子[2]、商人。这些人一般都是临时居留，也可能有少数人定居下来。出使的汉人与出征的汉军也可能带回一些

1 《汉书》卷96《西域传》。
2 《汉书》卷96《西域传》："前开陵侯击车师时，危须、尉犁、楼兰六国子弟在京师者皆先归。"

西域人，只是没有具体材料能够加以证实。东汉以后，西域各国因经商、避乱等各种原因移居中原的人明显增加，为传播佛教而来的移民也络绎不绝。

一、贵霜大月氏人[1]

大月氏一称大月支，也即贵霜帝国[2]。2世纪中叶，贵霜帝国战乱不绝，大批难民东迁西域诸国，一部分迁至敦煌，就此定居。如晋高僧竺昙摩罗刹（竺法护），“其先月支人，本姓支氏，世居敦煌郡”。竺法护于晋武帝时（265—290年）“还归中夏，自敦煌至长安”[3]。大月氏人内迁后多以支氏为姓，此一支氏既世居敦煌，其迁入时间自应在西晋前数代，正是2世纪后期避乱移民中的一员。另一部分月氏人继续东迁，至少有数百人到达洛阳。《出三藏记集·支谦传》：“支谦字恭明，大月支人也。祖父法度，以汉灵帝世率国人数百归化，拜率善中郎将。”同书《了本生死经序》又称支谦为“河南支恭明”，则支氏的定居地应为洛阳一带。但“献帝之末，汉室大乱”，支谦又“与乡人数十共奔于吴”。

零星进入中原的月支人则更早。如梁冀之父梁商曾献美人支通期于顺帝[4]，支姓可肯定是内迁月氏人。以后梁冀又杀支氏全家，则可证明支通期也是随家人内迁的，时间在梁商病死的永和六年（141年）之前。

东汉末在洛阳等地传道译经的月氏人，见于《高僧传》的还有：

> 支楼迦谶，亦直云支谶，本月支人。……汉灵帝时游于雒阳，

1　参见林梅村：《贵霜大月氏人流寓中国考》，载《敦煌吐鲁番学研究论文集》，汉语大词典出版社1990年版，第715—755页；林梅村：《洛阳所出东汉佉卢文井栏题记——兼论东汉洛阳的僧团与佛教》，载《中国历史博物馆馆刊》1989年第13—14期，第240—149页；马雍：《东汉后期中亚人来华考》，载《新疆大学学报（哲学社会科学版）》1984年第5期，第18—28页。

2　《后汉书》卷87《西域传》：“月氏自此之后，最为富盛，诸国称之皆曰贵霜王。汉本其故号，言大月氏云。”

3　释慧皎：《高僧传》卷1《晋长安竺昙摩罗刹（竺法护）》，汤用彤校注本，中华书局1992年版，第33页。

4　《后汉书》卷34《梁商传附梁冀》作友通期，据《东观汉记》改。本段以下均据此传。

以光和、中平之间(公元一七八至一八三年,公元一八四至一八九年),传译梵文,出《般若道行》、《般舟》、《首楞严》等三经。又有《阿阇世王》、《宝积》等十余部经,岁久无录。安公校定古今,精寻文体。云:"似谶所出,凡此诸经,皆审得本旨,了不加饰,可谓善宣法要弘道之士也。"后不知所终。

…………

又有沙门支曜……并以汉灵献之间(公元一六八至一八九年,公元一九〇至二二〇年),有慧学之誉,驰于京雒。曜译《成具定意》、《小本起》等。[1]

这两位高僧要将语意深奥的佛经译为汉语,并且得到后世高僧的高度评价,没有长期的汉语学习的修养是不可能的,所以至少可以肯定他们在汉朝定居了很长时间,或许也是先期迁入西域汉地的移民后裔。

东汉末董卓的军队中有人名支胡赤儿[2],说明所统"胡兵"中颇有月氏移民。西晋末年石勒起兵的十八骑中有支雄,据《资治通鉴》卷87《晋纪九》永嘉三年注引后赵《支雄传》:"其先,月支胡人也。"按时间推算,这一支氏很可能也是在西晋前就迁入中原的。

考古发现也提供了月氏人在东汉时迁入洛阳等地的证据。20世纪30年代初,马衡曾在洛阳发现东汉佉卢文井栏石条数块。佉卢文是贵霜官方文字之一,该题记明确记述了月氏人在洛阳建造佛教寺院的史实,是佛教传入中国的最早物证。自19世纪末至1976年,在甘肃、陕西、河南等地已有三百多枚铸有希腊文的铅饼或铜饼出土,从出土的文化层和同时出土的其他汉代器物分析,其上限不会早于西汉晚期,下限不会晚于东汉晚期。林梅村认为,饼上的铭文很可能是贵霜第二种官方文字大夏文,即一种草体的希腊文拼写的中古伊朗东部方言。这种文物的发现地点正是月氏人内迁的路线,应与他们移民中国有关。

---

1 《高僧传》卷1《汉雒阳支楼迦谶》,第10—11页。
2 《后汉书》卷72《董卓传》注引《献帝纪》。

二、粟特人

粟特(Sogd),中亚古国,在阿姆河、锡尔河之间的泽拉夫尚河流域。《后汉书·西域传》称为粟弋国,属康居;所以汉代以后往往将粟特人称为康居人或康国人。粟特人一直以善于经商著称,《汉书·西域传》载:

> 至成帝时(前33—前7年),康居遣子侍汉,贡献,然自以绝远,独骄慢,不肯与诸国相望。都护郭舜数上言:"……其欲贾市为好,辞之诈也。……敦煌、酒泉小郡及南道八国,给使者往来人马驴橐驼食,皆苦之。空罢耗所过,送迎骄黠绝远之国,非至计也。"汉为其新通,重致远人,终羁縻而未绝。

可见康居所谓"遣子侍汉",实际上是为了到汉朝经商;而不肯与诸国相望,则是为了独占贸易之利。但汉朝为了维持"重致远人"的声望,并没有听从西域都护的意见,还是保持了沿途对康居使者(实为商人)的接待。这则记载也证明,康居人到长安是由西域南道八国(无雷、蒲犁、莎车、于阗、扜弥、精绝、且末、鄯善)和河西走廊的敦煌、酒泉等郡而来,即从中亚翻越帕米尔高原,经今南疆莎车、和田、于田、且末、若羌和河西走廊到达关中平原的。接待康居人已成为沿途地区的沉重负担,说明康居商人的数量是相当多的。此后见于记载的"商胡"或"贾胡"主要即指粟特人。

一部分康居人就在河西走廊定居。如《梁书》卷18《康绚传》称:"其先出自康居。初,汉置都护,尽臣西域,康居亦遣侍子待诏于河西,因留为黔首,其后即以康为姓。晋时陇右乱,康氏迁于蓝田。绚曾祖因为苻坚太子詹事,生穆……宋永初(420—422年)中,穆举乡族三千余家,入襄阳之岘南。"康氏先人是否真为康居国侍子无关紧要,但有不少康居人从西汉开始迁居河西,并在那里定居应是事实。从康氏经过多次战乱和迁移还能有乡族3 000余家这一点看,定居在河西的康居人数量是相当可观的。

由于粟特人足迹甚广，也有一些人在天竺（今印度）接受了佛教，成为高僧，东汉后随商胡来中国，或从他处转辗来中原。见于《高僧传》者有：

又有沙门……康巨、康孟详等，并以汉灵献之间（公元一六八至一八九年，公元一九〇至二二〇年），有慧学之誉，驰于京雒。……巨译《问地狱事经》，并言直理旨，不加润饰；孟详译《中本起》及《修行本起》。先是沙门昙果于迦维罗卫国得梵本，孟详共竺大力译为汉文。[1]

时又有外国沙门康僧铠者，亦以嘉平之末来至洛阳，译出《郁伽长者》等四部经。[2]

康僧会，其先康居人，世居天竺，其父因商贾移于交趾。会年十余岁，二亲并终，至孝服毕出家。励行甚峻，为人弘雅，有识量，笃至好学。明解三藏，博览六经，天文图纬，多所综涉，辩于枢机，颇属文翰。……时吴地初染大法，风化未全，僧会欲使道振江左，兴立图寺，乃杖锡东游，以吴赤乌十年（公元二四七年）初达建邺，营立茅茨，设像行道。……由是江左大法遂兴。……至吴天纪四年（公元二八〇年）四月孙皓降晋，九月会遘疾而终。[3]

释昙谛，姓康，其先康居人。汉灵帝时移附中国，献帝末乱移止吴兴。[4]

由此可见，康居高僧在汉、魏时都曾长期居留洛阳，译经传道。东汉末中原战乱时有人迁居南方，而康僧会则是从南路，即今印度、越南而来，以今南京为中心在南方传播佛教，并终老于吴地。

20世纪初，英国考古学家斯坦因在敦煌汉长城烽燧遗址发现了一封用粟特文书写的给故乡撒马尔干亲人的信，说："据传闻，当朝天子因饥荒逃离洛阳，其坚不可摧的宫殿和固若金汤的城郭遭大火焚烧，宫殿烧毁，城池荒废，洛阳破坏殆尽。""（侨居洛阳的）天竺人和粟

1 《高僧传》卷1《汉雒阳支楼迦谶》，第11页。
2 《高僧传》卷1《魏雒阳昙柯迦罗》，第13页。
3 《高僧传》卷1《魏吴建业建初寺康僧会》，第14—18页。
4 《高僧传》卷7《宋吴虎丘山释昙谛》，第278页。

特人因此破产并死于饥荒。"[1]这显然反映了东汉末年董卓逼献帝西迁后焚毁洛阳的史实，与上引《出三藏记集》所载支谦于汉献帝时南迁避乱、《高僧传》中释昙谛先人于献帝时迁居吴兴都是相符的。

三、黎轩、大秦、天竺等国

汉武帝时，随张骞出使的使者曾到达安息(今伊朗)。此后，安息"以大鸟卵及黎轩善眩人献于汉"[2]。所谓"黎轩善眩人"，就是来自罗马帝国属地亚历山大的杂技演员。这些演员既然是"献"给汉朝的，自然就留在汉朝了，这是见于记载的最早的西方专业移民。

东汉永宁元年(120 年)，"掸国王雍由调复遣使者诣阙朝贺，献乐及幻人，能变化吐火，自支解，易牛马头。又善跳丸，数乃至千。自言我海西人。海西即大秦。"罗马杂技演员是由海路到达今缅甸，再由陆路进入汉朝而抵洛阳的。

从东汉永平年间(58—75 年)开始，来自天竺国的佛教徒到达洛阳传播佛教，以后天竺和其他国的高僧不断东来，在洛阳等地译经传道。见于《高僧传》记载的有：

> 摄摩腾，本中天竺人。……汉永平中，明皇帝夜梦金人飞空而至，乃大集群臣以占所梦。通人傅毅奉答："臣闻西域有神，其名曰'佛'，陛下所梦，将必是乎？"帝以为然，即遣郎中蔡愔、博士弟子秦景等，使往天竺，寻访佛法。愔等于彼遇见摩腾，乃要还汉地。腾誓志弘通，不惮疲苦，冒涉流沙，至乎雒邑。明帝甚加赏接，于城西门外立精舍以处之，汉地有沙门之始也。……后少时卒于雒阳。[3]
>
> 竺法兰，亦中天竺人，自言诵经论数万章，为天竺学者之师。时蔡愔既至彼国，兰与摩腾共契游化，遂相随而来。会彼学徒留

1 转引自林梅村：《敦煌出土粟特文古书信的断代问题》，载《中国史研究》1986 年第 1 期。
2 《史记》卷 123《大宛列传》。
3 《高僧传》卷 1《汉雒阳白马寺摄摩腾》，第 1 页。

碍，兰乃间行而至。既达雒阳，与腾同止，少时便善汉言。……兰后卒于雒阳，春秋六十余矣。[1]

安清，字世高，安息国王正后之太子也。……出家修道。博晓经藏，尤精阿毗昙学，讽持禅经，略尽其妙。既而游方弘化，遍历诸国，以汉桓之初，始到中夏。才悟机敏，一闻能达，至止未久，即通习华言。于是宣译众经，改胡为汉……其先后所出经论，凡三十九部。……世高游化中国，宣经事毕，值灵帝之末。关雒扰乱，乃振锡江南。[2]

时有天竺沙门竺佛朔，亦以汉灵之时，赍《道行经》来适雒阳，即转梵为汉。……朔又以光和二年（公元一七九年）于雒阳出《般舟三昧》，（支）谶为传言，河南雒阳孟福张莲笔受。

时又有优婆塞安玄，安息国人……亦以汉灵之末游贾雒阳，以功号曰骑都尉……渐解汉言，志宣经典，常与沙门讲论道义，世所谓都尉者也。[3]

昙柯迦罗，此云法时，本中天竺人……乃弃舍世荣，出家精苦，诵《大、小乘经》及诸部《毗尼》。常贵游化，不乐专守，以魏嘉平（公元二四九至二五四年）中，来至洛阳。……迦罗既至，大行佛法。……乃译出《僧祇戒心》，止备朝夕。更请梵僧立羯磨法受戒。中夏戒律，始自于此。迦罗后不知所终。[4]

维祇难，本天竺人。世奉异道，以火祠为正。……乃舍本所事，出家为道……受学三藏，妙善四含，游化诸国，莫不皆奉。以吴黄武三年（公元二二四年），与同伴竺律炎来至武昌，赍《昙钵经》梵本。《昙钵》者，即《法句经》也。时吴士共请出经，难既未善国语，乃共其伴律炎译为汉文。[5]

这些都是在佛教传播史上有重大影响的高僧，其对于宗教文化的贡献不言而喻。实际迁入中原的西域僧人当远不止这些，只是未留下记载而已。

---

1 《高僧传》卷1《汉雒阳白马寺竺法兰》，第3页。
2 《高僧传》卷1《汉雒阳安清》，第4—5页。
3 《高僧传》卷1《汉雒阳支楼迦谶》，第10—11页。
4 《高僧传》卷1《魏雒阳昙柯迦罗》，第12—13页。
5 《高僧传》卷1《魏吴武昌维祇难》，第21—22页。

四、西北某些地名与西域移民的关系

从西北地区的地名可以发现一些匈奴人或西域人移居的线索。《汉书·地理志》载上郡有龟兹县，据《水经·河水注》，是因为龟兹人移居于此而得名。按《汉书·西域传》，龟兹国在今新疆库车一带，龟兹县的治所在今陕西榆林市。既然要为这些移民设置一县，或者要以这些移民来命名一县，则其数量一定不少，估计不下数千。

此外还有一些地名，用汉语的意义根本无法解释，连发音都不是汉语原有的，显然不是汉人命名，而是沿用了其他民族的地名。例如，上郡属县中的奢延（今内蒙古乌审旗西南无定河南岸），朔方属县中的窳浑（今内蒙古磴口县西北）、呼遒（今内蒙古达拉特旗西黄河南岸），西河属县中的美稷（今内蒙古准格尔旗西北）、觬是（治所无考），五原郡的莫䵖（治所无考），敦煌属县中的敦煌（今甘肃敦煌市西）、龙勒（今敦煌市西南），张掖属县中的居延（今内蒙古额济纳旗东南）、昲得（今甘肃张掖市西北）、删丹（今甘肃山丹县）、屋兰（今山丹县西北）、日勒（今甘肃永昌县西）、骊靬（今永昌县西南），武威属县中的姑臧（今甘肃武威市）、揟次（今武威市东南）、扑㓱（今甘肃古浪县东北）等。

这些地名的存在无非是两种可能：一是汉人迁入后沿用了当地民族原来的地名，但用汉字记录地名的发音不仅无意义可言，而且也不一定完全正确；一是因为其他民族的移民迁入带来了他们的地名，或者因有这些移民而用他们的族名、地名命名，就像龟兹一样。限于史料，我们已经无法加以区分了。

但在根据地名推测移民情况时不能望文生义，也不能毫无根据地联想，骊靬县就是一例。对骊靬县的来历，早在东汉的服虔和唐朝的颜师古为《汉书·地理志》作注时就已经与大秦国（犛靬，罗马帝国）联系起来了，清代学者更直接提出了"骊靬本西域国，汉以其降人置县"的说法[1]。张维华于1980年发表的旧作《汉张掖骊靬县得名之由

1 见王筠：《说文句读》引石州说，王先谦：《汉书补注》引。

来及犁靬眩人来华之经过》[1]中对这些"大秦降人"的来历又作了进一步考证，认为这些大秦人应该就是《史记·大宛列传》所载由安息国王献给汉朝的"黎靬善眩人"（杂技演员），时间在汉武帝时。以后可能曾将这些黎靬人安置在该县，因而采用了这一名称。

骊靬自西汉设置后，一直存在到北魏时，该县治所的位置历来并无异说，就在今甘肃永昌县西南。但又有人提出，骊靬城是为了安置来自罗马帝国的战俘而设立的，而这些罗马人就是陈汤灭郅支单于时俘获后带回汉地的，甚至有人想象出骊靬是一座"罗马城"。其实，如果没有新的史料发现，仅仅根据《汉书·陈汤传》的记载是绝对得不出这样的结论的。

汉宣帝时郅支单于西迁，攻占了呼揭、坚昆、丁令三国，以后又杀汉使，西奔康居国，与康居王结为同盟，合兵击败了乌孙，威胁大宛等国，对汉朝态度极其傲慢。为了防止汉军的袭击，单于"发民作城，日作五百，二岁乃已"。建昭三年（前36年），汉朝的西域都护骑都尉甘延寿和副校尉陈汤到任。陈汤为甘延寿策划出兵奇袭郅支，并且趁甘久病时擅自征发了西域城郭诸国和汉朝的屯田士兵四万余人，胁迫甘一起行动。这支军队分为两路，一路由甘、陈率领从温宿（今新疆乌什县）出发，到达阗池（今伊塞克湖）以西，逼近单于驻地郅支城（今哈萨克斯坦江布尔），接着进行了决定性的攻城战：

> 明日，前至郅支城都赖水（今塔拉斯河）上，离城三里，止营傅陈。望见单于城上立五采幡织，数百人披甲乘城，又出百余骑往来驰城下，步兵百余人夹门鱼鳞陈，讲习用兵。城上人更招汉军曰："斗来！"百余骑驰赴营，营皆张弩持满指之，骑引却。颇遣吏士射城门骑步兵，骑步兵皆入。延寿、汤令军闻鼓音皆薄城下，四面围城，各有所守，穿堑，塞门户，卤楯为前，戟弩为后，卬射城中楼上人，楼上人下走。土城外有重木城，从木城中射，颇杀伤外人。外人发薪烧木城。夜，数百骑欲出外，迎射杀之。
>
> 初，单于闻汉兵至，欲去，疑康居怨己，为汉内应，又闻乌孙诸

1 载《汉史论集》，齐鲁书社1980年版。

国兵皆发，自以无所之。郅支已出，复还，曰："不如坚守。汉兵远来，不能久攻。"单于乃被甲在楼上，诸阏氏夫人数十皆以弓射外人。外人射中单于鼻，诸夫人颇死。单于下骑，传战大内。夜过半，木城穿，中人却入土城，乘城呼。时康居兵万余骑分为十余处，四面环城，亦与相应和。夜，数奔营，不利，辄却。平明，四面火起，吏士喜，大呼乘之，钲鼓声动地。康居兵引却。汉兵四面推卤楯，并入土城中。单于男女百余人走入大内。汉兵纵火，吏士争入，单于被创死。军候假丞杜勋斩单于首，得汉使节二及谷吉等所赍帛书。诸卤获以畀得者。凡斩阏氏、太子、名王以下千五百一十八级，生虏百四十五人，降虏千余人，赋予城郭诸国所发十五王。

……汤素贪，所卤获财物入塞多不法。司隶校尉移书道上，系吏士按验之。[1]

据说，西方学者认为帮助单于守城的是罗马士兵，所以才能摆出"鱼鳞阵"，而匈奴人原来既不会筑城，更不会守城。而这些罗马士兵就是当年罗马大将安敦进攻帕提亚（安息）被击败后流落至康居的游兵散勇。被陈汤俘虏的 145 人就是这些罗马士兵，以后被安置在骊靬县。这些看法没有一条是站得住脚的。

首先，匈奴人在汉人的帮助下早已有筑城的记录，郅支单于筑城更在帕提亚之战前至少二年，花了 18 万个人工，那时不可能有罗马人的帮助。单于既然能筑城，自然会有守城的准备。从攻守战的过程看，即使有罗马人帮单于的忙，看来也没有起什么作用。

其次，"步兵百余人夹门鱼鳞陈"，根本没有摆"鱼鳞阵"的意思，只是说百余步兵像鱼鳞般密集排列在城门两边。这句话也好，以后战争的经过也罢，都难以作为罗马人存在的证据。

再者，即使有些罗马战俘，陈汤也全部送给了协助出兵的西域城郭诸国的国王。这本在情理之中，因为陈汤是在没有得到朝廷批准的情况下擅自发动奇袭的，自己的军队要从中亚返回玉门关内都会有

1 《汉书》卷 70《陈汤传》。

供应的困难，怎么可能再带上俘虏？而且陈汤因贪污缴获财物在途中就受到专人调查，要是真有外国俘虏，岂会不见记载？回到长安又岂会不搞"献俘"一类活动？

应该指出，在《汉书》中对一次战役作如此具体的记载是不多见的，这是因为灭郅支单于是当时轰动一时的大事，而且对陈汤的争议一直持续到西汉末，王莽执政后还重新追封陈汤。《汉书》作者班固离陈汤之死不过数十年，《陈汤传》的记载应该是既详细又可信的。

相反，《汉书·匈奴传》为我们提供了一种更大的可能：

> 明年，单于使犁汙王窥边，言酒泉、张掖兵益弱，出兵试击，冀可复得其地。时汉先得降者，闻其计，天子诏边警备。后无几，右贤王、犁汙王四千骑分三队，入日勒、屋兰、番和。张掖太守、属国都尉发兵击，大破之，得脱者数百人。属国千长义渠王骑士射杀犁汙王，赐黄金二百斤，马二百匹，因封为犁汙王。属国都尉郭忠成安侯。

据《汉书·功臣侯表》，此事发生在昭帝元凤三年（前 78 年）。犁汙王入侵的地点是张掖郡的日勒、屋兰、番和一带，即今甘肃张掖至永昌之间。值得注意的是，其中的番和故址即今永昌县，离骊靬故址很近，但文中却没有提及骊靬，很可能当时还未设此县。右贤王、犁汙王的 4 000 骑，除数百人逃脱外，应有 3 000 多人被杀或被俘，由于犁汙王被杀，义渠王既被封为犁汙王，拥有这些匈奴俘虏是顺理成章之事，安置这些俘虏的地点被称为犁汙是必然结果。根据《史记》《汉书》《说文解字》的写法，犁、黎、骊、犛、丽，汙、靬、干、轩，都是出于音译，都可相通，所以犁汙也可以写成骊靬，以后成为此县的名称。

五、西域内迁移民的影响

西域内迁的移民给汉朝带来了中亚、西亚的物质文明，从史料分析，当时多数西域移民是从事商业贸易的，商胡输入的珍奇货物已成为达官贵人的喜好和收藏。东汉后期，洛阳等地的商胡数量已相当可观。如《后汉书·梁冀传》载梁冀为收集兔毛，曾规定百姓不许杀兔，犯者处死。一位西域贾胡不了解，误杀了一只兔子，结果在追查时牵连被杀的有十余人。可见贾胡在洛阳人数不少，也已显得很平常了。

东汉辛延年作有乐府词《羽林郎》，描述了一位15岁的“酒家胡”（卖酒的胡人女子）受贵戚家奴调笑的事，反映当时在洛阳已有胡人开的酒店，“胡姬”已开始受人青睐。

在传播物质文明的同时，移民也传播了文化艺术。《后汉书·五行志》称：“灵帝好胡服、胡帐、胡床、胡饭、胡空侯（箜篌）、胡笛、胡舞，京都贵戚皆竞为之。”这些自境外传入的服饰、家具、饮食、乐器、音乐、舞蹈要引起皇帝如此嗜好，并成为京城的时尚，没有大量的传播载体——移民，是不可能的。上层是如此，下层百姓只要有条件也会仿效，这必然对中国的传统文化带来冲击。从《后汉书》等正史的作者将这视为“服妖”，当作“其后董卓多拥胡兵，填塞街衢，虏掠宫掖，发掘园陵”的不祥之兆，我们完全可以想象在当时的影响之深。董卓依靠胡兵取得军事优势这一点，也证明胡人移民的骁勇善战起了作用。

当然，佛教的传播是西域移民最突出的贡献，对中国文化、中国社会产生了极其重大的影响，这已为举世公认，不须赘述。

第六节 羌

一、早期的南迁

在秦汉以前，西北地区羌人的居住范围很广，但随着秦人的兴起和秦国的扩张，羌人不得不迁离原来的活动地区，向西部和南部迁移。见于记载的较早一次迁移发生在秦献公（前384—前362年在位）初年。《后汉书·西羌传》称：

至爰剑曾孙忍时，秦献公初立，欲复穆公之迹，兵临渭首，灭狄豲戎。忍季父卬畏秦之威，将其种人附落而南，出赐支河曲西数千里，与众羌绝远，不复交通。其后子孙分别，各自为种，任随所之。或为牦牛种，越巂羌是也；或为白马种，广汉羌是也；或为参狼种，武都羌是也。

这支羌人从原来的基地渭河上游出发，首先到达今青海贵德、共和一带的黄河河曲，然后循着青藏高原东部和川西高原间的谷地分别迁移至今甘南、川北、川西以至云贵高原这一广大的地域间。对这些羌人移民的分布范围，《史记·西南夷列传》有更具体的记载：

西南夷君长以什数，夜郎最大；其西靡莫之属以什数，滇最大；自滇以北君长以什数，邛都最大：此皆魋结，耕田，有邑聚。其外西自同师以东，北至楪榆，名为嶲、昆明，皆编发，随畜迁徙，毋常处，毋君长，地方可数千里。自嶲以东北，君长以什数，徙、筰都最大；自筰以东北，君长以什数，冄駹最大。其俗或土著，或移徙，在蜀之西。自冄駹以东北，君长以什数，白马最大，皆氐类也。此皆巴蜀西南外蛮夷也。

羌在未迁前以游牧为主，所以西南夷中的巂、昆明依然保持了这样的生产方式，显然是以羌人移民的后裔为主体的民族。而在其东北的徙、筰都、冄駹等族中，只有一部分游牧民族，是羌人移民后裔与土著民族杂居地区。白马等族是氐族，所以他们的聚居区虽离羌族的出发地最近，却基本没有羌人移殖。

羌人这次大迁移与他们在西南地区的分布已经为考古发现所证实。20 世纪 30 年代以来，在四川西北岷江上游至云南横断山脉地区发现的大量石棺墓葬，已被考古学者命名为石棺葬文化[1]。从出土的器物分析，石棺葬文化的主人是从事游牧的。石棺葬文化的上下限是西周后期至东汉，但盛行于战国至西汉。尽管该文化有其鲜明的特

1 参见冯汉骥、童恩正：《岷江上游的石棺葬》，载《考古学报》1973 年第 2 期；童恩正：《近年来中国西南民族地区战国秦汉时代的考古发现及其研究》；云南省博物馆文物工作队、省文物工作队等单位发表在《考古》《云南文物》上的有关发掘报告和报道。

征，但却是渊源于西北甘青地区的氐羌文化。考古发现也证明，实际上羌人的南迁开始得更早，秦献公时的这一次只是规模最大的一次，而且此后的迁移一直持续到整个西汉时期。

这样长距离、大范围的迁移自然不是在短期间可以完成的，可以推断，这支羌人并不是自觉地脱离他们的母体，而是在并无具体目的地的迁移之后发现了合适的生存条件，因而随遇而安。由于距离遥远、年代久远，与在原地的本族“不复交通”了。不过这一“不复交通”并不能理解为外迁的羌人对在西北的主体一无所知，考古发现证实西北的羌人还在不断南迁。但由于战国后期以后，西北的羌人的生存空间受到汉人越来越大的压缩，因而在不断地迁出的同时，并没有迁出的人重新迁回，所以的确不存在双向的交通了。

二、西汉时期

到公元前 221 年前后，秦始皇开疆拓土的一系列措施更限制了羌人的活动范围。“秦既兼天下，使蒙恬将兵略地，西逐诸戎，北却众狄，筑长城以界之，众羌不复南度。”[1] 羌人被限于秦长城以西，大致在今黄河、洮河以西，河西走廊以南的甘肃和青海省地，而以黄河、湟水、大通河（浩亹水）交会处为中心[2]。

汉景帝（前 156—前 141 年在位）时，“研种留何率种人求守陇西塞，于是徙留何等于狄道、安故，至临洮、氐道、羌道县”[3]。狄道即今甘肃临洮县，安故在今临洮南，临洮即今岷县，氐道、羌道在今岷县东南一带。这就是说，在公元前 2 世纪中叶，部分羌人又回到了今甘肃南部洮河流域和渭水、汉水、白龙江上游地区，处于汉朝的监护之下。当时羌人也有叛逃，《史记·李将军列传》载李广于景帝时为陇西太守，曾诱降羌 800 人同日杀之，即是一例。

---

1 《后汉书》卷 87《西羌传》。

2 参见顾颉刚：《从古籍中探索我国的西部民族羌》，载《社会科学战线》1980 年第 1 期。

3 《后汉书》卷 87《西羌传》。

武帝元鼎五年(前112年),遣徐自为率数万人渡河筑令居塞[1]。该塞位于今甘肃永登县西庄浪河西岸,汉军在此筑塞驻军,起了"隔绝羌胡,使南北不得交关"[2],即断绝羌人与匈奴人的联系的作用,引起了羌人的恐慌。同年,"西羌众十万人反,与匈奴通使,攻故安(当作安故),围枹罕"[3],同时还进攻令居塞,企图打通与匈奴的联系。

元鼎六年冬十月,武帝"发陇西、天水、安定骑士及中尉,河南、河内卒十万人,遣将军李息、郎中令徐自为征西羌"[4]。这次战争进行了五六年时间,羌人被逐出河、湟之间,退至青海湖及其以西地区[5]。汉朝在临羌(今青海湟源县)置护羌校尉,统领羌人事务。至昭帝始元六年(前81年),又在河、湟之间置金城郡[6]。

根据赵充国的说法,参加这次变乱的羌人有10万。从汉朝出动的兵力也只有10万看,这10万羌人应已包括老弱妇孺。经过这次长达数年的镇压,羌人必定大量减少。但西迁的并非全部羌人,至少已有部分羌人被安置在汉朝版图之内,并且至迟在昭帝始元元年(前86年)已置羌骑校尉,统率被收编的羌人武装。《汉书·昭帝纪》载元凤四年(前77年)诏"度辽将军(范)明友前以羌骑校尉将羌王侯君长以下击益州反虏",就是明证。羌骑校尉一职不见于《汉书·公卿百官表》,大约设置的时间不长,不是常制。神爵元年(前61年),宣帝征发镇压叛羌的兵力中也有"金城、陇西、天水、安定、北地、上郡骑士、羌骑"[7],则羌骑的驻地当在西北边郡中某地。

宣帝时,先零羌酋长向去巡视的光禄大夫义渠提出要渡过湟水,在汉人未开垦的地方放牧。接着不等汉朝批准,就强行越过湟水,地方官无法禁止。元康三年(前63年),先零羌与其他部族酋长200余人解仇结盟,交换人质,做对抗汉朝的准备。汉朝派遣负责处理此事

1 《汉书》卷24《食货志》。
2 《后汉书》卷87《西羌传》。
3 《汉书》卷6《武帝纪》。
4 同上。
5 《后汉书》卷87《西羌传》。
6 《汉书》卷7《昭帝纪》。
7 《汉书》卷8《宣帝纪》。

的义渠安国又肆意镇压，导致羌人在神爵元年（前61年）春起兵。汉朝"发三辅、太常（京兆尹、左冯翊、右扶风及各陵县）徒弛刑，三河（河南、河东、河内三郡）、颍川、沛郡、淮阳、汝南材官，金城、陇西、天水、安定、北地、上郡骑士、羌骑，与武威、张掖、酒泉太守各屯其郡者，合六万人"[1]，起用老将赵充国，采用军事镇压与分化瓦解结合的策略，并屯田积谷，以逸待劳，至次年五月平定。

据赵充国奏言："羌本可五万人军，凡斩首七千六百级，降者三万一千二百人，溺河湟、饥饿死者五六千人，定计遗脱与煎巩、黄羝俱亡者不过四千人。"[2]是年秋，这4 000人也投降了。所谓"五万人军"，实际上就是这批羌人的总数，因为杀、死、降的统计数不可能只统计兵力，而且赵充国事前提出的赏格明确规定："斩大豪有罪者一人，赐钱四十万，中豪十五万，下豪二万，大男三千，女子及老小千钱。"[3]可见这五万人是包括男女老幼在内渡过湟水的全部羌人。

羌人投降者前后合计三万五千多人，汉朝置金城属国处之。羌人主要安置在金城郡，但也有部分部族被安置在其他地方。《汉书·地理志》天水郡有罕幵县，据颜师古注："本破罕幵之羌，处其人于此，因以为名。"赵充国征羌时，曾对罕、幵两种部采取过分化措施，而罕、幵事先曾将先零羌欲反的情报报告都尉。大幵、小幵曾报告先零所在，因此将罕、幵这两支羌人安置在离河湟较远的地方——今甘肃天水市东南。还有部分羌人被安置在陇西郡的西部。

置于金城属国的羌人仍有反叛，如《汉书·赵充国传》载护羌校尉辛汤"数醉拘羌人，羌人反叛"。《汉书·地理志》中金城郡下已无属国，说明在元始二年（公元2年）前已废。究其原因，一则可能是羌人反叛离去，所剩无几，无法再维持属国的最低规模；二则可能是羌人被分散安置于各地了。

元帝永光二年（前42年）秋，陇西羌彡姐旁种反。冯奉世率军镇压，结果杀8 000人，余众逃往塞外。据冯奉世奏言，这批羌人约3万。

---

1 《汉书》卷69《赵充国传》。
2 同上。
3 同上。

汉军用兵时，一路驻白石（今甘肃临夏市东南），一路驻临洮（今岷县），一路驻首阳西极山（今渭源县境内），形成包围[1]，据此推断，彡姐羌的居住地大致在今大夏河与洮河之间。这一带汉朝一直未设郡县，因此彡姐羌既可能是世居其地，也可能是由汉朝境外迁来的。经过这次兵乱，其余2万多羌人又迁往境外去了。

三、东汉后的大规模内迁

王莽执政时，为了炫耀自己的“威德”，胁迫羌人献出“西海之地”（今青海湖一带），设置了西海郡，以造成拥有“四海”的象征（当时已有东海郡、南海郡和北海郡）。王莽在那里设了五个县和一批亭燧（兵营、驿站和烽火台），又大量迁入汉人。为了增加移民，甚至不惜人为制造“罪犯”[2]。但在王莽覆灭后，羌人就夺回旧地，并进而侵入金城、陇西二郡。东汉初年，割据陇西的隗嚣既无力镇压羌人，又想利用羌人来对付汉军，“因发其众与汉拒”。至建武九年（33年）隗嚣覆灭时，羌人已遍布于凉州（今青海东部、甘肃大部和宁夏西部）各地，“与汉人杂处”[3]。但当时窦融控制了河西走廊，所以羌人进入还较少。

建武十一年夏，先零羌等被马援击败投降，被安置在天水、陇西和扶风三郡。值得注意的是，扶风郡在今陕西关中盆地西部，即西安以西的渭水两岸、泾水以西，这是羌人首次大规模迁入关中。

永平元年（58年），窦固在西邯水（在今青海化隆县西）击败羌人首领滇吾，余众7 000投降，被安置在三辅（京兆尹、左冯翊、右扶风）。三辅的范围包括整个关中盆地，这意味着羌人又向东迁移了一大步。

永元十三年（101年），迷唐羌被击破，降人6 000余口分别被迁至汉阳（原天水郡）、安定、陇西境内。

当时，散居在凉州的羌人很多，“布在郡县，皆为吏人豪右所徒役”。因此，永元十六年汉朝出兵征匈奴时，在敦煌、酒泉、张掖、武威、

---

1 《汉书》卷97《冯奉世传》。
2 《汉书》卷99《王莽传》。
3 《后汉书》卷87《西羌传》。以下据此传者不再一一注明。

陇西、天水、北地、西河都征发了“羌胡”[1]。永初元年（107 年）都尉王弘征西域，在金城、陇西、汉阳三郡都能征发到“数百千骑”。

永初元年冬，羌人全面反抗，汉军大败。二年，羌人向东一直攻至赵、魏（今河南北部和河北中南部），向南攻入汉中（今陕西南部汉中盆地）。五年，羌人攻至河东（今山西西南部）和河内（今河南北部）。在这种情况下，汉朝只得全面撤退。四年，金城郡治从允吾（今甘肃永靖县西北）迁至襄武（今陇西县西南）。五年，陇西郡治自狄道（今甘肃临洮县）迁至襄武，安定郡治自高平（今宁夏固原市原州区）迁至美阳（今陕西武功县西北），北地郡治自马岭（今甘肃庆城县西北）迁至池阳（今陕西泾阳县西北），上郡郡治从肤施（今陕西榆林市榆阳区东南）迁至衙县（今陕西黄龙县西南）。同时将居民强行内迁，“百姓恋土，不乐去旧，遂乃刈其禾稼，发彻室屋，夷营壁，破积聚”。加上连年旱蝗饥荒，内迁者“丧其太半”。由于汉人已撤至关中或更东，羌人内迁的规模必然更大了。

直到元初五年（118 年），羌乱才基本平息，羌人除被大量屠杀外，其余就在凉州境内定居。少部分迁回塞外（今甘肃西南、青海中西部），还有的被迁至边境，如被迁于敦煌的“叛羌”，在延光三年（124 年）曾有千余骑至酒泉钞略[2]。

永和元年（136 年），羌人又不断反抗，规模越来越大，一直攻至关中。汉朝的安定、北地二郡治所再次撤到关中的扶风和冯翊二郡内。至永嘉元年（145 年）才平息下去。

经过这两个阶段的“羌乱”，迁至内地的羌人越来越多，如汉安元年（142 年）赵冲招降罕种羌有五千余户；三年，降于凉州刺史的人前后有三万余户；永嘉元年左冯翊梁并招降的羌人有五万余户。仅这几次合计就有八万多户，约四十万人。建和二年（148 年），“西羌及湟中胡”又被“斩首招降二十万”。这些数字都有夸大的可能，但不在降人范围内的羌人也为数甚多。还有的羌人已被迁至洛阳或中原其他地

1 《后汉书》卷 23《窦固传》。
2 《后汉书》卷 48《翟酺传》。

方，如建宁三年（170 年）段颎镇压羌人获胜回洛阳时，“将秦胡步骑五万余人……生口万余人”[1]。“生口”自然全是羌人，“秦胡”中也会有一部分羌人。段颎回师后接任河南尹、司隶校尉，任所都在洛阳，这些羌人不是留在洛阳一带，就是被作为兵士或奴婢转到各地去了。

以后羌人的反抗从未停止过，到东汉末年，西北各地几乎都已聚集了大量羌人。在东汉末的战乱中，关中平原的人口大量死亡或外迁，由于羌人本来一般聚居在渭北高原或盆地的边缘，损失远比汉人为小。所以在曹操统一北方时，羌人在关中和西北人口中的比例已经大大上升，成为人数仅次于汉人的第二大民族。

三国时，蜀国的诸葛亮和姜维在与魏国的战争中，都曾在退兵时迁走临时占领区的人口。蜀后主建兴元年（223 年），诸葛亮拔西县（今甘肃天水市西南）千余家还汉中；次年又攻下魏国的阴平和武都二郡。蜀主的诏书称这两次行动为“降集氐、羌，兴复二郡”[2]。可见有一批羌人被迁入了蜀地，同时今甘肃南部，四川北部的南坪、平武一带和陕西西南角也是羌人聚居区。后主延熙十七年（254 年），姜维拔河关（今青海贵德县西南一带）、狄道（今甘肃临洮县）和临洮（今岷县）三县民还，安置在绵竹（今四川德阳市北）和繁县（今成都市西北新繁）[3]。这三县是羌人聚居区，因此必定有一批羌人被迁至今成都平原。

羌人的迁移状况见图 7－4。

从东汉初年羌人内迁开始，到三国末期，前后历时二百多年，大量羌人与汉人杂居，从事农耕，同汉人的差异越来越小。到东汉后期，汉人与羌人间的来往已很密切。如陇西临洮人董卓，“少尝游羌中，尽与豪帅相结。后归耕于野，诸豪帅有来从之者，卓为杀耕牛，与其宴乐”[4]。又如马腾的父亲是扶风茂陵人，东汉名将马援之后，曾经任天水郡兰干县（确地无考）尉，“后失官，因留陇西，与羌错居。家贫无妻，

---

1 《后汉书》卷 65《段颎传》。
2 《三国志》卷 35《蜀书·诸葛亮传》。
3 《三国志》卷 33《蜀书·后主传》。
4 《后汉书》卷 72《董卓传》。

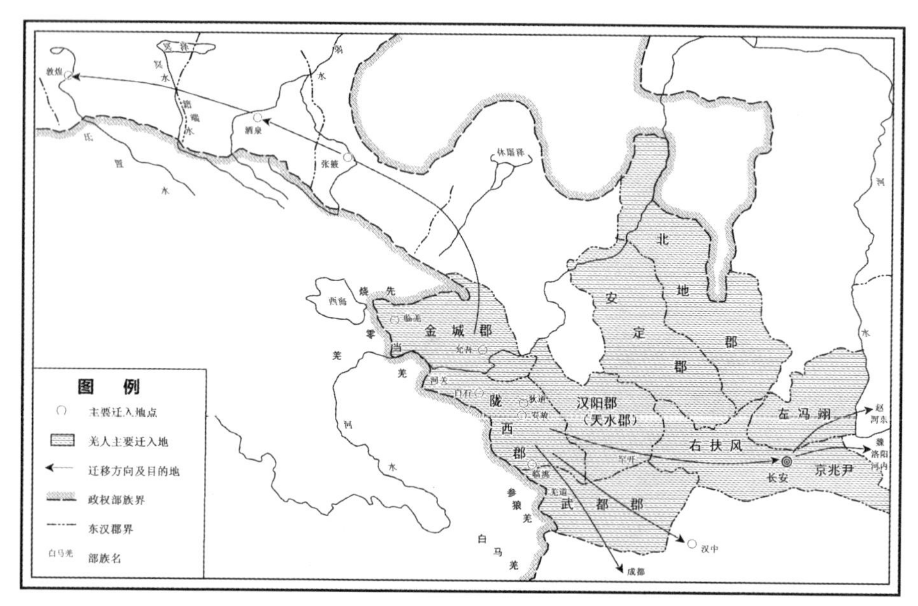

图 7-4　羌人的迁移

遂娶羌女，生腾”[1]。从曾经担任县尉的人娶羌女，子孙显贵后也不以母亲是羌女而有所隐讳看，这种现象已不足为奇，至少汉人娶羌族妇女已如此。

羌人一般处于社会的底层，又骁勇善战，所以常被征入军队。董卓的军队中就有大量凉州的羌人，中平六年(189 年)董卓拥兵自重，拒绝朝廷的征调，所找的借口就是：“所将湟中义从及秦胡兵皆诣臣曰：‘牢直不毕，禀赐断绝，妻子饥冻。’牵挽臣车，使不得行。羌胡敝肠狗态，臣不能禁止，辄将顺安慰。”[2]董军的数量并不多，却能有较强的战斗力，与羌人的勇敢不无关系。至于内迁的羌族首领，他们不仅掌握着众多的部众，也逐步具有较高文化水准与统治能力，为以后在中国政治舞台上扮演重要角色准备了条件。

另外，分散至中原内地的羌人肯定数量不少，但因处于汉族的汪洋大海中，免不了很快就被同化的命运。

1 《三国志》卷 36《蜀书·马超传》裴松之注引《典略》。
2 《后汉书》卷 72《董卓传》。

第七节

氐

氐人原来居住在今陕、甘二省与四川接界处。“自汉开益州，置武都郡，排其种人，分窜山谷间，或在福禄（应为‘禄福’，今甘肃酒泉市，西汉后期酒泉郡治），或在汧、陇左右。”[1]由此可见，氐人向西北迁移至河西走廊和陇东是在武帝元鼎六年（前111年）设置武都郡以后。

氐人的迁移并非一次完成的。如在设郡之后的元封三年（前108年），“武都氐人反，分徙酒泉郡”[2]。这应是禄福氐人的来源。据《华阳国志》，氐人还被迁至敦煌[3]。

西汉后期氐人的分布很广。从《汉书·地理志》看，陇西郡有氐道，广汉郡有甸氐道和刚氐道，蜀郡有湔氐道，张掖郡有氐池道，敦煌有氐置水，武都郡有氐道水，这些县级政区名和河流名显然都是氐人聚居区或因氐人多而得名的，说明从河西走廊到川西高原都有氐人的足迹。

但西北的氐人移民数量有限，分散后影响更小。尽管经过武帝时的强制外迁，武都仍是氐人的基地，人口也最为集中。

东汉建武初，“氐人悉附陇蜀”[4]，显然一部分外迁的氐人又从各地重新汇集到今甘肃东南和四川北部一带来了。到东汉后期，氐人的数量也大大增加。由于他们与羌人一样是非汉族，又常常与羌人混居，所以人们往往氐羌合称，不加区别。

东汉建安十六年（211年）马超、韩遂起兵时，“兴国氐王阿贵、白项氐王千万各有部落万余”参加。马、韩兵败后，“阿贵为夏侯渊所攻

1 《三国志》卷30注引《魏略·西戎传》。
2 《汉书》卷6《武帝纪》。
3 《华阳国志》卷2《汉中志》，《华阳国志校补图注》，上海古籍出版社1987年版，第96页。
4 《后汉书》卷86《西南夷传》。本节以下凡据此传者不再一一注明。

灭，千万西南入蜀，其部落不能去，皆降。国家分徙其前后两端者，置扶风、美阳，今之安夷、抚夷二部护军所典是也。其本守善，分留天水、南安界，今之广魏郡所守是也”[1]。这两支氐人共有二万余落，人口接近十万，如死亡、逃亡占一半，尚存四五万人。扶风、美阳地处关中盆地腹地，距雍州的行政中心很近，将曾经参与反叛的氐人安置在那里可便于控制；而广魏郡治所在今甘肃天水县东北，离雍州的中心较远，故安置了未参与反抗的氐人。

三国时氐人聚居区分属魏、蜀二国，故相互间时有争夺性的迁徙。建安二十年（215 年），曹操进兵汉中，取道氐人聚居的武都，“氐王窦茂众万余人，恃险不服”，被曹操“攻屠之”[2]，看来这一支氐人大部分被杀了，但武都氐人尚多，因此建安二十四年曹操在放弃汉中前，派张既去武都，将氐人五万余落迁至扶风、天水界[3]。其中定居在京兆、扶风、天水界的有万余户，而又以小槐里（今陕西武功县东）一带最为集中[4]。被迁移的氐人中有一支原来是从巴郡的宕渠（今四川渠县东北）迁来的巴氐，被安置在略阳郡（治今甘肃天水市麦积区东北）[5]。

张既的这次移民尽管规模很大，但毕竟还是在战时仓促进行的，所以作为氐人的发源地，武都仍有不少氐人。如魏延康元年（220 年），“武都氐王杨仆率种人内附，居汉阳郡”[6]，由今川甘边境迁至甘肃的渭河流域。正始元年（240 年），魏国的郭淮从魏蜀边境迁三千余落氐人至关中[7]。又如前面提到蜀国夺取武都后，也仍称为“降集氐羌”，把武都作为氐人的基地。

总之，到三国时期为止，氐人的迁移范围还不出今陕、甘、川三省，而以三省相邻处为中心。因而《三国志・魏书・张辽传》中一段有关“氐”的记载就颇令人怀疑：

1 《三国志》卷 30 注引《魏略・西戎传》。
2 《三国志》卷 1《魏书・武帝纪》。
3 《三国志》卷 15《魏书・张既传》。
4 《三国志》卷 25《魏书・杨阜传》。
5 《晋书》卷 120《李特载记》。
6 《三国志》卷 2《魏书・文帝纪》。
7 《三国志》卷 26《魏书・郭淮传》。

时荆州未定，复遣辽屯长社。……陈兰、梅成以氐六县叛，太祖遣于禁、臧霸等讨成，辽督张郃、牛盖等讨兰。成伪降禁，禁还。成遂将其众就兰，转入灊山。灊中有天柱山，高峻二十余里，道险狭，步径裁通，兰等壁其上。……遂进到山下安营，攻之，斩兰、成首，尽虏其众。

此事的时间、地点都很清楚，即发生在曹操征汉中之前，因此不可能有来自武都的氐人迁居于此。长社在今河南长葛市东北，灊山和天柱山在今安徽大别山东段，张辽进军的路线也无疑问，这六县只能是在今河南东南与安徽相邻处一带。在此前和此后，这一带从未有过氐人踪迹的记录，而且即使有少量氐人迁入，也不至于涉及六县之广。而且事后曹操在表彰张辽时也只说“以取兰、成，荡寇功也”，提的是人名和“寇”，也没有涉及“氐”。所以此段文字中的“氐”很可能是“民”字之讹，“氐六县”的原意应为“六县民”。

氐人迁移状况见图 7－5。

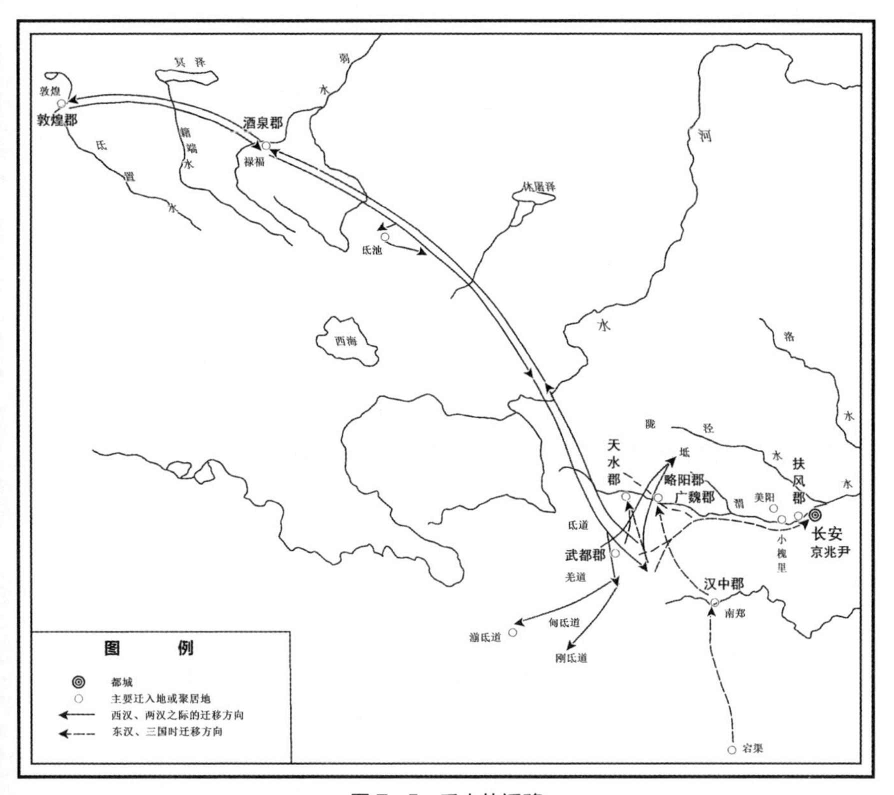

图 7－5　氐人的迁移

第八节

越

一、东瓯和闽越

秦朝末年，在闽中郡境内的越人君长恢复自立，并起兵响应汉军。由于越人实际上一直控制着这一地区，刚建立的汉朝又鞭长莫及，汉朝就在高祖五年（前 202 年）立闽越首领无诸为闽越王，在今福建以闽江下游为中心建闽越国，都东冶（今福州）。汉惠帝三年（前 192 年），又封勾践的后人摇为东海王，统治今浙江南部，以东瓯（今温州）为国都，所以又被称为东瓯王[1]。

武帝建元三年（前 138 年），闽越发兵围东瓯（东海），东瓯向朝廷告急。汉军出动，未至而闽越军闻风退走。据《史记·东越列传》："东瓯请举国徙中国，乃悉举众来，处江淮之间。"其实这只是汉朝的借口，因为长期生活在这里的越人绝不会要求迁至他们并不熟悉的"中国"去的，至多只是在武力胁迫下的姿态而已。《史记·汉兴以来将相名臣年表》在建元三年下载："东瓯王广武侯望率其众四万来降，处庐江郡。"这位被封为广武侯的东瓯王望应该就是那位"请举国徙中国"的东瓯王，称他"率其众四万来降"倒更符合当时的实际，即在军事对抗获胜无望的情况下不得不接受举国内迁的安排。

元封元年（前 110 年），汉军平定了闽越国中东越王馀善的叛乱，并乘机废除了与朝廷合作的（闽）越繇王，于是汉武帝以东越王的统治区地形崎岖、地势险要，闽越人强悍不驯、经常叛乱、反复无常为由，命

1 《史记》卷 114《东越列传》。

令军队和行政官员将当地百姓全部迁至江淮之间，使那里成为一片无人区[1]。

东瓯和闽越移民的数量，由于找不到直接的记载，间接材料也很有限，只能作大致估计。

吴王濞叛乱时，东瓯曾出兵相助，据《史记·吴王濞列传》，吴王方面对东越兵力的估计是“可万余人”。东瓯这次仅是响应吴王，不可能倾巢而出，最多动用一半兵力，那么东瓯男性青壮年应有二万多，全部人口不少于十万。

由此可见，广武侯（原东瓯王）望所率四万人并不是东瓯人口的全部，而只是被安置在庐江郡的部分。因为如果东瓯人已都安置在庐江郡，就不必泛指江淮之间了。此四万人很可能是东瓯都城及其周围的越人，由国王率领集中迁移。其他地区的越人比较分散，有一个征发及强制迁移的过程，则安置在江淮间其他郡，所以《年表》不可能一一载明，纪传中也只是泛指。这样估计，迁出的东瓯越人约有七八万。

建元三年（前 138 年），闽越曾发兵围东瓯，东瓯几乎投降[2]，可见闽越的兵力较东瓯为多，总人口必定也更多。元鼎六年（前 111 年）汉军用兵南越时，东越王馀善曾上书，“请以卒八千人从楼船将军击吕嘉等”，那么闽越国中归东越王控制的兵力大致能与东瓯相当，整个闽越国的人口估计为东瓯的一倍，即二十万左右。

东瓯与汉朝的郡县比较接近，当地越人与汉人接触较多。东瓯人的迁移虽然并非自愿，但其统治者会有一定程度的合作。而且在建元三年的移民之后，元封元年还可能迁走余下的东瓯人，因而东瓯人的外迁比较彻底。闽越人对迁移的抵制必定比东瓯人有力，加上其居住范围更广，除在东冶及闽江谷地等处比较集中以外，其他人分散在十余万平方公里的丘陵山地，实际上不可能将他们完全迁走。如迁走的人口以三分之二计，闽越的移民约十四五万人。

所以，东瓯和闽越地区并不是真的“其地遂虚”，还有不少越人留在原地，只是由于汉朝的郡县都撤销了，这些人都成了化外之民。到

1 《史记》卷 114《东越列传》。
2 同上。

了西汉后期，“遗人往往渐出，乃以东瓯地为回浦县”[1]。回浦县治在今浙江台州市椒江区东南，处于原东瓯的北界。这说明汉朝的统治还刚刚进入东瓯地区，治理的人口也仅是其中居住在北部的一部分。但至迟在东汉前期，该县（东汉改名章安）的辖境已经扩大到原东瓯的中心，并在这一带设置了东瓯乡。到永和三年（138年），东瓯乡升格为永宁县[2]。永宁县的治所即今浙江温州市，也是东瓯国都旧地。闽越境内在西汉后期也恢复了一个冶县（治今福州市），但直到东汉末年再也没有增加，说明由于交通及移民方面的困难，汉朝的统治范围还很难扩大。

正因为如此，在一般人的心目中，今浙江南部和福建全境根本不是汉人居住的地方，甚至不是“汉地”。如东汉末的许靖在致曹操的信中叙述自己的逃亡经历：“浮涉苍海，南至交州。经历东瓯、闽、越之国，行经万里，不见汉地。”[3]这也证明，除了极少数汉人行政人员外，汉人还没有迁入这一地区，仅有的两个县城居民都是越人，散居山谷间的越人始终没有列为汉朝的编户。

建元三年和元封元年两次迁入江淮之间的越人共有二十多万，大致分布在相当于西汉末年的庐江、九江和临淮三郡范围内。建元三年时的庐江郡还在江南，不属江淮之间。但到元狩二年（前121年）就在江淮间新置了庐江郡[4]，所以《史记·汉兴以来将相名臣年表》中所称庐江郡是司马迁用了元狩二年后的名称。一般来说，武帝不会将移民迁入诸侯国的封地，只能迁入直属朝廷的郡。但元狩元年刘安的淮南国已被撤销，所以到元封元年时江淮间大部分地方都是可用于安置移民的汉郡辖地了。

武帝以江淮之间为越人的安置地绝非偶然。江淮间本来人口较少，不像关东黄河流域的郡国那样稠密。江淮间地形平坦，既适宜越人开垦，又便于控制，可以安置较多人口。同时江淮间接近黄河流域

1 张勃：《吴地理志》，转引自王谟辑：《汉唐地理书钞》，中华书局1961年影印本，第135页。
2 《续汉书·郡国志》，见《后汉书》。
3 《三国志》卷38《蜀书·许靖传》。
4 据周振鹤：《西汉政区地理》第四章，人民出版社1987年版，第53页。

农业发达地区，又能利用顺长江而下的巴蜀余粮，容易解决移民初期的粮食困难。

司马迁在《史记·货殖列传》中将彭城（今江苏徐州市）以西江淮之间的地区划为南楚，说“其俗大类西楚”。但又说：“郢之后徙寿春（今安徽寿县），亦一都会也。而合肥（今合肥市）受南北潮，皮革、鲍、木输会也。与闽中、干越杂俗，故南楚好辞，巧说少信。”闽中当然是指今福建的原闽中郡地，即闽越；干越，一般认为是指居于干的越人，干即余干，在今江西余干县一带。由于寿春的人口主要是由楚国郢的移民构成，这一带又是楚国旧地，把它划为南楚是可以理解的。但与闽中、干越杂俗，就只能是来自闽中和干越的移民定居的结果。《史记·货殖列传》完成于元封元年之后，但也不会太晚，因此所反映的正是东瓯、闽越及余干一带（详见下述南海越人）的越人迁入江淮之间不久的状况。

迁入江淮间的越人移民以后又有迁移，至少有一部分迁至河东郡（今山西西南）。证据是《史记·河渠书》的记载：“久之，河东渠田废，予越人，令少府以为稍入。”如淳注：“时越人有徙者，以田与之，其租税入少府。”《汉书·沟洫志》所载相同。师古注：“越人习于水田，又新至，未有业，故与之也。”考河东渠的开凿与渠田之废在武帝元朔、元狩间（约前 122 年前后），早于东瓯越人迁江淮间十余年，这批越人不可能是此后才迁移的闽越人。这是见于记载的越人移民的北界，但这批越人以后就不知所之了。可能之一是河东的渠田并不适合稻作，以此为生的越人无法维持生活，因而又迁移了。可能之二是迁至河东的越人数量并不多，无论是否能维持种稻，不久就被当地汉人同化了。

定居在江淮间的越人尽管数量不少，毕竟也属于少数。加上他们与汉人同样从事农业生产，差别不大，所以一旦分散在数量和文化都占优势的汉人居民之间就很快被融合了。《汉书·地理志》收录的《域分》和《风俗》作于西汉成帝时（前 33—前 7 年），江淮之间已被划为吴地，对其历史和现状的叙述是：“粤（越）既并吴，后六世为楚所灭。后秦又击楚，徙寿春，至子为秦所灭。”“寿春、合肥受南北湖皮革、鲍、木之输，亦一都会也。”“本吴粤（越）与楚接比，数相并兼，故民俗略同。”

很明显，作者强调的是历史上吴、越、楚争夺兼并的影响，而不是不到一百年前越人移民的作用。据此，我们可以肯定，至迟在西汉末年，迁入江淮间的越人已经不再作为汉人以外的民族而存在了。

另有少数越人首领被封侯安置在陈留、会稽等郡(见表 7-2)。这些人会带上他们的家属和随从，但人数不会很多，自然更容易融合于汉人了。

表 7-2 元封元年（前 110 年）闽越降人封侯内徙

侯国名、受封人	原身份	所在郡
外（卯）石侯吴阳	东越衍侯	陈留（济阳）
开陵侯建成（敖）	东越建成侯	临淮
东成侯居股	东越繇王	九江
无锡侯多军	东越将军	会稽

二、南海

汉高祖十二年(前 195 年)曾封织为南海王[1]。但这个南海国究竟在哪里、延续了多少时间，却找不到具体的史料。《汉书》卷 44《淮南王传》中丞相张苍等劾淮南王刘长时提到：“南海民处庐江界中者反，淮南吏卒击之。”“南海王织上书献璧帛皇帝。”《汉书·严助传》载淮南王刘安上书称：“前时南海王反，陛下先臣(刘长)使将军间忌将兵击之，以其军降，处之上淦，后复反。”按淮南王刘长立于高祖十一年，废于文帝七年(前 173 年)，则南海国至文帝初年还存在，并曾向皇帝上贡。当时的庐江郡辖境直至今江西南城县北部[2]，南海国既与庐江接界或相近，只能介于汉豫章郡、南越、闽越之间，大致在今江西东南部至福建的汀、漳和广东潮、汕一带。不久就发生了南海王“反”的事件，由淮南王刘长派兵镇压，南海的越人被迁至庐江郡的南部。以后这些越人又反，结果却不得而知。不过由于这些越人已处于汉军的控

1 《汉书》卷 1《高帝纪》。
2 据《西汉政区地理》第四章，第 51 页。

制之下，加以镇压并不困难，所以最大的可能是被镇压后也内迁至江淮之间了。鉴于以后的史料中再未见南海国的记载，可能就因这次"反"而被废了。

东越和南海越人的迁移状况见图 7-6。

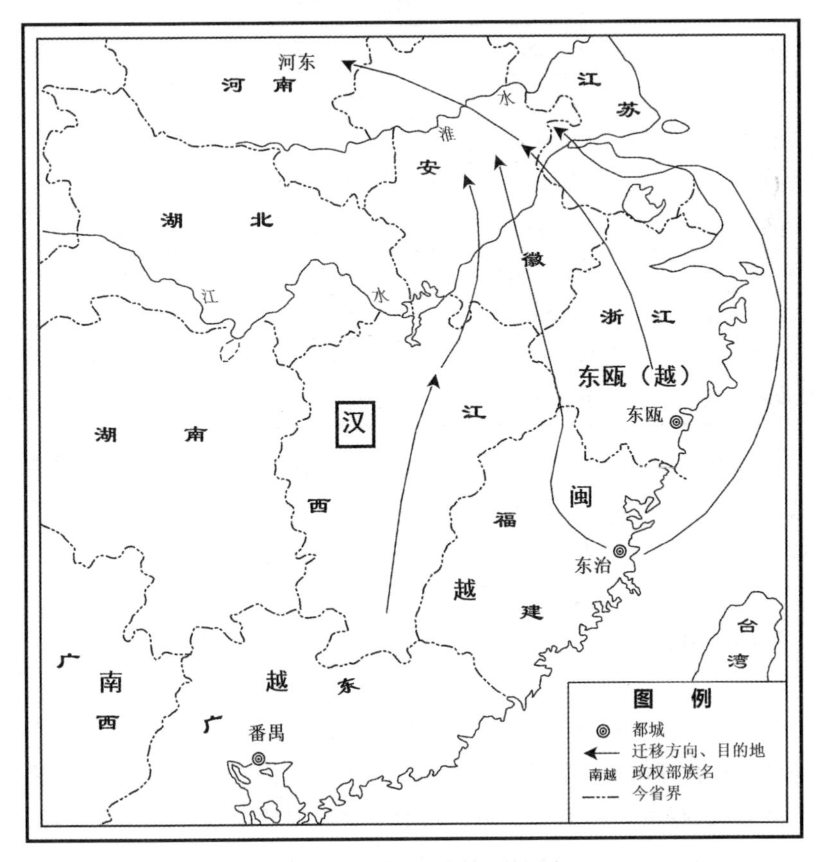

图 7-6　东越和南海越人的迁移

三、南越

南越境内本来已有较多的汉族移民，加上有赵氏政权长期经营的基础，所以汉武帝于元鼎六年(前 111 年)平南越后没有对越族人口进行大规模的迁移，仅将少数有功的南越降人封侯安置在内地(见表 7－3)，有罪的南越丞相吕嘉的家属则被迁至益州的不韦县(今云南保山市东北)。

表 7－3 南越降人封侯内徙

侯国名、受封人	原身份	受封时间	所在郡
术阳侯建德	南越王兄、越高昌侯	元鼎五年（前 112 年）	东海（下邳）
膫侯毕取	南越将军	元鼎六年	南阳
安道侯揭阳（史）定	南越揭阳令	元鼎六年	南阳
随桃侯赵光	南越苍梧王	元鼎六年	?
湘成侯监居翁	南越桂林监	元鼎六年	南阳（堵阳）
临蔡侯孙都（稽）	南越郎	元封元年（前 110 年）	河内
涉都侯喜	南越太子弃之子	元封元年	南阳
下鄜侯左将黄同	瓯骆左将	元封元年	南阳

原在今越南中、北部的安阳国为赵佗所灭时，安阳王由海道南逃[1]。但这一地区本来就是越人聚居区，安阳王迁入的时间并不长，被灭时又是仓促出走，更不可能有多少越人随从。

四、山越

东汉末孙权据有江南后，就不断对山越进行围剿，并且毫无例外地将所有被俘虏的山越成年男子编入军队。从《三国志·吴书》有关记载看，山越主要集中在今皖、赣、浙三省交界的山区，但是山越的民族成分却并不单一，往往没有严格的标准。

建安初，孙策渡江收取江南，太史慈自称丹阳太守。“是时，策已平定宣城以东，惟泾以西六县未服。慈因进往泾县，立屯府，大为山越所附。”[2]泾县治今安徽泾县青弋江对岸，则今泾县及其西皖南地区都

1 据蒙文通：《安阳王杂考》，载《越史论丛》，人民出版社 1983 年版。
2 《三国志》卷 49《吴书·太史慈传》。

是山越分布区。但同书《贺齐传》记建安十三年(208年)讨丹阳黟、歙时却只称"贼"而未提"越"。又《全琮传》:黄武七年(228年),"是时丹杨、吴、会山民复为寇贼,攻没属县,(孙)权分三郡险地为东安郡,琮领太守。……招诱降附,数年中,得万余人"。涉及的范围与前次相同,也没有指为越人。到了嘉禾三年(234年),"(诸葛)恪以丹杨山险,民多果劲,虽前发兵,徒得外县平民而已,其余深远,莫能禽尽,屡自求乞为官出之,三年可得甲士四万。众议咸以丹杨地势险阻,与吴郡、会稽、新都、鄱阳四郡邻接,周旋数千里,山谷万重,其幽邃民人,未尝入城邑,对长吏,皆仗兵野逸,白首于林莽。逋亡宿恶,咸共逃窜。"[1]至此,所谓"山越"已经十分明白,实际上是泛指长期山居、郡县未能控制的人口。其中虽然的确有自春秋战国以来一直居留下来的越人,但也包括自外地迁移来的"逋亡宿恶"及外县平民。

此外,在会稽剡县(治今浙江嵊州市)有山越人,并依附于担任县吏的大族;候官(即侯官,治今福建福州市)一带也有越人[2]。剡县近东瓯故地,候官完全是闽越地区,因此都有越人残余,但前者也并不一定是单纯的越族成分。

诸葛恪进剿的结果是获得山越四万人,自领万人,其余分给诸将,如顾承分得精兵八千人[3]。贺齐在今闽赣接界地区"料出兵万人"[4];张承任长沙西部都尉,"讨平山寇,得精兵万五千人"[5]。二者都应是同类性质。根据当时制度,这些士兵和他们的家属就成为将领的部曲,随同将领调遣转移[6],所以这些人口一般就在吴国的范围内迁移或定居了。由于山越中本来就有不少汉族成分,又处于军事编制之中,所以被汉人同化的过程更快。孙吴政权在原来山越聚居的地方普遍设置郡县,强化了对山越的统治,加上汉族移民的迁入,使更多的山越人口纳入了郡县的户籍编制,也使不少山越人由山区迁入平原、河

1 《三国志》卷64《吴书·诸葛恪传》。
2 并见《三国志》卷60《吴书·贺齐传》。
3 《三国志》卷52《吴书·顾雍传》附顾承。
4 《三国志》卷60《吴书·贺齐传》。
5 《三国志》卷52《吴书·张昭传》附张承。
6 《三国志》卷56《吴书·朱桓传》称桓对"部曲万口,妻子尽识之"。各传记部曲随将领转移及亡故后由其后人继承的例子甚多。

谷，与汉人杂居，加速了与汉人融合的过程，山越的聚居区相应缩小了。

五、夷洲（台湾岛）移民

来自夷洲(今台湾岛)的移民并不属于越人。但因迁入地是吴国，故列于此。

孙吴黄龙二年(230年)，曾遣将军卫温、诸葛直“将甲士万人浮海求夷洲及亶洲”，结果只是从夷洲掠回数千人[1]。这是见于记载的最早到达大陆的台湾岛移民，这些移民中的幸存者当然就此被同化于吴国人了。

第九节 朝鲜

汉武帝取得朝鲜后，也仅将少数有功降人封侯迁入内地(见表7-4)，并未有其他迁移措施。这类人数量极少，没有什么影响。

表7-4 朝鲜降人封侯内徙

侯国名、受封人	原身份	受封时间	所在郡
平州侯王唊	朝鲜将	元封三年（前108年）	泰山（梁父）
荻苴侯韩陶（阴）	朝鲜相	元封三年	勃海
澅清侯参	朝鲜尼溪相	元封三年	齐
幾侯张	朝鲜王子	元封三年	河东
涅（温）阳侯最	朝鲜相路人之子	元封四年（前107年）	齐

1 《三国志》卷47《吴书·吴主传》。

但是这并不意味着朝鲜人没有自发地迁入内地。根据一般规律，既然东北的汉人已大批移居朝鲜，两地的文化也没有明显的差异，那么朝鲜人完全可能同时迁入东北地区或进而进入中原，只是目前还无法找到史料的证据而已。

第八章

汉人南下的序幕和分裂中的内聚迁移

到战国后期，长江流域的经济已经有了一定的开发，出现了一些经济文化相对发达、人口相对稠密的地区。在秦统一以后，长江流域远离政治中心，又不是秦国旧地，秦朝的控制比较松懈，因而成为反秦人士和流亡的士大夫避居的地方。如下相（今江苏宿迁市西南）人项梁是楚国将领项燕之子，又杀了人，就与侄子项羽“避仇于吴中”，住在会稽郡治吴县（今江苏苏州市）。当时，项梁拥有“宾客子弟”，而且“吴中贤士大夫皆出项梁下”[1]，看来在吴地的北方移民或流亡者不在少数。进入西汉以后，在相当长一段时间内长江流域大部分是诸侯王国的封地，朝廷无法直接进行统治，一些诸侯王还蓄意与朝廷对抗，网罗人才，招诱逃亡者，争夺民户。

黄河流域的人口已经比较稠密，容易开垦的土地大多得到利用。由于经济文化比较发达，又是政治中心所在，贵族、官僚、地主、豪强集中，贫民要维持生计、农民要获得耕地都不容易。南方一般还是人口稀少，空余土地很多，地主豪强的势力相对不大；从生活和生产条件来

1 《史记》卷7《项羽本纪》。

说，对生存型的移民无疑具有更大的吸引力。

自秦朝到东汉，首都和全国性的政治中心始终在关中平原和伊洛平原，所以黄河中下游之交地带一向是夺取政权、分配权力和异族入侵的主要目标。每当政权不稳、改朝换代或北方游牧民族大规模内迁时，黄河流域特别是其中心地带总是战乱最频繁、破坏最严重的地方。而南方则相对平静，甚至能完全避免战祸的影响，成为难民的乐土。在生死存亡的紧急关头，贵族、官僚、地主、豪强也以生存为第一需要，不得不抛弃在北方的物质条件和政治利益，加入南迁避难的行列。

直到三国结束，黄河流域依然是全国政治、经济、文化的中心所在，因此南迁的贵族官僚和士大夫阶层大多要返回北方，仅少数获得较好境遇的人会留下来。但在南方得到了生存条件并在一定程度上改善了生活状况的下层人民一般就在南方定居，由流民变成了真正的移民。

第一节

西汉时期的人口南迁

一、蜀汉地区

西汉期间的人口南迁几乎不见于史籍记载，蜀汉地区（今四川盆地和汉中盆地）或许是唯一的例外。

在楚汉之争中，蜀地和汉中是刘邦可靠的后方。在汉初天灾人祸交迭时，成为关中灾民就食的场所。汉王二年（前 205 年），“关中大饥，米斛万钱，人相食”，“死者过半”，刘邦只得令百姓“就食蜀汉”[1]。

1 《汉书》卷 1《高帝纪》、卷 24《食货志》。《食货志》作“米斛五千”，与《纪》稍异。

当时还处于楚汉对峙期间，饥荒既然发生在关中，去蜀汉就食的人口自然只限于关中。但经过秦末的战乱，关中的人口已经不多；楚汉之争又消耗了关中大量人口，就在当年五月，为了支援刘邦在荥阳的会战，“萧何发关中老弱未傅者悉诣军”[1]。连老弱和未到服役年龄的人都征发了，留在关中的人就更少了。

另一方面，关中作为刘邦的主要基地，还得保留一定的人口，以后萧何曾多次征发“关中卒”为汉军补充实力。所以这一年迁往蜀汉的人数并不多，而且是以妇孺为主的。“就食”的人一般在灾害过后应返回故乡，但如果这些妇孺已没有亲人在关中，就很可能在蜀汉定居了。

西汉定都长安后，关中人口不再外迁，关东人口也主要用于充实关中，不再迁往蜀汉。但罪人则继续迁蜀，包括有罪的诸侯王，如梁王彭越[2]、淮南王刘长[3]等都曾废徙于蜀。直到汉武帝时在西北驱逐了匈奴，增设郡县后，才将大批移民和罪犯安置在西北边区。南越平定后，又将罪犯流放岭南，不再迁往蜀地。

只有房陵（今湖北房县）继续作为囚禁有罪废黜的诸侯王的地点。或许是考虑到这些对象相互之间隔绝的需要，武帝时又增加了上庸（今湖北竹山县西南）。与房陵一样，上庸也地处崇山峻岭之间，交通困难，与世隔绝，本地人口也很少。将被废黜的诸侯王置于此两地，既可严密监视，断绝他们与外界的联系，也可防止他们东山再起。

先后被徙置于两地的诸侯王见表8-1。这些人或自杀，或终老于徙地，未发现生还的例子。最后一例梁王立的徙地作汉中，但房陵和上庸均属汉中郡，此徙地应为二者之一，属史文失载。

表8-1　徙房陵、上庸诸侯王

徙　地	被徙人	被徙时间	备　注
房　陵	济川王明	武帝建元三年（前128年）	
上　庸	济东王彭离	元鼎二年（前115年）	

1 《汉书》卷1《高帝纪》。
2 《汉书》卷34《彭越传》。越已定徙蜀青衣，道遇吕后而还雒阳。
3 《史记》卷119《淮南衡山列传》。

续　表

徙　地	被徙人	被徙时间	备　注
房　陵	常山王勃	元鼎三年（前114年）	
上　庸	广川王去	宣帝本始四年（前70年）	邑百户，道自杀
房　陵	清河王年	地节四年（前66年）	邑百户
房　陵	广川王海阳	甘露四年（前50年）	
房　陵	河间王元	元帝建昭元年（前38年）	
房　陵	东平王云	哀帝建平三年（前4年）	自杀
汉　中	梁王立	平帝元始三年（公元3年）	自杀

扬雄的《蜀都赋》称“秦汉之徙，充以关东”[1]；如此说可信，那么西汉时也应有来自关东的移民迁入蜀地。但是正如前面第四章中对西汉“实关中”政策的论述，西汉时的关东移民都安置在关中的长安和陵县，并没有扩大到蜀地的记载。从当时的形势分析，朝廷的目的在于巩固中央政权，削弱关东诸侯及地方豪强，不可能将花了很大的力量才迁来的六国旧族、高赀富户、豪杰兼并之家不置于近畿，反而远迁至蜀地。而且遍检《史记》《汉书》及其他传世的史籍，竟找不到一个可信的实例。有人认为扬雄的《蜀都赋》不见于早期著录，与扬雄其他传世的文章风格迥异，作伪的可能性很大。这也从根本上动摇了这一说法。

但20世纪60年代在四川郫县犀浦发现的一块东汉残碑却提供了一个无可怀疑的证据。碑文曰：

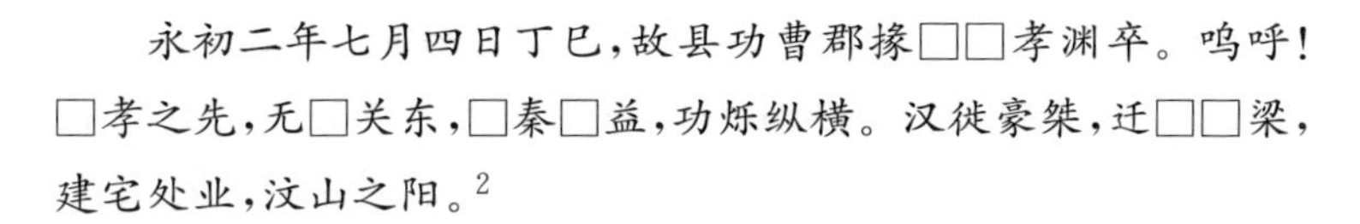

永初二年七月四日丁巳，故县功曹郡掾□□孝渊卒。呜呼！□孝之先，无□关东，□秦□益，功烁纵横。汉徙豪桀，迁□□梁，建宅处业，汶山之阳。[2]

残碑的出土地点就属于“汶山之阳”，此碑的真实性是无可置疑的。但是如果我们将此碑与扬雄的说法结合起来，放在秦汉的历史背景下作一番考察，西汉移民蜀地的真相就能一清二楚了。

---

1 《全前汉文》卷51，中华书局1991年影印本，第402页。
2 据谢雁翔：《四川郫县犀浦出土的东汉残碑》，《文物》1974年第4期。

首先,即使扬雄的《蜀都赋》是真的,也是作于西汉末年,而此碑最早刻于东汉永初二年(108 年),再早的记载尚未发现。所以我们可以说,根据现有材料,此说是西汉末年以后才形成的。

其次,碑主是一位地方低级官吏,碑文对其祖先只有一般性的颂扬,却举不出具体的事迹或身世。同样,无论是扬雄的赋中,还是他的其他文章中,也没有提供任何秦汉时"充以关东"的实例。扬雄本人虽是移民的后裔,他的先人在秦汉之际由楚巫山迁至江州(今重庆市城区),五世祖扬季曾任庐江太守,又在西汉元鼎年间溯江而上迁至郫县,原因是避仇[1],都不属于"秦汉之迁"或"豪杰"的范围。

最后,我们还可以考察一下蜀地的其他人物。第一位全国性的名人无疑应是司马相如。相如是成都人,而成都是战国时秦国移民最重要的迁入地,一般说来他应该是秦国移民的后裔。但连他的父亲都不见于记载,他自己的文章中也丝毫不涉及先世,足见他的祖先是没有文化和地位的平民。稍后一位是宣帝时闻名的王褒,但自称"辟在西蜀,生于穷巷之中,长于蓬茨之下"[2],也没有留下任何对他先人的称颂。现存对秦汉时代蜀地人物记载最详的《华阳国志》中,虽然也有"秦惠文、始皇克定六国,辄徙其豪侠于蜀"(请注意作者未提及汉代)的记载[3],却也找不到这些人有什么值得记载的世系。如果西汉时真有像"实关中"一样的大批"豪杰"或上层人物迁入蜀地,何至于没有留下一个稍有声望的后人?更何至于没有一位名人附会到这样一些有地位的祖先身上去呢?

所以我们可以肯定,迁入蜀地的主要是秦国、秦朝和西汉初年的移民,但西汉初的迁移对象主要是各类"罪犯"、平民、灾民,并不是以后大批迁入关中的关东上层移民。由于这些人社会地位和文化水准都很低,既没有什么值得称颂的祖先,也没有留下可考的世系。司马相如、王褒等都应是这些人的后裔。等到西汉末年及东汉时,蜀地经济文化已逐渐跻身于发达行列,文人学者也就注意到了先人的来历,

1 《汉书》卷 87《扬雄传》。
2 《汉书》卷 64《王褒传》。
3 《华阳国志》卷 3《蜀志》,《华阳国志校补图注》,第 148 页。

于是西汉初的移民就被有意无意地同“实关中”的关东移民混为一谈，罪犯、平民、灾民的先人也无形中提高到了“豪杰”“高赀富户”“六国旧族”这样的地位。

四川博物馆收藏的另一块墓门石枋石刻，可确定为东汉遗物[1]，有关文字如下：

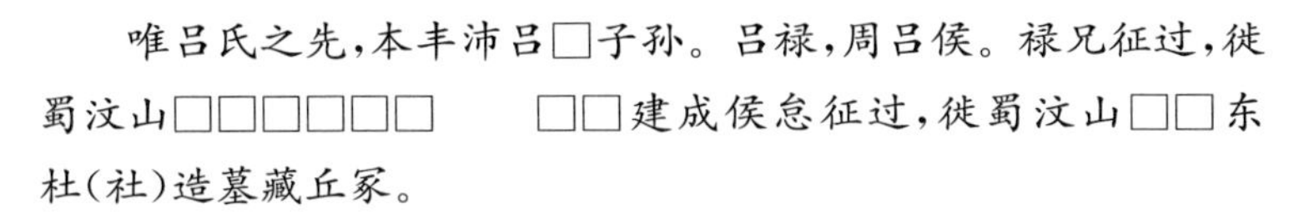

> 唯吕氏之先，本丰沛吕□子孙。吕禄，周吕侯。禄兄征过，徙蜀汶山□□□□□□　　□□建成侯急征过，徙蜀汶山□□东杜（社）造墓藏丘冢。

这一记载，与《史记》《汉书》等史料的内容出入甚大。可能之一当然是史籍失载，吕氏确有一支曾在西汉初因犯罪而被迁至蜀中；但更大的可能却是出于二百多年后吕姓人士的附会，所以才会将吕氏的世系记得似是而非。

这种现象，在中国移民史以后的阶段中是经常出现的。如明清后北方的移民后裔都自称来自山西洪洞县的大槐树，迁入四川的移民后裔大多认湖北麻城孝感乡为故乡。

当然，这并不是说从西汉初年以后就没有什么人迁入蜀地，只是没有官方实施的较大规模的移民而已。由于蜀地优越的自然条件、丰富的耕地和其他资源，对下层移民的吸引力始终是很强的。蜀地与关中相近，交通条件也不断得到改善，是关中平民避难、灾年就食、谋生理想的目的地。这些迁移在整个汉代都不会停止，只是未留下具体的记载。

值得注意的是，蜀地有些县和城是西汉初年设置的。一般来说，新县治或城的设立是一个地方人口增加和经济发展的结果。就蜀地而言，增加的人口既有可能来自移民，也有可能是出于当地人口的自然增长。由于蜀地正处于开发过程中，由中心区向周边的迁移、由北向南的迁移肯定是在不断进行的。如青衣县（今四川雅安市名山区西北）是“故青衣羌国”，高后六年（前 182 年）所开。僰道县（今四川宜宾

1　据张勋燎、袁曙光：《四川省博物馆藏汉代吕后族人墓葬石刻文字及其相关问题》，四川大学历史系编：《中国西南的古代交通与文化》，四川大学出版社 1994 年版，第 107—129 页。

市西南）也是高后六年筑城的，“本有僰人”，“汉民多，渐斥徙之”[1]。此两地原来都是当地少数民族聚居地，随着汉人的不断迁入才设置县城，这一过程在蜀地是有代表性的。

汉武帝开西南夷，将汉朝设置郡县的地区扩大到今四川南部、贵州和云南大部。这些地区的土著居民都是“西南夷”，为了设置和维持行政机构和交通线，朝廷和地方政府必定要迁入大批汉人，从当时形势和史料中未发现专门实施移民这两方面分析，这些人主要是从蜀地就近迁入的，这是蜀地人口又一次较大规模的南迁。如地处今云南保山境内的不韦县，据说是汉武帝将南越丞相吕嘉的子孙宗族迁去，并用吕不韦的名字命名的，一说是将吕不韦的后人迁入的[2]。这种附会前人的说法并不一定可信，但该县及其他新县初设时迁入了蜀地汉人应是确定无疑的。

还有一些特殊的移民，即中央政府派往蜀地的官员，有的就定居于任地。这些人数量有限，但因为他们一般既有文化又有推行先进文化的权力，所以起了很大的作用。最典型的例子是文翁。

文翁是庐江舒县（今安徽庐江县西南）人，“少好学，通《春秋》，以郡县吏察举”，是一位既有较高文化水准，又有行政才干的官员，景帝末年出任蜀郡太守，以后终老于蜀。他任职之初，当地还“辟陋有蛮夷风”，学术文化远远落后于发达地区。文翁首先选送有培养前途的人员到长安学习儒家经典和法律，首批仅十余人，以后逐渐增加，“学于京师者比齐鲁焉”。接着他在成都市中办起“学官”，从属县中招收弟子，是全国最早设立的郡级学校。学员享受优待，“高者以补郡县吏，次为孝弟力田”。随着社会风尚的转变，富人开始追求文化地位，并将财富投向文化教育[3]。所谓“文翁化蜀”，就是对文翁使蜀地的文化面貌发生根本性变化的歌颂。尽管这一转变实际上是蜀地经过长期经济开发的必然结果，但文翁无疑起了推动和促进的作用。

1 《华阳国志》卷3《蜀志》，《华阳国志校补图注》，第198、174页。

2 《华阳国志》卷4《南中志》主前说，孙盛《蜀谱》持后说，见《华阳国志校补图注》，第285页及288页注文。

3 《汉书》卷89《循吏传·文翁》。

二、淮南

西汉前期，淮南地区一直是诸侯国的封地。诸侯王或受战国君相礼贤养士之风影响，或为了收罗人才与朝廷对抗，采用各种手段招集文人学者、谋士辩才以至亡命之徒，王国的都城无不成为地区性的文化中心，也吸收了不少外来人口。

得风气之先的是梁孝王刘武，他在国都睢阳（今河南商丘市睢阳区南）"招延四方豪杰，自山以东游说之士，莫不毕至"[1]；连司马相如的《子虚赋》也是在客居梁国时写成的[2]。孝王死后，梁国被一分为五，但吴王刘濞和淮南王刘安又取而代之，吴都江都（今江苏扬州市西南）和淮南国都寿春（今安徽寿县）人才荟萃，极一时之盛。一些原来客居于梁的文人纷纷转往吴国，如齐人邹阳、吴人枚乘和严忌等"俱仕吴，皆以文辩著名"[3]。吴王还"招致天下亡命者"，"它郡国吏欲来捕亡人者，颂（讼）共禁不与"[4]。他利用垄断境内铜、盐生产所获得的厚利，对收罗的人士给予种种优待。淮南王刘安"亦欲以阴德拊循百姓，流名誉。招致宾客方术之士数千人"[5]；"折节下士，招致英隽以百数"[6]。正因为如此，淮南一度以辞赋、黄老和纵横之学冠于全国。

但这种局面没有维持多久。吴楚七国之乱后，吴王濞的势力被彻底消灭。元狩元年（前 122 年），淮南王被控谋反，"尽捕王宾客在国中者……所连引与淮南王谋反列侯、二千石、豪杰数千人，皆以罪轻重受诛"[7]。经过这次打击，聚集在淮南的士人大多落网，其余也烟消云散了。

这一类特殊的迁移并未造成多少真正的移民，因为这些诸侯王得势的时间都不长，随着中央集权的巩固和诸侯国的名存实亡，士人

---

1 《史记》卷 58《梁孝王世家》。
2 《汉书》卷 57《司马相如传》。
3 《汉书》卷 51《邹阳传》。
4 《汉书》卷 35《荆燕吴传・吴王濞》。
5 《汉书》卷 44《淮南衡山王传》。
6 《汉书》卷 45《伍被传》。
7 《汉书》卷 44《淮南衡山王传》。

失去了安身立命的基础,这类迁移的机制也就不复存在了。但可以肯定,这类迁移的结果还是形成了一定数量的移民,并且有其持续的影响。《汉书·地理志》录《域分》和《风俗》称:“初淮南王异国中民家有女者,以待游士而妻之,故至今多女而少男。”这里所说的“今”,是指成帝河平四年(前25年)至鸿嘉元年(前20年)张禹任丞相期间[1],也就是在刘安以后100年了。淮南依然保持着这样的风俗,说明还是有外来的“游士”迁入并在此安家。

二、长江以南

从西汉中期开始,北方移民已在不断迁入江南,只是由于规模不大,上层人士极少,而且相当分散,所以史籍少有记载。但能找到的个别例子,也能说明一些问题。如郑弘,“其曾祖父本齐国临淄(今山东淄博市东北)人,官至蜀郡属国都尉。武帝时徙强宗大姓,不得族居,将三子移居山阴(今浙江绍兴市),因遂家焉”[2]。又如王充,“其先本魏郡元城(今河北大名县东北)……几世尝从军有功,封会稽阳亭。一岁仓卒国绝,因家焉”[3]。从王充的例子,我们还可以推断,类似因任职、封侯等原因在江南定居的北方人虽然数量有限,却也不是个别。

西汉时黄河流域的人口向长江中下游地区的迁移,虽然找不到更多的例子,却还能从部分地区的人口增长率中看出一些迹象。从文帝七年(前173年)至平帝元始二年(公元2年)这175年间,原长沙国范围内(今湖南大部分和相邻的湖北、贵州、广东、广西、江西各一小部分)的人口年平均增长率达到9.2‰,超过全国同期约7‰的平均水平。而处于长江下游的原吴国范围内(今江苏淮河故道以南、皖南东部和浙江北部、中部),自景帝三年(前154年)至元始二年这156年间的年平均增长率只有约4‰。

---

1 据《汉书·地理志》,《风俗》是“丞相张禹使属颍川朱赣”所作。张禹任期见《汉书》卷19《公卿百官表》。
2 《后汉书》卷33《郑弘传》注引谢承《书》。
3 《论衡》卷30《自纪篇》,上海人民出版社1974年版,第447页。

很明显，原长沙国地区人口的持续高增长绝不是自然增长的结果，尽管该地区还处于开发初期，因而人口增殖的潜力较大，但有史料证实当地农业生产方面的一些重大进步要到东汉时才取得，所以一个值得考虑的因素是外来人口的迁入。具体理由如下：

（1）自关中或伊洛抵南阳盆地，沿沔水（今汉水）而下，经江陵向南，溯湘江而南，这是当时连接南北的交通干线。在南越平定以后，这条道路还延伸到了岭南和今越南。这条干线自然也是流民南下的通道，而流民一般并没有明确的目的地，只要有可能就会在沿途定居。

（2）该地区的北方是南阳、汝南、颍川、河南等郡，都是人口相当稠密的地区，这些郡的平原部分，到西汉后期的人口密度基本都已超过每平方公里 100 人。在遭受自然灾害的情况下，人口压力就更大。由于向其他方向的迁移受到限制，剩余人口必定要流向开发程度低、人口密度小的南方。

（3）自南阳盆地以南，江、汉、沅、湘流域都曾经是楚人长期经营的地区，文化、经济有一定的基础，内部的交通线路以及诸津渡向为人们所知，向南移殖并无多大障碍。而在长江下游，直到东汉时中原人还视渡江为险事，连作为监察会稽郡的长官扬州刺史也很少到郡视事[1]。

从以上这些条件看，长江中游的江南地区首先获得来自北方的移民并不是偶然的。

四、岭南

秦末，龙川县令赵佗以代理南海尉的身份控制了南海郡和南岭的主要关隘。秦亡后，赵佗吞并了桂林、象郡，自立为南越武王。西汉初年，汉高祖无暇南顾，只得在十二年（前 195 年）遣使立赵佗为南越王。吕后时一度封锁与南越的边界，断绝铁器贸易，赵佗索性自称南

---

1 《后汉书》卷 44《张禹传》："建初中，拜扬州刺史。当过江行部，中土人皆以江有子胥之神，难于济涉。禹将渡，吏固请不听。""历行郡邑，深幽之处莫不毕到。……吏民希见使者，人怀喜悦。"

越武帝,"发兵攻长沙边邑,败数县而去焉"[1];"发兵于边,为寇灾不止。当其时长沙苦之"[2]。"败数县"的具体情况不详,但肯定是破坏建筑物和掳掠人口。从"长沙苦之"可以推测,当时对长沙国造成的损失是不小的。长沙马王堆出土的西汉地图正好成图于此后,其中一幅驻军图上所绘范围包括长沙国南部约 850 平方公里,注明的居民才 700 多户,15 个里标明"今毋(无)人",5 个里标明"今不反(返)",1 个里标明"并□",占总里数的一半[3]。人口损失如此严重,固然不能排除逃往长沙国其他地区的可能。但文帝即位后就与南越和解,南越表面上也向汉朝称臣,边界恢复安定后,外逃者一般会返回,所以损失的人口是被南越掠走的可能性更大。不过由于长沙国南部当时人口还很稀少,被掠往南越的人口估计不会超过 1 万。

大约在公元前 179 年(汉文帝元年),赵佗灭了由蜀王开明氏所建的安阳王国,将南越的疆域扩大到今越南北部和中部[4]。为了实行有效的统治,必定要从以番禺(今广州市)为中心的中原移民聚居区将相当数量的人口迁往今越南境内。

尽管中原移民及其后裔在整个南越国人口中并不占多数,又分布于相当大的范围内,但由于居于统治地位,又来自经济文化先进的地区,所以其影响远远超出了他们的数量。一方面,他们与越人杂居,接受了越人的习俗,吸取了越人的长处。另一方面,他们将中原的先进文化和农耕技术带到南方。所以在移民聚居的地区,当地的经济文化水准与北方的差距已大大缩小,如番禺,在西汉中期已成为全国重要的都会之一[5]。

汉武帝元鼎六年(前 111 年)平定南越后,于次年(元封元年)"又遣军自合浦徐闻入南海至大洲,方千里,略得之","置儋耳、珠崖二郡"[6]。

---

1 《史记》卷 113《南越列传》。
2 《汉书》卷 95《南粤传》。
3 据《马王堆三号汉墓出土驻军图整理简报》,载《古地图论文集》及附图,文物出版社 1975 年版。面积由复旦大学中国历史地理研究所张修桂先生提供。
4 见蒙文通:《安阳王杂考》,载《越史丛考》,人民出版社 1982 年版。
5 《史记》卷 129《货殖列传》。
6 《通典·州郡典》及注,中华书局 1988 年版。汉朝于海南岛置郡有元鼎六年、元封元年二说,应以元封元年为正,见谭其骧:《自汉至唐海南岛历史政治地理》,载《历史研究》1989 年第 5 期。

海南岛上设有2郡、16县，必定要派驻行政人员和军队，由于路途遥远、气候特殊，多数人员大概是从岭南调遣的。海南岛置为郡县后，也会吸引一些大陆贫民迁入。但到元帝初元三年（前46年），汉朝因无法镇压当地民众的反抗而放弃了在海南岛的统治，军政人员全部撤回，同时下诏："民有慕义欲内属，便处之；不欲，勿强。"[1]所以，大陆移民的大多数已经迁回，还可能有少量与汉朝官府关系密切的土著上层人士随迁大陆。汉朝在海南岛的统治持续了55年，早期定居的大陆移民已进入第三、四代，所以也会有少数与土著相安无事的平民不愿内迁，定居在岛上。

岭南成为汉朝的疆域以后，并没有出现稍具规模的移民。最主要的原因自然是不存在移民的来源。南越远离人口稠密地区，周围今福建、江西、湖南、贵州都是人口非常稀少、尚未开发的地区，不可能有移民输出。而中原人口稠密区南迁的人口至长江流域就已定居，难以越过这大片的未开发区到达岭南。交通的不便也限制了人口的迁入。虽然秦朝时就已开辟了几条越过南岭的道路，并通过开凿灵渠沟通了长江和珠江两大水系，但路途遥远，路况艰险，利用率很低。所以交趾七郡对朝廷的贡献品和物资转运，都是从海路通过东冶（今福州市）转达的，"风波艰阻，沉溺相系"，很不安全。直到东汉建初八年（83年）开了零陵和桂阳二郡的"峤道"（在今湖南与广东、广西间翻越南岭的山路），从此成为主要的交通线[2]，情况才有所改观。不过与长江下游地区的联系还是以海路为主，到东汉末、三国时还是如此。

西汉和东汉都将岭南作为流放犯罪官员及其家属的场所，西汉以合浦郡（治今广东徐闻县南）为主（见表4－4），东汉则增加了今越南中部的日南、九真二郡。如：

永平四年（61年），太仆梁松被杀，弟梁竦、梁恭徙九真（治今越南清化省清化西北东山县）。后归本郡，建初八年（83年）被杀，家属复徙九真。永元十年（98年），其妻、子梁棠兄弟等被征还[3]。

1 《汉书》卷64《贾捐之传》。
2 《后汉书》卷33《郑弘传》。
3 《后汉书》卷34《梁统传》附梁竦，卷23《窦融传》附窦宪。

永元四年(92年),穰侯邓叠、步兵校尉邓磊、射声校尉郭举、长乐少府郭璜被杀,家属徙合浦[1]。在此之前,郅寿曾因得罪窦宪获罪,得大臣疏救后"论徙合浦。未行,自杀"[2]。

延光四年(125年),中常侍樊丰、虎贲中郎将谢恽、侍中周广被杀,家属徙比景(今越南广平省宋河下游高牢下村)。同年,车骑将军阎显兄弟被杀,家属徙比景[3]。

灵帝初,太傅陈蕃被杀,家属徙比景[4]。大将军窦武被杀,家属徙日南(治今越南广治省甘露河与广治河合流处)[5]。

光和二年(179年),中常侍王甫被杀,妻子徙比景[6]。

灵帝时,辽西太守有罪当徙日南,途中遇赦[7]。

以上例子基本都是外戚或大臣获罪被杀后流放其家属,并可肯定有一部分得以返回故乡。辽西太守的例子说明流放的对象也包括犯罪的官员本人,只是未发现更多的实例。但这两类对象的人数是很少的,最终留在岭南的就更少了。东汉初永平年间的广陵、楚、淮阳、济南等宗室"谋反"大案曾造成"徙者万数"的后果,从建初元年(76年)杨终上疏中有"且南方暑湿,障毒互生。愁困之民,足以感动天地,移变阴阳"这样的话看,流放的地点也包括岭南,且数量较多。杨终此疏上后,皇帝"听还徙者"[8];但到第二年四月,才"诏还坐楚、淮阳事徙者四百余家,令归本郡"[9],看来这些被流放者的遣返并不彻底。

岭南"处近海,多犀、象、毒冒、珠玑、银、铜、果、布之凑,中国往商贾者多取富焉"[10]。地方官吏也以此牟利,如《汉书·功臣侯表》载湘成侯益昌"五凤四年,坐为九真太守盗使人出买犀、奴婢,赃百万以上,不道,诛"。连被徙的官员家属也因此致富,如成帝时京兆尹王章被杀

1 《后汉书》卷23《窦融传》附窦宪。
2 《后汉书》卷29《郅恽传》附郅寿。
3 《后汉书》卷10《皇后纪·安思阎后》。
4 《后汉书》卷66《陈蕃传》。
5 《后汉书》卷69《窦武传》。
6 《后汉书》卷77《酷吏传·阳球》。
7 《后汉书》卷73《公孙瓒传》。
8 《后汉书》卷48《杨终传》。
9 《后汉书》卷3《章帝纪》。
10 《汉书》卷28《地理志》。

后，妻子徙合浦，居然因“产珠致产数百万”[1]。因此，岭南不仅会增加一些流动人口，如商人，也会吸引一些人定居。

由于岭南远离政治中心，朝廷的控制力较弱，因此成为一些人逃避官府迫害或仇人追索的地方。如胡广的六世祖胡刚，南郡华容（今湖北监利县北）人，在王莽居摄年间（公元6—8年）“亡命交趾”[2]。但这类人中也是临时避难者多，定居下来的少。如胡刚在王莽败后即回故乡。避乱而定居的仅发现一例：《三国志·吴书·士燮传》载，“（士燮）苍梧广信（今广西梧州市）人也。其先本鲁国汶阳（今山东宁阳县东北）人，至王莽之乱，避地交州。六世至燮父赐，桓帝时为日南太守”。士氏的前五代毫无事迹可记，足见只是一般平民。由于这是士氏显贵后的追述，该家族究竟是否北方移民，还是不无可疑的。总之，当时上层人士成为定居移民的还是绝无仅有的。

第二节 两汉之际和东汉的南迁

一、南迁的实例

从王莽政权的后期至东汉初，黄河流域陷于大规模的战乱之中，北部边疆又受到匈奴的威胁，西南、西北、东北先后出现地方割据，只有南方比较安定，所以中原人纷纷南下避难。

由于已有近二百年没有长时期的战争动乱，人们对避难并无长远的打算，都希望在恢复太平后就返回故乡。实际上多数难民也是这

1 《汉书》卷76《王章传》。
2 《后汉书》卷44《胡广传》。

样做的，如《后汉书·任延传》说："时天下新定（指更始元年），道路未通，避乱江南者皆未还中土，会稽颇称多士。"很明显，等天下安定稍久，道路畅通后，这些士人就都回中土去了。所以我们在比较早期、比较原始的史料中（如《后汉书》《三国志》《晋书》等）能找到的在两汉之际由北方南迁并定居的例子，除了前面提及的三国孙吴的士燮先人这一支以外，仅有两例。

《晋书》卷91《儒林传·范平》：

> 范平字子安，吴郡钱塘（今浙江杭州市）人也。其先铚侯馥，避王莽之乱适吴，因家焉。平研览坟素，遍该百氏……吴时举茂才，累迁临海太守，政有异能。

始迁人范馥的身份是可疑的，因为铚（今安徽宿州市西南）是沛郡属县，如果在王莽当政时或此前曾经为侯国，《汉书》的《地理志》和《侯表》是不大可能失载的，可见范馥或者根本就不是什么侯，或者只是一个亭侯或乡侯。但范馥迁自铚县却是可信的，因为对范氏来说，迁自铚县并不意味着什么特殊身份，没有必要在这一点上做假。自范馥至范平已经历了近二百年，才出了一位学者兼官员，可以认为范氏是一个平民，至多只是低级官吏家族。

《晋书》卷94《隐逸传·韩绩》：

> 韩绩字兴齐，广陵（今江苏扬州市西北）人也。其先避乱，居于吴之嘉兴（今浙江嘉兴市）。父建，仕吴至大鸿胪。绩少好文学，以潜退为操，布衣蔬食，不交当世，由是东土并宗敬焉。

韩绩的先人何时南迁不详，但从文理推断，绝对不是东汉末或三国，可能性最大的是两汉之际。韩氏的先人显然也是平民，直到其父才出仕孙吴，而他本人又隐居不出了。

但这并不意味着这一阶段没有人从北方南迁，也不意味着南迁的规模非常小。正如前面已经指出的，下层平民和农民的选择与上层人物和士大夫的标准不同，前者只要能在南方获得土地和较好的生活，就不一定返回北方。可是由于下层平民留在南方一事不足以引起学者和史官的重视，所以不会被记载下来，更不会有人记下他们的数量。前面所举《晋书》中的二例，要不是范平和韩绩的知名，也绝不会有他们先世的记录。范氏和韩氏都是从江淮一带向江南迁移的，距离并不太远。这在一定程度上反映出即使在战乱条件下，自发的迁移也具有梯度推进的特点。

东汉期间因任职、封侯南迁的例子同样存在，如《后汉书》卷38《杨琁传》：

杨琁字机平，会稽乌伤(今浙江义乌市)人也。高祖父茂，本河东人，从光武征伐，为威寇将军，封乌伤新阳乡侯。建武中就国，传封三世，有罪国除，因而家焉。

二、从南方户口数的增长看人口南迁

尽管具体记载依然十分有限，但东汉永和五年(140年)南方一些郡的户口统计数提供了比以往更加坚实的证据(见表8-2)。

表8-2　东汉部分郡人口数与西汉末比较

郡	①永和五年(140年)人口数	②元始二年(2年)人口数	①比②增加数	①与②比较	年平均增长率
零陵	1 001 578	157 578	844 000	636%	13.5‰
桂阳	501 403	159 488	341 915	314%	8.3‰
武陵	250 913	157 180	93 733	160%	3.4‰
长沙	1 059 372	217 658	841 687	489%	11.6‰
丹阳	630 545	405 170	225 375	156%	3.2‰
吴郡	700 782	516 295	184 487	136%	2.2‰
豫章	1 668 906	351 965	1 316 941	474%	11.3‰

资料来源：据梁方仲：《中国历代户口、田地、田赋统计》，上海人民出版社1980年版，其中②一项原作者已考虑到与①之间辖区的变化，并已作了相应的调整。

表中所显示的情况与西汉时期有惊人的相似：长江中下游江南部分的人口增长率，还是中游高于下游，相当于西汉原长沙国范围内的零陵、长沙、桂阳三郡分别达到8.3‰—13.5‰，其次是豫章郡(约相当今江西省)的11.2‰，而下游的吴和丹阳二郡只有2.2‰和

3.2‰。

看此表的数字还必须注意这138年间人口变化总的趋势。

首先，东汉永和五年的户口总数比西汉元始二年要少，所以全国大多数郡级单位的口数是下降的，也就是说，从户口统计数看，这一阶段的年平均增长率是负数。出现这种现象的真正原因是户口的隐漏，而不是实际人口的下降。由于隐漏户口是全国普遍的，所以我们可以这样认为，凡是户口与西汉持平的，实际人口已有一定程度的增加；而户口数大于西汉的，实际人口肯定已有很大幅度的增加了。

其次，这138年间并不是平稳增长的。由于天灾人祸的影响，特别是在王莽末年和东汉初，各地多少受到一些损失，要经过若干年后才能恢复到西汉末的水平。所以各郡人口的谷底要比元始二年还低，从谷底增长到永和五年的数字间的实际年平均增长率比目前计算出来的要高。

至此，我们可以得出的结论是，这些郡的户口增长率说明，它们的实际人口都有了大幅度的增长，肯定是人口的机械流动所致。从统计数字看，吸收外来移民的主要地区是今湖南、江西，而今江苏、安徽南部移民较少。

第三节

东汉末和三国期间的南迁

一、迁移过程

东汉末年开始的战争动乱，如果从光和七年（184年）黄巾起义爆发算起，到建安二十四年（219年）三国鼎立的局面形成为止，长达35年。在此期间，局部的战争年年都有，波及中原大部分地区的大规模战争也持续了多年。

黄巾起义发生时，由于东汉朝廷的统治依然维持着，而且起义的主力在当年就遭到镇压，所以没有造成重大的迁移。以后几年尽管余波未息，四方多事，但难民一般就近避乱，也还没有形成大规模的长距离的迁移。到初平元年（190年）关东州郡起兵讨伐董卓，董卓挟献帝迁都长安，将洛阳200里内数百万人强行西迁[1]，引发了第一次由中心地区向周边的大迁移。除了这数百万人外，青、徐二州（约相当今山东大部和江苏北部）有百余万人逃往幽州刺史刘虞所辖的今河北北部、北京市和辽宁西部[2]。洛阳一带还有少数人逃脱了董卓军队的逼迁，迁回故乡或向东迁移。今山东西部和河南的人口主要向南迁至今湖北江陵的荆州一带投奔荆州牧刘表[3]。

第二次大迁移开始于初平三年（192年），王允杀董卓后，董卓的部将李傕、郭汜等攻入长安，杀了王允，不久又自相攻击，关中大乱。关中的难民有数十万东迁至今江苏徐州一带投奔徐州刺史陶谦[4]。另有数万户进入今四川境内投奔益州牧刘焉[5]。一部分向南出武关（今陕西商洛市商州区西南丹江北岸），经南阳盆地陆续迁入荆州。献帝西迁长安时，“三辅户口尚数十万”，经过这场大乱，“强者四散，羸者相食”，到兴平二年（195年）时，“关中无复人迹”[6]。同年，孙策渡长江南下经营江东，江淮间不少人随之南迁（详见下述）。至建安四年（199年），孙策攻下皖城，俘获袁术留下的“百工及鼓吹部曲三万余人”，迁至吴（今苏州市）[7]。

建安十六年，屯兵关中的马腾、韩遂等十部起兵反曹操，关中再次大乱，引起第三次大迁移，关中才恢复起来的人口又有数万户越过秦岭进入汉中盆地，投奔张鲁[8]。

1 《后汉书》卷62《董卓传》。
2 《后汉书》卷63《刘虞传》。
3 《后汉书》卷64《刘表传》。
4 《后汉书》卷63《陶谦传》。
5 《后汉书》卷63《刘焉传》。
6 《后汉书》卷72《董卓传》。
7 《三国志》卷46《吴书・孙破虏传》裴松之注引《江表传》。
8 《后汉书》卷63《刘焉传》。

建安十八年，曹操与孙权相持不下，后北归，"恐江滨郡县为（孙）权所略，征令内移。民转相惊，自庐江、九江、蕲春、广陵（约相当于今江淮间安徽、江苏地）户十余万皆东渡江，江西遂虚，合肥以南惟有皖城（今安徽潜山县）"[1]。这是第四次大迁移，人数达数十万之多。

魏正元二年（255年，吴五凤二年），扬州刺史毌丘俭与文钦等起兵讨司马氏，失败后，淮南有数万人渡江南迁至吴国境内[2]。这是第五次，也是最后一次较大的迁移。

但是以上这些迁移并不是都以大规模的移民为结果的，有几次迁出的人口或者以后又返回中原，或者大部分死亡，没有多少人在迁入地定居。如迁往徐州的数十万人，在初平四年被曹操全部屠杀[3]。流入荆州的难民，在曹操得荆州后，大多北归，返回关中的就有数万人[4]。在曹操占领汉中后，原来投奔张鲁的人户又被全部迁回，有的还被迁至关东（详见下述）。还有的人避乱距离不是太远，局面安定后就返回故乡，或者未受到政权分裂的影响，乱定后得以即时回乡。如颍川（治今河南禹州市）人胡昭，开始时避乱冀州，后遁回故乡，又转至陆浑山中，最后定居在宜阳（今河南宜阳县西）[5]。又如琅邪临沂（今山东费县东）人王祥，"扶母携弟览避地庐江（治今安徽庐江县西南），隐居二十余年。……徐州刺史吕虔檄为别驾"[6]。真正成为移民的是迁入江南和四川盆地的那些人，由于蜀、吴相继建国，并分别延续了43年和60年，这些人中的大多数因此而定居。

二、迁入蜀国的移民

《三国志》所载迁入蜀国的对象如表8－3所示。

1 《三国志》卷47《吴书·吴主传》。
2 《三国志》卷48《吴书·三嗣主传》。
3 《后汉书》卷62《陶谦传》。
4 《三国志》卷21《魏书·卫觊传》。
5 《三国志》卷1《魏书·胡昭传》。
6 《晋书》卷33《王祥传》。原作"三十余年"，据校勘记改。

表8-3　迁蜀人物实例

姓　名	原　　籍	所见卷数
刘备	涿县（今河北涿州）	31
射援	扶风（今陕西兴平东南）	32
张飞	涿县（今河北涿州）	36
简雍	同上	38
赵云	常山真定（今河北正定南）	37
胡潜	魏郡（今河北临漳西南）	42
刘备甘后	沛（今安徽淮北西北）	34
孟光	河南洛阳（今河南洛阳）	42
郤正	河南偃师（今河南偃师东南）	42
黄忠	南阳（今河南南阳）	37
陈震	同上	39
吕乂	同上	39
杜祺	同上	39
李严	同上	40
王连	同上	41
许慈	同上	42
宗预	河南安众（今河南镇平东南）	45
刘备穆后	陈留（今河南开封东南）	34
陈祗	汝南（今河南平舆北）	39
许靖	河南平舆（今河南平舆北）	38
胡济	义阳（今河南新野）	39
魏延	同上	40
傅肜	同上	45
郝普	同上	45
来敏	义阳新野（今河南新野）	42
邓芝	同上	45
刘幹	南乡（今河南淅川东南）	39
费祎	江夏黾（今河南信阳东北）	44
刘琰	鲁国（今山东曲阜）	40
诸葛亮	琅邪阳都（今山东沂南南）	35
孙乾	北海（今山东昌乐）	38
伊籍	山阳（今山东巨野东南）	38
关羽	河东解（今山西临猗西南）	36
马超	茂陵（今陕西兴平东北）	36

续 表

姓 名	原 籍	所见卷数
法正	扶风（今陕西兴平）	37
姜维	天水冀（今甘肃甘谷东）	44
庞统	襄阳（今湖北襄阳）	37
董恢	同上	39
杨仪	同上	40
廖化	同上	45
杨颙	同上	45
习祯	同上	45
辅臣	同上	45
马良	襄阳宜城（今湖北宜城）	39
向朗	同上	41
张休元	南郡（今湖北荆州）	45
邓方	同上	45
冯习	同上	45
董和	南郡枝江（今湖北枝江东北）	39
霍峻	同上	41
罗宪	同上	41
费观	江夏（今湖北新洲西）	45
縻竺	东海朐（今江苏连云港西南）	38
文进	荆州（今湖南常德东北）	45
张南	同上	45
赖恭	零陵（今湖南永州）	45
刘巴	零陵丞阳（今湖南邵东东南）	39
蒋琬	零陵湘乡（今湖南湘乡）	44
潘濬	武陵（今湖南常德）	45
廖立	武陵沅陵（今湖南沅陵西南）	40
刘封	罗侯（今地无考）	39

资料来源：《三国志》，中华书局 1959 年版。括号内所注今地以县治为准，仅有郡者即注郡治所在。

从表中可以看出，迁蜀的人员主要来自三个方面：一是北方今河北、河南，包括刘备的原籍和曾经活动过的地方。这部分人一般都是随刘备至荆州后再迁入川的。二是来自南阳和荆州的，数量最多。这是由于刘备曾在新野驻扎，吸收了不少当地人士，又接收了荆州刘表的部分部众和投奔他的人员。这部分人是随刘备进入四川的基本力量。三是由关中投奔蜀国的人。

这三个方面大致代表了在蜀国的移民的组成部分，但并不反映移民构成的比例。这是因为列入表中的都是蜀国的上层人物，下层平民迁入虽多，却至多只见于一般记载。例如初平三年后从关中和南阳迁入的数万人，被刘焉编为“东州兵”[1]。这些人加上家属，数量有一二十万，以后也未再迁出，但表中来自关中的人很少，而且多数不是这一阶段迁入的。

除关中的一部分是直接迁入的外，其余两支都是经过了长途的、多次的迁移才在蜀地定居的，所以移民的总数不如迁入吴国的多。但吴主孙氏本身是江东土著，其统治集团中土著占多数，而蜀汉统治集团的主要成员是外来移民，因此不但必须协调与土著汉人的关系，还要稳定对少数民族地区的统治。

当然，《三国志·蜀书》所载人物并不完全，如据《资治通鉴》卷140载北魏直阁将军薛宗起称：“臣之先人，汉末仕蜀，二世复归河东。”《北史》卷36《薛聪传》亦载聪自称：“臣九世祖永，随刘备入蜀，时人呼为蜀。”[2]薛氏或薛永当也是迁蜀人物，其他职务较低或无甚事迹可载的人物必定还有不少。

刘备死后，蜀国南部大姓就公开对抗，并与吴国联络。建兴三年(223年)，蜀丞相诸葛亮出师南征，平定南中，改益州为建宁郡，以李恢为太守；分建宁、越巂置云南郡，以吕凯为太守；又分建宁、牂柯置兴古郡，以马忠为牂柯太守[3]。划小郡界，增设郡，无疑是为了削弱地方势力，便于朝廷的控制和郡之间的相互牵制。但由于土著汉人与少数民族的力量过于强大，诸葛亮不得不争取其上层人士的支持，所以南中各郡太守中，除马忠、永昌太守王伉是巴蜀人外，李恢是本郡俞元(今云南澄江县境)人，吕凯是永昌不韦(今云南保山市隆阳区东北)人，其他

1 《后汉书》卷75《刘焉传》。

2 《新唐书》卷73下《宰相世系表》三下称薛兰“子永，字茂长，从蜀先主入蜀，为蜀郡太守。永生齐，字夷甫，巴、蜀二郡太守”。较此二处更详，但未必可信。

3 《华阳国志》卷4《南中志》，《华阳国志校补图注》，第241页。

几位未见记载的太守估计也是本地人，当地的基层官员更是全部任用本地部族首领。这样做的原因，诸葛亮自己作过解释：“若留外人，则当留兵，兵留则无所食，一不易也；加夷新伤破，父兄死丧，留外人而无兵者，必成祸患，二不易也；又夷累有废杀之罪，自嫌衅重，若留外人，终不相信，三不易也；今吾欲使不留兵，不运粮，而纲纪粗定，夷、汉粗安故耳。”[1]

所以诸葛亮平南中后非但没有向南方移民，还从当地迁走了大量人口，他“移南中劲卒、青羌万余家于蜀，为五部，所当无前，号为飞军”[2]。所谓青羌，即原来居住在青衣江流域的羌人，以后南迁至今云南境内。这次所迁有羌人，也有当地其他部族人口，合计有数万，都被编入军队，驻守蜀汉各地或随蜀军征战。

移民迁入蜀国示意图见图8-1。

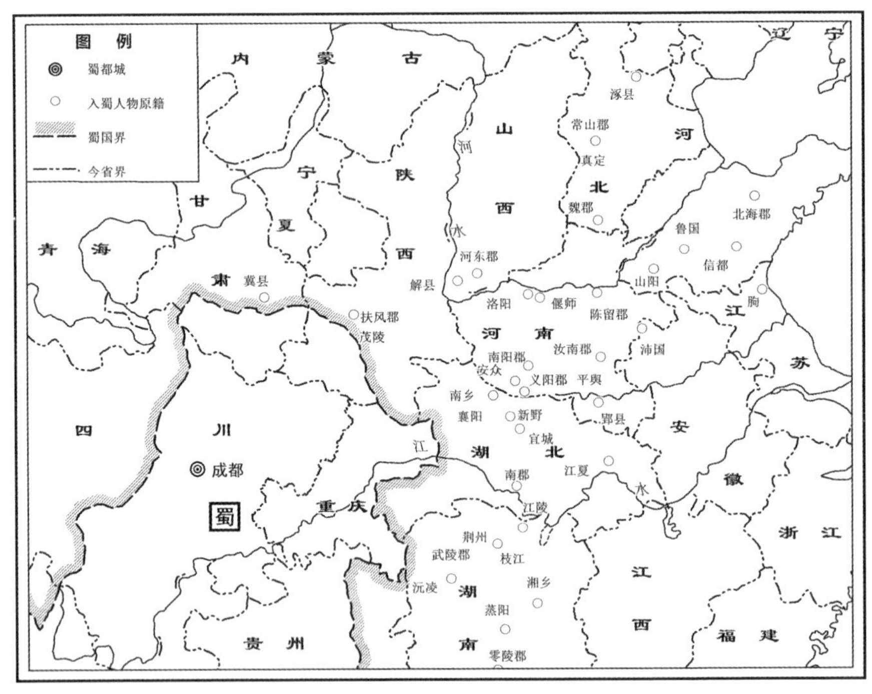

图8-1 移民迁入蜀国

1 《三国志》卷35《蜀书·诸葛亮传》注引《汉晋春秋》。
2 《华阳国志》卷4《南中志》，第241页。

三、迁入吴国的移民

见于《三国志》记载的迁入吴国的对象见表 8 - 4。

表 8 - 4　迁吴人物实例

姓　名	原　　籍	所见卷数
浩周	上党（今山西长子西南）	47
张梁	河南（今河南洛阳）	53
征崇	同上	53
赵达	同上	63
郑泉	陈郡（今河南淮阳）	47
冯熙	颍川（今河南禹州）	47
周昭	同上	52
濮阳兴	陈留（今河南开封东南）	64
陈化	汝南（今河南平舆北）	47
何定	同上	48
屈晃	同上	59
程秉	汝南南顿（今河南项城西）	53
吕蒙	汝南富陂（今安徽阜南东南）	54
吕范	汝南细阳（今安徽太和东南）	56
胡综	汝南固始（今安徽临泉）	62
孙权王夫人	南阳（今河南南阳）	50
李肃	同上	52
谢景	南阳宛（今河南南阳）	59
隐蕃	青州（今山东淄博东北）	62
刘惇	平原（今山东平原南）	63
孙邵	北海（今山东昌乐西）	47
是仪	北海营陵（今山东昌乐东南）	62
滕胤	北海剧（今山东昌乐西）	64
刘基	东莱牟平（今山东福山西北）	48
太史慈	东莱黄（今山东龙口东）	48
孙权王夫人	琅邪（今山东诸城）	50
诸葛瑾	琅邪阳都（今山东沂南南）	52

续　表

姓　名	原　　籍	所见卷数
徐盛	琅邪莒（今山东莒县）	55
潘璋	东郡发干（今山东冠县东南）	55
马普	济阴（今山东定陶西北）	51
郑胄	沛国（今安徽亳州）	47
薛综	沛竹邑（今安徽宿州北）	53
楼玄	沛蕲县（今安徽宿州南）	65
刘靖	庐江（今安徽庐江西南）	51
王蕃	同上	65
周瑜	庐江舒（今安徽庐江西南）	54
陈武	庐江松滋（今安徽霍邱东）	55
丁奉	庐江安丰（今安徽固始东南）	55
鲁肃	临淮东城（今安徽定远东南）	54
孙权李夫人	临淮淮阴（今江苏淮阴西南）	50
步骘	同上	52
蒋钦	九江寿春（今安徽寿县）	55
周泰	九江下蔡（今安徽凤台）	55
李衡	襄阳（今湖北襄阳）	48
张悌	同上	48
石伟	南郡（今湖北荆州）	48
吴硕	广陵江都（今江苏扬州西南）	51
卫旌	同上	52
张纮	同上	53
皇象	同上	63
华融	同上	64
刘颖	广陵海陵（今江苏泰州）	53
李岱	同上	60
张昭	彭城（今江苏徐州）	52
严畯	同上	53
谢慈	同上	60
臧均	临淮（今江苏泗洪东南）	64

续 表

姓　名	原　　籍	所见卷数
程普	右北平土垠（今河北丰润）	55
韩当	辽西令支（今河北迁安西）	55
甘宁	巴临江（今重庆忠县）	55

资料来源:《三国志》，中华书局 1959 年版。 括号内所注今地以县治为准，仅有郡者即注郡治所在。

从表中可以看出，吴国的移民主要来自北方今河南、山东、安徽和江苏北部，其他地区仅有零星迁入，而完全没有关中和西北的移民。此外，见于《晋书》的还有几例：卷 57《滕脩传》载，滕脩，南阳西鄂(今河南南阳市宛城区南)人；卷 58《周访传》载，周访曾祖，汝南安城(今河南汝南县东南人)；卷 78《孔愉传》载，孔潜，梁国(今河南商丘市睢阳区南)人，迁于会稽山阴(今浙江绍兴市)；卷 82《干宝传》载，干统，新蔡(今河南新蔡县)人。这些来源均不出上表的范围。由于南迁吴国的对象中不少人都是率领大批宗族和部曲同行的[1]，而且南迁后基本就在吴国安顿下来，不像刘备的部众那样又有多次迁移，所以这一构成基本能反映吴国移民的真实来源。至于没有关中和西北的移民，则是由于最初一批关中移民已在徐州被曹操屠杀殆尽，在以后的战乱条件下，关中人只会就近迁往汉中、蜀地，不可能再冒险东迁了。

移民迁入吴国示意图见图 8 - 2。

吴国接受的移民数量很多，仅第四次迁移中至少即有四五十万，但当时各国的户口统计范围并不是全部人口，所以不能反映实际人口数量。吴国期间，其境内的行政区域有了显著的增加。以今浙江省境为例，自东汉末中平以后至西晋太康(184—289 年)这百余年间，所设县由 21 县增加到了 47 县，新设了 26 县，比秦汉时的总数还多。所设新县最西南已达到今浙江江山市西北(定阳县)，最南已至今瑞安市(罗阳县)，很多已进入原来人迹罕至的山区。在汉代还存在的大片空

1　如《三国志》卷 54《吴书 · 鲁肃传》载鲁肃率 300 余人南行，类似情况颇多。

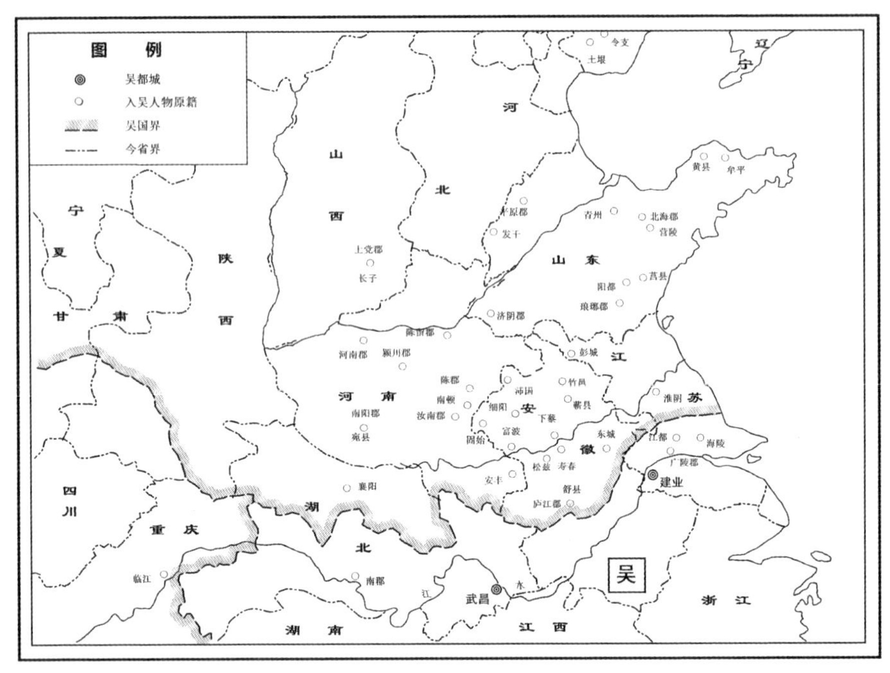

图 8-2　移民迁入吴国

白、未设县的地区,至此已大部消灭[1]。这固然有山越人被纳入郡县管辖的因素,但也可肯定是汉人不断南迁使人口增加的结果。

今福建省境的例子更能说明问题。直到东汉末年,当地还只有从秦朝沿袭下来的一个东冶县(今福州市)。但孙吴占有江东后,先后增设的县竟多达 7 个[2]。其中的吴兴、建平、建安位于由今浙江越仙霞岭,沿建溪入闽的交通线上;昭武、将乐位于由今江西越武夷山,沿富屯溪入闽的交通线上;南平则正处于这两条交通线相会的闽江旁。这样的分布恰恰反映了移民由今浙、赣两方面迁入福建后,渐次推进,逐渐定居的态势。东安县设于今福建南安市东丰州,在晋江下游,这说明移民的开发区已开始进入晋江流域,但总的说来还是在闽江流域。

1　参见谭其骧:《浙江各地区的开发过程与省界、地区界的形成》,载复旦大学中国历史地理研究所:《历史地理研究》第 1 辑,复旦大学出版社 1986 年版。

2　参见吴增仅:《三国郡县表》附杨守敬考证,载《二十五史补编》第三册,中华书局 1986 年重印本;《中国历史地图集》第三册。

今江西境内也有类似情况，但今湖南省和岭南地区的县级行政区划并没有明显的增加和变化，可见北方移民主要分布在今苏南、皖南、浙江、江西、福建，而以赣江流域和闽江流域为南界，在此范围以南和以西就只有移民潮的余波了。

如果以县级行政区的设置作为一个地方的初期开发基本完成的标准，吴国的新开发区超过了整个东汉新增加的单位，是南方开发史上一个有突出进步的阶段。这主要得益于移民的迁入，以及主要来自江淮一带的北方移民所传播的相对先进的生产技术和文化。

四、蜀、吴灭后的北迁

蜀、吴被灭后，两国的宗室、大臣和上层人士，无论是北方移民还是土著，都被迁往北方，所以一些北方移民或他们的后裔又返回了北方。

据《华阳国志・蜀志》，随刘禅迁往洛阳和中原其他地方的有三万家之多。如诸葛亮之孙诸葛京等迁至河东[1]，蒋琬、费祎的子孙都被迁往中原[2]，廖化、宗预在迁洛途中病亡[3]，郤正随后主至洛阳[4]。前述河东薛氏也由蜀地迁回[5]。魏咸熙元年(264年)，“劝募蜀人能内移者，给廪二年，复除二十岁”[6]。《晋书・地理志》济南郡下还有这样的记载：“或云魏平蜀，徙其豪将家于济河北，故改为济岷郡。而《太康地理志》无此地名，未之详。”《晋书》作时去魏已远，这一说法已无法得到证实，但仅仅根据《太康地理志》无此地名却未必能否定该郡的存在，因为太康去魏灭蜀已十多年，完全可能已经改名。这一说法至少可以证明当时迁蜀人于魏国内地的规模是相当大的。经过这样的强制迁

1 《三国志》卷35《蜀书・诸葛亮传》。
2 《晋书》卷91《儒林传・文立》。
3 《三国志》卷45《蜀书・廖化、宗预传》。
4 《三国志》卷42《蜀书・郤正传》。
5 《北史》卷36《薛聪传》，中华书局1974年版(下同)。又《新唐书》卷73下《宰相世系表》三下：“(薛齐)巴、蜀二郡太守，蜀亡，率户五千降魏，拜光禄大夫，徙河东汾阴，世号蜀薛。”具体情节未必可靠，但薛氏由蜀迁河东当无问题。
6 《三国志》卷4《魏书・三少帝纪》。

移和优惠待遇的劝募，蜀人内迁的数量应该是很大的。

吴国的情况同样如此。与吴主孙皓及其宗族一起内迁的有其大臣和有关官员。如顾荣，吴国吴（今江苏苏州市）人，“为南土著姓”，吴国丞相顾雍之孙，本人为黄门侍郎、太子辅义都尉；迁洛阳后，“例拜为郎中，历尚书郎、太子中舍人、廷尉正”[1]。周处，义兴阳羡（今江苏宜兴市）人，父曾任吴鄱阳太守，本人任无难督，吴亡后入洛，迁新平太守[2]。丹阳（今江苏南京市）人薛兼，吴尚书仆射薛综之孙，吴平后迁洛阳，为散骑常侍[3]。

还有不少实例证明，吴国亡后的内迁范围很广，不仅包括吴国的大臣、大将、江南土著大姓，还涉及一般官吏、已故将士的家属和北方移民的后裔。如历阳（今安徽和县）人陈训，任吴国奉禁都尉，“吴亡，训随例内徙”[4]。陶侃之父丹，鄱阳（今江西鄱阳县）人，吴扬武将军，“吴平，徙家庐江之寻阳（今湖北黄梅县西南）”[5]。丹阳秣陵（今江苏南京市）人纪瞻，祖、父分别是吴国的尚书令、光禄大夫，“吴平，徙家历阳郡（治今安徽和县）”[6]。富阳（今浙江富阳市）人孙惠，吴豫章太守曾孙，父祖也出仕吴国，吴亡后“寓居萧沛之间（今江苏沛县至安徽萧县一带）”[7]。朱伺，“少为吴牙门将陶丹给使。吴平，内徙江夏（治今湖北云梦县）”[8]。吴国的“大将战亡之家”被迁至寿阳（今安徽寿县）[9]。周访原籍汝南安城（今河南新蔡县），自东汉末迁入江南已有四代，祖、父任吴威远将军、左中郎将，吴亡后迁居庐江寻阳[10]。孔愉原籍梁国（治今河南商丘市睢阳区南），曾祖于东汉末迁于会稽（治今浙江绍兴市），祖、父均任吴太守，本人未任职，也迁洛阳[11]。

---

1 《晋书》卷68《顾荣传》。
2 《晋书》卷58《周处传》。
3 《晋书》卷68《薛兼传》。
4 《晋书》卷95《艺术传·陈训》。
5 《晋书》卷66《陶侃传》。
6 《晋书》卷68《纪瞻传》。
7 《晋书》卷71《孙惠传》。
8 《晋书》卷81《朱伺传》。原文作“朱伺字仲文，安陆人”。按，西晋江夏郡即治安陆，若朱果为安陆人，则无所谓“内徙”。故此安陆人当为朱内徙后之籍贯，原籍必为吴国某地，史文失载致误。
9 《晋书》卷3《武帝纪》。
10 《晋书》卷58《周访传》。
11 《晋书》卷78《孔愉传》。

这些对象中，除了在晋朝任职的大多迁入洛阳外，其余的一般都安置在原吴国以北不远的地方。其中的陶侃为陶丹之子，朱伺本是陶丹的部下，但一迁寻阳，一迁江夏，显然是有意的安排。

这类迁移出于强制，目的在于加强对潜在政敌的控制和巩固本身的统治基础，迁移对象有一定标准，所以对普通百姓影响不大，已在南方定居的平民大多没有再返回北方。

还有一些吴人是在晋统一后应征召或求官而去洛阳。如陆机、陆云兄弟，吴郡华亭（今上海市松江区西南）人，祖逊任吴丞相，父抗任大司马，吴亡十年后兄弟至洛阳求官[1]。贺循，会稽山阴人，吴亡后任晋武康（今浙江德清县）令，受陆机推荐至洛阳任职[2]。吴郡吴人张翰，随贺循去洛阳[3]。这些人一般只是本人北上，家族仍在原籍。但任职后家属也有北迁的，如陆机被杀时二子同时遇难，显然家属也已随迁。至于贺循、张翰等以后返回江南，主要还是政局大乱的缘故。

第四节

各政权的内聚型移民

所谓内聚型移民，就是一个政权运用其政治、军事或经济手段，将其他地区特别是边远地区或本政权外的地区的人口，强制迁至本政权的政治、经济、军事要地或者某些特定地区。

这一类迁移其实在战国时已见端倪，当时各国为增强自己的实力，千方百计增加本国人口，手段之一就是将邻国的人口迁入本国，或将本国缘边地区的人口集中到都城附近。秦国在对外扩张的过程中的很多次人口迁移，即属于这一类型。西汉的实关中和将越人内迁，

1 《晋书》卷54《陆机传》。
2 《晋书》卷68《贺循传》。
3 《晋书》卷92《文苑传・张翰》。

东汉在西北发生“羌乱”时将人口东迁至关中及关东,从本质上说,也均属此类型。

这类迁移有时不过是权宜之计,在某种形势转变或恢复正常后,统治者还会用行政手段将这些人口迁回,但结果往往不会彻底,所以在实际上留下不少定居的移民。如东汉初将北方八郡吏民内迁,以后迁回,但多年后留在内地的人还相当多。东汉中期迁西北人口至关中和关东的结果也是如此。

到三国分裂时,这种以本政权为中心的内聚型迁移变得十分频繁,规模也相当大,其中又以占据中原的曹魏政权为主。

初平三年(192—193 年)冬,曹操收黄巾降卒 30 万,男妇百余万口,“收其精锐者,号为青州兵”[1]。根据当时的情况,这批青州兵就成为曹氏的私产,随他南征北战,其家属就安置在他的后方或中心地区。建安二年(197 年),曹操开始在许昌屯田,很可能就是以这批家属为主。

建安九年,攻下袁氏占据的阴安(今河南南乐县西南),迁其民于河南(今河南中部)[2]。

十年,收“黑山贼”降人十余万。结果估计与青州兵相同。

十二年,征乌桓,斩其首领蹋顿,“胡、汉降者二十余万口”,迁于内地;其中乌桓精锐编为骑兵,到处征战。

十三年,平荆州,不仅将原来南迁的人口迁回,并将荆州名士等北迁[3]。

曹操以邺城(今河北临漳县西南)为基地,大量迁民于邺。如李典有部曲三千余家、一万余口在乘氏(今山东巨野县西南),自愿徙于邺,受到曹操赞扬[4]。从建安十一年至十八年,梁习任并州刺史,前后将匈奴等族数万人迁送至邺[5]。

二十年,张鲁降,迁汉中数万户于长安和三辅(关中),氐人五万落

1 《三国志》卷 1《魏书·武帝纪》。本节以下引《魏书》纪者不再一一注明。
2 《三国志》卷 17《魏书·张辽传》。
3 如窦武子辅,与宗人被迁于邺。见《后汉书》卷 69《窦武传》。
4 《三国志》卷 18《魏书·李典传》。
5 《三国志》卷 15《魏书·梁习传》。

(户)迁至扶风、天水郡内,同时又将大批人迁至河北邺城一带[1]。据说还有八万口自愿迁往洛阳和邺城[2]。如京兆(治今陕西西安市)扈累,建安十六年三辅乱,南入汉中,张鲁降后"随徙民诣邺",黄初元年(220 年)又迁洛阳。客居关中的安定人石德林(寒贫)也在建安十六年南入汉中,曹操破汉中后返回长安[3]。此前,张郃攻下巴东、巴西二郡,将其人口迁至汉中[4],这些人口可能也在北迁之列。如巴西安汉(今四川南充市北)人阎缵,"祖圃,为张鲁功曹,劝鲁降魏……瓒侨居河南新安(今河南渑池县东)"[5];阎氏家族正是由巴西先迁汉中,再迁洛阳附近的。其中有的被安置在阳平、顿丘二郡(今河南濮阳、内黄、南乐、范县以东及山东冠、莘等县地),到西晋太康初已有五六千家[6]。

曹丕代汉后,以洛阳为首都,又大量向洛阳移民,包括将已在邺城定居的数万户转迁洛阳[7]。他还计划从冀州(今河北中部)迁十万家充实河南。当时正值连年蝗灾,百姓饥荒,百官都知道难以实施,但因曹丕固执己见,不敢进谏。后经辛毗力争,曹丕才勉强同意减为一半[8]。这五万户也是迁于洛阳一带。又以谯县(今安徽亳州市)是曹氏故乡,也要大量移民。但当地"土地硗瘠,百姓穷困",难以安置,卢毓请求改在梁国,曹丕无奈,将移民迁至附近的睢阳(今河南商丘市南)[9]。

魏太和元年(227 年),司马懿攻灭新城(治今湖北房县)太守孟达,俘获万余人回宛县(今河南南阳市宛城区),又将孟达余众七千余家迁至幽州(治今北京市)[10]。

蜀、吴二国同样采取种种手段进行这种内聚型迁移,但由于以保境为主,能够取得的人口有限。

1 《三国志》卷 15《魏书·张既传》。
2 《三国志》卷 23《魏书·杜袭传》。
3 《三国志》卷 11 注引《魏略》。
4 《三国志》卷 17《魏书·张郃传》。
5 《晋书》卷 48《阎瓒传》。
6 《晋书》卷 51《束皙传》。
7 《三国志》卷 15《魏书·贾逵传》。
8 《三国志》卷 25《魏书·辛毗传》。
9 《三国志》卷 22《魏书·卢毓传》。
10 《晋书》卷 1《宣帝纪》。

这类迁移，不能说没有任何积极意义，如将战乱破坏严重地区或有潜在危险地区的人口迁至内地或安全地区，能避免不必要的损失。将被迫离家的难民迁回原籍，合乎多数人的愿望。将人口集中在都城或中心地区，有利于这些地区经济的恢复和发展。但在各地人口普遍大幅度减少，到处地广人稀、破坏严重的情况下，不顾实际的需要与可能，多次进行大规模的移民却只会造成巨大的损失。都城和中心区的恢复和发展，是以更多地区的长期荒芜和废弃为代价的，本国人口的增加同样是建立在别国人口的减少和损失的基础上的。何况这类迁移都出于强制，在迁移过程中必然造成大量人口的死亡和财产的毁坏。出于统治者的个人愿望和私利，将本来就不多的人口反复迁移，就更无积极意义可言了。

晋、南北朝时期移民的社会和自然背景

第一节

各政权疆域的变化

一、西晋

西晋太康元年(280年)灭吴,成为一个基本统一的中原王朝。西晋的疆域就是魏、蜀、吴三国的总和,但随着匈奴、鲜卑、羌、氐等非汉族大量内迁,西北和北方一些政区已经名存实亡,不在晋朝的掌握之中了。今桑干河以北的山西和山西西北部、陕西北部已完全为"羌胡"所有,不再有西晋政区。

即使这样很不完整的统一也没有能维持几年。元康元年(291年),皇族内部争权夺利的"八王之乱"就开始了,至永康二年(301年)

更演变成了大规模的厮杀混战。当八王中的东海王司马越在光熙元年(306年)成为唯一的胜利者,从而结束了这场历时16年的内乱时,西晋已到了覆灭的前夜,十六国中的汉(前赵)和成汉政权已经建立。

二、十六国

从东汉开始陆续迁入黄河流域的匈奴、鲜卑、羌、氐、羯、卢水胡、丁零等族,到西晋初已经有了不小的数量,经济文化水平也有了一定的提高。西晋皇族和统治集团内部的火并给他们提供了最好的机会,于是十几个政权先后在黄河流域、辽河流域和四川盆地建立起来,又匆匆地在其他政权的吞并中消失。

这些政权是:

成汉 298年(晋元康八年),巴氐首领李特率流民由关中入蜀。301年(晋永宁元年),益州刺史罗尚限流民在七月返乡,流民要求秋收后出发也未准许。十月,流民推李特等为首,起兵于绵竹(今四川德阳市北),进攻成都。304年(晋永安元年),李雄称成都王;306年(晋光熙元年)称帝,国号大成。因以后李寿在338年改国号为汉,史称成汉。成汉的疆域大致是除川西高原外的今四川省和陕西省汉中盆地的西部。东晋永和二年(346年)桓温伐成汉,次年李势降,成汉亡。

汉、前赵 304年(晋永安元年),匈奴左贤王刘渊以助成都王司马颖为名,在离石(今山西吕梁市离石区)起兵,不久就迁至左国城(今离石区北),称汉王。308年(晋永嘉二年)攻占平阳(今临汾市西南),迁都蒲子(今隰县)。同年十月刘渊称帝,次年迁都平阳。311年,汉军攻入洛阳,晋怀帝被俘。316年(晋建兴四年)兵临长安,晋愍帝出降,西晋灭亡。汉将刘曜攻占关中,石勒攻占关东。317年前后,汉的疆域北至阴山、今桑干河、燕山,南至淮河、秦岭,西至黄河、陇东。318年(东晋太兴元年),汉主刘粲被权臣靳准所杀,刘曜在长安称帝,与石勒起兵讨伐。次年刘曜改国号为赵,建都长安,史称前赵。石勒也自称赵王,与前赵分裂,史称后赵。前赵初建时的疆域东起洛阳,西至陇西黄河,北至渭北高原和今山西西南部。以后受石勒打击,退至关中。

328 年（晋咸和三年），石勒大破前赵军，刘曜被俘。329 年，后赵将石生攻下关中，前赵亡。

后赵、冉魏 319 年石勒称赵王后，建都襄国（今河北邢台市），330 年（晋咸和五年）即帝位。在灭前赵后，后赵已拥有汉、前赵的最大疆域，并一度越过淮河和南阳盆地，威胁东晋的北部。石虎即位后迁都于邺（今河北临漳县西南）。后赵末年发生内乱，349 年（晋永和五年）石虎死后，他的养孙、汉人石（冉）闵杀赵主，并在邺城和境内屠杀一切羯人和胡人。

350 年，冉闵自立为帝，改国号为魏。后赵的石祗也在襄国称帝，次年被杀，后赵亡。当时后赵境内大乱，各地纷纷自立，冉魏实际控制区有限。352 年，冉闵在廉台（今河北无极县境）被前燕击败俘杀，冉魏亡。

前凉 早在晋永康二年（301 年），张轨谋得凉州刺史一职，据有河西。西晋亡后，张氏仍世代据有凉州，317 年起史称前凉。前凉都于姑臧（今甘肃武威市），其疆域以河西走廊为主，东起黄河，西至玉门关（今甘肃西界），南起祁连山，北至居延泽（今中蒙边界一带）。前凉后期还控制了西域，设置了西域长史。376 年（东晋太元元年）灭于前秦。

前燕 西晋末年，鲜卑慕容部首领慕容廆据有今大凌河流域。其子慕容皝继续扩张，占有辽东半岛，并向西推进到滦河流域。在吞并了宇文部鲜卑后，扩张至今老哈河流域。337 年（东晋咸康三年）慕容皝称燕王，建都于昌黎郡（今辽宁义县），后迁至龙城（今朝阳市），史称前燕。石虎死后，前燕进军黄河流域，灭冉魏，迁都蓟城（今北京市），不久又迁至邺。前燕的最大疆域东至辽东半岛，北至今桑干河、燕山、内蒙古赤峰一带，南至淮河，西至今山西北部和沁水流域以东。370 年（晋太和五年）灭于前秦。

前秦 349 年石虎死后，原被强制迁至关东的氐人在苻洪率领下返回关中。350 年（晋永和六年），其子苻健进入关中，占据长安。次年自称天王，国号大秦，史称前秦。前秦初期的范围很小，晋桓温北伐时一度逼近长安。357 年（晋升平元年）苻坚即位后平定关中，以后又先后灭前凉、前燕和代,并在 373 年(晋宁康元年)夺取了晋的梁、益二州,占领了四川盆地。382 年(晋太元七年),苻坚遣吕光进军西域,两年后控制了东汉西域都护府的全部辖境,在龟兹(今新疆库车县)设置了西域校尉。至 383 年淝水之战前,前秦完全统一了北方,国境南至淮河、今重庆万州区以西长江一线,北至蒙古高原,西至今新疆吐鲁番盆地东部、祁连山、湟水流域、岷山、川西高原东部,东至辽东半岛,是十六国中疆域最广的一个。淝水之战败后前秦瓦解,后燕、后秦、西燕、西秦、后凉等政权纷纷自立,385 年苻坚被后秦俘杀。前秦残余势力在关中西部和陇东一带维持到 394 年,灭于后秦。

后秦 384 年(晋太元九年),羌人首领姚苌在渭北牧地起兵,自称万年秦王,史称后秦。386 年姚苌进入长安后称帝,国号大秦。在灭前秦后,后秦的疆域大致有河套以南、今陕西秦岭以北、山西西南部、宁夏大部和甘肃天水以东部分。403 年,南凉和北凉进攻后凉,后凉主向后秦投降,但其疆域不久即被诸凉瓜分,后秦仅夺取了西秦的部分领土。407 年后,渭北高原以北被赫连勃勃所占,但后秦从后燕和东晋夺取了黄河以南今河南的大部。417 年(晋义熙十三年),东晋兵临长安,后秦主降,后秦亡。

后燕 苻坚败后,前燕宗室慕容垂于 384 年自立为燕王,史称后燕。两年后称帝,定都中山(今河北定州市)。后燕收复了辽东旧地,又在 394 年(晋太元十九年)消灭了西燕,同年占有今山东。到第二年,后燕疆域的东、西、北三面大致恢复了前燕的旧界,南面则只到达今山东南界、河南洛阳至商丘一带。397 年(晋隆安元年),魏军攻克中山,后燕主迁于邺。次年慕容德建南燕,据有今山东境内。后燕的都城迁回龙城,疆域缩小到前燕初期的范围,但东部已被高句丽夺取,仅有辽河以西至滦河下游地区。407 年(晋义熙三年)为北燕所取代。

西燕 384 年,前燕原宗室慕容泓据有华阴,称济北王,不久被杀。其弟慕容冲称皇太弟,率其部众进攻长安,史称西燕。次年攻入长安,据有关中一部分。但到 386 年就发生内乱,最后慕容永获胜,迁至闻喜(今山西闻喜县),长安和关中为后秦所占。慕容永又攻占长子(今山西长子县西南),在此建都称帝。西燕的疆域仅有今山西西南部，而且很不稳定，其西部不久就被后秦占有。394年灭于后燕。

南燕 398年，后燕的宗室慕容德从邺迁至滑台（今河南滑县东旧县），称燕王，史称南燕。不久就向东南发展，占有今山东大部，次年以广固（今青州市西南）为都。409年晋刘裕北伐，次年初攻占广固，南燕亡。

北燕 407年，后燕将军冯跋（汉人）等拥慕容云（高丽人）为主。慕容云复本姓高，称天王，史称北燕。409年高云被杀，冯跋继位。北燕只拥有后燕后期的疆域。436年（北魏太延二年，宋元嘉十三年）灭于北魏。

西秦 385年（晋太元十年），陇西鲜卑首领乞伏国仁自称大单于，筑勇士城（今甘肃榆中县东北）为都，史称西秦。388年国仁死，弟乾归立，迁都金城（今兰州市西北）。西秦疆域狭小，虽置有十二郡，实际仅今甘肃兰州至陇西间地。以后曾击败氐族首领杨定，据有今甘南武都、成县一带。后又迁都苑川（今榆中县东北）。400年（晋隆安四年）被后秦所破，成为其附庸。409年（晋义熙五年）乘后秦势衰，乾归在枹罕（今临夏市西南）复称秦王，后又迁回苑川。414年灭南凉，占有今青海青海湖以东一带。430年（宋元嘉七年）西秦主乞伏暮末被北凉所逼，东迁投北魏，被夏兵阻于南安（今陇西县东南），故地全被吐谷浑所占。次年降于夏，西秦亡。

后凉 384年，前凉将吕光征服西域后回师凉州，386年在姑臧称凉州牧、酒泉公，史称后凉。后凉的疆域包括前秦自河西走廊至整个西域地区。自397年开始，南凉、北凉和西凉先后在境内建立，后凉的控制区越来越小。403年（晋元兴二年），在南凉和北凉的夹击下后凉主无法自存，降于后秦，后凉亡。

南凉 397年（晋隆安元年），一支河西鲜卑的首领秃发乌孤自称大单于、西平王，攻占金城等地，史称南凉。399年迁都乐都（今青海海东市乐都区），据有今青海东部。同年又迁都西平（今西宁市），402年（晋元兴元年）迁回乐都。406年（晋义熙二年）从北凉夺得姑臧，疆域扩大至河西走廊东段。410年败于北凉，退出河西走廊。414年灭于西秦。

北凉 397年，河西卢水胡首领沮渠蒙逊起兵，拥后凉建康（治今甘肃高台县南）太守段业为建康公，史称北凉。401年，蒙逊杀段业，自称张掖公，建都张掖（今张掖市西北），据有河西走廊中部张掖一带。410年扩展至河西走廊东段，412年迁都姑臧。420年（宋永初元年）击败西凉，进占酒泉；次年攻占敦煌，灭西凉。至此，北凉疆域达到极盛，与后凉盛时相当。439年（宋元嘉十六年，北魏太延五年）灭于北魏，但其残余势力继续在酒泉抵抗，战败后又占有鄯善（今新疆若羌县一带）、高昌（今吐鲁番东部一带），至460年（北魏和平元年）始为柔然所吞并。但以后高昌郡地成为一个独立政权，直到640年才灭于唐。

西凉 400年（晋隆安四年），段业以李暠为敦煌太守，不久李暠称凉公，建都敦煌（今甘肃敦煌市西），史称西凉。西凉据有河西走廊酒泉以西及西域，405年（晋义熙元年）迁都酒泉（今酒泉市）。420年，西凉主李歆东伐北凉，兵败后死，酒泉失守。421年，北凉破敦煌，西凉亡。

夏 407年（晋义熙三年），匈奴铁弗部首领赫连勃勃据有大城（今内蒙古杭锦旗东南），自称大夏天王，史称夏。夏占有河套至陇东和陕北，并不断进攻渭北，威胁后秦。413年建统万城（今陕西靖边县东北白城子）为都。418年进攻关中，晋军败退，夏以长安为南台（南部陪都）。至此，夏的疆域扩大到关中。426年（宋元嘉三年，北魏始光三年），北魏夺取长安，次年攻占统万。夏的残余势力在关中和陇东与北魏争夺，431年还乘机灭了西秦，但终于无力对抗，夏主赫连定西迁河西，途中被吐谷浑袭俘，夏亡。

除了这16个割据政权外，氐族首领杨氏曾占有仇池一带（今甘肃西和县、徽县、文县等县间地），丁零首领翟氏曾以滑台、黎阳（今河南浚县东北）为据点称魏王，北魏的前身称代国。

三、北朝

315年（晋建兴三年），拓跋鲜卑首领猗卢被晋封为代王，建都盛乐（今内蒙古和林格尔县北），以平城（今山西大同市）为南都，史称代。

376年灭于前秦。

386年(晋太元十一年),拓跋珪利用苻坚败亡的时机,收集旧部复国,同年迁都盛乐,称魏国,史称北魏。皇始三年(398年)迁都平城。北魏从后燕、夏夺取了大部分疆域,又先后灭北燕、北凉,至太武帝拓跋焘在位时(424—452年)基本上统一了北方。孝文帝太和十七年(439年)迁都洛阳。

北魏刚统一北方时的疆域大致北至今中蒙边界稍北。今蒙古高原和叶尼塞河上游、贝加尔湖一带有柔然、高车(敕勒)、契骨等部族,其中柔然与北魏为邻,最为强大,在今蒙古杭爱山脉的东段车车尔格勒一带建有可汗庭。北魏的东界已退至辽河以西,控制今大凌河下游,辽东成为高句丽的范围。北魏的西戎校尉府驻在扜泥(今新疆若羌县),控制着焉耆(今焉耆县)和鄯善(今若羌县)一带,但未能扩展到西域其他地区。南界在今黄河以南,占有今河南中部及山东西北的局部。

南朝宋元嘉二十七年(450年,北魏太平真君十一年)北伐失败,魏军反击,一度到达建康对岸长江边,从此北魏的疆域扩展至淮河一线,南朝仅保住今江苏北部。但北魏在西部已失去对西域的控制,退至伊吾戍(今新疆哈密市)。

北魏永熙三年(534年,南朝梁中大通六年),孝武帝讨伐权臣高欢未成,出奔关中,依靠宇文泰在长安建都,史称西魏。高欢另立元善见为帝,迁都邺,史称东魏。东、西魏的界线大致在黄河、今山西西南、河南西南、湖北北部。

东魏武定五年(547年,梁中大同二年),侯景以河南地降梁,使梁的疆域扩大到淮河以北。这时,吐谷浑首领夸吕(531—591年在位)称汗建国,540年(西魏大统六年)以伏俟城(今青海湖西岸布哈河河口附近)为都,并向南扩张到今四川松潘一带。西魏的西域部分为吐谷浑所占,伊吾被柔然占有,西界退至敦煌。

东魏武定八年(550年,西魏大统十六年,梁大宝元年),高洋废孝静帝自立,国号齐,史称北齐。

西魏废帝二年(553年,梁承圣二年),攻取了梁的益州,次年攻下梁元帝所在的江陵（今湖北荆州市荆州区），其疆域增加了今湖北西部、四川；今贵州和云南名义上也随益州的归属而成为西魏的一部分，尽管实际上仍为当地民族所有。西魏又划出江陵附近数县立萧詧为梁帝，作为附庸国，史称后梁。西魏恭帝三年（557年），宇文觉废魏帝，建国号周，史称北周。

与此同时，北齐夺取了南朝陈江淮间土地，所以陈的北界已退至长江。

北周建德六年（577年，陈太建九年，北齐承光元年），灭北齐，据有北齐全部疆域。581年（北周大定元年）杨坚代周，建立隋朝。开皇九年（589年），隋灭陈，南北重新统一。

四、东晋、南朝

自317年至589年，东晋和南朝的宋、齐、梁、陈都以建康（今江苏南京市，原名建业，避晋愍帝讳而改）为首都，仅梁元帝时（552—555年）有三年时间迁都于江陵。

东晋和南朝的北界即十六国或北朝的南界（已见前述），总的趋势是收缩的。除了东晋末年一度恢复到长安、洛阳和今山东境内外，一般只能稳定在淮河、秦岭一线，到陈后期已退至中下游的长江了。

由于一直忙于防御北方和对付内部的权力斗争，东晋和南朝顾不上西南边区的经营开发；加上地方官治理不当，甚至残酷压迫当地民族，规模不等的反抗时有发生。梁太清二年（548年）侯景之乱爆发，宁州刺史（治今云南曲靖市）奉命救援京师，离开治所。当地爨蛮的豪族趁机而起，在550年脱离梁朝。在宁州爨蛮的影响下，周围的部族纷纷自立，因此在今四川长江和大渡河以南、湖南西部、广西西部已经不再有南朝的郡县存在了。

南方的林邑国继续向北扩张。大约在南朝后期，又占了原日南郡剩下的三县之地，南朝疆域的南界退到了北纬18度一线。

第二节

人口数量和分布的变化[1]

一、人口数量的估计

见于记载的三国时期的户口统计数完全不符合当时人口数量的实际，主要原因是大量人口未列入官方的户口登记。因此笔者在《中国人口发展史》第五章中曾作过一个很保守的估计：三国末期在其疆域范围内的人口至少有 3 000 万。这也应该是西晋统一之初人口数的下限。而太康元年（280 年）官方的户口统计数只有 16 163 860，隐漏掉的户口几乎有一半之多。从西晋统一到八王之乱演变为大混战的永康元年（300 年）的 20 年间，人口还会有缓慢的增长，实际人口可能达到 3 500 万左右。

由于户口隐漏严重的状况在东晋和南朝并没有改变，而且愈演愈烈，所以此期间见于《宋书 · 州郡志》记载的唯一一项户口统计数（901 769 户，5 174 074 口）完全不能作为确定实际人口数的根据。笔者估计，东晋人口的发展基点约 1 050 万，末年可能达到 1 600 万—1 700 万，宋时的人口高峰在 1 800 万—2 000 万，以后有所下降，但到侯景之乱前夕达到 1 800 万—2 100 万的新高峰。由于疆域的缩小和战乱的影响，陈后期境内的人口在 1 500 万左右。

十六国期间的战乱，无论是其规模、持续时间和激烈程度，都是罕见的，由此造成的人口损失是巨大的。西晋末年北方的人口若以 2 000 万计，那么十六国期间的人口最低数可能只是原来的四分之一，

1 详见拙著《中国人口发展史》第五章，福建人民出版社 1991 年版。

即 500 万左右。但即使如此，在这 100 多年中还是有几段相对安定的时期，人口会有较大幅度的回升。还有一些大量吸收移民又能保持安定的地区，如河西地区、前燕时期的辽东等。所以就局部地区而言，已经超过西晋时的人口数量。

北魏的人口高峰出现在 6 世纪 20 年代，估计有 3 000 万左右。以后的战乱，东、西魏的分裂和北齐、北周的对峙又造成人口下降。但到隋灭陈前夕，由于人口一定程度的增长和疆域的扩展，总数又已接近 3 000 万了。

二、人口分布概况

由于户口统计数不能反映实际人口数，所以我们无法据此计算南方各地的人口密度。但是从史料中还是可以看出，长江中下游平原、宁（波）绍（兴）平原和珠江三角洲的人口密度有了很大的增加，以前近于无人居住的今浙江南部和福建也有了数量可观的行政区，这无疑是居民已经达到了一定数量的标志。在梁朝的极盛时期，首都建康的人口估计已经超过 100 万，建康及其周围一带是南方人口密度最高地区。

《魏书·地形志》所载户口数是十六国和北朝期间留下的唯一一项分政区统计数，但却连东魏境内都不能保持完整。而且由于在此期间各种方式的迁移异常频繁，人口数量也几经起落，北方的人口分布发生过无数次的变化，已经无法复原了。一般说来，各个政权的都城一带都是当时人口最稠密的地区，如后赵的襄国、邺城，前秦的长安和关中，北魏前期的平城和后期的洛阳，东魏和北齐的邺、晋阳，北周的长安等。

3 世纪中叶，南方的人口曾首次达到了与北方大致相等的数量。但在三国后期和西晋统一后，北方的经济有过短暂的恢复，又是全国政治中心所在，原来南迁吴、蜀两国的人口有一部分返回了北方，并有大量人口被北迁，因此在此期间北方的人口比重又增加了。

以后几个世纪出现了一个类似的过程：西晋末年开始的大规模

人口南迁，以后东晋和南朝在南方的发展，使南方人口在中国总人口中的比例相应提高，而北方原来的人口密集区几度化为丘墟，南方人口总数曾经超过北方，或保持着大体相等。但由于南方的经济基础还不如北方，人口总数不多，人口平均密度也还比较低，缺乏进一步开发的动力和压力。所以当北方出现一段稳定的局面以后，经济得到恢复，就再次显出雄厚的实力。到南北朝后期，北方趋于统一，南方却因侯景之乱等一系列战乱造成大量人口死亡，还有不少人因回归、出逃或被俘而迁入北方，在隋统一时，北方人口与南方相比又占了较大优势。

第三节

影响人口迁移的行政和社会因素

一、政权间的掠夺性迁移

政权之间以掠夺手段获得和迁移对方的人口，并不始于本阶段，但就其频繁程度和规模而言，本阶段是空前的，尤其是在北方。

出现这样的现象有其必然的原因。首先是因为经过连年的天灾人祸以后人口大量减少，大规模的人口外迁使中原地区人口严重不足。而任何一个新建立的政权，为了维持其正常的统治，生产足够的粮食，保持充足的兵源，都需要一定数量的人口。但人口的自然增长不可能在短时间内满足需要，掠夺对方的人口不仅可以弥补本身的不足，还可同时削弱对方的实力，统治者何乐而不为？南方政权和在北方河西、辽东等地建立的政权较少采用掠夺方式，而黄河中下游地区的政权却不时要向四周掳掠；十六国和北朝前期掠夺人口的记录频繁，北朝后期相对减少，主要原因即在于此。

其次是游牧民族的残余影响。游牧民族在入主中原以前，习惯以掳掠手段来对付农业民族和克服自然灾害造成的困难。这些民族成为中原的统治者以后，尽管条件已经发生了变化，或者本民族已不再以牧业为主，长期形成的习惯和思维却还会保持相当长的时间。由于进步程度的不同，各民族间和一个民族的不同阶段间也会采取不同的措施。如迁入内地时间较久、受汉族影响较大的羌、氐等族比羯、铁弗匈奴等族，鲜卑族的后期比之于它的早期，掠夺人口的手段较缓和，数量较少，造成的破坏较轻。

游牧民族的影响还反映在对被掳掠人口的处理方式上。以往汉族人口被掠至牧区后，绝大多数人被当作奴隶。在游牧民族进入中原攻城掠地或建立政权的过程中，依然保持着这样的做法，被掠的人口往往被当作战利品分给臣下和将士，这无疑激起了军队掠夺人口的狂热，以致掠夺性的迁移几乎与本阶段相始终。西晋末年战乱中人口被掠的情况极其惊人，连一度是晋朝实际主宰者的东海王越的妃子也未能幸免。十六国和北朝的统治者将俘虏来的人口“分赐王公以下”的记载屡见不鲜，直到北朝后期，对有功的文武大臣赐给奴婢若干口还是常见的做法。

应该指出，东晋和南朝也同样进行掠夺性的迁移，特别是对蛮族等少数民族人口。所不同的是，从法律上说，被掠的人口应该上交朝廷，尽管实际上有相当一部分被文武官员据为己有。被掠人口主要用于补充兵员和充当官奴隶。

掠夺性迁移频繁的另一个原因是统治者的短期行为。十六国期间不少政权的建立者一开始并没有长治久安的打算，满足于割据一方，因而以邻为壑，将邻国邻区当作自己的掠夺对象。政权的反复更迭和疆域的频繁变迁，使一些统治者对能否保持已占有的土地、维持本国的疆域缺乏信心，往往先将当地人口抢走再说，因而更加剧了这种不计后果的行动。

早期的掠夺性迁移因过于频繁，一些人被多次、反复迁移，一些人不断逃亡，加上在这些过程中人口大量死亡，一般都没有形成有一定规模的定居移民。在南北对峙形势形成以后，这类被掠人口回归的可能性较小，而且由于控制严密、安置分散，不得不很快融合于土著人口之中。

二、政权内部的强制性迁移

在加紧对境外或本国边远地区人口的掠夺的同时，在本国内部也要进行大规模的强制性迁移，将人口迁至首都周围或其他指定地点。这样做的原因之一，当然也是为了在局部地区缓解战乱后严重的人口不足，但还有其他以往未曾有过的因素。

由于政权林立，不少政权选择的都城原来只是地区性的行政中心，如州治、郡治，甚至县治，或者处于人口稀少的边疆地区。即使不经过战乱，这些地方及其周围地区也难以充当和维持一个都城，所以只能从外地迁入大量人口。如北魏前期建都的平城，从秦以来始终只是一个县治，东汉以后更是长期荒芜，周围既人口稀少，也没有适宜的农业生产条件，要成为统治北部半个中国的政治中心，就非大规模移民不可。个别政权的都城是完全新建的，如赫连夏的统万城，统治者必须迁入大批移民，百姓却未必愿意迁入，附近又无人可迁，强制性迁移就不可避免。

十六国和北朝政权居于统治地位的民族，其人口数量在本国人口中大多只占少数。为了维持本民族的统治，保持对其他民族的军事优势和政治压力，往往要将本族人口集中在都城一带，或将其他民族人口迁至便于控制的地区，或者将强制性迁移作为削弱、惩罚其他民族的一种手段。一些政权将各地的豪族、其他各族的上层人物、有反抗行为的异族人口等迁入中心地区，将本族人口随都城的转移而迁移，都是出于这样的考虑。

三、民族因素对移民的影响

尽管到西晋末年一些少数民族人口内迁已久，受汉族影响较深，但长期形成的民族隔阂不可能消除。儒家学说中“华夷之辨”的观念长期以来深入人心，在汉族上层中更是根深蒂固。游牧民族在夺取政权过程中和建立政权之初所采取的一些破坏性行动和民族间的仇杀，使汉人对异族产生了更大的恐惧和仇恨，所以在战乱中无不选择南方和其他汉人政权为避难场所。在不得已的情况下，也尽可能选择汉化程度较深或基本实行“汉制”的非汉族政权境内。

一般说来，平民和贫民较多着眼于物质生活，以能够维持生活为前提，至多只考虑生活方式、风俗习惯、语言等方面，所以较容易消除民族畛域。而皇室、贵族、大臣、官僚、士人等上层人士和知识分子由于物质生活相对有保障，更注重于精神生活，民族意识更加强烈而敏感。

但这些选择标准都是相对的，人口的迁移还受到其他很多因素的制约。当生存受到威胁时，除了民族意识特别强烈的少数人之外，流民和难民所企求的就只能是保全性命活下去。汉族中一些目光远大的人，或为了建功立业的人，会不顾民族偏见，主动迁入非汉族政权地区。

随着民族间接触交流的增加，民族间的共同点必定会越来越多，少数民族会“汉化”，汉族同样会“胡化”，以至趋于融合。无论是十六国还是北朝，后期的民族关系都比前期有所缓和，民族因素对移民的影响越来越小。

四、宗族和部曲对移民的影响

自东汉以来，中原地区形成了一些世代显贵的士族和政治经济实力强大、人口众多的豪族。它们的长期存在，也强化了人们的宗族观念。在战乱时期，官方的保护和控制荡然无存，人们只能依靠宗族的力量生存和迁移，所以往往由一个或若干个宗族及依附于它们的人口组成流民集团，共同进行迁移和定居。一位官员、士人、宗族首领或流民领袖率数百家以至数千家流亡迁移，结寨自保，垦田自给或在他乡定居，都是相当普遍的现象。由于移民有强烈的宗族性、地域性、集团性和集中性，所以文献资料中少数人物的迁移和定居过程往往有很大的代表性，因移民而设置的侨州郡县的居民基本都是移民。

南方和其他一些地区既不是战乱后的人口重建区，也不是基本没有人烟的新开发区，外来移民定居地大多正是当地人口相对稠密、经济相对发达的地区，或者与这些地区毗邻，这就难免不引发移民与土著的矛盾和冲突，往往表现为移民宗族与土著宗族间的激烈斗争。

地方官和世家大族、地方土豪拥有大量部曲，包括私人武装、奴婢、雇工、佃户等，是本阶段一大特色。这不仅使国家掌握的赋役人口大量减少，户口数字完全不符合实际人口状况，而且相当大一部分人口随着官员的升迁调动而迁移，因官员的荣辱而聚散；而被土豪控制的人口除非遇到战乱，否则就长期不会流动。

第四节

自然环境和灾害的影响

从公元前 1 世纪开始的寒冷气候一直持续至本时期结束，在 4 世纪前期达到极点[1]。《晋书》卷 109《慕容皝载记》记有这样一件史实：

> (咸康初)皝将乘海讨(慕容)仁，群下咸谏，以海道危阻，宜从陆路。皝曰："旧海水无凌，自仁反已来，冻合者三矣。昔汉光武因滹沱之冰以济大业，天其或者欲吾乘此而克之乎！吾计决矣，有沮谋者斩！"乃率三军从昌黎践凌而进。仁不虞皝之至也，军去平郭七里，候骑乃告，仁狼狈出战，为皝所擒，杀仁而还。

《资治通鉴》卷 95《晋纪十七》载此事于成帝咸康二年正月(336 年的 1—2 月)，但行军的路线更加具体："自昌黎东，践冰而进，凡三百余里。至历林口，舍辎重，轻兵趣平郭。"

当时的昌黎即今辽宁义县，平郭则在今盖州市西南，慕容皝的行

1　参见《中国自然地理·历史自然地理》第二章第一节。

军路线估计是循渝水(今大凌河)至海口,再越过辽东湾到达今盖州市西南。因此我们可以肯定,北纬40度以北的辽东湾是结了较厚的冰的。慕容仁反于晋咸和八年(333年),至此正好三年,冬天连续结冰的年份应为333—335年。据推断,年平均气温比现在要低2—4℃。

北朝贾思勰所著《齐民要术》成书于533—544年,该书所载桃树开花、枣树生叶和桑花凋谢的时间都比现代黄河流域的物候推迟了10—14天。该书还说为保证石榴树安全过冬,必须在农历十月用蒲藁裹住树枝,到来年二月才能解开,否则就会冻死。但现在在河南或山东,石榴树完全可以在室外生长,冬天也不需要什么防冻措施。这说明,6世纪上半叶河南、山东一带的冬季平均气温比现在低。

除了上述物候现象之外,晋、南北朝的寒冷气候还表现在霜雪初终日期的异常上。从文献记载的43条有关霜雪日期异常分析可知,当时的冬季风比现代强盛,霜雪期比现代长,春秋两季的温度偏低。冬季极端事件的异常表明当时冬季的气候同样是寒冷的,从寒冷事件的频率分布来看,晋、南北朝时期的寒冷气候中出现过两个大的冷谷,第一个冷谷的中心时间在310年(晋永嘉四年),跨度在290—350年(晋永熙元年至永和六年);第二个冷谷的中心时间是500年(南齐永元二年,北魏景明元年),跨度在450—540年(宋元嘉二十七年,即北魏太平真君十一年至梁大同六年,即东魏兴和二年、西魏大统六年),后者的寒冷事件频繁度要超过前者[1]。

1 据满志敏:《中国黄河、长江中下游地区夏末至元代末气候冷暖变化的初步研究》,复旦大学中国历史地理研究所博士论文(未刊)。

第十章

永嘉之乱后的人口南迁

西晋末永嘉(307—313 年)年间的战乱和西晋的最终覆灭,导致了北方人口的大规模迁移,其中主要的迁移方向是南方,大部分移民的迁入地也是南方。在永嘉之乱以后还出现过多次南迁的高潮,直到5 世纪后期的南朝宋泰始年间(465—471 年)大规模的南迁才告一段落,但规模较小的南迁此后仍时有发生。本章所述即自西晋元康七年至南朝陈期间(297—589 年)由北方向南方的人口迁移以及南方内部的移民过程。

文中的北方和南方,都有广狭两义:狭义的北方和南方,大致分别是指西晋的淮河、秦岭两侧,十六国和东晋的疆域,北朝和南朝的疆域;广义的北方和南方,则仅指相对的地理位置,如南方政权内部的北部和南部。

第一节

南迁的主要阶段和过程

一、南迁的发轫期：西晋元康七年至光熙元年（297—306年）

元康六年（296年），匈奴郝度元率冯翊和北地马兰羌、卢水胡起兵反晋，屡败晋军。"秦雍氐、羌悉叛，推氐帅齐万年僭号称帝"；"关中饥，大疫"。次年，晋将周处被齐万年战败而死，秦、雍二州（辖境约相当于今陕西中部至甘肃东部、南部）天灾不断，"疫。大旱，陨霜，杀秋稼。关中饥，米斛万钱"。朝廷无力救济，公开下诏容许百姓"骨肉相卖"[1]。

连年的战乱、民族冲突、传染病流行、旱灾、霜害、饥荒，迫使百姓循着关中传统的避难路线，越过秦岭进入汉中。"百姓乃流移就谷，相与入汉川者数万家"，其中就有以李特为首领的大批氐人。流人在汉中上书朝廷，要求"寄食巴蜀"。朝廷不同意，派侍御史李苾去汉中慰劳劝阻。但李苾在汉中接受了流民的贿赂，反而向朝廷建议："流人十万余口，非汉中一郡所能振赡，东下荆州，水湍迅险，又无舟船。蜀有仓储，人复丰稔，宜令就食。"于是流人合法地迁入巴蜀地区[2]。在这种情况下，雍、梁二州的流人也会继续迁入汉中和巴蜀。还有些人是从中原其他地方被征从军的，因战乱而留在蜀地[3]。但也有一些雍州

1 《晋书》卷4《惠帝纪》。《纪》作"雍、梁州"，据卷28《五行志》及《资治通鉴》卷82《晋纪》惠帝元康七年改。

2 《晋书》卷120《李特载记》。本节以下据此《载记》者，不再一一注明。

3 如《晋书》卷66《陶舆传》："初，贼张奕本中州人，元康中被差西征，遇天下乱，遂留蜀。"张奕可能是直接被征入蜀，也可能被征至关中后随流民入蜀。

流民迁至南阳(今河南南阳盆地一带),人口估计近十万[1]。

永康元年(300 年),益州刺史赵廞因不愿内调,利用李特兄弟等氐汉首领武装流人,杀了接任的刺史耿滕。次年,赵廞又忌恨李特之兄李庠的才干,设计杀了李庠。李特兄弟起兵攻占成都,杀赵廞,并报告朝廷,均得到朝廷封爵,成为统率流人的领袖人物。

至永宁元年(301 年),朝廷又下令秦、雍州,"凡流人入汉川者,皆下所在召还"。新任益州刺史罗尚派官吏催逼,限七月动身,广汉太守辛冉想趁机杀掉流人首领,夺取他们的财产,又令梓潼太守张演在沿途关卡搜查截留流人的财物。流人大多在当地做佃农,当时粮食未收,无法筹办口粮上路,李特等多次请求将行期推迟至秋收以后。流民"人人愁怨,不知所为",又感激李特,纷纷聚集到绵竹李特所设大营。辛冉、罗尚发兵袭击,被李特击败。于是六郡(天水、略阳、扶风、始平、武都、阴平[2])流人推李特为首,起兵自立。太安二年(303 年)李特称益州牧,改元建初。经过激烈的战争,李雄(李特之子)于次年攻占成都,称帝,史称成汉。

至此,秦雍流人基本都在成汉境内定居,人数估计在十万以上。但与此同时,一部分蜀人或由江阳(今四川泸州市)沿长江向东逃亡,或向南逃往益州南部和宁州各郡(约相当于今云南、贵州的大部和四川长江以南部分)。

自元康元年(291 年)开始的"八王之乱"愈演愈烈,至永康二年(301 年)演变为诸王间的混战,惠帝成为各派争夺利用的傀儡,首都洛阳和长安及今河南及相邻的河北、陕西、山东、山西部分沦为战场,遭受严重破坏。当时聚集在荆州的流民已有十余万户,连皇家"太乐"的伶人亦逃至荆州[3]。这些流民,一部分是由巴蜀东逃的;从本应在

---

1 《晋书》卷 100《王如传》及《资治通鉴》卷 87《晋纪》永嘉四年,但记永嘉四年诏在南阳流民返回关中,未载何时迁来,据关中形势分析,必当在此阶段。《王如传》与《怀帝纪》载京兆新丰人王如起兵时,响应者有新平庞寔、冯翊严嶷、长安侯脱等,又称王如"未几,众至四五万"。按参与王如等起兵者必定以关中流民为主,王如与庞寔等并不完全联合,故总数远不止四五万,而流民也不可能全部加入,故估计流民总数至少近十万。

2 说见唐长孺:《晋代北境各族"变乱"的性质及五胡政权在中国的统治》,载《魏晋南北朝史论丛》,三联书店 1962 年版,第 146 页。

3 《晋书》卷 66《刘弘传》。

洛阳的太乐伶人也已逃至荆州看，另一部分显然是从洛阳和中原其他地方避乱而至的。一些高中级官员觉察到朝廷权力已无法恢复，中原大乱已不可避免，因而选择边远地区的军政职位以求避祸或伺机割据，如原籍安定乌氏（今甘肃平凉市崆峒区西北）、侨居在河南宜阳（今河南宜阳县西）的张轨，“以时方多难，阴图据河西”，“永宁初，出为护羌校尉、凉州刺史”[1]。又如位居宰辅的王衍将弟弟王澄和族弟王敦分别安排为青州刺史（治临淄，今山东淄博市东北）和荆州刺史（治江陵，今湖北荆州市荆州区），以为“自全之计”[2]。类似的避乱者多数是像王敦那样选择迁往南方的。

建武元年（304 年），匈奴首领刘渊在离石（今山西吕梁市离石区）起兵反晋，建国号汉。在刘渊的不断攻击下，并州（辖境约相当今山西省中、北部）属县纷纷陷落。加上连年饥荒，百姓外流不绝。光熙元年（306 年），并州刺史司马腾由晋阳（今山西太原市西南）移镇于邺（今河北临漳县西南），并州吏民万余人随之南下冀州就食，号称“乞活”[3]；余户不满二万[4]。这几年间自行、分散逃亡的百姓估计数量更多。

但大多数士大夫还把希望寄托在西晋政权，不愿离开政治经济的中心地区。普通百姓也舍不得抛弃生计所在的庐舍田园，至多只是在附近临时躲避。《晋书》中记载了几则有人预言大难临头，提议逃难，却往往无人响应的事件，就是这种情况的写照。如卷 72《郭璞传》载他在惠、怀之际（约 306 年）从河东（今山西西南）避地东南，途经庐江郡（治今安徽舒城县）时，“江淮清晏”，太守孟康“无心南渡”，“后数旬而庐江陷”。

二、第一阶段：永嘉乱后（307—324 年）

光熙元年（306 年）末晋怀帝即位时，尽管“八王之乱”已经结束，

1 《晋书》卷 86《张轨传》。
2 《晋书》卷 43《王衍传》。
3 《资治通鉴》卷 86《晋纪》光熙元年，中华书局 1956 年版（下同）。
4 《晋书》卷 62《刘琨传》。

但晋朝的军事实力已在内战中损失大半，唯一的胜利者东海王越又执掌大权，拥兵自保，与其他地方实力派明争暗斗，根本无力抵挡刘渊汉政权和其他割据势力的攻势。永嘉元年(307年)开始，东莱人王弥起兵攻青、徐二州(今江苏北部、山东中部和东部)。汲桑、石勒攻入邺城，又进攻兖州(今山东西部)，不久石勒、王弥均投奔刘渊。晋宗室琅邪王司马睿在王导的策划下，谋得安东将军、都督扬州诸军事之职，出镇建业(后避愍帝讳改建康，今江苏南京市)，逐渐成为南方的政治中心和北方士大夫投奔的目标。

永嘉二年初，刘渊遣刘聪和石勒分两路向晋朝发动大规模攻势，又攻下了平阳(今山西临汾市西南)一带。三年春，刘渊军进抵黎阳(今河南浚县东北)，晋军在延津(今河南汲县东北)大败，死三万人。当时全国出现空前大旱，长江、汉水、黄河、洛水都一度断流，人们可涉水过河。秋，刘聪在攻下重要关隘壶关(壶口，今山西长治市东南)后越太行山南下，围浚仪(今河南开封市)，晋军战败，退保洛阳，汉军第一次攻洛阳不克。十月，汉军第二次攻洛阳，又受挫退回。四年，石勒军在东路频频得手，攻城略地，进入黄河以南，一度占领南阳郡治宛县(今河南南阳市宛城区)，并攻下襄阳(今湖北襄阳市)。在大旱后，北方幽、并、司、冀、秦、雍等六州爆发严重蝗灾，“食草木、牛马毛，皆尽”。洛阳已孤立无援，饥荒严重，怀帝向各处求援，要使者告诉诸征镇：“若今日，尚可救，后则无逮矣。”但没有一支救兵来到。十一月，东海王越以讨石勒为名率四万甲士离洛阳至许昌(今河南许昌市东)，并将朝廷日常机构全部带走。洛阳城内“宫省无复守卫，荒馑日甚，殿内死人交横，府寺营署并掘堑自守，盗贼公行，枹鼓之音不绝”[1]。晋朝中央政权在北方的统治实际已不复存在，文武官员、士人、百姓除已被汉政权和石勒等军控制者外，或依附各地实力将领武装自保，或逃往周边和险僻之地。

永嘉年间的大旱和蝗灾是空前的，即使是在和平时期，如此严重的自然灾害也足以造成生命财产的巨大损失，发生在战乱时期后果

1 《晋书》卷5《怀帝纪》；《资治通鉴》卷86、87《晋纪》永嘉二年至四年。

可想而知。灾情最严重的地区又正是战乱最频繁的北方，惨绝人寰的浩劫就势在难免。大范围、长时期的饥荒出现后，就是官吏士人也无以为生。如曾任太子中舍人、中书侍郎的郗鉴避乱回乡后也饿得没有办法，乡里人尊重他的名望，一起供养他。当时他的侄儿郗迈和外甥周翼都还小，郗鉴带他们一起去吃饭。乡里人说："大家都在挨饿，好不容易挤出一点来供养你这样的贤人，小孩子恐怕就顾不上了。"以后郗鉴只好一个人去吃，吃完时将饭塞满嘴中两颊边，回来后吐出来给两个孩子吃，总算都活了下来，一起南渡。在他接受元帝的委任，以兖州刺史镇邹山（在今山东邹城市境）时，"外无救援"，"百姓饥馑，或掘野鼠蛰燕而食之"[1]。在这样的情况下，大多数人在北方的故乡已无法生存。

由于北方普遍陷于战乱，刘聪、石勒等军又大多自北向南推进，使大部分人只能逃往南方。如石勒攻至汝南（治新息，今河南息县），汝南王祐逃往建业[2]，随迁的人必也不少。又如河南阳翟（今河南禹州市）人褚翜，在八王之乱时已弃官逃亡幽州（治涿县，今河北涿州市，辖境有今河北北部和北京市、天津市一部），但不久河北也起战乱，无奈只得返回故乡，以后南迁[3]。不过，避乱的人往往还没有明确的目的地，在迁移途中稍安即止。如永嘉初在颍川、襄城、汝南、南阳、河南等郡（均在今河南境内）和河东、平阳、弘农、上党（今山西南部和河南西北部）等郡的流民就有数万家[4]，显然都是在刘渊反晋和汉军南下东进过程中外逃的。他们居留在颍川等郡，无非是因为当时这一带尚未受到战乱影响。但因受到当地居民的歧视和抵制，所以竟然"焚烧城邑，杀二千石"而响应已投靠刘渊的汉人反晋武装头目王弥。其中部分人必然会随王弥在战乱中丧生，一些人可能会返回已成为汉政权辖地的故乡，最终迁至南方的人数大概不会太多。又如谯王司马承，永嘉中从洛阳"间行依镇南将军山简（时驻夏口，今湖北武汉市东南），

1 《晋书》卷67《郗鉴传》。
2 《晋书》卷9《怀帝纪》。
3 《晋书》卷77《褚翜传》。
4 《晋书》卷100《王弥传》。

会简卒，进至武昌（今湖北鄂州市）”；以后才至建康[1]。太子洗马卫玠从洛阳迁至江夏（治今湖北云梦县），再在豫章（今江西南昌市）居留后才迁至建康[2]。洛阳乐府的伶人也“多奔沔汉”，聚集在夏口[3]。谢鲲以“时方多故，乃谢病去职，避地于豫章”[4]。范阳遒（今河北涞水县）人祖逖率亲党的避地目标也是“淮泗”[5]，即淮北、鲁西一带。郗鉴率宗族乡曲千余家从金乡（今山东嘉祥县南）避难于“鲁之峄山”（今邹城市境），“三年间，众至数万”[6]。可见这种就近避难也很有吸引力。

由关中迁至南阳的流民的遭遇也很悲惨。永嘉四年，朝廷下诏令他们迁回故乡。当时关中残破，已经在南阳居住十余年的流民自然不愿返回。征南将军山简、南中郎将杜蕤派兵遣送，限期出发，激起流民反抗。京兆新丰（今陕西西安市临潼区东北）人王如率众起兵，始平（治今陕西兴平市东南）人庞寔、冯翊（治今陕西大荔县）人严嶷、长安人侯脱等也各自起兵。侯脱曾攻下南阳郡治宛城（今河南南阳市宛城区），王如曾“大掠沔汉，进逼襄阳”。但流民集团间互相攻击，又遭受饥荒，几年间或死或降[7]，留下的流民数量有限。

永嘉五年三月，东海王越病死于项县（今河南沈丘县），大臣、王公贵族与军民数十万人东奔，在苦县宁平城（今河南鹿邑县西南）被石勒军追及，“勒以骑围而射之，相践如山。王公士庶死者十余万”。东海王的亲信在洛阳得到其死讯，立即护送其妃裴氏和世子毗逃离洛阳，“从者倾城，所经暴掠”。但逃到洧仓（今河南鄢陵县西北）即被石勒击败，世子毗及宗室48王均被俘[8]。这两次大逃亡的幸存者纷纷南迁。至此，洛阳已是一座“人相食”的空城，至六月为汉将刘曜等攻占，士民三万余被杀，怀帝被俘。八月，汉军又攻下长安，“遗人四千余家奔汉

---

1 《晋书》卷37《宗室传・谯闵王承》。
2 《晋书》卷36《卫玠传》。
3 《晋书》卷43《山简传》。
4 《晋书》卷49《谢鲲传》。
5 《晋书》卷62《祖逖传》。
6 《晋书》卷67《郗鉴传》。
7 《晋书》卷100《王如传》。
8 《晋书》卷5《怀帝纪》、卷59《东海王越传》。

中”[1]。司马睿被晋朝在北方的残余势力推为盟主，更加强了对北方流民的号召力，洛阳陷落后，“中州士女避乱江左者十六七”[2]。也有人依然眷恋故土，不愿南迁，结果丧命。如城阳营陵（今山东昌乐县东南）人王裒，“亲族悉欲移渡江东，裒恋坟垄不去。贼大盛，方行，犹思慕不能进，遂为贼所害”[3]。这些事例无疑会促使更多的人下决心南迁。

永嘉六年，晋雍州刺史贾疋收复长安，以秦王司马邺为皇太子。次年，怀帝在平阳被杀，司马邺（愍帝）即位，改元建兴。但“长安城中，户不盈百，墙宇颓毁，蒿棘成林。朝廷无车马章服，唯桑版署号而已。众唯一旅，公私有车四乘，器械多阙，运馈不继”[4]，完全是苟延残喘。至建兴四年（316年）十一月，愍帝向刘曜投降，西晋覆灭。次年司马睿称晋王，改元建武。当年七月又大旱，北方司、冀、并、青、雍州大蝗灾，冀、青、徐州次年又爆发蝗灾，驱使百姓继续南迁。年底，愍帝在平阳被杀。建武二年（318年）三月，司马睿（元帝）在建康即位，改元太兴，东晋开始。

自永嘉五年后，建康已成为晋朝实际上的政治中心，江南又是远离战火的安全区，所以晋朝的宗室贵族、文武大臣、北方的世家豪族都以建康及周围地区为主要迁移目标，这一阶段南迁的大族和官员，不仅成为司马睿建立东晋的主要支柱，也在整个东晋和南朝起着举足轻重的作用[5]。如以王导等为首的琅邪临沂（今山东费县东）王氏[6]，以王承为首的太原晋阳（今山西太原市西南）王氏[7]，以谢鲲为首的陈郡阳夏（今河南太康县）谢氏[8]，以袁瓌为首的陈郡阳夏袁氏[9]，以庾亮为首的颍川鄢陵（今河南鄢陵县西北）庾氏[10]，以桓彝为首的谯国龙亢

1 《晋书》卷6《怀帝纪》。
2 《晋书》卷65《王导传》。
3 《晋书》卷88《孝友传·王裒》。
4 《晋书》卷5《愍帝纪》。
5 这方面的论著很多，最重要的著作之一是田余庆的《东晋门阀政治》，北京大学出版社1991年版。
6 《晋书》卷65《王导传》。
7 《晋书》卷75《王承传》。
8 《晋书》卷49《谢鲲传》。
9 《晋书》卷83《袁瓌传》。
10 《晋书》卷73《庾亮传》。

(今安徽怀远县西北)桓氏[1],以荀崧为首的颍川(今河南许昌、临颍一带)荀氏[2],以羊曼为首的泰山南城(今山东平邑县南)羊氏[3],以周顗为首的汝南安成(今河南汝南县东南)周氏[4],以蔡谟为首的济阳(陈留)考城(今河南民权县东北)蔡氏[5]、江氏[6],彭城(今江苏徐州市)刘氏[7],以刁协为首的渤海饶安(今河北盐山县西南)刁氏[8],以卞壶为首的济阴冤句(今山东曹县西北)卞氏[9],以郗鉴为首的高平金乡(今山东嘉祥县南)郗氏[10],以诸葛恢为首的琅邪阳都(今山东沂南县南)诸葛氏[11],以颜含为首的琅邪临沂颜氏[12],鲁国(今山东曲阜市)孔氏[13],以毛宝为首的荥阳阳武(今河南原阳县东南)毛氏[14],以及河东安邑(今山西夏县西北)人卫玠[15],太原祁(今山西祁县东南)人温峤[16]等。此外,东晋初的北伐主将祖逖和其弟祖约、发动叛乱的长广掖(今山东莱州市)人苏峻[17],也是在这一阶段南迁的。

由于在北方,汉政权、石勒所部、晋残余地方政权、割据势力、武装自卫组织、"盗贼"并存,犬牙交错,变化无常,一些北人的南迁过程相当复杂艰难。如褚翜在永嘉四年就已"招合同志,将图过江",并已从

1 《晋书》卷74《桓彝传》。桓氏的实际情况较复杂,详见田余庆《东晋门阀政治》中《桓温先世的推测》一节。

2 《晋书》卷75《荀崧传》。

3 《晋书》卷49《羊曼传》。

4 《晋书》卷69《周顗传》。

5 《晋书》卷77《蔡谟传》。

6 《宋书》卷53《江夷传》,中华书局1974年版(下同)。唯此传称夷为晋护军将军霦孙,而不及霦父散骑常侍统;而《晋书》卷56《江统传》作陈留圉人,祖谯郡太守蕤,父南安太守祚。又《晋书》卷83《江逌传》也称逌陈留圉人,曾祖蕤谯郡太守,祖允芜湖令,则允与江统之父祚应为兄弟;然《宋书》卷92《江秉之传》已称逌孙秉之为济阳考城人,《南史》卷36本传同。至《陈书》卷27《江总传》始称"济阳考城人,晋散骑常侍统之十世孙"。按晋惠帝分陈留置济阳,但圉(今河南杞县西南)似不得并入考城;而各传均不及江统,亦颇可疑。

7 《晋书》卷69《刘隗传》。

8 《晋书》卷69《刁协传》。

9 《晋书》卷70《卞壶传》。

10 《晋书》卷67《郗鉴传》。

11 《晋书》卷77《诸葛恢传》。

12 《晋书》卷88《孝友传·颜含》。

13 《晋书》卷91《儒林传·孔衍》。

14 《晋书》卷81《毛宝传》。

15 《晋书》卷36《卫玠传》。

16 《晋书》卷67《温峤传》。

17 《晋书》卷100《苏峻传》。

阳翟“先移住阳城(今河南登封市东南)界”,但因道路不通,只得原地停留。洛阳陷落后,又与荥阳太守郭秀共保万氏台,聚集的难民有数万人。永嘉六年,率数千家准备东下,但又因沿途危险而留在密县(今河南新密市东南)。以后率众人到达汝水柴肥口,再次受阻而无法前进。直到一年多后,褚翜才到达建康[1]。

也正因为如此,难民在迁移过程中大多以原籍或宗族为单位,或依附于原籍的强宗大族、地方官员,集体行动。这既是在迁出地长期形成的乡土情谊和宗族观念[2]的必然延续,也是在战乱环境中长途迁移的需要。至于北方名门大族的首领、地方官员、豪强、士人,因具有军政实力、社会地位或指挥组织能力,自然成为各个移民团体的领袖。对他们来说,这既是尽了道义上的责任,也是维护本人、本家族或本地人的利益基础的手段。所以一个移民团体往往有数百上千人,甚至数万人,如上述褚翜所率。又如祖逖家“世吏二千石,为北州旧姓”,“及京师大乱,逖率亲党数百家避地淮泗,以所乘车马载同行老疾,躬自徒步,药物衣粮与众共之,又多权略,是以少长咸宗之,推逖为行主”[3]。东莞姑幕(今山东诸城市西北)人徐澄之为州治中,“遂与乡人臧琨等率子弟并闾里士庶千余家,南渡江,家于京口(今江苏镇江市)”[4]。

个别难民的迁移更为艰险,官吏士人也难幸免,途中被抢劫、掠卖、杀害者不计其数。平阳襄陵(今山西临汾市东南)人邓攸永嘉末任河东太守,为石勒俘虏后被任为参军,从他的经历足见难民的遭遇:

> 石勒过泗水,攸乃斫坏车,以牛马负妻子而逃。又遇贼,掠其牛马,步走,担其儿及其弟子绥。度不能两全,乃谓其妻曰:“吾弟早亡,唯有一息,理不可绝,止应自弃我儿耳。幸而得存,我后当有子。”妻泣而从之,乃弃之。其子朝弃而暮及。明日,攸系之于树而去。
>
> ……

1 《晋书》卷77《褚翜传》。
2 如《宋书》卷46《王懿传》称:“北土重同姓,谓之骨肉,有远来相投者,莫不竭力营赡,若不至者,以为不义,不为乡里相容。”类似记载甚多。
3 《晋书》卷62《祖逖传》。
4 《晋书》卷91《儒林传·徐邈》。

攸弃子之后，妻不复孕。过江，纳妾，甚宠之，讯其家属，说是北人遭乱，忆父母姓名，乃攸之甥。攸素有德行，闻之感恨，遂不复蓄妾，卒以无嗣。时人义而哀之，为之语曰："天道无知，使邓伯道（攸字）无儿。"[1]

像邓攸的外甥女这样流落江南被人纳为妾的并非个别，还有大批流民沦为大族富户的奴婢或僮客[2]。元帝太兴四年（321 年）曾下诏："其免中州良人遭难为扬州诸郡僮客者，以备征役。"[3]这证明当时中原流民被以各种手段当成"僮客"的现象在扬州（今浙江、福建、长江以南的江苏、淮河以南的安徽大部、江西大部），也即主要的北方移民迁入地是相当普遍的，所以元帝才有必要免除他们的奴婢身份，重新纳入国家的赋税对象。但原来不具有"良人"身份的北方流民不在此诏复籍的范围，只能继续当奴婢。

太兴三年七月，元帝以从琅邪国（都开阳，今山东临沂市北，辖境约相当于周围数县）迁来的近千户在其侨居地建康置怀德县[4]，是专为北方移民设置的第一个行政区。以后又在北方移民集中定居的淮河以南、长江以北和江南沿江一带设置了以安置移民为主的侨州、侨郡和侨县，如在江北置有徐、兖、幽、冀、青、并等州[5]，在徐州还侨置过司州[6]。明帝时（323—325 年）"又立南沛、南清河、南下邳、南东莞、南平昌、南济阴、南濮阳、南太平、南泰山、南济阳、南鲁等郡，以属徐、兖二州"[7]。迁入江南的还有来自秦国（原扶风国，约相当关中泾水、渭水以西北地）的流民，因而曾改堂邑县（今江苏南京市六合区北）为秦

---

1 《晋书》卷 90《邓攸传》。
2 《南齐书》卷 14《州郡志》南兖州："时百姓遭难，流移此境，流民多庇大姓为客。"中华书局 1972 年版（下同）。
3 《晋书》卷 6《元帝纪》。
4 《晋书》卷 6《元帝纪》。胡阿祥据《宋书·瑞符志》"晋元帝太兴三年四月，甘露降琅邪费"；以为"按当时徐州琅邪国及费县已不为晋守，这里的'琅邪费'当指侨郡县。如果这一推论不误，则琅邪郡及费县的侨置在太兴三年四月以前，早于怀德县"。见《东晋南朝侨州郡县的设置及其地理分布》，载《历史地理》第八辑，上海人民出版社 1990 年版。但因费县之始置情况不详，且与怀德县之置时间相差不多，故仍沿用旧说。
5 《宋书》卷 35《州郡志》南徐州序。
6 《晋书》卷 14《地理志》司州后序。
7 《晋书》卷 15《地理志》徐州后序。

郡，并侨置了尉氏县[1]。

因李特占据而于太安二年（303年）前后逃离巴蜀的流民顺长江而下，主要迁至荆湘一带。这些流人也受到土著的排挤压迫，又得不到官方的保护，“其所遇值，蔑之如遗，顿伏死亡者略复过半”。永嘉四年（310年），蜀人李骧在乐乡（今湖北松滋市东北）起兵。荆州刺史王澄出兵镇压，竟假意接受投降而实行偷袭，将俘虏八千余人淹死，妇女儿童赏给军人。于是四五万户流人群起暴动，推举成都流人杜弢为首，“南破零陵（治今湖南永州市），东侵武昌（治今湖北鄂州市），害长沙太守（治今湖南长沙市）崔敷、宜都太守（治今湖北宜昌市东南）杜鉴、邵陵太守（治今湖南邵阳市）郑融等”。这一攻击范围大致也即流民主要分布区。后在荆州刺史陶侃的征讨下，“前后数十战”，损失严重。杜弢请降，经一向同情流民的南平太守应詹转达疏通，元帝接受，下诏大赦。但晋将为夺战功，继续攻击，迫使杜弢再次反抗，最后于建兴三年（315年）被陶侃镇压[2]。这批流民中随李骧起兵的至少应有两万，拥杜弢起兵时还有四五万户，则总数当有近二十万，迁出巴蜀时至少有三十余万。但经过四五年战争残杀，被俘或降于晋军的又将随军而迁，所以最终能在荆湘定居的大约不过二三万人。

据《晋书·地理志》：“时蜀乱，又割南郡之华容、州陵、监利三县别立丰都，合四县置成都郡，为成都王颖国，居华容县。愍帝建兴中，并还南郡，亦并丰都于监利。”可见此四县是集中安置蜀地流民的地方，大致相当于今湖北荆州市沙市区、潜江、仙桃、嘉鱼、洪湖、监利间地。至建兴三年杜弢所率流人反抗被镇压，成都郡的建置也撤销了。巴蜀流人分散居住的范围自不限于此四县之地。

西晋时迁居中原的胡人为数已多，一些胡人也随迁南方。太兴年间，东晋已设典客令“领诸胡”[3]。有的胡人还有较高的社会地位，如王导就任扬州刺史时接待的数百宾客中就有“数胡人”[4]。

---

1 《晋书》卷14《地理志》雍州后序。

2 《晋书》卷100《杜弢传》、卷43《王澄传》；《通鉴》卷89《晋纪》建兴三年（315年）。

3 《晋书》卷78《孔坦传》。

4 《世说新语·政事》，中华书局1984年版，第97页。

太兴三年后，前赵（刘曜）与后赵（石勒）主要用兵于北方，以巩固和扩大各自的疆域，而东晋自永昌元年（322 年）开始的王敦叛乱，直到太宁二年（324 年）才平息，所以这几年间南迁浪潮相对减退。

三、第二阶段：东晋太宁三年至永和五年（325—349 年）

太宁三年（325 年），后赵军接连向晋在北方的残余势力发动进攻，晋淮北诸将或降或逃，司、豫、徐、兖四州完全沦陷，晋朝的北界退至淮河一线[1]。淮北的居民渡淮南迁，原来迁至淮北避乱的北方难民此时又继续南迁，为安置这些流民，在钟离县（今安徽凤阳县东北临淮关）侨立徐州[2]。

咸和元年（326 年），后赵继续南侵，先后攻汝南（治今河南息县）、寿春（今安徽寿县）、逡遒（今安徽肥东县东）、阜陵（今安徽和县西）、邾（今湖北黄冈市黄州区西北）、下邳（今江苏睢宁县西北）、兰陵石城（今山东兰陵县境）等地，引起“建康大震”。次年，镇守历阳（今安徽和县）的苏峻和驻防寿春的祖约起兵叛乱。咸和三年，苏峻由历阳渡江，攻入建康。后赵军渡淮攻寿春，祖约溃逃历阳，寿春二万余户百姓被掳掠北迁[3]。在此前后渡江南迁的百姓也很多。四年，苏峻之乱平息，祖约从历阳出逃，降于后赵。

从太宁三年至咸和四年的南迁浪潮，明显反映在侨州郡县的设置上。在江南的淮南郡及其辖县就是为此而设的。《晋书》卷 14《地理志》豫州后序：“成帝乃侨立豫州于江淮之间，居芜湖。时淮南入北，乃分丹杨侨立淮南郡，居于湖。又以旧当涂县流人渡江，侨立为县。”《宋书》卷 35《州郡志》扬州淮南郡称：“其后中原乱，胡寇屡南侵，淮南民多南度。成帝初，苏峻、祖约为乱于江淮，胡寇又大至，民南度江者转多，乃于江南侨立淮南郡及诸县，晋末遂割丹阳之于湖县（今安徽当涂县）为淮南境。”又南徐州：“晋成帝咸和四年，司空郗鉴又徙流民之

1 《资治通鉴》卷 93《晋纪》太宁三年。
2 《宋书》卷 35《州郡志》徐州：“明帝世，淮北没寇，侨立徐州，治钟离。”
3 《资治通鉴》卷 94《晋纪》咸和三年。

在淮南者于晋陵(治丹徒[1],今江苏镇江市东北)诸县,其徙过江南及留在江北者,并立侨郡县以司牧之。”又南豫州:“晋江左胡寇强盛,豫部歼覆,元帝永昌元年,刺史祖约始自谯城退还寿春。成帝咸和四年,侨立豫州……治芜湖(今安徽芜湖市)。”流民的分布和定居并不限于侨州郡县的范围,如孔坦在苏峻乱后任吴兴内史(治今浙江湖州市,辖浙西数县),辖区内就有不少“江淮流人”[2]。当时人称:“自江陵至于建康三千余里,流人万计,布在江州(治今江西南昌,辖境约有今江西、福建及湖北、湖南一部)。”[3] 所谓“布在江州”,应指江州境内的长江沿岸。

此后几年间,后赵对晋虽有局部袭击,但并无实质性的推进,因此北人大规模的南迁基本停止。但边境地区的南迁仍时有发生,如咸康六年至建元元年间(340—343年),镇守襄阳的桓宣“遣步骑收南阳诸郡百姓没贼者八千余人以归”[4]。永和五年(349年),后赵主石虎死,国内大乱,晋军进据寿春、下邳、彭城(今江苏徐州市),褚裒率众3万赴彭城北伐,“北方士民降附者日以千计”。但晋军在代陂(今山东滕州市东)大败,退回广陵(今江苏扬州市西北)。当时河北大乱,二十余万百姓渡过黄河准备投奔晋朝,但晋军突然败退,毫无接应,这些难民无法南迁晋地,“死亡略尽”[5]。所以,这次北伐前后虽也会有些北方难民南迁,但数量有限。

四、第三阶段:东晋永和六年至咸安二年(350—372年)

永和五年(349年)末,冉闵在后赵境内大肆屠杀胡、羯,次年自立为魏帝。后赵残余势力与冉闵相战,前燕军南下夺取后赵故地,羌人首领蒲洪等率秦雍流民夺取关中,中原战乱愈演愈烈。至永和七年,

1 《宋书》卷35《州郡志》晋陵太守:“太兴初,郡及丹徒县悉治京口,郗鉴复徙还丹徒。”估计当在此年。
2 《晋书》卷78《孔坦传》。
3 《晋书》卷81《刘胤传》。
4 《晋书》卷81《桓宣传》。
5 《资治通鉴》卷98《晋纪》永和四年、五年。

“盗贼蜂起，司冀大饥，人相食。……青、雍、幽、荆徙户及诸氐、羌、胡、蛮数百余万，各还本土，道路交错，互相杀掠，且饥疫死亡，其能达者十有二三”[1]。返乡移民中原籍在南方的虽然很少，但在一般汉人，特别是士大夫的心目中，南方的东晋依然是正统所在，所以北方籍人口也会以东晋为避乱目的地。如北地泥阳（今陕西铜川市耀州区东南）傅氏，是晋司徒傅祗、秘书丞傅畅之后，“胡乱得还”[2]。因王敦之乱而北投石勒的刘隗（彭城人），其孙刘波（时任后赵冠军将军王洽参军）于此时与王洽一起降晋[3]。祖逖之子道重，在祖约及祖氏全家被杀时获救，也于此时南归[4]。又如谢尚于永和中镇寿阳（今安徽寿县），“尚于是采拾乐人，并制石磬，以备太乐。江表有钟石之乐，自尚始也”[5]。无论是能编入“太乐”的乐人，还是会制造石磬的技工，都必须受过专门训练，不可能是谢尚到任后就地培训的，只能是在后赵乱后由赵都襄国或邺南逃的宫廷乐人。尽管无法估计这次南迁人口的数量，但从当时形势分析，因各种原因而南迁的人数是相当多的。

由于冉闵等无暇南顾，加上后赵、冉魏一些官员、守将降晋，东晋的疆域颇有扩展。此后晋军多次北伐，但或因战斗力不强，或因部署失当，或因内部矛盾，最终都告失败。如永和七年，梁州刺史司马勋自汉中进军秦川，在五丈原（今陕西眉县西南）战败，退回南郑。八年，殷浩率众北伐，进屯寿春（今安徽寿县），但因降将张遇复叛，占据许昌、洛阳，无法推进。九年，殷浩以姚襄为前锋进军洛阳，姚襄反，在山桑（今安徽蒙城县北）袭击晋军，殷浩大败而归。十年，桓温率四万大军从江陵出发，水陆两路北伐，进至灞上，逼近长安，但再战不利，粮尽而退。十二年，桓温收复洛阳，留兵驻守。但晋军实力有限，许昌、颍川、谯、沛等地陆续为前燕夺取，至兴宁三年（365 年），洛阳重新丧失。太和四年（369 年），桓温率五万军攻前燕，进至枋头（今河南浚县西南），

---

1 《晋书》卷 107《石季龙（虎）载记》。
2 《宋书》卷 48《傅弘之传》。
3 《晋书》卷 69《刘隗传》。
4 《晋书》卷 100《祖约传》。
5 《晋书》卷 79《谢尚传》。

粮尽而退，在燕、秦追击下大败[1]。至此，晋军再无北伐能力，前秦也忙于北方的统一，南北之间的态势相对稳定。

晋军取得局部胜利或退兵时，往往将当地民户迁回，实际上是出于掠夺的目的，并非这些民户自愿。如永和六年，庐江太守袁真袭取合肥（今安徽合肥市），“迁其百姓而还”[2]。十年，桓温自关中撤军时，“徙关中三千余户而归”[3]。十二年，桓温与姚襄战于伊水，“徙其余众三千余家于江汉之间”[4]。晋朝的边将还往往将北方流离失所的灾民、饥民当作俘虏对象，掠回江南，不少人被作为奴隶买卖，境遇十分悲惨。长史殷仲堪曾向当时镇守京口（今江苏镇江）的冠军将军谢玄进言：

> 胡亡之后，中原子女鬻于江东者不可胜数，骨肉星离，荼毒终年，怨苦之气，感伤和理，诚丧乱之常，足以惩戒，复非王泽广润，爱育苍生之意也。当世大人既慨然经略，将以救其涂炭，而使理至于此，良可叹息！愿节下弘之以道德，运之以神明，隐心以及物，垂理以禁暴，使足践晋境者必无怀感之心，枯槁之类莫不同渐天润，仁义与干戈并运，德心与功业俱隆，实所期于明德也。
>
> 顷闻抄掠所得，多皆采稆饥人，壮者欲以救子，少者志在存亲，行者倾筐以顾念，居者吁嗟以待延。而一旦幽絷，生离死绝，求之于情，可伤之甚。……必使边界无贪小利，强弱不得相陵，德音一发，必声振沙漠，二寇之党，将靡然向风，何忧黄河不济，函谷之不开哉！[5]

晋朝对北方上层降人也缺乏适当处置，如永和八年，石虎幼子混与妻妾数人逃至建康，被杀于建康市[6]。这自然会使北方降人裹足。

另一方面，由于南北分裂已有五六十年，北方的一些非汉族统治

1 《资治通鉴》卷99—101《晋纪》永和七年至兴宁三年。
2 《晋书》卷107《石季龙载记》下。
3 《晋书》卷112《苻健载记》。
4 《晋书》卷8《穆帝纪》。
5 《晋书》卷84《殷仲堪传》。
6 《晋书》卷107《石季龙载记》下。

者已在很大程度上接受了华夏文明，建立起了与南方政权并无本质区别的封建统治，东晋政权对北方民众尤其是底层民众的吸引力已大大减弱。所以流民、难民往往主动投奔善待他们的政权或个人，而不问其是否汉族或是否具有正统地位。如羌人姚襄袭击晋殷浩的北伐军后，占据淮南，“屯于盱眙（今江苏盱眙县东北），招掠流人，众至七万，分置守宰，劝课农桑”。这些流人，显然都来自北方。永和十年五月，江西流民郭敞等执驻于堂邑（今江苏南京市六合区北）的陈留内史刘仕，投姚襄。永和十二年八月，姚襄被桓温击败，只剩下数千骑奔洛阳北山。“其夜，百姓弃妻子随襄者五千余人，屯据阳乡，赴者又四千余户。襄前后败丧数矣，众知襄所在，辄扶老携幼驰而赴之。时或传襄创重不济，温军所得士女莫不望北挥涕。”[1]这一转变标志着永嘉以来的南迁在性质上已发生了根本性的变化。

由于关中也战乱不息，秦、雍流民也大量南迁汉中，或继续南下蜀地，或顺汉水而下，迁至襄阳（今湖北襄阳市）一带。东晋已于此前的永和三年（347年）灭成汉，所以此时也在蜀地和汉水流域设置了若干侨州郡县。

如据《晋书·地理志》：“及桓温平蜀之后，以巴汉流人立晋昌郡，领长乐、安晋、延寿、安乐、宣汉、宁都、新兴、吉阳、东关、永安十县；又置益昌、晋兴二县，属巴西郡；于德阳界东南置遂宁郡；又于晋寿置剑阁县，属梁州。后孝武分梓潼北界立晋寿郡，统晋寿、白水、邵欢、兴安四县；梓潼郡徙居梓潼，罢剑阁县；又别置南汉中郡，分巴西、梓潼为金山郡。”这些建置证明自晋重新取得蜀地后，北方移民一直在迁入巴蜀。

又如《宋书》卷37《州郡志》：雍州，“胡亡氐乱，秦、雍流民多南出樊、沔，晋孝武始于襄阳侨立雍州，并立侨郡县”。秦州，“晋孝武复立，寄治襄阳”。卷38《州郡志》：益州，“安固太守，张氏于凉州立。晋哀帝时，民流入蜀，侨立此郡”。可见此郡人口主要应来自凉州。

---

1 《晋书》卷116《姚襄载记》；《资治通鉴》卷99《晋纪》永和十年。

五、第四阶段：东晋宁康元年至南朝宋永初二年（373—421年）

随着前秦在北方的完全胜利，苻坚将东晋作为统一的最后目标。宁康元年（373年），前秦夺取东晋梁、益二州，可以说是向晋发动攻势的开始。在此后数年间，除了在蜀地的争夺外，秦军先后在襄阳、彭城、淮阴、盱眙、魏兴（今陕西安康市汉滨区西北）等地用兵，秦晋间局部战争不断。由于东晋一直处于守势，疆土日蹙，引起一些已在他乡居留的北方流人继续南迁。如宁康二年，曾为南渡的上党（治今山西黎城县西南，辖山西东南）百姓在芜湖侨置上党郡四县[1]。这些上党流民显然不可能是当年直接从原籍迁来的，而是在沿途多次甚至多年居留后，最终迁至江南的。

太元八年（383年，前秦建元十九年），苻坚出动八十多万军队向东晋发动全面进攻。同年在淝水被晋军击败，损失惨重，国内大乱。淝水之战中不少秦军被俘，一部分被赏给将士为奴隶，一部分被配入官方"作部"（工场）服劳役。太元十四年，"诏淮南所获俘虏付诸作部者一皆散遣，男女自相配匹，赐百日廪，其没为军赏者悉赎出之，以襄阳、淮南饶沃地各立一县以居之"[2]。从可设两县的规模看，人数估计近一万，但此时离淝水之战结束已五年多，分散安置及自行定居的降俘人员肯定更多。

前凉主张天锡，国灭后被迁于长安，淝水之战时任苻融司马，在阵前投晋[3]。秦东海太守韦罴奔江左[4]。王猛之孙王镇恶，"年十三而苻氏败亡，关中扰乱，流寓崤、渑之间。……后随叔父曜归晋，客居荆州"[5]。后秦青州刺史、苻坚之族侄苻朗降于晋[6]。前秦亡后，苻坚子"将母妻宗室男女数千骑出奔"，转道汉中投晋[7]。但并非所有人都能

1 《晋书》卷15《地理志》扬州后序。
2 《晋书》卷9《孝武纪》。
3 《晋书》卷86《张天锡传》。
4 《魏书》卷45《韦道福传》，中华书局1974年版（下同）。
5 《宋书》卷45《王镇恶传》。
6 《晋书》卷114《苻坚载记》附苻朗。
7 《晋书》卷114《苻坚载记》。

如愿南迁，如清河东武城（今河北清河县东北）崔玄伯“欲避地江南，于泰山为张愿所获，本图不遂”[1]；这种在途中受到阻碍的情况大概也非个别。

太元九年，晋军分道北上西进，先后攻克襄阳、彭城、洛阳、黎阳（今河南浚县东），至次年又攻克成都，收复益、梁二州[2]。此后数年间，北方前秦、后秦、后燕、西燕、北魏等政权间的争夺异常激烈。如太元十九年，后燕军略地青、兖，“高平、泰山、琅邪诸郡（今山东巨野、泰安、临沂一带）皆委城奔溃”[3]。这些都引起流民的南迁。如太原祁县（今山西祁县东南）人王懿、王叡兄弟在苻坚败后起兵，兵败后南奔泰山，“太元末，徙居彭城”[4]；可见是在太元十九年泰山被后燕攻陷后再南迁的。据《宋书·州郡志》，晋安帝时将原来侨置在襄阳的秦州迁至汉中南郑，显然是适应安置来自原秦州地区流民的需要。秦州的西京兆郡、西扶风郡，都是晋末为安置流入汉中的三辅流人而设的。益州的怀宁郡、始康郡、晋熙郡都是安帝时为了安置“秦、雍流民”“关陇流民”和“秦州流民”而设。

义熙元年（405 年），晋刘裕遣使向后秦求和，并索回隆安二年（398 年）的失地，后秦主姚兴将汉水以北的南乡、顺阳、新野、舞阴等十二郡归还于晋[5]。这引起一些北人投向南方，如后秦南郡太守鲁宗之（驻襄阳）在袭击其雍州刺史后至江陵（今湖北荆州市荆州区）投晋[6]。

义熙五年，刘裕从建康出兵攻南燕，至次年攻克其都城广固（今山东青州市），南燕亡。刘裕在广固“没入家口万余人”[7]，加上其他降俘人员，包括不少鲜卑兵在内，估计有二三万人被迁回南方。如略阳（今甘肃秦安县东北）豪族垣氏后赵时迁至邺（今河北临漳县西南），垣敞任南燕吏部尚书，其子垣苗、垣遵率部曲降刘裕，定居于下邳（今江苏

---

1 《魏书》卷 24《崔玄伯传》。
2 《资治通鉴》卷 106《晋纪》太元九年、十年。
3 《资治通鉴》卷 108《晋纪》太元十九年。
4 《宋书》卷 46《王懿传》。
5 《资治通鉴》卷 114《晋纪》义熙元年。
6 《宋书》卷 74《鲁爽传》。
7 《资治通鉴》卷 115《晋纪》义熙六年。

睢宁县西北)。[1] 魏郡魏(今河北大名县西北)人申宣、其子申恬和侄申永都随之投晋,历任晋、宋要职[2]。平原(今山东平原县南)人刘昶被刘裕任命为青州治中,后任员外常侍,其子奉伯不久就任职于寿阳(今安徽寿县)[3],看来刘氏的一部分已南迁。

义熙十二年,刘裕率晋军攻后秦,克洛阳,次年八月兵临长安,后秦主姚泓战败而降,后秦亡。但刘裕留其子义真镇守关中后匆匆东归,夏主赫连勃勃出兵攻长安。义熙十四年,留在关中的晋将自相残杀,关中郡县纷纷降于夏。至十一月,晋军大掠后东撤,被夏兵追击于青泥(今陕西蓝田县),大败,关中全部为夏所有。在刘裕和晋军东归时,一些关中人随之迁回,如河东闻喜(今山西闻喜县)裴先福(裴叔业先人)南迁后寓居寿阳(今安徽寿县)[4],京兆霸城(今陕西西安市东北)王氏[5],武威姑臧(今甘肃武威市)人阴袭迁至南平(今湖北公安县西北)定居[6];河东汾阴(今山西万荣县西南)薛弘敞,"率宗人避地襄阳(今湖北襄阳市)"[7]。安定(今甘肃泾川县北)人席衡,"因后秦之乱,寓居于襄阳。仕晋,为建威将军,遂为襄阳著姓"[8]。京兆杜陵(今陕西西安市长安区东北)人韦肃,"刘义真镇关中,辟为主簿,仍随义真度江"[9]。《周书》卷39《韦瑱传》称其曾祖惠度为姚泓尚书郎,随刘义真过江。韦氏为三辅著姓,宗人众多,还有其他成员在此时南迁[10]。河南也有人南迁,如河南阳翟(今河南禹州市)褚该的先人,在晋末迁居江左[11]。另一些人则是在关中的战乱中先东迁至河南,然后再南迁晋境的。如王猛之孙王康,先携家逃至洛阳,再至彭城(今江苏徐州

---

1 《宋书》卷50《垣护之传》;《南齐书》卷25《垣崇祖传》。
2 《宋书》卷65《申恬传》。
3 《南齐书》卷27《刘怀珍传》。
4 《南齐书》卷51《裴叔业传》;《北齐书》卷21《高乾传》。
5 《魏书》卷71《王世弼传》。
6 《梁书》卷46《阴子春传》,中华书局1972年版(下同)。
7 《周书》卷38《薛憕传》。
8 《周书》卷44《席固传》,中华书局1971年版(下同)。
9 《魏书》卷45《韦阆传》。
10 《北齐书》卷45《文苑传・韦道逊》:"曾祖肃随刘义真渡江。"中华书局1973年版(下同)。《梁书》卷12《韦叡传》:"祖玄,避吏隐于长安南山。宋武帝入关,以太尉掾征,不至。伯父祖征,宋末为光禄勋。父祖归,宁远长史。"则韦氏之南迁可能也在此时。
11 《周书》卷47《艺术传・褚该》。

市)。后又去洛阳视母,当地就有“长安徙民”等百余人和“侨户七百余家”,王康家属被接至建康[1]。包括后秦主姚泓在内的部分姚氏宗族以及其他降俘人员也被迁至江南[2],如后秦已故尚书左仆射、天水人赵迁的子孙被迁建康。赵氏家族在江南定居,七八十年后才有后裔重新北迁[3]。从已故官员的子孙也被迁可推测此次迁移的对象必定不少。

在关中的战乱中,又有不少百姓流入汉中和巴蜀。直到南朝宋永初三年(422 年)春,“秦雍流户”还在源源不断“南入梁州”[4]。

《宋书・州郡志》中明确记载为晋末以北方流人所置的侨郡、县有:荆州南义阳郡(治今湖南安乡县西南),“晋末以义阳(治今河南新野县)流民侨立”;汝南县,“晋末汝南郡(治今河南息县)民流寓夏口(今湖北武汉市东南),因立为汝南县”。蓝田(今陕西蓝田县西)康氏是西域康居移民,西晋时从陇西迁入。永初中,康穆率乡族三千余家南迁襄阳岘南,宋为此专门设置了华山郡蓝田县,寄治襄阳(今湖北襄阳市),康氏相继任华山太守[5]。

六、 第五阶段:宋永初三年至泰始六年(422—470 年)

永初三年(422 年),宋武帝刘裕死。北魏主闻讯后,向宋司、兖、青州(相当于今河南中部和山东中西部)一带发动进攻,至次年,湖陆(今山东鱼台县东南)、项城(今河南沈丘县南)以北已完全成为魏地。元嘉七年(430 年),宋军北伐攻魏,一度进至潼关,但不久魏军反攻,宋军退回彭城。次年,宋军在黄河沿岸的最后一个据点滑台(今河南滑县东南)失守[6]。此后宋军一直处于劣势,只因北魏正忙于消灭北方其他政权,才未进一步南侵。河南失守后,宋的司州已无辖境,元嘉

1 《宋书》卷 45《王镇恶传》。
2 《晋书》卷 119《姚泓载记》。姚泓至建康被杀,但载记称“余宗徙于江南”,则其他成员当仅被迁居。
3 《魏书》卷 52《赵逸传》。
4 《宋书》卷 3《武帝纪》下。
5 《梁书》卷 18《康绚传》。
6 《资治通鉴》卷 119、120《宋纪》永初三年至元嘉八年。

末，在汝南悬瓠（今河南汝南县）侨置司州。泰始年间淮北失守，又迁至义阳郡（治今河南信阳市）[1]。

元嘉十九年（442 年），何承天向宋主献策称："今青、兖旧民，冀州新附，在界首者二万家，此寇之资也。今悉可内徙，青州民移东莱、平昌、北海诸郡，兖州、冀州移泰山以南，南至下邳，左沭右沂，田良野沃，西阻兰陵，北扼大岘，四塞之内，其号险固。民性重迁，暗于图始，无虏之时，喜生咨怨。今新被钞掠，余惧未息，若晓示安危，居以乐土，宜其歌抃就路，视迁如归。"[2]何氏的建议是否被采纳，史无明文，但从当时形势分析，已经聚集在宋魏交界处的数万难民迁入宋境的可能性是很大的。元嘉二十二年，河东汾阴（今山西万荣县西南）薛永宗起兵，次年失败被杀，族人薛安都投宋，又北上招集，后以魏兵势盛而退回襄阳。薛氏"世为强族，同姓有三千家"，安都虽战败而归，带回的族人也还不少[3]。

氐人杨氏的基地仇池（今甘肃成县西）曾经是四方流民避乱的乐土，在苻坚败后又吸引了不少流民。元嘉十年，氐王杨难当南取汉中，次年宋军收复汉中。十八年，杨难当又南侵蜀地，克葭萌（今四川广元市西南），围涪城（今四川绵阳市东）。十九年，宋军反击，攻下仇池，杨难当投魏。二十年，魏军夺取仇池。氐人杨文德起兵反魏，失败后附宋，与宋军合攻仇池，又败。杨文德在葭芦（今甘肃陇南市武都区东南）招集氐人，元嘉二十五年被魏兵击败，奔回汉中。二十七年（450 年），宋军北伐，杨文德又曾进占阴平（今甘肃文县西）、平武（今四川平武县）[4]。

北魏与夏在关陇的战争，宋、魏与氐人间的反复争夺，都导致关陇和汉中流民的多次迁移，最终往往流入巴蜀。如元嘉二年（425 年），"以关中流民出汉川，置京兆、扶风、冯翊等郡"[5]。因"关中民三千二

1 《南齐书》卷 15《州郡志》。
2 《宋书》卷 64《何承天传》。
3 《宋书》卷 88《薛安都传》。
4 《宋书》卷 98《氐胡传》;《魏书》卷 101《氐传》。
5 《宋书》卷 5《文帝纪》。

百三十六户归化”，于元嘉六年置陇西郡[1]，领六县；元嘉十二年，梁州晋寿郡(治今四川广元市南)民南流，于剑南置南晋寿郡(治今四川彭州市西北)；同年还为新巴郡(治今四川青川县西南)的流民在剑南置南新巴郡；孝建二年(455年)所置北扶风郡，也是用以安置“秦、雍流民”[2]。《南齐书》卷15《州郡志》称：梁州“关陇流民，多避难归化，于是民户稍实”。从陇西一郡就有三千多户的规模来推算，前后流民总数可能在数万至十万之间。又如在《宋书·州郡志》梁州领郡下有南阴平，是由“阴平旧民流寓立”；白水郡，由“仇池氐流寓立”；孝建二年时曾置广长郡和成阶县，“领氐民”；南安(治今甘肃陇西县东南)氐人焦文珪，“避难至襄阳，宋元嘉中，侨立天水郡略阳县，乃属焉”[3]。可见氐人南迁的也不少。

元嘉十三年(436年，北燕太兴六年)，北燕灭于北魏，北燕主冯弘奔高丽时，宗室冯业率300人航海归宋，定居于新会(今广东新会市北)，“世为牧守”。至梁大同年间(535—546年)，冯业曾孙、高凉太守冯宝与当地俚族首领、高凉州[4]刺史冼挺之妹结婚，从此得到了冼夫人和俚族地方势力的全力支持[5]。汉族北方移民与本地民族的结合，形成了足以左右岭南局面的政治、军事和经济实力。冼夫人将脱离了大陆政权近六百年的海南岛，重新与大陆结合在同一政权之下，为国家的统一和民族间的团结作出了重大贡献。冯氏也发展成为岭南最显赫的豪族，历陈、隋和唐初不衰，直到高宗后才没落。唐玄宗的宠幸高力士就是冯宝的玄孙，但自幼沦落，竟已不知其父祖为谁了[6]。

元嘉二十七年(450年)，魏主拓跋焘在击败北伐宋军后大举南下，一直进至瓜步(今江苏南京市六合区东南)，次年退兵时又大肆杀

1 据《宋书》卷65《刘道产传》：“元嘉三年，督梁南秦二州诸军事、宁远将军、西戎校尉、梁南秦二州刺史。在州有惠化，关中流民，前后出汉川归之者甚多。六年，道产表置陇西、宋康二郡以领之。”则此年因流民所设之侨郡尚有宋康，《宋书·州郡志》不载，或不久并废。

2 以上设置未注明出处者均据《宋书》卷38《州郡志》。

3 《南齐书》卷30《焦度传》。

4 原文作南梁州，谭其骧师以为高凉州之讹，盖高以形近讹为南，凉以音近讹为梁。梁有高州治高凉郡，高凉州当即高州之俗称或别称。见《自汉至唐海南岛历史政治地理》，载《历史研究》1988年第5期。

5 据《北史》卷91《列女传·谯国夫人洗〔冼〕氏》。

6 参见《自汉至唐海南岛历史政治地理》。

掠，将大批宋民北迁。但其宁南将军鲁爽、中书郎鲁秀兄弟率家属部曲千余家共6 883人投宋[1]，河东解县（今山西临猗县西南）柳光世因反魏阴谋泄露南奔[2]，算是一个小小的补偿。因淮北遭受严重破坏，二十八年冬，“徙彭城流民于瓜步，淮西流民于姑孰（今安徽当涂县），合万许家”[3]，估计有三四万人。

宋景和元年（465年），晋安王子勋起兵，同年前废帝被杀后湘东王彧（明帝）即位，改元泰始。二年，晋安王在寻阳称帝，徐州刺史（治彭城）薛安都等响应。不久晋安王兵败被杀，薛安都等降，明帝遣张永、沈攸之率五万大军北上示威，薛安都降于魏。魏军进占彭城，次年击败北上宋军。淮北失守后，青州与南方的陆路联系断绝，孤悬敌后，在魏军的持续进攻下也先后陷落。至泰始五年，宋的青、冀、兖、徐和豫州的淮西完全丧失，在此前后有大量人口南迁[4]。

淮西入魏时，七郡（汝南、新蔡、汝阳、汝阴、陈郡、南顿、颍川）民不愿属魏，连营南奔。后经魏建安王陆馛抚慰，并将已被军人掳掠为奴婢的百姓放出，民心才稍稳定[5]。薛安都在彭城降魏后，垣崇祖、垣荣祖、皇甫肃等率家属奔朐山（今江苏连云港市海州区西南）[6]。当时朐山滨海，所以成为通过海路与南方联系的据点。

青州失陷后，宋泰始六年（470年）在朐山外的海岛郁洲（今连云港市境）上侨置齐郡。至南齐初又将齐郡迁至瓜步，在郁洲侨置北海郡。但“流荒之民，郡县虚置，至于分居土著，盖无几焉”[7]，真正迁到郁洲的人是很少的。由于青州与南方陆路交通已断，加上魏军占领后对百姓采取了一些安抚措施，平民南迁的大概绝少。士大夫的情况比较复杂，“淮北陷没，界上流奔者，多有去就”，一部分人被魏军掳掠迁往北方，自然没有选择的余地；另一部分有迁移条件的人考虑到南方并没有自己的政治基础和经济利益，与其寄人篱下，不如另择新主，如

1 《宋书》卷74《鲁爽传》。
2 《宋书》卷77《柳元景传》。
3 《宋书》卷5《文帝纪》。
4 《南齐书》卷14《州郡志》。
5 《资治通鉴》卷131《宋纪》泰始二年；《魏书》卷40《陆馛传》。
6 《南齐书》卷25《垣崇祖传》、卷28《垣荣祖传》。
7 《资治通鉴》卷130—132《宋纪》泰始元年至五年。

崔怀慎[1]等;但有的在北魏并未得到重用,以后又投南朝,如刘法凤、法武兄弟因"无可收用,不蒙显拔,后俱南奔"[2]。还有些人虽因不愿降魏而南迁,却居留在缘淮一带,如垣崇祖等居朐山,封延伯侨居东海(治今江苏涟水县)[3];武邑(今河北武邑县)人苏侃兄弟也居于这一带[4];刘善明族弟僧副率部曲2 000人经海岛投淮阴(今江苏淮安市淮阴区西)[5];李元护随父怀庆自青州南奔后被萧道成任为马头太守(治今安徽怀远县南)[6]。也有的南渡江左:如平原鬲(今山东平原县北)人明僧绍,原在长广崂山(今青岛崂山)聚徒讲学,"淮北没虏,乃南渡江"[7]。濮阳鄄城(今山东鄄城县北)人吴苞,"宋泰始中,过江聚徒教学"[8]。这些青齐豪族往往拥有强大的地方势力和私人武装,如平原刘氏的刘怀珍曾向宋孝武帝上报过一份上千人的"门生"名单,要求"充宿卫"(担任皇帝的警卫),使孝武帝大吃一惊[9],由此可见随迁的人数必定颇多。

一个大的家族,甚至一个家庭,都出现了分处南北的情况。如平原(今山东汶上县西南)人刘善明南迁,其母被虏至桑干(今山西山阴县东南)[10];刘怀珍在南,而其母崔氏、侄景焕在北[11]。为此,宋明帝在泰始六年下诏"父母隔在异域者,悉使婚宦"[12],以便青徐移民家族能合法婚配。

这一阶段南迁的人口数量虽然不多,但其中的青徐豪族以后成为萧道成的军事基础,在宋齐之际的政治斗争和萧齐的创建中起了决定性的作用[13]。

---

1 《南齐书》卷55《崔怀慎传》。
2 《魏书》卷43《刘休宾传》。
3 《南齐书》卷55《封延伯传》。
4 《南齐书》卷25《苏侃传》。
5 《南齐书》卷28《刘善明传》。
6 《魏书》卷71《李元护传》。
7 《南齐书》卷54《高逸传·明僧绍》。
8 《南齐书》卷54《高逸传·吴苞》。
9 《南齐书》卷27《刘怀珍传》。
10 《南齐书》卷28《刘善明传》。
11 《南齐书》卷27《刘怀珍传》。
12 《建康实录》卷14,中华书局1986年版。
13 参见周一良:《魏晋南北朝史札记·南齐书札记》,中华书局1985年版;罗新:《青徐豪族与宋齐政治》,载《原学》第一辑,中国广播电视出版社1994年版。

七、南迁余波：宋泰始六年（470年）后

在北魏统一北方以后，南北对峙的形势得到了双方的实际承认。同时，经过一百多年的分裂，特别是在南方政权多次北伐失败之后，北方百姓对南方政权已不抱任何幻想。而且，随着北方政权汉化程度的加深，与汉族人民间的民族矛盾已降至次要地位。所以，除了因政治斗争失败、逃避惩处等原因而投奔南方的人员及边境地区的灾民外，较大规模的人口南迁在泰始六年（470年）后已不复存在。相反，因各种原因北迁的人口却大为增加，其中一部分还是南方的世族、士人、文武官员。只是当南朝在军事上获得重大胜利时，还会有一些北方人口被强制迁入南方，但与以往的南迁浪潮相比，只能视为余波了。

淮北四州百姓不愿属魏，齐遣间谍招诱，建元二年（480年），徐州民桓标之、兖州民徐猛子等起兵反魏，有众数万人。三年，齐师救援不及，桓标之等被魏军所灭，但还是有数千家南归[1]。这些移民估计都安置在淮南边境，如周山图"拔三百家还淮阴。表移东海郡治涟口（今江苏涟水县），又于石鳖（今江苏淮安市洪泽区东南）立阳平郡"[2]。

梁天监六年（507年），曹景宗、韦叡击败围攻钟离（今安徽凤阳县东北临淮关）的魏军，"魏军趋水死者十余万，斩首亦如之"，"生擒五万余人"，曹景宗将其中万余人送建康献捷[3]。这是南朝最大的一次胜利，也是俘获人数最多的一次，送往建康的万余人估计被没为奴婢，其余可能就在江淮间安置，或被送往各地为奴婢。《梁书》卷4《简文帝纪》太清三年（549年）五月诏："诸州见在北人为奴婢者并及妻儿，悉可原放。"《资治通鉴》卷162称"所免万计"。可见北人为奴婢者数量甚多，且不止在建康，天监时的俘虏当也如此。

梁普通六年（525年），魏徐州刺史元法僧称帝失败后降于梁，"拥

1 《南齐书》卷57《魏虏传》；《资治通鉴》卷125《齐纪》建元二、三年。
2 《南齐书》卷29《周山图传》。
3 《梁书》卷12《韦叡传》、卷9《曹景宗传》。

其僚属、守令、兵戍及郭邑士女万余口南入”[1]。由于这次是北人“内附”，所以梁武帝给予优待，“赐新附民长复除（终身免役），应诸罪失一无所问”[2]。元法僧不久被任为郢州刺史，其子景隆、景仲先后任广州刺史，法僧“求兵自卫，诏给甲仗百人”[3]，南归人员中的相当大部分估计会随元氏父子安置。在此前后，因种种原因而南迁的上层北人已不少，如魏景明二年（齐中兴元年，501 年）咸阳王禧被杀后，其宫人曾作歌悼之，“其歌遂流至江表，北人在南者，虽富贵，弦管奏之，莫不洒泣”。后其子翼、昌、晔、显和、树等均奔于梁[4]。魏孝昌元年（梁普通六年，525 年），权臣元叉被杀，其子元稚奔梁[5]。魏永安三年（梁中大通二年，530 年）孝庄帝被北迁后，李侃晞投于梁[6]。北魏内乱后南奔的宗室官僚还有不少，如大通二年（魏建义元年，528 年），魏汝南王悦、北海王颢、临淮王彧南奔，郢州刺史元愿达降于梁[7]；尔朱荣入洛阳时，也有人南逃梁境[8]。中大通四年（532 年），魏兖州刺史尔朱仲远奔梁[9]。这些南迁对象都是宗室、大臣、地方镇将，所以随迁人员颇多。其中一些人以后又重新返回北方，但据史料记载定居于南方的也非少数。

梁承圣元年（552 年），侯景之乱刚平息，北齐占有江北，百姓不愿属齐，广陵（今江苏扬州市西北）侨民朱盛、张象潜聚众袭齐刺史，梁将陈霸先渡江救援。后因梁、齐议和而退兵，江北居民随军南迁者万余口[10]。

陈光大元年（567 年），淳于量与吴明彻在郢州（今湖北武汉市武昌）击败拓跋定所率周军和华皎的叛军，“俘获万余人，马四千余匹，送

---

1 《魏书》卷 9《肃宗纪》。
2 《梁书》卷 3《武帝纪》下。
3 《梁书》卷 39《元法僧传》。
4 《魏书》卷 21 上《咸阳王禧传》。
5 《魏书》卷 16《道武七王传·元叉》。
6 《魏书》卷 83《外戚传·李惠》附李侃晞。
7 《魏书》卷 10《孝庄纪》。
8 《魏书》卷 24《邓献传》。
9 《魏书》卷 75《尔朱仲远传》。
10 《资治通鉴》卷 164《梁纪》承圣元年。

京师”[1]。这些俘虏应包括北方军人与华皎所率湘州(治今湖南长沙市)兵,数量可能有所夸大,但明确记载是迁往京师,应是没为奴婢或编入军队。

太建二年(570 年)的诏书称:“顷年江介襁负相随,崎岖归化,亭候不绝,宜加恤养,答其诚心。维是荒境自拔,有在都邑及诸州镇,不问远近,并蠲课役。”[2]这说明在此前数年间又有不少流民渡江南迁。太建十年二月,吴明彻在淮北大败,三万人被俘,从此陈军节节败退。十一年三月,“诏淮北义人率户口归国者,建其本属旧名,置立郡县,即隶近州,赋给田宅,唤订一无所预”。可见此期间不断有淮北流人南迁。同年,周军进攻淮南,至十二月,“南北兖、晋三州,及盱眙、山阳、阳平、马头、秦、历阳、沛、北谯、南梁等九郡,并自拔还京师。谯、北徐州又陷。自是淮南之地尽没于周矣”[3]。至此陈的北界已退至长江,这些撤回江南的军政人员及流民只能安置在建康一带的“近州”。但一年多后,刚即位的陈后主下诏,将宣帝“克定淮、泗,爰涉青、徐”时当地酋豪作为人质送来南方的人员放回北方[4]。这样做表面上自然是出于人道的理由,使这些人的家庭不至于南北分隔,但实际上可能是在强敌压境、疆土日蹙时不得已的措施,因而南迁的淮北、淮南流民也可能较容易返回北方。七年后陈亡时,剩下的流民也可能北迁,所以最终在江南定居的人口大概不多。

陈祯明元年(587 年),隋所立梁国主萧琮入朝长安,隋军逼近江陵,琮叔萧岩、弟萧瓛等率所属文武及居民二万余口渡江投陈[5]。陈割扬州吴郡和钱塘县置吴州,以萧瓛为刺史,又以萧岩为东扬州刺史。从祯明三年陈亡后萧岩、萧瓛都曾被百姓“推为主以御隋师”[6]来看,两年前随迁的百姓大概大多是被安置在吴州一带的。

这几次移民高潮历时一百多年,计其余波更长达近三百年,但移

1 《陈书》卷 4《废帝纪》,中华书局 1972 年版(下同)。
2 《陈书》卷 5《宣帝纪》。
3 同上。
4 《陈书》卷 6《后主纪》。
5 《陈书》卷 6《后主纪》。萧岩等所率人口《纪》作“十万余口”,据《陈书》卷 15《陈慧纪传》改。
6 《周书》卷 48《萧詧传》。

民南迁的路线前后大致相同，主要有东、中、西三线[1]：

东线以淮河及其支流（包括当时入淮各水）汝、颍、沙、涡（涡）、睢、汴、泗、沂、沭等水和沟通江淮的邗沟构成主要水路，辅以各水间陆路。不仅在今河南、山东和安徽、江苏北部的司、豫、兖、青、徐诸州移民大多由此线南渡，就是在今山西、河北的并、冀、幽三州的流民也多数在渡过黄河后循此线而南。由今河南和淮北渡淮的北人往往居留于淮南，或继续由陆路南下，渡江后定居于皖南、赣北沿江地带。由今山东、豫东而下的流人一般居于沿泗水的彭城、下相、淮阴一带，或渡淮居于苏北，或由邗沟南下广陵（今江苏扬州市西北），过江至京口（今镇江市），聚居于江南。还有少数人由山东或苏北航海至广陵或江南，甚至直接到达东南、南方沿海。此线的起点是西晋、十六国和北朝经济文化最发达、人口最稠密的地区，终点又是东晋、南朝政治中心所在和经济文化最发达地区，所以是最重要的一线。永嘉后的北人南迁，特别是宗室贵族、文武大臣、世家大族，多数经由此线。江淮间和苏南、皖南是侨州郡县的主要设置区，也是北方移民最集中的地方。

中线起点主要是洛阳和关中，分别由洛阳经南阳盆地，由关中越秦岭东南经南阳盆地，由关中越秦岭至汉中盆地顺汉水而下，最后都汇聚于襄阳，然后再由汉水东南而下。在今甘肃、陕西、山西和河南西部的秦、雍、梁、司、并诸州流民大多走此线，南迁后往往定居于襄阳、江陵等汉水流域和长江中游地区。也有一部分人从南阳盆地东南越过桐柏山、大别山的隘口进入江汉平原。

西线汇聚了今甘肃、陕西、宁夏、青海境内的凉、秦、雍流人，由穿越秦岭的栈道进入汉中盆地。继续南迁者循剑阁道南下蜀地，或部分利用嘉陵江水路，定居于沿线和成都平原。也有人在今甘肃南部沿白龙江而东南。在蜀地发生战乱时，部分流人又循长江东下，进入长江中下游。

移民南迁的路线和迁入地区的分布见图 10－1，西晋末至南朝期间见于记载的南迁人物及其后裔见表 10－1。

---

1 谭其骧《晋永嘉丧乱后之民族迁徙》分为东、西二线，胡阿祥《东晋南朝侨州郡县的设置及其地理分布》分为五线，兹参照二说及己见概括。

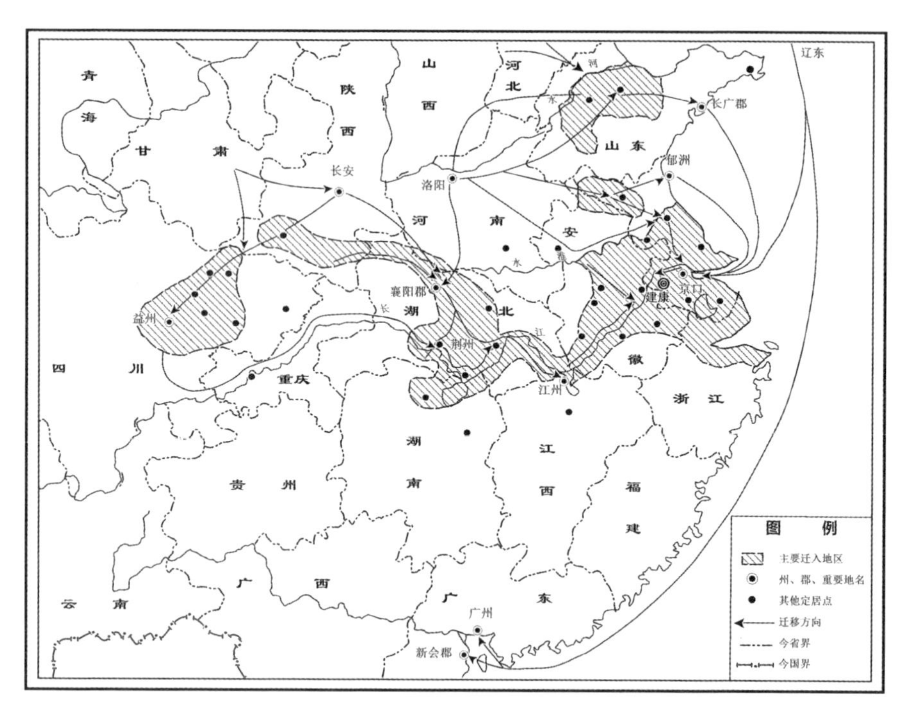

图 10－1　永嘉乱后移民南迁的路线和迁入地区的分布

表 10－1　西晋末至南朝期间见于记载的南迁人物及其后裔

说　明

1. 本表所收人物包括史料中除帝王、宗室以外有事迹或官爵的人物，仅有姓名著录者一般不录。第一代移民或后裔不作区别。
2. “原籍”指迁出地，其中仅载郡者，“今地”注为郡治。郡治有迁移者，择其较接近或稳定阶段。
3. “迁入地”有明确记载者录入，仅有宦迹或游踪者，均作无考，用？表示。
4. “时间”指迁入时间，除有确切年代者外，一般仅载其主要生活或出仕朝代，跨二朝或二朝以上者仅录其中之一。年代不确切者，如永嘉、元嘉、孝武时等选择大致相近的公元年代，在其后加 * 号以示区别。
5. “资料来源”的第一个字是书名缩写，如晋（《晋书》）、宋（《宋书》）、南齐（《南齐书》）、梁（《梁书》）、陈（《陈书》）、魏（《魏书》）、周（《周书》）、北齐（《北齐书》）。书名缩写后点号前的数字表示该书卷数，点号后面数字表示该书页数，如“周 44. 798”表示《周书》卷 44 第 798 页。

姓　名	原　籍	今　地	迁入地	时　间	资料来源
席衡	安定	甘肃泾川北	襄阳	417	周 44. 798
席固	安定	甘肃泾川北	襄阳	梁	周 44. 798
席慧略	安定	甘肃泾川北	？	陈	陈 20. 273

续　表

姓　名	原　籍	今　　地	迁入地	时　间	资料来源
皇甫方回	安定朝那	宁夏固原东南	荆州	307*	晋 51. 1418
席恭穆	安定焉氏	宁夏固原东南	荆州	齐	南齐 40. 706
徐度	安陆	湖北安陆	建康	陈	陈 12. 188
傅弘仁	北地	陕西铜川市耀州区东	?	宋	宋 55. 1547
傅邵	北地	陕西铜川市耀州区东	?	宋	宋 55. 1547
傅僧	北地	陕西铜川市耀州区东	?	?	宋 55. 1547
傅瑗	北地灵州	宁夏灵武北	?	晋	宋 43. 1335
傅迪	北地灵州	宁夏灵武北	?	宋	宋 43. 1335
傅亮	北地灵州	宁夏灵武北	?	宋	宋 43. 1335
傅演	北地灵州	宁夏灵武北	?	?	宋 43. 1341
傅洪	北地泥阳	陕西铜川市耀州区东南	?	351*	宋 48. 1430
傅韶	北地泥阳	陕西铜川市耀州区东南	?	晋	晋 48. 1430
傅弘之	北地泥阳	陕西铜川市耀州区东南	?	晋	宋 48. 1430
王镇恶	北海剧	山东昌乐西	荆州	419*	宋 45. 1365
王灵福	北海剧	山东昌乐西	?	宋	宋 45. 1371
桓康	北兰陵承	山东枣庄东南	?	宋	南齐 30. 557
周盘龙	北兰陵兰陵	山东兰陵西南	?	宋	南齐 29. 543
周奉叔	北兰陵兰陵	山东兰陵西南	?	齐	南齐 29. 543
周世雄	北兰陵兰陵	山东兰陵西南	?	齐	南齐 29. 546
鲁爽	北魏		?		宋 72. 1857
沈陵	北魏		?		魏 8. 191
吴包	北魏		?	496*	梁 25. 375
薛渊	北魏		?	?	南齐 30. 558
杨大眼子	北魏		?	?	魏 73. 1636
元彧	北魏		?		魏 10. 257
元法僧	北魏		?		魏 9. 238
元悦	北魏		?		魏 10. 257
王康家属	长安	陕西西安	建康		宋 45. 1371
张天锡	长安	陕西西安	建康		晋 114. 2918
苻宏	长安	陕西西安	江州		晋 114. 2929

续 表

姓 名	原 籍	今 地	迁入地	时 间	资料来源
苻朗	长安	陕西西安	建康	383	晋 114. 2936
苏峻	长广掖	山东莱州	广陵		晋 100. 2628
明僧绍	长广崂山	山东青岛市崂山区	?	489	南齐 54. 927
王隐	陈郡陈	河南周口市淮阳区	建康	313	晋 82. 2142
殷颢	陈郡	河南周口市淮阳区	?	晋	晋 83. 2178
殷康	陈郡	河南周口市淮阳区	?	晋	晋 83. 2178
殷融	陈郡	河南周口市淮阳区	?	晋	晋 83. 2178
殷仲堪	陈郡	河南周口市淮阳区	?	晋	晋 84. 2192
殷师	陈郡	河南周口市淮阳区	?	晋	晋 84. 2194
殷旷之	陈郡	河南周口市淮阳区	?	晋	晋 84. 2199
殷简子	陈郡	河南周口市淮阳区	丹徒	晋	晋 84. 2199
殷仲文	陈郡	河南周口市淮阳区	?	晋	晋 99. 2604
殷叔文	陈郡	河南周口市淮阳区	?	晋	晋 99. 2605
殷羡	陈郡长平	河南西华东北	?		晋 77. 2043
殷浩	陈郡长平	河南西华东北	?	晋	晋 77. 2043
殷允	陈郡长平	河南西华东北	?	晋	宋 59. 1597
殷穆	陈郡长平	河南西华东北	?	宋	宋 59. 1597
殷淳	陈郡长平	河南西华东北	?	宋	宋 59. 1597
殷孚	陈郡长平	河南西华东北	?	宋	宋 59. 1597
殷冲	陈郡长平	河南西华东北	?	宋	宋 59. 1598
殷淡	陈郡长平	河南西华东北	?	宋	宋 59. 1598
殷茂	陈郡长平	河南西华东北	?	晋	宋 63. 1680
殷景仁	陈郡长平	河南西华东北	?	宋	宋 63. 1684
殷道矜	陈郡长平	河南西华东北	?	宋	宋 63. 1684
殷恒	陈郡长平	河南西华东北	?	宋	宋 63. 1689
殷孝祖	陈郡长平	河南西华东北	?	宋	宋 86. 2189
殷道鸾	陈郡长平	河南西华东北	?	宋	宋 87. 2203
殷琰	陈郡长平	河南西华东北	?	宋	宋 87. 2203
殷芸	陈郡长平	河南西华东北	?	梁	梁 41. 596
殷不害	陈郡长平	河南西华东北	?	陈	陈 32. 423

续 表

姓　名	原　籍	今　　地	迁入地	时　间	资料来源
谢重	陈郡阳夏	河南太康	?	晋	晋 44. 1347
谢鲲	陈郡阳夏	河南太康	?	307*	晋 49. 1277
谢安	陈郡阳夏	河南太康	会稽	晋	晋 79. 2072
谢琰	陈郡阳夏	河南太康	?	晋	晋 79. 2077
谢该	陈郡阳夏	河南太康	?	晋	晋 79. 2077
谢瑶	陈郡阳夏	河南太康	?	晋	晋 79. 2077
谢混	陈郡阳夏	河南太康	?	晋	晋 79. 2079
谢肇	陈郡阳夏	河南太康	?	晋	晋 79. 2079
谢玄	陈郡阳夏	河南太康	?	晋	晋 79. 2080
谢奕	陈郡阳夏	河南太康	?	晋	晋 79. 2080
谢靖	陈郡阳夏	河南太康	?	晋	晋 79. 2080
谢泉	陈郡阳夏	河南太康	?	晋	晋 79. 2080
谢万	陈郡阳夏	河南太康	?	晋	晋 79. 2086
谢琰	陈郡阳夏	河南太康	?	晋	晋 79. 2086
谢朗	陈郡阳夏	河南太康	?	晋	晋 79. 2087
谢韶	陈郡阳夏	河南太康	?	晋	晋 79. 2087
谢恩	陈郡阳夏	河南太康	?	晋	晋 79. 2087
谢石	陈郡阳夏	河南太康	?	晋	晋 79. 2088
谢尚	陈郡阳夏	河南太康	?	晋	晋 79. 2089
谢邈	陈郡阳夏	河南太康	?	晋	晋 79. 2089
谢重	陈郡阳夏	河南太康	?	晋	宋 44. 1347
谢晦	陈郡阳夏	河南太康	?	宋	宋 44. 1347
谢绚	陈郡阳夏	河南太康	?	宋	宋 44. 1347
谢景仁	陈郡阳夏	河南太康	?	晋	宋 52. 1493
谢恂	陈郡阳夏	河南太康	?	宋	宋 52. 1495
谢稚	陈郡阳夏	河南太康	?	宋	宋 52. 1495
谢纯	陈郡阳夏	河南太康	?	宋	宋 52. 1497
谢纬	陈郡阳夏	河南太康	?	宋	宋 52. 1497
谢综	陈郡阳夏	河南太康	?	宋	宋 52. 1497
谢铁	陈郡阳夏	河南太康	会稽	晋	宋 53. 1522

续　表

姓　名	原　籍	今　　地	迁入地	时　间	资料来源
谢冲	陈郡阳夏	河南太康	会稽	晋	宋 53. 1522
谢方明	陈郡阳夏	河南太康	会稽	宋	宋 53. 1522
谢惠连	陈郡阳夏	河南太康	会稽	宋	宋 53. 1524
谢惠宣	陈郡阳夏	河南太康	?	宋	宋 52. 1525
谢瞻	陈郡阳夏	河南太康	?	宋	宋 56. 1557
谢皭	陈郡阳夏	河南太康	?	宋	宋 56. 1558
谢弘微	陈郡阳夏	河南太康	?	宋	宋 58. 1590
谢峻	陈郡阳夏	河南人康	?	宋	宋 58. 1590
谢思	陈郡阳夏	河南太康	?	宋	宋 58. 1590
谢灵运	陈郡阳夏	河南太康	会稽始宁	宋	宋 67. 1743
谢庄	陈郡阳夏	河南太康	?	宋	宋 85. 2167
谢飏	陈郡阳夏	河南太康	?	宋	宋 85. 2177
谢瀹	陈郡阳夏	河南太康	?	齐	南齐 43. 762
谢述	陈郡阳夏	河南太康	?	宋	南齐 47. 825
谢朓	陈郡阳夏	河南太康	?	齐	南齐 47. 825
谢经	陈郡阳夏	河南太康	?	梁	梁 47. 658
谢蔺	陈郡阳夏	河南太康	?	梁	梁 47. 658
谢超宗	陈郡阳夏	河南太康	?	齐	梁 50. 708
谢幾卿	陈郡阳夏	河南太康	?	齐	梁 50. 708
谢稚	陈郡阳夏	河南太康	?	宋	梁 50. 717
谢璟	陈郡阳夏	河南太康	?	齐	梁 50. 717
谢征	陈郡阳夏	河南太康	?	齐	梁 50. 717
谢譓	陈郡阳夏	河南太康	?	梁	陈 21. 277
谢胐	陈郡阳夏	河南太康	?	梁	陈 21. 277
谢哲	陈郡阳夏	河南太康	?	陈	陈 21. 277
谢举	陈郡阳夏	河南太康	?	梁	陈 21. 279
谢嘏	陈郡阳夏	河南太康	?	陈	陈 21. 279
谢俨	陈郡阳夏	河南太康	?	陈	陈 21. 279
谢绥	陈郡阳夏	河南太康	?	梁	陈 32. 426
谢贞	陈郡阳夏	河南太康	?	陈	陈 32. 426

续 表

姓 名	原 籍	今 地	迁入地	时 间	资料来源
袁悦之	陈郡阳夏	河南太康	?	晋	晋 75. 1975
袁乔	陈郡阳夏	河南太康	?	晋	晋 82. 2167
袁瓌	陈郡阳夏	河南太康	建康	307	晋 83. 2166
袁山松	陈郡阳夏	河南太康	?	晋	晋 83. 2169
袁方平	陈郡阳夏	河南太康	?	晋	晋 83. 2169
袁猷	陈郡阳夏	河南太康	?	307	晋 83. 2169
袁冲	陈郡阳夏	河南太康	?	晋	晋 83. 2170
袁耽	陈郡阳夏	河南太康	建康		晋 83. 2170
袁准	陈郡阳夏	河南太康	?	晋	晋 83. 2170
袁豹	陈郡阳夏	河南太康	?	晋	晋 83. 2171
袁质	陈郡阳夏	河南太康	?	晋	晋 83. 2171
袁湛	陈郡阳夏	河南太康	?	宋	宋 52. 1497
袁洵	陈郡阳夏	河南太康	?	宋	宋 52. 1502
袁淑	陈郡阳夏	河南太康	?	宋	宋 70. 1835
袁凝	陈郡阳夏	河南太康	?	宋	宋 70. 1841
袁觊	陈郡阳夏	河南太康	?	宋	宋 70. 1841
袁觊	陈郡阳夏	河南太康	?	宋	宋 84. 2148
袁戬	陈郡阳夏	河南太康	?	宋	宋 84. 2153
袁粲	陈郡阳夏	河南太康	建康	宋	宋 89. 2229
袁峻	陈郡阳夏	河南太康	?	梁	梁 49. 688
袁昂	陈郡阳夏	河南太康	?	梁	陈 17. 239
袁敬	陈郡阳夏	河南太康	?	陈	陈 17. 239
袁枢	陈郡阳夏	河南太康	?	陈	陈 17. 240
袁宪	陈郡阳夏	河南太康	吴郡	陈	陈 24. 312
阮韬	陈留	河南开封东	?	齐	南齐 32. 586
阮孚	陈留尉氏	河南尉氏	?	307	晋 49. 1364
阮放	陈留尉氏	河南尉氏	?	307	晋 49. 1367
阮裕	陈留尉氏	河南尉氏	?	307	晋 49. 1367
阮晞之	陈留尉氏	河南尉氏	?	晋	晋 49. 1367
阮普	陈留尉氏	河南尉氏	?	晋	晋 49. 1369

续　表

姓　名	原　籍	今　　地	迁入地	时　间	资料来源
阮腆	陈留尉氏	河南尉氏	?	晋	晋 49. 1369
阮歆之	陈留尉氏	河南尉氏	?	晋	晋 49. 1369
阮长之	陈留尉氏	河南尉氏	?	宋	宋 92. 2268
阮师门	陈留尉氏	河南尉氏	?	宋	宋 92. 2269
阮宁	陈留尉氏	河南尉氏	会稽剡	宋	宋 92. 2283
阮思旷	陈留尉氏	河南尉氏	会稽剡	宋	宋 92. 2283
阮万龄	陈留尉氏	河南尉氏	会稽剡	宋	宋 92. 2283
阮彦之	陈留尉氏	河南尉氏	?	宋	梁 51. 739
阮孝绪	陈留尉氏	河南尉氏	?	梁	梁 51. 739
阮问道	陈留尉氏	河南尉氏	?	梁	陈 34. 471
阮诠	陈留尉氏	河南尉氏	?	梁	陈 34. 471
阮卓	陈留尉氏	河南尉氏	?	陈	陈 34. 471
蔡裔	陈留圉	河南杞县西南	?	晋	晋 81. 2112
江虨	陈留圉	河南杞县西南	?	313	晋 56. 1538
江敳	陈留圉	河南杞县西南	?	晋	晋 56. 1539
江恒	陈留圉	河南杞县西南	?	晋	晋 56. 1539
江灏	陈留圉	河南杞县西南	?	晋	晋 56. 1539
江夷	陈留圉	河南杞县西南	?	晋	晋 56. 1539
江惇	陈留圉	河南杞县西南	?	晋	晋 83. 2171
江济	陈留圉	河南杞县西南	?		晋 83. 2171
江灌	陈留圉	河南杞县西南	?	晋	晋 83. 2176
江绩	陈留圉	河南杞县西南	?	晋	晋 83. 2176
徐度之	东海	山东郯城北	?	齐	陈 34. 466
徐僧权	东海	山东郯城北	?	梁	陈 34. 466
徐伯阳	东海	山东郯城北	?	陈	陈 34. 466
徐宁	东海郯	山东郯城北	?	晋	晋 74. 1955
徐祚之	东海郯	山东郯城北	?	晋	宋 43. 1329
徐羡之	东海郯	山东郯城北	?	宋	宋 43. 1329
徐乔之	东海郯	山东郯城北	?	宋	宋 43. 1334
徐佩之	东海郯	山东郯城北	?	宋	宋 43. 1334

续 表

姓 名	原 籍	今 地	迁入地	时 间	资料来源
徐钦之	东海郯	山东郯城北	京口	晋	宋 71. 1843
徐湛之	东海郯	山东郯城北	京口	宋	宋 71. 1843
徐逵之	东海郯	山东郯城北	京口	宋	宋 71. 1843
徐长宗	东海郯	山东郯城北	?	宋	梁 25. 377
徐融	东海郯	山东郯城北	?	宋	梁 25. 377
徐勉	东海郯	山东郯城北	?	梁	梁 25. 377
徐凭道	东海郯	山东郯城北	?	宋	梁 30. 446
徐超之	东海郯	山东郯城北	?	梁	梁 30. 446
徐摛	东海郯	山东郯城北	?	梁	梁 30. 446
徐陵	东海郯	山东郯城北	?	陈	陈 26. 325
何无忌	东海郯	山东郯城北	京口	晋	晋 85. 2214
何承天	东海郯	山东郯城北	?	宋	梁 49. 693
何翼	东海郯	山东郯城北	?	宋	梁 49. 693
何询	东海郯	山东郯城北	?	齐	梁 49. 693
何逊	东海郯	山东郯城北	?	梁	梁 49. 693
何敬叔	东海郯	山东郯城北	?	齐	梁 50. 713
何思澄	东海郯	山东郯城北	?	梁	梁 50. 713
何子朗	东海郯	山东郯城北	?	梁	梁 50. 714
何慧炬	东海郯	山东郯城北	?	齐	梁 53. 777
何远	东海郯	山东郯城北	?	梁	梁 53. 777
王景	东海郯	山东郯城北	建康	晋	晋 83. 2179
王少卿	东海郯	山东郯城北	?	晋	晋 83. 2180
王协之	东海郯	山东郯城北	?	晋	晋 83. 2180
王准之	东海郯	山东郯城北	?	晋	晋 83. 2180
王雅	东海郯	山东郯城北	建康	晋	晋 83. 2197
王僧孺	东海郯	山东郯城北	?	晋	梁 33. 470
王准	东海郯	山东郯城北	?	晋	梁 33. 470
虞丘进	东海郯	山东郯城北	?	宋	宋 49. 1440
刘胤	东莱掖	山东莱州	?	307*	晋 81. 2113
刘赤松	东莱掖	山东莱州	?	晋	晋 81. 2124

续　表

姓　名	原　籍	今　　地	迁入地	时　间	资料来源
吕僧珍	东平范	山东梁山西北	广陵	梁	梁 11. 211
徐澄之	东莞姑幕	山东诸城西北	京口	307	晋 91. 2356
徐浩	东莞姑幕	山东诸城西北	?	晋	晋 91. 2358
徐豁	东莞姑幕	山东诸城西北	?	晋	晋 91. 2358
徐藻	东莞姑幕	山东诸城西北	京口	晋	晋 91. 2358
徐邈	东莞姑幕	山东诸城西北	京口	晋	晋 91. 2358
徐广	东莞姑幕	山东诸城西北	?	宋	宋 55. 1547
刘穆之	东莞莒	山东莒县	?	晋	宋 42. 1303
刘邕	东莞莒	山东莒县	?	宋	宋 42. 1308
刘瑀	东莞莒	山东莒县	?	宋	宋 42. 1309
刘敳	东莞莒	山东莒县	?	宋	宋 42. 1309
刘式之	东莞莒	山东莒县	?	宋	宋 42. 1309
刘衍	东莞莒	山东莒县	?	宋	宋 42. 1309
刘虑之	东莞莒	山东莒县	?	宋	宋 42. 1309
刘藏	东莞莒	山东莒县	?	宋	宋 42. 1310
刘卷	东莞莒	山东莒县	?	宋	宋 42. 1310
刘贞之	东莞莒	山东莒县	?	宋	宋 42. 1310
刘裒	东莞莒	山东莒县	?	宋	宋 42. 1310
刘钦之	东莞莒	山东莒县	京口	宋	宋 81. 2073
刘爽	东莞莒	山东莒县	京口	宋	宋 81. 2073
刘秀之	东莞莒	山东莒县	京口	宋	宋 81. 2073
刘仲道	东莞莒	山东莒县	京口	宋	宋 81. 2073
刘粹之	东莞莒	山东莒县	京口	宋	宋 81. 2076
刘景远	东莞莒	山东莒县	?	宋	宋 81. 2076
刘祥	东莞莒	山东莒县	?	齐	南齐 36. 639
刘灵真	东莞莒	山东莒县	?	宋	梁 50. 710
刘尚	东莞莒	山东莒县	?	宋	梁 50. 710
刘勰	东莞莒	山东莒县	?	梁	梁 50. 710
孙谦	东莞莒	山东莒县	历阳	梁	梁 53. 772
臧焘	东莞莒	山东莒县	?	晋	宋 55. 1543

续 表

姓 名	原 籍	今 地	迁入地	时 间	资料来源
臧绰	东莞莒	山东莒县	?	晋	宋 55. 1546
臧邃	东莞莒	山东莒县	?	晋	宋 55. 1546
臧凝之	东莞莒	山东莒县	?	宋	宋 55. 1546
臧湛之	东莞莒	山东莒县	?	宋	宋 55. 1546
臧夤	东莞莒	山东莒县	?	宋	宋 55. 1547
臧焕	东莞莒	山东莒县	?	宋	宋 55. 1547
臧澄之	东莞莒	山东莒县	?	宋	宋 55. 1547
臧谭之	东莞莒	山东莒县	?	宋	宋 55. 1547
臧熹	东莞莒	山东莒县	?	晋	宋 74. 1909
臧质	东莞莒	山东莒县	?	晋	宋 74. 1909
臧敞	东莞莒	山东莒县	?	宋	宋 74. 1921
臧敦	东莞莒	山东莒县	?	宋	宋 74. 1921
臧敷	东莞莒	山东莒县	?	宋	宋 74. 1921
臧寅	东莞莒	山东莒县	?	宋	宋 74. 1942
臧庸民	东莞莒	山东莒县	?	?	南齐 54. 926
臧奉先	东莞莒	山东莒县	?	齐	南齐 54. 926
臧荣绪	东莞莒	山东莒县	京口	齐	南齐 54. 926
臧盾	东莞莒	山东莒县	?	梁	梁 42. 599
祖台之	范阳	河北涿州	?	晋	晋 75. 1975
张舆	范阳方城	河北固安西南	?	307	晋 36. 1077
张昌	范阳蓟	北京西南	?	宋	南齐 52. 903
祖冲之	范阳蓟	北京西南	?	齐	南齐 52. 903
祖朔之	范阳蓟	北京西南	?	齐	南齐 52. 903
卢广	范阳涿	河北涿州	?		梁 48. 678
祖逖	范阳道	河北涞水	京口	307	晋 62. 1693
祖约	范阳道	河北涞水	京口	307	晋 62. 1698
鲁宗之	扶风	陕西眉县东	?		宋 74. 1922
鲁爽	扶风	陕西眉县东	?	451	宋 74. 1924
鲁斐	扶风	陕西眉县东	?	齐	陈 13. 198
鲁益之	扶风	陕西眉县东	?	梁	陈 13. 198

续 表

姓 名	原 籍	今 地	迁入地	时 间	资料来源
鲁悉达	扶风	陕西眉县东	?	陈	陈 13. 198
马文恭	扶风	陕西眉县东	?	宋	宋 45. 1378
马伯鸾	扶风	陕西眉县东	?	宋	梁 17. 279
马仙琕	扶风	陕西眉县东	?	梁	梁 17. 279
马灵庆	扶风	陕西眉县东	?	齐	陈 19. 264
马枢	扶风	陕西眉县东	京口	陈	陈 19. 264
袁宏	扶乐	河南太康西北	?	晋	晋 92. 2391
袁明子	扶乐	河南太康西北	?	晋	晋 92. 2399
刘寅	高平	山东巨野南	荆州	齐	南齐 40. 706
张佑	高平	山东巨野南	?	宋	宋 92. 2271
檀祇	高平	山东巨野南	?	晋	晋 47. 1416
檀凭之	高平	山东巨野南	?	晋	晋 85. 2217
檀道济	高平	山东巨野南	京口	晋	宋 41. 1341
檀韶	高平	山东巨野南	京口	晋	宋 45. 1372
檀弘	高平	山东巨野南	?	宋	南齐 52. 891
檀超	高平	山东巨野南	?	齐	南齐 52. 891
徐遗宝	高平	山东巨野南	?	晋	宋 68. 1808
郗恢	高平	山东巨野南	建康	晋	晋 67. 1795
郗昙	高平	山东巨野南	建康	晋	晋 67. 1795
郗鉴	高平	山东巨野南	建康	晋	晋 67. 1796
郗愔	高平	山东巨野南	会稽	晋	晋 67. 1801
郗超	高平	山东巨野南	建康	晋	晋 67. 1803
郗僧施	高平	山东巨野南	建康	晋	晋 67. 1805
许懋	高阳新城	河北保定市徐水区西南	?	梁	梁 40. 575
许恂	高阳新城	河北保定市徐水区西南	永兴	晋	陈 343. 458
许珪	高阳新城	河北保定市徐水区西南	永兴	晋	陈 343. 458
申宣	广固	山东青州	?	410	宋 65. 1723
申永	广固	山东青州	?	410	宋 65. 1723
申谟	广固	山东青州	?	410	宋 65. 1723
垣苗	广固	山东青州	下邳	405	南齐 23. 459

续 表

姓 名	原 籍	今 地	迁入地	时 间	资料来源
刘肇	广平易阳	河北邯郸市永年区东南	建康	307	晋 81. 2131
刘遐	广平易阳	河北邯郸市永年区东南	彭城	307	晋 81. 2130
裴方明	河东	山西夏县西南	?	宋	宋 47. 1406
王慦期	河东	山西夏县西南	?	晋	宋 82. 2270
王寻之	河东	山西夏县西南	?	晋	宋 82. 2270
王肇之	河东	山西夏县西南	?	晋	宋 82. 2270
王歆之	河东	山西夏县西南	?	宋	宋 82. 2270
裴英起祖	河东	山西夏县西南	寿阳	晋	北齐 21. 300
卫玠	河东安邑	山西夏县西北	豫章	307	晋 36. 1967
卫展	河东安邑	山西夏县西北	豫章	307	晋 36. 1968
薛安都	河东汾阴	山西万荣西南	?	444	宋 88. 2215
薛沈	河东汾阴	山西万荣西南	?	444	宋 88. 2216
薛渊	河东汾阴	山西万荣西南	?	宋	南齐 30. 553
薛弘敞	河东汾阴	山西万荣西南	襄阳	417	周 38. 683
柳卓	河东解	山西临猗西南	襄阳	晋	宋 77. 1981
柳恬	河东解	山西临猗西南	襄阳	晋	宋 77. 1981
柳元景	河东解	山西临猗西南	襄阳	晋	宋 77. 1981
柳嗣宗	河东解	山西临猗西南	襄阳	宋	宋 77. 1990
柳光世	河东解	山西临猗西南	?	450	宋 77. 1991
柳先宗	河东解	山西临猗西南	?	宋	宋 77. 1991
柳元怙	河东解	山西临猗西南	?	宋	宋 77. 1991
柳世隆	河东解	山西临猗西南	?	齐	南齐 24. 445
柳庆远	河东解	山西临猗西南	?	梁	梁 9. 182
柳恽	河东解	山西临猗西南	?	梁	梁 21. 331
高宗柳后	河东解	山西临猗西南	建康	陈	陈书 7. 129
裴珪	河东闻喜	山西闻喜	?	晋	宋 64. 1698
裴昧	河东闻喜	山西闻喜	?	晋	宋 64. 1698
裴松之	河东闻喜	山西闻喜	?	晋	宋 64. 1698
裴骃	河东闻喜	山西闻喜	?	宋	梁 30. 441
裴仲穆	河东闻喜	山西闻喜	寿阳	宋	梁 28. 413

续 表

姓 名	原 籍	今 地	迁入地	时 间	资料来源
裴寿孙	河东闻喜	山西闻喜	寿阳	宋	梁 28. 418
武穆裴后	河东闻喜	山西闻喜	建康	齐	南齐 20. 391
裴朴之	河东闻喜	山西闻喜	?	齐	南齐 20. 391
裴玑之	河东闻喜	山西闻喜	?	齐	南齐 20. 391
裴昭明	河东闻喜	山西闻喜	?	齐	南齐 53. 918
裴子野	河东闻喜	山西闻喜	?	梁	梁 30. 441
裴猗	河东闻喜	山西闻喜	?	梁	陈 9. 165
裴髦	河东闻喜	山西闻喜	?	梁	陈 25. 318
裴子烈	河东闻喜	山西闻喜	?	陈	陈 9. 165
裴之平	河东闻喜	山西闻喜	?	陈	陈 25. 318
王愆期	河东猗氏	山西临猗南	?	307*	晋 51. 1436
康穆	河南	河南洛阳	襄阳		梁 18. 290
庞况之	河南	河南洛阳	?	宋	宋 78. 2018
庞弥之	河南	河南洛阳	?	宋	宋 78. 2018
庞秀之	河南	河南洛阳	?	宋	宋 78. 2018
宗越先人	河南	河南洛阳	南阳宛	307*	宋 83. 2109
宗越	河南	河南洛阳	南阳叶	宋	宋 83. 2109
褚翜	河南阳翟	河南禹州	建康	307*	晋 77. 2031
褚希	河南阳翟	河南禹州	?	晋	晋 77. 2033
褚裒	河南阳翟	河南禹州	京口	307*	晋 93. 2415
褚歆	河南阳翟	河南禹州	?	晋	晋 93. 2417
褚爽	河南阳翟	河南禹州	?	晋	晋 93. 2422
褚淡之	河南阳翟	河南禹州	?	晋	宋 52. 1502
褚叔度	河南阳翟	河南禹州	?	晋	宋 52. 1502
褚寂之	河南阳翟	河南禹州	?	宋	宋 52. 1505
褚恬之	河南阳翟	河南禹州	?	宋	宋 52. 1505
褚暖	河南阳翟	河南禹州	?	宋	宋 52. 1505
褚法显	河南阳翟	河南禹州	?	宋	南齐 32. 582
褚秀之	河南阳翟	河南禹州	?	宋	南齐 32. 582
褚炫	河南阳翟	河南禹州	?	宋	南齐 32. 582

续　表

姓　名	原　籍	今　　地	迁入地	时　间	资料来源
褚湛之	河南阳翟	河南禹州	?	宋	南齐 23. 425
褚渊	河南阳翟	河南禹州	?	齐	南齐 23. 425
褚蓁	河南阳翟	河南禹州	?	齐	梁 41. 585
褚翔	河南阳翟	河南禹州	?	梁	梁 41. 585
褚向	河南阳翟	河南禹州	?	梁	梁 41. 585
褚玠	河南阳翟	河南禹州	?	陈	陈 34. 460
向靖	河内山阳	河南焦作东南	京口	晋	宋 45. 1373
向柳	河内山阳	河南焦作东南	?	宋	宋 45. 1374
向劭	河内山阳	河南焦作东南	?	宋	宋 45. 1375
郭默	河内怀	河南武陟西南	寻阳	328	晋 63. 1714
山简	河内怀	河南武陟西南	襄阳	309	晋 43. 1228
山遐	河内怀	河南武陟西南	东阳	晋	晋 43. 1230
司马纯之	河内温	河南温县西南	?	晋	梁 40. 567
司马亮	河内温	河南温县西南	?	宋	梁 48. 673
司马端	河内温	河南温县西南	?	齐	梁 48. 673
司马筠	河内温	河南温县西南	?	梁	梁 48. 672
司马让之	河内温	河南温县西南	?	?	梁 40. 567
司马燮	河内温	河南温县西南	?	齐	梁 40. 567
司马褧	河内温	河南温县西南	?	梁	梁 40. 567
司马慧远	河内温	河南温县西南	?	梁	陈 29. 386
司马申	河内温	河南温县西南	?	陈	陈 29. 386
司马玄通	河内温	河南温县西南	?	陈	陈 29. 386
司马子产	河内温	河南温县西南	?	梁	陈 32. 429
司马暠	河内温	河南温县西南	?	陈	陈 32. 429
司马端	河内	河南沁阳	?	齐	南齐 45. 791
郭文	河内轵	河南济源南	余杭	317	晋 94. 2440
王濬之孙	弘农湖	河南灵宝西北	?	307	晋 42. 1216
杨亮	弘农华阴	陕西华阴东南	?		晋 84. 2200
杨佺期	弘农华阴	陕西华阴东南	?	晋	晋 84. 2200
刘波	建康	江苏南京		349	晋 69. 1839

续 表

姓 名	原 籍	今 地	迁入地	时 间	资料来源
于天宝	胡人		?	宋	宋 94. 2316
谭金	荒中伧人		?	宋	宋 83. 2111
江颙	济阳考城	河南民权东北	?	晋	宋 53. 1525
江夷	济阳考城	河南民权东北	?	晋	宋 53. 1525
蔡系	济阳考城	河南民权东北	?	晋	宋 57. 1569
江秉之	济阳考城	河南民权东北	?	晋	宋 92. 2269
江纂	济阳考城	河南民权东北	?	晋	宋 92. 2269
江徽	济阳考城	河南民权东北	?	宋	宋 92. 2270
江僧安	济阳考城	河南民权东北	?	晋	宋 59. 1609
江概	济阳考城	河南民权东北	?	宋	宋 59. 1610
江季筠	济阳考城	河南民权东北	?	宋	宋 59. 1610
江淳之	济阳考城	河南民权东北	?	宋	宋 68. 1897
江湛	济阳考城	河南民权东北	?	宋	宋 71. 1848
江恁	济阳考城	河南民权东北	?	宋	宋 71. 1850
江学	济阳考城	河南民权东北	?	齐	南齐 43. 757
江淹	济阳考城	河南民权东北	?	梁	梁 14. 247
江纤	济阳考城	河南民权东北	?	梁	梁 21. 333
江革	济阳考城	河南民权东北	?	梁	梁 36. 522
江柔之	济阳考城	河南民权东北	?	梁	梁 36. 522
江法成	济阳考城	河南民权东北	?	梁	梁 43. 608
江子一	济阳考城	河南民权东北	?	梁	梁 43. 608
江蒨	济阳考城	河南民权东北	?	梁	梁 47. 656
江敩	济阳考城	河南民权东北	7	齐	梁 47. 656
江总七世	济阳考城	河南民权东北	山阴	晋	陈 27. 343
江总	济阳考城	河南民权东北	山阴	陈	陈 27. 343
江德藻	济阳考城	河南民权东北	?	陈	陈 34. 456
虞胤	济阳外黄	河南民权西北	?	307*	晋 92. 2413
韦祖归	京兆杜陵	陕西西安市长安区东北	?	宋	梁 12. 220
韦祖征	京兆杜陵	陕西西安市长安区东北	?	宋	梁 12. 220
韦叡	京兆杜陵	陕西西安市长安区东北	?	宋	梁 12. 220

续　表

姓　名	原　籍	今　地	迁入地	时　间	资料来源
韦德礼	京兆杜陵	陕西西安市长安区东北	?	陈	陈 18. 250
韦载	京兆杜陵	陕西西安市长安区东北	?	陈	陈 18. 250
韦政	京兆杜陵	陕西西安市长安区东北	?	陈	陈 18. 250
魏该	京兆阴磐	陕西西安市临潼区东北	武陵	318	晋 62. 1737
萧整	兰陵	山东兰陵西南	武进		南齐 1. 1
萧思话	兰陵	山东兰陵西南	?	宋	陈 21. 288
萧介	兰陵	山东兰陵西南	?	梁	陈 21. 288
萧惠	兰陵	山东兰陵西南	?	齐	陈 21. 288
萧允	兰陵	山东兰陵西南	?	陈	陈 21. 288
萧济	兰陵	山东兰陵西南	?	陈	陈 30. 395
萧谅	兰陵	山东兰陵西南	?	梁	陈 31. 409
萧靓	兰陵	山东兰陵西南	?	梁	陈 31. 409
萧摩诃	兰陵	山东兰陵西南	?	陈	陈 31. 409
蒯恩	兰陵承	山东枣庄东南	?	晋	宋 49. 1437
丘巨源	兰陵兰陵	山东兰陵西南	?	齐	南齐 52. 894
孙泰	琅邪	山东青岛市黄岛区西南	?		晋 100. 2631
孙恩	琅邪	山东青岛市黄岛区西南	?	晋	晋 100. 2631
王升之	琅邪	山东诸城	?	宋	南齐 32. 584
王裕	琅邪	山东诸城	?	宋	南齐 32. 584
王延之	琅邪	山东诸城	?	齐	南齐 32. 584
王僧虔	琅邪	山东诸城	建康	梁	梁 21. 318
王志	琅邪	山东诸城	建康	梁	梁 21. 318
王昙首	琅邪	山东诸城	建康	梁	梁 21. 318
王澄	琅邪临沂	山东费县东	荆州		晋 43. 1239
王徽	琅邪临沂	山东费县东	?	晋	晋 63. 1241
王导	琅邪临沂	山东费县东	建康		晋 65. 1747
王悦	琅邪临沂	山东费县东	建康	晋	晋 65. 1754
王緺	琅邪临沂	山东费县东	建康	晋	晋 65. 1754
王琨	琅邪临沂	山东费县东	建康	晋	晋 65. 1754
王洽	琅邪临沂	山东费县东	建康	晋	晋 65. 1755

续表

姓名	原籍	今地	迁入地	时间	资料来源
王恬	琅邪临沂	山东费县东	建康	晋	晋 65. 1755
王珣	琅邪临沂	山东费县东	建康	晋	晋 65. 1756
王珉	琅邪临沂	山东费县东	?	晋	晋 65. 1758
王协	琅邪临沂	山东费县东	建康	晋	晋 65. 1758
王谧	琅邪临沂	山东费县东	建康	晋	晋 65. 1758
王劭	琅邪临沂	山东费县东	建康	晋	晋 65. 1759
王荟	琅邪临沂	山东费县东	会稽	晋	晋 65. 1759
土恢	琅邪临沂	山东费县东	?	晋	晋 65. 1759
王默	琅邪临沂	山东费县东	?	晋	晋 65. 1759
王穆	琅邪临沂	山东费县东	?	晋	晋 65. 1759
王廞	琅邪临沂	山东费县东	?	晋	晋 65. 1760
刘超	琅邪临沂	山东费县东	建康	307*	晋 70. 1875
刘享	琅邪临沂	山东费县东	建康	晋	晋 70. 1877
刘池	琅邪临沂	山东费县东	建康	晋	晋 70. 1877
王舒	琅邪临沂	山东费县东	建康	307*	晋 76. 1999
王允之	琅邪临沂	山东费县东	?	晋	晋 76. 2001
王廙	琅邪临沂	山东费县东	建康	307*	晋 76. 2003
王胡之	琅邪临沂	山东费县东	?	晋	晋 76. 2205
王彬	琅邪临沂	山东费县东	建康	307*	晋 76. 2005
王茂之	琅邪临沂	山东费县东	?	晋	晋 76. 2005
王顾之	琅邪临沂	山东费县东	?	晋	晋 76. 2005
王彭之	琅邪临沂	山东费县东	建康	晋	晋 76. 2006
王彪之	琅邪临沂	山东费县东	建康	晋	晋 76. 2007
王棱	琅邪临沂	山东费县东	豫章	307*	晋 76. 2012
王侃	琅邪临沂	山东费县东	?	晋	晋 76. 2012
王越之	琅邪临沂	山东费县东	?	晋	晋 76. 2012
王旷	琅邪临沂	山东费县东	建康	307*	晋 80. 2093
王羲之	琅邪临沂	山东费县东	会稽	晋	晋 80. 2093
王凝之	琅邪临沂	山东费县东	会稽	晋	晋 80. 2102
王静之	琅邪临沂	山东费县东	?	晋	晋 80. 2103

续 表

姓 名	原 籍	今 地	迁入地	时 间	资料来源
王桢之	琅邪临沂	山东费县东	?	晋	晋 80. 2104
王操之	琅邪临沂	山东费县东	?	晋	晋 80. 2104
王徽之	琅邪临沂	山东费县东	会稽	晋	晋 80. 2104
王献之	琅邪临沂	山东费县东	会稽	晋	晋 80. 2104
王恭	琅邪临沂	山东费县东	?	晋	晋 84. 2183
王昙亨	琅邪临沂	山东费县东	?	晋	晋 84. 2187
王敦	琅邪临沂	山东费县东	建康	307*	晋 98. 2553
王诞	琅邪临沂	山东费县东	?	晋	宋 52. 1491
王练	琅邪临沂	山东费县东	?	宋	宋 42. 1323
王钊	琅邪临沂	山东费县东	?	宋	宋 42. 1323
王抑	琅邪临沂	山东费县东	?	宋	宋 42. 1323
王虞	琅邪临沂	山东费县东	?	宋	宋 42. 1323
王深	琅邪临沂	山东费县东	?	宋	宋 42. 1323
王谦之	琅邪临沂	山东费县东	?	宋	宋 45. 1378
王应之	琅邪临沂	山东费县东	?	宋	宋 45. 1378
王诩	琅邪临沂	山东费县东	?	晋	宋 52. 1492
王惠	琅邪临沂	山东费县东	?	宋	宋 58. 1589
王球	琅邪临沂	山东费县东	?	晋	宋 58. 1594
王履	琅邪临沂	山东费县东	?	宋	宋 58. 1595
王临之	琅邪临沂	山东费县东	?	晋	宋 60. 1623
王讷之	琅邪临沂	山东费县东	?	宋	宋 60. 1623
王韶之	琅邪临沂	山东费县东	乌程	晋	宋 60. 1625
王兴之	琅邪临沂	山东费县东	?	宋	宋 60. 1625
王羡之	琅邪临沂	山东费县东	?	晋	宋 60. 1625
王伟之	琅邪临沂	山东费县东	?	晋	宋 60. 1625
王晔	琅邪临沂	山东费县东	?	宋	宋 60. 1626
王准之	琅邪临沂	山东费县东	?	晋	宋 61. 1623
王孺	琅邪临沂	山东费县东	?	晋	宋 62. 1664
王微	琅邪临沂	山东费县东	?	宋	宋 62. 1664
王僧谦	琅邪临沂	山东费县东	?	宋	宋 62. 1670

续 表

姓 名	原 籍	今 地	迁入地	时 间	资料来源
王华	琅邪临沂	山东费县东	吴	晋	宋 63. 1675
王鸿	琅邪临沂	山东费县东	?	晋	宋 63. 1678
王定侯	琅邪临沂	山东费县东	?	宋	宋 63. 1678
王敬弘	琅邪临沂	山东费县东	余杭	晋	宋 66. 1729
王恢之	琅邪临沂	山东费县东	余杭	晋	宋 66. 1732
王升之	琅邪临沂	山东费县东	余杭	宋	宋 66. 1732
王瓒之	琅邪临沂	山东费县东	余杭	宋	宋 66. 1732
王延之	琅邪临沂	山东费县东	?	宋	宋 66. 1732
王僧绰	琅邪临沂	山东费县东	建康	宋	宋 71. 1850
王昙首	琅邪临沂	山东费县东	?	宋	宋 71. 1850
王俭	琅邪临沂	山东费县东	建康	宋	宋 71. 1852
王僧达	琅邪临沂	山东费县东	?	宋	宋 75. 1951
王锡	琅邪临沂	山东费县东	?	宋	宋 75. 1951
王休	琅邪临沂	山东费县东	?	宋	宋 75. 1955
王道琰	琅邪临沂	山东费县东	?	宋	宋 75. 1958
王翼之	琅邪临沂	山东费县东	?	宋	宋 79. 2043
王智	琅邪临沂	山东费县东	?	晋	宋 85. 2177
王景文	琅邪临沂	山东费县东	?	宋	宋 85. 2177
王僧朗	琅邪临沂	山东费县东	?	宋	宋 85. 2178
王绚	琅邪临沂	山东费县东	?	宋	宋 85. 2184
王蕴	琅邪临沂	山东费县东	?	宋	宋 85. 2184
王孚	琅邪临沂	山东费县东	?	宋	宋 85. 2185
王随之	琅邪临沂	山东费县东	上虞	晋	宋 92. 2262
王镇之	琅邪临沂	山东费县东	上虞	晋	宋 92. 2262
王耆之	琅邪临沂	山东费县东	上虞	晋	宋 92. 2262
王标之	琅邪临沂	山东费县东	上虞	晋	宋 92. 2263
王靖之	琅邪临沂	山东费县东	?	晋	宋 92. 2272
王悦	琅邪临沂	山东费县东	?	晋	宋 92. 2272
王弘之	琅邪临沂	山东费县东	上虞	晋	宋 93. 2281
王昙生	琅邪临沂	山东费县东	上虞	宋	宋 93. 2283

续 表

姓 名	原 籍	今 地	迁入地	时 间	资料来源
王翘之	琅邪临沂	山东费县东	?	晋	宋 93. 2295
王素	琅邪临沂	山东费县东	东阳	宋	宋 93. 2295
王晔之	琅邪临沂	山东费县东	?	宋	南齐 20. 392
文安王后	琅邪临沂	山东费县东	建康	齐	南齐 20. 392
海陵王妃	琅邪临沂	山东费县东	建康	齐	南齐 20. 393
王琨	琅邪临沂	山东费县东	?	齐	南齐 32. 577
王弘	琅邪临沂	山东费县东	?	宋	南齐 33. 591
王僧虔	琅邪临沂	山东费县东	?	齐	南齐 33. 591
王晏	琅邪临沂	山东费县东	?	齐	南齐 42. 741
王秀之	琅邪临沂	山东费县东	?	齐	南齐 46. 799
王裕	琅邪临沂	山东费县东	?	齐	南齐 46. 799
王慈	琅邪临沂	山东费县东	?	齐	南齐 46. 802
王融	琅邪临沂	山东费县东	?	齐	南齐 47. 817
王奂	琅邪临沂	山东费县东	?	齐	南齐 49. 847
王智深	琅邪临沂	山东费县东	?	齐	南齐 52. 896
王逸之	琅邪临沂	山东费县东	?	齐	南齐 52. 902
王亮	琅邪临沂	山东费县东	?	梁	梁 16. 267
王莹	琅邪临沂	山东费县东	?	梁	梁 16. 273
王懋	琅邪临沂	山东费县东	?	梁	梁 17. 235
王茂璋	琅邪临沂	山东费县东	?	梁	梁 17. 235
王柳	琅邪临沂	山东费县东	?	宋	梁 21. 317
王猷	琅邪临沂	山东费县东	?	梁	梁 21. 317
王瞻	琅邪临沂	山东费县东	?	梁	梁 21. 317
王峻	琅邪临沂	山东费县东	?	梁	梁 21. 320
王暕	琅邪临沂	山东费县东	?	梁	梁 21. 321
王揖	琅邪临沂	山东费县东	?	梁	梁 33. 484
王筠	琅邪临沂	山东费县东	?	梁	梁 33. 484
王骞	琅邪临沂	山东费县东	?	梁	梁 41. 581
王规	琅邪临沂	山东费县东	?	梁	梁 41. 581
王远	琅邪临沂	山东费县东	?	宋	梁 50. 713

续 表

姓 名	原 籍	今 地	迁入地	时 间	资料来源
王籍	琅邪临沂	山东费县东	?	梁	梁 50.713
王僧	琅邪临沂	山东费县东	?	齐	梁 50.713
王冲	琅邪临沂	山东费县东	?	陈	陈 17.235
王僧衍	琅邪临沂	山东费县东	?	齐	陈 17.235
王份	琅邪临沂	山东费县东	?	梁	陈 17.237
王通	琅邪临沂	山东费县东	?	陈	陈 17.237
颜含	琅邪临沂	山东费县东	建康	307*	晋 88.2286
颜谦	琅邪临沂	山东费县东	?	晋	晋 88.2287
颜髦	琅邪临沂	山东费县东	?	晋	晋 88.2287
颜约	琅邪临沂	山东费县东	?	晋	晋 88.2289
颜显	琅邪临沂	山东费县东	京口	晋	宋 73.1891
颜延之	琅邪临沂	山东费县东	京口	晋	宋 73.1891
颜奂	琅邪临沂	山东费县东	?	宋	宋 73.1904
颜测	琅邪临沂	山东费县东	?	宋	宋 73.1904
颜竣	琅邪临沂	山东费县东	?	宋	宋 75.1966
颜邵	琅邪临沂	山东费县东	?	晋	宋 77.1992
颜师伯	琅邪临沂	山东费县东	?	宋	宋 77.1993
颜师叔	琅邪临沂	山东费县东	?	宋	宋 77.1995
颜师仲	琅邪临沂	山东费县东	?	宋	宋 77.1995
颜见远	琅邪临沂	山东费县东	?	齐	梁 50.727
颜协	琅邪临沂	山东费县东	?	梁	梁 50.727
颜晃	琅邪临沂	山东费县东	?	梁	陈 34.455
诸葛恢	琅邪阳都	山东沂南南	?	307*	晋 77.2041
诸葛颐	琅邪阳都	山东沂南南	?	晋	晋 77.2043
诸葛虎	琅邪阳都	山东沂南南	?	晋	晋 77.2043
诸葛长民	琅邪阳都	山东沂南南	?	晋	晋 85.2212
诸葛璩	琅邪阳都	山东沂南南	京口	梁	梁 51.744
任荟之	乐安	山东邹平东北	?	宋	宋 74.1921
任遥	乐安博昌	山东博兴东南	?	齐	梁 14.251
任昉	乐安博昌	山东博兴东南	?	梁	梁 14.251

续 表

姓 名	原 籍	今 地	迁入地	时 间	资料来源
裴先福	凉州	甘肃武威	?	418*	南齐 51. 869
宣孝陈后	临淮东阳	江苏盱眙东南	建康	齐	南齐 20. 390
任农夫	临淮临淮	江苏泗洪东南	?	宋	梁 50. 726
任孝恭	临淮临淮	江苏泗洪东南	?	梁	梁 50. 726
辛恭靖	陇西狄道	甘肃临洮	?	晋	晋 89. 2321
何充	庐江	安徽霍山东北	建康	307*	晋 77. 2028
何融	庐江	安徽霍山东北	?	晋	晋 93. 2416
何惔	庐江	安徽霍山东北	?	晋	晋 93. 2418
何偃	庐江	安徽霍山东北	?	宋	宋 59. 1607
何叔度	庐江	安徽霍山东北	?	晋	宋 66. 1732
何子平	庐江	安徽霍山东北	会稽	宋	宋 91. 2257
何昌寓	庐江	安徽霍山东北	?	齐	梁 37. 531
何僧达	庐江	安徽霍山东北	?	齐	梁 34. 468
何炯	庐江	安徽霍山东北	?	梁	梁 47. 655
何撙	庐江	安徽霍山东北	?	梁	梁 47. 655
何佟之	庐江	安徽霍山东北	?	齐	梁 48. 663
何歆	庐江	安徽霍山东北	?	齐	梁 48. 663
何点	庐江	安徽霍山东北	吴县	梁	梁 51. 732
韩友	庐江舒	安徽庐江西南	?	307*	晋 95. 2476
孔衍	鲁国	山东曲阜	?	307*	晋 91. 2359
孔夷吾	鲁国	山东曲阜	?	307*	晋 91. 2359
孔启	鲁国	山东曲阜	?	晋	晋 91. 2359
孔熙先	鲁国	山东曲阜	?	宋	宋 69. 1820
孔惔	鲁郡鲁	山东曲阜	剡县	晋	宋 93. 2283
孔淳之	鲁郡鲁	山东曲阜	剡县	晋	宋 93. 2283
孔粲	鲁郡鲁	山东曲阜	?	晋	宋 93. 2283
垣崇祖	略阳	甘肃秦安东北	下邳	南	齐 25. 459
垣护之	略阳桓道	甘肃陇西东南	?		宋 50. 1448
垣苗	略阳桓道	甘肃陇西东南	?		宋 50. 1448
垣遵	略阳桓道	甘肃陇西东南	?		宋 50. 1448

续　表

姓　名	原　籍	今　　地	迁入地	时　间	资料来源
垣询之	略阳桓道	甘肃陇西东南	?	宋	宋 50. 1451
垣恭祖	略阳桓道	甘肃陇西东南	?	宋	宋 50. 1452
垣闳	略阳桓道	甘肃陇西东南	?	宋	宋 50. 1452
垣阆	略阳桓道	甘肃陇西东南	?	宋	宋 50. 1452
胡僧	洛阳	河南洛阳	?	529	梁 46. 639
王尼	洛阳	河南洛阳	江夏	313	晋 49. 1381
元翼	洛阳	河南洛阳		?	魏 21. 540
刘风	南阳	河南南阳	?	齐	南齐 45. 791
宗慤	南阳	河南南阳	?	宋	宋 76. 1971
宗测	南阳	河南南阳	江陵	齐	南齐 54. 940
乐肇	南阳淯阳	河南南阳南	江陵	313	晋 34. 1246
乐霭	南阳淯阳	河南南阳南	江陵	梁	梁 19. 302
刘坦	南阳安众	河南镇平东南	?	梁	梁 19. 300
岑善纡	南阳棘阳	河南南阳南	?	陈	陈 34. 461
岑之敬	南阳棘阳	河南南阳南	?	陈	陈 34. 461
刘湛	南阳涅阳	河南邓州东北	?	晋	宋 69. 1815
刘柳	南阳涅阳	河南邓州东北	?	晋	宋 69. 1815
刘黯	南阳涅阳	河南邓州东北	?	宋	宋 69. 1818
刘素	南阳涅阳	河南邓州东北	?	宋	宋 69. 1819
刘胡	南阳涅阳	河南邓州东北	?	宋	宋 84. 2147
刘虬	南阳涅阳	河南邓州东北	江陵	齐	南齐 54. 39
刘昭	南阳涅阳	河南邓州东北	江陵	齐	梁 40. 572
刘之遴	南阳涅阳	河南邓州东北	?	梁	梁 40. 572
乐颐	南阳涅阳	河南邓州东北	南郡	齐	南齐 55. 964
宗承	南阳涅阳	河南邓州东北	江陵		宋 93. 2278
宗繇之	南阳涅阳	河南邓州东北	江陵	晋	宋 93. 2278
宗说	南阳涅阳	河南邓州东北	江陵	宋	宋 93. 2279
宗朔	南阳涅阳	河南邓州东北	江陵	宋	宋 93. 2279
宗昭	南阳涅阳	河南邓州东北	江陵	宋	宋 93. 2279
宗绮	南阳涅阳	河南邓州东北	江陵	宋	宋 93. 2279

续　表

姓　名	原　籍	今　　地	迁入地	时　间	资料来源
宗彧之	南阳涅阳	河南邓州东北	江陵	晋	宋 93. 2291
宗炳	南阳涅阳	河南邓州东北	江陵	宋	梁 19. 299
宗夬	南阳涅阳	河南邓州东北	江陵	梁	梁 19. 299
范宁	南阳顺阳	河南淅川南	丹阳	晋	晋 75. 1984
范坚	南阳顺阳	河南淅川南	建康	307*	晋 75. 1989
范启	南阳顺阳	河南淅川南	建康	晋	晋 75. 1990
张孝秀	南阳宛	河南南阳	庐山	梁	梁 51. 752
滕含	南阳西鄂	河南南阳北	?	晋	晋 57. 1554
滕恬之	南阳西鄂	河南南阳北	?	晋	晋 57. 1554
刘惔	沛国相	安徽濉溪西北	京口	307*	晋 75. 1990
刘徽	沛国相	安徽濉溪西北	?	齐	齐 34. 611
刘休	沛国相	安徽濉溪西北	?	齐	齐 34. 611
刘惠	沛国相	安徽濉溪西北	?	齐	齐 39. 677
刘显	沛国相	安徽濉溪西北	?	梁	梁 40. 570
刘高	沛国相	安徽濉溪西北	?	梁	梁 40. 570
刘师如	沛国相	安徽濉溪西北	?	陈	陈 16. 220
刘奚之	沛国相	安徽濉溪西北	?	陈	陈 16. 229
王广之	沛国相	安徽濉溪西北	?	齐	梁 17. 277
王珍国	沛国相	安徽濉溪西北	?	梁	梁 17. 277
周宁民	沛郡	江苏沛县	?	宋	宋 83. 2126
朱斌	沛郡沛	江苏沛县	?	晋	宋 48. 1421
朱龄石	沛郡沛	江苏沛县	?	晋	宋 48. 1421
朱腾	沛郡沛	江苏沛县	?	晋	宋 48. 1421
朱宪	沛郡沛	江苏沛县	?	晋	宋 48. 1421
朱超石	沛郡沛	江苏沛县	?	晋	宋 48. 1425
桓温	沛郡龙亢	安徽怀远西北	?	晋	晋 98. 2568
桓伟	沛郡龙亢	安徽怀远西北	?	晋	晋 98. 2580
桓玄	沛郡龙亢	安徽怀远西北	?	晋	晋 99. 2585
刘粹	沛郡萧	安徽萧县西北	京口	晋	宋 45. 1379
刘恢	沛郡萧	安徽萧县西北	京口	晋	宋 45. 1379

续 表

姓 名	原 籍	今 地	迁入地	时 间	资料来源
刘道济	沛郡萧	安徽萧县西北	京口	晋	宋 45. 1380
刘怀之	沛郡萧	安徽萧县西北	京口	宋	宋 45. 1380
刘旷之	沛郡萧	安徽萧县西北	?	宋	宋 45. 1380
刘亮	沛郡萧	安徽萧县西北	?	宋	宋 45. 1380
刘镇之	沛郡萧	安徽萧县西北	京口	晋	宋 45. 1385
刘损	沛郡萧	安徽萧县西北	京口	宋	宋 45. 1385
刘隗	彭城	江苏徐州	建康	307*	晋 69. 1835
刘劭	彭城	江苏徐州	建康	晋	晋 68. 1841
刘黄老	彭城	江苏徐州	建康	晋	晋 69. 1841
刘牢之	彭城	江苏徐州	?	晋	晋 84. 2188
刘敬宣	彭城	江苏徐州	京口	晋	晋 84. 2192
刘毅	彭城	江苏徐州	京口	晋	晋 85. 2205
刘镇	彭城	江苏徐州	?	晋	晋 85. 2205
刘迈	彭城	江苏徐州	?	晋	晋 85. 2211
刘怀肃	彭城	江苏徐州	?	晋	宋 45. 1373
刘怀慎	彭城	江苏徐州	?	晋	宋 45. 1375
刘德愿	彭城	江苏徐州	?	宋	宋 45. 1376
刘道球	彭城	江苏徐州	?	宋	宋 45. 1377
刘怀默	彭城	江苏徐州	?	宋	宋 45. 1377
刘亮	彭城	江苏徐州	?	宋	宋 45. 1377
刘荣祖	彭城	江苏徐州	?	宋	宋 45. 1377
刘孙登	彭城	江苏徐州	?	宋	宋 45. 1377
刘兴祖	彭城	江苏徐州	?	宋	宋 45. 1377
刘怀敬	彭城	江苏徐州	京口	晋	宋 47. 1404
刘蔚祖	彭城	江苏徐州	?	宋	宋 47. 1404
刘真道	彭城	江苏徐州	?	宋	宋 47. 1405
刘怀义	彭城	江苏徐州	?	晋	宋 86. 2191
刘勔	彭城	江苏徐州	?	宋	宋 86. 2191
刘颖之	彭城	江苏徐州	?	宋	宋 86. 2191
刘悛	彭城	江苏徐州	?	宋	宋 86. 2196

续　表

姓　名	原　籍	今　　地	迁入地	时　间	资料来源
刘敩	彭城	江苏徐州	？	宋	宋 86. 2197
刘遗民	彭城	江苏徐州	？	宋	宋 93. 2280
明敬刘后	彭城	江苏徐州	建康	齐	南齐 20. 390
刘思考	彭城	江苏徐州	？	宋	梁 20. 307
刘季连	彭城	江苏徐州	？	梁	梁 20. 307
刘孝绰	彭城	江苏徐州	？	梁	梁 33. 479
刘绘	彭城	江苏徐州	？	齐	梁 33. 497
刘宣	彭城	江苏徐州	？	齐	梁 43. 687
刘苞	彭城	江苏徐州	？	梁	梁 43. 687
刘慧斐	彭城	江苏徐州	庐山	梁	梁 51. 746
邵领众	彭城	江苏徐州	？	宋	宋 79. 2035
徐庆之	彭城	江苏徐州	？	502	梁 46. 640
徐文盛	彭城	江苏徐州	？	502	梁 46. 640
薛渊	彭城	江苏徐州	？	宋	南齐 30. 553
刘简之	彭城吕	江苏徐州市铜山区东南	京口	晋	宋 50. 1446
刘虔之	彭城吕	江苏徐州市铜山区东南	京口	晋	宋 50. 1446
刘谦之	彭城吕	江苏徐州市铜山区东南	京口	晋	宋 50. 1446
刘道产	彭城吕	江苏徐州市铜山区东南	？	晋	宋 65. 1718
刘延孙	彭城吕	江苏徐州市铜山区东南	京口	宋	宋 78. 2018
刘延熙	彭城吕	江苏徐州市铜山区东南	？	宋	宋 78. 2021
刘锺	彭城彭城	江苏徐州	？	宋	宋 49. 1438
刘敬义	彭城彭城	江苏徐州	？	宋	宋 49. 1440
刘彦之	彭城武原	江苏邳州西北	？	宋	南齐 37. 647
刘仲度	彭城武原	江苏邳州西北	？	宋	南齐 37. 647
孟绰	平昌安丘	山东安丘西南	京口	晋	宋 47. 1407
孟怀玉	平昌安丘	山东安丘西南	京口	晋	宋 47. 1407
孟渊	平昌安丘	山东安丘西南	京口	晋	宋 47. 1407
孟慧熙	平昌安丘	山东安丘西南	？	宋	宋 47. 1407
孟龙符	平昌安丘	山东安丘西南	京口	晋	宋 47. 1408
孟系祖	平昌安丘	山东安丘西南	？	宋	宋 47. 1409

续 表

姓　名	原　籍	今　　地	迁入地	时　间	资料来源
贾弼之	平阳襄陵	山西临汾东南	?	晋	南齐 52. 909
贾匪之	平阳襄陵	山西临汾东南	?	宋	南齐 52. 909
贾渊	平阳襄陵	山西临汾东南	?	齐	南齐 52. 909
刘怀珍	平原	山东平原西南	?	齐	南齐 27. 504
刘怀珍母	平原	山东平原西南	?	469*	南齐 27. 504
刘景焕	平原	山东平原西南	?	469*	南齐 27. 504
刘霁	平原	山东平原西南	?	梁	梁 47. 657
刘灵真	平原	山东平原西南	?	齐	梁 51. 747
华俊	平原高唐	山东禹城西南	建康	晋	晋 44. 1263
刘伯龙	平原高唐	山东禹城西南	?	宋	梁 49. 692
刘昭	平原高唐	山东禹城西南	?	梁	梁 49. 692
刘乘民	平原平原	山东平原西南	?	宋	南齐 53. 917
刘奉伯	平原平原	山东平原西南	?	宋	南齐 53. 917
刘怀慰	平原平原	山东平原西南	?	齐	南齐 53. 917
刘闻慰	平原平原	山东平原西南	?	齐	梁 50. 714
刘沓	平原平原	山东平原西南	?	梁	梁 50. 714
明僧绍	平原鬲	山东平原北	崂山	宋	南齐 54. 927
张齐	冯翊	陕西大荔	横桑	?	梁 17. 281
吉瀚	冯翊池阳	陕西泾阳西北	?	晋	宋 65. 1717
吉挹	冯翊莲勺	陕西渭南北	?	晋	晋 89. 2318
吉翂	冯翊莲勺	陕西渭南北	襄阳	?	梁 47. 651
吴隐之	濮阳鄄城	山东鄄城北	?	晋	晋 90. 2340
吴延之	濮阳鄄城	山东鄄城北	?	晋	晋 90. 2343
吴苞	濮阳鄄城	山东鄄城北	?		南齐 54. 945
夏侯承	谯国谯	安徽亳州	?	307*	晋 55. 1499
夏侯祖权	谯	安徽亳州	?	宋	宋 68. 1809
桓宣	谯国	安徽亳州	?		晋 81. 2115
桓伊	谯国	安徽亳州	?	晋	晋 81. 2117
桓景	谯国	安徽亳州	?	晋	晋 81. 2117
桓不才	谯国	安徽亳州	?	晋	晋 81. 2119

续　表

姓　名	原　籍	今　　地	迁入地	时　间	资料来源
戴逵	谯国	安徽亳州	剡县	晋	晋 94. 2457
桓彝	谯国龙亢	安徽怀远西北	宣城	307*	晋 74. 1939
桓云	谯国龙亢	安徽怀远西北	?	晋	晋 74. 1941
桓序	谯国龙亢	安徽怀远西北	?	晋	晋 74. 1941
桓豁	谯国龙亢	安徽怀远西北	?	晋	晋 74. 1941
桓洪	谯国龙亢	安徽怀远西北	?	晋	晋 74. 1944
桓振	谯国龙亢	安徽怀远西北	?	晋	晋 74. 1945
桓石民	谯国龙亢	安徽怀远西北	?	晋	晋 74. 1946
桓石生	谯国龙亢	安徽怀远西北	?	晋	晋 74. 1947
桓石康	谯国龙亢	安徽怀远西北	?	晋	晋 74. 1947
桓石秘	谯国龙亢	安徽怀远西北	?	晋	晋 74. 1947
桓慰	谯国龙亢	安徽怀远西北	?	晋	晋 74. 1948
桓胤	谯国龙亢	安徽怀远西北	?	晋	晋 74. 1953
桓谦	谯国龙亢	安徽怀远西北	?	晋	晋 74. 1954
桓嗣	谯国龙亢	安徽怀远西北	?	晋	晋 74. 1955
桓修	谯国龙亢	安徽怀远西北	?	晋	晋 74. 1955
庞季明	秦	陕西	襄阳	晋	宋 77. 1982
傅灵越	清河	山东临清东北	?	宋	宋 88. 2220
张脩礼	清河东武城	河北清河东北	?	梁	陈 34. 469
张正见	清河东武城	河北清河东北	?	陈	陈 34. 469
张仲悦	清河武城	河北清河东北	?	陈	陈 33. 443
张讥	清河武城	河北清河东北	?	陈	陈 33. 443
张僧宝	清河武城	河北清河东北	?	陈	陈 33. 443
魏咏之	任城	山东微山西北	?	晋	晋 85. 2217
魏顺之	任城	山东微山西北	?	晋	晋 85. 2218
州韶	汝南	河南平舆北	湖熟	宋	宋 93. 2296
周顗	汝南安城	河南汝南东南	建康	307*	晋 69. 1850
周闵	汝南安城	河南汝南东南	建康	晋	晋 69. 1850
周琳	汝南安城	河南汝南东南	建康	晋	晋 69. 1853
周恬	汝南安城	河南汝南东南	?	晋	晋 69. 1853

续 表

姓 名	原 籍	今 地	迁入地	时 间	资料来源
周文	汝南安城	河南汝南东南	?	晋	晋 69. 1853
周颐	汝南安城	河南汝南东南	?	晋	晋 69. 1835
周淳	汝南安城	河南汝南东南	?	晋	宋 82. 2089
周峤	汝南安城	河南汝南东南	?	晋	宋 82. 2089
周朗	汝南安城	河南汝南东南	?	宋	宋 82. 2089
周仁昭	汝南安城	河南汝南东南	?	宋	宋 82. 2101
周颙	汝南安城	河南汝南东南	?	齐	梁 25. 375
周舍	汝南安城	河南汝南东南	?	梁	梁 25. 375
周强	汝南安城	河南汝南东南	?	齐	陈 13. 203
周灵起	汝南安城	河南汝南东南	?	梁	陈 13. 203
周灵	汝南安城	河南汝南东南	?	陈	陈 13. 203
周宝始	汝南安城	河南汝南东南	?	梁	陈 24. 305
周弘正	汝南安城	河南汝南东南	?	陈	陈 24. 305
应詹	汝南南顿	河南项城西南	?	307*	晋 70. 1857
应诞	汝南南顿	河南项城西南	?	晋	晋 70. 1861
应玄	汝南南顿	河南项城西南	?	晋	晋 70. 1861
任忠	汝阴	安徽阜阳	?	陈	陈 33. 414
柳凭	山西解	山西临猗东南	襄阳	晋	宋 77. 1981
韩怀明	上党	山西黎城南	荆州	梁	梁 47. 653
羊昙	太山	山东泰安东	建康	晋	晋 79. 2077
羊鉴	太山	山东泰安东	建康	307*	晋 81. 2112
羊璿之	泰山	山东泰安东	?	宋	宋 67. 1774
彭文之	泰山	山东泰安东	?	宋	宋 83. 2125
羊规	泰山梁甫	山东新泰西	?	宋	梁 39. 557
羊侃	泰山梁甫	山东新泰西	建康		梁 39. 557
羊鹍	泰山梁甫	山东新泰西	?	梁	梁 39. 557
羊曼	泰山南城	山东平邑南	?		晋 49. 1382
羊聃	泰山南城	山东平邑南	?		晋 49. 1383
羊绥	泰山南城	山东平邑南	?	晋	宋 54. 1534
羊楷	泰山南城	山东平邑南	?	晋	宋 54. 1534

续 表

姓 名	原 籍	今 地	迁入地	时 间	资料来源
羊玄保	泰山南城	山东平邑南	?	晋	宋 54. 1534
羊戎	泰山南城	山东平邑南	?	宋	宋 54. 1536
羊希	泰山南城	山东平邑南	?	宋	宋 54. 1536
羊崇	泰山南城	山东平邑南	?	宋	宋 54. 1538
羊权	泰山南城	山东平邑南	?	晋	宋 62. 1661
羊欣	泰山南城	山东平邑南	?	晋	宋 62. 1661
羊不疑	泰山南城	山东平邑南	?	晋	宋 62. 1661
羊徽	泰山南城	山东平邑南	?	晋	宋 62. 1662
羊瞻	泰山南城	山东平邑南	?	宋	宋 62. 1662
羊鸦仁	太山钜平	山东泰安南	?	梁	梁 39. 563
孙淡	太原	山西太原西南	长沙	齐	南齐 55. 958
王知玄	太原	山西太原西南	剡县	陈	陈 32. 430
王道素	太原晋阳	山西太原西南	?	晋	晋 39. 1150
王承	太原晋阳	山西太原西南	建康	307*	晋 75. 1960
王桓之	太原晋阳	山西太原西南	建康	晋	晋 75. 1964
王祎之	太原晋阳	山西太原西南	建康	晋	晋 75. 1970
王愉	太原晋阳	山西太原西南	建康	晋	晋 75. 1970
王恺	太原晋阳	山西太原西南	建康	晋	晋 75. 1970
王国宝	太原晋阳	山西太原西南	建康	晋	晋 75. 1971
王忱	太原晋阳	山西太原西南	?	晋	晋 75. 1972
王绥	太原晋阳	山西太原西南	?	晋	晋 75. 1973
王峤	太原晋阳	山西太原西南	?	晋	晋 75. 1974
王淡	太原晋阳	山西太原西南	?	晋	晋 75. 1975
王度世	太原晋阳	山西太原西南	?	晋	晋 75. 1975
王濛	太原晋阳	山西太原西南	建康	317*	晋 93. 2418
王脩	太原晋阳	山西太原西南	建康	317*	晋 93. 2419
王欢之	太原晋阳	山西太原西南	?	晋	晋 93. 2420
王欣之	太原晋阳	山西太原西南	?	晋	晋 93. 2420
王蕴	太原晋阳	山西太原西南	?	晋	晋 93. 2420
王恪	太原晋阳	山西太原西南	?	晋	晋 93. 2420

续 表

姓 名	原 籍	今 地	迁入地	时 间	资料来源
王遐	太原晋阳	山西太原西南	?	晋	晋 93.2420
王臻	太原晋阳	山西太原西南	?	晋	晋 93.2420
王爽	太原晋阳	山西太原西南	?	晋	晋 93.2421
王道宝	太原晋阳	山西太原西南	?	齐	陈 33.448
王玮	太原晋阳	山西太原西南	?	梁	陈 33.448
王元规	太原晋阳	山西太原西南	?	陈	陈 33.448
王懿	太原祁	山西祁县东南	彭城	396*	宋 46.1390
王叡	太原祁	山西祁县东南	彭城	396*	宋 46.1390
王玄谟	太原祁	山西祁县东南	?		宋 76.1973
王深	太原祁	山西祁县东南	?	宋	梁 9.175
王天生	太原祁	山西祁县东南	?	宋	梁 9.175
王茂	太原祁	山西祁县东南	?	梁	梁 9.175
王神念	太原祁	山西祁县东南	?	梁	梁 39.556
温峤	太原祁	山西祁县东南	建康	307*	晋 67.1785
温放之	太原祁	山西祁县东南	建康	晋	晋 67.1796
温式之	太原祁	山西祁县东南	建康	晋	晋 67.1796
孙统	太原中都	山西平遥西南	会稽	晋	晋 56.1543
孙腾	太原中都	山西平遥西南	?	晋	晋 56.1544
孙绰	太原中都	山西平遥西南	会稽	晋	晋 56.1544
孙登	太原中都	山西平遥西南	?	晋	晋 56.1544
孙嗣	太原中都	山西平遥西南	?	晋	晋 56.1547
孙潜	太原中都	山西平遥西南	豫章	晋	晋 82.2129
孙放	太原中都	山西平遥西南	长沙	晋	晋 82.1249
赵孝穆	天水陇西	甘肃陇西东南	?	梁	陈 16.223
赵知礼	天水陇西	甘肃陇西东南	?	陈	陈 16.223
杨仲怀	天水西县	甘肃天水市南	?	宋	梁 10.195
杨公则	天水西县	甘肃天水市南	?	梁	梁 10.195
申恬	魏郡魏	河北大名西南	?		宋 65.1723
申寔	魏郡魏	河北大名西南	?	宋	宋 65.1725

续 表

姓 名	原 籍	今 地	迁入地	时 间	资料来源
申令孙	魏郡魏	河北大名西南	?	宋	宋 65. 1725
申谦	魏郡魏	河北大名西南	?	宋	宋 65. 1725
申坦	魏郡魏	河北大名西南	?	宋	宋 65. 1725
申元嗣	魏郡魏	河北大名西南	?	宋	宋 65. 1725
王逊	魏兴	陕西安康西北	宁州	316	晋 81. 2109
王澄	魏兴	陕西安康西北	?	晋	晋 81. 2110
王坚	魏兴	陕西安康西北	建康	晋	晋 81. 2110
阴铿	武威	甘肃武威	?	梁	陈 34. 472
阴袭	武威姑臧	甘肃武威	南平		梁 46. 645
阴子春	武威姑臧	甘肃武威	南平	梁	梁 46. 645
赵伦之	下邳僮	安徽泗县东北	?	晋	宋 46. 1389
赵伯符	下邳僮	安徽泗县东北	?	宋	宋 46. 1390
鲁宗之	襄阳	湖北襄阳	江陵	405	宋 74. 1922
庾深之	新野	河南新野	?	齐	南齐 34. 615
庾杲之	新野	河南新野	?	齐	南齐 34. 615
庾荜	新野	河南新野	?	梁	梁 53. 766
庾易	新野	河南新野	江陵	齐	南齐 54. 940
郑万顷	荥阳	河南荥阳东北	?	580	陈 14. 214
郑袭	荥阳开封	河南开封南	江乘	晋	宋 64. 1691
郑遵	荥阳开封	河南开封南	江乘	晋	宋 64. 1691
郑鲜之	荥阳开封	河南开封南	江乘	晋	宋 64. 1691
郑愔	荥阳开封	河开封南	江乘	宋	宋 64. 1698
郑绍叔	荥阳开封	河南开封南	寿阳	梁	梁 11. 208
郑琨	荥阳开封	河南开封南	寿阳	梁	梁 11. 208
毛宝	荥阳阳武	河南原阳东南	?		晋 81. 2122
毛穆之	荥阳阳武	河南原阳东南	?	晋	晋 81. 2125
毛球	荥阳阳武	河南原阳东南	?	晋	晋 81. 2126
毛珍	荥阳阳武	河南原阳东南	?	晋	晋 81. 2126
毛璩	荥阳阳武	河南原阳东南	?	晋	晋 81. 2126

续 表

姓 名	原 籍	今 地	迁入地	时 间	资料来源
毛瑾	荥阳阳武	河南原阳东南	?	晋	晋 81. 2127
毛璩	荥阳阳武	河南原阳东南	?	晋	晋 81. 2127
毛瑗	荥阳阳武	河南原阳东南	?	晋	晋 81. 2127
毛安之	荥阳阳武	河南原阳东南	?	晋	晋 81. 2128
毛遁	荥阳阳武	河南原阳东南	?	晋	晋 81. 2128
毛泰	荥阳阳武	河南原阳东南	?	晋	晋 81. 2128
毛潭	荥阳阳武	河南原阳东南	?	晋	晋 81. 2128
毛邃	荥阳阳武	河南原阳东南	?	晋	晋 81. 2128
毛祖德	荥阳阳武	河南原阳东南	?	晋	晋 81. 2129
毛虎生	荥阳阳武	河南原阳东南	?	晋	宋 48. 1426
毛脩之	荥阳阳武	河南原阳东南	?	晋	宋 48. 1426
毛瑾	荥阳阳武	河南原阳东南	?	晋	宋 48. 1426
毛元矫	荥阳阳武	河南原阳东南	?	晋	宋 48. 1430
毛称	荥阳阳武	河南原阳东南	?	梁	陈 29. 388
毛栖忠	荥阳阳武	河南原阳东南	?	梁	陈 29. 388
毛喜	荥阳阳武	河南原阳东南	?	陈	陈 29. 388
解仲恭	雁门	山西代县西南	南郡	齐	南齐 55. 964
周续之祖	雁门广武	山西代县西南	豫章建昌	307*	宋 93. 2280
周续之	雁门广武	山西代县西南	豫章建昌	晋	宋 93. 2280
周景远	雁门广武	山西代县西南	豫章建昌	宋	宋 93. 2281
朱脩之	义阳平氏	河南桐柏西北	?	晋	宋 76. 1969
朱谌	义阳平氏	河南桐柏西北	?	晋	宋 76. 1969
垣敞	邺	河北临漳西南	广固		南齐 25. 459
戚衮	邺	河北临漳西南	?	陈	陈 33. 440
荀雍	颍川	河南许昌东	?	宋	宋 67. 1774
钟雅	颍川长社	河南长葛东北	建康	307*	晋 70. 1877
钟诞	颍川长社	河南长葛东北	建康	晋	晋 70. 1877
钟蹈	颍川长社	河南长葛东北	?	齐	梁 49. 694
钟嵘	颍川长社	河南长葛东北	?	梁	梁 49. 694

续　表

姓　名	原　籍	今　　地	迁入地	时　间	资料来源
荀崧	颍川临颍	河南临颍西北	?	317	晋 75. 1975
荀籍	颍川临颍	河南临颍西北	?	晋	晋 75. 1980
荀羡	颍川临颍	河南临颍西北	?	晋	晋 75. 1980
荀蕤	颍川临颍	河南临颍西北	?	晋	晋 75. 1980
庾亮	颍川鄢陵	河南鄢陵西北	建康		晋 73. 1915
庾悦	颍川鄢陵	河南鄢陵西北	?	晋	晋 73. 1925
庾准	颍川鄢陵	河南鄢陵西北	?	晋	晋 73. 1925
庾龠	颍川鄢陵	河南鄢陵西北	建康	晋	晋 73. 1925
庾羲	颍川鄢陵	河南鄢陵西北	?	晋	晋 73. 1925
庾恒	颍川鄢陵	河南鄢陵西北	建康	晋	晋 73. 1926
庾怿	颍川鄢陵	河南鄢陵西北	?	晋	晋 73. 1926
庾冰	颍川鄢陵	河南鄢陵西北	?	晋	晋 73. 1927
庾统	颍川鄢陵	河南鄢陵西北	?	晋	晋 73. 1927
庾玄之	颍川鄢陵	河南鄢陵西北	?	晋	晋 73. 1927
庾柔	颍川鄢陵	河南鄢陵西北	?	晋	晋 73. 1930
庾希	颍川鄢陵	河南鄢陵西北	暨阳	晋	晋 73. 1930
庾倩	颍川鄢陵	河南鄢陵西北	?	晋	晋 73. 1930
庾邈	颍川鄢陵	河南鄢陵西北	?	晋	晋 73. 1930
庾翼	颍川鄢陵	河南鄢陵西北	?	晋	晋 73. 1931
庾廓之	颍川鄢陵	河南鄢陵西北	?	晋	晋 73. 1931
庾叔宣	颍川鄢陵	河南鄢陵西北	?	晋	晋 73. 1931
庾条	颍川鄢陵	河南鄢陵西北	?	晋	晋 73. 1931
庾方之	颍川鄢陵	河南鄢陵西北	豫章	晋	晋 73. 1935
庾爰	颍川鄢陵	河南鄢陵西北	豫章	晋	晋 73. 1935
庾楷	颍川鄢陵	河南鄢陵西北	?	晋	晋 84. 2187
庾蔑	颍川鄢陵	河南鄢陵西北	?		晋 88. 2284
庾愿	颍川鄢陵	河南鄢陵西北	?	晋	晋 88. 2284
庾阐	颍川鄢陵	河南鄢陵西北	?		晋 92. 2385
庾肃之	颍川鄢陵	河南鄢陵西北	?	晋	晋 92. 2386

续 表

姓 名	原 籍	今 地	迁入地	时 间	资料来源
庾琛	颍川鄢陵	河南鄢陵西北	建康	307*	晋 93. 2415
庾登之	颍川鄢陵	河南鄢陵西北	?	晋	宋 53. 1515
庾蕴	颍川鄢陵	河南鄢陵西北	?	晋	宋 53. 1515
庾炳之	颍川鄢陵	河南鄢陵西北	?	晋	宋 53. 1516
庾登之	颍川鄢陵	河南鄢陵西北	?	晋	宋 53. 1516
庾冲远	颍川鄢陵	河南鄢陵西北	?	宋	宋 53. 1516
庾徽之	颍川鄢陵	河南鄢陵西北	?	宋	宋 84. 2155
庾漪	颍川鄢陵	河南鄢陵西北	?	齐	梁 50. 723
庾仲容	颍川鄢陵	河南鄢陵西北	?	梁	梁 50. 723
庾佩玉	颍川鄢陵	河南鄢陵西北	?	宋	陈 34. 457
庾沙弥	颍川鄢陵	河南鄢陵西北	?	梁	陈 34. 457
庾持	颍川鄢陵	河南鄢陵西北	?	陈	陈 34. 457
荀邃	颍川颍阴	河南许昌	建康	307*	晋 39. 1159
荀闿	颍川颍阴	河南许昌	建康	307*	晋 39. 1159
荀组	颍川颍阴	河南许昌	建康		晋 39. 1159
荀弈	颍川颍阴	河南许昌	建康		晋 39. 1161
荀伯子	颍川颍阴	河南许昌	?	晋	宋 60. 1627
荀羡	颍川颍阴	河南许昌	?	晋	宋 60. 1627
荀猗	颍川颍阴	河南许昌	?	晋	宋 80. 1627
荀赤松	颍川颍阴	河南许昌	?	宋	宋 60. 1629
荀万秋	颍川颍阴	河南许昌	?	宋	宋 60. 1629
荀昶	颍川颍阴	河南许昌	?	宋	宋 60. 1629
荀伯道	颍川颍阴	河南许昌	?	梁	陈 13. 202
荀延祖	颍川颍阴	河南许昌	?	梁	陈 13. 202
荀朗	颍川颍阴	河南许昌	?	陈	陈 13. 202
兰子云	中昌魏	湖北房县西南	?	梁	梁 32. 466
兰钦	中昌魏	湖北房县西南	?	梁	梁 32. 468
刘舆	中山魏昌	河北定州东南	?	晋	梁 50. 707
刘沼	中山魏昌	河北定州东南	?	齐	梁 50. 707
甄恬	中山无极	河北无极	江陵	梁	梁 47. 653

第二节

东晋南朝范围内的其他移民

一、北方移民的继续迁移

由于南迁的大族都以宗族为单位，并拥有大量徒附部曲，将领的私人武装往往成千上万，所以这些人在调任或调防时一般都要将自己的附属人口一起迁走。如东晋初谯国铚（今安徽宿州市西南）人桓宣随祖逖北征，任谯国内史。苏峻、祖约叛乱时，桓宣将数千家迁至武昌（今湖北鄂州市），咸和七年（332 年）桓宣收复襄阳，朝廷就以他所率的"淮南部曲"立义成郡[1]。晋孝武帝时范宁曾指出："方镇去官，皆割精兵器仗以为送……送兵多者至有千余家，少者数十户。"[2]这就是说，在官员随带来的部曲之外，还要送给他成百上千的兵户。这些人口中应有相当大部分是土著，他们随官员调离故乡后返回的机会是很少的。

这种情况在整个东晋和南朝期间都未改变，如宋初康穆从蓝田迁至襄阳时，有乡族三千余家，为此宋朝专门设置了一个华山郡蓝田县，康穆之子元隆、元抚相继任华山太守[3]。土著豪族也拥有大批"故义部曲"，如侯景之乱时，沈众因"家代所隶故义部曲，并在吴兴"，要求回乡募集，结果"率宗族及义附五千余人，入援京邑"[4]。直到陈末，"江表将帅，各领部曲，动以千数"[5]，情况依然。将领调动，部下也都

1 《晋书》卷 81《桓宣传》。
2 《晋书》卷 75《范汪传》。
3 《梁书》卷 18《康绚传》。
4 《陈书》卷 18《沈众传》。
5 《陈书》卷 31《鲁广达传》。

随行[1]。甚至连被视为“处士”的士人也能聚集起数百上千人，如梁时南阳宛人张孝秀，只短期担任过建安王别驾一职，去职后居于庐山东林寺，“有田数十顷，部曲数百人，率以力田，尽供山众，远近归慕，赴之如市”[2]。

所以我们可以肯定，随着文武官员的调动或宗族首领的迁移，无论移民或其后裔，还是土著居民，都会有一定规模的迁移。其中一部分必定会在迁入地定居，如有些家族垄断地方官职长达数代，随迁的宗族部曲一般不会再迁移。

北人南迁之初，上层以控制政治权力、获得经济利益为目的，平民以求生为首要，而且都不能不顾忌土著的抵制，所以对居留地都没有太多的选择余地，一般就在建康附近、交通线沿线或江淮沿岸、土著人口稀少和土地相对充裕的地区安身。北方移民没有必要、也不可能过于深入南方，尽管我们不能排除个别家族在永嘉时就迁至今江苏、浙江、安徽、江西、湖南以南的可能性，但绝不会有世家大族，人数也不会多。

但是在居留了一段时间以后，移民及其后裔就有了进一步迁移的动因和可能性。例如：随着人口的增加，在一些移民人口密集或土著人口已经较稠密的地区，人多地少的现象必定会出现，这就会驱使一些人向土地比较充裕的地方迁移。同样，各地经济水平的差距和发展的不平衡也是一些人口继续迁移的原因。士族大家则要寻求更多的土地和资源，所以纷纷移居有“今之三辅”之称的会稽，并逐步向开发程度较差的山区和沿海扩展。高官贵族、文人雅士在了解了会稽等地的秀丽风光后，也往往选择这些地方定居。如王、谢二族原来大多聚居于建康及附近地区，他们原籍的侨州郡县也都设置于这一带，以后才陆续迁居会稽。这些类型的迁移在东晋和南朝始终在进行，所不同的是，士族大家及上层人物的迁移或多或少见诸史籍，平民的迁移却只能根据一般规律推断，在文献中已没有踪影可寻了。

1 如《陈书》卷11《淳于量传》载量由桂州刺史征为中抚军将军时，“量所部将帅，多恋本土，并欲逃入山谷，不愿入朝”。

2 《梁书》卷51《处士传·张孝秀》。

二、自然灾害与战乱引起的迁移

在东晋至南朝陈期间，南方发生过多次自然灾害，有的灾害相当严重，影响的范围也很大。如东晋初的建武元年(317 年)，扬州大旱。大兴元年(318 年)，境内普遍干旱。二年，徐州、扬州及江西(今安徽长江以北)诸郡蝗灾，吴郡大饥，“饥人死者百数”。四年，又普遍出现旱灾。永昌元年(322 年)冬十月，“大疫，死者十二三”[1]。咸康元年(335 年)，“天下普旱”，持续至三年。宋大明七年(463 年)、八年，东部诸郡大旱，“民饥死者十六七”[2]。梁天监元年(502 年)，“大旱，米斗五千，人多饿死”。二年夏，“多疠疫”。三年，又“多疾疫”[3]。普通元年(520 年)，“江、淮、海并溢”，水灾严重；第二年三月又大雪，“平地三尺”。大同三年至四年(537—538 年)，江淮间饥荒，其中的南兖、北徐、西徐、东徐、青、冀、南北青、武、仁、潼、睢等 12 州尤其严重，武帝只得下诏免除全部租税[4]。但是自然灾害如果不是发生在战乱年代，尽管同样会造成大量人口的死亡和流动，却不会形成很多移民。因为即使有大批人口暂时离开家乡，一般都会在灾害过后返回。而且南方的主要农业区毕竟范围有限，统治者为维持其基本需要，必须保持农业生产的稳定，因而也会采取一些救济措施促使灾民返回故乡。

在灾年会有一些贫民被略卖至外地为奴婢。如《南齐书》卷 55《孝义传》载义兴(治今江苏宜兴市)人吴达之的从祖弟敬伯夫妻在荒年被略卖至江北，“达之有田十亩，货以赎之”。吴达之赎回两人的价格平均每人相当于五亩土地，原来被略卖时的价格肯定要低很多。能够像吴敬伯夫妻这样被赎回的人是极个别的，所以绝大多数被略卖者只能在外地主人处终老了。

还有一些人因为不堪沉重的赋役负担或因犯罪受到官府追捕而

1 《晋书》卷 6《元帝纪》。
2 《宋书》卷 31《五行志》三。
3 《梁书》卷 2《武帝纪》。
4 《梁书》卷 3《武帝纪》。

逃亡外地，这类现象平时也一直存在，只是在灾年必定会更多。他们一般会逃往人口稀少、交通闭塞、开发程度较低的边远地区，多数长期脱离户籍，少数在外地重新入籍。如《梁书》卷53《良吏传·范述曾》载其任永嘉太守时，“所部横阳县（今浙江平阳县），山谷峻险，为逋逃所聚，前后二千石讨捕莫能息。述曾下车，开示恩信，凡诸凶党，襁负而出，编户属籍者二百余家”。这些“逋逃”应该不限于本地人，由范述曾编入户籍的也不会是全部。类似横阳县的情况在南方并非个别，“逋逃”的总数是相当可观的，他们对开发边远地区和山区起了一定作用。

以上两类对象都包括了土著和移民，但移民所占的比例可能更大，因而也可以看作北人南迁的继续扩散。但这类迁移的具体情况一般不见于记载，由于去今已远，地方志中也极少涉及，目前难以进一步研究。

但如果天灾与人祸同时发生，情况就不同了。不仅会有更多的灾民因得不到及时的救济而流亡外地，而且会有更多的流民因家乡的残破而在他乡定居。战乱本身也是引起南方人口迁移的主要原因，持续时间较长、破坏程度严重的战乱更是如此。

从东晋初的王敦之乱开始，南方的多数内乱都发生在以长江中游为基地的地方实力集团与以建康为中心的中央政权之间，因此受影响或波及的地区主要是长江中下游沿岸和建康一带。少数是以长江以北一些地方为策源地，如苏峻从历阳（今安徽和县）进攻建康，宋竟陵王诞在广陵（今江苏扬州市西北）举兵；或者爆发于东部沿海地区，如孙恩、卢循起事。这些战乱或多或少会形成新的移民，如据《晋书·江逌传》，江逌为避苏峻之乱，迁居临海（今浙江台州市椒江区）。江逌是陈留圉（今河南杞县西南）人，其父曾任安东参军，是司马睿的下属，所以应已迁建康。江逌的例子证明，苏峻之乱时必定有人迁离建康一带，今浙江南部是迁入地之一。又如《南齐书》卷54《高逸传·顾欢》称其祖赳，晋隆安末，避乱徙居吴郡盐官（今浙江海宁市西南）。顾氏原籍不详，当为南方土著，并属平民。隆安五年（401年）孙恩攻海盐（今浙江海盐县）、沪渎（今上海市青浦区境）及丹徒（今江苏镇江市)等处,当是顾氏避乱的原因。类似的情况在其他战乱中也会发生,但影响最大的则是自梁太清二年至大宝三年(548—552年)的侯景之乱及其余波。

太清二年八月,侯景自寿阳(今安徽寿县)起兵南下,十月即兵临建康城下,至次年三月攻下梁武帝所在的台城,当年底又攻占东部各郡。与此同时,东魏军占据淮南,西魏军夺取了中游汉东之地,进逼江陵(今湖北荆州市荆州区);梁诸王间厮杀不断,江南旱蝗灾严重,梁境仅荆州、益州受影响较小。至大宝三年侯景败死,梁诸王间的内乱却愈演愈烈,各据一方,不惜引西魏、北齐(原东魏)军南下。承圣三年(554年),西魏攻破梁都江陵。陈永定元年(557年),境内战乱基本平息,但直到天嘉二年(561年)才从北周(原西魏)军中夺回长江以南的地方,局部的叛乱又持续了多年。这次战乱持续了十多年,影响到南方大部分地区,长江中下游尤其严重,其中建康附近和相当于今苏南、浙北的三吴本来经济最发达、人口最稠密,此次人口损失最大,外流人口也最多。

由于侯景的叛军主要是由北向南推进的,以后又由建康向三吴进兵,三吴的百姓只能南迁至未受战祸影响的今福建境内,少数由海道迁至岭南,或从福建转迁岭南。地处闽江下游和晋江流域、以候官(今福州市)为治所的晋安郡是接纳南迁流民的主要地区。《陈书》卷35《陈宝应传》称:

> 是时东境饥馑,会稽尤甚,死者十七八,平民男女,并皆自卖,而晋安独丰沃。宝应自海道寇临安、永嘉及会稽、余姚、诸暨,又载米粟与之贸易,多致玉帛子女,其有能致舟乘者,亦并奔归之,由是大致赀产,士众强盛。

可见当时迁入晋安的有两部分人:一是被陈宝应掠夺或买来的平民;一是有能力获得船舶或搭船迁入的难民。其来源主要是会稽、永嘉(治今浙江温州市)等今浙江中部和南部沿海地区,主要的路线是海道。也有从今浙西南或赣东北迁入的,如会稽余姚(今浙江余姚市)人虞寄,被迫随张彪由会稽迁往临川(今江西南城县东南),途中被其部将劫往晋安[1]。可见这也是一条迁移路线。

从陈天嘉六年(565年)的一道诏书可以证明接受流民的地区还更多:“诏侯景以来遭乱移在建安、晋安、义安郡者,并许还本土,其被略为奴婢者,释为良民。”[2]建安郡治今福建建瓯市,辖境有今福建西北。义安郡治今广东潮州市东北,辖广东潮汕一带和福建毗邻地。这说明整个福建省和广东东部都有大批流民迁入,其中一部分也已被略为奴婢。建安郡地处由今浙江西南和江西东北经陆路入闽的必经之地,但这些地方已是丘陵山区,受战乱影响相对较小,交通也不便,而且当地豪强多聚众自保[3],由此入闽或经此入闽的流民估计不会像入晋安郡那样多。这道诏书对流民回归会起一定的作用,但迁闽流民中已经安居乐业的百姓自然不愿再回故乡,而奴婢的主人不会无偿将他们释为良人,诏书在很大程度上只是具文而已。

从西晋至南朝陈的政区建置也可以看出侯景之乱后入闽移民的影响。西晋为时虽短,却在今福建增设了一郡六县,而三国吴时的建置也只有一郡九县。东晋时,新置绥成、沙村、绥安三县;梁时增龙溪、兰水二县,并置梁安郡;陈时置丰州,统晋安、建安和南安(梁之梁安)三郡[4]。但东晋的16县到宋时减少到12县[5],齐时也只有12县[6]。从这一过程可以看出,政区建置的扩大既是人口增加的结果,也是为了适应开发的需要。如西晋期间,显然不可能有多少人口增加,之所以要大幅度增置政区,无非是为了进一步促进地区开发。东晋和梁增设的五县,绥成治今福建建宁县西南,沙村治今沙县东北,绥安治今云霄县,龙溪治今漳州市东南,兰水治今南靖县境,分布于闽西和闽南。新县的人口既可能是本地人口增加的扩散,也可能是外地移民迁入的结果。从地理条件分析,闽西的新县大概以来自今浙西南和闽东北的移民为主,而闽南的新县显然适应了闽江下游和晋江流域人口增

1 《陈书》卷19《虞寄传》。
2 《陈书》卷3《世祖纪》。
3 如《陈书》卷35熊昙朗、周迪、留异传所载可证。
4 据林汀水:《福建政区建置的过程及其特点》,载《历史地理》第十辑,上海人民出版社1992年版。
5 《宋书》卷35《州郡志》。
6 《南齐书》卷14《州郡志》。

加后扩散迁移的需要。陈时虽未增设新县，却基本恢复了所有旧县，并以三郡置为州，如果我们考虑到当时在开发程度高得多的今浙江省也不过置了一个东扬州，就可以理解这一措施的实际意义了。这说明侯景之乱后，由于主要来自今浙江的移民的迁入，福建的人口有了大幅度的增加，经济有了较大的发展。

从西晋至隋期间福建和浙江南部户口的变化，也可以看出这样的趋势（见表 10－2）。此期间现存的只有三个年代的户数，由于隐漏极其严重，这些户数一般远低于实际人口数，但一般说来新开发地区比先开发地区有更高的隐漏率，所以将福建和浙南作比较，还是能说明一些问题。西晋时，福建平均每县只有 600 户，而浙江南部的临海、东阳二郡平均有 1 764 户；宋时前者为 490 户，后者为 1 380 户；隋时前者为 2 984 户，后者为 3 703 户。西晋时福建合计仅 9 000 户，隋时有 14 922 户，后者为前者的 166％；浙江南部同期仅增加了 347 户，增长率仅 1％。在户口都有大量隐漏的情况下，尽管这不能说明两地人口的实际增长，但至少可以证明福建人口在宋以后有了迅速增长，其增长率远高于浙江南部。准确地说，这应该是侯景之乱后流民迁闽的缘故。

表 10－2　福建与邻区户数统计

时　代	建　安	晋　安	临　海	东　阳
西晋	4 300	4 700	18 000	12 000
宋	3 042	2 843		16 022
隋	14 922**		10 542	19 805

资料来源：《晋书・地理志》；《宋书・州郡志》；《隋书・地理志》。
*以临海、永嘉二郡合计。　**建安郡与邵武县合计。邵武已属临川郡，四县有户 10 900，取 2 500。

侯景占据建康一带后，镇守江陵的湘东王萧绎（后称梁元帝）成为对抗侯景的主要势力，所以一些士人西奔荆州，如颜晃、许亨[1]等。但烽火遍野，路途不便，一般民众不会如此迁移。

另一个重要的移民迁入地是岭南。《陈书》卷 30《章华传》提供了

1 《陈书》卷 34《文学传》。

一个很值得注意的例子:“时有吴兴(治今浙江湖州市)章华,字仲宗,家世农夫,至华独好学,与士君子游处……侯景之乱,乃游岭南,居罗浮山寺,专精习业。”章华虽已与士人交游,但毕竟是农家子弟,他能南迁岭南,至少说明当时从三吴迁往岭南的对象并不限于上层人物和世家大族,也有不少平民百姓。章华南迁的路线不得而知,估计海道的可能性更大[1]。候官(今福建福州市)令徐伯阳(北方移民后裔,居吴郡)是“浮海南至广州”的,并且携带了家属[2]。这证明福建在接纳流民的同时,也有已寓居的人迁出至岭南。承圣三年(554年)江陵陷落后,南迁岭南也是一部分人的选择。如梁中舍人袁敬“流寓岭表”,居广州[3];谢暠“逃难番禺(今广东广州市)”[4]。这些官员和士人在乱定后大多返回故乡,但岭南号称“沃实”,海上贸易相当发达,当时有“广州刺史但经城门一过,便得三千万”之说[5];广州和南海郡还有以半价收购“外国贾人”带来的“生口”和货物的惯例,转手卖出后“其利数倍”[6]。所以可以肯定会有一些人在厚利吸引下就此居留,平民在岭南定居者也不会少。

没有能力或来不及远逃的百姓,只能就近寻找避难场所,或投靠有实力的将帅、宗族。如梁庐陵王参军荀朗在侯景之乱时“招率徒旅,据巢湖间,无所属”,“朗据山立砦自守”,抵挡了侯景军的征伐。“时京师大饥,百姓皆于江外就食,朗更招致部曲,解衣推食,以相赈赡,众至数万人。……梁承圣二年,率部曲万余家济江,入宣城郡界立顿。”[7]荀朗的部曲大多来自京师建康一带,以后居于宣城(治今安徽宣城市)。从其子荀法尚曾任泾县(今安徽泾县西北)令看,荀氏即定居于宣城,那么这些部曲的大部分也应随之定居了。这类距离不长的迁移

1 当时由三吴至广州的海道已相当普遍,如《陈书》卷7《高祖宣皇后传》载:“高祖自广州南征交趾,命后与衡阳王昌随世祖由海道归于长城(今浙江长兴县东)。”陈霸先(陈高祖)当时的身份只是交州司马领武平太守,这样的中级地方官的家属大概还不可能由官方提供专用船舶,只能搭乘民用海船。

2 《陈书》卷34《文学传·徐伯阳》。

3 《陈书》卷17《袁敬传》。

4 《陈书》卷32《孝行传·谢贞》。

5 《南齐书》卷32《王琨传》。

6 《梁书》卷33《王僧孺传》。

7 《陈书》卷13《荀朗传》。

在这场战乱中大概是较普遍的。

巴蜀地区在东晋和南朝经历过多次战乱，在东晋灭成汉后既有南北间的反复争夺，也有地方势力与南方中央政权间的较量，经常引起本地人口大量外迁。由于北方面临敌国，除了被掳掠或叛逃投奔者外（这将在北迁部分加以论述），主动迁去的较少；南方虽是迁移方向之一，但因当地爨蛮等非汉族势力强大，汉族人口往往不愿迁入；而沿长江而下又有交通之便，所以东迁成为流民的主流。巴蜀流民居留在江湘一带的居多，如宋元徽年间（473—477 年），湘州刺史王僧虔因“巴峡流民多在湘土”，要求“割益阳、罗、湘西三县缘江民立湘阴县（治今湖南湘阴县西北）”，得到朝廷批准[1]。

东晋、南朝时的航海技术已相当发达，不仅用于沿海地区间的交通运输，而且联系着海外。尽管目前还找不到当时人移殖海外的确切史料，但孙恩反晋过程中一直利用海上基地仍应引起我们的注意。孙恩于东晋隆安二年（398 年）逃亡入海，但能得到百姓的资给，估计是在不远的岛上。三年，孙恩在海上起兵，攻下上虞（今浙江上虞市）和会稽（治今绍兴市），得到八郡的响应，有众数十万；兵败后率男女二十余万口逃入海。四年、五年，孙恩两次从海上进攻上虞、余姚（今浙江余姚市）、刑（邢）浦（今绍兴市东）、扈（沪）渎（今上海市青浦区境）、京口（今江苏镇江市）、广陵（今扬州市西北）、郁洲（今连云港市东云台山一带，当时为海岛）、海盐（今浙江海盐县）等处。元兴元年（402 年），孙恩攻临海（治今浙江台州市椒江区），败后投海自杀，余众尚有数千[2]。孙恩聚集二十多万部众持续数年，除了得到沿海民众的支持补给外，必定要有稳固的海上基地，即据有足以居住这二十多万人口并能生产一定数量的粮食和生活必需品的海岛，这些估计就是今浙江至长江口的近海岛屿。从这一事实我们可以推断，东南沿海人口向这些海岛的移殖在孙恩之前已经开始，此后也未停止，只是规模不大而已。

---

1 《南齐书》卷 33《王僧虔传》。

2 《晋书》卷 100《孙恩传》；《资治通鉴》卷 111—112《晋纪》隆安二年至元兴元年。

三、流放性迁移

和以往一样，东晋和南朝期间对上层流放对象一般以迁至易于控制监视的内地为主，而对普通流放对象多安置于边远地区。但由于史料的限制，我们现在能找到的实例只有上层对象了。

根据这些实例，作为流放地点的有：

岭南。如宋孝武帝时淮阳太守桓袭祖[1]。

广州。如东晋琅邪内史王诞[2]、太傅主簿毛遁[3]；宋元嘉时（424—453年）临沅县男孟微生及子系祖[4]；元嘉九年临川内史谢灵运[5]，其子凤、孙超宗[6]；十七年黄门侍郎刘素[7]；二十二年长城公主之夫谢纬[8]；齐临川王骠骑从事中郎刘祥[9]；垣崇祖之子惠隆（徙番禺）[10]。

交州、交趾（治今越南北宁省仙游东）。如东晋元兴元年（402年）王国宝家属[11]；南朝宋大明二年（458年）颜竣子辟强，但道中被杀[12]；泰始三年（467年）太中大夫徐爰[13]；梁吏部侍郎蔡彦高[14]。

越州（治今广西合浦县东北）。如宋泰始七年（471年）南泰山太守寿寂之，但寿行至豫章被杀[15]；梁江州刺史王茂之子贞秀以居丧无礼徙越州，后诏留广州[16]。

新安（治今浙江淳安县西北）。如东晋咸安元年（371年）武陵

1 《宋书》卷28《桓荣祖传》。
2 《宋书》卷52《王诞传》。
3 《晋书》卷81《毛宝传》附毛安之。
4 《宋书》卷47《孟龙符传》。
5 《宋书》卷67《谢灵运传》。
6 《南齐书》卷34《谢超宗传》。
7 《宋书》卷69《刘湛传》。
8 《宋书》卷52《谢述传》。
9 《南齐书》卷36《刘祥传》。
10 《南齐书》卷25《垣崇祖传》。
11 《晋书》卷75《王国宝传》。
12 《宋书》卷75《颜竣传》。
13 《宋书》卷94《恩幸传·徐爰》。
14 《陈书》卷34《文学传·蔡凝》。
15 《宋书》卷94《恩幸传·寿寂之》。
16 《梁书》卷9《王茂传》。

王晞及其三子[1]，义熙元年(405年)桓胤及诸党与[2]，宋大明二年(458年)王僧达子道琰[3]。

临海郡(治今浙江临海市)。梁黄门侍郎萧昱免官后，因在宅内铸钱，徙临海郡，行至上虞被追回[4]；但可知该郡也是徙地之一。

晋平郡(治今福建福州市)。宋泰始七年(471年)晋平王休祐子13人[5]。

安成郡(治今江西安福县东南)。如宋元嘉二十二年(445年)彭城王义康及家属[6]。

衡阳(治今湖南湘潭市西南)。如晋咸安元年(371年)新蔡王晃[7]。

梁州(先后治今陕西汉中市一带)。如宋孝建初(454年)秀才檀超[8]；元徽三年(475年)建平王景素防阁将军王季符、录事参军殷沵、记室参军蔡履[9]。

宁州(治今云南曲靖市麒麟区东)。如宋大明四年(460年)前庐陵内史周朗，但道中被杀[10]。

从以上例子看，有些地区，如岭南的广州、交州、越州是最经常性的流放地，贬谪的官员或家属多数安置在那里。新安离建康不远，又有交通闭塞容易监视的特点，所以也用于监管有罪的宗室、官员及其家属。其他地点大概只是偶尔用之，能找到的实例更少。虽然有的例子说明流放对象在途中就被杀，或未到达就获准返回，但在证明该地曾作为流放地方面还是有用的。

被流放的上层人物数量有限，其中一部分还有返回的可能，所以因此而迁移的人口数量很少。但由于他们一般都具有较高的文化水

1 《晋书》卷9《简文帝纪》。
2 《晋书》卷99《桓玄传》。
3 《宋书》卷75《王僧达传》。
4 《梁书》卷24《萧昱传》。
5 《宋书》卷72《文九王传·晋平剌王休祐》。
6 《宋书》卷68《武二王传·彭城王义康》。
7 《晋书》卷9《简文帝纪》。
8 《南齐书》卷52《文学传·檀超》。
9 《宋书》卷72《文九王传·建平王宏》附子景素。
10 《宋书》卷82《周朗传》。

准或经济实力，而迁入地又都是僻远或落后地区，所以在促进迁入地经济文化的发展方面往往能起较大的作用。普通的流放对象数量较多，也很少有返回的机会，一般就此定居于流放地，但史料阙如，对他们的数量和具体情况已无法查考了。

第三节

北方移民的定居

在《晋永嘉丧乱后之民族迁徙》一文中，谭其骧先生就指出了复原东晋南朝所置侨州郡县对研究当时人口南迁的重要性："良以是时于百姓之南渡者，有因其旧贯，侨置州、郡、县之制。此种侨州、郡、县详载于沈约《宋书·州郡志》，萧子显《南齐书·州郡志》，及唐人所修之《晋书·地理志》中。吾人但须整齐而排比之，考其侨寄之所在地及年代等等，则当时迁徙之迹，不难知其大半也。"但侨州郡县并不是北方移民的全部定居地，因而在《历史人文地理研究发凡与举例》一文[1]中他又指出："即就南渡遗黎而言，也不仅移居于设有侨州郡县之地。实际上不设侨州郡县之地，亦多侨姓高门栖止。"所以，一方面我们要着重论述侨州郡县的设置过程和分布状况，据此确定大部分北方移民的定居过程和分布状况；另一方面，也应该对定居在侨州郡县之外的北方移民有充分的认识。

一、侨州郡县的设置[2]

侨州郡县并不是东晋和南朝的专利，但如此广泛的设置和长期

1 载《历史地理》第十辑，上海人民出版社 1992 年版。

2 参见谭其骧：《晋永嘉丧乱后之民族迁徙》，原载《燕京学报》第 15 期，1934 年 6 月；并见《长水集》上册，人民出版社 1987 年版。胡阿祥：《东晋南朝侨州郡县的设置及其地理分布》（上、下），载《历史地理》第八、九辑，上海人民出版社 1990 年版。

的存在却是空前绝后的。北方移民的大部分正是在侨州郡县中定居的，因此这是东晋和南朝政权安置北方移民的主要途径，与北方移民的定居过程关系密切。侨州郡县设置的目的当然是为了安置北方移民及其后裔，但也有其具体的背景和原因。对这些方面胡阿祥已有很全面的论述[1]，他指出：

（1）侨人是侨州郡县存在的基础。也就是说，采用侨州郡县这种方式来安置移民，主要是基于当时移民的特点。汉魏以来，聚族而居相当普遍，一个个名宗大族成为社会经济的基本单位，北人又笃于亲族情义，因而在迁徙过程中，宗族首领很自然地成为有浓厚宗族乡里色彩的流徙集团的领袖。迁徙中的危难必须共同互助才能克服，因而加强了一个个家庭间的联系，使宗主与族人的关系更加密切，发生主从关系。一些没有能力自保的散户依附随行，也扩大了流徙集团。及至定居他乡，为了与土著抗衡，求得立足自保，更需要倚仗宗主与集团的力量。于是宗主、豪族与所谓宗亲、乡党、部曲、门徒、义附等逐渐结成为不可解散的牢固的整体"乡族集团"。由于侨流人口的迁徙与定居新地基本上保持着乡族集团的形式，所以就乡族集团置州郡县，既简单易行，又有利于保证这些集团内部组织的稳定性，符合大族、将帅及侨流人民的利益。

（2）侨州郡县的政治含义是正统观念与规复失地的决心。东晋南朝都以正统自居，视十六国北朝为僭伪，所以尽管疆土残缺，却通过设置侨州郡县保持着实际已控制不到的绝大部分行政区域，既借以证明本身的正统性质，又表示不忘故土，恢复有望。侨置从一时权宜之计，发展为经久之制，与此不无关系。

（3）高标姓望及深固的地域乡里观念，是设立侨州郡县的直接原因。魏晋以来的豪强地主、门阀士族都十分注重籍贯，讲究地域观念，某一特定地域成为他们赖以猎取经济利益、政治特权的根据地，也成了显示其社会地位的标志之一；姓氏与地望从而产生了固定的联系。"皆取旧壤之名，侨立郡县"，就是使南迁世家大族得以

1　见前揭《东晋南朝侨州郡县的设置及其地理分布》（上）。

保持其姓望的主要方法。正因为如此，东晋南朝几支最大最盛的南渡士族，如琅邪临沂王氏、陈郡阳夏谢氏与袁氏、颍川鄢陵庾氏、汝南安成周氏、河东闻喜裴氏、河南阳翟褚氏、济阳考城江氏、陈郡长平殷氏、河东解县柳氏、京兆杜陵韦氏、太原晋阳王氏、谯国龙亢桓氏、颍川临颍荀氏、泰山南城羊氏，以及鲁国孔氏、琅邪颜氏与诸葛氏、济阴冤句卞氏、高平金乡郗氏与檀氏、东莞莒县刘氏与臧氏、东海郯县徐氏、清河东武城崔氏、平原刘氏、济阳考城蔡氏、陈留尉氏阮氏、彭城武原到氏、彭城吕县刘氏、皇室河内温县司马氏、彭城刘氏、东海兰陵萧氏、颍川陈氏，除鄢陵、阳翟、解三县无考外，都有以其姓望所系的郡县设置的侨郡县。这绝非偶然，而是有其深刻的社会背景。

(4) 侨州郡县的设立还有出于政治、军事、经济几方面因素的具体考虑。其一是用以招诱北方人民，一方面是利用北方遗黎不愿意受少数民族统治的心理，吸引他们继续南迁，另一方面又可以利用北人的怀土情绪，动员他们抗击北方政权的南侵，为北伐收复失地效力。在东晋后期战功赫赫的北府兵将士，大多是北方侨流及其后裔，北方流人也是东晋南朝将士的主要来源。在北部近边地带普遍设置的侨州郡县为南方政权构筑了一道坚固的屏障。其二是为了安抚流民，促进生产。及时设置侨州郡县，使侨流人口免于漂泊无归，减少了社会内部的动乱因素，也使他们安居治业，从而促进了生产的恢复与发展。侨州郡县集中设置的地区，如皖南傍江一带、晋陵郡境[1]、寻阳地区、邗沟沿线、南郡周围、江夏一带等处，都因此而得到开发。

他还分析了侨州郡县设立的两种主要形式：一部分是为了安置侨流而立，即为安置来自某一地的流民而设置以该地命名的侨置政区；另一部分则是为备职方而立，即有以显示疆域的完整而不问其是否真有来自这些地区的移民。此外还有少数单位是出于招诱侨流、安排失地官吏、巩固边防等方面的考虑。具体单位的设置往往有不止一

1 关于晋陵和京口地区的流民和开发过程，田余庆先生有具体论述，见《东晋门阀制度》中《京口和晋陵地区的环境和流民》一节，北京大学出版社 1991 年版，第 89—93 页。

方面的原因，而是兼有多种目的。

东晋南朝境内的侨州郡及其地理分布如表 10－3[1] 所示。

表 10－3　东晋南朝境内设置的侨州郡

<table>
<tr><th>地区</th><th>小区</th><th colspan="2">实　有　地</th><th>侨　置　州　郡</th></tr>
<tr><td rowspan="11">江南区</td><td rowspan="5">东区</td><td colspan="2">海虞（江苏常熟市）境</td><td>东海郡</td></tr>
<tr><td rowspan="2">旧晋陵郡境</td><td>京口（江苏镇江市）一带</td><td>兖州、青州、（南）徐州、乐陵郡、（南）平昌郡、（南）高密郡、（南）东海郡、兰陵郡</td></tr>
<tr><td>京口、晋陵（江苏常州市）、丹徒（江苏镇江市东南丹徒镇）、武进（江苏丹阳市东）、无锡（江苏无锡市）、曲阿（江苏丹阳市）一带</td><td>（南）濮阳郡、（南）济阴郡、东燕郡、济阳郡、（南）鲁郡、（南）平原郡、（南）彭城郡、（南）清河郡、（南）燕郡、雁门郡、（南）齐郡、济岷郡、长乐郡、（南）泰山郡、（南）下邳郡、临淮郡、（南）广平郡、（南）兰陵郡、（南）高平郡、（南）沛郡、（南）东莞郡</td></tr>
<tr><td colspan="2">江乘（江苏句容市北）境</td><td>（南）东平郡、东海郡、（南）琅邪郡</td></tr>
<tr><td colspan="2">建康（江苏南京市）一带</td><td>魏郡、高阳郡、广川郡、（南）琅邪郡、堂邑郡</td></tr>
<tr><td rowspan="6">南区</td><td colspan="2">姑熟（安徽当涂）境</td><td>豫州、南豫州、南谯郡、南梁郡、宣城郡、淮南郡</td></tr>
<tr><td colspan="2">牛渚（安徽当涂北长江西岸）</td><td>豫州</td></tr>
<tr><td colspan="2">芜湖（安徽芜湖市）</td><td>豫州、上党郡、宣城郡</td></tr>
<tr><td colspan="2">春谷（安徽繁昌境）</td><td>襄城郡、庐江郡</td></tr>
<tr><td colspan="2">当涂（安徽南陵东南）境</td><td>高平郡</td></tr>
<tr><td colspan="2">宛陵（安徽宣城市宣州区）</td><td>南豫州</td></tr>
<tr><td rowspan="4">江淮区</td><td rowspan="4">南区</td><td colspan="2">绥安（安徽广德）</td><td>陈留郡</td></tr>
<tr><td colspan="2">南陵（安徽池州市贵池区西南）</td><td>北江州</td></tr>
<tr><td colspan="2">彭泽（江西彭泽西南）</td><td>太原郡</td></tr>
<tr><td colspan="2">寻阳（江西九江市西南）境</td><td>弘农郡、松滋郡</td></tr>
</table>

1　据胡阿祥前揭文(下)“东晋南朝境内侨置州郡表”，作者原注：另有实郡领侨县者，本表不赘。凡侨寄未久即迁移他处者，加“____”表示。一州一郡先后侨有几处者，则分见各处……又所谓“东晋南朝境内”，指曾入东晋南朝版图的各地区，不计其时间长短。另外，谭其骧先生前揭文中也附有侨州郡县表，以所在地今省分列，与此表小异，可参阅。

续 表

地区	小区	实 有 地	侨 置 州 郡
江淮区	东区	江北徐州境（江苏北部）	北青州
		广陵郡境：广陵（江苏扬州市西北）广陵、高邮（江苏高邮市）、海陵（江苏泰州市）一带	（南）兖州、徐州、青州、北（南）沛郡、冀州、并州、平州、北济阴郡、北淮阳郡、平原郡、东平郡、辽西郡、雁门郡、北下邳郡、东莞郡
		江阳（江苏海安一带）	新平郡
		堂邑（江苏六合北）	北陈留郡、秦郡
		瓜步（江苏六合东南瓜埠山）	齐郡
		三阿（江苏金湖东南）	幽州
		山阳（江苏淮安市）境	兖州、阳平郡、山阳郡、义昌郡（？）
		淮阴（江苏淮安市淮阴区西南）境	兖州、（北）兖州、青州、高平郡、东平郡、北兰陵郡
		盱眙（江苏盱眙东北）境	（南）兖州、（北）兖州、鲁郡、高密国、高平郡
		山阳、盱眙间	东平郡、泰山郡
	西区	肥如（安徽天长境）	（南）沛郡
		安徽来安东北	高塘郡
		清流（安徽滁州市）境	南谯州、顿丘郡
		全椒（安徽全椒）	北谯郡
		阜陵（安徽全椒东南）	（南）梁郡
		历阳（安徽和县）境	豫州、南豫州、武都郡、襄城郡
		居巢（安徽巢湖市东北）境	颍川郡、南谯郡
		安徽巢湖市、和县之间	汝阳郡
		合肥（安徽合肥市西）境	司州、兖州、南豫州、豫州、
		南汝阴郡	
		北徐州境（安徽凤阳、明光市、滁州市一带）	魏郡、沛郡、彭城郡
		化明（安徽明光市东北）	济阴郡
		钟离（安徽凤阳东北）境	（北）徐州、阳平郡
		马头（安徽怀远南淮河南岸）	豫州
		马头郡境（安徽怀远、蚌埠市一带）	谯郡
		江淮间北部（安徽、河南各小部）	汝南郡、陈郡、南顿郡

续　表

地区	小区	实有地	侨置州郡
江淮区	西区	寿春（安徽寿县）境	豫州、南豫州、南梁郡、梁郡、北梁郡、北谯郡、西南顿郡、西汝阴郡、北陈郡
		安丰（安徽寿县西南）境	陈留郡
		安徽长丰、合肥市间	北谯郡、南陈郡
		固始（河南固始东北）境	新蔡郡
		霍山（安徽霍山）	南陈郡
		渒水（安徽霍山东北）	北沛郡
		庐江（安徽庐江）	湘州
		怀宁（安徽潜山）	豫州
		宿松（安徽宿松）	高唐郡
		新蔡（湖北黄梅）境	北江州、（南）新蔡郡
		寻阳（湖北黄梅西南）	安丰郡
河淮区	东徐	郁洲（江苏连云港市东云台山）	冀州、青州、齐郡、北海郡、西海郡
		朐（江苏连云港市西南）境	青州、徐州、东莞郡
		涟口（江苏涟水）	（北）东海郡
		淮阳（江苏淮安市淮阴区西）一带	济北郡、淮阳郡、上党郡
		徐（江苏泗洪南）境	司州、高平郡
		下邳（江苏睢宁西北）	兖州、徐州
		睢陵（江苏睢宁）	济阴郡
		彭城（江苏徐州市）	兖州
	中原	相县（安徽濉溪西北）	巨鹿郡
		离狐（山东单县）	北济阴郡
		淮北	济南郡
		沛郡南（安徽灵璧南）	阳平郡、濮阳郡
		谯（安徽亳州市）	豫州
		长垣（安徽亳州市东）	陈留郡
		蒙（安徽蒙城西北）境	魏郡
		颍阳（安徽太和东北）	陈留郡
		清丘（安徽阜阳东）	颍川郡
		项城（河南沈丘）	南顿郡

续 表

地区	小区	实 有 地	侨 置 州 郡
河淮区	中原	汝南悬瓠（河南汝南）	豫州、司州、新蔡郡
		荥阳（河南荥阳市东北）	司州、东京兆郡
		虎牢（河南荥阳市西北汜水镇）	并州
		河南（河南洛阳市东北）	河内郡
	青齐	山东寿光东北一带	河间郡
		广固（山东青州市西北）	幽州、冀州、北平原郡
		东阳（山东青州市）	冀州、北海郡
		盘阳（山东淄博市西南淄川）	清河郡
		山东博兴境	乐陵郡
		山东高青东南	勃海郡
		山东桓台东北	高阳郡
		梁邹（山东邹平东北）	幽州、平原郡
		长山（山东邹平东长山）	广川郡
		山东章丘市、淄博市淄川间	顿丘郡
		历城（山东济南市）	冀州、魏郡、平原郡
		无盐（山东东平东）	阳平郡
		升城（山东长清西南）境	并州、太原郡
江汉区	汉域	义阳（河南信阳市）境	（北）司州、南汝南郡、汝阳郡、安陆郡
		平氏（河南桐柏西北）	淮南郡
		舞阴（河南泌阳西北）	西汝南郡、北义阳郡
		宛中（河南南阳市宛城区一带）	北河南郡
		河南邓州市一带	广平郡
		武当（湖北丹江口市西北）	始平郡
		均（湖北丹江口市境）	义成郡
		酂城（湖北老河口市西北）	雍州
		阴城（湖北老河口市西北）	南阳郡
		筑口（湖北谷城东）	扶风郡
		湖北襄阳市西北	京兆郡
		安养（湖北襄阳市北）	河南郡
		襄阳（湖北襄阳市）一带	司州、雍州、秦州、梁州、河南郡、北河南郡、北上洛郡、广平郡、京兆郡、冯翊郡、扶风郡、始平郡、建昌郡、昌国郡、南天水郡、义成郡、义阳郡、北京兆郡

续　表

地区	小区	实有地	侨置州郡
江汉区	汉域	五垄（疑在湖北襄阳、河南南阳间）	弘农郡
		臼（疑在湖北襄阳、河南南阳间）	南上洛郡
		大堤（湖北宜城北）	华山郡
		都（湖北宜城东南）	冯翊郡
		上洪（湖北宜城东）	新野郡
		岩州（湖北宜城境）	南天水郡
		上黄（湖北南漳东南）	长（永）宁郡
		新化（湖北大悟东）	湘州
		安陆（湖北安陆）	（南）司州
		孝昌（湖北孝感北）境	（南）司州、南义阳郡、汝南郡
	江域	湖北新洲境	边城郡
		罗田（湖北罗田东）	义州
		邾城（湖北黄冈西北）	豫州
		西阳（湖北黄冈东南）	西阳郡
		武昌（湖北鄂州市）	豫州、西阳郡、竟陵郡
		江夏（湖北武汉市武昌）一带	汝南郡、绥安郡、东牂柯郡
		安兴（湖北荆州市江陵东北）境	新兴郡
		南郡（湖北荆州市江陵）一带	义阳郡、东义阳郡
		上明（湖北松滋西北长江南岸）境	南荆州、弘农郡、（南）河东郡
		公安（湖北公安西北）	荆州
		武陵（湖南常德市）	荆州
		湖南安乡西南一带	南义阳郡、平阳郡、左义阳郡
梁益区	汉中	吉阳（湖北竹溪西南）	新兴郡
		上津（湖北郧西西北）	北上洛郡
		魏兴（陕西白河）境	南上洛郡
		魏兴（陕西安康西北）	（南）（北）梁州、秦州
		长乐（陕西石泉东南）一带	晋昌郡
		汉中（陕西汉中市）一带	秦州、（南）太原郡、西京兆郡、冯翊郡、西扶风郡、北扶风郡、安定郡、始平郡、宋康郡、金城郡、安固郡、陇西郡、南安郡、天水郡、略阳郡、武都郡、（北）阴平郡、怀宁郡、广长郡、仇池郡、东宁郡、北宕郡、怀安郡

续 表

地区	小区	实有地	侨置州郡
梁益区	汉中	白马城（陕西勉县西）	华阳郡
	巴蜀	兴安（四川广元市境）	华阳郡
		白水（四川青川东北）	白水郡
		四川平武东阴平故城	（南）阴平郡
		四川剑阁	南安郡
		武功（四川剑阁西南）一带	扶风郡、武都郡
		剑南（四川剑阁以南）	北巴西郡
		阴平（四川江油东北）	（阴）阴平郡、南新巴郡
		涪县（四川绵阳东）	巴西郡
		汶山（四川茂县）	（南）安固郡
		绵竹（四川绵竹）	晋熙郡
		什方（四川什邡）	南阳郡
		苌阳（四川德阳市西北）	（南）阴平郡
		苌阳、汶山间	（南）汉中郡
		东山（四川金堂境）	金城郡
		晋寿（四川彭州市西北）	南晋寿郡
		成都（四川成都市）	怀宁郡、始康郡、宋宁郡、宋兴郡
		广都（四川双流）	宁蜀郡
		武阳（四川彭山东）	（西）江阳郡
		四川三台西北涪城	始平郡
		北五城（四川三台）	新城郡
		四川盐亭	北宕渠郡
		宕渠（四川射洪东南）	东宕渠郡
		安汉（四川南充市北）	南宕渠郡
		川东北	天水郡
		巴郡（重庆渝中区）	益州
		宣汉（四川宣汉东北五宝场）	并州
		巴东郡（重庆奉节东）	益州
蒲坂（山西永济西南蒲州镇）			并州
关中			东秦州、天水郡

谭其骧先生的结论是：

按今地划分，接受移民最多的是江苏省。据《宋书·州郡志》记载，设置有侨郡23个、侨县75个，在今南京、镇江、常州一带（即胡《表》的东南区东区）最为集中，苏北地区则以扬州、淮阴等地（胡《表》江淮区东区）为主。移民的来源，山东占了一半以上，其次是河北、河南、山西、陕西；而本省和安徽的淮北部分也是移民来源之一。本区之所以能接受最多的移民，固然有其很多地理上的优势，但最主要的因素还是东晋至南朝定都建康所形成的吸引力。

第二位是安徽。其境内的移民来自北方，以河南为最大部分，其次为河北、山东、山西。本省淮北的移民也占了相当大的比例，少部分来自江苏北部。侨郡县大多散处于江淮之间（胡《表》江淮区西区大部），江南仅在今芜湖（胡《表》江南区西区东部）附近。

湖北境内长江上游今江陵、松滋一带（胡《表》江汉区江域西部）的移民主要来自山西、陕西、河南，少量来自安徽和江苏的淮河流域；长江下游今湖北武昌、黄梅一带（胡《表》江汉区江域东部）的移民大多来自河南，也有一些安徽淮北的移民。但湖北接受移民的主要地区还是汉水流域（胡《表》江汉区汉域），上自今郧西、竹溪，下至今宜城、钟祥，而以襄阳为中心。来自陕西的移民数量最多，其次是河南、甘肃，再次为河北、山西、安徽、四川。

江西、湖南二省距中原已远，移民到达的较少，仅在北部一小部分设置了几个侨县。

河南南部淮河流域（胡《表》河淮区中原）也设有若干侨县，主要安置本省北部流民，其中也有少数来自陕西、甘肃及本省南部邻近地区。

陕西秦岭以南的汉中地区（胡《表》梁益区汉中）安置的移民几乎都来自甘肃、四川和本省北部。

四川的侨地除彭山一地外，都在今成都东北及川陕交通线附近一带（胡《表》梁益区巴蜀），移民除极少数系河南人外，皆来自陕西、甘肃及本省北部。

山东今黄河东南地区（胡《表》河淮区青齐）因一度为刘宋所有，所以也曾设置侨州郡县，接纳的移民以河北的为主，其余为河南北部及山西移民。

总而言之，移民迁入地可以分为东西二区：东区包括长江下游及淮河流域，以接受黄河流域下游及今山东、河北及河南东部的移民为主。西区包括长江流域上游及汉水流域，以接受今甘肃、陕西、山西及河南西部移民为主。

二、侨州郡县以外的北方移民

由于各种原因，并不是所有集中了北方移民的地区都曾设置侨州郡县；同样，北方移民及其后裔并不都在侨州郡县中定居。

1. 三吴与会稽的特殊现象

最明显的例子是今江苏太湖以东地区和浙江省北部（即当时的吴、吴兴、义兴和会稽四郡境内）居然没有设置任何侨治单位，而这些地区与江苏镇、常地区壤地相接，地理条件优越，完全具备接纳移民的条件。唯一的例外是，据《宋书·地理志》，晋元帝（317—322年在位）初曾割吴郡海虞县（今江苏常熟市）之北境为南东海郡，立郯、朐、利城三县，而祝其、襄贲等县寄治于曲阿（今江苏丹阳市）；但在穆帝永和（345—356年）中，该郡已移至京口，郯等三县亦寄治于京口。可见即使是例外，也只设立于该区的北部濒海边境，而且至多只存在了三十多年。

由于《晋书》《宋书》等照例只载传主的原籍，所以尽管我们能找到不少北方名流生活在苏南浙北的记载，仍然很难确定有哪些人已经定居。如王、谢二族在会稽郡者颇多，但明确记载已入籍会稽的就极少，仅见《宋书》卷67载谢灵运“移籍会稽”。不过我们还是可以找到一些例子来证明，不仅王、谢等大族有不少人已在这一地区定居，而且同样有其他北方移民迁入。如庐江灊县（今安徽霍山县东北）何氏东晋时过江，自晋司空何充起就葬于吴县（今江苏苏州市）西山，至梁时有何求隐居于虎丘山[1]。王厥祖籍琅邪临沂，是王导之后，居于吴县；

---

1 《梁书》卷51《处士传·何点》。

王廞丁母忧时也在吴县，可知其父母一代就已定居于此；其子王华“遇赦还吴”，仍以吴为家[1]。王伟之为琅邪临沂人，东晋末为乌程（今浙江湖州市吴兴区）令，其子韶之“因居县境”[2]。王氏的另一支王敬弘居于余杭县（今浙江杭州市余杭区西南）[3]。西晋末就迁自河内轵县（今河南济源市南）的郭文隐居于余杭[4]，说明北方移民从一开始就进入了这一地区。南朝陈高祖之祖是颍川（今河南禹州市）人，永嘉时南渡，至陈达，“出为长城（今浙江长兴县东）令，悦其山水，遂家焉”[5]。又有胡颖，“其先寓居吴兴”，土断为吴兴东迁（今浙江湖州市南浔区）人[6]，可见祖籍也是北方，只是名位不显，原籍遂湮没无闻了。江总祖籍济阳考城（今河南民权县东北），其七世祖于东晋时卜居山阴（今浙江绍兴市）都阳里，“贻厥子孙，有终焉之志”[7]。陈郡阳夏（今河南太康县）谢氏的重要人物谢安一直“寓居会稽”，直到四十余岁才出山[8]。谢氏的另一支谢冲也“家在会稽”，其子方明后任会稽太守，并卒于此任[9]，自然还是住在会稽。王随之（祖籍琅邪临沂）及子镇之、弘之的家都在上虞县（今浙江上虞市），弘之后又筑室于始宁（今上虞市西南）[10]。太原中都（今山西平遥县西南）人孙统、孙绰兄弟南渡后都定居于会稽[11]。《宋书·孝义传》载庐江灊（今安徽霍山县东北）人何子平“世居会稽”，则其曾祖、晋侍中何楷很可能已迁入会稽了。陈留尉氏（今河南尉氏县）阮氏有阮万龄“家在会稽剡县”[12]。宋时有谯郡铚（今安徽宿州市西南）人戴逵因“会稽剡县多名山，故世居剡下”；鲁郡鲁（今山东曲阜市）人孔淳之也住在该县[13]；齐时有河南辛普明侨居会

1 《宋书》卷63《王华传》。
2 《宋书》卷60《王韶之传》。
3 《宋书》卷65《王敬弘传》。
4 《晋书》卷94《隐逸传·郭文》。
5 《陈书》卷1《高祖纪》。
6 《陈书》卷12《胡颖传》。
7 《陈书》卷27《江总传》。
8 《晋书》卷79《谢安传》。
9 《宋书》卷53《谢方明传》。
10 《宋书》卷92《王镇之传》、卷93《王弘之传》。
11 《晋书》卷58《孙楚传》。
12 《宋书》卷93《隐逸传·阮万龄》。
13 《宋书》卷93《隐逸传·戴颙、孔淳之》。

稽[1]；陈时有太原王知玄侨居于会稽剡县（今浙江嵊州市）[2]。王、谢二族的名流中，至少可以断定有王羲之等人是定居在会稽的，《晋书·王羲之传》称他出任会稽内史，“初渡浙江，便有终焉之志。会稽有佳山水，名士多居之，谢安未仕时亦居焉。孙绰、李充、许询、支遁等皆以文义冠世，并筑室东土，与羲之同好。”去官后，“与东土之士尽山水之游，弋钓为娱”；可见也没有离开会稽。与王羲之交游的许询是高阳新城（今河北保定市徐水区西南）人，直到其六世孙许亨还是居于永兴（今浙江杭州市萧山区）[3]。从孙恩、卢循传道和起事的过程可以证明，他们都是世居吴郡、会稽的侨人。

从这三郡的户口变化也可以断定，从永嘉至刘宋时已增加了相当多的移民。《晋书·地理志》所载三郡的户数为：吴郡 25 000，吴兴 24 000，会稽 30 000。而《宋书·州郡志》已增加到：吴郡 50 488，吴兴 49 609，会稽 52 228。对比之下，三郡所属的扬州在晋时有户 311 400，到宋时相应的扬州和江州仅 195 329 户，降低了不少。就是京师所在的丹阳郡，也从 51 500 户下降到了 41 010 户。刘宋时的户口隐漏相当严重，在这种情况下户口的大幅度增长只能说明实际人口增长的幅度更大；这种增长的合理解释就是得益于外来移民。史料上也可以找到这方面的证据，如《晋书》卷 78《孔坦传》载其任吴兴内史时，“时使坦募江淮流人为军”，可见吴兴境内的江淮流人必定有一定的数量。会稽郡的首县山阴（治今浙江绍兴市越城区）更是一个突出的例子。据《宋书·顾觊之传》，元嘉十七年（440 年）后顾氏任山阴令时，该县有民户 3 万，等于西晋时整个会稽郡的户数。要是没有移民，户口的增加是绝不会这样迅速的。

三郡范围内之所以没有设置侨治单位，首先大概是由于土著势力太大。北方籍统治者在南迁之初立脚未稳，不愿也不敢激化与南方地方豪族的矛盾，因此没有将侨治单位设在他们势力最强的三郡之内。其次，北方移民定居后不仅需要住的地方，更要有地可耕，世家大

1 《南齐书》卷 55《孝义传》。
2 《陈书》卷 32《孝行传》。
3 《陈书》卷 34《文学传·许亨》。

族拥有大批宗族、部曲、奴婢，对生活和生产用土地的需求更大。但三郡是当时南方经济最发达、人口最稠密的地区之一，不可能再有大片空地供移民使用或占有。初期既未设置，以后遂成惯例，所以虽有不少流民在此三郡居住，却始终未设过侨州郡县。

2. 侨州郡县中的非本籍侨民

在侨州郡县所定居的也不限于来自该州郡县的移民，例如首都建康并无琅邪临沂县或陈郡阳夏县的侨郡县，琅邪临沂王氏和陈郡阳夏谢氏多居城内乌衣巷。琅邪王氏的一支王昙首、王僧虔、王志三代“世居建康禁中里马蕃巷”[1]。安陆（今湖北安陆市）人徐度“世居京师”[2]；祖籍济北（今山东平阴县西南）的淳于量也“世居京师”[3]。荥阳开封（今河南开封市南）人郑袭居于江乘（今江苏句容市北）[4]，江乘的侨郡县中并无荥阳开封。有明确记载为“世居江陵”的有南阳淯阳（今河南南阳市宛城区南）乐氏（东晋乐广之后）[5]，南阳涅阳（今河南邓州市东北）宗氏[6]，南阳涅阳刘氏[7]，南阳涅阳乐氏和雁门（今山西代县西南）人解种恭[8]，中山无极（今河北无极县）人甄恬[9]等，但江陵设置过的侨郡县中也没有这些郡县相应的侨置单位。

3. 侨州郡县以外的北方移民

在其他地区肯定也有类似的情况，一些移民居住在侨州郡县之外，或者以后从侨州郡县再迁到了周围地区。如周续之的先人从雁门广武（今山西代县西南）南渡后就定居在豫章建昌县（今江西永修县西北艾城）[10]。陈时有孙淡，太原（今山西太原市西南）人，居长沙（今湖南长沙市）[11]。

---

1 《梁书》卷21《王志传》。
2 《陈书》卷12《徐度传》。
3 《陈书》卷11《淳于量传》。
4 《宋书》卷64《郑鲜之传》。
5 《梁书》卷19《乐蔼传》。
6 《宋书》卷93《隐逸传·宗炳》；《南齐书》卷54《高逸传·宗测》；《梁书》卷19《宗夬传》。
7 《南齐书》卷54《高逸传·刘虬》。
8 《南齐书》卷55《孝义传》。
9 《廷书》卷47《孝行传·甄恬》。
10 《宋书》卷93《隐逸传·周续之》。
11 《陈书》卷55《孝义传·孙淡》。

此外，我们还可以找到南迁的移民一直达到了岭南和在今越南境内的交州的证据。如宋泰始年间（466—471年），交州有“土人李长仁为乱，悉诛北来流寓”[1]；所谓“北来流寓”虽不一定直接迁自北方，也不一定自永嘉时就已迁入，但是系来自岭南以北的移民却是确定无疑的。东晋义熙（405—418年）末，“东海人徐道期流寓广州，无士行，为侨旧所陵侮。因刺史谢欣死，合率群不逞之徒作乱，攻没州城，杀士庶素憾者百余”[2]。徐道期本人是北方移民或其后裔，广州本来就有“侨旧”（早已定居的侨民）；徐道期所率徒众中必定有相当多的流寓，而被杀的百余人既然是徐的“素憾者”，当然也应是“侨旧”。可见广州不仅有北方移民，而且数量不少。不过这些地区的移民总数与集中设置侨州郡县的地区相比，还是微不足道的，所以可以不把它们列入移民定居地区。

4. 正确分析移民始迁南方的时间

应该指出，北方移民南迁是一个很长的过程，并不一定都是永嘉年间或东晋初迁入并定居的。尤其是在今福建、广东等离北方较远、交通又不十分便利的地区，北方移民的迁入大多要迟于江淮之间和长江流域，往往是移民后裔再迁移的结果，因此对一些流传已久并被广泛引用的说法要作认真分析。

例如在论述福建历史和客家人源流时，人们经常引用永嘉之乱后有四姓（或八姓）入闽的例证，实际上是缺乏根据的。关于这一说法，目前所见最早的资料是唐林谞的《闽中记》。林谞《闽中记》十卷见《新唐书》卷58《艺文志二》，但原书已佚，林谞其人也不详，仅见于宋陈振孙《直斋书录解题》卷8：

> 唐林谞撰，本朝庆历中有林世程者重修，其兄世矩作序。谞郡人，养高不仕，当大中时。世程亦郡人也。其言永嘉之乱，中原仕族林、黄、陈、郑四姓先入闽，可以证闽人皆称光州固始之妄。

陈氏这段话至少可以说明三个问题：第一，林谞是唐大中时人，

1 《宋书》卷94《恩幸传·徐爰》。
2 《宋书》卷50《刘康祖传》。

这就是说，他生长的时代离永嘉之乱已近五个半世纪了。在没有可靠史料的前提下，林谞的说法并不具有原始史料的价值。第二，林谞是福建林氏家族的成员，也就是他所说的永嘉后入闽的“中原仕族”四姓之一的后裔。在崇尚门阀世族并盛行附会圣贤望族的唐朝，林谞的说法自然是很值得怀疑的。第三，至南宋时，闽人已普遍自称为光州固始人之后，而不是自称中原其他地方的移民之后，连林、黄、陈、郑也不例外，所以陈氏才用此例来证明“闽人皆称光州固始之妄”。要是此四大姓真是永嘉乱后中原移民之后，子孙何至于数典忘宗至如此地步？

如果我们仔细发掘早期史料，则非但找不到能够支持林谞的证据，反而发现了此说最大的漏洞。《陈书》卷35《陈宝应传》：“陈宝应，晋安侯官人也。世为闽中四姓。父羽，有材干，为郡雄豪。”《南史·陈宝应传》同。《陈书》始撰于隋开皇九年（589年），作者姚察是吴兴武康（今浙江德清县）人，陈吏部尚书，卒于隋大业二年（606年），可见“四姓”至迟在6世纪末就已著称，此时去陈宝应之死的陈天嘉五年（564年）不过二三十年。如果“四姓”真是中原移民后裔，《陈书》是不可能不提及的，因为依《陈书》的体例，无论是长期侨寓还是已经土断，都会载明原籍或加以说明的[1]。《陈宝应传》只称其为晋安侯官人，世为闽中世姓，而不载明其另有原籍，或已经土断为民，则陈氏为土著无疑。“四姓”其余三姓未见记载，但陈氏则为林谞所谓“中原仕族四姓”之一，看来其余三姓也与陈氏一样，本是土著，到唐时才被称为移民后裔的，而被人们视为事实则更在南宋以后了。所谓“八姓”，即此四姓外再加詹、丘、何、胡四姓，但始见于明何乔远《闽书》卷152，可信性更差。

另一条重要史料是《十道志》泉州清原郡下云：“东晋南渡，衣冠士族多萃其地，以求安堵。”原书不存，见于《太平御鉴》卷170引。不过这条史料早已被人滥用或加以附会了，如宋乐史《太平寰宇记》卷100在“福州永泰县”下云：“按晋记，东晋永嘉之乱，渡江衣冠士族多依于此，以求安堵。”卷102泉州：“东晋南渡，衣冠士族多萃其地，以求安

1　如卷32《孝行传》：“高宗世有太原王知玄者，侨居于会稽剡县。”卷11《淳于量传》：“其先济北人也，世居京师。”卷12《胡颖传》：“吴兴东迁人也。其先寓居吴兴，土断为民。”

堵，因立晋安郡。”但晋安郡置于西晋太康三年，明见《宋书·州郡志》，事在永嘉之前，《太平寰宇记》所说显然出于作者臆断附会，南宋王象之辑《舆地纪胜》时已作驳正，见该书卷130泉州。

当然，这并不是说永嘉之乱后不可能有北方移民进入福建，但可以肯定即使有，也只是少数的、零散的、一般的家族。前面已经指出，永嘉时中原的衣冠士族如从陆路南迁，到达江淮间即可基本脱离危险，渡江后即能获得政治、经济地位，何必千里迢迢继续南迁入闽呢？大族由海路南迁的例子甚少，直接迁至福建的从未发现。如果有，一是史书不会毫无反映；一是其成员应该在东晋南朝求发展，不会蜗居一隅。而闽地并非完全新辟，少数分散的北方移民又岂能轻易凌驾于土著家族之上？南朝宋时北燕主冯氏宗族300人由海路迁至新会，并世代受封为当地太守，应该够得上“衣冠大族”的标准了，但冯氏仍受到土著的欺凌，直到与俚族首领冼氏结婚后才获得土著支持。此事可从反面证实前面的推断。

遍检《新唐书·宰相世系表》，涉及今福建、赣南、两广的只有始兴（今广东韶关市东南）张氏一族，即唐朝名相张九龄一支：“始兴张氏亦出自晋司空华之后，随晋南迁，至君政，因官居于韶州曲江。”[1]但这位张君政是涂山丞守礼之子，定居始兴是隋朝以后的事了。

总之，发源于北方的移民大潮，过了长江流域就成了余波；但北方移民在南方的再迁移却发动于长江流域，天灾人祸更起了推波助澜的作用，使这一浪潮推进到福建和岭南。福建、岭南的移民主要是在侯景之乱后迁入的，并且基本上都是北方移民后裔的再迁移，正是这一规律的反映。正因为如此，对南方地方志和族谱中相当多的永嘉乱后移民的说法，应该正确理解，采取慎重的态度，不能轻信。

三、移民定居的合法化和规范化——土断[2]

由于东晋本身就是一个由北方移民建立的政权，南朝的皇帝和

1 《新唐书》卷72下。
2 参见《东晋南朝侨州郡县的设置及其地理分布》(下)。

大臣中的多数也是移民后裔，移民及其后裔始终是东晋和南朝政权赖以维持的主要基础，所以北方移民，尤其是其中的上层，一般都拥有较高的社会地位，他们的利益一直受到官方的保护。从永嘉乱后到陈丧失淮南这二百多年间，北方移民的南迁随时都得到南方政权的鼓励，他们一迁入就成为合法的居民。尽管不少贫困移民沦为豪族大姓的奴婢部曲，但这并非其移民身份所致，土著中的贫困者同样如此。

可是从理论上说，北方移民还是侨户、侨人，他们的聚居地也是侨州郡县。也就是说，他们是客，不是主，是临时寄居，而不是永久居民，因此需要一个使他们就地属籍的办法即土断。东晋和南朝明确见于史籍记载的土断有十次，主要都是为了解决侨流人口的入籍和侨州郡县的调整。由于北方移民的大多数定居于侨州郡县，整理侨州郡县就成了落实他们的定籍、闾伍、租课等问题的前提。

1. 土断整理侨州郡县

侨州郡县的设置过程相当复杂，本身缺乏规范，与原有州郡县的关系也十分混乱，土断就是通过对地方行政区划的调整，使之协调和规范，适应政治经济状况和人口本身的变化。土断也涉及少数当地的政区，但主要的对象是侨州郡县。采取的主要方式有：

省并 根据一定的标准，将一部分侨州郡县省废，所领居民划归当地政区；对另一部分侨置单位进行合并、裁减或降级，使侨置单位大幅度减少，规模相对合理。

割实 不少侨州郡县设置后一直没有实际辖境，行政机构寄寓在当地政区或其他侨置单位。于是根据其所领侨民的数量、其代表人物的政治和社会地位、土著势力的大小、所处地理位置等诸方面条件，从当地政区的辖境中划出一部分作为其“实土”，使之成为名副其实的政区。

改属 侨郡、县设置之初，一般仍按原政区的隶属关系，从属于上一级政区。只要原来的州、郡有了相应的侨州、郡，新设置的侨郡、县就归相应的侨州、郡管辖。但由于侨州郡县的设置并未经事先统一规划，侨州、郡与所属的侨郡、县往往并不连接，这种归属只是名义上的，实际行政只能由当地的上一级政区兼督。至此一般根据就近归属的原则，归属当地政区或其他侨州郡。

新立　在土断过程中，官方要对侨口实施割配，即根据他们的原籍和定居地分配至不同单位入籍。有时为了加强对侨流的控制，避免大族或政区间对侨流人口的兼并争夺，缓和政区间的矛盾，往往借侨名新立郡县来安置不同原籍的侨流人口。有的地方本有相当数量的移民聚居，有设置新政区的条件，也允许新建。

2. 土断整理侨籍

整理侨置的过程也就是土断侨籍的过程，其方式也因土断侨置的不同方式而异，大致有四种情况：

改土著籍　侨民原属侨置政区被省并，改属当地政区，从而失去了侨籍，成为当地的在籍人口。

改其他侨籍　侨民原属侨置政区被合并于其他侨置单位，其侨籍也随之改变。

保留原侨籍　侨民原属侨置政区被割实而成为实际政区，其侨籍得以保存。

接受新侨籍　归入借侨名新立的郡县，注籍于该新政区，其新侨籍得到官方承认。

移民或其后裔以何种方式土断，还取决于政治权力之大小和社会地位的高低。一般说来，高门大族的郡望能够保持延续，如琅邪王氏、陈郡谢氏、兰陵萧氏等都终南朝而不改，即享受保留原侨籍的待遇；而中下层家族或人物则大多按其余三种方式改籍，一般移民或后裔改籍者就更普遍了。

由于土断的结果使多数侨籍人口与土著一样承担了赋役，减少了侨籍强宗大族的剥削对象，也使一部分侨户失去了原来的郡望，所以往往受到他们的激烈反对和抵制，进行得很不彻底，已经实行的也并不严格。加上在整个东晋南朝期间不断有新的移民迁入，北部的疆域也盈缩无常，使有关的政区不得不经常变化，尽管土断不断进行，侨州郡县与侨籍却始终存在。也就是说，总有一些北方移民或其后裔游离于土著人口之外，他们与当地人口的鸿沟始终没有能够填平。

第四节

对北方移民数量的估计

谭其骧先生在《晋永嘉丧乱后之民族迁徙》一文中，对南迁移民总数作出的估计是：

如果以侨州、郡、县的户口数当作南迁人口的约数，那么到南朝宋时为止，共约 90 万，占当时刘宋政权全境户口数的六分之一。西晋时移民迁出地(北方诸州及徐州淮河以北部分)约有 140 万户，以每户 5 口计，共约 700 万，则南迁人口占总数的八分之一强。

这些侨民户口的分布按今省区计算，江苏最多，有 26 万；山东约 21 万；安徽约 17 万；四川约 10 万；湖北约 6 万；陕西约 5 万；河南约 3 万；江西、湖南各 1 万余。其中山东虽设置侨州郡县并不太多，但因都是刘宋时所设，故户口比其他郡县多。

设在江苏镇江、常州一带的南徐州有侨口 22 万余，几乎占全省侨口的十分之九，而且也占南徐州全部户口的一半以上，是移民最集中的地方。

这一推论最重大的贡献，在于找到了一种相对可靠的，也是目前唯一的对这次移民进行数量分析的依据。正如作者所指出的："侨州、郡、县之户口数，非即南移人口之确数，以侨郡县所领，非必尽是侨民，而本土郡县所领，亦非尽本土之民也。然以之当约数，当可无大误。"由于现存的史料中只有一般性的描述，如果不采用这种方法，我们就毫无可能对移民的数量作任何有实际意义的估计。但对这一推论，还可以作一些补充分析和说明。

首先，《宋书・州郡志》所载的户口数大致是大明八年(464 年)的户籍，离永嘉时已有一百多年。这些侨州、郡、县的户口既包括历年来的移民，也含有这些移民定居后繁衍的后代。以首批到达的移民为例，如果他们在定居后以5‰的年平均增长率繁殖的话，150年内人口总数已经增加到2.11倍了。由于我们无法确定在此期间每批移民的数量和他们到达的时间，要推算出初始移民的数量是不可能的。但是因为早期的移民，尤其是永嘉时的移民在总数中占了相当大的比例，所以可以肯定，真正的或第一代移民比这个数字要小得多。

其次，对中国人口史的研究已经证明，无论是西晋的户口数，还是刘宋大明八年的户口数，都只登记了一部分人口，大大低于实际数。而且由于第一代移民中的“衣冠”特别多，所谓“中州士女避乱江左者十六七”[1]，贵族官僚、世家大族、地主豪强的比例很高，他们所荫庇和隐匿的户口数量也要比全国正常的比例更高。因此，初始移民在迁出地人口中的实际比例应高于八分之一；大明八年移民及其后裔占迁入地人口的实际比例也应高于六分之一。由于移民的迁出地和迁入地都相对集中，所以这些地区人口的迁移率和移民占当地总人口的比例都要大大高于这些比例。

尽管目前还无法推断出东晋南朝各个时期的实际人口究竟有多少，也不可能确定宋大明年间的户口数与实际人口的正确比例，但当时户口隐漏极其严重则是毫无疑问的。如东晋初山遐任余姚（今浙江余姚市）令，“时江左初基，法禁宽弛，豪族多挟藏户口，以为私附。遐绳以峻法，到县八旬，出口万余”。但隐漏并没有全部被清理出来，所以山遐在被免官前要求上司：“乞留百日，穷翦逋逃。”[2]据《晋书·地理志》，西晋太康初（约280年）余姚所属的会稽郡共10县，有户3万，该县登记的户籍不过3 000户左右。到东晋初以4 000户计，大约有2万余口，而隐漏居然超过万余，足见问题的严重。大量史料证明，这绝不是余姚县的个别现象，而是普遍存在的，并且越来越严重。正因为如此，东晋南朝期间检括户口的记载屡见不鲜。据此，我们作一个保守的估计：到宋大明年间，北方移民及其后裔的总数至少应是户口数的一倍有余，即200万左右。

最后，正如谭先生已经指出的，没有设置侨州、郡、县的地区不等

1 《晋书》卷65《王导传》。
2 《晋书》卷43《山遐传》。

于就没有移民。这一点前面已专门作过论证。但在估计移民数量时，我们不能不考虑这一因素，因此大明时的移民及其后裔数还应更多，200 万无论如何只是一个下限。

第五节

北方移民的影响

这次南迁对中国历史的进程，特别是对南方的发展，具有重大意义。

移民及其后裔虽然只占南方总人口的六分之一以上，但由于移民中多有宗室贵族、官僚地主、文人学者，其社会地位、经济实力、文化水平高于常人的很多，所以在南方所起的作用远远大于他们所占的人口比例。根据谭先生的统计，《南史》列传中（不计后妃、宗室、孝义等传）有人物 728 名，原籍北方的有 506 人，南方籍的只有 222 人。东晋南朝的所有君主，都毫无例外是北方移民或其后裔。这说明在南朝的政治、军事、经济、文化、艺术各方面起主要作用的是北方移民。

这一特点在局部地区表现得更加突出。如南徐州所在的今江苏镇江、常州一带原来在江南也不属发达地区，孙吴时是毗陵典农校尉所辖的屯田区。但大批移民的迁入，使这一带成了江南乃至整个南方的经济文化发达地区，正如谭其骧先生所指出的："南徐州所接受之移民最杂，最多，而其后南朝杰出人才，亦多产于是区，则品质又最精。"如建立宋朝的刘裕家在京口（今江苏镇江市），齐朝的开国皇帝家在南兰陵（今江苏常州市武进区西北）等。南徐州的人才又集中在京口，如祖逖（范阳遒人，今河北涞水县）、刘穆之（东莞莒人，今山东莒县）、檀道济（高平金乡人，今山东嘉祥县南）、刘粹（沛郡萧县人，今安徽萧县西北）、孟怀玉（平昌安丘人，今山东安丘市西南）、向靖（河内山阳人，今河南焦作市西南）、刘康祖（彭城吕县人，今江苏徐州市铜山区东南)、诸葛璩(琅邪阳都人,今山东沂南县南)、关康之(河东杨县人,今山西洪洞县东南)、臧荣绪(东莞莒人,今山东莒县)等都侨居在京口。长江中游的襄阳、江陵也都有类似情况。

这次南迁的具体影响,可以归纳为以下几个方面。

一、中国传统文化的延续和发展

不可否认,在北方先后建立政权的匈奴、鲜卑、羯、氐、羌、卢水胡、丁零等族,无论其汉化程度多高,整体文化水准都远低于汉族,尤其是在这些民族建立政权之初。而且,在它们夺取政权和相互争夺的过程中,以汉族文化为主体的中国传统文化,无论是物质方面还是精神方面,都受到了巨大的破坏。由于这一切都发生在当时全国政治、经济的中心和文化精华所在的中原地区,造成的后果就更为严重了。异族入侵和内部战乱曾经使世界上一些文明中断,使一些国家衰落以至解体,但从3世纪末开始长达三百余年的浩劫没有将中国和中国文化毁灭,这不能不感谢成千上万的移民,特别是其中数量最多、素质最高、在南方定居的移民。

由北方移民为主体建立的东晋和南朝政权,基本上是西晋政权的移植,也是中国制度文明的延续;而移民又将中国物质文明和精神文明的各个方面带到了他们的定居地,在与当地文化的结合过程中得到新的发展。对北方各个非汉族政权和它们的统治者来说,南方政权既是一个仿效的榜样,又是一种强大的压力;因而自觉不自觉地经历了一个在文化上学习和认同的过程,在总体上接受了汉族文化。我们不难设想,如果文化上相对落后野蛮的非汉族很快就成为整个中国的主人,如果没有这些移民作为载体在南方和其他边疆地区保存了中国的传统文化,中国文化的发展进程至少要中断或推迟数百年,物质文明的一些方面可能会就此断绝。

如北魏孝文帝在"改革朝仪"时,指定的两位主持者是刘昶和蒋少游。以后又由新由南方投奔的王肃规范完善。刘昶是南朝宋文帝之子,封义阳王,任征北将军、徐州刺史,前废帝时被诬谋反,逃奔北魏。

据《魏书·刘昶传》推算，当时他35岁，所以在十多年后的太和初年时能"条上旧式，略不遗忘"[1]。刘昶所根据的"旧式"，自然就是南朝的典章制度，所以北魏改革朝仪的参照物就是南朝。蒋少游是乐安博昌(今山东博兴县东南)人，北魏攻占青州后被迁平齐郡，又被发配云中为兵，以后在平城写书为业，经大臣高允推荐，逐渐得到孝文帝的赏识；曾作为副使出使南朝，因此对南朝制度也有直接的认识[2]。王肃为王导之后，在南朝历任司徒主簿、秘书丞等职，谙熟典章制度，又精通《礼》《易》，得到魏主信用后自能起重要作用[3]。值得注意的是，北朝大臣中不乏北方世家大族的成员，也有迁自河西的著名学者，但孝文帝没有让他们来主持这项明显"汉化"的改革，显然是由于他们离正宗的传统制度西晋时代为时已远，所了解和继承的只是十六国以来异化了的华夏文明；而刘昶虽然不是什么大学者，却拥有南朝宗室王、方面大员这样的特殊身份和刚脱离南朝的有利条件，是传播南朝制度文明的最佳载体。

再以在传统文化中占有重要地位的音乐为例。永嘉之乱后，首都洛阳的大部分乐工南逃，为东晋所用。但由于乐工缺少，曲目和乐器始终不全。一部分乐工流散在北方，或避乱于河西的凉州，以后都被前秦收罗。苻坚出兵伐东晋时有乐工随军，淝水之战后被东晋俘获，使东晋增加了"登歌"。前秦亡后，大部分乐工归于西燕，被慕容永带到长子。后燕慕容垂攻下长子，获得这批乐人。至北魏道武帝占领后燕都城中山时，仅俘获了其中一部分，而另一部分"太极细伎"在钟律令李佛率领下至邺城投奔了南燕主慕容德，以后又随他迁至广固(今山东青州市)。至慕容超时，为了向后秦主姚兴赎回自己的母亲，他将其中120名太乐伎送往长安。刘裕先后灭南燕和后秦，将广固和长安的乐人全部迁至江南。至此，南朝有了比较完整的传统音乐。另一些留在河西的乐工，与吕光由西域带回的乐工和乐器相结合，形成了风格独特的西凉乐。到北魏灭北凉时，西凉乐被迁至平城，以后被称为

1 《魏书》卷59《刘昶传》。
2 《魏书》卷91《术艺传·蒋少游》。
3 《北史》卷42《王肃传》；《魏书》卷63《王肃传》。

"国伎"。北魏的朝廷音乐,就是以由后燕和北凉所保存的两部分为基础而建立的。西魏灭梁时,在江陵的乐工都被掳至关中。隋灭陈时,残留在南方的乐工最终被集中到首都长安,当隋文帝听到在中原久已失传的《清乐》时,大加赞赏,称为"华夏正声"[1]。瑰丽辉煌的盛唐音乐就是在隋乐的基础上形成的,而作为主体的"华夏正声"之所以能经历数百年的战乱而绵延不绝,还是靠了移民们的保存和传播。

二、汉族政权的实际疆域进一步扩大和巩固

在秦始皇灭楚统一了南方以后,尽管在长江中下游普遍设置了正式行政区,并陆续迁入了不少汉人,但汉人的居住区和政权的统治区往往局限于平原、河谷和交通线一带,当地以越人为主的少数民族人口依然很多,实际上控制着山区和边远地带。孙吴政权对山越的进攻和强制迁移在一定程度上改变了这种局面,但由于当时迁入吴国的北方移民数量有限,孙吴政权的主要基础还是江东土著和江淮移民;加上当时的总人口还不多,一旦兵源得到保证,政治中心建业(今江苏南京市)一带的安全有了保障,再要扩大开发规模,既没有迫切的需要,也缺乏足够的人力。孙吴期间的重点开发区是皖南山区和今福建的沿海平原和交通线附近地区,南方的很大部分土地和人口依然游离于汉族政权之外。

永嘉之乱后的情况发生了进一步的变化。首先是南北分裂延续了二百多年,比三国时长得多。如果说开始几十年,东晋的君臣多少还有一点恢复的愿望的话,那么以后就不存此想了。尤其在东晋以后,南朝在军事上一直处于守势,政治上实际已承认了北朝的对等地位。无论是为了延续自己的统治,还是为了获得必需的人力物力,都只有在南方发展,因而要不断扩大开发区域和设置新的行政区,使汉族政权的实际疆域进一步扩大和巩固。

根据吴刚《秦汉至南朝时期南方农业经济的开发》一文[2]所作的

1 《隋书》卷13—15《音乐志》,中华书局1973年版(下同)。
2 载《上海社会科学院学术季刊》1991年第1期。

统计，南朝陈时，南方共有 514 个县(其中 4 县设置年代无考)，其中设置于秦汉时期的有 147 县，三国吴时的有 85 县，西晋时的有 31 县，共 263 县，占南方总县数的 51.1%。秦、汉、三国、西晋所设县保留到陈时的有 263 个。分地区的统计显示：长江以南、南岭以北地区(即下表中的前四区)的 282 县(有 3 县设置年代无考)中，设于秦至西晋时期的有 213 县，占该地区县总数的 75.5%；东晋至陈所设县有 66 个，占总数的 23.4%。岭南地区(下表第五区)则正好相反，在陈时存在的 232 个县中(1 县设置年代无考)，秦至西晋所设的仅 50 个，占该地区总县数的 21.6%；而东晋至陈所设却有 181 个，占总县数的 78.0%，也占该时期南朝全境设县总数的 73.3%。详细的统计见表 10-4。

表 10-4　南朝陈南方县设置年代分区统计*

时　代	苏南、皖南浙江、闽东			江西、闽西			湖　南			湖北江南部分			广东、海南桂东			合　计	
	a	b	c	a	b	c	a	b	c	a	b	c	a	b	c	a	d
秦汉	50	40	34	23	40	16	32	43	22	12	30	8	30	14	20	147	29
三国吴	27	22	32	24	42	28	18	24	21	1	3	1	15	7	18	85	17
西晋	17	14	55	1	2	3	5	7	16	3	8	10	5	2	16	31	6
东晋	10	8	23	0	0	0	3	4	7	19	48	43	12	6	27	44	9
南朝宋	1	1	2	1	2	2	1	1	2	2	5	4	52	24	91	57	11
齐	1	1	3	0	0	0	1	1	3	0	0	0	32	15	94	34	7
梁	16	13	17	4	7	4	13	17	14	2	5	2	60	28	63	95	18
陈	1	1	6	3	5	18	2	3	12	1	3	6	10	5	59	17	3
合计	125 (2)**		24	57 (1)		11	75		14	40		5 (1)	217		45	514 (4)	

说明：a. 县数。 b. 占该地区县数的百分比(%)。 c. 占当时所建县数的百分比(%)。d. 占总县数的百分比(%)。

* 据吴刚前揭文所附“南朝陈时南方诸县设置年代、地区一览表”改编。原注：此表据臧励和撰《补陈疆域志》统计。位于长江以北和今天的云、贵、川一带和广西西部诸县，均不在统计之列。其设置年代参考谭其骧著《〈补陈疆域志〉校补》和其他有关著作(前文已述)。

** 括号中为无考县数，已包括在总县数中。

这一统计结果说明，东晋南朝 272 年间在南方所设县的总数，几乎等于秦至西晋537年间所设县数。如果不考虑旧县、新县或各地县辖境大小和人口多少的差别，这意味着汉人政权的实际疆域差不多又扩大了一倍。

根据对侨州郡县设置地区的分析和其他文献资料的考证得出的结论，北方移民的主要定居地是在上表的前四区特别是第一区内；但上表的统计说明，本阶段增设的县主要在第五区内。两者似乎有矛盾，其实却是一致的。这是因为到西晋末为止，与北方经济发达地区相比，南方多数县的人口数量和经济实力还是较低的，在这些县的人口没有增加到相对稠密，土地的开发没有达到相对缺乏之前，不仅原有居民一般不会迁移，而且还可以吸收外来移民。如三国吴时设置于今浙江、皖南、江西、福建的新县大多开发时间较短，人口稀少，东晋后正好容纳了大量北方移民，所以这些地区在东晋后新县增加很少。即使是一些设置年代已久的县，接纳移民的容量还是相当大的，如山阴县（今浙江绍兴市）是个秦县，西晋时户口估计不超过一万户[1]，而南朝时户口已超过三万户。当时山阴多世家大族，户口隐漏比西晋时更加严重，实际人口的增加显然远不止三分之二。因此南方的新县主要设置于岭南，时间又大多在宋以后，绝不是偶然的，这说明北方移民的迁入已经使原来的县和主要迁入地区的开发趋于成熟和相对饱和，有必要向新开发区扩展了。

三、汉族与南方诸族间进一步融合

民族间的融合必须通过人员的接触和交往，而共同生活是最有效的途径。秦始皇统一六国时，汉人的前身华夏诸族在南方人口中并不占有多数，通过秦汉时期的汉人的南迁和开发，在南方的平原、河谷及行政区的治所一带汉人已明显占据数量上的优势。东汉时南方的汉蛮冲突加剧，这说明随着双方人口的增加，耕地和其他生产基础的扩展，互不接触而相安无事的局面已经无法维持了。冲突的结果虽然

1 据《晋书》卷15《地理志》，会稽郡10县，户3万。山阴为郡治所在，以三分之一计。

会使双方都付出巨大的代价，但汉族由于拥有人口数量和质量总体上的优势，最终使蛮族身不由己地融合于汉族。在这过程中，汉族也会自觉或不自觉地接受对方文化的长处，通过通婚吸收对方的血统，使汉族本身产生渐进的变化。在正常情况下，由于当地汉蛮人口都不会突然激增，冲突的规模和范围不至于迅速扩大。但在北方移民大量迁入并迅速繁衍后，这一由冲突而融合的过程大大加快了。

从上述南朝陈时南方设县的状况可以看出，长江以南、南岭以北的县已基本稳定，汉人成为该地区的主体民族的格局已经形成；岭南汉人深入非汉族地区的过程正在进行，大量新县的设置标志着越来越多的汉人迁入了原来由非汉族居住的地方，也标志着越来越多的非汉族被纳入了汉族政权的统治之下。

民族间渐进式的融合，对少数民族来说，意味着更多地丧失自己的民族特色，因为多数民族始终在数量、质量上占有绝对优势，多数民族有足够的时间、人力和物力来消除少数民族的影响。将少数民族人口迁入多数民族之间的做法对少数民族更为不利，因为他们一开始就处于多数民族的汪洋大海之中，不得不无条件地接受同化。由移民引发的民族间较迅速的杂居，如汉族迁入少数民族地区，情况就不是如此。汉族在人口数量上并不一定有多少优势，一般不会有绝对优势；尽管免不了要运用行政和武力的强制手段，但较多地还是通过汉族较先进的生产技术、较高的生活水平和较发达的文化加以吸引。为了保证汉人的安全，官方和移民本身都不得不对少数民族作出一些让步和妥协，如允许他们保留自己的风俗习惯，实行一定程度的自治，享受一些经济上的优惠。这些地区的少数民族往往能延续较长的时间，对汉族产生较大影响，即使融合于汉族后也还能保持较多的本民族特色。

本阶段的民族融合，正是以北方移民大规模迁入和移民在南方的再迁移促成的，虽然也有少数民族被迁于汉族地区，但更多的是汉人迁入少数民族地区，因此在将少数民族融入汉族的同时，汉族也吸收了较多的非汉族成分，受到非汉族的影响也较大。有人认为，经过南北朝以后的南方人是蛮化了的汉人与汉化了的蛮人的混合；此话从本质上揭示了这一时期南方民族融合的规律。

四、南方进一步得到开发

在此前的三国时期虽然也有北方移民迁入南方，但六七十年后南北重新统一，部分移民又返回北方。而东晋开始的南北分裂长达270年，在此期间能够北归的移民极少，大多已在南方定居。正因为如此，移民对南方的影响更大。反映在制度文化和学术文化上，南方所取得的进步已使它足以同北方相提并论。这是由于南方不仅较好地保存了传统文化，更重要的是有了创新。诗歌和书法就是两个明显的例子，它们都渊源于北方，东晋、南朝著名的诗人和书法家多数也是北方移民或其后裔，但在南方山川的陶冶下，在南方土著文化的影响下，逐渐形成了令北方学者刮目相看的新风格和新体裁，以陶渊明为代表的田园诗、以谢灵运为代表的山水诗和王羲之、王献之父子的书法都在中国文学艺术史上占有重要地位。隋代北方的学者甚至认为南方已经超过了北方。王通称："江东中国之旧也，衣冠礼乐之所就也。"[1]杜佑在叙述扬州（指南朝所属江淮下游及东南沿海地区）的文化状况时也说："永嘉以后，帝室东迁，衣冠避难，多所萃止。艺文儒术，斯之为盛。今虽闾阎贱品，处力役之际，吟咏不辍，盖颜、谢、徐、庾之风扇焉。"[2]尽管到南北朝的后期，特别是隋朝重新统一以后，随着北方文化的复兴，南方文化在总体上还是居于次位，但双方的差距已经相当小了。

移民增加了南方的人口，除了移民本身的数量以外，还由于移民以较高的增长率繁殖而使总人口的增长达到较快的速度。在南朝极盛的中期，南北的人口之比可能接近4∶6。这一方面是由于北方经长期战乱人口锐减，但移民无疑给天平的南方一边加上了很大的砝码。移民来自农业、手工业最发达的地区，由他们传播的技术经验使南方的生产水平有了长足的进步，在水利设施的修建、牛耕的进一步

1 王通：《中说·述文篇》，中华书局《四部备要》本。
2 《通典》卷182《州郡》十一。

普及、先进工具的使用和农业品种的扩大推广等方面都显示出移民的积极影响。

在中原人的眼中，南方曾经是自然环境恶劣、经济文化落后、生活方式野蛮的地方，在包括东晋时期在内的史料中，如此的记载比比皆是。但到南北朝中期，不仅北方移民的后裔已经视南方为乐土，就是北方的居民也通过种种方式开始了解南方瑰丽的山川、丰富的物产和灿烂的文化。足迹从未涉及南方的郦道元，在他所著的《水经注》中就大量引用了南方人的各种著作。在南北朝后期和隋朝，部分移民后裔的回归和南北之间交流的恢复更促进了相互的了解。至此，南北的鸿沟已基本填平，这对于南方进一步发展并最终超过北方是非常重要的前提。

第十一章

汉族向西北、东北和北方的迁移

尽管在晋、南北朝期间汉族移民的主要迁移方向是南方，南方吸收的移民数量也最多，但由于地理环境的影响和政治、军事、经济、文化、民族、社会诸方面因素的制约，一部分汉人迁入了西北、东北地区和其他地区，已迁入南方的北方移民后裔也有一部分因种种原因而迁回北方。就局部地区和某一阶段而言，这类迁移的规模、作用和影响并不亚于汉人的南迁。

第一节

西 北 地 区

在西北地区，汉人主要的迁入地是河西走廊。这是因为河西走廊远离中原战场，能够长期保持相对的安定，还由于当地的地理条件有利于农业开发，所产粮食足以养活大批移民人口。而其他地区，或者因发展农业的条件较差，能够容纳的移民数量有限，如河湟谷地、陕北；或者本身经常遭受战乱，连当地人口都不时外迁，即使有移民迁入也无法定居，如关中、陇东。

一、西晋末和前凉时期

西晋永宁元年（301年），张轨“以时方多难，阴图据河西”，主动要求去凉州任职。当时凉州正值“鲜卑反叛，寇盗从横”，一般人视为畏途。加上有公卿们的推荐，张轨即被任为护羌校尉、凉州刺史[1]。

张轨祖籍安定乌氏（今宁夏固原市原州区东南），“家世孝廉”，应属当地望族；但至迟在其父亲一代已内迁，因而本人曾隐居于宜阳（今河南宜阳县西）女几山。可见张轨选择河西作为自己避乱与创建“霸者”之业的基地，除了考虑到了天时和地利的条件外，也充分意识到了本家族在故乡的渊源这一人和因素。果然，张轨到官后就平定了鲜卑的反叛，“斩首万余级，遂威著西州，化行河右”。据记载，秘书监缪世征、少府挚虞夜观星象，都得出了这样的结论：“天下方乱，避难之国唯凉土耳。张凉州德量不恒，殆其人乎！”除去其迷信的外衣，我们可以肯定，由于张轨到任后的举措，河西这一传统的避乱地已更安全可靠，在当时中原人的心目中是首选之地。尽管史料中已找不到具体记载，但从张轨能很快取得军事胜利这一点看，必定有为数不少的人员，包括将士随他赴任。如太原晋阳（今山西太原市西南）人王横任职张轨属下，后定居于姑臧（凉州治所，今甘肃武威市）[2]。自东汉后期、三国以来，有不少凉、秦家族像张氏一样侨居内地，如安定皇甫氏[3]、北地傅氏[4]、陇西李氏[5]、

1 《晋书》卷86《张轨传》。本节以下据本传者不再一一注明。

2 《魏书》卷93《恩幸传·王叡》：“自云太原晋阳人也。六世祖横，张轨参军。晋乱，子孙因居于武威姑臧。”王氏出太原晋阳并任张轨参军未必可信，但随张轨迁凉州当无可疑。退一步说，这一事例也有其代表性。

3 《晋书》卷51《皇甫谧传》。

4 《晋书》卷47《傅玄传》。

5 《晋书》卷60《李含传》。

天水阎氏[1]、敦煌索氏[2]、金城麴氏[3]等，我们推测，这些西北籍侨民可能成为张轨西迁时的招募对象。

在永宁元年之前，关中和秦陇曾有郝元度、齐万年等武力反抗和晋朝的镇压，也经历过严重的天灾，而河西则相对安定，必定会有部分流民迁入。另有一些中原人因特殊原因迁入，如北魏时宦官赵黑称其五世祖术为河内温（今河南温县西南）人，“晋末为平远将军、西夷校尉，因居酒泉安弥县”[4]。都水使者程良是广平曲安（今河北曲周县东北）人，因罪被流凉州，子孙就此定居[5]；不过此类人数量很少。

永兴（305—306年）时，张轨击破鲜卑若罗拔能，俘十万余口。俘虏的数量可能有夸大，而且所谓“鲜卑”中实际上必定有不少被掳掠或自愿投奔的汉人。在西晋覆灭之际，凉州是唯一能给洛阳实际支援的地方实力集团，这也是一些中原人以凉州为迁移目标的原因。永嘉五年（311年），洛阳陷落，“中州避难来者日月相继”，为此张轨划出武威郡部分辖地置武兴郡，用以安置移民，可见数量之多。不过从当时的军事形势和地理条件分析，这批中州难民主要来自洛阳西北及关中。如江琼虽是陈留济阳人，但当时任冯翊太守（治今陕西大荔县），“永嘉大乱，琼弃官西投张轨”[6]。武功（今陕西扶风县东南）人苏湛的先人，“晋乱，避地河右”[7]。河东闻喜（今山西闻喜县）人裴佗的先人“因晋乱避地凉州”[8]；闻喜裴氏的另一支、晋冀州刺史裴徽的后人，“遇中朝乱，子孙没凉州”[9]。还有太原晋阳（今山西太原市西南）王士良的先人[10]、河南洛阳人赵肃的先人[11]等，估计都在这一阶段西迁。

永嘉六年，张轨子张寔在西平（治今青海西宁市西）一带平息了麴

1 《晋书》卷60《阎鼎传》。
2 《晋书》卷80《索靖传》。
3 《晋书》卷89《忠义传·麴允》。
4 《魏书》卷94《阉官传·赵黑》。
5 《魏书》卷60《程骏传》。
6 《魏书》卷91《术艺传·江式》。
7 《魏书》卷45《苏湛传》。
8 《魏书》卷88《良吏传·裴佗》。
9 《南齐书》卷51《裴叔业传》。
10 《周书》卷36《王士良传》。
11 《周书》卷37《赵肃传》。

儒等的反抗，将其骨干部众六百余家迁走，估计是安置在张轨所治的姑臧（今甘肃武威市）附近。

《晋书·张轨传》载张寔在位时（314—320 年），有京兆（治今陕西西安市西北，辖境约相当于渭河以南关中盆地东部）人刘弘“挟左道，客居天梯第五山，然（燃）灯悬镜于山穴中为光明，以惑百姓，受道者千余人，寔左右皆事之”；而张寔帐下阎沙、牙门赵仰都是刘弘同乡。刘弘势力之盛使他动了取代张寔的念头，虽事泄被杀，但阎沙等却杀了张寔。其弟张茂继位后，“乃诛阎沙及党与数百人”。这一事变证实，在凉州的关中移民数量颇多，并且已在张氏政权中拥有很大影响。从刘弘已拥有众多徒众，阎沙等已位居张寔左右看，他们应是随张轨西迁或稍后就迁至凉州的。

从建兴元年（313 年）愍帝在长安继位到前赵主刘曜平息关中和陇上的巴、氐、羌、羯的反抗，“秦雍之人死者十八九”，应了永嘉年间在长安流传的一首民谣：“秦川中，血没腕，惟有凉州倚柱观。”东晋大兴三年（320 年），自立为晋王的司马保（南阳王模世子）病死。由于司马保一度据有整个秦州[1]，部众尚多，有万余人散奔凉州。如清河（今河北清河县东南）人崔彤“随晋南阳王保避地陇右”，子孙遂居凉州[2]。《北齐书》卷 18《司马子如传》：“八世祖模，晋司空、南阳王。模世子保，晋乱出奔凉州，因家焉。……其自序云尔。”司马子如为司马模八世孙并不可信，但迁入凉州的司马保万余部众中也有司马氏家族成员，是完全可能的。

张骏在位时（324—346 年），分凉州西部三郡置沙州，东部六郡置河州，又以戊己校尉地（今新疆吐鲁番市东南一带）置高昌郡。这固然是前凉为自立而采取的扩充建置措施，但从前凉常能出动数万兵力看，这也是人口增加、开发范围扩大的结果。

东晋咸和初年（约 326 年），迫于前赵进攻的压力，张骏使将军宋辑、魏纂领兵将陇西和南安（约相当于今甘肃定西、陇西、武山、岷县等以西地）居民二千余家迁至姑臧。出动军队移民显然是一种强制措

---

1 《晋书》卷 37《宗室传·南阳王模子保》。

2 《魏书》卷 24《崔玄伯传》。

施，这说明这些居民主要是土著，而不是外来移民，这也证明西迁的移民大多直接迁至河西走廊，而不是在沿途居留。陇西、南安一带早已是氐、羌等族与汉族杂居区，这二千余家中也应有各族成分。

《晋书》卷94《隐逸传·杨轲》载后赵石虎时发生过“秦（州）人西奔凉州”的事，杨轲随其弟子西奔，被戍兵追及杀害。据卷107《石季龙载记》，石虎时前凉张重华将宋泰等曾率二万户来降，石虎将王擢攻克武街（今甘肃临洮县东）时也曾徙七千余户于雍州，据有包括秦州绝大部分的黄河以南。这次秦人奔凉州当在此阶段，既有戍兵追赶，说明尚未到石虎死后天下大乱之时。这些秦人中可能就有不久前由前凉降、徙而来的，估计数量不大。

从可考的迁往河西的中原移民看，其中虽不乏出于中原大族者，但本人的地位和声望都有限，既没有高官显贵，也未见一流人物，移民的层次并不高。这是因为永嘉乱起时，江东已成为晋朝遗臣希望所在，洛阳一带的官员士人大多选择南迁了。其次是由于关中经多年战乱和天灾已相当残破，长安虽作了几年西晋名义上的首都，实际人口少得可怜，文武官员也没有几个，以后又被刘曜迁走一批，能迁往河西的上层人物自然几乎为零了。

这一现象与以后河西经济文化的发达、人力的丰富似乎矛盾，其实并非如此。前面已经提到，包括张氏在内，有相当多一批凉州家族自东汉以后一直有成员在朝任职，或者已迁至内地，在两晋之际，已先后迁回凉州。这些人实际是移民，但由于他们一直使用原籍，就给人造成了一种都是凉州土著的错觉。在发生京兆人刘弘、阎沙等企图取代张氏并杀害张寔的事件后，由中原回归的凉州籍人士更成为张氏的统治基础。同时迁入凉州的中下层移民数量不少，在可垦地丰富、社会保持安定的条件下，当地会有较高的人口自然增长率，使人口迅速增加。

二、前秦的迁移

东晋太元元年（376年，前秦建元十二年），前凉灭于苻坚，凉主张天锡被迁至长安。淝水之战时，张天锡在阵前投奔东晋，迁至建康。苻坚又将凉州豪右七千余户迁至关中[1]，这些人口中既有河西土著，也有西迁移民的后裔。如河东闻喜裴氏的一支（裴佗先人）在此时“东归桑梓，因居解县（今山西临猗县西南）焉”[2]；另一支（裴叔业先人），据《南齐书》卷51《裴叔业传》称“仕于张氏”，“义熙末还南”，显然也是先由苻坚迁至关中，然后随从关中撤退的晋军南迁的。武威姑臧人阴袭，也是义熙末随刘裕南迁的[3]；刘裕占据关中的时间极短，作为凉州大族的阴氏显然也是由苻坚迁至关中的。但苻坚东迁的对象主要是张氏宗族和豪右，所以中原移民的后裔并没有全部迁离河西。

苻坚建元（365—385年）末，曾徙“江汉之人万余户”于敦煌（今甘肃敦煌市西南），同时被迁的还有“中州之人有田畴不辟者”七千余户[4]，前秦于建元十五年（379年）攻占襄阳[5]，“江汉之人万余户”应即此次所俘获。这两批人都属惩罚性移民，必定受到强制措施的控制，所以到西凉李暠（玄盛）建初元年（405年）时还都居留于敦煌。此前的后凉龙飞三年（398年）发生内乱时[6]，武威、张掖及其以东有数千户逃亡至敦煌和晋昌（治今甘肃瓜州县东南）。在敦煌一带居住的移民多达二万三千余户，十万余人。当年李暠由敦煌东迁酒泉，将这些移民重新安置，以其中五千户南方（江汉）人置为会稽郡，五千户中原人置为广夏郡（均在今甘肃瓜州县一带），其余一万三千余户分别安置在新设的武威、武兴、张掖三郡（在今甘肃敦煌市南一带）。北凉时还置有会稽县，阚骃之父阚玟曾任会稽令[7]。据《隋书·地理志》，这个会稽郡到北魏时还存在，至少辖有会稽、新乡、延兴三县；至北周时郡废，三县并为会稽县；隋开皇年间改为玉门县。会稽郡、县的名称延续了近二百年，似乎证明了这批南方移民后裔的长期存在。

---

1 《晋书》卷113《苻坚载记》。
2 《魏书》卷88《良吏传·裴佗》。
3 《梁书》卷46《阴子春传》。
4 《晋书》卷87《李玄盛传》。
5 《晋书》卷113《苻坚载记》。
6 《晋书》卷122《吕光载记》。
7 《魏书》卷52《阚骃传》。

三、后凉时期

前秦建元十八年(381 年),苻坚遣吕光"率将军姜飞、彭晃、杜进、康盛等总兵七万,铁骑五千,以讨西域。以陇西董方、冯翊郭抱、武威贾虔、弘农杨颖为四府佐将"[1]。吕光平定西域东归时,苻坚已在淝水战败,吕光留在姑臧,于 386 年(东晋太元十一年)建后凉。

吕光是略阳氐人,但其父吕婆楼已内迁,本人生于枋头(今河南浚县西南),长期生活在关中,汉化程度很高。吕光的部属中自然有不少氐人、羌人和其他非汉族人。如姜飞、彭晃、杜进、康盛四位将军都未称籍贯,而四位佐将却分别冠以陇西、冯翊、武威、弘农,很可能前者并非汉人,康盛更可能是中亚康国人后裔。但随吕光西征的 7 万多人中多数是汉人,这些人因前秦的覆灭和后凉的建立而留在河西,无疑可视为中原汉人又一次规模不小的迁移。这些人在河西定居后,关中尚战乱未息,他们的家属有可能来河西投奔[2];还有些人因避战乱而迁至较安定的河西,如苻坚南安太守(治今甘肃陇西县东南)、河内温县人常珍"因世乱遂居凉州"[3]。因此移民人数还可能增加。

401 年(东晋隆安五年)吕隆继位,国势衰弱,后秦兵临姑臧城下,城内"东人多谋外叛"[4]。所谓"东人",应该就是二十年来由关中等地迁来的移民。他们迁入时间不长,尚未与土著(包括早期移民的后裔)融合,在建都关中的后秦军队逼近时,自然希望能趁机返回故乡。以后在北凉沮渠蒙逊的围攻下,"姑臧谷价踊贵,斗直钱五千文,人相食,饿死者十余万口"。在回乡无望和饥饿的威胁下,百姓出城投奔北凉军队为奴婢的"日有数百"。吕隆怕动摇人心,下令以活埋来制止,"于是积尸盈于衢路"。403 年(东晋元兴二年)吕隆无法自存,在后秦军

1 《晋书》卷 122《吕光载记》。以下据本载记者不再一一注明。
2 如《吕光载记》载光平定河西后,其甥石聪"至自关中"。《晋书》卷 120《吕纂载记》:吕光庶长子吕纂,"及坚乱,西奔上邽,转至姑臧",则也是此时自关中至。其他人的家属由关中等地来奔也在情理之中。
3 《魏书》卷 84《儒林传・常爽》。
4 《晋书》卷 122《吕隆载记》。以下同。

保护下东迁长安，后凉亡。随吕隆东迁的有文武大臣和一万户百姓，此前还有大臣五十余家至长安为人质。

至此，自吕光以来迁至河西的人口，无论是汉人还是氐、羌，或死或迁，遗留下来的已经极少。三年后南凉主秃发傉檀接收姑臧时称“吾得凉州三千余家”，说明城中人口不过三千户，一万多人。原凉州别驾宗敞向他列举当地人物时提到的是：“段懿、孟祎，武威之宿望；辛晁、彭敏，秦陇之冠冕；裴敏、马辅，中州之令族；张昶，凉国之旧胤；张穆、边宪，文齐杨、班；梁崧、赵昌，武同飞、羽。”[1] 其中段氏、孟氏是土著，辛、彭二氏迁自秦陇，裴氏显然即两晋间迁入的河东闻喜裴氏之后，马氏可能出于扶风。前凉主张氏宗族在国亡时东迁长安，但苻坚败后，张天锡之子大豫逃回河西，大豫虽被吕光所杀，张氏后裔尚存，张昶当为其中之一。张穆等籍贯不详，土著的可能性较大。可见中原移民后裔不多，并且都是早期迁入的。

四、赫连夏的迁移

刘裕灭后秦后，以其子义真留守关中。晋义熙十四年(418 年)刘义真东撤，被夏主赫连勃勃军大败于青泥(今陕西蓝田县)，一些晋人被俘。勃勃占有关中后，仍以统万城(今陕西靖边县北白城子)为都，被俘晋人大多被迁至统万，如晋将毛脩之[2]、吴郡(治今江苏苏州市)人陆载及其家属[3]等，还有一批晋军士兵[4]。赫连夏兴起及据有关中的过程中，还有一些人因各种原因而迁至统万。如后秦将齐难的军司、天水人赵逸，随征被俘[5]；后秦安定护军、咸阳石安(今陕西咸阳市

1 《晋书》卷 126《秃发傉檀载记》。
2 《宋书》卷 48《毛脩之传》。
3 《周书》卷 32《陆通传》：“陆通……吴郡人也。曾祖载，从宋武帝平关中，军还，留载随其子义真镇长安，遂没赫连氏。……父政，性至孝，其母吴人，好食鱼。”按陆政之母即陆载之媳，陆载先留赫连夏，后归北魏，一般不可能为其子再娶吴人，当北征时已随携。
4 《魏书》卷 43《毛脩之传》：“神䴥中，以脩之领吴兵讨蠕蠕大檀，以功拜吴兵将军。”按毛脩之神䴥元年魏克统万后才降魏，不可能在一二年间在北方另募南方(吴)籍士兵，此“吴兵”当系原被俘晋军由毛脩之所领，并与毛同降北魏者。
5 《魏书》卷 52《赵逸传》。

东北)人孙瓒拒守被杀,其子孙被掳至统万[1];由南方投奔后秦的司马叔叡兄弟,在晋军灭后秦时北投[2];为赫连勃勃写下著名的《统万城铭》的安定临泾人胡义周,原任后秦典门侍郎,为赫连夏中书侍郎[3],显然也是此时迁至统万的。但由于到428年(北魏神䴥元年)统万城就被北魏攻克,这些人基本都被迁入北魏,所以统万在他们迁移过程中只起了暂时居留地的作用。

五、高昌、吐谷浑地区

地处今新疆吐鲁番盆地的高昌,自西汉以来一直有汉人居住。前凉、后凉和北凉都置为郡,并派遣了太守。吕光遣其子吕覆镇守高昌(今新疆吐鲁番市东南),“命大臣子弟随之”[4],其中也必定有一部分汉人。由于不断有中原人迁入,所以《魏书》卷101《高昌传》称:高昌“国有八城,皆有华人”。421年北凉灭西凉时,晋昌冥安(今甘肃瓜州县东南)人唐和、唐契兄弟与外甥李宝避难于伊吾(今新疆哈密市西北),“招集民众二千余家,臣于蠕蠕(柔然)”[5],这万余人主要是汉人。20年后,“为蠕蠕所逼,遂拥部落至于高昌”。唐和所拥“部落”,看来已不全是汉人,以后也没有都在高昌定居,但因此而有一批汉人迁入了高昌。

北魏太武帝时,汉人阚爽自立为高昌太守。北魏太延五年(439年)北凉主沮渠牧犍降魏后,其弟无讳在酒泉继续抵抗,战败后于太平真君三年(442年)占有鄯善(今新疆若羌县一带),不久又袭取高昌[6]。这次西迁虽是以卢水胡人为首,但汉人仍是其中多数。至北魏和平元年(460年)柔然人并吞高昌后,先后被立为王的有阚氏、敦煌张氏、马氏、金城榆中(今甘肃榆中县西北)麴氏等,麴氏并成为世袭的高昌王,

1 《魏书》卷94《阉官传·孙小》。
2 《魏书》卷37《司马叔叡传》。
3 《魏书》卷52《胡方回传》。
4 《晋书》卷122《吕光载记》。
5 《魏书》卷43《唐和传》、卷39《李宝传》。
6 《魏书》卷99《沮渠蒙逊传》、卷101《高昌传》。以下同。

可见汉人在当地一直占主要地位。

吐谷浑在形成的过程中，曾吸收了相当多的汉人。5世纪初，吐谷浑的居住和活动范围大致相当于今青海、四川二省的昆仑山和巴颜喀拉山的东北部分和甘肃的洮河、白龙江上游一带。阿豺继位后，曾“兼并羌氐，地方数千里，号为强国”[1]。由于西北的汉人早已流入“羌氐”地区，汉人也会随之归属于吐谷浑。慕璝时，“招集秦凉亡业之人及羌戎杂夷众至五六百落，南通蜀汉，北交凉州、赫连，部众转盛”。很明显，其中的“秦凉亡业之人”，主要是汉人；另外，在“南通蜀汉”后，当地的汉人迁入吐谷浑也在情理之中。

《魏书·吐谷浑传》记载了一件很有意义的事情：

> （阿豺）田于西强山，观垫江源，问于群臣曰：“此水东流，有何名？由何郡国入何水也？”其长史曾和曰：“此水经仇池，过晋寿，出宕渠，号垫江，至巴郡入江，度广陵会于海。”阿豺曰：“水尚知有归，吾虽塞表小国，而独无所归乎？”遣使通刘义符……

垫江即今白龙江和嘉陵江，西强山在白龙江源头一带。这位长史曾和是很熟悉今甘南、四川地理的汉人，而阿豺之所以要与南朝宋通使当然不会是从垫江入长江得到的一时灵感，而是受到曾和等汉人谋臣的影响。《传》中提及的侍郎谢大宁、张华，应该也是汉人。

431年（宋元嘉八年，北魏神䴥四年），夏主赫连定灭西秦，西秦主乞伏暮末降。同年，赫连定拥所获西秦人十余万口在治城（今甘肃临夏县西北）渡黄河，企图西进河西，遭到慕璝袭击，赫连定被俘[2]。但据《魏书·吐谷浑传》，慕璝仅将赫连定送交北魏，所以应有相当多的西秦人被迁入吐谷浑境内，而西秦故地的人口中汉人是多数。《魏书》卷52《段承根传》给我们提供了一个实例：段承根，武威姑臧人，自云汉太尉颎九世孙。其父段晖任乞伏炽磐辅国大将军、凉州刺史、御史大夫。“磐子暮末袭位，国政衰乱，晖父子奔吐谷浑慕璝，慕璝内附，晖与承根归国。”其实，“奔吐谷浑”云云就像“汉太尉九世孙”一样并不可

1 《魏书》卷101《吐谷浑传》；《宋书》卷96《鲜卑吐谷浑传》。以下同。
2 《资治通鉴》卷122《宋纪》元嘉八年。

靠，段晖父子很可能就是先与乞伏暮末一起降赫连，同年又与赫连定一起被吐谷浑俘虏，才被吐谷浑送至北魏的。其他被吐谷浑留下的汉人数量必定很可观。

大批汉人的迁入，对于吐谷浑的进步和当地的开发起了重大作用。从《魏书·吐谷浑传》所载吐谷浑可汗夸吕（541—591 年在位）时代的制度文化和物质文化，可以看出这种影响：

> 居伏俟城，在青海西十五里，虽有城郭而不居，恒处穹庐，随水草畜牧。……官有王公、仆射、尚书及郎将、将军之号。……其俗：丈夫衣服略同于华夏，多以罗幂为冠，亦以缯为帽……国无常赋，须则税富室商人以充用焉。……好射猎，以肉酪为粮。亦知种田，有大麦、粟、豆，然其北界气候多寒，唯得芜菁、大麦，故其俗贫多富少。

这说明，尽管因受到地理环境的制约和民族心态的影响，吐谷浑依然是一个以游牧为主的民族，但已采纳了设置都城和行政机构等与中原政权类似的制度，并已有了一定规模的商业和农业。即使在气候条件恶劣的北部，还有人在从事农耕。吐谷浑的农业人口大概就是迁入的汉人和一些受到汉族影响的吐谷浑人。

后凉、南凉、西凉、北凉各政权都作过几次有一定规模的人口迁移，但一般仅限于河西地区内部，至多不超出河湟地区的范围；西秦、赫连夏政权进行的强制性或掠夺性迁移一般也不限于关中和秦陇地区；而且因次数频繁，相隔时间不长，往往难以形成定居移民；所以实际只是西北地区内部的迁移。虽然这些年间也可能有本地区与其他地区间的人口迁移，数量却很有限，并且未见具体记载。

北魏始光四年（427 年）攻下夏都统万城和太延五年（439 年）灭北凉后，都曾将当地人口大规模东迁。但这两次迁移的对象主要已是土著居民，其中一部分移民后裔因迁入时间已久，实际与土著无异，所以可以看成是西北人口的外迁，而不是汉人移民的回归。有关两次移民的具体情况，将在第十三章中详述。

第二节

东 北 地 区

本节的东北地区，主要指西晋的幽州西部和平州，大致即今滦河流域及其以东的辽宁南部和东、北两方面的邻区。这一地区在秦汉之际、两汉之际和东汉末年都曾作为中原汉人的避难地，但因战乱和分裂持续时间较短，并未形成多少定居移民。相比之下，本阶段汉族人口的迁入，无论是迁出地的范围、迁移人口和定居人口的数量和影响都有新的特点。

一、汉人流民的投奔

西晋初，慕容廆成为慕容鲜卑部的首领，日渐强大。慕容廆曾每年从昌黎郡（治今辽宁义县）掠夺人口，所辖人口中汉族成分不断增加。据说慕容廆幼时就得到晋安北将军张华的赏识，在被晋朝封为鲜卑都督后至东夷府拜会时曾“巾衣诣门，抗士大夫之礼”[1]，可见汉化程度已很深。太康十年（289 年），慕容廆迁至徒河的青山（在今辽宁义县东），元康四年（294 年）又迁至棘城（今义县西北），实际已据有昌黎郡，并隔断了其东的辽东等郡与中原的陆路联系。慕容廆在境内“教于农桑，法制同于上国”，制度已与晋朝无异。永宁年间幽州大水，慕容廆开仓救济，博得朝廷好评。由于慕容廆既有合法的地位，又基本实行晋朝的制度，汉族人口的迁入不存在文化和心理的障碍。在中原战乱纷纭时，这块平静的绿洲自然成为避难的乐土。

永嘉初，晋辽东太守（治今辽宁辽阳市）庞本为泄私愤而杀东夷校

---

1 《晋书》卷 108《慕容廆载记》。以下据本载记者不再一一注明。

尉李臻，聚居于塞内的鲜卑人素连、木津等借口替李臻报仇，“攻陷诸县，杀掠士庶”。太守袁谦屡战失利，无力镇压。由于连年战乱，百姓无以为生，“流亡归附者日月相继”，大批汉族百姓西迁至慕容鲜卑境内。

到洛阳和长安先后失陷，北方幽、冀等地也成为战场，在慕容廆的“虚怀引纳”下，流亡的士人和百姓纷纷投奔。由于流民大量增加，慕容廆为之新设了政区，加以安置：冀州人为冀阳郡，豫州人为成周郡，青州人为营丘郡，并州人为唐国郡。此四郡的确址不详，估计都在棘城附近。

为慕容廆招徕并任用的人物有：河东（治今山西夏县西北）闻喜（今闻喜县）裴嶷、裴开，代郡（治今河北蔚县东北）鲁昌，北平（治今河北遵化市东）阳耽、西方虔，北海（治今山东昌乐县东南）逢羡，广平（治今河北鸡泽县东南）游邃，渤海（治今河北南皮县东北）封抽、封奕，平原（治今山东平原县西南）宋该，西河（治今山西吕梁市离石区）宋奭，安定（治今甘肃泾川县北）皇甫岌[1]，兰陵（治今山东枣庄市东南）缪赞，会稽（治今浙江绍兴市）朱左车，太山（治今山东泰安市东）胡毋翼，鲁国（治今山东曲阜市）孔纂等。又如灌（观）津（今河北武邑县东南）人韩恒在永嘉乱后避地辽东，后又迁至昌黎[2]；巨鹿（治今河北宁晋县西南）耿氏“避刘、石之乱，居辽东，因仕于燕”[3]。《周书》卷37《韩褒传》称其先人系颍川颍阳（今河南登封市西南）人，徙居昌黎，其祖任魏镇西将军，很可能也是在此阶段迁入。从流民的来源看，主要还是冀、司[4]、青、并四州，大致即今河北和山西大部、河南北部和东部、山东东部和北部。在此范围之外虽有安定、兰陵、太山、曲阜、会稽等郡，但并不一定直接迁自这些地区，如安定皇甫氏早已有一支移居司州[5]，鲁国孔氏在洛阳等地任职的也不少，河东闻喜的裴嶷是因由昌黎太守卸任后道路不通而无法返回才留下的，会稽朱氏大概不是由家乡直

1 据《晋书》卷111《慕容暐载记》附皇甫真传，安定朝那人皇甫真“弱冠，以高才，儁拜为辽东国侍郎”；但未提其与皇甫岌的关系，看来皇甫氏家族迁于辽东的并非一支。

2 《晋书》卷110《慕容儁载记》附韩恒传。

3 《周书》卷29《耿豪传》。

4 《载记》“豫州人为成周郡”之豫州，疑为司州之误，以后在永和三年慕容皝调整这些政区时并无以豫州属郡所置县却有属司州的广平、魏郡所置县即可证明。详见下述。

5 《晋书》卷51《皇甫谧传》。

接迁移的。

《晋书》卷104《石勒载记》述及永嘉末石勒的形势时说:“时司、冀、并、兖州流人数万户在于辽西,迭相招引,人不安业。”为此石勒的谋臣张宾分析:“辽西流人悉有恋本之思。今宜班师息甲,差选良守,任之以龚遂之事,不拘常制,奉宣仁泽,奋扬威武,幽冀之寇可翘足而静,辽西流人可指时而至。”石勒采纳他的意见,派人驻于易京(今河北雄县西南),果然“流人降者岁常数千”。这证实了当时辽西(主要是慕容廆辖地)的流人有数万户之多,并在不断招引原籍的亲属故旧。

值得注意的是,在慕容廆为流民设置的政区中却没有为相距最近的幽州所置单位,《石勒载记》列举流人原籍时也没有提到幽州,说明来自幽州的流人很少。其主要原因应是幽州由王浚占据后境内一度比较安定,“诸避乱游士多归于浚,浚日以强盛”[1],本地居民自然不必逃难。待到王浚内外交困,旱蝗相继,幽州乱起时,难民四散逃命,往往无法选择方向[2]。加上居于慕容部以东的辽西郡境的段部鲜卑也在吸收汉族流人,大多已就近居留在段部了。幽州虽曾有大批难民迁入,但多数是过境继续迁往辽东,经幽州乱后留下的更少。如渤海蓚(今河北景县)人高瞻,永嘉之乱后与叔父隐率数千家北徙幽州,企图依靠王浚,在发现王“政令无恒”后又随崔毖迁至辽东,毖败后降于慕容廆[3]。魏郡斥丘(今河北成安县东南)人黄泓与高瞻一起迁往幽州,但与高分道扬镳,率宗族投奔慕容廆[4]。如刘胤虽被王浚截留,但本来的打算也是携母避地辽东[5]。石勒既然会在全部占有幽州前就在易京招引已东迁的流人,在控制幽州后更不会允许当地人东迁。

从当时政治、军事形势和交通条件分析,处于渤海北端、华北东北方的慕容鲜卑部是以吸收北方东部的流民为主的;特别是环渤海地区,因水陆交通的便利输出人口更多。北方其他地区的流民主要是南

1 《晋书》卷39《王浚传》。
2 如刘胤从东莱掖县(今山东莱州市)迁辽东,经幽州时被王浚截留,王浚败后转依冀州,估计已无法迁辽东。见《晋书》卷81《刘胤传》。
3 《晋书》卷108《慕容廆载记》附高瞻传。
4 《晋书》卷95《艺术传·黄泓》。
5 《晋书》卷81《刘胤传》。

迁或西迁，只是在受到人为因素阻碍时才有可能迁向东北。流人中尽管不乏河东裴氏、渤海封氏、安定皇甫氏等大族的成员，却没有晋朝的高官、士族首领或全国性名流，因此曾任郡太守的裴嶷被慕容廆称为“降屈于此”，说明其政治和文化的吸引力还远不能望江东项背，中州衣冠大多南渡的说法并不夸大。与慕容部适成对比的是，拥有更高政治地位的平州刺史、东夷校尉（治今辽宁辽阳市）、出身清河士族的崔毖虽然“自以为南州士望，意存怀集，而流亡者莫有赴之”，但中原流寓刚迁入慕容部时，“见廆草创，并怀去就”，也没有下决心定居。由于原昌黎太守裴嶷“首定名分，为群士启行”，带头拥戴慕容廆，才使流寓们稳定下来。这都说明慕容廆的内部治理和对流人“虚怀引纳”的政策起了决定性的作用。

流人以汉人为主，但也有汉化了的西域人。《魏书》卷30《安同传》：“安同，辽东胡人也。其先祖曰世高，汉时以安息王侍子入洛，历魏至晋，避乱辽东，遂家焉。”安同为安息王侍子之后不一定可信，但从东汉后已定居中原当是事实；安氏虽仍被称为胡人，但在中原已居住了百年以上，早已汉化，所以才会在匈奴、羯人入侵时与汉人一样东迁避乱。

二、强制性和掠夺性迁移

东晋太宁三年（325年），慕容廆击退了宇文鲜卑部的进攻，乘胜攻下其国城，将当地数万户迁回。宇文鲜卑部聚居于塞外今老哈河流域和滦河上游，同样曾不断掳掠汉人，汉人流民也大多迁入，所以这数万户中有不少是汉人。

咸和八年（333年）慕容廆死，其子慕容皝嗣位。慕容皝与兄弟猜忌冲突，其兄慕容翰出奔段部，弟慕容仁据有辽东。咸和九年（334年），慕容皝攻慕容仁，克襄平（今辽宁辽阳市），迁辽东大姓于棘城，并设和阳、武次、西乐三县加以安置[1]。这些辽东大姓，应是定居已久的土著汉人。

1 《晋书》卷109《慕容皝载记》。以下同。

咸康四年(338年),前燕主慕容皝击败石虎进攻,将以令支(今河北迁安市西)为中心的段部鲜卑的部众全部迁回。段部在永嘉初就已拥有"胡晋可三万余家"[1],段部人口中也应有相当多的汉人流民。如以后成为前燕主要谋臣的阳裕,右北平无终(今天津蓟州区)人,西晋末投奔了段眷,"处上卿位。历事段氏五主"。阳裕被慕容皝俘获,受到重用,以后不仅参与策划了"东破高句丽,北灭宇文归"的军事行动,还为慕容皝规划了新都龙城的建筑。

340年,慕容皝袭击后赵的冀州北部,进入蓟城(今北京市西南)和高阳(今河北高阳县东)一带,将幽、冀二州的三万余户迁回。次年,前燕攻入高句丽国的丸都城(今吉林集安市),掠回男妇五万余口。辽东汉人一直是高句丽的掠夺对象,在战乱时汉人同样迁入高句丽[2],所以这五万余人中也有一部分汉人。前燕又击败宇文归,将宇文部的五万余落迁至昌黎。由于慕容皝在当年迁都龙城(今辽宁朝阳市),所以龙城一带必定成为新的移民安置中心。

在三十来年的时间内,慕容部和前燕境内已吸收了大量移民,尤其是从公元338年后的几年间,数以十万计的人口被集中迁入,使前燕出现了地少人多的困难。为了缓和矛盾,慕容皝只能开放划为禁苑的土地,让无地平民耕种,使用公家牛的,官府提取收成的八成;使用自己牛的,官府提取收成的七成。针对这一形势与慕容皝的措施,记室封裕提出了自己的见解和建议:

> 自永嘉丧乱,百姓流亡……先王(慕容廆)以神武圣略,保全一方,威以殄奸,德以怀远,故九州之人,塞表殊类,襁负万里,若赤子之归慈父,流人之多旧土十倍有余,人殷地狭,故无田者十有四焉。殿下以英圣之资,克广先业,南摧强赵,东灭句丽,开境三千,户增十万,继武阐广之功,有高西伯。宜省罢诸苑,以业流人。人至而无资产者,赐之以牧牛。人既殿下之人,牛岂失乎!……

---

1 《晋书》卷63《段匹磾传》。

2 如《魏书》卷77《高崇传》、卷83《外戚传·高肇》、卷13《皇后传·孝文昭后高氏》均称其先人高顾、高抚为勃海蓨人,永嘉时避乱入高丽。高氏为勃海著姓,此说又出于高氏显贵后追述,连《魏书》作者也用了"自云"以示并不可信。但当时中原汉人避乱高丽当为事实,高氏先人是中原人也完全可能,所以高氏后人才可能假托。

且魏晋虽道消之世，犹削百姓不至于七八，持官牛田者官得六分，百姓得四分，私牛而官田者与官中分，百姓安之，人皆悦乐。臣犹曰非明王之道，而况增乎！……句丽、百济及宇文、段部之人，皆兵势所徙，非如中国慕义而至，咸有思归之心。今户垂十万，狭凑都城，恐方将为国家深害，宜分其兄弟宗属，徙于西境诸城，抚之以恩，检之以法，使不得散在居人，知国之虚实。[1]

迁入慕容部和前燕的人口，有数量可考的就有十余万户，加上大量分散迁入的人口，说移民人口是土著的十倍，显然并非夸张。但灭高句丽（指攻入其国都丸都城）时仅迁回五万人，说“增户十万”是与“开境三千”相应的，是将高句丽的全部人口和领土都计入了前燕。封裕认为前燕人口中有十分之四无田可耕也完全可能，因为辽东湾北部的农业生产条件并不理想，特别是当时的气候正经历一个寒冷期，辽东湾在冬季连续冰封，人马可践冰而渡[2]。由于作物生长期更短，土地利用系数更低，在人口迅速增加的情况下，要满足所需耕地是相当困难的。前燕不断地对外掠夺人口和土地，此后又急于向内地扩展，与人多地少的压力不无关系。据封裕所说，都城龙城附近的人口已近十万户，估计有近四十万人，人口如此集中的都城在辽东、辽西历史上都是前所未有的。从封裕将自愿迁入的汉人与被掠夺或强制迁来的高句丽、宇文部、段部相区别来看，汉人不仅已与慕容鲜卑人和睦相处，而且已在前燕取得了与鲜卑人同等的地位。倒是同属鲜卑族的宇文部和段部，与慕容部的矛盾深刻，是防范的对象。

慕容皝接受了封裕的大多数建议：罢废了全部苑囿，分给无田百姓；贫民赐牛一头，用自己的牛耕种官地的，收成官私各半；下令主管部门开发水利灌溉；减少百工商贾数，多余人员转为务农，裁减不合格的学生。但没有答应将高句丽、百济、宇文部、段部的人口集中迁移至西部诸城的意见，估计是因为数量太大，要再迁移和加以控制并非易事。

1 《晋书》卷109《慕容皝载记》。

2 《慕容皝载记》载：“旧海水无凌，自（慕容）仁反已来，冻合者三矣。”其军队曾由昌黎“践凌而进”，直抵平郭（今辽宁盖州市西南）附近，出其不意擒杀慕容仁。

347年(晋永和三年),前燕东袭夫余(今吉林和黑龙江南部一带),将夫余王及其部众五万余口迁回。夫余以往也曾内侵掳掠辽东、辽西的汉人,但数量有限,加上在鲜卑诸部、高句丽强盛后,夫余一般不可能再越过它们的辖境掠夺汉人,所以这五万人中的汉族人口是很少的。

同年,慕容皝"罢成周、冀阳、营丘等郡。以勃海人为兴集县,河间人为宁集县,广平、魏郡人为兴平县,东莱、北海人为育黎县,吴人为吴县,悉隶燕国"。成周等四郡的设置已有三十余年,做这样的调整估计有两方面的原因:一是根据移民的原籍重新设县,更便于管理。从设县可以看出,移民的主要来源是原属于冀州的勃海、河间郡,属于司州的广平、魏郡,属于青州的东莱、北海郡,以及江南的吴郡。这次调整未提及以并州人设置的唐国郡,看来来自并州的移民数量很少,当时不过是张大声势,至此已无继续存在的必要,或许此前早已罢废。一是这些县都明确隶于燕国,即直属于慕容皝本人。这证明由于鲜卑、高句丽、夫余等非汉族移民的增加,前燕对不同的民族实行了不同的政策,可能保留了这些民族原来的建置和管理方式,而汉人移民则实行郡县制,由燕主直接治理。

令人不解的是前燕境内"吴人"的来历,因为吴地远在江南,永嘉以后不可能有多少人自动迁往遥远的辽东、辽西;南方与前燕间的海上交通虽然一直存在,但并非没有风险,如慕容廆的使者就曾"遭风没海"[1],所以南方人在未遭受无法生存的天灾人祸时一般不会冒这个险;慕容廆以来前燕都承认为东晋的属国,也不可能从南方掠夺人口。可能之一是,这一"吴"并不是指吴郡或狭义的吴地,而是泛指南方,如《魏书》中将南朝都称为吴,所以"吴人"是指一切南方籍移民,他们基本上都不是从南方直接迁入的,而是因各种原因居留北方后才与北方移民一起迁往东北的。可能之二是,后赵曾从南方掠夺了不少人口,石勒时还曾航海攻掠东晋的南沙(今江苏常熟市西北)、娄县(今太仓市)、武进(今常州市)、海虞(今常熟市)等东南沿海地区[2],后赵境

1 《晋书》卷108《慕容廆载记》。
2 《晋书》卷7《成帝纪》。

内不仅有广义的吴人，也有真正的吴郡人，这些人口又因我们无法肯定的原因（如在幽州被掠往前燕，或自行逃往前燕）而迁入了燕境。

三、东北移民的结局和余波

晋永和五年（349年）慕容儁继位，当年后赵主石虎死，国内大乱，前燕部署兵力，作进军准备。次年，慕容儁率军南伐，攻克蓟城，迁都于蓟。二年后占领邺（今河北临漳县西南），并陆续取得淮河以北的大部分地区。357年（晋升平元年），慕容儁由蓟迁都于邺[1]。随着前燕疆域的扩张，其政治中心由辽西向中原逐步迁移。尽管史料中未发现明确记载，但可以肯定，作为前燕统治基础的早期汉族移民的后裔，至少是其中的上层，会与行政机构一起先后迁至蓟和邺。龙城和辽西已是前燕的后方，除了某些特殊情况外，已成了移民的输出地，官方实施的移民主要迁入新都蓟、邺一带，汉人由内地向东北的迁移可以说已告一段落。

由于因避难而迁入辽东、辽西的汉族移民的故乡基本都已成为前燕的领土，加上前燕的政治中心已转移到中原，所以在原籍有一定社会地位或经济实力的人大多会返回故乡。但移民迁入毕竟已有三四十年，多数已进入第二、三代，在官方没有采取强制措施的情况下，多数平民百姓和已有了安定生活的人不会再迁移。

而340年被慕容儁从幽、冀二州掠回的三万余户就不同了。他们的迁移完全出于被迫，居留的时间也不足十年，多数人会设法迁回。慕容儁到达蓟城时，“幽冀之人以为东迁，互相惊扰，所在屯结”。慕容儁虽然知道在谣传澄清后“寻当自定”，也不得不实行内外戒严。这证明当年前燕对幽冀人口的掠夺至此还给百姓留下恐怖的记忆，使他们不惜以武力抗争；被迁人口返回故乡的决心也可想而知。

370年（晋太和五年），前秦灭前燕，燕主慕容暐及其“王公已下”并鲜卑四万余户被迁至长安[2]，这些“王公已下”中也包括随前燕内迁

1 《晋书》卷110《慕容儁载记》。以下同。
2 《晋书》卷111《慕容暐载记》。

的汉族移民后裔。此时离移民迁入慕容鲜卑境内已有五六十年，早期移民已所剩无几，见于记载的仅有皇甫真一人了[1]。

淝水之战后，慕容氏先后建立后燕、西燕、南燕，其中后燕一度拥有前燕的大部分疆域，包括辽东、辽西在内。但燕主不会想到日后会退回辽西故地，并未专门实施移民，仅见388年（晋太元十三年）一次：赵王慕容麟击破许谦，“谦奔西燕，遂废代郡，悉徙其民于龙城”[2]。所迁为代郡一郡人口，该郡地处边陲，人口不多，许谦出奔时又可能带走一些人口，估计被迁的至多不过数千户。

397年（晋隆安元年），北魏军攻占后燕都城中山（今河北定州市），后燕余众东迁龙城。由于后燕是鲜卑人建立的政权，维持统治的时间又很短，对中原汉人缺乏吸引力；加上北魏也采取了一些招抚措施，汉人主动随其东迁者估计很少。以后成为北燕主的冯跋是长乐信都（今河北衡水市冀州区）人，其父安任西燕慕容永将军，“永灭，跋东徙和龙（龙城）”[3]。冯跋之徙是作为后燕对西燕余众的惩罚，还是三年后随北燕东迁，不得而知。

北燕太平（409—430年）初，冯跋派河间人褚匡招其从兄买、从弟睹从长乐（治今河北冀州市）率5 000户来奔。这是北燕唯一一次见于记载的移民行动，人数有2万余，是从长乐取陆路至章武（今河北黄骅市西北），渡渤海至临榆（今河北秦皇岛市抚宁区东）登陆，再由陆路至龙城的。但北燕国势不振，从418年（北魏泰常三年）起就不断受到北魏的攻击，大批人口被掠，所以不可能再迁入人口。至436年（北魏太延二年）北燕亡时，境内人口已被北魏迁移殆尽。北燕主冯弘率千余人投高丽，以后在高丽被杀，子孙同时死者十余人[4]；但仍会有余众留在高丽。冯弘之子朗、邈等被北魏内迁，冯朗之女为魏文成帝皇后，文成帝死后曾长期执政，冯氏家族贵极一时[5]。冯氏的另一支300人由冯业率领渡海远航至新会（今广东江门市新会区北），担任了当地的

1 《慕容暐载记》附皇甫真传。
2 《资治通鉴》卷107《晋纪》太元十三年。
3 《晋书》卷125《冯跋载记》。以下同。
4 《魏书》卷97《海夷冯跋传》附冯文通。
5 《魏书》卷13《皇后传·文成文明皇后冯氏》、卷83《外戚传·冯熙》。

地方官，其曾孙冯宝与俚族首领冼氏结婚，繁衍为岭南豪族[1]。

从山东半岛渡海迁往朝鲜半岛是从秦汉以来一直存在的传统路线，晋、南北朝期间也不会例外。而且西晋时朝鲜半岛的东北部置有乐浪郡和带方郡，在中原大乱时，必定会有一部分流民转道山东半岛由海路迁至乐浪和带方。前面所引渤海高氏东迁高丽的记载，实际上应是先迁至乐浪或带方，以后随着高句丽的强盛，这些地方才成为它的领土。就是朝鲜半岛东南部也有汉人移民，《隋书》卷 81《东夷传·新罗》就称该地人"杂有华夏"。这些汉人可能是由半岛北部高句丽地区迁去的，也可能是由山东半岛渡海后直接进入当地的。但由于东晋以后朝鲜半岛上已不再有中国的政区，连辽东也为高句丽所有，直到唐朝才收复，定居于朝鲜半岛和辽东的汉人已为高丽人和当地民族所同化。目前史料中找不到具体记载，这一过程只能推想了。

第三节 南方汉人的北迁

本节所说的北迁，一般指已迁至东晋或南朝疆域内的汉人或其后裔、南方土著迁入十六国或北朝境内，对北方十六国或北朝内部的人口北迁将在第十三章内另加论述。

一、南人投奔北方政权

这类迁移无论是由于政治、经济或其他原因，都是出于迁移者的主动，尽管对他们来说这往往是一种无可奈何的选择。正因为如此，虽然其中也有些人因时过境迁，可能重新返回南方，但大多数人会在

1 《北史》卷 91《列女传·谯国夫人冼氏》；《旧唐书》卷 109《冯盎传》。

北方定居。除了在南方发生天灾人祸时的难民或逃避赋役的流民外，这类人的数量有限。不过由于这些人大多是上层人物或政治影响大、文化层次高的人物，所起作用非一般移民可比。

东晋永昌元年（322年），王敦以讨刘隗、刁协为名反叛，兵临建康，刘隗出奔，在淮阴受到袭击，携家属及亲信二百余人北投石勒[1]。刘隗是元帝用以制约王氏的亲信大臣，被石勒任为从事中郎、太子太傅，其子也随之北迁，后赵亡后其孙刘波降于晋。这是南方大臣首次投奔北方。

咸和四年（329年），豫州刺史、祖逖之弟祖约在随苏峻叛乱失败后与左右数百人投后赵。石勒以其不忠，将祖约及亲属百余人全部杀死，仅祖逖庶子获救[2]。

元兴元年（402年），桓玄执掌朝政，杀害政敌，冀州刺史刘轨、宁朔将军高雅之、被杀的刘牢之之子敬宣投奔南燕[3]；辅国将军袁虔之、宁朔将军刘寿、冠军将军高长庆、龙骧将军郭恭等奔于后秦[4]。二年后桓玄失败被杀，桓氏家族的残余、桓玄所封的新安王桓谦、临原王桓怡、雍州刺史桓蔚、左卫将军桓谧、中书令桓胤、将军何澹之等又北奔后秦[5]。

元兴三年（404年），刘裕杀曾经折辱过自己并横行京口的豫州刺史刁逵家族，其子雍逃匿后投后秦。义熙十一年（415年），刘裕攻晋宗室、荆州刺史司马休之，雍州刺史鲁宗之与其子竟陵太守轨起兵助休之，兵败后投奔后秦主姚兴。在刘裕执政与代晋期间，还有不少政敌与晋宗室逃亡北方，如梁益二州刺史司马荣期之子楚之，司马景之、其兄准与所率三千余家，司马叔璠、国璠，司马天助，荆州治中韩延之，陈郡袁式，太原王氏、尚书仆射王愉之孙王慧龙等。刘裕灭后秦时，司马休之及其子文思，晋河间王子道赐，辅国将军温楷，竟陵内史鲁轨，荆州治中韩延之、殷约，平西参军桓谧、桓璲及桓温的孙子二人，刁雍、

---

1 《晋书》卷69《刘隗传》。
2 《晋书》卷100《祖约传》。
3 《晋书》卷99《桓玄传》。
4 《晋书》卷117《姚兴载记》。
5 《晋书》卷99《桓玄传》。

袁式等与家属数百人以及王慧龙等人降魏。司马叔璠兄弟等西投赫连夏，在魏灭夏后降魏[1]。

这批人或是晋朝宗室，或是世代显贵的士族大臣，在南方有很大影响，成为北魏利用的一支重大政治势力。司马氏在北魏“以往代遗绪，并当位遇”，不少人还与魏公主结婚。司马楚之“父子相继镇云中，朔土服其威德”，其余任朝廷和地方要职的也很多，至魏末不衰。刁雍历任地方要职，晚年在朝备受尊崇，年九十五卒；子六人均任职，其中子遵一人就有子 13 人；刁氏“世有荣禄”，成为北方大族。当时制度，归降的南人死后一律葬于桑干（魏都平城附近，今山西山阴县东南），王慧龙在赴任途中病亡，临终要求葬于任所河内州县东乡，被魏帝破例批准。《魏书》本传评价这些人物道：“刁雍才识恢远，著声立事，礼遇优隆，世有人爵堂构之义也。王慧龙拔难自归，颇历夷险，抚人督众，见惮严敌。世珍（慧龙子）实有令子，克播家声。韩延之报书刘裕，国体在焉。袁式赞礼崔浩，时称长者，一时有称，信为美哉。”他们在北魏的功业声望于此可见一斑。

王慧龙到达北魏时，还有一则佳话。因他虽自称出自极其高贵的太原王氏家族，却没有任何凭据。但王氏世代齄鼻（酒糟鼻），在东南被称为“齄王”，而王慧龙恰恰是个酒糟鼻。所以也出于北方一流士族清河崔氏的大臣崔浩将女儿嫁给慧龙，当他见到慧龙的酒糟鼻时，立刻肯定“真贵种也”，并处处盛赞，以至引起鲜卑大臣不满，告发他借机“讪鄙国化”，受到皇帝斥责，“免冠陈谢”才得以了事。

宋景和元年（465 年，魏和平六年），徐州刺史、义阳王刘昶被诬谋反，从彭城（今江苏徐州）奔魏，到达时有随众二十余人。降魏后，刘昶先后被封为丹阳王、宋王，配以公主，任仪曹尚书、中书监等职，曾与蒋少游一起主持改革朝仪，后以大将军身份镇守彭城，备受重用。其二子都与公主结婚，但死后“家遂衰顿，无可复纪”[2]。

宋泰始二年（466 年，魏天安元年），徐州刺史薛安都、司州刺史常

1 《魏书》卷 37《司马休之、司马楚之、司马景之、司马叔璠、司马天助传》、卷 38《刁雍、王慧龙、韩延之、袁式传》。
2 《魏书》卷 59《刘昶传》。

珍奇等响应在寻阳称帝的晋安王，晋安王被杀后，薛安都、常珍奇等降魏。泰山太守张谠也在此时降魏。魏皇兴二年（468 年）薛安都到达平城后，“大见礼重，子侄群从并处上客，皆封侯，至于门生无不收叙焉。又为起第宅，馆宇崇丽，资给甚厚”。安都的从祖弟真度等都受重用，以后薛氏子孙众多，世代显贵[1]。随薛安都投魏的祭酒从事羊规也被任为刺史，直到其孙羊侃才南归[2]。

齐永元二年（500 年，魏景明元年），因齐主东昏侯随意诛杀，大臣人人自危，镇守寿阳（今安徽寿县）的豫州刺史裴叔业降魏，但未等接应的魏军到达即已病死，魏军进占寿阳[3]。这次降魏的人员很多：裴氏家族有裴叔业之子芬之、蔼之，孙谭，侄植、飏、瑜、粲、衍等，侄叔彦于次年从齐逃亡投魏。裴氏后人受北魏重用，大多出任要职，子孙袭爵受封。泰始五年（469 年）随父由青州南奔的辽东襄平人李元护、弟静、从叔恤，安定席法友，京兆霸城王世弼，河东南解柳玄达、弟玄瑜，武都人杨令宝、弟仁，京兆杜陵韦伯昕，士人安定皇甫光及弟椿龄、北地梁祐、清河崔高客、天水阎胤、河东柳僧习等，裴叔业的心腹裴智渊、王昊、赵革、李道真、胡文盛、魏承祖等，都受到北魏任用，家族在北方繁衍。

齐中兴二年（502 年），萧衍杀齐明帝诸子，鄱阳王萧宝夤时年十六，历尽艰险逃至寿春魏境。次年被魏封为齐王，用以南伐，并以公主相配。宝夤历任州刺史、尚书左仆射、司空。魏孝昌元年（525 年）率军镇压关中民众起义，连年不能平息，与朝廷相互猜疑，孝昌三年杀朝廷所遣关西大使郦道元，发动叛乱，失败后于永安三年（530 年）被杀于洛阳[4]。

梁天监四年（505 年，魏正始二年），汉中太守夏侯道迁降魏，后历任刺史。随降并在北魏任职的有：济阳考城人江悦之及子文遥、文远，汉中张元亮，扶风士孙天与，襄阳罗道珍，北海王安世，颍川辛谌，

---

1 《魏书》卷 61《薛安都、张谠传》。
2 《梁书》卷 39《羊侃传》。
3 《魏书》卷 71《裴叔业传》。以下同。
4 《魏书》卷 59《萧宝夤传》。

汉中姜永、弟漾，颍川庾道，安定朝那皇甫徽等。这些人的后裔也定居北方[1]。

梁武帝末年及侯景之乱时，梁宗室中一些人或因战败，或因争夺权力失败，先后投向北朝。如梁太清三年（549年，东魏武定七年），西丰侯萧正表降于东魏，子孙留在北方[2]；定襄侯萧祗、子放、弟湘潭侯退也在当年奔东魏都邺城（今河北临漳县西南），以后均任职于东魏、北齐[3]。承圣二年（553年，西魏废帝二年），镇守成都的益州刺史萧㧑及其子济、武陵王纪之子圆肃降于围城的西魏将尉迟迥，以后任职于西魏、北周。郢州刺史萧世怡于梁末奔北齐，后又投北周[4]。太清三年（549年，西魏大统十五年），雍州刺史萧詧降于西魏，西魏夺取江陵（今湖北江陵县）后，于555年以江陵一州之地立为梁王，史称后梁。这个傀儡小朝廷存在了32年，由萧詧子岿又传至孙琮。萧琮广运二年（587年，隋开皇七年）与臣下二百余人被隋文帝召至长安，梁国被废，萧琮及其随行臣子都被安置在隋境[5]。萧氏后人在北朝和隋朝任职的颇多，加上萧岿之女以后成为隋炀帝皇后[6]，萧氏在隋、唐依然是名门大族。

此外，还有大量平民、士兵、奴婢因避乱、遭受天灾、战败或为了摆脱奴婢身份而主动逃亡北方。还有些北方移民因在南方没有政治、经济地位，受移民中的大族和土著歧视，一旦北方比较安定，统治者比较注意民生，他们也会主动北迁。这类现象始终存在，在北方政权处于较稳定强大的时期就更普遍。但由于迁移对象没有政治、经济或文化地位，史料中即使有这类迁移的零星记载，也不会涉及具体的人物，数量、迁入和迁出地点、安置或定居的情况等都无法估计。不过有限的记载还能说明一些问题。

晋隆安二年（399年，后秦皇初五年）末，京兆韦华、谯郡夏侯轨、

1 《魏书》卷71《夏侯道迁传》。
2 《魏书》卷59《萧正表传》。
3 《北齐书》卷33《萧祗、萧退、萧放传》。
4 《周书》卷42《萧㧑、萧世怡、萧圆肃传》。
5 《周书》卷48《萧詧传》。
6 《隋书》卷36《后妃传·炀帝萧皇后》。

始平庞眺等率襄阳流人一万叛晋，投奔后秦[1]。当时正值镇守襄阳的杨佺期被桓玄攻灭，给流民的逃亡提供了机会。值得注意的是，这次逃亡的领导者都是移民或其后裔，并且不能跻身东晋一流士族。

元兴三年（404年），刘裕等讨伐桓玄，在长江沿线交战，"晋民避乱，襁负之淮北者道路相属"[2]；这些人口都为北魏所收容。

宋景平二年（424年），谯郡流民有六十余家投奔北魏，其中六家反悔，又回到陈留郡襄邑县（今河南睢县），暂住在谋等村。豫州刺史刘粹的部下未能截住逃亡者，却将谋等村的30家杀了，并将男女300人没入官府[3]。这证明边境百姓北投者并非个别，而地方官的贪赃枉法、欺上瞒下实际上在驱使更多百姓逃亡。

总之，十六国期间南方投奔北方的人数尚少，北朝时无论次数还是每次的人数都有增加，人员的地位也有提高。这固然与南方朝代更迭、内乱增加、争权夺利激烈有关，但也是南、北方间民族矛盾渐趋缓和，实际已相互视为对等关系的结果。北朝对南方的投奔者无不全力招抚，备加优待，委以重任，而不计以往的敌对行动，对曾由北朝叛逃又归降的人也一概任用。如前面所述，不少归降者成为北朝重臣，家族世代显贵，他们也为北朝政治、军事、经济、文化事业作出了重大贡献。北朝实行这一政策是鲜卑民族和北方社会进步的标志，同时也从这一政策获得巨大的益处，为最终消灭南朝政权、重新统一中国奠定了基础。

二、北方政权的掠夺性、强制性迁移

无论是十六国还是北朝，都曾大规模地掠夺东晋、南朝边境的人口至本国，或者将在战争中的降、俘人员和新占领地区的人口迁入本国的中心区或其他特定地区。由于他们的迁移都是被动的，所以一旦强制性因素消失，如掠夺或迁移他们的政权解体，控制放松，他们就会设法返回南方，贵族、文武官员、士人尤其如此。但占其中大多数的平

1 《晋书》卷117《姚兴载记》上。
2 《资治通鉴》卷113《晋纪》元兴三年。
3 《宋书》卷45《刘粹传》。

民、士兵、奴婢，只要基本生活得以维持或不低于南方就会随遇而安；或者因路途遥远、衣食不继而无力回乡，只得在他乡定居。

这类迁移涉及的人数，史籍中双方的说法往往有天壤之别，掠夺一方加以夸大，被掠一方尽量缩小，很难判断正确的数量。史料中还经常将杀、掠两类人数混合，也增加了研究的困难。但可以肯定的人数较多的几次有：

晋咸康五年（339年），后赵军攻晋荆、扬北部，掠回大量人口，迁至幽州、冀州（约当今河北大部）。具体数字，《晋书》卷104《石勒载记》作7万户，卷7《成帝纪》作7 000户，实际可能在二者之间。如以3万户计，也有10余万人。

兴宁二年（364年，前燕建熙五年），前燕军攻占许昌、悬瓠、陈郡，从汝南等郡（约今河南东南和安徽西北淮河以北一带）迁万余户于幽州、冀州[1]。

太和元年（366年，前秦建元二年），前秦将王猛等攻南乡（今湖北丹江口市东南）等郡，掠回万余户[2]。

本章第一节曾提及，前秦于建元十五年（379年，晋太元四年）攻占襄阳时将江汉之人万余户迁至敦煌（今甘肃敦煌市西南）。

义熙三年（407年，南燕太上三年），南燕从宿豫（今江苏宿迁市东北）大掠人口而去，从中选出男女2 500人，太乐训练为乐工[3]。这次掠夺虽有其目的，但培训乐工必须有一定条件，所以被掠人口的总数估计有数千至上万。

北魏基本统一北方后，军事实力强盛，加上北方已无后顾之忧，得以倾全力南侵，经常将南朝大量人口掠往北方。宋元嘉二十七年（450年）北魏军南侵，泰始五年（469年）北魏攻占青州和淮北诸郡，梁承圣三年（554年）西魏军攻占梁都江陵等，是其中人数最多、影响最大的几次。因为这几次掠夺性的人口基本都在北方定居，所以将在第十三章中详述。

1 《晋书》卷111《慕容暐载记》。

2 《晋书》卷8《海西公纪》、卷113《苻坚载记》。

3 《晋书》卷128《慕容超载记》。

第十二章

少数民族的进一步内迁

西晋初期，西北和北方的少数民族已经大量迁入黄河流域，在关中等一些地区，非汉族人口已经占有相当大的比例。江统在其著名的《徙戎论》[1]中说明了当时少数民族分布的形势：

关中和西北最为集中。“且关中之人百余万口，率其少多，戎狄居半”；在冯翊、北地、新平、安定各郡（约相当于今陕西渭北高原、甘肃泾河流域和宁夏南部）有羌人，扶风、始平、京兆等郡（约相当于今陕西渭南平原和咸阳以西渭河流域）有氐人。

并州（今山西中、北部）以匈奴人为主，在泰始初年已分为五部，“今五部之众，户至数万，人口之盛，过于西戎”。

就是在首都洛阳附近的荥阳（今河南荥阳市东北）也有魏正始七年（246 年）强制内迁的高句骊人，“始徙之时，户落百数，子孙孳息，今以千计”。

其他的记载可以证明，江统的说法并没有过分夸大。

这一局面的形成，正如江统所指出的，主要是统治者出于利用、控

1　见《晋书》卷 56《江统传》。

制少数民族的目的实行强制性迁移的结果。当然，也包括在出现了统治者始料所不及的后果之后，不得不默许的实际状况。但是在西晋政权的统治名存实亡以致最终覆灭以后，各个民族就完全凭借自己的军事实力和政治手段开始了为自己的生存、发展或扩张而进行的大规模迁移。在这一漫长的过程中，各民族的分布和数量都发生了根本的变化。一些民族的迁移甚至是以灭绝而告终，以致没有留下有数量意义的移民。还有一些民族虽然并没有遭遇这样的厄运，但由于史料的散佚，现在也已经在历史记载中消失了。但这些迁移的最终结果，是以汉族为主体的新的民族融合体的产生，是中原经济和文化的复兴，是以巨大代价换来的历史进步。

第一节 匈奴

一、五部（屠各）匈奴

西晋初，匈奴人主要分布在今山西中部，分为五部，“左部居太原兹氏（后改隰城，今汾阳市），右部居祁（今祁县东南），南部居蒲子（今隰县），北部居新兴（今忻州市一带），中部居大陵（今文水县东南）”[1]。匈奴人实际聚居的地区要比五部的驻地更广，如以后刘渊（元海）称大单于的左国城（今吕梁市离石区东北）和最初建都的离石（今离石区）一带都是他们的基地。

刘渊公开反晋后，于晋建武元年（304 年）称汉王，并在永嘉二年（308 年）进位皇帝，迁都平阳（今临汾市西南）。此后的十多年间，平

1 《晋书》卷 101《刘元海载记》。以下据本《载记》者不再一一注明。

阳都是这一政权的政治中心，也是匈奴人集中的地方。永嘉五年，汉军攻下洛阳，俘晋怀帝。晋建兴四年(316 年)，汉将刘曜攻占长安，俘晋愍帝，西晋灭亡。随着军事上的胜利和占领区的扩大，汉政权的匈奴人也扩散到各地，但大部分还是集中在以平阳为中心的山西中南部和以长安为中心的关中平原大部。

318 年(东晋大兴元年)，汉主刘粲被匈奴贵族靳准所杀，刘氏无论男女老少全部被杀。不久，刘曜又将靳氏灭族。经过这次内乱，匈奴人减少了很多。平阳士女一万五千投奔刘曜，这些人必定以匈奴人为主。同年刘曜即位，次年迁都长安，改国号为赵(史称前赵)。至此，大多数匈奴人迁至长安一带，并散居于前赵控制的今陕西中部、甘肃东部和山西西南部。

329 年(东晋咸和四年)，石勒将石虎灭前赵，其太子、"将相诸王等及其诸卿校公侯已下三千余人"被杀，"又坑其王公等及五郡屠各(即刘氏所属的这支匈奴部族)五千余人于洛阳"；"台省文武、关东流人、秦雍大族九千余人"被迁往襄国(今河北邢台市)[1]。匈奴人，尤其是屠各一支已大部被杀，迁往襄国的对象中也会包括一些匈奴人，所以匈奴人虽然没有灭绝，但在关中的移民基本已不再存在。

五部匈奴号称数万落，刘渊起兵时，"二旬之间，众已五万"，真正的匈奴人估计不过二三十万。汉政权盛时的建置有"六夷"(匈奴、羯、鲜卑、氐、羌、乌丸)二十万落，则其范围内的匈奴人数量大致相同。

刘聪时，平阳饥荒，这一带投奔石勒所辖冀州的有 20 万户。由于石勒一度是刘氏的属臣，本人又是羯人，当时羯、胡(匈奴)不分，所以对匈奴人有较大的吸引力，必定有部分匈奴人迁到了以襄国为中心的石勒(后赵)统治区。349 年(东晋永和五年)冉闵屠杀胡、羯时，匈奴人也受其害，但匈奴的相貌特征不如羯人突出，逃避的可能性较大。当时后赵境内已是一片混乱，各族移民纷纷返回故乡，残存的匈奴人大多又回到了并州。

416 年(东晋义熙十二年)，后秦境内并州、定阳、贰城(今山西西

1 《晋书》卷 103《刘曜载记》。

南、陕西延安东南一带）胡数万落反叛，进入平阳，推匈奴人曹弘为大单于。但不久即被镇压，曹弘被执送长安，“豪右”一万五千余落被迁往雍州（治今甘肃泾川县北，辖境约有今陕西渭河以北及相邻甘肃东部地）[1]。这些迁移对象基本都是匈奴人。但第二年后秦就为东晋刘裕所灭，秦、雍人纷纷外迁，并州匈奴人有了回乡的机会。另一方面，同是匈奴人的夏主赫连勃勃不久占领关中，来自陕北的匈奴人回陕北也在情理之中。

经过了这一系列变乱，匈奴人的主体又回到了并州，因此到北魏太武帝拓跋焘大举攻宋时，征集的各族兵士中，并州还是“胡”，即匈奴人[2]。

匈奴人自东汉后期开始已迁入北方，三国和西晋时更有增无减，很多人成为汉族上层人物的奴婢或部属，汉化程度较深的匈奴人也开始步入社会的中上层。所以在永嘉之乱后的南迁中，同样有匈奴人随之迁至江南。《世说新语·政事》三[3]载有一事：

> 王丞相拜扬州，宾客数百人并加沾接，人人有说（悦）色。唯有临海一客姓任及数胡人为未洽。公因便还到过任边，云：“君出，临海便复无人。”任大喜说（悦）。因过胡人前，弹指云：“兰阇！兰阇！”群胡同笑，四坐并欢。

王导任扬州刺史在建武元年（317年），说明这些胡人南渡时间甚早。他们既然有资格作为王导任职庆典的宾客，必定已有了不低的政治或社会地位。

又如祖逖有胡奴名王安，“待之甚厚”，随逖南渡，又随他北伐。祖逖驻雍丘时，对他说：“石勒是汝种类，吾亦不在尔一人。”给予丰厚资助，让他投奔石勒，当了石勒的部将。以后祖逖之弟叛晋投石勒，祖氏全家被石勒所杀，王安救出了祖逖十岁的儿子[4]。祖逖称王安为石勒种类，但当时人往往匈奴与羯不分，所以王安也可能是匈奴人。

---

1 见《晋书》卷119《姚弘载记》。
2 见《宋书》卷74《臧质传》。
3 徐震堮：《世说新语校笺》，中华书局1984年版，第97页。
4 《晋书》卷100《祖约传》。

东晋始建的太兴年间(318—321年)发生的一件事更证实了这一点:“时典客令万默领诸胡,胡人相诬,朝廷疑默有所偏助,将加大辟。”[1]说明胡人不仅有相当的数量,而且有专门的管理机构和主管官员。

316年(东晋建兴四年),刘聪的右司隶部有“盗牧马负妻子”的三万余骑投奔进攻河东的晋将赵固、郭默。万余人被追杀,其余被带归晋境。从逃亡者的所在地和逃亡的方式看,基本都是匈奴人。三万余的数字可能出于晋人的夸大,但有一定数量的匈奴人迁入了晋境应是事实。在以后的战争和政治斗争中,匈奴人完全有可能因被俘、避乱、投奔等原因迁入南方。《宋书》卷94《恩幸传》载有曾参与杀掉前废帝的于天宝,“其先胡人”。虽然不能肯定他是否为这一批匈奴人的后裔,但至少证实了南方的确有匈奴移民。从于天宝的胡人世次不详推断,他的匈奴祖先迁入南方已经有相当多年份了。《南齐书》卷1《高帝纪》记宋后废帝刘昱“与左右作羌胡伎为乐”,又其所居仁寿殿东阿有“毡屋”;可见匈奴文化对南方社会的上层也已有相当大的影响,则在南方的匈奴人和其他少数民族移民必定有一定的数量。

还应该指出,由于五部匈奴及其前身南匈奴从东汉初入居汉境以来已经经历了二百多年,受到汉族文化的影响很深。尤其是上层人士,与汉族统治者在文化上的差异已很少。如刘渊,从小“师事上党崔游,习《毛诗》、《京氏易》、《马氏尚书》,尤好《春秋左氏传》、《孙吴兵法》,略皆诵之,《史》、《汉》、诸子,无不综览”。刘聪也是“年十四,究通经史,兼综百家之言,《孙吴兵法》靡不诵之。工草隶,善属文,著述怀诗百余篇、赋颂五十余篇”。因此,当匈奴人分散到汉族的汪洋大海中以后,他们很难逃脱被融合的结局,特别是在他们失去统治民族的地位以后,必定会主动加快融合的速度。正因为如此,匈奴在史籍中的消失并不意味着匈奴移民及其后裔的灭绝。据姚薇元《北朝胡姓考》[2]的考证,仅以刘氏为姓的匈奴后裔就有北魏的道武帝刘后,西兖州刺史刘仁之,河西胡酋刘遮、刘退孤、刘云、刘蠡升、刘平延等,到唐

---

1 《晋书》卷78《孔坦传》。
2 科学出版社1958年版,第38—50页。

朝还有彭山王刘季真、宰相刘崇望、邢国公刘政会、平原公刘感、高僧刘窣和等;与刘氏同一族源的独孤氏,见于记载的人物就更多了。

二、铁弗匈奴

在魏晋之际,还有些匈奴与其他民族通婚,产生了新的分支,如铁弗就是其中之一:“铁弗刘虎,南单于之苗裔,左贤王去卑之孙,北部帅刘猛之从子。居于新兴虑虒(今山西五台县东北)之北。北人谓胡(匈奴)父鲜卑母为‘铁弗’,因以为号。”[1]这支铁弗匈奴本来居于今山西北部,西晋永嘉四年(310 年)被晋并州刺史刘琨联合鲜卑拓跋猗卢部击败,余众迁至朔方肆卢川(今山西原平市、忻州市忻府区一带),依附刘聪。不久西渡黄河,攻鲜卑西部,又大败,只得迁出塞外,居今内蒙古河套一带。前秦苻坚时,铁弗的首领刘卫辰被封为西单于,屯居于代来城(即悦跋城,今内蒙古伊金霍洛旗西北)。北魏登国年间(386—396 年)部众已有一二十万、马牛羊四百多万头,因此一次能出动八九万人进攻北魏。但这次进攻又被北魏击败,并将其部众并吞消灭。

到 407 年,刘卫辰的第三子勃勃集合起部众三万,袭杀后秦的高平公没奕干,并吞了他的部众。勃勃在大城(今内蒙古杭锦旗东南)建大夏国,改姓赫连。413 年,在今陕西靖边县东北筑统万城,以为都城。418 年,夏军攻下长安,但仍都统万,而在长安建“南台”,由太子镇守。这是夏的极盛时期,其疆域北至河套,东至黄河及今山西西南部,南至秦岭,西至陇东。但在这一范围内生活着多种民族,铁弗匈奴和其他匈奴支族人数不多,估计约一二十万,主要集中在统万城和长安。

427 年(北魏始光四年),北魏先后攻下长安和统万,大部分匈奴人成为俘虏,被迁往魏都平城(今山西大同市)或魏国其他地区。赫连定率余众数万先后退守平凉(今甘肃华亭市西)、上邽(今天水市),又在 431 年(北魏神䴥四年)攻下南安(今陇西县东南),灭了西秦。同年,在渡黄河西去途中遭吐谷浑袭击而亡。赫连定的余众必定是以匈奴人为

---

1 《魏书》卷 95《铁弗刘虎传》。

主的，这次集团性的迁移至此结束，其中一部分人可能随赫连定被送往平城，另一部分可能被吐谷浑留下，其余或死或散，不再见于记载了。

匈奴迁移的大势见图12-1。

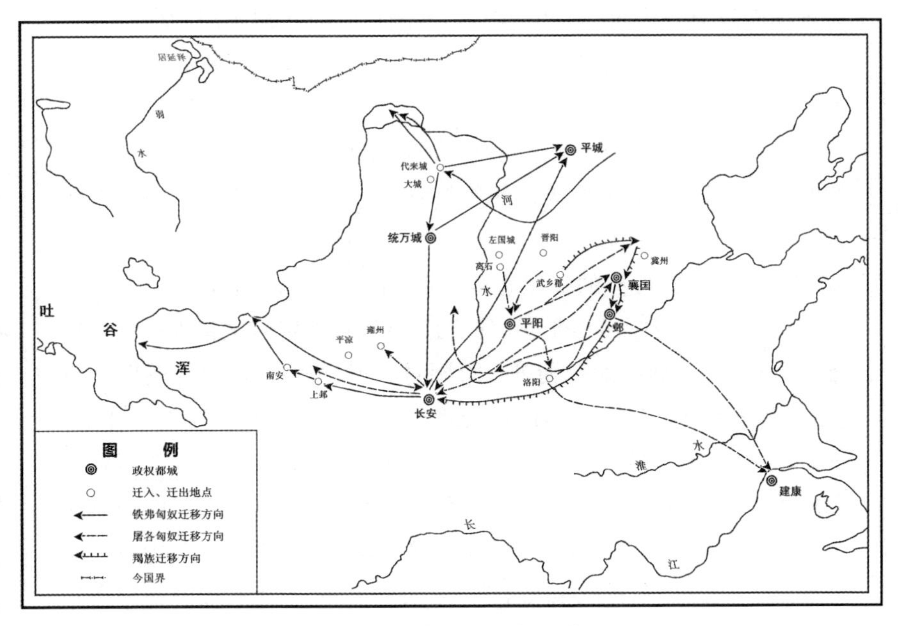

图12-1 匈奴、羯迁移大势

第二节

羯

羯人并不是匈奴或羌族的一支，而是中亚索格狄亚那(Sogdiana)、塔什干(Tashkend)一带的伊兰族人[1]。这一地区在汉代是康居国，曾受匈奴控制，所以这一支来自中亚的移民显然是随着匈奴迁至蒙古

1 详见谭其骧：《羯考》，原载《益世报》1947年1月9日，收入《长水集》上册。

高原，魏晋之际又进而迁入今山西中部的。《晋书·石勒载记》[1]称他为“上党武乡（今山西榆社县西北）羯人”，可见武乡一带是羯人的聚居区。但由于羯人被称为“小胡”，地位比匈奴低得多，居住更不集中。而且在西晋太安年间（302—303 年）并州饥荒时，“诸小胡亡散”，并州刺史司马腾又将“群胡”“两胡一枷”卖往冀州，不少羯人流入（太行）山东。

西晋永兴二年（305 年），石勒与汲桑率百余骑投奔成都王司马颖的旧将公师藩，以后又成为刘渊的部将，军力迅速扩大。319 年（东晋太兴二年），石勒称赵（史称后赵）王，建都襄国（今河北邢台市）。在 329 年灭前赵后，后赵的疆域达到极盛：北起燕山、河套，南至淮河、秦岭，西起陇西、黄河，东至于海。石勒及其继承者曾多次将大量人口迁至襄国和附近地区，如石勒进攻平阳时，“羌、羯降者四万余落”；并将“巴帅及诸羌、羯降者十余万落，徙之司州（今河北中部、河南东北部）诸县”。虽然无法搞清其中羯人所占比例，但有羯人这一点却是确定无疑的。羯人本来就不多，估计大部集中在襄国。石勒还“徙朝臣掾属已上士族者三百户于襄国崇仁里，置公族大夫以领之”，其中主要应是羯人。335 年（东晋咸康元年）石虎迁都于邺（今河北临漳县西南），大部分羯人必定随之南迁。但襄国还建有宫室，应是邺以外羯人最集中的地方。此外石氏宗族镇守在外的也会带走一些羯人。

349 年（东晋永和五年），冉闵囚禁赵主石鉴，率赵人屠杀胡、羯，“无贵贱男女少长皆斩之，死者二十余万”；还下令各地同样屠杀，甚至“高鼻多须者滥死者半”。由于羯人相貌有明显特征，完全不同于汉人，因此不易逃脱，在邺城及附近的羯人大概基本灭绝了。但当时出逃的人不少，如一些大臣和“诸公侯、卿、校、龙腾等万余人出奔襄国”，还有逃往冀州等地的，加上原来在外地的，羯人必定还有小部分存在。371 年前秦苻坚平邺后，曾“徙关东豪杰及诸杂夷十万户于关中”，十余年后就有“鲜卑、羌、羯，布诸畿甸”，“鲜卑、羌、羯，攒聚如林”的说法，可见羯人移民也已有相当的数量。但经过前秦亡后的战乱，有关

1 以下据《石勒载记》及其他有关载记者不再一一注明。

羯人的记载不再出现，羯作为一个民族在中原已不复存在，关中是羯族移民最后一个聚居区。

羯迁移的大势见前文图12－1。

第三节

氐、羌

氐和羌并不是一个民族，但有关移民的史料中往往氐羌不分，因此我们只能一并叙述。

西晋初年，氐、羌和其他少数民族在关中的分布已经很广。咸宁三年（277年），司马骏在关中镇压羌族树机能的反叛获胜，树机能等所领二十部投降，“安定（今甘肃平凉、崇信、镇原、宁县间地和宁夏西吉、固原以南地）、北地（今陕西铜川至富平一带）、金城（今甘肃、青海二省黄河、湟水、庄浪河相会一带数县）诸胡吉轲罗、侯金多及北虏热冏等二十万口又来降”[1]。降人的数字或许有所夸大，但大量少数民族人口移居关中应是事实。因为当年司马骏被徙封为扶风王，“即以氐户在国界者增封”。扶风国界约相当于今陕西淳化、三原以西，渭河以北的十多个县，说明氐人已经深入关中平原了。氐人之外，主要有羌人、匈奴人（包括被当作匈奴支族的卢水胡和羯人）。

一、略阳氐人的外迁

西晋元康六年（296年），匈奴郝度元与冯翊、北地马兰羌、卢水胡起兵反晋。秦州（治今甘肃甘谷县东，约相当于今甘肃定西、静宁以南，清水以西，陕西凤县、略阳，四川平武，及青海黄河以南、贵德以东

1 《晋书》卷38《扶风王骏传》。

地）和雍州（治今西安市西北，约相当于今陕西秦岭以北，宜川、宜君以南地，甘肃东北部数县和宁夏南部数县）的氐、羌拥立氐帅齐万年为帝，围泾阳（今甘肃平凉市崆峒区西北）。同年秋，关中发生饥荒和疫病。第二年，秦雍二州普遍发生旱灾和饥荒[1]。

元康六年，原来聚居在略阳郡清水县（今甘肃清水县西北）的氐族首领杨茂（一作戊）搜率领部落4 000家迁回仇池（今甘肃西和县西南西汉水北岸）。“仇池地方百顷，因以百顷为号，四面斗绝，高平地方二十余里，羊肠蟠道，三十六回。山上丰水泉，煮土成盐。”[2]是一处理想的世外桃源。东汉建安年间，氐族首领杨驹曾经率众聚居，到西晋初才迁回略阳。关中避难人士也纷纷投奔，所以迁入仇池及其周围的并不限于氐人。杨氏以仇池为据点，向周围扩张，发展不利时就退回仇池，一直立于不败之地。直到咸安元年（371年）才被苻坚攻下，将仇池居民全部迁入关中。经过几十年的繁衍，这支氐族移民应有较多增加，这从它的首领能出动五万军队对抗苻坚[3]，可以得到证明。

东晋太元十年（385年），苻坚在淝水之战大败后在关中被杀，杨定从关中奔回仇池，“招合夷、晋，得千余家”，自称仇池公。由于周围氐、羌人很多，所以在十年后，尽管攻打乞伏乾归失败，但还能“分诸四山氐羌为二十部护军，各为镇戍”。到宋元嘉十九年（442年），宋军平仇池，首领杨难当奔北魏。次年魏军攻取仇池，氐人和宋军争夺失败。部分氐人可能随杨难当迁北魏，但从宋朝不久就任命杨文德为仇池公看，大多数氐人还是聚居在这一带。

西晋元康六年后从略阳迁出的另一支氐人是以李特兄弟为首的。李氏原是巴郡宕渠（今四川渠县东北）氐人，东汉末迁至汉中杨车坂，后率五百余家投奔曹操，被迁往略阳（治今甘肃天水市麦积区东北，约相当于静宁、庄浪、张家川、清水等县地以及天水、秦安、通渭部

---

1 《资治通鉴》卷82《晋纪》元康六年至七年。
2 《宋书》卷98《氐胡传》。
3 《晋书》卷113《苻坚载记》。

分地区）。当时，“百姓乃流移就谷，相与入汉川者数万家”[1]；李特兄弟就是随流民南下汉中，并准备继续入蜀的。十余万流人聚集汉中，使朝廷不得不同意他们入蜀安置。当然氐人只占流人的少数，但《李特载记》说“特之党类皆巴西人”，提到“六郡之豪李、任、阎、赵、杨、上官”，李特起兵时能“密收合得七千余人”，估计其中氐人接近万人。李特于晋太安二年（303 年）起兵，建成（汉）政权，以成都为都，极盛时据有今四川大部和汉中盆地。至东晋永和三年（347 年）为晋所灭。但仅有成主李势及其兄弟亲属十余人被迁往建康，氐人移民就在蜀地定居了。

二、关中氐、羌的外迁

在氐人外迁的同时，秦雍二州的氐、羌等族也大批迁入关中，虽经战乱灾荒，人数仍有数十万之多，这从江统的《徙戎论》中可以得到证实。东晋太兴三年（320 年），前赵刘曜杀“巴酋”徐彭库后，“巴氐尽叛……四山羌、氐、巴、羯应之者三十余万”[2]。在原上郡（约相当于今陕西北部和相邻内蒙古地）地还有氐、羌十余万落没有纳入后赵的控制。刘曜在平息了这次反抗后，又将上郡氐、羌部落二十余万口迁至长安。东晋咸和三年（328 年）袭击仇池，也“掠三千余户而归”，其中大部当是氐、羌人。

氐、羌人在进入关中以后，一部分已迁至今山西中部。东晋太兴元年（318 年）石勒进攻平阳时，一次就收降羌、羯四万余落，其中大部分当是羌人。石勒将“巴帅及诸羌、羯降者十余万落”迁往司州诸县（襄国周围数县），氐、羌又移至华北平原。

迁于长安和关中的氐、羌必定有不少被征为军。东晋太宁三年（325 年），石虎在洛阳以西击败刘曜军，就俘获氐、羌三千余人，送往襄国。

---

1 《晋书》卷 120《李特载记》。
2 《晋书》卷 103《刘曜载记》。

东晋咸和四年(329 年),石虎攻下前赵最后的据点上邽(今甘肃天水市)后,又“攻集木且羌于河西,克之,俘获万数”,“徙氐、羌十五万落于司、冀州(今河北中部)”。这批移民不仅来自关中及陇西,还包括从河西东部获得的俘虏。以每落 4 口计,总数有 60 万之多,是氐、羌数量最大的两次移民之一。这些移民中完全可能混杂着其他民族成分,但氐、羌肯定占了绝大部分。

经过这次移民,关中人口大量减少,因此在咸和五年陇西氐、羌再次反叛被平息后,秦州的“夷豪五千余户”被迁至雍州,以弥补关中的不足。

咸和八年,石勒死,石虎独揽大权。石生在关中起兵讨石虎,不久就被击败。石虎进军关中,“徙雍、秦州华戎十余万户于关东”。据《晋书》《姚弋仲载记》和《苻洪载记》,这次移民是出于姚弋仲和蒲(苻)洪的建议。姚弋仲是南安赤亭(今甘肃陇西县东南)的羌人,永嘉年间东迁至榆眉(今陕西千阳县东),“戎夏襁负随之者数万”,自称雍州刺史、扶风公。石虎攻下上邽后,他就建议“宜徙陇上豪强,虚其心腹,以实畿甸”。在这次迁移中,他率部众数万迁于清河(今山东临清市东南),很快成为石虎的重臣。姚的部众主要是羌人。蒲(后改姓苻)洪本人是略阳临渭(今甘肃天水市麦积区东北)的氐人首领,曾归属刘曜,刘曜败后又投降石虎,得到石虎的信任,被“委以西方之事”。他为了自己有更大的发展机会,劝石虎“宜徙关中豪杰及羌戎内实京师”,以便乘机迁入中原。而当时石虎正准备正式夺取后赵的帝位,乐于利用异族势力来制约内部的反对力量。苻洪因而被任为龙骧将军、流人都督,驻在枋头(今河南浚县西南)。苻洪的部下仅“赐爵关内侯”的就有二千余人,可见数量之多;也说明移民中氐人和其他少数民族的比例是相当大的。以后成为后凉开国君主的吕光,就出生在枋头。吕光之父吕婆楼也是略阳氐人,“世为酋豪”,显然是随苻洪东迁的。氐、羌上层人士定居于邺城,如苻洪本人就安家于邺,他的孙子、后来成为前秦皇帝的苻坚就生在邺城永贵里[1]。

---

1 《晋书》卷 113《苻坚载记》。

同年，石虎“徙秦州三万余户于青、并二州诸郡”。从秦州人口的民族构成可以肯定，这批移民中也有大量氐、羌成分，所以氐、羌移民已经扩大到今山东、山西二省境内。

东晋永和三年(347 年)，后赵进攻前凉。结果前凉的宋泰等率二万户来降，后赵攻取武街县(治今甘肃临洮县东)，“徙七千余户于雍州”。当时，“河湟间氐、羌十万余落”，这批迁入关中平原的移民中也应有相当多的氐、羌人。

三、氐、羌返回关中及外迁

石虎死后，后赵政权分裂，中原大乱。到东晋永和七年(351 年)，“青、雍、幽、荆州徙户及诸氐、羌、胡、蛮数百余万，各还本土，道路交错，互相杀掠，且饥疫死亡，其能达者十有二三”。由于这些移民都是后赵政权用武力强制迁移的，除了少数上层人物已取得政治地位或优厚待遇外，一般民众并没有得到什么好处。加上移民在关东定居的时间很短，长的不过二十多年，短的仅十几年，不会产生胜过故乡的感情。一旦摆脱了政治上的控制，这些移民就会返回故乡；“贼盗蜂起，司冀大饥”的形势更驱使移民尽快逃离。

羌、氐大多返回关中和西北。苻洪有众十万，自称三秦王。其子苻健率部入潼关，在长安建立秦国(前秦)。到东晋升平元年(357 年)苻坚继位后，前秦逐步消灭其他割据政权，基本统一了北方。羌族首领姚弋仲之子姚襄拥众数万户，西入关中，与苻氏战败后，其弟姚苌投降，这部分羌人也回到了关中。但无论是苻氏还是姚氏，所统部众并不都是本族人，只是本族人较多或占统治地位。

前秦统治集团内，氐人占很大部分。《苻坚载记》记录了这样一件事：苻坚重用王猛以后，位居特进的樊世不服，公然侮辱王猛。樊世是“氐豪，有大勋于苻氏”，但苻坚认为“必须杀此老氐，然后百僚可整”。于是找借口杀樊世，一时“诸氐纷纭，竞陈猛短”。可见氐人之多、势力之大。

经过二十多年安定环境的恢复和发展，出现了“关陇清晏，百姓丰乐”的太平景象。关中的人口有了很大增长，处于统治民族地位的氐人“支胤弥繁”，必定增加得更快。但苻坚认为“关东地广人殷”，氐人却集中在关中，于统治不利，因此在380年（东晋太元五年）决定“分三原、九嵕、武都、汧、雍十五万户于诸方要镇，不忘旧德，为磐石之宗”。调遣的结果是：苻丕镇邺（今河北临漳县西南），配四帅子弟3 000户；石越为平州刺史，镇龙城（今辽宁朝阳市）；韩胤为护赤沙中郎将，驻平城（今山西大同市东北）；梁谠为幽州刺史，镇蓟城（今北京市）；毛兴为河州刺史，镇枹罕（今甘肃临夏县东北），配支户3 000；王腾为并州刺史，镇晋阳（今山西太原市西南），配支户3 000；苻晖为豫州牧，镇洛阳（今河南洛阳市东北）；苻叡为雍州刺史，镇蒲坂（今山西永济市西蒲州）。移民总数至少有60万，以上八处估计少则数万，多则有十几万。其中的“四帅子弟”和“支户”应是苻氏宗族及贵族子弟。移民的来源主要是泾、渭之间的关中平原，部分来自今甘肃南部成县一带。

这是氐人第二次由关中大规模迁往北方各地，一些地方是氐人以前从未涉足的。其人数之多、范围之广，不仅是氐族史上前所未有的，在整个十六国时期也是罕见的。这次移民有利于巩固前秦政权及氐族的统治地位，因此得到群臣的赞同。但被迁的民众远离家族和故乡，自然不会乐意，“诸戎子弟离其父兄者，皆悲号哀恸，酸感行人”。从“诸戎”的说法也可以看出，迁移的对象并不限于氐人，大概也包括一些羌人和其他原在关中的部族。但大多数羌人没有迁移，所以在三年后苻融批评苻坚“宠育鲜卑、羌、羯，布诸畿甸，旧人族类，斥徙遐方”，以至京师一带“鲜卑、羌、羯攒聚如林”。

383年（东晋太元八年），苻坚大举攻晋，不久即以淝水之战的大败而告终，前秦政权也随之瓦解。苻坚出兵时，征发了戎卒60万，各镇的氐人肯定大部分在从军之列。这些氐人大多死亡或逃散了，只有极少数随苻坚回到关中。苻坚族人苻朗降于晋，前秦亡后，苻坚之子“将母妻宗室男女数千骑出奔”，转道汉中投晋，估计前后因投晋而南迁的氐人数量更多。散布在各地的氐人不得不归属其他政权，由于他们在当地本来就处于少数，在失去了统治民族的地位以后很快就融入其他民族之中，此后就不见于记载了。

苻坚在攻晋之前，曾命吕光率兵7万、铁骑5 000进攻西域。在征服西域后，吕光回师河西，苻坚已经战败，即以姑臧（今甘肃武威市）为据点，于386年（东晋太元十一年）自称凉州牧、酒泉公。至396年（太元二十一年）称天王，国号凉。史称后凉。后凉极盛时的疆域包括今甘肃整个河西走廊地区、青海东部河湟地区、新疆天山以南地区和帕米尔高原。当然，氐人必定还是集中在都城姑臧及附近河西走廊地区，但在这一疆域范围内也可能有少量的氐族移民。吕光西征时旧部来自关中，羌人成分也不会少。这从以下两事可以证实：一是后凉受到后秦部将攻打时，"东人多谋外叛"，事发后，"死者三百余家"[1]。所谓"东人"，应指关中移民，他们响应羌人所建的后秦，既是出于对故乡的眷顾，也有种族上的因素。一是吕隆没有就近向鲜卑人的南凉和卢水胡的北凉求和，而是投降后秦，显然也是因为氐、羌接近，部众中此二族成分最多。

403年（东晋元兴二年），在南凉和北凉的联合进攻下，后凉主吕隆无法继续立国，向后秦请降。在后秦的监护下，吕隆率1万户东迁长安。出于对异族的仇视和恐惧，估计大多数氐、羌人都随之东迁了。吕隆被留在长安，其弟吕超为安定（治今甘肃泾川县北，辖周围数县）太守，此两地应是氐人的主要安置区。在此前姑臧城被围攻时，"人相食，饿死者十余万口。……百姓请出城乞为夷虏奴婢者日有数百"；姑臧的人口已经大量减少，以后只留下了3 000户。至此，河西的氐、羌人或死或迁，基本消失了。

384年（东晋太元九年），羌族首领、姚弋仲之子姚苌在渭北起兵，自称万年秦王。两年后进占长安，建国号秦，史称后秦。经过苻坚的迁移和前秦末年的战乱，关中的氐人已降至次要地位，因此在有关记载中往往只称羌胡，而很少再提氐羌了。如"北地、新平、安定羌胡降者十余万户"，"天水屠各、略阳羌胡应苌者二万余户"[2]等。直到后秦

---

1 《晋书》卷122《吕隆载记》。
2 《晋书》卷116《姚苌载记》。

灭亡时还是如此，晋将王镇恶受降入长安时，“城内夷、晋六万余户”[1]；以后晋将傅弘之在驰道戏马，“羌胡聚观者数千人”[2]。可见这“夷”中还是以羌为主。这种形势的形成大概是羌族在后秦政权中的统治地位所造成的，但这并不意味着氐人不复存在，尤其是在西汉水流域、汧（千）水流域，氐人还是主要民族，如《姚兴载记》中提到的就有汧川氐、平阳氐、武都氐等。其中武都氐还能“杀陇东太守姚回，略三千余家”，足见人数颇多。

东晋义熙十三年（417年），刘裕进抵长安，后秦主姚泓将妻、子出降。姚赞“率宗室子弟百余人亦降于裕，裕尽杀之，余宗迁于江南”。姚泓被送往建康市斩首[3]。这自然引起了羌人的恐慌，于是“羌众十余万口西奔陇上”，晋将“沈林子追击至槐里（今陕西兴平市东南），俘虏万计”[4]，但大多数还是逃往陇西了。

后秦曾与北魏结盟，北魏明元帝纳姚兴（姚泓父）之女为妻，所以魏军应姚泓之请进驻河东、河内声援。后秦灭后，魏主下诏寻访姚泓子弟。当时，刘裕急于最终完成篡夺皇权的手续，不顾关中百姓的请求挽留，匆匆赶回建康；而匈奴赫连勃勃的军队已经逼近渭北。“氐豪徐骇奴、齐元子等拥部落三万在雍，遣使请降于魏。魏主嗣遣将军王洛生、河内太守杨声等西行以应之。”估计有十多万人迁入魏境，河内（今河南黄河以北一带）可能是主要安置区，尽管率领的人是氐人，因而其中氐人较多，但并非都是氐人。对刘裕绝望了的秦、雍人大批流入魏境的河南（今河南洛阳市一带）、荥阳（今河南荥阳市一带）、河内，“户以万数”[5]，其中应不乏氐、羌。

在北魏统一北方以后，外流的氐、羌可能有一部分得以返回秦陇故乡，加上本来留在那里的人口，关中仍然是氐、羌最集中的地方，所以魏主拓跋焘在历数他统率的非本族军队时还用“三秦氐羌”之说。

1 《宋书》卷45《王镇恶传》。
2 《宋书》卷48《傅弘之传》。
3 《晋书》卷119《姚泓载记》。
4 《资治通鉴》卷118《晋纪》。
5 《资治通鉴》卷118《晋纪》；《魏书》卷3《太宗纪》。

直到唐朝，关中的羌人和羌村还很普遍，见于诗人题咏的也不少。羌村的名称更保存至近代，马长寿根据关中渭北13县18种县志的资料证实，古代、近代渭北的羌村很多。他统计到的羌族姓氏，以雷氏和党氏为最多，其次有钳耳氏、夫蒙氏、罕开氏、铁蒙氏、同蹄氏、屈氏、和氏、弥氏、折氏、同氏、周氏、姚氏、蒙氏、井氏等。羌村的分布也有明显的地域特征，雷、党二姓的村名主要集中在洛水中游的东西两岸，罕开氏多在蒲城的南北和白水县的东部，夫蒙氏多在蒲城、白水、合阳三县，钳耳氏多在白水、蒲城、鄜州，同蹄氏多在铜官、白水、洛川和鄜州等地[1]。但唐代以后关中的羌人已不再作为非汉族人口存在了，羌人后裔大多已不知自己的民族成分，甚至讳言自己的羌族祖先了。

至于氐、羌在关中以外的移民，同样免不了很快被融合的命运。

与羌人相比，氐人的消失显得更快。这当然与氐人的人数本来就比羌人少有关，另一个重要原因是氐人长期与汉人杂居，汉化程度比羌人深，因而融入汉人的速度也更快。苻坚兵败被擒，姚苌派人来索取传国玺时还叱责道："小羌乃敢干逼天子，岂以传国玺授汝羌也。"当时氐人在非汉族中列于羌族之前，于此可见。苻坚之侄苻朗南渡后，"既至扬州，风流迈于一时，超然自得，志陵万物，所与悟言，不过一二人而已"。著有《苻子》数十篇行世，数年后被杀，临刑时"志色自若"，赋诗一首。苻朗在江南一度引起轰动，对他的才识、玄理和风度，汉人学者名士都自叹弗如。苻坚之弟苻融的孝道、正统观念、行政能力以及聪辩明慧、下笔成章、谈玄论道比之于汉族一流学者也毫不逊色。这些都证明氐族的汉化程度已相当高，这恰恰促使这个民族更加迅速地为汉族所融合，这也正是古代民族进步的两难选择。

氐、羌的迁移大势见图12－2A和图12－2B。

1　见马长寿：《碑铭所见前秦至隋初的关中部族》附录二《关于关中羌村羌姓的札记》，中华书局1985年版。

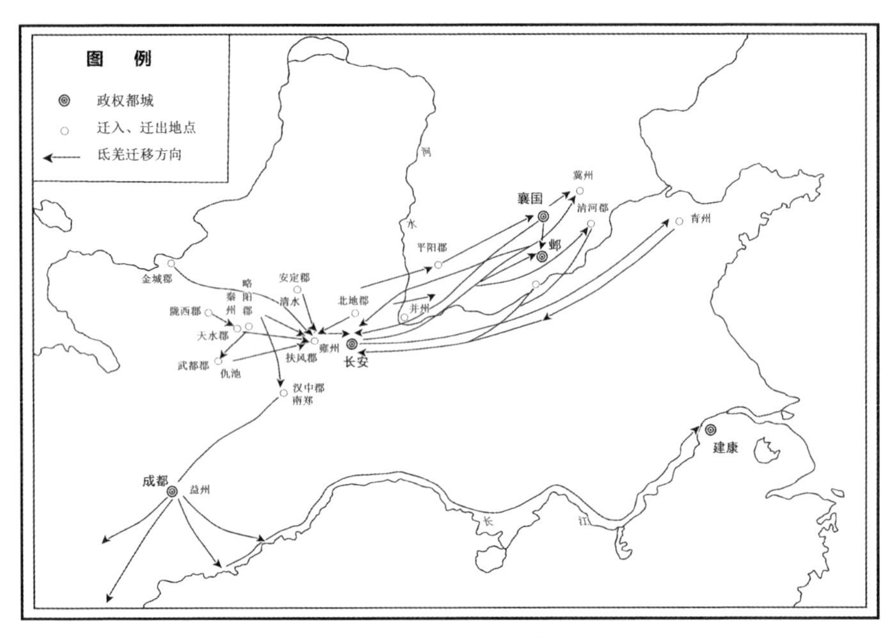

图 12-2A 氐、羌迁移大势（西晋末至后赵、前秦）

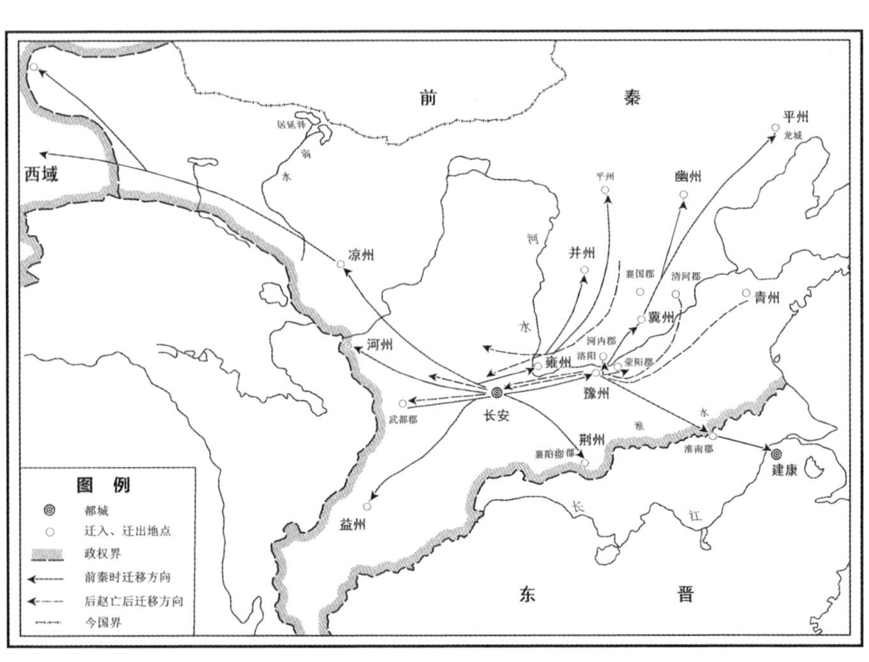

图 12-2B 氐、羌迁移大势（西晋末至后赵、前秦）

第四节

卢 水 胡

以往学者多以卢水胡为匈奴支族，赵永复先生根据新出居延汉简有东汉建武六年（30 年）《甲渠言部吏毋作使属国秦胡卢水士民书》，论证卢水胡源出于春秋至秦广泛分布在今甘肃东南部、宁夏南部和陕北一带的义渠族。由秦地向西迁移至河西，以聚居地的卢水（今甘肃平凉的小路河、大路河）得名[1]。从汉简的时间和内容判断，至迟在东汉初，卢水胡已迁至河西的张掖属国（在今弱水、黑河流域一带）。

到东汉中元二年（57 年），卢水胡又向南扩张。据《后汉书·西羌传》记载：

> 时烧何豪有妇人比铜钳者，年百余岁，多智算，为种人所信向，皆从取计策。时为卢水胡所击，比铜钳乃将其众来依郡县。种人颇有犯法者，临羌长收系比铜钳，而诛杀其种六七百人。

从中可以了解到：卢水胡的聚居区应离临羌县（治今青海湟源县东南）不远。但边疆的县辖境较大，所以可能在其北的祁连山脉南侧，也可能已经越过祁连山进入湟水流域。比铜钳的种人被县官杀的就有六七百人，总数必在千人以上。比铜钳又是一位“多智算”的老人，能将这位老人所率领的上千部众打败，并使他们不得不选择逃离家乡的途径，这说明卢水胡在数量上对他们已拥有绝对的优势。

《西羌传》又载东汉建初二年（77 年）夏，迷吾欲叛出塞，金城太守

1 详见《关于卢水胡的族源及迁移》，载《西北史地》1986 年第 4 期。

追击大败，“于是诸种及属国卢水胡悉与相应，(护羌校尉)吴棠不能制”。证明卢水胡已经到达河湟一带，所以才在金城太守和护羌校尉的管辖监护之下。

到了魏晋时期，卢水胡的活动范围扩大了，显然已从根据地迁出了不少人口，但具体的迁移时间和数量却不得而知。

《华阳国志》卷8《大同志》载西晋元康八年(298年)，“汶山兴乐县黄石北地卢水胡成豚坚、安角、成明石等”曾经与其他羌人联合，以数千骑劫县令。兴乐县在今四川松潘县北，向北就是岷山和白龙江上游。从地形上看，循湟水而下，在河湟谷地折入洮河或大夏河，溯河而上，再越过分水岭，就可以进入白龙江流域，是一条比较合理的交通线路。川甘边境的卢水胡大概就是沿着这条线路迁来的。

《后汉书·南蛮西南夷传》在“冉駹夷”下也说：“北有黄石北地卢水胡，其表乃为徼外”。(中华书局标点本作“黄石、北地、卢水胡”)其地望与《华阳国志》所记并无二致。但这一记载并无确切的时间，从叙述极其简略判断，当时对此了解很少，并且把这些种族列入“徼外”了。所以可以说，在东汉时卢水胡至多只是刚进入川甘边区。至西晋时才有了一定的数量，可以纠集成千骑兵对抗官府。但这一支移民的数量毕竟有限，以后就不再见于记载了。

三国和西晋初年，卢水胡在陇东和陕北已有广泛的分布。如《三国志·魏书·梁习传》注引《魏略》提到，建安二十二年(217年)曹操征汉中回师长安时，曾留军队屯于池阳(今陕西泾阳)，“以备卢水”。《文帝纪》及注引《魏书》证实，魏延康元年(220年)时冯翊(治今陕西大荔县，辖境至洛川、黄陵县一带)卢水胡的势力很大。《张郃传》载魏文帝初曾命他与曹真讨安定(治今甘肃镇原县东南)卢水胡。西晋元康六年(296年)，“匈奴郝散弟度元帅冯翊、北地(治今陕西铜川市耀州区)马兰羌、卢水胡反，攻北地”[1]。以后自十六国至北魏期间，有关这一带的卢水胡史不绝

1 《晋书》卷4《惠帝纪》。

书。赵永复认为，这些卢水胡似为土著，而不是从外地迁来的。但由于目前还找不到早于东汉的记载，所以也不能排斥这样的可能性，即卢水胡虽然发源于陇东、陕北，但早已西迁，东汉以后又重新回到他们的发祥地。

《晋书·乞伏乾归载记》记西秦太初二年（389年）“休官曷呼奴、卢水尉地跋并率众降于乾归”。当时西秦都于金城（今甘肃兰州市西北），辖境主要在陇西。由于陇西正处于河西和陇东、陕北的连接点，是卢水胡东西向迁移的必经之地，所以我们很难判断这些人是何时进入陇西的。

建立北凉的沮渠蒙逊就出自这支。《晋书·沮渠蒙逊载记》说他是“临松（今甘肃肃南裕固族自治县东南马蹄镇）卢水胡人”，应是张掖属国卢水胡之后。401年（东晋隆安五年），蒙逊自称凉州牧、张掖公，夺取了段业的北凉政权。412年（东晋义熙八年），又从张掖迁都姑臧（今甘肃武威市）。421年（宋永初二年）春攻克敦煌，灭李氏西凉。北凉极盛时拥有河西走廊、青海河湟地区和新疆东部，本族人口在这一范围内应有一定的迁移。但卢水胡毕竟人口有限，在当地也不占优势，不会有多少移民出现。

值得注意的是，439年（北魏太延五年）北凉主沮渠牧犍投降北魏后，其弟无讳继续在酒泉抵抗，战败后西取鄯善（今新疆若羌县），并进而占领高昌（今吐鲁番市一带）。这支远征军中必定有大量卢水胡人，是卢水胡移民最西的记载。460年（北魏和平元年），北凉这一残余为柔然人所并，这批卢水胡人估计大多也成为柔然人的一部分了。

另外，沮渠蒙逊的从弟安阳侯信奉佛教，曾去于阗、高昌求法，北凉灭时南奔于宋[1]。但没有迹象表明有其他人随其南迁。

卢水胡迁移的大势见图12-3。

---

1 《高僧传》卷2《译经》中，中华书局1992年版，第80页。

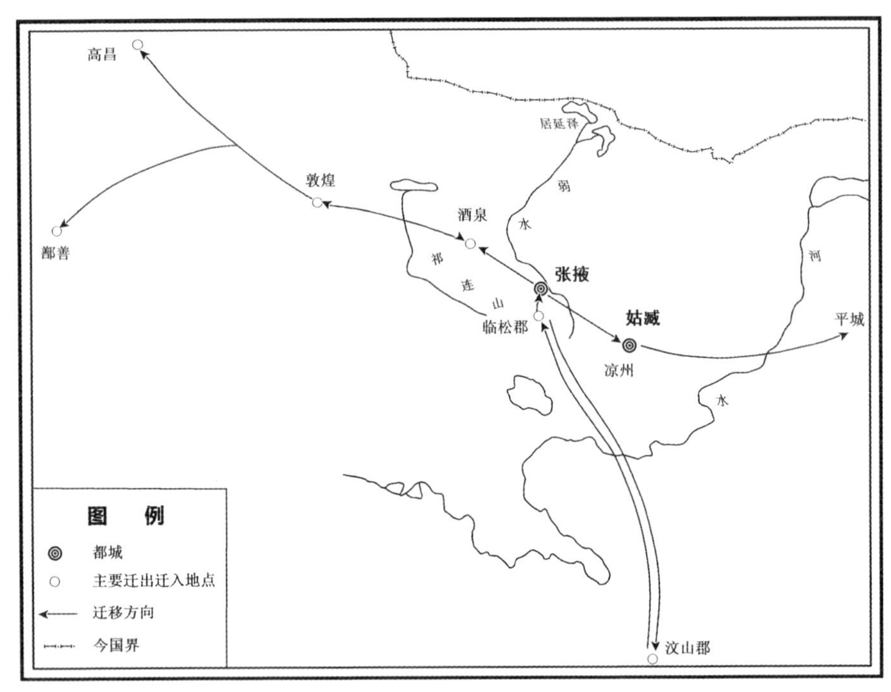

图 12-3　卢水胡迁移大势

第五节

鲜　　卑

一、东部鲜卑

檀石槐死后，轲比能一度统一过中部和西部鲜卑，但于魏青龙三年(235 年)被曹魏的刺客暗杀，鲜卑各部又处于分裂状态，其中的东部分为宇文部、段部和慕容部。

宇文部主要分布在今西拉木伦河及老哈河流域，东晋初灭于慕容部所建的前燕，没有距离较长或规模较大的迁移。

段部分布在辽西。西晋永嘉（307—313 年）初，段部首领段务勿尘被封为辽西公，居于令支（今河北迁安市西）。其子匹磾任晋幽州刺史，控制“西尽幽州，东界辽水”的范围，有“胡、晋三万余家，控弦或四五万”。321 年（东晋大兴四年）石虎破段匹磾后，“遗黎数万家”被迁至今河北中部一带[1]。这数万家中自然包括了不少“晋”，即汉人，但主要应是段部鲜卑人。他们除比较集中在后赵的都城襄国（今河北邢台市）和邺（今临漳县西南）一带外，还迁入后赵其他地方。从以后段龛又能在广固聚众称王这一点看，今山东中部应是段部鲜卑移民比较集中的地方。338 年（晋咸康四年），在令支的段辽被前燕与后赵合兵击败，余众被并入慕容部。这些段部鲜卑人迁移的距离不大，就散布在辽东、辽西前燕境内。宇文部的五万余落也被迁至昌黎（今辽宁义县）[2]。

后赵灭后，段部首领段龛在广固（今山东青州市西北）聚集部众，自称齐王。但不久即被慕容恪攻克，“徙胡羯三千余户于蓟（今北京市）”[3]。

鲜卑慕容部首领慕容廆于西晋太康十年（289 年）迁于徒河的青山（在今辽宁义县东），元康四年（294 年）又迁至棘城（今义县西北）。337 年（东晋咸康三年），其子慕容皝称燕王，并吞了段部和宇文部，建都于龙城（今辽宁朝阳市）。350 年（晋永和六年），前燕攻下后赵的蓟，迁都于蓟。两年后又迁都于邺。前燕的疆域扩大至今淮河以北的河南、安徽、江苏、山东和山西、河北的大部，慕容鲜卑人也随之扩散到各地，而以都城邺周围地区最为集中。少数鲜卑人依然留在辽东故地。370 年（晋太和五年），苻坚攻破邺城，前燕亡。苻坚徙燕主慕容暐及其王公以下并鲜卑四万余户于长安。这批鲜卑人近二十万，是慕容部及以前的段部、宇文部的主体，自此鲜卑成为关中的主要民族

1 《晋书》卷 63《段匹磾传》。
2 《晋书》卷 109《慕容皝载记》。
3 《晋书》卷 110《慕容儁载记》。

之一。

淝水之战后，在中原的慕容部分别建立政权：384年（东晋太元九年）慕容垂占据中山（今河北定州市），建后燕。次年，慕容冲建西燕，都于长安，以后慕容永迁都长子（今山西长子县）。398年（晋隆安二年），慕容德建南燕，初都滑台（今河南滑县东），后迁至广固（今山东青州市西北）。关中和各地的鲜卑移民大多随各个慕容氏政权迁移于各地，在这过程中也有大量的死亡。如苻坚兵败归长安后，城中还有千余鲜卑人，慕容暐等谋诱杀苻坚未成，"城内鲜卑无少长及妇女"都被杀。苻坚与慕容冲作战时，曾"俘掠鲜卑万余而还"，"悉坑之"。又如慕容垂与苻丕在今河北中部交战时，"军人饥甚"，"幽冀人相食"，"百姓死几绝"[1]；鲜卑人自然免不了也有很大损失。后燕攻灭西燕时，曾"斩首八千余级"[2]，其中必有不少鲜卑人。这样的战争发生了多次。

南燕于410年（东晋义熙六年）被东晋的刘裕所灭，一部分鲜卑人被南迁，其中有的被刘裕的部将收编，如大将朱龄石的部队中就有不少鲜卑人[3]。这些鲜卑人以后大多随军定居在南方了。

后燕慕容宝于395年（东晋太元二十年）在参合陂（今内蒙古凉城东北）被北魏军击败，万人被俘。二年后北魏攻占中山，慕容鲜卑余众迁回辽西，遗民则散布在黄河中下游各地，被迁至北魏首都平城的也不少。

408年北燕取代后燕，汉人在政治上已占统治地位，高句丽人也因人数众多，实际上已居于鲜卑人之上。北燕后期，北魏连年发动进攻，至436年北燕覆灭时，当地大部分人口已被北魏迁往内地，慕容鲜卑的残余已散处北方各地了。

东部鲜卑的迁移大势见图12－4。

1 《晋书》卷114《苻坚载记》。
2 《晋书》卷123《慕容垂载记》。
3 《宋书》卷48《朱龄石传》。

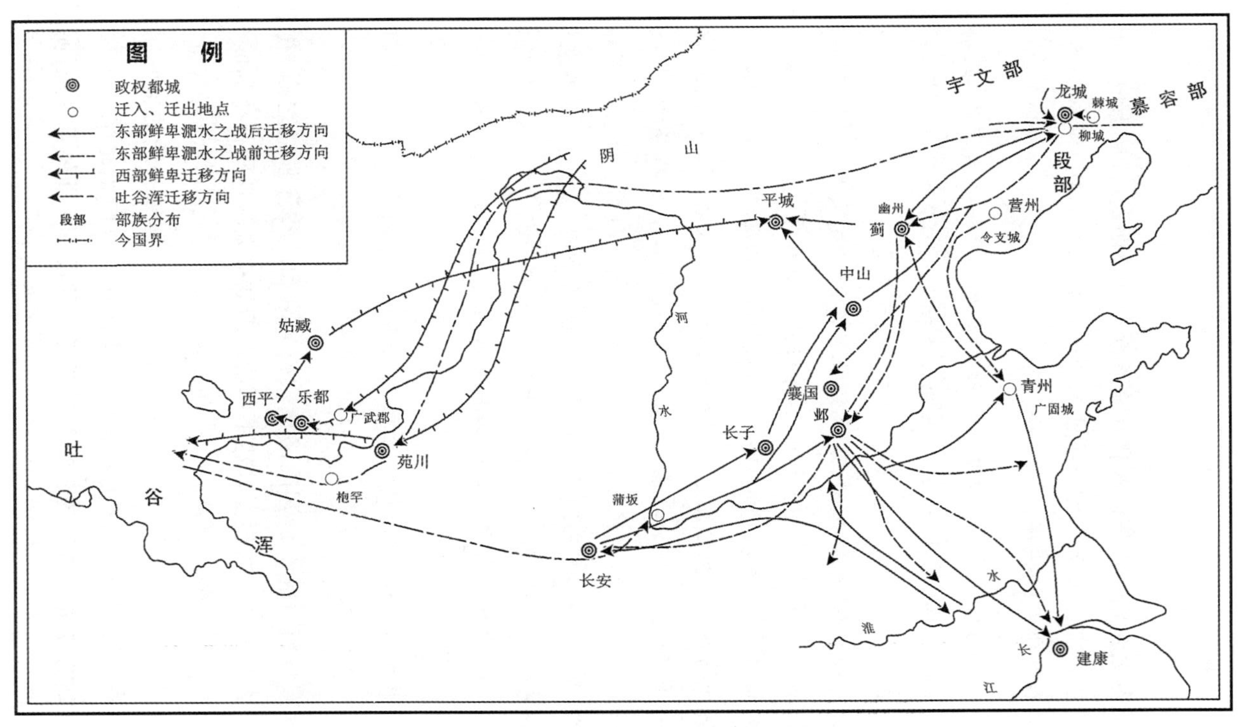

图 12-4　东部鲜卑、吐谷浑、西部鲜卑迁移大势

二、吐谷浑

慕容廆庶兄吐谷浑在西晋初率部众700户西迁，以后形成一个新的民族吐谷浑。关于吐谷浑西迁的原因，《魏书》卷101《吐谷浑传》有一段颇有戏剧性的描述：

> 吐谷浑，本辽东鲜卑徒河涉归子也。涉归一名弈洛韩，有二子，庶长曰吐谷浑，少曰若洛廆。涉归死，若洛廆代统部落，别为慕容氏。涉归之存也，分户七百以给吐谷浑。吐谷浑与若洛廆二部马斗相伤，若洛廆怒，遣人谓吐谷浑曰："先公处分，与兄异部，何不相远，而马斗相伤！"吐谷浑曰："马是畜耳，食草饮水，春气发动，所以斗。斗在马而怒及人，乖别甚易，今当去汝万里之外。"若洛廆悔，遣旧老及长史七那楼追谢留之。吐谷浑曰："我乃祖以来，树德辽右，先公之世，卜筮之言，云有二子当享福祚，并流子孙。我是卑庶，理无并大，今以马致乖，殆天所启。诸君试驱马令东，马若还东，我当随去。"即令从骑拥马令回，数百步，欻然悲鸣，突走而西，声若颓山，如是者十余辈，一回一迷。楼力屈，乃跪曰："可汗，此非复人事。"浑遂谓其部落曰："我兄弟子孙并应昌盛，廆当传子及曾玄孙，其间可百余年，我及玄孙间始当显耳。"于是遂西附阴山，后假道上陇。若洛廆追思吐谷浑，作《阿干歌》，徒河以兄为阿干也。子孙僭号，以此歌为辇后鼓吹大曲。

这段史料写成于慕容氏诸燕政权兴衰和吐谷浑强盛之后，托名于吐谷浑及其先人的预言自然不可信。但如果剔除这些神秘的成分，这倒是一个很好的记述鲜卑族早期迁移的实例。吐谷浑与若洛廆（慕容廆）虽是兄弟，但涉归在世时就已分部。吐谷浑部西迁的主要原因是争夺适宜的牧地，而决定是否迁移及迁移的方向则是采用了由马自由奔跑的方法来决定的。吐谷浑西迁时并没有明确的目的地，所以只是从辽东迁至阴山。以后又从阴山迁至陇西的具体原因虽不见于记载，但可以肯定是受到当地居民的压力或自然条件不利等因素的影响，最大的可能是阴山一带已为拓跋鲜卑等部所占，新迁入的吐谷浑部人力有限，自然无法与之竞争。

吐谷浑部由阴山大致沿黄河而西南，进入陇西后曾居于枹罕西北的广大坂（今甘肃临夏县西南一带）[1]；后又迁至今青海高原，“止于枹罕暨甘松（今白龙江上游一带），南界昂城（今四川阿坝县）、龙涸（今四川松潘县），从洮水西南极白兰（今柴达木盆地东南一带）数千里中，逐水草，庐帐而居，以肉酪为粮”。其居住和活动范围相当于今青海、四川二省的昆仑山和巴颜喀拉山的东北部分和甘肃的洮河、白龙江上游一带。吐谷浑迁离辽东时仅 700 户，至多只有三四千人，以后能取得广阔的疆域并形成一个新的民族，显然是吸收了沿途和当地民族，主要是羌族、氐族和汉族人口的结果。这一过程一直没有停止，如在暮璝在位时（424—436 年）曾占据了西秦旧地，以后又袭俘了准备迁往河西的夏主赫连定，“招集秦凉亡业之人及羌戎杂夷众至五六百落”[2]。

5 世纪前期，一部分吐谷浑人曾被赫连夏掠走，在北魏占据夏境后，这些人被安置在蒲坂（今山西永济市西南）。暮璝曾要求魏主遣还，但估计并未成功。其中少数人迁至平城（今山西大同市）。北魏太平真君六年（445 年）魏军攻吐谷浑时，“慕利延从弟伏念、长史䴔鸠黎、部大崇娥等率众一万三千落归降”[3]。其中的上层人士和部分民众也可能迁入北魏的都城或境内其他地方。这些人显然并不都是吐谷浑人，如吐谷浑派往北魏的三名使者中的张华大概是汉人，但吐谷浑人应占多数。史料中未能发现这批移民再迁移的记录，不过可以肯定他们免不了很快被其他民族融合的命运。

魏太平真君六年（445 年），慕利延率众逃往于阗国（今新疆南部和田县一带），杀其王，占有其地；并曾“南征罽宾（今克什米尔斯利那加一带）”[4]。在此过程中，可能有少量吐谷浑人流落当地。但因不久

1 《水经·河水注》，《水经注疏》卷 3《河水》，江苏古籍出版社 1989 年，第 209 页。
2 《魏书》卷 101《吐谷浑传》。
3 同上。
4 同上。

就返回旧地，吐谷浑的主体仍在青藏高原东北部。

吐谷浑的迁移大势见前文图 12－4。

三、西部鲜卑

关于西部鲜卑的一支乞伏部的来历，《晋书》卷 125《乞伏国仁载记》有这样的记载：

> 在昔有如弗斯、出连、叱卢三部，自漠北南出大阴山，遇一巨虫于路，状若神龟，大如陵阜，乃杀马而祭之，祝曰："若善神也，便开路；恶神也，遂塞不通。"俄而不见，乃有一小儿在焉。时又有乞伏部有老父无子者，请养为子，众咸许之。老父欣然自以有所依凭，字之曰纥干。纥干者，夏言依倚也。年十岁，骁勇善骑射，弯弓五百斤。四部服其雄武，推为统主，号之曰乞伏可汗托铎莫何。托铎者，言非神非人之称也。其后有祐邻者，即国仁五世祖也。

透过其神话色彩，我们可以推想，这是来自漠北的三个部族与另一乞伏部族在阴山结合为一部，乞伏部首领因武力强大而被推为首领。

乞伏鲜卑的五千余户于西晋泰始（265—274 年）初迁至夏缘（确地无考，估计在今宁夏北部或相邻的内蒙古境内），不久合并了在高平川（今宁夏境内黄河支流清水河）的鹿洁部七万余落，又收降了另外几部鲜卑共五万余落，迁居苑川（今甘肃榆中县东北），于 385 年建西秦[1]。

另一支秃发鲜卑部本在蒙古高原，大约在东汉末年由匹孤率领迁至河西，聚居区"东至麦田（今甘肃靖远县东北）、牵屯，西至湿罗，南至浇河（今青海黄河南岸贵德县南），北接大漠"。从以后北魏皇帝承认秃发鲜卑部为其同源一事可证明，秃发鲜卑确是拓跋鲜卑的一支，秃发只是拓跋的异译。西晋泰始年间，首领树机能一度占有过整个凉州，不久失败，部众仍盛。传至秃发乌孤时，被后凉吕光署为河西鲜卑

---

1 《晋书》卷 125《乞伏国仁载记》。

大都统，居于广武（今甘肃永登县西南）。397 年（东晋隆安元年）建南凉，三年后迁都乐都（今青海海东市乐都区），秃发利鹿孤继位后又迁居西平（今西宁市）[1]。

这两个政权据有今河西走廊东段武威一带、青海东部湟水流域和甘肃陇西一带，这两支鲜卑人也主要分布在这一范围内。414 年（东晋义熙十年），西秦灭南凉，秃发部大部为乞伏部所并，一部分投奔北凉，以后又投奔北魏，迁至平城（今山西大同市），被魏主引为系出同源，赐姓源氏[2]。南凉主秃发傉檀之子源贺以后成为北魏大将重臣，官至太尉，子孙繁衍，世代显贵[3]。源氏随孝文帝南迁洛阳，唐代还有其七代孙任随州刺史[4]。431 年（南朝宋元嘉八年），夏灭西秦。同年，夏主拥所获西秦十万余口渡黄河西进，企图占据河西，途中遭吐谷浑袭击。吐谷浑随即向北魏称臣[5]，但仅将夏主赫连定送交魏国[6]，其余的鲜卑人必定已被迁入吐谷浑境内或流落在这一带了。

到北魏太安二年（456 年）有并州刺史乞佛成龙[7]，乞佛氏当即乞伏氏的异译。此时离西秦灭亡已有 25 年，当是乞伏氏内迁的一支。以后又有叛胡乞扶莫于、乞步落[8]，当也是乞伏鲜卑的后人。《隋书》卷 55《乞伏慧传》称其为马邑（今山西朔州市）鲜卑人，“祖周，魏银青光禄大夫，父纂，金紫光禄大夫，并为第一领民酋长”。按乞伏慧卒于隋大业（605—618 年）间，其祖当生于北魏中期，离西秦灭时已有多年。从其祖以上不见记载看，这支鲜卑人不可能一直是拓跋鲜卑的部属，很可能是在西秦灭后才被迁至北魏境内，居于马邑，以后人口增加，乞伏周才以其首领身份出任领民酋长。

西部鲜卑的迁移大势见前文图 12－4。

---

1 《晋书》卷 126《秃发乌孤载记》。
2 《魏书》卷 97《鲜卑秃发乌孤传》。
3 《魏书》卷 41《源贺传》。
4 《唐故使持节随州诸军事随州刺史河南源公墓志铭并序》，周绍良主编：《唐代墓志汇编》，上海古籍出版社 1992 年版，第 1257 页。
5 《魏书》卷 99《鲜卑乞伏国仁传》。
6 《魏书》卷 101《吐谷浑传》。
7 《魏书》卷 5《高宗纪》。
8 见《魏书》卷 74《尔朱荣传》。

四、拓跋鲜卑

拓跋鲜卑与秃发部同出一系，于 258 年（三国魏甘露三年）从五原迁至盛乐（今内蒙古和林格尔县北），形成部落联盟。传至禄官（295—308 年在位）时，分部众为三部：一部在上谷以北、濡源西（今河北丰宁县西），一部在代郡的参合陂（今山西大同市西）之北，一部居盛乐，号称拥有“控弦骑士四十万”，控制的范围向南扩大到今山西境内桑干河一线。当时另有白部鲜卑居于并州北部（今山西北部）。西晋永嘉四年（310 年），拓跋首领猗卢协助晋并州刺史刘琨击败了白部鲜卑和铁弗匈奴刘虎部。作为酬谢，猗卢被晋朝封为代公，并强行将辖地向南扩展到今山西代县、朔州市和繁峙县一带，鲜卑人的分布区也随之扩大。西晋建兴三年（315 年），猗卢受封为代王，以平城为南都[1]。

376 年（东晋太元元年），代国为前秦苻坚所灭。苻坚将拓跋鲜卑的大部留在“汉鄣边故地”，仅有少数代国宗室等被迁至长安[2]，因而拓跋鲜卑的主体又回到了其发祥地阴山南麓一带。

东晋太元十一年（386 年）前秦亡，拓跋珪收集旧部复国，同年迁都盛乐，称魏国。魏皇始三年（398 年）迁都平城[3]。到太武帝拓跋焘（424—452 年在位）时，北魏已基本统一了北方，鲜卑族成为北部中国的统治民族。鲜卑人除了集中在首都平城一带外，还广泛分布在北方各地。

魏孝文帝太和十七年（493 年）迁都洛阳，原在平城的鲜卑人大多南迁。到十九年，孝文帝诏令“迁洛之民，死葬河南，不得还北。于是代人南迁者，悉为河南洛阳人”。二十年，孝文帝又下令改拓跋氏为元氏[4]，彻底实行汉化。鲜卑从移居汉族边区开始与汉人交往已经有了二三百年的时间，进入中原也已相当长久，加上这样强有力的措施，于

1 《魏书》卷 1《序纪》。
2 《晋书》卷 113《苻坚载记》。
3 《魏书》卷 2《太祖道武帝纪》。
4 《魏书》卷 7《高祖纪》。

是就此与汉族融合。当然，与此同时，北方汉族也受到鲜卑人的巨大影响，鲜卑文化成了汉文化一个重要的组成部分。

当北魏与南朝接壤后，在双方的战争和疆土盈缩中，一些鲜卑人被俘南迁或投奔南朝。在北魏内部的权力斗争中，也有一些贵族大臣及其部众迁入南方。如魏景明二年（501 年，南齐中兴元年）咸阳王禧被杀后，其宫人曾作歌悼之。这首歌流传至江南，“北人在南者，虽富贵，弦管歌之，莫不洒泣”[1]。这说明鲜卑人居留在南朝的人已颇不少，且已有了不低的政治经济地位。后其子翼、昌、晔、显和、树等均南奔于梁[2]。孝昌元年（525 年，梁普通六年），魏徐州刺史元法僧称帝失败后降于梁[3]。元法僧不久被任为郢州刺史，其子景隆、景仲先后任广州刺史[4]。同年，魏宗室权臣元叉被杀，其子元稚奔梁[5]。北魏内乱后南奔的宗室官僚还有不少，如大通二年（魏建义元年，528 年），魏汝南王悦、北海王颢、临淮王彧南奔，郢州刺史元愿达降于梁[6]。虽然有些人以后又重新返回北方，但多数即在南方定居。不过由于这些鲜卑人大多是宗室贵族和上层官员，汉化程度较深，本民族的特点已不多。他们南迁后多数定居于建康和其他地区中心，生活于汉族上层之中，必定很快为汉人所融合。

鲜卑人长期居住在北方，与汉人杂居，与汉人通婚估计早已开始。

最明显的例子是西晋初的阮咸，娶姑母的鲜卑婢女。生子阮孚，字遥集，取王延寿《鲁灵光殿赋》中“胡人遥集于上楹”之义，公开表明为“胡人”所生[7]。阮氏为当时士族，阮咸、阮孚均为当世名流，对家族中的鲜卑血统并无顾忌，时人也不以为非，证明这类通婚已很普遍。

---

1 《魏书》卷 21 上《咸阳王禧传》。
2 同上。
3 《魏书》卷 9《肃宗纪》。
4 《梁书》卷 39《元法僧传》。
5 《魏书》卷 16《道武七王传・元叉》。
6 《魏书》卷 10《孝庄纪》。
7 《晋书》卷 49《阮籍传》附阮咸、阮孚；《世说新语・任诞》，《世说新语笺校》卷下，中华书局 1984 年版，第 395 页。

又如东晋明帝之母荀氏是燕代人，为元帝宫女，生下明帝“状类外氏，须黄”。从荀氏的原籍无明确记载，王敦敢骂明帝为“黄须鲜卑奴”[1]来看，荀氏肯定是鲜卑人无疑。荀氏虽出身宫人，但毕竟是明帝之母，可是仅被封为县君，为晋朝后妃中所仅见[2]，显然是与其鲜卑族身份有关。

到南北朝时，这类鲜卑与汉族及其他民族间的通婚已相当普遍，以致不再作为特殊情况载入史册。北朝皇帝常取汉人或其他族女子为后妃，大臣与汉人通婚的也不少。对南方的重要降人，北魏一般都配以公主，或与鲜卑大臣结亲。南人因种种原因迁入北方后，也往往娶鲜卑妻妾。至孝文帝迁都改姓后，鲜卑与汉人通婚的现象更加普遍，所以隋唐时不少著名的家族和人物都有鲜卑血统，却又不再是纯粹的鲜卑人了。

拓跋鲜卑的迁移大势见图 12－5。

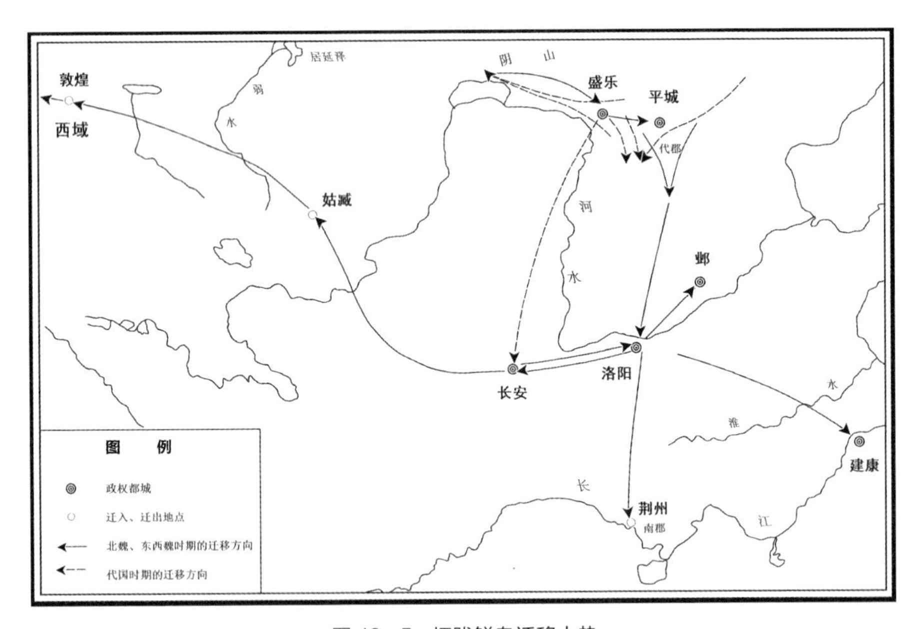

图 12－5　拓跋鲜卑迁移大势

1 《晋书》卷 6《明帝纪》。
2 《晋书》卷 32《后妃传・荀豫章君》。

第六节

蛮

从东汉开始，南方的蛮族已常见于记载，“蛮乱”也常有发生。到了东汉末、三国、两晋、南北朝期间，由于汉族政权往往忙于对付入主中原或企图南下的北方民族，而北方民族在入主中原之初也致力于巩固政权，都无暇顾及对蛮族人的镇压。更重要的是，由于人口迁移和长期战乱的影响，在与蛮族居住的山区相近的平原、河谷地区出现了不少人口空白区，或者居民已相当稀少。因此蛮族人口大量从山区迁至附近的平原和河谷，有的就此成为当地的定居人口。

蛮族广泛分布在淮河流域、长江流域和南方的山区。其中在江淮一带的蛮人，在三国时已经“部落滋蔓，布于数州，东连寿春(今安徽寿县)，西通上洛(今陕西商洛市商州区)，北接汝颍，往往有焉”。“至晋之末，稍以繁昌”；到十六国期间，“渐得北迁，陆浑(今河南嵩县东北)以南，满于山谷”[1]。可见这些蛮人原来是以今桐柏山、伏牛山、大别山和附近的丘陵山区为基地，向周围的平原、河谷逐渐扩展的。由于江淮之间、南阳盆地和伊洛平原长期受到战乱影响，汉人和内迁的其他民族人口经常大量外迁或大幅度下降，这就为较少受战乱影响因而继续不断增长的蛮人提供了理想的移殖空间。

在汉水流域山区，蛮人也大量迁入沿江平原。这种现象同样发生在有蛮人分布的南方山区，但由于这些地区汉人的数量本来就不多，人口密度较低，所以蛮人一般都能就近移殖，迁移距离不会很远。

蛮族人口从山区向平原和河谷的迁移，必然带来两方面的后果：一是地方官必定要将他们纳入统治和剥削的对象，贪赃枉法的官吏

1 《魏书》卷101《蛮传》。

更会残酷压榨和迫害他们。一是随着蛮族人口的增加和居住区越来越靠近汉族聚居区，甚至形成与汉人杂居的局面，蛮汉间的矛盾和冲突不免产生。这些都导致了“蛮乱”的频繁和镇压的加剧，其结果是蛮、汉人口的损失或缩减，也会有一些蛮人被官府或地方豪强掠为兵士、奴婢。

同时，蛮、汉人口的增加和开发区域的扩大使双方的接触和交流越来越普遍，处于相对落后地位的蛮人不得不汉化，尤其是在迁入汉地以后。这种情况在靠近汉族中心地区的蛮族区出现得更早。例如西晋初的张昌，就是义阳蛮，“少为平氏县吏”[1]。义阳蛮聚居在今豫、鄂交界的桐柏山区，因在义阳郡（国）境内而得名，离平氏县治（今河南唐河县东南）很近。张昌能为县吏，既说明他本人汉化程度已经很深，也反映了当地蛮人的影响相当大。

在南北政权的对峙中，处于交界地区的蛮人无疑是双方都想利用的一支力量，因此常有蛮人“内属”“内附”或“归顺”的记载。但除了少数上层人物被迁至首都或其他城市以外，蛮族人口一般都只是被编入新设的郡县，或者仅仅接受郡县的名义，至多也只作就近安置。

如魏泰常八年（423 年），“蛮王梅安率渠帅数千朝京师，求留质子以表忠款。始光（424—428 年）中，拜安侍子豹为安远将军、江州刺史、顺阳公。”“延兴（471—476 年）中，大阳蛮酋桓诞拥沔水以北、滍叶以南八万余落，遣使内属。高祖嘉之，拜诞征南将军、东荆州刺史、襄阳王，听自选郡县。”[2]梅安留在平城的只是他的儿子，而且不久也被封遣回；桓诞的“八万余落”也都留在原地，由他自己治理。

又如魏太和十七年（493 年），“襄阳酋雷婆思等十一人率户千余内徙，求居大和川，诏给廪食。后开南阳，令有沔北之地”[3]。这支蛮人曾一度自襄阳（今湖北襄阳市）迁至北魏南境，但在魏国据有南阳（今河南南阳市）地区后，又被安置在沔（汉水）北，与原居住地相近。

少数蛮族上层人物，或作为人质，或作为效忠的象征，或因其他各

1 《晋书》卷 100《张昌传》。
2 《魏书》卷 101《蛮传》。
3 同上。

种原因，会被迁至首都。但一旦定居，这些人与本民族的联系基本断绝，很快为当地民族所同化。如北魏后期的樊子鹄，“其先荆州蛮酋，被迁于代。父兴，平城镇长史，归义侯”，所以他至少已是第二代移民，籍贯已被登为“代郡平城”了。樊子鹄自孝昌三年（527 年）起备受重用，官至尚书左、右仆射[1]。从樊子鹄的经历和行事已经看不出任何蛮族特征了。

清廉强干的地方官也会顺应民情，采取积极措施安置蛮民出山定居。如南朝宋的宁蛮校尉、雍州刺史刘道产，“善于临民，在雍部政绩尤著”，当时在汉水流域山区的蛮人，“悉出缘沔（汉水）为居。百姓乐业，民户丰赡”[2]。而在此前，有的蛮民就已住在襄阳附近，并不时出入襄阳城了[3]。

但是在特殊情况下，如在某一地区蛮族人口已相当多，由于种种原因，“蛮乱”已非常严重，或者统治者正好需要大量人力等，就会像孙吴攻打山越一样，以掳掠蛮族人口为目的，实行强制性的迁移，距离都较远。

北朝进行的规模最大的一次强制迁移发生在魏景明三年（502 年），“鲁阳蛮鲁北燕等聚众攻逼颍川，诏左卫将军李崇讨平之，徙万余家于河北诸州及六镇。寻叛南走，所在追讨，比及河，杀之皆尽”[4]。魏鲁阳郡治今河南鲁山县，鲁阳蛮当分布在这一带。据《魏书・李崇传》，他们先曾“围逼湖阳（治今河南唐河县西南）”，也在这附近。而迁入地远在今河北、山西北部和内蒙古南部，自然环境和生存条件完全不同，加上作为俘虏必然受到的恶劣待遇，这数万蛮人的反叛南逃是不可避免的。但既然蛮人的迁入地范围很广，不可能同时集中反叛，所以被“杀之皆尽”的应指其中主要的一支，其余分散安置的蛮人虽数量不多，还是会有人留在北方的。

由于对蛮人的镇压经常进行，俘获掳掠的蛮人也不少，根据当时

---

1 《魏书》卷 80《樊子鹄传》。
2 《宋书》卷 65《刘道产传》。
3 《宋书》卷 83《宗越传》。
4 《魏书》卷 101《蛮传》。

的习惯做法，这些“生口”中必定会有一部分被送往首都，供朝廷赏赐，或被安置于内地。如魏景明（500—503 年）初曾下诏表彰彭城王元勰：“自勰之至寿春，东定城戍，至于阳石，西降建安（今河南固始县），山蛮顺命，斩首获生，以数万计。”[1]这些“生口”来自淮南一带，数量在万人以上。

又如北周明帝（557—559 年在位）初，信州（治今重庆市奉节县东）刺史李迁哲镇压邻州刺史（治今四川大竹县东南）“蛮酋蒲微”，“拔其五城，虏获二千余口”[2]。北周武帝天和二年（567 年），伊娄穆镇压唐州山蛮（在今河南唐河县一带），“蛮酋等保据石窟一十四处，穆分军进讨，旬有四日，并破之，虏获六千五百人”[3]。

南方政权也是如此。早在东晋末隆安五年（401 年），桓玄为了扩大自己的势力，巩固荆州一带，“移沮漳蛮二千户于江南，立武宁郡”[4]。武宁郡的治所在今湖北荆门市西北，离沮、漳二水流域不过一二百公里，但这些蛮人从山区迁至平原，脱离了原来的生活基地，显然并不是自由发展的结果，而带有强制性质。

南朝境内规模较大的几次迁移发生在宋元嘉年间。元嘉十九年（442 年）刘道产死后，“群蛮大动”，遣沈庆之征讨，“大破缘沔诸蛮，禽生口七千人。进征湖阳（今河南唐河县西南），又获万余口”。“时蛮寇大甚，水陆梗碍……分军遣庆之掩讨，大破之，降者二万余口。”“平定诸山，获七万余口。郧山（今湖北西北一带）蛮最强盛……庆之剪定之，禽三万余口。”“南新（城）郡（治今湖北房县）蛮帅田彦生率部曲十封六千余人反叛，攻围郡城。……庆之引军自茹丘山出检城，大破诸山，斩首三千级，虏生蛮二万八千余口，降蛮二万五千口。”沈庆之前后俘降至少有十七八万人，即使除去夸张成分，数量也必定很多。“随王诞筑纳降、受俘二城于白楚。”白楚今地无考，但随郡王刘诞驻襄阳，二城不会太远。看来一部分蛮人应被安置于此二城。[5]《宋书·沈庆之

1 《魏书》卷 21《献文六王传·彭城王勰》。
2 《周书》卷 44《李迁哲传》。
3 《周书》卷 29《伊娄穆传》。
4 《晋书》卷 99《桓玄传》。
5 《宋书》卷 77《沈庆之传》。

传》又称“前后所获蛮,并移京邑,以为营户”,则大部分蛮人当迁于建康(今江苏南京市),编入营户。此二类对象其实并无矛盾,因为《传》中对蛮人的处置或称“降”,或称“获”“虏”,且有“蛮”和“生蛮”之分。估计前者属主动接受收编,故一般就近安置;后者则反抗激烈,又汉化程度较差,因而被强制远迁。如这一假定成立,那么迁往建康的蛮人号称十三万五千,即使打个对折,也有六七万人。《宋书·文帝纪》载元嘉二十二年送至建康的有一万四千余口,当是其中的一部分。

《宋书·州郡志》云:“文帝元嘉二十五年,以豫部蛮民立太湖、吕亭二县,属晋熙,后省。明帝泰始二年复立。”太湖县治所即今安徽太湖县,吕亭县治所在今桐城市东北。这些蛮民估计是从附近的大别山区外迁,就近安置的。从此二县不久就被省废一事看,很可能这些蛮民未能定居,或者逃亡了,或者又被迁往其他地区了。泰始二年(466年)复置时是否还是以蛮民为主要居民就难以断定了。又云:“文帝元嘉二十五年,以豫部蛮民立茹由、乐安、光城、雩娄、史水、开化、边城七县,属弋阳郡。”“南陈左郡太守……孝建二年以蛮户复立。”“文帝元嘉二十五年,以豫部蛮民立建昌、南川、长风、赤亭、鲁亭、阳城、彭波、迁溪、东丘、东安、西安、南安、房田、希水、高坡、直水、蕲水、清石十八县,属西阳。孝武大明八年,赤亭、彭波并阳城,其余不详何时省。”不过这一事例也可以证明,当时将蛮民迁出山区的行动是在不断进行的。

元嘉二十七年,臧质“伐汝南西境刀壁等山蛮,大破之,获万余口”。这些俘虏的下落不明。但以后臧质“坐前伐蛮……又纳面首生口,不以送台,免官”[1];则通常的做法是,“生口”都应送台(朝廷)处理。由此可见送往建康的蛮人并不止沈庆之所俘,数量应更多。同时也暴露了当时伐蛮的将领往往私自留下俘获的蛮人,甚至以蛮人充当“面首”(男妓),臧质只是其中之一。这些蛮人无论是编为营户还是成为私属、奴婢,基本都无法返回故乡。

营户估计又称蛮户,《宋书》卷41《后妃传·文帝袁皇后》载大明五年(461年)诏:“赵、萧、臧光禄、袁敬公、平乐乡君墓,先未给茔户。

1 《宋书》卷74《臧质传》。

加世数已远，胤嗣衰陵。外戚尊属，不宜使坟茔芜秽。可各给蛮户三，以供洒扫。”这些外戚的坟墓都在建康附近，则供洒扫的蛮户必定也住在建康一带，应该就是自元嘉以来迁来的蛮人营户。

这类对蛮人的征伐异常残酷，俘虏的蛮人数量也很大，正如沈约在《宋书·夷蛮传》中所说：“自江汉以北、庐江以南，搜山荡谷，穷兵罄武，系颈囚俘，盖以数百万计。”沈约去宋未远，对蛮人征伐的具体情况不少都应是亲耳所闻、亲眼所见，自然是可信的。

从蛮人中掳掠“生口”及在“蛮乱”中俘虏蛮人，以后仍不断见于记载。如《梁书》卷53《良吏传·孙谦》：宋明帝时任巴东、建平二郡（辖今重庆市奉节、巫山二县一带）太守，“至郡，布恩惠之化，蛮獠怀之，竞饷金宝，谦慰喻而遣，一无所纳。又掠得生口，皆放还家”。可见接近蛮区的地方官掳掠蛮族生口，是很正常的做法，掠得后又放还的即可作为“良吏”而流传。《梁书》卷10《邓元起传》：齐永元末任武宁太守（治今湖北荆门市西北），“蛮帅田孔明附于魏，自号郢州刺史，寇掠三关，规袭夏口，元起率锐卒攻之，旬月之间，频陷六城，斩获万计，余党悉皆散走”。估计俘虏的蛮人至少有数千。《陈书》卷11《淳于量传》称梁末“荆、雍之界，蛮左数反，山帅文道期积为边患，中兵王僧辩征之，频战不利，遣量助之。量至，与僧辩并力，大破道期，斩其酋长，俘虏万计”。类似记载不一。对这些被俘蛮人的处置，大概也是编为营户或蛮户。

值得注意的是，居住在蛮族聚居区的并不都是蛮人，还有不少是因不堪赋役重负而逃入蛮区的汉人。“蛮民顺附者，一户输谷数斛，其余无杂调，而宋民赋役严苦，贫者不复堪命，多逃亡入蛮。蛮无徭役，强者又不供官税，结党连群，动有数百千人，州郡力弱，则起为盗贼，种类稍多，户口不可知也。”[1]由于汉人迁入蛮区者数量很大，被当作蛮人俘为营户的也不在少数。当时还有汉人进入蛮区经商，见《南齐书》卷25《张敬儿传》载诏书“建康民汤天获商行入蛮”。这也可以作为蛮区有较多汉人的一个证据。

---

1 《宋书》卷97《夷蛮传》。

蛮族的迁移大势见图 12－6。

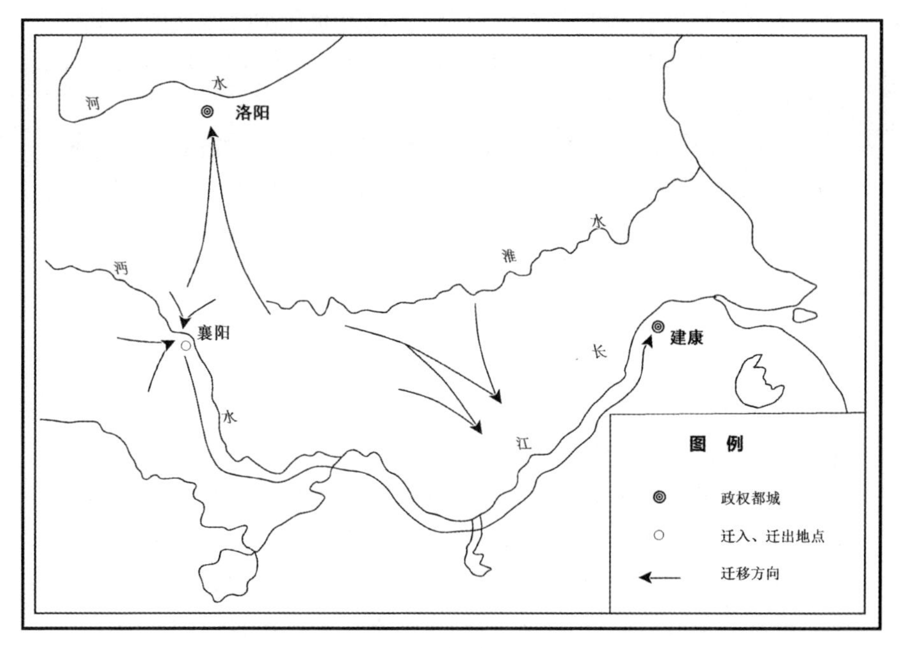

图 12－6 蛮族迁移大势

第七节

獠

獠也是一种古老的民族，但由于分布在更加闭塞的山区，与汉人的接触比蛮族更少，所以直到三国时代才见于记载。《三国志》卷 41《蜀书·霍峻传》附霍弋："时永昌郡夷獠恃险不宾，数为寇害，乃以弋领永昌太守，率偏军讨之，遂斩其豪帅，破坏邑落，郡界宁静。"

这说明永昌郡(相当今云南西南部及缅甸北部)是獠人的聚居区，数量相当可观，有自己的"邑落"，已经进入汉人地区，并与汉人发生了冲突。但从以后的发展可以证明，獠人的分布区绝不限于永昌郡，“自汉中达于邛筰川洞之间，所在皆有”[1]，广泛分布在秦岭南麓的汉中盆地至今四川西部山区之间。只是因为还没有与汉人发生冲突，没有引起人们的注意而已。

獠人大规模迁入汉人地区发生在十六国的成汉政权内。“李势在蜀（344—347 年），诸獠始出巴西、渠川、广汉、阳安、资中，攻破郡县，为益州大患。……自桓温破蜀（347 年）之后，力不能制，又蜀人东流，山险之地多空，獠遂挟山傍谷。与夏人参居者颇输租赋，在深山者仍不为编户。”《晋书》卷 121《李势载记》也称：“初，蜀土无獠，至此，始从山而出，北至犍为、梓潼，布在山谷，十余万落，不可禁制。大为百姓之患。”

原来分布在自秦岭南麓直到云贵高原山区的獠人为什么要大规模地迁入四川盆地汉人聚居区，文献中找不到任何线索，我们只能作些猜测。可能之一是獠人聚居的山区发生了自然灾害，生产力低下的獠人无法抵御，只能离开山区。而当时的成汉政权“百姓疲于使役，呼嗟满道，思乱者十室而九矣”[2]，无疑给獠人提供了机会。可能之二是受到成汉内乱的鼓动，李势继位后，遣太保李奕袭击自己的弟弟汉王李广，接着李奕在晋寿（今四川广元市西北）举兵反，“蜀人多有从奕者，众至数万。势登城距战”[3]，已经打到成都。獠人或许就是乘机而起，迁入郡县的。李奕虽然很快失败，獠人涌入的势头却再也抵挡不住了。

此后直到南北朝后期，獠人几乎遍及今陕南、四川、重庆。由于生存空间大为扩展，人口数量也有了大幅度的增加。如北魏曾“立隆城镇（今四川阆中市），所绾獠二十万户，彼谓北獠，岁输租布，又与外人交通贸易”。这 20 万户的数字或许不无夸大，但至少可以说明仅在今川北一带的獠人数量就已很多。獠人迁入汉人区后，由于与汉人杂居，生产和生活方式都发生变化，逐渐与汉人无别。所以到隋朝时，仅秦岭南麓一带还属于獠人聚居区：“傍南山杂有獠户，富室者颇参夏人

1 《魏书》卷 101《獠传》。本节以下引本传者不再一一注明。
2 《晋书》卷 121《李寿载记》。
3 同上。

为婚，衣服居处言语，殆与华不别”[1]，其中的上层人物已在相当大程度上汉化了。而在其他地区的獠人已与蜀人没有什么区别了。

但在南北朝期间，统治者都曾大肆掳掠獠人。如“萧衍梁益二州岁岁伐獠以自裨润，公私颇藉为利”。利益的来源除了直接劫掠獠人的财物（大概是有限的）外，显然就是掠取獠人为奴隶，或者贩买获利。北朝同样如此，有时一次镇压就要俘获数千[2]。北周夺取巴蜀后，“每岁命随近州镇出兵讨之，获其口以充贱隶，谓之为压獠焉。后有商旅往来者，亦资以为货，公卿逮于民庶之家，有獠口者多矣”[3]。每年出动军队掠夺和商人的贩买，使北周的官民家中有不少獠人奴隶。这说明獠人已被迁至包括北周的都城长安在内的各地。由此我们也可以推断，南朝的都城建康和其他官僚贵族集中的城市也应该是獠人奴隶较多的地方。这些分散的獠人处于社会的底层，人口增长率极低，更不可能保持本族间的通婚，因此不久就消失在汉人之中。

第八节

高句丽（高丽）、夫余

三国魏正始七年（246年）[4]，幽州刺史毌丘俭伐高句丽，攻克其都城丸都（今吉林集安市），“诸所诛纳八千余口”。在此前，毌丘俭曾出兵高句丽，“斩获首虏以千数”[5]。这两次杀、俘的高句丽人有一万余，但迁回的俘虏估计有数千。据江统所言，其中有数百户被迁至荥阳（今河南荥阳市东北），至西晋时“子孙孳息，今以千计”，已经增加到上

1 《隋书》卷29《地理志》上。
2 如《周书》卷28《陆腾传》：“魏恭帝三年（556年）……陵州木笼獠恃险粗犷，每行抄劫，诏腾讨之。……尽破之，斩首一万级，俘获五千人。”
3 《周书》卷49《异域传·獠》。
4 据《资治通鉴》卷75《魏纪》正始七年。《三国志·毌丘俭传》作六年。
5 《三国志》卷28《魏书·毌丘俭传》。

千户了[1]。看来荥阳并不是高句丽人唯一的安置地，仅是其中最集中的一处。只是经过数十年后，较分散的高句丽人早已融入汉人，就是这千余户高句丽人以后也不知所终了。

西晋太康六年（285年）慕容廆破夫余国，“驱万余人而归”[2]。次年夫余虽在西晋的援助下复国，但慕容廆不断“掠其种人，卖于中国”，为此晋武帝曾专门下诏司、冀二州，禁止买卖夫余人口[3]。这说明夫余人口被卖至晋境的数量不少，其迁入区主要是司、冀二州（约相当于今河北中部和南部、河南西北部和山西西南部）。

东晋咸康八年（342年），前燕慕容皝伐高句丽，乘胜攻入丸都，高句丽王钊逃遁。慕容皝焚烧宫室，毁丸都城，掠男女五万余口而还。这五万余人中有一定数量的汉人，但主要是高句丽人，他们被安置在前燕的都城龙城（今辽宁朝阳市）附近[4]。

永和三年（347年），前燕东袭夫余（今吉林和黑龙江南部一带），将夫余王及其部众五万余口迁回。夫余人的安置区不见于记载，但当时前燕的疆域范围不大，为了加强对夫余俘虏的控制，只能安置在龙城附近。《魏书·高句丽传》认为高句丽出于夫余，可见当时夫余人与高句丽人差别不大。史料中以后未见这批夫余人的下落，显然是将他们混同于高句丽人了。

前燕期间对高句丽和夫余的攻掠不止这几次，但以这几次的规模为最大，因而被迁入前燕境内的高句丽、夫余人应在十万之上。慕容皝的谋臣阳裕曾建议他将高句丽、百济及宇文、段部人从都城附近迁至“西境诸城”集中安置，以免他们“散在居人，知国之虚实”，看来慕容皝并未采纳。从当时形势分析，阳裕的考虑也不全面，因为前燕的西境范围有限，又与敌国后赵相邻，要安置十多万高句丽、夫余人和更多的宇文、段部人，即使勉强能容纳，要有效地控制他们也是相当困难的。

1 《晋书》卷56《江统传》。
2 《晋书》卷108《慕容廆载记》。
3 《晋书》卷97《东夷传·夫余国》。
4 《晋书》卷109《慕容皝载记》。以下同。

前燕进入中原后，一部分高句丽人(含夫余人)也被西迁至黄河下游前燕境内。如以后成为北燕主的慕容云，是后燕主慕容宝的养子，祖父高和，是高句丽的支族[1]。从时间推算，高和家族应是前燕时迁入的，而作为慕容宝的养子，高云肯定是随着慕容氏家族迁至中原以至关中的。到北魏天兴元年(398年)占有前燕除辽西外的旧地时，从山东六州(约相当于今太行山以东、黄河一线稍北、滦河以西地)移民充实京师(当时在盛乐，但不久即迁平城，今山西大同市)时，迁移对象中就有“高丽杂夷”[2]。当时北魏刚据有中原，后燕残余还在辽西，北魏还不可能直接从高句丽获得人口，只能是后燕时已迁至山东六州的高句丽人及其后裔。从北魏移民时还将他们专门列为一类看，他们依然保持着本民族的特征，人数也比其他“杂夷”多。但这些高句丽人离开故乡已有五十多年，迁至平城的又只是其中的很少一部分，以后就未再见于记载，必定是融入了其他民族之中。在此前的370年前秦灭前燕时，曾有前燕王公以下并鲜卑四万余户被迁至关中，高云的例子说明，其中完全可能有少量高句丽人。

但高句丽移民的主体依然在辽东和辽西，由于前燕后期鲜卑人与汉人的内迁，后燕时迁回辽西的人口又很有限，却曾在400年(晋隆安四年，后燕长乐二年)从高句丽将五千余户迁于辽西[3]，故高句丽人在当地人口中已占多数。北燕主冯跋之父冯安是慕容永的部将，后燕主慕容垂灭慕容永后被迁至昌黎。冯安迁昌黎当在386年，冯跋立高云为燕主在408年，估计冯跋是生于昌黎或很小就迁去的。冯氏家族“既家昌黎，遂同夷俗”；冯跋有小名乞直伐，又能被高句丽人慕容(高)云收为养子[4]，说明确已有了“夷俗”，而所谓“夷俗”即高句丽风俗。这完全可以证明辽西的高句丽人已占多数。到北魏灭北燕时，辽东大批人口已被西迁，而燕主冯弘最后“拥其城内士女入于高丽”，东迁辽东[5]；辽西的高句丽人所剩无几。以后辽东长期为高句丽所有，高句

---

1 《晋书》卷124《慕容云载记》。

2 《魏书》卷2《太祖纪》。

3 《晋书》卷124《慕容盛载记》。

4 《晋书》卷124《慕容云载记》、卷125《冯跋载记》;《魏书》卷97《海夷冯跋传》。

5 《魏书》卷97《海夷冯跋传》。

丽人的分布区又退至辽水和渝水(今大凌河)之间一线。

高句丽人迁往南方的情况不详,但《南史》卷77《恩幸传·孔范》载隋军临江时,孔范与鲁广达屯于白塔寺,“后主多出金帛,募人立功,范素于武士不接,莫有至者,唯负贩轻薄多从之,高丽、百济、昆仑诸夷并受督”。这里的“高丽、百济、昆仑诸夷”虽不一定是确指,但高丽、百济人的存在应是事实,并且是其中的主要成分。从受募的人仅限于“负贩轻薄”看,这些高丽、百济人的地位一定比他们还低,所以只能“受督”,其身份类似奴隶。南朝后期特别是陈时不会有渡海去掠夺人口的能力,但据《南史》卷79《夷貊传》,高丽和百济与东晋、南朝的交往都相当频繁,并曾接受封号,“遣使贡献”;辽东及朝鲜半岛与南方的交通也并不困难,因此不能排除高丽人、百济人被当地豪强或商人掠卖到南方的可能,或因其他原因在流入南方后沦为奴隶。但这类人的数量有限,没有形成有影响的移民。

《续高僧传》卷13[1] 载有释圆光,俗姓朴,辰韩新罗人,南朝陈时“乘舶造于金陵”,出家后居吴(今江苏苏州)虎丘山,隋初归国。虽系孤例,但说明当时由朝鲜半岛往来南朝并不困难,定居也有可能。

第九节

西域诸族

由于在晋、南北朝期间中原与西域的交通从未完全中断,西晋、前凉、前秦、后凉、西凉、北魏都曾在西域设置行政机构,西域诸族的内迁始终在进行。河西走廊是西域人内迁的主要中继站,一些西域人先迁至河西走廊,然后再迁入中原各地,包括南方;还有一些西域人通过海道直接迁入南方。

---

1 道宣撰,郭绍林点校,中华书局2014年版,第438—439页。

一、西域僧人

因传播佛教而迁入中原依然是西域人内迁的一个主要原因。见于《高僧传》[1]的内迁人物有：

竺昙摩罗刹（法护），月支人，本姓支，世居敦煌。晋武帝时至长安，终身从事佛经翻译，曾建寺于长安青门外，有僧徒数千（一作千数），惠帝末卒于渑池（今河南洛宁县西）。

帛尸梨密多罗，西域人，永嘉（307—313 年）中到中原，即南渡，居建初寺，与东晋显贵均有交往，通过译员译出《孔雀王经》，咸康（335—342 年）中卒于建康。

僧伽跋澄，罽宾人，前秦建元十七年（381 年）至关中，间接译出大乘佛经，后不知所终。同时还有西域人佛图罗刹，精通汉语，协助僧伽跋澄译经。

僧伽提婆，罽宾人，也于前秦建元年间至长安，后秦初至洛阳，又应慧远之请而至庐山。晋隆安元年（397 年）到建康，王公及风流名士无不听其传道，前后译出佛经百余万言。后不知所终。

昙摩耶舍，罽宾人，晋隆安（397—401 年）中到广州，义熙（405—418 年）中至长安，后又南游江陵，至宋元嘉（424—453 年）中回西域。耶舍的弟子法度，其父名竺婆勒，常住广州经商，在南康（今江西赣州市南康区西南）生下法度。这说明当时由海路至广州的交通已很发达，西域商人已常住广州。

鸠摩罗什，天竺人，名闻西域诸国，苻坚命吕光出师西域前，曾专门指示"若克龟兹，即驰驿送什"。后随吕光至凉州，后秦弘始三年（402 年）末至长安，后秦主姚兴待为国师。罗什不久即学会汉文，译出大量佛经，并著《通三世论》，在长安传道，盛极一时。弘始十一年卒于长安。

弗若多罗，罽宾人，弘始中到关中，弘始七年后卒。

---

1 汤用彤校注本，中华书局 1992 年版。

昙摩流支，西域人，弘始七年秋至长安，从事译经，后不知所终，或云终于凉州。

卑摩罗叉，罽宾人，弘始八年至关中，后至寿春（今安徽寿县），曾至江陵（今湖北江陵县）传道，卒于寿春石涧寺。

佛驮跋陀罗（觉贤），天竺人，步行三年，度葱岭（今帕米尔高原），到达交趾（治今越南北宁省仙游东），又由海路到青州东莱郡（治今山东莱州市），听说鸠摩罗什在长安，即往长安相会。后率徒众到庐山，又至江陵，宋元嘉六年（429年）卒于建康。他在江陵曾遇见五艘来自天竺的船舶，可见当时航海的发达。

昙无谶，中天竺人，经龟兹，于北凉时至姑臧（今甘肃武威市），译出佛经60余万言。又从于阗带回佛经，译出33卷。北凉义和三年（433年）在归途被沮渠蒙逊所杀。

佛驮什，罽宾人，宋景平元年（423年）至扬州，可能来自海路。后又至建康，从事译经，后不知所终。

求那跋摩，罽宾人，从海道到广州，宋元嘉八年（431年）至建康，译经、讲经，卒于建康。

昙摩密多，罽宾人，由龟兹至敦煌，又居凉州，元嘉元年（424年）经蜀地，顺长江而下至荆州，又至建康译经；后又去会稽建寺传道，元嘉十年回建康，居钟山定林寺，十九年卒。

畺良耶舍，西域人，元嘉初由陆路至建康，所译经流通宋境，后西游岷蜀，卒于江陵。

僧伽达多、僧伽罗多，天竺人，宋时至建康。

求那跋陀罗，中天竺人，元嘉十二年（435年）到广州，先后在建康、荆州传道译经，泰始四年（468年）卒于建康。

阿那摩低，康居人，宋孝建中至建康，居瓦官寺，齐永明末年卒。

求那毗地，中天竺人，齐建元（479—482年）初至建康，译出《百喻经》等；接受南海商人捐助，造正观寺，中兴二年（502年）卒于寺中。

康僧渊，西域移民后裔，生于长安，“貌虽梵人，语实中国”，晋成帝时与康法畅、支敏度等南渡，后卒于豫章山寺。

竺佛图澄，西域人，本姓帛，西晋永嘉四年（310年）至洛阳，后投石勒，居襄国(今河北邢台市)、邺城(今河北临漳县西南)，历事石勒、石虎，东晋永和四年(348 年)卒。当时还有来自天竺、康居的佛调、须菩提等数十人。

支昙籥，月支人，晋孝武帝曾从其受戒；其弟子释法年、法等兄弟，姓康，康居人，宋元嘉末卒。均寓居建康。

释昙迁，姓支，月支人，寓居建康，齐建元四年(482 年)卒。

另有一些西域人来华后返回。

见于《续高僧传》[1]的内迁人物有：

僧伽婆罗，僧养，扶南国人，齐时随舶至建康，天监五年(506 年)被征召译经，普通五年(524 年)卒于建康。

曼陀罗，弘弱，扶南人，梁初到建康。

菩提流支，道希，北天竺人，魏永平(508—512 年)初至洛阳。

勒那摩提，宝意，中天竺人，魏正始五年(508 年)至洛阳，译经。

佛陀扇多，觉定，北天竺人，魏正光元年(520 年)至元象二年(539 年)于洛阳译经。

瞿昙般若流支，智希，南天竺波罗柰城婆罗门，元象元年(538 年)至兴和(539—542 年)末于邺城译经。

攘那跋陀罗，智贤，波头摩国律师，周文帝二年(561 年)于长安译经。

达摩流支，法希，摩勒国沙门，建武帝天和年间(566—572 年)于长安译经。

阇那耶舍，藏称，摩伽陀国禅师，建武帝天和年间于长安译经。

拘那罗陀，亲依，或云波罗末陀，真谛，西天竺优禅尼国人，大同十二年(546 年)达南海，太清二年(548 年)至建康，侯景之乱后至富春译经，后在建康、豫章、南康、临川、晋安、广州，太建元年(569 年)卒。

月婆首那，中天竺优禅尼国王子，高空，魏元象元年(538 年)于邺城译经，梁大同年间(535—545 年)至建康。

求那跋陀，德贤，于阗僧人，太清二年(548 年)在建康。

---

1 道宣撰，郭绍林点校本，中华书局 2014 年版。

须菩提，善吉，扶南国僧人，陈时在扬州译经。

那连提黎耶舍，尊称，北天竺乌场国人，齐天保七年（589年）至邺城。隋开皇九年（589年）卒。

阇那崛多，德志，北贤豆犍陀啰国人，周武帝武成元年（559年）初至长安，后西归，留突厥，隋初返洛阳，后于长安译经，开皇二十年（600年）卒。

优婆塞瞿昙氏达摩般若，法智，中天竺人，流滞东川，高齐灭后任洋州洋川郡守，隋时译经。

释吉藏，俗姓安，安国人，祖上移居南海，陈时生于金陵。

佛陀禅师，觉者，天竺人，北魏时至北台恒安，孝文帝时至少室山少林寺。

菩提达摩，南天竺婆罗门种，初至宋，后至北魏。

勒那漫提，天竺僧，北魏时居洛阳。

释道仙，僧仙，康居国人，梁、周之际以行商为业，往来吴、蜀，于灌口山出家。

释明达，姓康，其先康居人，梁天监初来自西戎，至益州、梓州，天监十五年（516年）卒于江陵。

据《魏书·释老志》所载，有京师沙门师贤，罽宾人，由凉州至平城，和平（460—465年）初卒；太安（455—459年）初有师子国胡沙门邪奢遗多、浮陀难提等五人由西域奉佛像到平城；天竺沙门常那邪舍，与昙曜译出新经14部。北魏中后期，佛教盛极一时，延昌（512—515年）中，“天下州郡僧尼寺，积有一万三千七百二十七所，徒侣逾众”。正光（520—525年）以后，“略而计之，僧尼大众二百万矣，其寺三万有余”。北魏期间，流通的佛经已有415部，合计1 919卷。北魏期间迁入的西域僧人为数必定不少，只是因当时西域人在中原很多，习以为常，除个别高僧外，一般已不作记载。

西域僧人迁入中原的总数并不多，由于他们不可能有后代，对人口数量的影响等于零，但他们对佛教的传播做出了巨大的贡献。他们来华的路线也反映了当时的交通状况，说明西域至中原至少已有三条路线：由陆路经河西走廊至关中；由海路经广州再转海路或陆路至各地；由海路至山东半岛、江南。这些路线自然也为其他移民所利用。

二、龟兹乐人

龟兹（今新疆库车县一带）的音乐向称发达，有不少中原原来没有的乐器如曲项琵琶、竖头箜篌等。前秦末，吕光率大军征西域，攻克龟兹，降三十余国。385 年（前秦太安元年，东晋太元十年），吕光东归，“以驼二万余头致外国珍宝及奇伎异戏、殊禽怪兽千有余品，骏马万余匹”[1]。所谓“奇伎异戏”，即包括龟兹的乐工与乐器。由所用骆驼数量之多，可以想象带回的乐工与乐器必定不少。以后吕光在河西建后凉，沮渠蒙逊建北凉，以龟兹乐人和乐器为基础形成了龟兹乐和西凉乐，并为北魏、北齐、北周所继承。“故其乐器声调，悉与书史不同”[2]，是中国音乐史上划时代的一页。龟兹乐至隋代大为流行，以后成为盛唐音乐的重要组成部分。

由吕光带回的龟兹乐人大概不会留至北凉灭时（439 年），即使有也只是个别的，但由他们传播的音乐和乐器却在中原长期流传。当时在凉州的西域人不少，龟兹乐工的后裔由凉州再迁内地是完全可能的。

三、西域商人

西域不少小国因本身无发展农业生产的余地，又处于交通孔道，国民向以善于经商闻名。西域商人进入中原经商，河西地区、广州一带得益于对外贸易，一些官员因此而致富的记载史料中不一而足，但因经商而定居于中原的西域人，还是以北魏时的洛阳最为集中。《洛阳伽蓝记》卷 3 称洛阳城南有一西域商人聚居区：

> 自葱岭已西，至于大秦，百国千城，莫不欢附，商胡贩客，日奔

---

1 《晋书》卷 122《吕光载记》。
2 《隋书》卷 15《音乐志》下。

塞下，所谓尽天地之区已。乐中国土风，因而宅者，不可胜数。是以附化之民，万有余家。门巷修整，阊阖填列，青槐荫陌，绿树垂庭，天下难得之货，咸悉在焉。

这些商胡贩客来自葱岭（今帕米尔高原一带）至大秦（原指罗马帝国，此处泛指西亚、北非诸国）的广大地域，并已在洛阳定居。万有余家的数字虽可能有夸大，但从《洛阳伽蓝记》的其他记载看，相差不至于很大。考虑到洛阳极盛时的人口超过100万，集中了皇室贵族、高官巨富，也集中了北半个中国的财富，拥有占人口总数5%左右的外商是不无可能的。他们的后人也有出仕北朝的，如北齐的幸臣和士开，“清都临漳人也。其先西域商胡，本姓素和氏。父安，恭敏善事人，稍迁中书舍人”[1]。和氏在北魏后期已跻身士林，定居于中原的时间自然要早得多。和氏注籍于临漳（今河北临漳县西南），显然是东魏初由洛阳迁邺的结果，则和氏原来也是定居于洛阳的商胡。

南方的广州也应有定居的外商，这从《高僧传》中提到罽宾人竺婆勒因经商长期居留广州，其子生于南康可以得到证明。值得注意的是，南康（今江西赣州市南康区西南）地处大庾岭之北，是水陆交通的冲要，竺氏之子生于南康，说明他并非临时途经，可见西域商人已深入内地。另外，外国商船驶达江陵、扬州、建康、东莱等沿江沿海地点的事实，也能使我们作出合理的推断：西域商人在中国居留的并非个别，也不止洛阳、广州两地。

四、其他西域人

东汉三国时已有一些西域人居留内地。如中亚康国人多以康氏为姓，其中一支居于河西，“晋时陇右乱，康氏迁于蓝田（今陕西蓝田县西）”；该家族的康因任前秦太子詹事，康穆任后秦河南尹[2]。康氏入居中原已久，显然汉化程度很深，所以才能担任负实际职责的地方行

1 《北齐书》卷50《恩幸传·和士开》。
2 《梁书》卷18《康绚传》。以下同。

政长官，而不仅是礼仪性或荣誉性的官爵。康氏家族在刘宋永初年间(420—422年)南迁襄阳时已经聚集了乡族3000余家，宋为之设置华山郡，康穆之子元隆、元抚先后被流人推举为太守，应该是这些乡族主要系康居人后裔的结果。正因为如此，齐永元元年(499年)康绚起兵响应萧衍(梁武帝)时，可以出动“敢勇三千人，私马二百五十四”。《梁书》称康绚“身长八尺，容貌绝伦，虽居显官，犹习武艺”，康氏除了身高、貌俊、尚武外，已不像一般康国人那样有“深目高鼻”的明显特征，尚武也并非康国人的特色，只是因有身高体壮的优势又善于运用而已，所以可以断定康氏早已与汉族通婚。康绚之子悦，《梁书》中仅有一个“嗣”字的记载，大概无功业可言，另一方面也已无任何康国人特征可识，康氏至此已彻底汉化了。

但本阶段迁入中原的康国人并不止这一支，至少还可列举出一些：

> 君讳婆，字季大，博陵人也，本康国王之裔也。高祖罗，以魏孝文世举国内附，朝于洛阳，因而家焉。[1]
>
> 公讳阿达，西域康国人也。……祖拔达，梁使持节骠骑大将军、开府仪同三司、凉甘瓜三州诸军事凉州萨保。[2]
>
> 君讳敬本，字延宗，康居人也。元封内迁家张掖郡。……曾祖默，周甘州大中正。祖仁，隋上柱国。[3]
>
> 君讳元敬，字留师，相州安阳人也。……因从孝文，遂居于邺。祖乐，魏骠骑大将军，又迁徐州诸军事。[4]
>
> 公讳留买，本即西州之茂族，后因锡命，遂为河南人焉。曾祖感，凉州刺史；祖延德，安西都护府果毅。[5]
>
> 君讳哲，字慧哲，其燉煌郡人也。昔因仕邺，今卜居焉。匡后

---

1 《大唐故洛阳康大农墓志铭》，《唐代墓志汇编》(以下简称《汇编》)，上海古籍出版社1992年版，第96页。

2 《大唐上仪同故康莫量息阿达墓志铭》，《汇编》，第124页。

3 《大唐故康敬本墓志铭》，《汇编》，第530页。

4 《唐故处士康君墓志铭》，《汇编》，第571页。

5 《大唐故游击将军……康府君墓志铭并序》，《汇编》，第694页。

魏而尽忠，辅齐邦而献鲠。……曾祖□，北齐金紫光禄大夫。[1]

君讳威，字宾，卫人也。……魏道武历通五运，爪牙同凑，迁兴大豫，今为河南人焉。曾祖讳远，后魏左龙相将军、寿阳县开国公。[2]

这些康氏显然并非出于一地一族，除一支自称西汉时已入居河西外，其余基本都是在本阶段内迁的。

还有支姓，明显是月支（月氏）人之后，《晋书·石勒载记》列举其初起时十八骑中有支雄、支屈六，其先均月支人，此外还有：

公讳彦，字法柱，酒泉人也。盖周大夫伷之后。往以周德既衰，王室如毁，三川振荡，七国争雄，边朔多虞，华戎乱舞，避难北裔，因即家焉。十世祖陆，后赵任青州道大行台。祖训，齐安乐王记室。[3]

支彦为周大夫之后，祖先于战国时迁居北方的说法自然是出于编造。其十世祖支陆，很可能就是指石勒时的支屈六或其族人。

王世充之祖支颓僻，是西域人，徙居新丰。颓僻死后，其妻与汉人王粲生下王世充，“卷发豺声”[4]。

王世充之父大概迁入时间较短，故不仅本人姓名尚未汉化，王世充还有明显的胡人特征。

出于安息、安国的安氏有：

安同，辽东胡人也。其先祖曰安世高，汉时以安息王侍子入洛，历魏至晋，避乱辽东，遂家焉。父屈，仕慕容暐。[5]

君讳令节，字令节，先武威姑臧人也，出自安息国，王子入侍于汉，因而家焉。历后魏、周、隋，仕于京洛，故今为豳州宜禄人也。[6]

1 《大唐故处士康君墓志铭并序》，《汇编》，第1052页。
2 《大唐故下管令上柱国康府君墓志》，《汇编》，第1270页。
3 《隋豫州保城县丞支君墓志铭》，《汇编》，第143页。
4 《隋书》卷85《王（世）充传》。
5 《魏书》卷30《安同传》。
6 《大唐故公士安君墓志铭并序》，《汇编》，第1045页。

君讳延，字贵薛，河西武威人也。……故得冠冕酋豪，因家洛俟。祖真健，后周大都督。[1]

君讳静，字处冲，河南洛阳人也。昔夏后承天，派隆基于朔北，魏皇统历，胤华胄于周南。或济俗康朝，功参徽管，或鸿名盛德，才同王佐。……祖嶷，齐河阳镇将。[2]

出于大夏的何氏有：

君讳盛，字多子，洛阳人也。其先出自大夏之后。……祖德，齐仪同三司……父那，北道和国大使。[3]

出于突厥的阿史那氏有：

公讳忠，字义节，其先代人，今为京兆之万年人也。……曾祖太原，祖邕周，并本国可汗。自晋氏浮江，魏朝入洛……灵命有归，代雄朔野。[4]

出于和国的和氏，除前面曾提及的和士开一支外还有：

君讳克忠，字□，汝南人也。其先大单于□□窟跋袭爵为白部大人，及大魏初基，将有南□，遂统其部落而为附臣。太和中，有诏诸复姓听从夏音，遂改素和为和氏。[5]

夫人讳干，字贞坚，陇西天水人也。其先居羲和之官，因以命氏，后建国松漠，世为君长，至魏道武，为国附臣。[6]

应该指出，经过北朝、隋、唐时期的民族融合，能够留下明确族源的人物已远非全部，能够留下文献记载的人物更是凤毛麟角，因此我们完全有理由相信，本阶段内迁的西域人数量很多，分布范围也很广。这些西域人为中原人注入了新的血液，他们自己以后也都成了汉族的一分子，为汉族数量的增加和质量的提高做出了不可替代的贡献。

---

1 《唐故开府上大将军安府君墓志铭并序》，《汇编》，第 180 页。
2 《大唐故处士安君墓志铭并序》，《汇编》，第 267—268 页。
3 《大唐故处士何君墓志》，《汇编》，第 188 页。
4 《唐故右骁卫将军……薛国公阿史那贞公墓志铭并序》，《汇编》，第 601—602 页。
5 《大周故左卫翊卫和君墓志铭并序》，《汇编》，第 982 页。
6 《唐故相州城安县令夫人和墓志并序》，《汇编》，第 1358 页。

第十三章

十六国与北朝的移民

与南方的移民运动相比，十六国和北朝期间人口迁移的方向要复杂得多，次数也要频繁得多。但在十六国期间，频繁的、大规模的人口迁移却并没有形成多少定居移民。而北魏政权存在了近150年，其中疆域和政局比较稳定的时间差不多有100年；疆域范围也超过了十六国中幅员最大的前秦。尤其重要的是，北魏的移民成果在很大程度上为东、西魏及北齐、北周所继承，对北朝后期以至隋朝的人口分布具有重大影响。

第一节

十六国期间的人口迁移及其影响

如果说三国时期的内聚型迁移还只是分裂政权的一次尝试的话，那么从西晋末年开始至十六国结束这一阶段就是一次全面的行动，北方十几个政权无不竭其所能，用军事、政治或经济手段一次次甚至反复地进行着大规模的人口迁移。这些迁移有的是以民族或部族为单位的，具体已见上一章，但大多并不限于某一民族或部族，其目的一般也不是出于民族性的考虑，主要是为了加强自己方面的实力，削弱敌对政权，或者控制敌对势力，消除潜在的威胁。当然这只是进行这些迁移的统治者的主观愿望，事实上结果往往并非如此，甚至适得其反。与此同时发生的是，百姓为了避难而摆脱某一政权统治的迁移，或获得逃回故乡机会的迁移。其中有一部分也是敌对方面招诱的结果，但有的则完全出于自发。

这类迁移相当频繁，直接见于记载的就不在少数。但具体情况，尤其是结果往往难以查清，数量也很不准确，重复和遗漏都有，下面只能以其中一部分政权为单位叙述其大概。其中有的迁移与单纯的民族迁移很难区别，为了反映各政权这类迁移的全貌，有时不得不与前一章所述有所重复。西北、东北地区汉族人口的迁移已见第十一章，不再赘述。

一、汉、前赵

刘渊建汉后，于 309 年(西晋永嘉三年，汉河瑞元年)迁都平阳(今山西临汾市西南)，因而此后的多次人口迁移即以平阳为主要迁入地。如 312 年刘曜曾驱掠长安士女八万余人至平阳，迁三渚(今河南孟津县西)二万余户于平阳，在攻入晋阳城(今山西太原市西南)时也曾掠百姓归平阳[1]。由于大量掠夺人口，平阳一时人口大增。刘聪曾“置左右司隶，各领户二十余万，万户置一内史，凡内史四十三”。考虑到战时所掠户数因人口死亡、逃亡比例高而不可能完整，所以如每户以三至四口计，左右内史的人口也已有一百几十万。左右内史的治所虽然可以肯定是在平阳，但其辖境必定包括平阳周围地区，所以平阳城的人口已达到数十万甚至接近百万是完全可能的。这百余万人大多

---

1 《晋书》卷 102《刘聪载记》。本节以下同。

应是被掠夺或强制迁来的，前面引述的这三次掠夺性迁移不过是其中的一部分。

被迁往平阳一带的还有大批氐、羌人。证据是《晋书·刘聪载记》载刘聪之子刘粲曾“收氐羌酋长十余人”，用酷刑逼他们屈认与太子刘乂谋反，结果引起“氐羌叛者十余万落”。

但是被安置在平阳一带的人口只保持了几年。316年（晋建兴四年，汉建元二年），河东爆发大蝗灾，平阳一带发生饥荒，“流叛死亡十有五六”，在石勒部将石越的招引下，有20万户奔往冀州（今河北中部）。在内乱中刘聪“坑士众万五千余人，平阳街巷为之空”。同年又有右司隶部（即右内史部）3万余骑逃奔晋将郭默、赵固。318年（东晋大兴元年，汉汉昌元年），汉主刘粲被杀，平阳士女1.5万奔往关中，投奔刘曜[1]。石勒攻下平阳时，迁杂户6 000、巴帅及诸羌羯降者10余万落于司州诸县。平阳一带的外迁人口，有数字可考的已近50万户，加上天灾和战乱造成的死亡，平阳一带的人口已所剩无几了。

319年（晋大兴二年，前赵光初二年），前赵主刘曜定都长安，因而长安成为前赵强制性移民的主要安置地。除上年由平阳迁来的1.5万人外，次年又迁陇右氐、羌部落20余万口于长安[2]。322年（晋永昌元年）、323年（晋太宁元年），分别迁陇西氐羌万余户和秦州（治今甘肃天水市）大姓杨、姜诸族2 000余户于长安。328年（晋咸和三年），还从仇池杨难敌处掠回3 000余户[3]。这样，被安置在长安的人口至少已有30余万，实际远不止此数，如刘曜在平定关中、陇西过程中还有大批降俘人员，这些人很可能也在迁入长安一带之列。

329年后赵灭前赵后，曾将当地人口外迁。由于长安继续作为后赵统治关中的重地，不可能将人口完全迁出，所以被迁对象主要是上层人物的“台省文武、关东流人、秦雍大族”，数量也仅“九千余人”。但

1 《晋书》卷103《刘曜载记》。

2 《刘曜载记》作“先是，上郡氐羌十余万落保险不降，酋大虚除权渠自号秦王”；而《资治通鉴》卷91作“先是氐、羌十余万落，据险不服，其酋虚除权渠自号秦王”。按上郡东汉末已废，虽或有沿用旧称之可能，但此事在游子远平定雍城、安定氐羌、巡行陇右之后，无论上郡是指原辖境今陕北一带，还是指一度迁治的今陕西韩城一带，都与当时形势及地望不合。故《晋书·刘曜载记》之“上郡”似为衍文，当以《资治通鉴》为是。

3 《晋书》卷103《刘曜载记》。

被前赵强制迁至长安的人口居留不足十年，最少的仅一年，因此在政治压力暂时消除后，必定有相当多的人口逃回故乡，所以真正在长安定居的人口是很有限的。

二、后赵

石勒占据冀州、幽州后，即开始大量迁入人口。316 年，河东发生蝗灾，平阳饥荒，石勒趁机遣部将石越招引 20 万户奔冀州（今河北中部）[1]。318 年（东晋大兴元年），石勒以襄国（今河北邢台市）为据点后，又不断移民充实襄国及周围地区，较大规模的有：攻下茌平、东燕、酸枣后迁入的降人二万余户，平原乌丸展广等部落三万余户，东武阳宁黑之众万余人，319 年迁入的陈川部众五千余户，328 年（晋咸和三年）击败前赵对洛阳所俘氐、羌三千余人，329 年灭前赵后迁入的"台省文武、关东流人、秦雍大族九千余人"[2]。

以襄国为中心，后赵还将关东作为迁入人口的主要地区。如 328 年（晋咸和三年，后赵太和元年）石虎攻河西、平秦陇后，徙氐羌 15 万落于司、冀二州（今河南中北部和河北一带）。334 年（后赵延熙元年），徙雍秦华戎十余万户于关东，徙秦州三万余户于青、并二州（今山东、山西境内）诸郡[3]。其中羌人首领姚弋仲率部众数万迁于清河（治今山东临清市东北）[4]。335 年（晋咸康元年，后赵建武元年）迁鲜卑索头郁鞠部众三万余于冀、青等六州。攻辽西鲜卑段辽，迁其户二万于雍、司、兖（今山东西部）、豫（今河南中部）四州之地。339 年，攻晋荆、扬二州北部，掠七万户而还[5]，迁于幽、冀。340 年，徙辽西、北平、渔阳万户于兖、豫、雍、洛四州之地。335 年后赵迁都于邺（今河北临漳县西南），大批贵族大臣和上层移民也随之迁移。如氐族首领蒲（苻）洪

1 《晋书》卷 102《刘聪载记》。
2 《晋书》卷 104《石勒载记上》。
3 《晋书》卷 105《石勒载记下》。
4 《晋书》卷 116《姚弋仲载记》。
5 据《晋书》卷 106《石季龙载记上》。以下同。按《晋书》卷 7《成帝纪》作"拥七千余家迁于幽冀"。凡此类记载，获胜一方常夸大战果，而失败一方多缩小损失，故往往有很大差异，不可全信。

“从石季龙徙邺，家于永贵里”[1]。史书中虽无具体记载，但从此后邺城的规模看，移民的数量肯定是相当可观的。但襄国依然享有陪都的地位，所以邺城的人口不会完全迁自襄国。

此外，后赵还经常将晋境人口掠回，如330年（晋咸和五年，后赵建平元年），毁晋襄阳城，迁百姓于沔（汉水）北[2]。并将与前凉接壤的陇西地区人口和从前凉掠得的人口迁至关中，如石勒曾迁秦州夷豪五千余户于雍州（长安一带）[3]。347年（晋永和三年，后赵建武十三年），石虎攻河西，徙武街（今甘肃临洮县东南）七千余户于雍州。

后赵迁移的人口都是靠掠夺或强制实施的，因此必定会受到被迁人口或民族的抵制和反抗，纯粹出于惩罚性的迁移更是如此。如石虎杀其太子石宣后，将东宫卫士万余人谪戍凉州（指接近河西的陇西一带），这些人到达雍城后，正值石虎称帝，但他们却未得到大赦，又受到地方官的虐待，就在梁犊等人的率领下发起暴动，东归至长安时已有众十万，在新安、洛阳等地屡次击败石虎的镇压军队，并“东掠荥阳、陈留诸郡（今河南中部一带）”，使石虎“大惧”，调动精兵强将，才杀梁犊，“讨其余党，尽灭之”[4]。

在这些迁移过程中，不仅普通百姓的生命财产受到巨大损失，就是上层人物和世家大族也被剥夺了原有的财产和社会地位。石虎时，王擢上表称“雍、秦二州望族，自东徙已来，遂在戍役之例，即衣冠华胄，宜蒙优免”，得到批准，“自是皇甫、胡、梁、韦、杜、牛、辛等十有七姓蠲其兵贯，一同旧族，随才铨叙，思欲分还桑梓者听之，其非此等，不得为例”[5]。这说明被迁人口，包括“衣冠华胄”在内，都已被编入“兵贯”，沦为军事奴隶，随时得应征服役。这次的优免只限于17个大姓，

---

1 《晋书》卷113《苻坚载记上》。

2 《晋书》卷105《石勒载记下》。

3 《晋书》卷104《石勒载记上》。

4 《晋书》卷107《石季龙载记下》。《载记》及《资治通鉴》卷98皆作“东宫卫士十余万人皆谪戍凉州”，但据《载记》，此前石虎曾命石宣“建天子旌旗，十有六军，戎卒十八万，出自金明门”。此十八万士兵只是石宣奉命“祈于山川，因而游猎”而临时调归其使用，所以东宫卫士绝不会有10余万之多。《载记》又称“故东宫谪卒高力等万余人当戍凉州……比至长安，众已十万”，可见所谪之卫士实为万余，暴动后部众才扩充至十万，《载记》因此而误记为始迁时就有十万，《通鉴》不察，照录未改。

5 《晋书》卷106《石季龙载记上》。

其余的“衣冠”显然依然是“兵贯”身份。而且即使这些大族也只能分一部分人返回故乡，多数人是不能离开迁入地的。一些被后赵任用的归附人员和氐、羌等非汉族的首领虽有优裕的生活和较高的地位，但也没有迁回故乡的自由。

所以在后赵覆灭时出现的空前规模的返乡洪流，就是必然的结果。349 年（晋永和五年，后赵太宁元年）石虎死后，冉闵灭石氏，屠杀胡、羯。自此时至 351 年，“青、雍、幽、荆州徙户及诸氐、羌、胡、蛮数百余万，各还本土，道路交错，互相杀掠，且饥疫死亡，其能达者十有二三”[1]。从前面提到的历次迁移看，有“数百余万”移民返乡绝非夸大。冉闵在邺城所杀“胡羯”有二十余万，加上一批后赵大臣“及公侯、卿、校、龙骧等万余人出奔襄国”，邺城人口大减。经过两年多的混战，冉闵于 352 年攻下襄国，焚烧宫殿，迁百姓于邺。至此，迁入襄国的人口丧失殆尽。同年，邺城也为前燕所占，当时“邺中饥，人相食”，连石虎时留下的宫人都“被食略尽”，剩下的人口大概已极少了。

总之，前赵迁移人口的规模虽然是空前之大，但最终并没有留下多少定居的移民。

三、成汉

李氏虽以流民为基础建立成汉政权，但毕竟国力有限，所以没有能力从境外迁入人口。见于记载的仅有两次：304 年（西晋永安元年，成建兴元年），李雄遣李国、李云等率众二万攻下南郑（今陕西汉中市东），尽徙汉中人于蜀[2]。但李氏此后拥有汉中多年，故不可能将人口都迁尽，所谓“尽徙”，不过是在尚未决定占据前的权宜之计。同年攻下宁州（治今云南昆明市晋宁区东北），杀壮士三千余人，送妇女千口于成都。这倒不是李雄不想掠夺当地人口，而是由于宁州本来人口不多，此前又“频岁饥疫，死者十万计”，已经没有什么移民的余地了。

成汉汉兴年间（338—343 年，东晋咸康四年至建元元年），李寿因

1 《晋书》卷 107《石季龙载记下》。以下同。
2 《晋书》卷 121《李雄载记》。以下同。

“郊甸未实，都邑空虚，工匠器械，事未充盈，乃徙旁郡户三丁已上以实成都”[1]。“旁郡”的范围相当模糊，估计不会很远。而且这次迁移除了充实人口之外，还兼有解决工匠不足的目的，所以迁移对象有一定的选择性，人数不一定很多。但数年后的347年（东晋永和三年）成汉即为晋所灭，以后成都屡经战乱，这次迁移的对象不可能造成什么显著影响。

四、前秦

以迁移人口的规模和距离而言，十六国中大概只有前秦能与后赵相比，结局也大致相同，但其对河西的移民却因后凉的及时建立而得以维持。

前秦一开始就定都长安，因此一直以长安及关中为安置迁入人口的主要地区。357年（晋升平元年，前秦永兴元年），苻坚破张平于并州（治今山西太原西南），徙其所部三千余户于长安。365年（晋兴宁三年，前秦建元元年），匈奴右贤王曹毂等叛，苻坚于同官川（今陕西铜川市一带）杀其弟曹活等四千人，徙其酋豪六千余户于长安[2]。370年（晋太和五年），灭前燕，迁燕主慕容暐及其王公以下并鲜卑四万余户于长安。又徙关东豪杰及诸杂夷十万户于关中，迁“乌丸杂类”于冯翊、北地（今陕西渭北）。同年还迁丁零翟斌于新安（今河南渑池县东），徙陈留（今河南开封市祥符区东南）、东阿（今山东阳谷县东北）万户以实青州（今山东中、东部），显然是出于治安和恢复经济的考虑。在实行这些迁移的同时，苻坚容许“诸因乱流移，避仇远徙，欲还旧业者”返回故乡，这在十六国政权中算得上一项德政。376年（晋太元元年），灭前凉，迁凉主张天锡及豪右七千余户于关中。苻坚还曾迁晋人李详等数千户于敷陆（今陕西洛川县东南一带）[3]。

被苻坚前后迁至长安和关中的人口至少有十多万户、数十万人，

1 《晋书》卷121《李寿载记》。
2 《晋书》卷113《苻坚载记上》。以下同。
3 《晋书》卷116《姚苌载记》。

加上后赵亡后从关东迁回的人口和关中原有人口，至苻坚后期已大致恢复了昔日的繁盛。苻坚曾发“其王侯已下及豪望富室僮隶三万人，开泾水上源，凿山起堤，通渠引渎，以溉冈卤之田。及春而成，百姓赖其利”。这一方面说明苻坚重视水利和农业生产，为关中的恢复提供了物质基础，另一方面也证明长安一带的人口已比较稠密，所以仅僮隶就在三万以上。当时“关陇清晏，百姓丰乐，自长安至于诸州，皆夹路树槐柳，二十里一亭，四十里一驿，旅行者取给于途，工商贸贩于道。百姓歌之曰：‘长安大街，夹树杨槐。下走朱轮，上有鸾栖。英彦云集，诲我萌黎。’”这些记载或许不无溢美之词，但出于以苻坚为“僭伪”的正统史官，大概去事实不会太远。这也从一个侧面证实，苻坚的移民措施已基本成功。

380年（晋太元五年，前秦建元十六年）发生了宗室苻洛在幽州叛乱的事件，这使苻坚考虑到了尽管自己的族类在关中“支胤弥繁”，关东却依然“地广人稀”的严峻形势，所以提出了“分三原、九嵕、武都、汧、雍十五万户于诸方要镇”以保持“磐石之宗”的计划，得到了大臣的赞同。这次移民总数至少有60万，其中的“四帅子弟”和“支户”应是苻氏宗族、贵族子弟及氐人，但其将帅和部众则包括其他民族和汉人在内。这些人口的迁出地主要是泾、渭之间的关中平原，部分来自今甘肃南部成县一带。

对这次迁移的评价，历来以否定居多。《晋书・苻坚载记》称：“诸戎子弟离其父兄者，皆悲号哀恸，酸感行人，识者以为丧乱流离之象。”这类事后的记载很难说究竟真是当时人一种不祥的预感，还是因以后苻坚的失败而作的必然推理。但苻坚之弟苻融的确在两年后就提出了批评：“陛下宠育鲜卑、羌、羯，布诸畿甸，旧人族类，斥徙遐方。”[1] 可是我们不能忽略苻融批评的前提，即苻坚决意亲自率大军伐晋，“今倾国而去……监国以弱卒数万留守京师，鲜卑、羌、羯攒聚如林，此皆国之贼也，我之仇也”。所以，如果苻坚不是急于南进，这次迁移的后果就不会危及其政权的巩固，他也会有足够的力量震慑关中的异族

---

1 《晋书》卷114《苻坚载记下》。以下同。

移民，并使之逐步同化。

384年，苻坚在淝水战败，百万大军一时溃散，仅有十余万人随苻坚退回长安，以后苻晖也率洛阳、陕城之众七万归长安。但在与姚苌、慕容冲的激战中人口大量死亡。长安长期被围，粮食得不到补给，“人相食”；关中“人皆流散，道路断绝，千里无烟”。慕容冲占领长安后又纵兵大略，次年慕容永等率三十余万人从长安东迁[1]。至此，前秦迁入关中的人口或死或逃，所剩无几了。迁于各地的苻氏宗族与氐人也没有逃脱败亡的命运，如实力最强的苻丕在邺城受到慕容垂的围攻，“粮竭，马无草，削松木而食之”，最后只能率邺城男女六万余口退至晋阳。苻坚死后，苻丕继位，但仅二年即兵败被杀，余众数万逃归关中[2]。

唯有迁至河西的人口，因后凉顺利地建立而未受战乱影响，得以长期定居，详见第十一章。

五、后秦

后秦主姚苌于386年（晋太元十一年，后秦建初元年）定都长安。当时西燕主慕容冲率众东下，长安空虚，留下的人口很少，所以姚苌立即从自己的基地安定（今甘肃泾川县北）迁来了五千余户[3]。但姚苌的主要威胁还是前秦主苻登，因此仍返回安定、秦州与苻登作战，来不及经营长安和关中，对降附人员一般都就地安置。如389年，攻陷苻登大界营，驱略男女五万余口而去。又徙安定千余家于阴密（今甘肃灵台县西南）[4]。至394年（后秦皇初元年）苻登兵败被杀，前秦覆灭，阴密的三万户被迁至长安[5]，这些人口大概就是五年前所俘获的苻登部属。397年（晋隆安元年），姚兴率众东下，攻晋洛阳一带，徙流人西河严彦、河东裴岐、韩袭等二万余户而还。399年（后秦弘始元年），襄

1 《魏书》卷95《徒何慕容廆传·慕容永》。
2 《晋书》卷115《苻丕载记》。
3 《晋书》卷116《姚苌载记》。以下同。
4 《晋书》卷115《苻登载记》。
5 《晋书》卷117《姚兴载记上》。以下同。

阳流人一万叛晋来归。402年(晋元兴元年),徙河西豪右万余户于长安。403年,灭后凉,凉主吕隆及其宗室僚属自姑臧(今甘肃武威市)迁长安。405年(晋义熙元年),徙汉中流人郭陶等三千余家于关中。414年,自阴密徙弥姐亭地部二千余户于郑城(今陕西渭南市华州区)。

这几次迁入长安和关中的人口大约已接近十万户,实际迁入的人口自然会更多。经过这些迁移和人口的增长,长安虽然没有恢复到前秦时的繁盛,也已粗具规模。这从两个例子可以证明:一是姚兴重视儒学,天水姜龛、东平淳于岐、冯翊郭高等都是门徒数百,“教授长安,诸生自远而至者万数千人”。一是姚兴崇信佛教,曾集中鸠摩罗什等沙门八百余人译经,“沙门自远而至者五千余人。起浮图于永贵里,立波若台于中宫,沙门坐禅者恒有千数”。从长安城容纳的诸生和沙门数量推断,拥有数十万居民是完全可能的。

417年(晋义熙十三年,后秦永和二年),后秦主姚泓降于晋军,当时长安城内还有夷晋六万余户[1]。次年,关中晋军自相残杀,纵兵大掠后东归,夏主赫连勃勃占据长安。在此过程中,长安居民及避居的秦陇流人或西归故乡,或随晋军南归,或投北魏,或被夏主迁至夏都统万城,外来移民或其后裔继续留在长安的已相当有限了。

后秦期间还将一些人口迁至长安以外地区,如将来自晋境的流人曹会、牛寿万余户安置于汉中,徙新平(今陕西彬县)、安定新户6 000于蒲坂(今山西永济市西南)[2]。徙贰原氐仇常部500余户于许昌[3]。姚泓徙李闰(今陕西蒲城县东南)羌3 000户于安定,不久又迁于新支(今地不详)[4]。416年(后秦永和元年)破并州匈奴曹弘于平阳,徙其豪右1.5万落于雍州[5]。这些迁移的规模一般不大,除了迁于蒲坂一次因距后秦之灭有20年时间,可能有实际效果外,姚泓所迁两次已在覆灭前夕,强制迁移的压力已无法保持,因而不会产生什么

1 《宋书》卷45《王镇恶传》。
2 《晋书》卷117《姚兴载记上》、卷118《姚兴载记下》。
3 同上。
4 《晋书》卷119《姚泓载记》。
5 《通鉴》卷117《晋纪》。

定居的移民。

六、西秦、南凉、夏

这几个政权在兴起和存在期间都曾有过频繁的人口迁移，但由于它们的疆域有限，所以迁移的范围不大。其余的后凉、北凉、西凉迁移的规模和范围更小，有的已在第十二章中提及，故不再列出。

385年（晋太元十年，西秦建义元年），乞伏国仁在勇士城（今甘肃榆中县北）建西秦。同年，鲜卑匹兰率众五千降。386年，南安（今甘肃陇西县东南一带）秘宜及诸羌三万余户降；讨鲜卑于平襄（今甘肃通渭县西），获部落五千余人归[1]。392年（西秦太初五年），秃发如苟率户二万降。398年，攻支阳等三城（今甘肃永靖县一带），俘获万余人而还。鲜卑叠掘河内率户五千自魏来降。409年（西秦更始元年，晋义熙五年），攻略阳（今甘肃静宁至天水一带）、南安、陇西诸郡，徙二万五千户于苑川、枹罕（今甘肃榆中、临夏一带）。攻后秦柏阳堡、永乐城，徙四千余户于苑川，三千余户于谭郊（今甘肃临夏县西北）。又至枹罕（今甘肃临夏县西北）收羌户一万三千[2]。413年（西秦永康二年），讨吐谷浑树洛干于浇河（今青海贵德县南），虏三千余户而还。东讨破休官部于白石川（今甘肃清水县一带），虏男女万余口，据白石城（今清水县西北），休官降者万余人。414年，攻克南凉乐都（今青海海东市乐都区），迁秃发武台与其文武及百姓万余户于枹罕。415年，攻后秦，破黄石、大羌二戍，徙五千余户于枹罕。后数年间讨树洛干，俘获五千余口。乙弗鲜卑乌地延户二万降。徙漒川（今甘肃南部）羌豪三千户于枹罕[3]。

由于西秦先后以勇士城、苑川（今甘肃榆中县北）、金城（今甘肃兰州市西）、乐都、枹罕等处为都，所以被迁人口大多安置在当时的都城，而又随着都城的迁移而多次被迁移。尽管与中原政权相比，这些迁移

1 《晋书》卷125《乞伏国仁载记》。
2 《晋书》卷125《乞伏乾归载记》。
3 《晋书》卷125《乞伏炽磐载记》。

的规模都不算大，但数量多的也有二三万户约十万余人，在本来就人口稀少的陇西和河湟地区已经是竭其所能了。西秦的流动性很大，其疆域内的自然条件并不理想，不断的战争掠夺和频繁的人口迁移虽然可能暂时缓解人力物力的不足，却是以本身和周围政权的巨大损失为代价的。所以西秦实际拥有的人口数量有限，至430年（西秦永弘三年），乞伏暮末为北凉所逼，准备东投北魏时，所率仅一万五千户。途中被夏主赫连定所阻，驻于南安（今甘肃陇西县东南）。在夏军的围攻下，“城内大饥，人相食”，次年暮末及宗族五百余人出降[1]。随迁的人口所剩无几，估计也被赫连定迁出了。

秃发乌孤于397年（南凉太初元年，晋隆安元年）在金城建南凉后，后凉将杨轨等率户数千来奔。399年迁都于乐都，又迁西平[2]，此后进行的掠夺性迁移即以乐都和西平为主要安置区。400年（南凉建和元年），趁后凉进攻北凉，后方空虚之机袭姑臧，虏八千余户而还。后又攻后凉显美（今甘肃永昌县东南），徙显美、丽靬（今永昌县西南）二千余户而归，徙凉泽、段冢（今武威市南一带）五百余家而归[3]。406年（南凉弘昌八年，晋义熙二年），南凉的势力扩张至河西走廊的东段，占有姑臧。为防止北凉和夏的联合进攻，秃发傉檀将300里内的百姓全部迁入姑臧城，并于次年袭徙西平、湟河（今青海西宁市及其东南一带）诸羌三万余户于武兴、番禾、武威、昌松四郡（今甘肃武威、永昌一带）。408年（南凉嘉平元年），掠临松（今张掖南）千余户而还。410年，秃发傉檀不敌北凉，退出姑臧，迁回乐都。但此前姑臧已有八千户被沮渠蒙逊迁走，又有三千余家降于北凉，所以迁回乐都的人口已不多。在北凉的持续进攻下，南凉只得以攻为守，遣将袭北凉后方的番禾，徙三千余家于西平[4]。但此时的南凉毕竟已是强弩之末，414年（南凉嘉平七年）乐都为西秦所占，万余户人口被迁至枹罕。

赫连夏兴起于鄂尔多斯高原和陕北，因而在其扩张过程和与后

---

1 《魏书》卷99《鲜卑乞伏国仁传》。
2 《晋书》卷126《秃发乌孤载记》。
3 《晋书》卷126《秃发利鹿孤载记》。
4 《晋书》卷126《秃发傉檀载记》。

秦的对抗中不断将掠得的人口迁回这一带。如407年(晋义熙三年，夏龙升元年)，攻南凉，驱掠2.7万口而还[1]。408年，败后秦将于青石原(今甘肃泾川县西北)，俘斩5 700人。又前后俘获二万三千余人。409年，掠平凉(今甘肃华亭市一带)杂胡七千余户配后军。攻后秦黄石固(今宁夏固原市原州区东南)、我罗城(今甘肃平凉市西北)，徙七千余家于大城(今内蒙古杭锦旗东南)。410年，攻后秦姚寿都于清水城(今甘肃清水县)，徙其人一万六千余家于大城。411年，攻安定，降其众四万五千，徙三千余户于贰城(在今陕北，确地无考)。

413年(夏凤翔元年，晋义熙九年)，赫连勃勃在荒原上新建统万城(今陕西靖边县东北白城子)作为国都，“发岭北夷夏十万人”，就是以前些年的迁入人口为主的。统万城的人口完全由外地迁入，是一个典型的移民城市。418年赫连勃勃占有关中后，仍以统万城为都，关中的人口和流落的晋人继续被迁于统万。至426年(北魏始光三年，夏承光二年，南朝宋元嘉三年)魏军攻占统万后，当地人口大多被迁往平城一带。

七、西燕、后燕、南燕

386年(晋太元十一年，西燕更始二年)，西燕主慕容冲被杀，慕容永等“率鲜卑男女三十余万口……去长安而东”[2]。所谓“鲜卑”实际只是以鲜卑人为主，因为迁入关中的鲜卑人虽多，在十多年间的增长毕竟有限，淝水战后大多已投奔后燕，关中的战乱中又有大量人死亡，不可能再有那么多鲜卑人。这30万应是包括汉人及其他民族人口在内的长安人口，其中至少还有随从的文武官员和由前秦积聚起来的掌管仪仗、音乐、图书、服饰等专门人员。慕容永迁至长子(今山西长子县东)后，于394年灭于后燕，“所统新旧八郡户七万六千八百及乘舆、服〔御〕、伎乐、珍〔宝〕”等均为后燕所获[3]。从长安迁来的30万

1 《晋书》卷130《赫连勃勃载记》。以下同。
2 《魏书》卷95《徒何慕容廆传·慕容永》。《资治通鉴》卷106作“四十余万”。
3 《晋书》卷123《慕容垂载记》。

人，在数年的战争和逃亡中必定有所减少，但多数当在此 7 万余户之中。其中的一些官员和专门人员被后燕迁至国都中山（今河北定州市），以后又被北魏迁至平城（今山西大同市）。如中山卢奴人李先，苻坚时任尚书郎，被慕容永迎为谋主，劝慕容永占据长子，任黄门郎、秘书监；西燕灭时被迁至中山，以后又投北魏[1]。

386 年（后燕燕元二年十二月），后燕定都中山，因而往往将攻城略地所得人口迁至中山。如次年，后燕击败据有今山西、河北北部的刘显，将其部属八千余落迁于中山。龙城（今辽宁朝阳市）是前燕旧都，也是后燕的后方基地，所以也是人口的迁入地。如 388 年（后燕建兴三年）攻下代郡（治今河北蔚县西南）后，废代郡，将本地人全部迁往龙城[2]。392 年，后燕击败丁零翟钊，徙徐州流人七千余户于黎阳（今河南浚县东北）[3]。黎阳本是翟钊的基地，后燕败翟钊后，"钊所统七郡户三万八千皆安堵如故"，显然并没有进行人口迁移；迁入徐州流民，显然有相互牵制的目的。

397 年（晋隆安元年，后燕永康二年），魏军陷中山。次年，慕容德率户 4 万、车 2.7 万乘，自邺徙滑台（今河南滑县东）。当时慕容德"介于晋魏之间，地无十城，众不过数万"，滑台也被叛将控制降魏，因而于 399 年继续南迁青州，都于广固（今山东青州市西北）[4]。

这数万户人口并不都是鲜卑人，其中还有一些汉族士人，他们在广固一带定居，直到 410 年（晋义熙六年，南燕太上六年）南燕为晋刘裕所灭。如清河崔氏的一支崔琼，原任慕容垂车骑属，其子辑，随慕容德南徙青州，任泰山太守[5]。平原人刘昶，"从慕容德度河，家于北海之都昌县（今山东昌邑市西）"。另有房谌（房法寿先人），"避地渡河，居于齐州之东清河绎幕（今山东平原县西北）"，很可能也是迁于此时[6]。崔光的祖父崔旷，东清河鄃（今山东平原县西南）人，南迁后居

1 《魏书》卷 33《李先传》。
2 《资治通鉴》卷 107《晋纪》。
3 《晋书》卷 123《慕容垂载记》。以下同。
4 《晋书》卷 127《慕容德载记》。
5 《魏书》卷 24《崔玄伯传》附崔道固。
6 《魏书》卷 43《刘休宾、房法寿传》。

青州之时水(今淄博市东南乌河)[1]。勃海县(今河北景县东北)人高轨,迁至北海郡的剧县(今山东昌乐县西)[2]。

八、代国

与十六国其他政权一样,北魏的前身代国也曾进行内聚型的移民。

拓跋鲜卑首领禄官(昭帝,295—308年在位)时,由于晋朝战乱不绝,北部边民陆续前来投奔。如代人卫操,"少通侠,有才略","与从子雄及其宗室乡亲姬澹等十数人,同来归国";他又劝说拓跋鲜卑首领"招纳晋人,于是晋人附者稍众"[3]。西晋永嘉四年(310年),鲜卑首领猗卢被封为大单于、代公。猗卢以"封邑去国悬远,民不相接"为由,向晋并州刺史刘琨求句注陉北之地(约相当于今山西朔州市至浑源县一带);刘琨"不能制,且欲猗卢为援",因此上报朝廷建议同意让地,将马邑、阴馆、楼烦、繁畤、崞五县居民迁至陉南,另建城邑安置[4]。从此,猗卢形成了"东接代郡,西连西河、朔方,方数百里"的属地。刘琨实施南迁时,也有少数晋人留下未迁,如繁畤人莫含,"家世货殖,赀累巨万","居近塞下,常往来(代)国中",任猗卢官属,子孙均为代、魏重臣[5]。猗卢迁入新地的人口号称十万家,实际大概远没有如此之多。从以后迁出的情况看,其中既有晋人,也有其他非汉族人口。

晋建兴四年(316年),代王猗卢被子六脩所杀,国内大乱,卫雄、姬澹与作为人质的刘琨之子刘遵等率晋人及乌丸三万余家南奔并州[6]。这些人在代国被称为"新人",应就是先后投奔鲜卑的晋人和几年前迁入的十万家中的一部分。刘琨率数百人至平城抚纳,实力大

1 《魏书》卷67《崔光传》。
2 《魏书》卷68《高聪传》。
3 《魏书》卷23《卫操传》。
4 《宋书》卷96《索虏传》。《魏书》卷1《序纪》。本节以下据此纪者不再注明。
5 《魏书》卷23《莫含传》。
6 《魏书》卷23《卫雄传》。《魏书·序纪》作"众数万",《晋书》卷62《刘琨传》作"众三万人",实际差别不大,因当时鲜卑尚处于军民合一时期,"众"是以兵力计,"户"是指全部人口。所谓"乌丸",实际指"诸方杂人来附者",是鲜卑以外非汉族的总称,见《魏书》卷113《官氏志》。

增。刘琨急于利用这些兵力与石勒作战，不顾箕澹“此虽晋人，久在荒裔，未习恩信，难以法御”的劝阻，“悉发其众”，结果全军覆没[1]。所以这三万户中的军人不是战死，就是被石勒俘虏或逃亡了。接着并州大旱，刘琨率众投奔幽州刺史段匹磾，能随迁的人不会很多，这三万户中留下的人大多各奔东西了。此后，代国多次发生内乱，又受到石勒攻击，人口流失颇多。如翳槐（烈帝）向石勒求和时，曾遣什翼犍至襄国为质，“从者五千余家”。十年后什翼犍返回故国时，似乎并未将这些随从迁回。

代建国元年（338 年，晋咸康四年）什翼犍（昭成帝）继位后，国势日渐强大，又招纳了不少人口。如雁门人李栗的父祖[2]；代人吕洛拔的曾祖渴侯，“率户五千归国”[3]；代人许谦[4]；长乐信都（今河北冀州市）人刘生，“颇解卜筮”，以“公主家臣”的身份随慕容氏嫁女而来[5]等。对特殊人才，甚至出动兵力夺取。如代人燕凤，“好学，博综经史，明习阴阳谶纬。昭成素闻其名，使人以礼迎致之。凤不应聘。乃命诸军围代城，谓城人曰：‘燕凤不来，吾将屠汝。’代人惧，送凤。昭成与语，大悦，待以宾礼。后拜代王左长史，参决国事”[6]。但从迁入人口的来源看，还是以代郡（治今河北蔚县西南）、雁门郡（治今山西代县西南）等邻近地区为主，长乐人刘生只是因执行公务而迁，并非自愿投奔或代国主动招诱。从迁入人口中见于记载的人物很少这一点看，移入人口的素质一般不高。

代国人口另一个重要来源是高车等游牧民族。代建国二十六年（363 年，晋兴宁元年），什翼犍进攻高车，“大破之，获万口，马牛羊百余万头”。万余高车人和大批牲口被从蒙古高原北部迁至阴山南北。三十年，西征河套地区的刘卫辰，“卫辰与宗族西走，收其部落而还，俘获生口及马牛羊数十万头”。从牲口的数量分析，俘获的人口至少有

---

1 《晋书》卷 62《刘琨传》。以下同。
2 《魏书》卷 28《李栗传》。
3 《魏书》卷 30《吕洛拔传》。
4 《魏书》卷 24《许谦传》。
5 《魏书》卷 28《刘洁传》。
6 《魏书》卷 24《燕凤传》。

数千人。此外，二十七年曾讨没歌部，“获牛马羊数百万头”；三十三年征高车，“大破之”。估计都应有俘虏迁回。对同样是游牧民族的鲜卑人来说，掠得的大批牛马羊自然是极其宝贵的。

什翼犍建国后，就已开始设置左右近侍、内侍长等常任官员[1]，并任用部分汉人，但代国基本上还是一个游牧部族的联盟，值得称道的只是武力和牲畜。三十多年后，前秦主苻坚与代臣燕凤的一段对话是很能说明问题的：

> 坚曰：“卿辈北人，无钢甲利器，敌弱则进，强即退走，安能并兼?”凤曰：“北人壮悍，上马持三仗，驱驰若飞。主上雄儁，率服北土，控弦百万，号令若一。军无辎重樵爨之苦，轻行速捷，因敌取资。此南方所以疲弊，而北方之所常胜也。”坚曰：“彼国人马，实为多少?”凤曰：“控弦之士数十万，马百万匹。”坚曰：“卿言人众可尔，说马太多，是虚辞耳。”凤曰：“云中川自东山至西河二百里，北山至南山百有余里，每岁孟秋，马常大集，略为满川。以此推之，使人之言，犹当未尽。”[2]

376年（前秦建元十二年，代建国三十九年），前秦20万军队大举进攻，高车等各族纷纷叛离，代国被灭。少数宗室重臣被迁至长安，个别还被迁至蜀；拓跋鲜卑的大部留在“汉边郭故地”[3]，分为二部，分别由别部大人刘库仁和刘卫辰统领[4]。原来迁入代国的汉人，除了少数坚持效忠拓跋氏的上层分子和基本已同化于鲜卑族的人以外，大概都已被迁离或逃亡了。

以上这些迁移，多数并没有形成真正的移民。原因之一是迁移往往反复进行，被迁对象在迁入地还没有住上几年，就又被迁往其他地方。原因之二是迁移大多出于强制，所以只要强制的压力消除或情况

1 《魏书》卷113《官氏志》。

2 见《魏书》卷24《燕凤传》。《传》称“苻坚遣使牛恬朝贡，令凤报之”，未载具体时间。但苻坚与代通使当在灭前燕之后，且不久就有“太祖（拓跋珪）将迁长安”之事，所以估计其事当在公元370年（代建国三十三年）之后。

3 《晋书》卷113《苻坚载记》；《魏书》卷24《许谦传》。

4 《魏书》卷24《燕凤传》。

出现变化，被迁对象就会返回原地或离开迁入地。原因之三是这些迁移往往很少考虑安置的条件，在战乱不已的情况下，被迁对象更难在迁入地区定居。原因之四是在战争时期采用掠夺手段的迁移必然造成被迁人口的大量死亡，最终到达迁入地的甚至只是少数。因此总的来说，这些历时一百多年的大迁移是一场浩劫，造成的破坏是无法估量的。

但这些迁移在客观上却不是没有积极意义。每一个政权的掠夺性或强制性迁移，将来自不同地区、不同民族的人口集中在一地或一城之中，无论这些被迁对象是否愿意，他们都不得不经历一个互相影响的过程，不同地区、不同民族的文化也因此而发生互动、碰撞、冲突乃至融合。在生产力很不发达，人们的活动半径有限，文化的传播主要只能依靠人类本身直接接触的条件下，这样残酷的迁移方式或许是促使民族和文化融合唯一有效的手段。如果说，中国北方的民族融合过程发轫于东汉的话，那么到这一阶段就已进入了实施，否则就不会有北魏时鲜卑族的“汉化”和隋唐时出现的各族融合的结果。同样，当东汉后期胡人的物质文化开始传播时，曾经引起社会广泛的震荡，儒家学者尤其感到惊恐不安，但经过这一阶段，文化的种族界线已经不如地域界线或文野程度的区别那样明显，兼收并蓄的盛唐文化就是顺理成章的产物。

疆域相对广阔、政治军事实力相对强盛、安定局面相对维持长久的政权，一般拥有更强的融合能力；而迁入地的文化水准、经济实力和统治者的政策措施也起着重要的甚至决定性的作用。后赵的首都襄国和邺曾经集中了大量各族人口，包括其中的上层人物，代主什翼犍从九岁开始在那里生活了十年，前秦主苻坚、后凉主吕光、后秦主姚苌也都是出生或生长在襄国或邺的。这些少数民族首领都能成为有作为的君主，对各民族的发展和地区开发做出了贡献，与他们在这样的环境中所受到的熏陶是分不开的。前秦的首都长安和关中也起过类似的作用，其他政权的中心区虽不能相提并论，但其实质并无二致。

第二节

北魏前期的移民

本节的北魏前期，是指从386年（晋太元十一年，北魏登国元年）拓跋珪建魏至孝文帝太和十七年（493年）宣布迁都洛阳之前。这是北魏崛起和迅速扩张的过程，也是人口迁移最频繁、数量最多、规模最大的阶段。由于到本阶段末北魏的疆域超过了十六国中任何一个政权，北魏的统治比较稳定地维持一百余年，它的移民获得了成功，被迁移人口中的大多数已经成为定居的移民，这是在十六国期间从未出现的结果。

一、对高车、蠕蠕（柔然）、铁弗匈奴等族的迁移

魏登国元年（386年，晋太元十一年）正月，拓跋珪在牛川（今内蒙古兴和县西北一带）即代王位，二月定都盛乐（今和林格尔县东北），不久改国号为魏。在此后的两年间，拓跋珪为对付内乱和外患，还无法在盛乐常驻，至击败了在其南部善无（今山西右玉县东南）、马邑（今山西朔州市）一带的匈奴刘显部以后，才有了一块稳定的基地。此期间拓跋珪仅能将刘显部众收编或追回叛逃的部落，还没有能力从外界迁入人口。当时北魏的疆土狭小，军事实力有限，不仅无力问鼎中原，就是对邻近的后燕也只能取守势。为了扩大疆域，巩固后方，增加人力、畜力，就连续向周围的部族和北方的高车、蠕蠕（柔然）、库莫奚和西部的宿敌刘卫辰等发动攻势，并接连获胜。在此过程中，这些部族的大量人口、牲畜被迁入魏境。

登国三年，拓跋珪北征库莫奚（在今内蒙古西拉木伦河和老哈河

上游一带)，“大破之，获其四部杂畜十余万”[1]。同年冬，讨解如部，“获男女杂畜十数万”。四年，征高车，“大破之”。五年，“次鹿浑海(今蒙古国后杭爱省沃勒吉特东南)，袭高车袁纥部，大破之，虏获生口、马牛羊二十余万”。“复讨其余种于狼山，大破之。”大批高车人被俘，“因驱至平城”。不久又有高车的敕力犍率九百余落，幡豆建率三十余落内附[2]。这些高车人大概也被安置在平城一带。迁入高车人的总数估计至少有数万，就北魏当时的实力而言，是一个不小的数字。但《魏书·太祖纪》说“以所获高车众起鹿苑，南因台阴，北距长城，东包白登，属之西山”，则相当令人怀疑，因为当时魏国新建，也还没有迁都平城，要在距离首都盛乐数百里之外的边远地区建鹿苑似无可能。《魏书·高车传》没有同样的记载，《通鉴》也未载此事，显然是《纪》将天兴二年“以高车众起鹿苑”一事误系于此。

安置高车人的地点大致就是今山西大同所在的武周川一带，距当时魏国的南界桑干河(㶟水)和恒山已不远了，而居于其都城盛乐之南。拓跋珪这样的安置是有多方面目的的：首先是为了隔断高车人与故地的联系，防止他们北逃。其次，让他们居于本国的南境，一旦驯服就能起到拱卫作用，并能利用他们的人口和牲畜对后燕作战。但最重要的恐怕还是为了经营平城。

早在代王猗卢(穆帝)六年(313年)，就曾“修故平城以为南都”。猗卢“登平城西山，观望地势，乃更南百里，于㶟水之阳黄瓜堆筑新平城，晋人谓之小平城，使长子六脩镇之，统领南部”[3]。当时平城曾作为代国南部的中心，但自从六脩之乱后已逐渐荒废，在什翼犍时代一直未再见于记载。此时拓跋珪又面临向南发展的形势，平城一带就成了前沿。从此后几年内北魏不断向平城移民并最终迁都平城看，这样的推论是相当合理的。

六年，北征蠕蠕(柔然)。“蠕蠕移部遁走，追之，及于大碛南床山下，大破之，虏其半部。”追击余部后，又俘获其首领之子及“宗党数百

1 《魏书》卷2《太祖纪》。以下据此纪者不再注明。
2 《魏书》卷103《高车传》。
3 《魏书》卷1《序纪》。

人，分配诸部”[1]。

六年冬，魏军自五原金津（今内蒙古包头市西南）渡黄河，攻入刘卫辰所居的悦跋城（今伊金霍洛旗西北），卫辰逃亡途中被杀[2]。刘卫辰部众或散或俘，“簿其珍宝畜产，名马三十余万匹，牛羊四百余万头”。另有山胡三千余家被安置在马邑（今山西朔州市）。

八年，“南征薛干部帅太悉佛于三城（今陕西延安市）……徙其民而还”。

对这几次战争中高车、蠕蠕、铁弗匈奴、山胡俘虏的数量很难推测，但从其规模和安置的范围看，人数必定不少。这些俘获的人口大多安置在平城附近，一部分作为奴婢分赐给大臣将士，分散至各部各地[3]。这些迁入的人口不仅使北魏增加了大量人力兵力，也注入了很多其他民族的成分。

登国十一年（396 年）三月，后燕主慕容垂率军曾一度进至桑干川，当时北魏防卫空虚，镇将元虔战死。慕容垂在平城西北 40 里筑燕昌城驻守[4]，因病重退兵。后燕攻占平城时间虽短，对安置在这一带的高车等族人口不会没有影响，或许高车人依然保持着游牧传统，已迁牧于其他地方；或许已趁魏军撤离之机逃跑。因史料简略，我们无法了解具体情况，但这证明当时平城地区的人口数量还很少。

天兴二年（399 年），拓跋珪才平后燕不久就再次亲征，率魏军分道进攻高车。二月，“诸军同会，破高车杂种三十余部，获七万余口，马三十余万匹，牛羊百四十余万。骠骑大将军、卫王仪督三万骑别从西北绝漠千余里，破其遗迸七部，获二万余口，马五万余匹，牛羊二十余万头，高车二十余万乘，并服玩诸物”。这次俘获的高车人总数近十万，还有大批牲畜，都被驱赶至平城的东北，“以所获高车众起鹿苑，南因台阴，北距长城，东包白登，属之西山，广轮数十里，凿渠引武川水注之苑中，疏为三沟，分流宫城内外。又穿鸿雁池”。引武周水入苑，既

1 《魏书》卷 103《蠕蠕传》。
2 《魏书》卷 95《铁弗刘虎传》。
3 如《魏书》卷 30《王建传》：“从征伐诸国，破二十余部，以功赐奴婢数十口，杂畜数千。从征卫辰，破之，赐僮隶五千户，为中部大人。”类似记载颇多。
4 《水经·㶟水注》，《水经注》卷 13，上海古籍出版社 1990 年版，第 258 页。

是为了布置景观，又是用于解决苑内人畜的水源。鹿苑作为御苑，主要是供皇室贵族狩猎演武，如当年七月，拓跋珪就“大阅于鹿苑”，并根据大阅兵的结果对将士“飨赐各有差”。平时或许也可供放牧之用。但高车人有近十万，开辟之初固然可以用作劳力，长期使用那么多人就没有必要。看来最大可能，是经过一段时间的监控和训练后，将高车人编入军队。作出这样推断的根据是：就在这次战争后不久，“高车侄利曷莫弗敕力犍率其九百余落内附，拜敕力犍为扬威将军，置司马、参军，赐谷二万斛。后高车解批莫弗幡豆建复率其部三十余落内附，亦拜为威远将军，置司马、参军，赐衣服，岁给廪食”[1]。这两位高车首领都被授予军职，并由朝廷供应粮食和日用品，所置的司马和参军，很可能就是朝廷派驻在这两支部队中的监护人员。既然如此，被俘的高车人编入他们的部队，或吸收进其他魏国军队，也是顺理成章的了。

二、对后燕和中原士人的吸收

登国十年(395 年)冬十一月，魏军在参合陂(今内蒙古凉城县东北岱海)大败后燕慕容宝军，俘获四五万人[2]；“生擒……文武将吏数千人……于俘虏之中擢其才识者贾彝、贾闰(润)、晁崇等与参谋议，宪章故实”。这些人对北魏政权的巩固和典章制度的建立起了不小的作用[3]。

由于道武帝误听了王建的建议，将绝大多数俘虏活埋了[4]，只有少数有才能的人被留下来。这说明当时北魏统治者还没有注意吸收一般人口，更没有制定大规模移民的措施。

但到了第二年(皇始元年，396 年)，北魏的政策就发生了变化。六月，王建与莫题讨杀慕容宝广宁太守(治今河北涿鹿县)刘亢泥，将

1 《魏书》卷 103《高车传》。
2 《魏书》卷 95《徒何慕容廆传・慕容垂》。
3 《魏书》卷 33《贾彝传》、卷 91《术艺传・晁崇》。
4 《魏书》卷 30《王建传》。

他的部落迁至平城[1]。值得注意的是，数月前还建议道武帝活埋俘虏的王建这次却未开杀戒，而是将俘虏迁回了平城，显然是出于朝廷的事先指令。这年七月，道武帝亲率40万大军攻占后燕的并州之后，也大量吸收录用当地的士大夫和文人。由于后燕大势已去，愿意效力的士大夫又得到优待，一些士人投向北魏。如曾出仕前秦、西燕，被慕容垂迁至中山的李先，"先于井陉归顺"，被任命为丞相卫王府左长史，随征邺和中山，"每一进策，所向克平"[2]。对有用的人才还不惜动用军队罗致，如清河崔宏(玄伯)"少有隽才，号曰冀州神童"，慕容垂任为吏部郎、尚书左丞、高阳内史，声望很高。魏军至常山时，他"弃郡，东走海滨。太祖素闻其名，遣骑追求，执送于军门，引见与语，悦之，以为黄门侍郎，与张衮对总机要，草创制度"，从而得到魏帝重用，与其子崔浩成为北魏前期的主要谋臣[3]。

皇始二年，魏军在巨鹿柏肆坞(今河北石家庄市藁城区北)击败慕容宝军后，"宝尚书闵亮、秘书监崔逞、太常孙沂、殿中侍御史孟辅等并降。降者相属，赐拜职爵各有差"。其中如出身清河望族崔氏的崔逞，"携妻子亡归太祖"，"及见，礼遇甚重。拜为尚书，任以政事，录三十六曹，别给吏属，居门下省。寻除御史中丞"[4]。燕郡广阳人公孙表，曾任西燕尚书郎，后归慕容垂，至此投魏，不久就被委出使南朝，完成使命后拜尚书郎[5]。这些人和他们的家属以后大多迁入平城。

北魏攻占中山时，后燕慕容贺麟"所署公卿、尚书、将吏、士卒降者二万余人"。对投降后又逃亡的张骧、李沈、慕容文等，在重新俘获后也"皆赦而不问"。因此在中山平定后，就有更多的士人和后燕旧属归降北魏，并迁至平城。如韩晒、尧僧赖、吕舍[6]、慕容氏的支族慕容胜[7]、高展[8]、

1 《魏书》卷23《莫题传》。
2 《魏书》卷33《李先传》。
3 《魏书》卷24《崔玄伯传》。
4 《魏书》卷32《崔逞传》。
5 《魏书》卷33《公孙表传》。
6 《魏书》卷42《韩秀、尧暄、吕舍传》。
7 《周书》卷19《豆卢宁传》。
8 《魏书》卷57《高祐传》。

梁劭[1]等。还有南单于后裔宇文活拨[2]。以后成为道武帝皇后的慕容氏，也是这次获得的慕容宝之女[3]。一些后燕官员还受到重用，如河内修武人张蒲，其父张攀是慕容垂御史中丞、兵部尚书，本人任后燕阳平、河间二郡太守、尚书左丞。当时对后燕官员"多降品秩。既素闻蒲名，仍拜为尚书左丞"，以后又升任东部大人、内都大官等要职[4]。

不过，北魏毕竟刚据有中原，汉族士人还是存有戒心。如崔逞，虽然投奔了道武帝，但还是将妻子张氏和四个儿子留在冀州，让他们南下广固（今山东青州市）投慕容德，只带了幼子迁往平城[5]。随着北魏在中原的统治日益巩固，汉族士人出仕的逐渐增加，朝廷也诏令各地寻访举荐，如永兴五年（413 年）二月，"诏分遣使者巡求儁逸，其豪门强族为州闾所推者，及有文武才干、临疑能决，或有先贤世胄、德行清美、学优义博、可为人师者，各令诣京师，当随才叙用，以赞庶政"[6]。

但在这冠冕堂皇的言词下还掩盖着皇帝的另一个目的：将地方豪强集中到京城，以削弱地方势力对官府的威胁，并加强对这些人的控制，因此命令各地官员采取强制措施，以致引起了豪强普遍的抵制和反抗。关于这一情况，《魏书》卷 24《崔玄伯传》中有具体的记载：

> 太宗以郡国豪右，大为民蠹，乃优诏征之，民多恋本，而长吏逼遣。于是轻薄少年，因相扇动，所在聚结。西河、建兴盗贼并起，守宰讨之不能禁。太宗乃引玄伯及北新侯安同、寿光侯叔孙建、元城侯元屈等问曰："前以凶侠乱民，故征之京师，而守宰失于绥抚，令有逃窜。今犯者已多，不可悉诛，朕欲大赦以纾之，卿等以为何如?"屈对曰："民逃不罪而反赦之，似若有求于下，不如先诛首恶，赦其党类。"玄伯曰："王者治天下，以安民为本，何能顾小曲直也。……夫赦虽非正道，而可以权行，自秦汉以来，莫不相踵。屈言先诛后赦，会于不能两去，孰与一行便定。若其赦而不

1 《魏书》卷 84《儒林传·梁祚》。
2 《魏书》卷 44《宇文福传》。
3 《魏书》卷 13《皇后传·道武皇后慕容氏》。
4 《魏书》卷 33《张蒲传》。
5 《魏书》卷 32《崔逞传》。
6 《魏书》卷 3《太宗纪》。

改者，诛之不晚。”太宗从之。

太宗虽不得不实行大赦，但这项措施显然并没有改变，只是做法有所缓和、规模有所缩小而已。

这两类人中，出仕的士人数量不会很多，而且并不是所有的人都在朝廷任职，因此而迁入京师的人口是有限的。但这类人对北魏朝廷的合作和效忠，对北魏政治制度的完善、行政效率的提高和民族关系的协调是有重大意义的。地方豪强的人数较多，从史料分析，他们的安置区并不限于京师，还包括边疆和军事要地。这类迁移是自秦汉以来统治者所惯用的，往往利弊兼有，因地因时而异，其作用和影响不可一概而论。

三、对京师的大规模移民

1. 迁都平城之初的移民

正如前面已经指出的，对士人的吸引和招募不能解决人口数量不足的问题，而绝大多数百姓又不愿意背井离乡，主动迁往并无多少吸引力的地方。因此，在完全取得除辽东以外的后燕故地后，北魏即实行了大规模的强制移民。皇始三年(398 年)正月，“徙山东六州民吏及徒何(北魏对慕容鲜卑的称谓)、高丽杂夷三十六万，百工伎巧十万余口，以充京师”。

这次移民的目的地是“京师”，在发出诏令的正月还是在盛乐。但到当年七月北魏即迁都平城，前面已经提到这是一个长期努力的目标，不是一项仓促的决定。北魏迁都平城的过程，在《魏书》卷 2《太祖纪》中尽管没有详细记载，但字里行间，脉络是清楚的：

正月……庚子……遂幸于邺。……帝至邺，巡登台榭，遍览宫城，将有定都之意。乃置行台……车驾自邺还中山……车驾将北还，发卒万人治直道，自望都铁关凿恒岭至代五百余里。……徙山东六州民吏及徒何、高丽杂夷三十六万，百工伎巧十万余口，以充京师。……二月，车驾自中山幸繁畤宫，更选屯卫。诏给内徙新民耕牛，计口授田。

正月时，拓跋珪一度有意迁都于邺，但考虑或与臣下计议后否定了这一想法，只是在邺设置行台，作为地区性的政治军事中心。在否定迁都于邺之后，迁都于平城的方案应该已经确定了，所以就调动万人修筑由望都（今河北唐县东北）至代（今河北蔚县东北）穿越恒山（今河北阜平、涞源间太行山脉）的直道，接着才实施移民。可见这条直道的修筑，不单是为了拓跋珪自己北还，也是为大规模移民做准备。以后移民使用的也正是这同一条道路，据《魏书》卷24《崔玄伯传》载："及车驾还京师，次于恒岭。太祖亲登山顶，抚慰新民，适遇玄伯扶老母登岭，太祖嘉之，赐以牛米。因诏诸徙人不能自进者，给以车牛。"这些"新民"应该就是十万余北迁移民的一部分，当然能够获得赏赐和车牛的大概只是崔宏等一类上层移民。值得注意的是，拓跋珪并没有返回盛乐，而是暂住繁畤宫，即在繁畤（今山西浑源县西南）的行宫，在那里更选屯卫和给移民发放耕牛、计口授田。更选屯卫的具体情况虽不详，但可以肯定是为了加强未来的首都一带的军事部署。而在繁畤督察安置移民，更可证明移民的安置区就在附近，即繁畤与平城之间的桑干河（㶟水）谷地桑干川。

所以我们可以肯定，正月开始移民时已经有了明确的目的地，即未来的首都平城和附近的桑干川。移民必定是直接迁入的，而不是先到达盛乐后再迁平城的。在首都平城建成后，包括文武官员等上层移民当然会迁入城市，但大部分移民肯定会继续在桑干川和附近地区从事农耕，或者入籍于京畿地区的其他县城。

同年（已改元天兴，399年）十二月，"徙六州二十二郡守宰、豪杰、吏民二千家于代都"。这次移民应是自年初开始的大规模移民计划的一部分，只是因为被迁对象身份特殊才见于记载。所谓"守宰"，自然是指后燕的地方官，而不是北魏接管后的现职人员。这次迁移的目的地已明确记为"代都"，即平城一带了。这批移民中的"豪杰"，包括北周皇帝宇文氏的先人宇文陵，他在这次"随例迁武川"[1]。这个"武

---

1 《周书》卷1《太祖纪》。

川”,即《魏书·地形志》所载代郡武周县[1],在今山西左云县。可见“代都”指的是京畿地区,并不限于平城本身。

这里顺便要指出,史料中的代、代郡、代都的含义是前后不同的。秦、西汉的代郡治所都在代县(今河北蔚县东北),东汉时曾移治高柳县(今山西阳高县西北),以后又迁回代县,直到西晋末年郡废,但此后人们沿用旧称,代或代郡仍见于记载。东汉时,代郡的辖境大致相当于今河北西北隅的蔚县、怀安、阳原等县和山西的阳高、灵丘、广灵、天镇等县,当时的平城县是属邻郡雁门的,所以一般称代县或代郡是不包括平城的。另一个概念则来自代国,春秋战国时仅指代县一带,但秦亡后项羽封赵王歇为代王,辖有代、太原、雁门、云中四郡,西汉初代国的辖境虽有变化,但一直拥有今内蒙古阴山以南的地区,包括今山西大同周围在内,汉文帝刘恒未继位前就是代王。由于代国的名称一直存在到汉武帝时,所以长期作为一个地区名使用,这时的概念就相当宽泛,并不限于代郡的辖境了,如“燕代之间”。又如北魏前身代国的得名,拓跋珪议国号时群臣所称“今国家万世相承,启基云代”,也是泛指包括平城在内的地区。拓跋珪迁都后,平城有了“代都”的名称,但首都正式设置的政区是司州和万年尹(相当于汉代的京兆尹)。到太和十七年(493 年)孝文帝迁都洛阳,平城不再是首都所在,万年尹改置为代郡,司州也改为恒州。由于目前所见史料基本都是出于后人追记,所以往往将后起的概念用之于前,如在迁都平城之前就称平城为“代”,这是需要注意的。

另一个引起学术界争议的问题,是这次移民的数量。由于今本《魏书·太祖纪》中“三十六署”作“三十六万”,只能断为“徙山东六州民吏及徒何、高丽杂夷三十六万,百工伎巧十万余口”了,结果是总数在四十六万以上。中华书局标点本(1974 年版)的点校者认为,《北史》卷 1 和《册府元龟》卷 486 中这个“万”字都作“署”,《资治通鉴》卷 110 载此事时也作“十余万口”,而“署”为南北朝时百工伎巧所属的机

1 安介生:《“代郡武川”辨析》,载《历史地理》第十三辑,上海人民出版社 1996 年版。

构，故断定“万”当是“署”字之讹[1]，但马长寿据《魏书·张济传》张济与杨佺期的对话中提到“魏定中山”所徙有“七万余家”，肯定“三十六万”不误[2]。唐长孺先生在《北魏南境诸州的城民》[3]一文中认为：“魏军攻入中山时，公卿、军吏、士卒投降的有二万人，以后强制迁徙‘山东六州民吏及徒何、高丽杂夷三十六万，百工伎巧十余万口’到代京，中山、邺、信都那些城市中的住户本来就是文武官吏、士卒以及百工伎巧，通过这次大迁徙，可以推断中山等城是被迁空了。”实际上也肯定了“三十六万”。

其实，《太祖纪》中的“万”字确是“署”字之误，道理很简单，如果此字不误，百工伎巧就应有十余万口，这样大的数量不用说在战乱以后不会有，就是在平时似乎也不大可能的。历史上固然有一次出动数十万甚至上百万人修建宫殿陵墓的记录，但这是指全部劳动力，并不是专业的“百工伎巧”。明初定都南京，建筑宫殿城池的工程量很大，南京经常保持的是十几万轮班的工匠。以后明成祖迁都北京时，随迁的民匠是 2.7 万人[4]。明初洪武、永乐年间的全国总人口有 7 000 万[5]，而当时“山东六州”的人口不会超过 1 000 万。如果这些工匠艺人只是本人迁移，家属留在原籍，似乎于情理不合；但如果家属随迁，那么就应有十余万户，总数就更多达四五十万了。与其他身份的移民总数相比，无论如何也显得太多了。而以后的太平真君七年（446 年），曾迁长安城工巧 2 000 家于京师[6]。这也是后秦、夏、北凉等政权长期聚集起来的工匠艺人，即使每家以二人计，也不过四千余人。

但这与这次移民的总数多达十余万户并不矛盾，因为《魏书·食货志》中明确记载：“既定中山，分徙吏民及徒何种人、工伎巧十万余家以充京都，各给耕牛，计口授田。”而且《魏书》卷 33《张济传》的说法也是不容怀疑的：

---

1 《魏书》卷 2 校勘记之 9，中华书局标点本 1974 年版，第 46—47 页。
2 《乌桓与匈奴》，上海人民出版社 1962 年版，第 47 页。
3 载《山居存稿》，中华书局 1990 年版。
4 见葛剑雄、曹树基、吴松弟：《简明中国移民史》，福建人民出版社 1993 年版，第 347 页。
5 见葛剑雄：《中国人口发展史》第九章第二节，福建人民出版社 1991 年版。
6 《魏书》卷 4《世祖纪》。

先是，姚兴遣将攻洛阳，司马德宗雍州刺史杨佺期遣使乞师于常山王遵，遵以状闻，太祖遣济为遵从事中郎报之。济自襄阳还，太祖问济江南之事。济对曰："……臣等既至襄阳，佺期问臣：'魏初伐中山几十万众？'臣答：'三十余万。'……又曰：'魏定中山，徙几户于北？'臣答：'七万余家。'佺期曰：'治在何城？'臣答：'定都平城。'……"太祖嘉其辞顺，乃厚赏其使，许救洛阳。

这是张济出使归来后的正式汇报，并且深为魏帝所满意，"七万余家"的数字自然不会错，至少应符合当时官方的统计数字。

合理的解释是：皇始三年正月所迁人口是十余万户，但迁移的次数并非仅此一次，如当年年底就又有 2 000 户见于《太祖纪》。但由于这已是例行公事，所以并没有都留下记载，尤其是对普通百姓的迁移。到张济出使的天兴二年间[1]，移民已达七万余家。《食货志》所谓"分徙"，正说明迁移不止一次，所以官方最终的统计数达到了十余万户。但迁移人数再多，也不可能将当地人全部迁走，否则魏国如何统治？事实上，就是一些著名士族，留在原地的也还不少。如京兆人杜铨，是西晋杜预之后，被崔浩称为"于今为诸杜之最"，门第最高。其父杜嶷任慕容垂秘书监，因而侨居于赵郡（今河北高邑县西南），但并未被迁。以后虽在神䴥四年（431 年）被征为中书博士，但依然家在赵郡[2]。

道武帝这次移民，当然是出于增加平城一带人口，巩固京师的统治地位的目的。定都之初，平城几乎是一座荒城，人口极少，如果没有足够的人口，不仅与首都的地位毫不相称，就是宫殿城池的建造也难以完成。从皇始三年七月迁都，开始"营宫室，建宗庙，立社稷"，十月起天文殿；天兴二年，凿渠引武川水注入鹿苑，七月起天华殿，十月太庙建成；三年三月，穿城南渠通于城内，七月起中天殿等；四年四月，起紫极殿等；六年十月，起西昭阳殿；天赐元年（404 年）十月，筑西宫；三年六月规立外城，方 20 里；四年七月，筑北宫垣[3]。可见仅在拓跋珪

1 《通鉴》卷 111《晋纪》33 记此事于六月。据《魏书・太祖纪》，八月即遣穆崇率军救洛阳，则张济复命必在八月之前，出使时间应为六月或更早。

2 《魏书》卷 45《杜铨传》。

3 《魏书》卷 2《太祖纪》。

时工程就持续了十年，需要的人力物力是很可观的。

另一方面，山东也确实是当时人口比较集中的地区。“山东六州”大致就是今天太行山以东、黄河一线稍北、滦河以西地区，是后燕疆域的主要部分。淝水之战后关中大乱，一部分人迁往后燕[1]。西燕慕容冲败后，慕容恒与慕容永“率鲜卑男女三十余万口，乘舆服御、礼乐器物，去长安而东”；由前秦聚集在长安的鲜卑人口和“百工伎巧”大多已被席卷而去。以后后燕主慕容垂攻破长子，“（慕容）永所统新旧民户，及服御、图书、器乐、珍宝，垂尽获之”[2]，因而立国时间不长的后燕才会有“三十六署百工伎巧”被北魏迁至平城。这批特殊移民实际上是北方长期聚集起来的手工、音乐、艺术人才，对于北魏手工业和文化艺术水准的提高无疑具有极其重要的作用。当时后燕新亡，人心未定，将潜在的政敌和不稳定分子集中到首都地区，加强对他们的控制和利用，对北魏政权的巩固是有重大意义的。

一个刚占有中原的异族要实行如此大规模的移民，必然会受到土著居民尤其是其中有影响的地方实力人物的抵制，被迫背井离乡的普通百姓也不会乐意迁移。这次移民进行得并不顺利，只是目前所见史料大多出于官修的《魏书》，不可能作详细记载。但我们还是可以发现若干证据，如卷26《长孙肥传》就有一则反抗迁移的行动被血腥镇压的例子：

> 时中山太守仇儒不乐内徙，亡匿赵郡，推群盗赵准为主。……聚党二千余人，据关城，连引丁零，杀害长吏，扇动常山、巨鹿、广平诸郡。遣肥率三千骑讨之，破准于九门，斩仇儒，生擒准。诏以儒肉食，准传送京师，轘之于市，夷其族。

仇儒能在短时间内发动数郡人参加反抗，说明“不乐内徙”有其代表性。正因为如此，拓跋珪不仅立即调动骑兵镇压，还极其残忍地下令吃掉已被杀的仇儒的肉，并对赵准施以车裂、灭族的酷刑，以便杀一儆百。

---

1 见《魏书》卷45《韦阆传》。
2 《魏书》卷95《徒何慕容廆传·慕容永》。

至于移民中的高丽人，应是前燕慕容皝于341年（晋咸康七年）从高丽掠还的“男女五万余口”及其他掠得的高丽人的后裔，这些人是随着前燕疆域的扩展而迁至“山东六州”的。因为皇始三年时辽东还非北魏所有，北魏也不可能隔着辽东的后燕从高丽获得新的移民。

2. 拓跋嗣（明元帝）以后的移民

随着北魏在中原的统治日益巩固，汉族士人出仕的逐渐增加，朝廷也诏令各地寻访举荐，以便将地方豪强集中到京师来。明元帝永兴五年（413年）的一次征召曾引起普遍的抵制和反抗（详见本节前文），而地方豪族大家对迁往京师的恐惧和抗拒，直到数十年后的孝文帝初年还没有改变，以致成为有人制造事端的借口。如豫州城（今河南汝南县）土豪胡丘生怀恨南豫州刺史，就派人散布谣言：“刺史欲迁城中大家，送之向代（指京师平城）。”[1]

在特殊情况下，还会将地方上的反抗势力或不稳定分子迁至京师。如太行山北段是丁零人的聚居地，太平真君八年（447年）“徙定州（治今河北定州市）丁零三千家于京师”。九年，太武帝到达上党（今山西长治市城区北），杀了潞县（今黎城县南）“叛民二千余家”，同时“徙西河离石（今山西吕梁市离石区）民五千余家于京师”[2]，或许二者存在某种联系。兴安二年（454年）十二月，“诛河间鄚（今河北任丘市东北）为贼盗者，男年十五以下为生口，班赐从臣各有差”[3]，这批未成年的奴隶大多被文武大臣迁回平城。

对士人的征召也不止这一次，如神䴥四年（431年）就有一次征召了数百人的记录。这一年，太武帝下诏称：“访诸有司，咸称范阳卢玄、博陵崔绰、赵郡李灵、河间邢颖、勃海高允、广平游雅、太原张伟等，皆贤隽之胄，冠冕州邦，有羽仪之用。……如玄之比，隐迹衡门、不耀名誉者，尽敕州郡以礼发遣。”遂征玄等及州郡所遣，至者数百人，皆差次叙用[4]。

1 《魏书》卷15《昭成子孙列传·秦王翰》。
2 《魏书》卷4《世祖纪下》。
3 《魏书》卷5《高宗纪》。
4 《魏书》卷4《世祖纪上》。

这是北魏前期规模最大的一次征召，对象包括出于北方著名的世家大族的人物，被征者之一的高允，以后成为朝廷重臣，太和十一年(487 年)年九十八卒。高允晚年作有《征士颂》，记载了这次被征的 34 人(不含本人)。这 35 人是朝廷指名征召的 42 人中的应征者，“自余依例州郡所遣者不可称记”。这些征士中，大多数人列出的都是地方官，这是由于当时百官没有俸禄，一直在朝廷做官，清廉者连生活都难维持，因而做了一段时间的朝廷官就转为地方官，作为补偿[1]。

在攻城略地或作战过程中，或在新占领地区，将俘虏、降人、当地士人和一般民户迁往平城一带或其他规定的地点，几乎成了北魏的一项制度，很少例外，京师始终是迁入的重点。其中一部分被迁对象，还被分赐给王公贵族、文武大臣或有功人员作为奴婢。由于这类人大部分也居住在京师，或虽然在外地任职，却有家属长住京师，所以实际上多数奴婢也被迁入了京师。其中人数较多、影响较大的几次迁移有：

泰常二年(417 年，东晋义熙十三年)，晋将刘裕进占长安，灭后秦。因急于回建康夺取政权，刘裕匆匆南归。次年，留守晋将自相残杀，不敌赫连勃勃，狼狈东撤，关中为赫连勃勃所有。在此期间，魏主悬赏寻访后秦姚氏子弟，一些姚氏宗室、旧臣投奔平城，如匈奴镇将姚成都与弟和都及其部属，尚书、东武侯姚敞，其弟镇远将军姚僧光，右将军姚定世，姚兴之子黄眉等[2]。一些原来从东晋逃亡至后秦的司马氏宗室、桓温旧属、刘裕的政敌，也转而投奔北魏(详见第十一章)[3]。这些归附人员多数定居在平城，包括少数暂时在外地任职的人，有的还繁衍成为北魏的大族。

三年夏四月，徙冀、定、幽三州徒何于京师。五月，拓跋嗣东巡，至濡源、甘松。遣征东将军长孙道生、给事黄门侍郎奚观率精骑二万袭北燕，又命骁骑将军延普自幽州北趋辽西，作为声援，魏帝亲自驻于突门岭。长孙道生突袭燕都龙城(今辽宁朝阳市)，徙其民万余家而还。

1 《魏书》卷 48《高允传》。
2 《魏书》卷 3《太宗纪》、卷 83《外戚传・姚黄眉》。
3 《魏书》卷 37《司马休之传》，卷 38《王慧龙传》《韩延之传》《袁式传》。

六月，魏帝西归[1]。

冀、定、幽三州相当于今河北省的大部，是前燕和后燕仅次于发祥地辽西的基地，曾有大批“徒河”(慕容鲜卑人)迁入。皇始三年的移民也将徒河列为迁移对象，但在灭后燕之初尚不可能将他们全部迁尽。他们与北燕同族，又有一部分居住在与北燕接壤地区，所以将他们全部迁至京师，是进攻北燕的前期准备。但表面的理由是“徒河民散居三州，颇为民害”，这次迁移由娥清负责，据说他“善绥抚，徙者如归”[2]，大概进行得比较顺利。

濡水即今滦河，濡源在今河北沽源县东闪电河一带。魏军这次出征的路线是沿着今张北高原、冀北山地的北沿逼近辽西的，因此出其不意地攻入了北燕的都城。由于沿线并没有合适的安置区，也不可能将俘获的人口安置在离北燕不远的地方，估计这万余家是被迁回京师的。

始光三年(426年，宋元嘉三年)冬，魏太武帝拓跋焘攻夏，围夏都统万城(今陕西靖边县东北白城子)，徙万余家而还。这次出兵遭遇严寒，虽然由于黄河冻结，使魏军取得了奇袭的胜利，但在次年正月返回时，“从人在道多死，其能到都者才十六七”。魏军如此，作为俘虏的万余家的死亡率肯定更高，实际迁回的估计不足五千户，大多在途中和回平城后作为赏赐分给了将士和留守的文武官员。始光四年，魏军攻占统万，俘获夏主赫连昌的“群弟及其诸母、姊妹、妻妾、宫人万数”，文武大臣及“秦雍人士数千人”，马三十万匹，均被迁平城[3]。其中有些人是赫连勃勃占领长安后迁至统万的，如晋朝宗室司马叔璠、沙门惠始、晋将毛脩之等[4]，后秦旧臣赵逸、胡义周之子方回[5]、张渊[6]，此时也被迁平城。所获的宫人、生口与金银、珍玩、布帛一样，当时就赐给了将士，部分上层人物以后得到任用。

1 《魏书》卷3《太宗纪》。
2 《魏书》卷30《娥清传》。
3 《魏书》卷4《世祖纪》。
4 《魏书》卷37《司马叔璠传》、卷43《毛脩之传》、卷114《释老志》。
5 《魏书》卷52《赵逸、胡义周传》。
6 《魏书》卷91《术艺传·张渊》。

毛脩之虽是武将，却善于烹调，能够做很精美的南方风味饮食，拓跋焘非常喜爱，封为太官尚书、冠军将军，经常让他在太官为主持制作御膳[1]。皇帝的这种爱好自然会影响贵族、官员以至于平城的居民，加上在平城的南方人日渐增加，南方饮食在平城和北方的传播必定因此而加快。毛脩之的迁移客观上是南方饮食文化在北方传播的一件大事。毛脩之的四个儿子中只有一人随他迁入北方，以后就世代在北朝定居。其子毛法仁的特长是声音特别响亮，“至于军旅田狩，唱呼处分，振于山谷”，在没有扩音器的时代倒也是一个不可多得的人才。

赵逸曾写过歌颂赫连夏的文章，太武帝见后大怒，要加以追究，经崔浩解释后才作罢，并任为中书侍郎，以后赵逸的诗序还受到太武帝的赞扬。赵逸被派往北疆做了十余年的赤沙镇将，晚年回到平城，其子也在平城任职。

胡方回的文才开始未受魏帝重视，做了一段时间的北镇司马，后召回任中书博士、侍郎，与太子少傅游雅等改定律制，对北魏的制度文化做出了重要贡献。

魏军这两次往返都是从君子津（今内蒙古准格尔旗东北）渡黄河的，可以推断，移民迁移的路线是从统万城东北至君子津，渡河后东行至平城。

神䴥三年（430年）十一月，拓跋焘率军至平凉，攻夏主赫连定，夺取了关中和陇东，至年底东归。在此期间或以后，曾将平凉与长安的人口迁至京师，具体过程和数字都未见记载。但太延元年（435年）正月，“诏长安及平凉民徙在京师，其孤老不能自存者，听还乡里”[2]，可见被迁的人口不会少，其中能返回故乡的当然只是极少数。

太延五年（439年），魏军兵临姑臧（今甘肃武威市）城下，北凉主沮渠牧犍出降，北凉亡，当地三万余户被迁至京师[3]。但这十余万人并不是都被安置在平城一带，其中有些人以后又转迁外地，如辛绍先

---

1 《魏书》卷43《毛脩之传》。以下同。
2 《魏书》卷4《世祖纪上》。
3 同上。

内迁后定居于晋阳[1]；刘昞的三个儿子迁至平城后，又被分配至各州，编为城民，直到太和十四年（490年）和正光三年（522年）才因有大臣请求，后人得以免除城民身份[2]。这说明相当一部分人迁至平城后，又被强制分配至各地，世代服役，不得随意迁移，境遇是相当悲惨的。就连一些著名学者的生活也都相当贫困，如张湛"家贫不粒"，常靠崔浩接济。阚骃"家甚贫弊，不免饥寒"，偏偏他食量很大，"一饭至三升乃饱"，日子可想而知。主动归降的人员就受到较好待遇，如安定临泾（今甘肃镇原县东南）人胡叟，因在北凉灭前一年多就投奔北魏，"朝廷以其识机，拜虎威将军，赐爵始复男，家于密云（今北京市密云区）"；此非一般移民可比。即使如此，胡叟也过着"蓬室草筵"的日子[3]。对移民家庭，太武帝曾允许"诸年七十以上听留本乡，一子抚养"，如刘昞得以在一年多后由姑臧返回敦煌，并有一子留在乡里。但迁移对象中年满七十者有限，能享受这一待遇的人极少。当然，凉主降时姑臧城内户口有二十余万，魏军"分略诸郡，杂人降者亦数十万"[4]，迁移的并不是凉州的全部人口。武功人苏湛的先人在西晋末年迁至凉州，在此时还乡里[5]，估计他没有被列为迁移对象。

自从西晋末年永嘉之乱开始就有不少中原人迁往河西，在以后的长期战乱中河西地区一般都能避免战火，在关中发生战乱如前秦、后秦、夏灭亡时又不断有人迁往河西，因而聚集了大批文人学者，至此基本东迁。这是中国文化史上一件大事。东迁学者中著名的有：

敦煌人索敞，本是刘昞助教，"专心经籍，尽能传昞之业"，至平城后任中书博士，"笃勤训授，肃而有礼，京师大族贵游之子，皆敬惮威严，多所成益，前后显达，位至尚书牧守者数十人，皆受业于敞"，任教十余年。著有《丧服要纪》《名字论》等[6]。

阚骃也是敦煌土著，"博通经传，聪敏过人，三史群言，经目则诵，

1 《魏书》卷45《辛绍先传》。
2 《魏书》卷52《刘昞传》。以下同。
3 《魏书》卷52诸人本传。
4 《魏书》卷4《世祖纪上》。
5 《魏书》卷45《苏湛传》。
6 《魏书》卷52《索敞传》。

时人谓之宿读。注王朗《易传》，学者藉以通经。撰《十三州志》，行于世。（沮渠）蒙逊甚重之，常侍左右，访以政治损益。拜秘书考课郎中，给文吏三十人，典校经籍，刊定诸子三千余卷。加奉车都尉。（沮渠）牧犍待之弥重，拜大行，迁尚书”。入魏后，被任为乐平王丕的从事中郎，随他镇守姑臧，乐平王死后才回平城[1]。

敦煌人张湛“弱冠知名凉土，好学能属文”，曾任北凉黄门侍郎、兵部尚书；迁入平城后，常与崔浩讨论《易》经，备受重视。

宋繇也是敦煌人，年轻时就随妹夫张彦至酒泉求学，“闭室诵书，昼夜不倦，博通经史，诸子群言，靡不览综”。沮渠蒙逊灭西凉时，见他室内有数千卷书，而其他却只有盐米数十斛，曾感叹说：“孤不喜克李歆，欣得宋繇耳。”从此受到蒙逊及其子牧犍的重用。宋繇随沮渠牧犍迁平城，子孙均在平城和北魏各地任职[2]。

姑臧人阴仲达以文学知名，东迁代郡后，由司徒崔浩提名，参与修国史，任秘书著作郎[3]。

段晖、段承根，姑臧人，北凉末投奔吐谷浑，后投北魏。段承根被太武帝当作上宾。经崔浩推荐为著作郎，参与修国史。后因被人告发企图南逃被杀[4]。

金城（治今甘肃兰州市西北）人赵柔“少以德行才学知名河右”，内迁后，“高宗践祚，拜为著作郎”，后出任河内太守，曾为源贺的《祇洹精舍图偈》作注解，受到高僧的赞赏[5]。

金城人宗钦，曾任北凉中书郎、世子洗马，著有《蒙逊记》十卷。入魏后封鹰扬将军，拜著作郎，有文章流行于世。其弟宗舒也内迁，封为威远将军[6]。

祖籍河内温县（今河南温县西南）的移民后裔常爽，“笃志好学，博闻强识，明习纬候，《五经》百家多所研综”。当时“戎车屡驾，征伐为

---

1 《魏书》卷52《阚骃传》。
2 《魏书》卷52《宋繇传》。
3 《魏书》卷52《阴仲达传》。
4 《魏书》卷52《段承根、阴仲达传》。
5 《魏书》卷52《赵柔传》。
6 《魏书》卷52《宗钦传》。

事,贵游子弟未遑学术”。常爽迁至平城后,“置馆温水之右,教授门徒七百余人,京师学业,翕然复兴”。学生中有官至尚书左仆射的元赞、平原太守司马真安、著作郎程灵虬等多人。他讲学二十余年,还著有《六经略注》[1]。

江强祖籍陈留,迁居凉州已数代,东迁后,献出经、史、诸子千余卷及书法,被任为中书博士[2]。

值得注意的是,这些人中除常爽、江强外,都是凉州土著。就是常爽,也已是第三代移民,主要是在凉州接受的教育。这与东汉时凉州的知名学者几乎都侨居内地,或在内地受教育,已经不可同日而语。这证明凉州的文化水准非但已不低于内地,在不少方面已在饱经战乱的黄河中下游地区之上。这次移民,实际上使永嘉之乱后被分为东西两支的北方传统文化汇合,此后又超越南方文化,成为隋统一后全国的主流。

陈留江氏家族对文字学的研究,是这次文化迁移、保存、传播、融合和发展的典型事例。延昌三年(514)江强之孙江式上表称:

> 臣六世祖琼,家世陈留,往晋之初,与从父兄应元皆受学于卫觊,古篆之法,《苍雅》《方言》《说文》之谊,当时并收善誉。而祖遇洛阳之乱,避地河西,数世传习,斯业所以不坠也。世祖太延中,牧犍内附,臣亡祖文威杖策归国,奉献五世传掌之书、古篆八体之法,时蒙褒录,叙列于儒林,官班文省,家号世业。臣藉六世之资,奉遵祖考之训,切慕古人之轨,企践儒门之辙,辄求撰集古来文字,以许慎《说文》为主,及孔氏《尚书》、《五经音注》、《籀篇》、《尔雅》、《三苍》、《凡将》、《方言》、《通俗文》、《祖文宗》、《埤苍》、《广雅》、《古今字诂》、《三字石经》、《字林》、《韵集》、诸赋文字,有六书之谊者,以类编联,文无复重,统为一部。其古籀奇惑,俗隶诸体,咸使班于篆下,各有区别。训诂假借之谊,随文而解;音读楚、夏之声,逐字而注;其所不知,则阙如也。冀省百氏之观,而同文字

1 《魏书》卷84《儒林传·常爽》。
2 《资治通鉴》卷123《宋纪》。

之域。[1]

这项宏大的文化工程依靠中原和河西几代学者的不懈努力，汇集了传世文献的精华，历经战乱而得以延续，最终在移民东归、文化合流后完成。

河西走廊地处中原与西域的孔道，在西晋末至十六国的战乱中，中原与西域的联系不时中断，但河西却与西域交通不绝，成为西域文化向东传播的中介。《魏书》卷114《释老志》称："凉州自张轨后，世信佛教。敦煌地接西域，道俗交得其旧式，村坞相属，多有塔寺。太延中，凉州平，徙其国人于京邑，沙门佛事皆俱东，象教弥增矣。"可见这次移民也是佛教进一步东传的一件大事。

又如北方一些乐工避居河西，以后吕光又从西域带回大批乐师和乐器，形成发达的音乐。这批乐工的继承者都被迁至平城，成为北魏宫廷乐人的主要组成部分，并为北朝和隋朝所继承[2]。

太平真君七年（446年）迁长安城工巧2 000家于京师[3]，也是包括了关中历年汇集的工艺匠人，这些人中既有来自西域和河西的艺人，也有受到西域技艺和风格影响的汉族匠人，这对平城以至以后洛阳城的手工业和建筑的发展无疑具有重大作用。著名的云冈石窟、龙门石窟和《洛阳伽蓝记》中所描述的辉煌的寺院建筑和艺术，显然离不开这类移民的贡献。

3. 南朝人口的迁入

除了南朝的归附人员（详见第十一章第三节）以外，被迁入平城及附近地区的还有大批来自南朝的俘虏和强制迁入的人口。

神䴥四年（431年，宋元嘉八年），魏将安颉、司马楚之攻陷滑台（今河南滑县东），宋守将朱脩之、李元德及东郡太守申谟被俘。安颉等将俘虏万余人带回平城，其中大部分被编为一支军队，称为"吴兵"，由毛脩之率领，曾从征蠕蠕大檀，毛脩之因战功而被封吴兵将军。朱

1 《资治通鉴》卷123《宋纪》元嘉十六年注。

2 《隋书》卷13—15《音乐志》。

3 《魏书》卷4《世祖纪下》。

脩之降魏后被任为云中镇将，也在这支军中。延和元年（432 年）这支吴兵随拓跋焘征北燕，在攻和龙（龙城）时，拓跋焘的警卫部队大多上了战场，行宫中卫士很少，朱脩之企图率吴兵袭击行宫，然后进入龙城，再由海路南归宋境。但毛脩之得知后加以制止，计划流产，朱脩之逃亡北燕。毛脩之因功升官，成为仅次于崔浩的汉族官员[1]。这次未遂事件只涉及朱脩之，所以那支吴兵仍应由毛脩之率领，兵士们就此定居北方。

其中最大的一次行动是在太平真君十二年（451 年，宋元嘉二十八年）初，魏太武帝率大军攻宋，兵临长江，建康震动。魏军撤回时，大肆破坏烧杀，并从江淮之间掠走大量人口。当时，"喋喋黔首，跼高天，蹐厚地，而无所控告。强者为转尸，弱者为系虏，自江、淮至于清、济，户口数十万，自免湖泽者，百不一焉。村井空荒，无复鸣鸡吠犬。时岁唯暮春，桑麦始茂，故老遗氓，还号旧落，桓山之响，未足称哀。六州荡然，无复余蔓残构"[2]，是一场惨绝人寰的浩劫。经过沿途的损耗，被迁至平城的还有五万余家，被"分置近畿"；其中一部分被作为"生口"赏赐给留守的郎吏以上官员[3]。由于人口多达一二十万，安置的范围并不限于平城，而是自天兴初就确定的"东至代郡，西至善无，南极阴馆，北尽参合"（大致相当于今山西大同市、朔州市和山阴、应县、怀仁、左云、右玉等县和大同市辖区，内蒙古凉城、丰镇二县的南部）的"畿内之田"[4]范围内。

另一次大规模的移民发生在夺取宋的青、冀、兖、徐和豫州的淮西部分（约相当于除今江苏西北部的淮河以北地）以后。皇兴二年（468 年，宋泰始四年），在魏将慕容白曜等的长期围攻下，宋徐州刺史崔道固在历城（今山东济南市）、兖州刺史刘休宾在梁邹（今山东邹平市东北）投降。三年，魏军攻下东阳城（今山东青州市），俘宋青州刺史沈文秀，结束了这场持续两年多的战争。五月，大批青州人被迁往京师。

1 《魏书》卷 4《世祖纪上》、卷 43《毛脩之传》。
2 《宋书》卷 95《索虏传》史臣曰。
3 《魏书》卷 4《世祖纪下》。
4 《魏书》卷 110《食货志》。

崔道固、刘休宾的僚属、历城和梁邹二城的知名人士、青齐士族名流特别是曾经对抗过的士人，都全家被迁。其余的移民都被当作奴隶，“分赐百官”[1]。由于人数多，地域集中，北魏在平城西北新城置平齐郡安置移民，不久又迁至离京城二百余里的旧阴馆城西（今山西朔州市东南）[2]。以来自梁邹县的移民置怀宁县[3]，历城移民置为归安县[4]，可能还有其他建置，只是史籍失载。也有个别人将家属留在故乡的记载，如傅永北迁时，妻贾氏留在本乡[5]，估计只是出于偶然，并非一般情况。

沦为奴隶的青州移民返回故乡的可能性极小，史料中也不会再有与他们有关的记载，就像大量其他类似的底层移民一样。迁入平齐郡的青徐士人，却因其特殊身份以及前后戏剧性的变化还受到史学家关注。

开始几年，除少数主动投降的人受到优待外，其他人都受到冷遇，一般移民更是饥寒交迫、生活艰难，连那些获得封爵和官职的上层人物也不例外。但由于他们的社会影响和当地的潜在势力、家族的文化传统和个人的行政能力，到了重视文治和致力于汉化的孝文帝时代，特别是迁都洛阳以后，他们本人或子孙大多否极泰来，不少人身居要职，世代仕宦，有的还平步青云，煊赫一时，平齐移民及其后裔成为北魏后期政坛的一股重要势力。孝文帝太和年间，还容许一部分人返回故乡。此事《魏书》未作正式记载，但在《房法寿传》附房景伯传中称其“太和中，例得还乡，郡辟功曹，州举秀才”；此“例”的具体内容虽不得而知，但房景伯肯定不是唯一的例子。如：

崔道固被任为平齐郡太守，赐爵临淄子，加宁朔将军，“是时，频岁不登，郡内饥弊，道固虽在任积年，抚慰未能周尽，是以多有怨叛”。崔道固一直未受重用，几年后死亡，年五十。他的子孙分别任平州刺史、

1 《魏书》卷6《显祖纪》、卷24《崔玄伯传》附崔道固、卷50《慕容白曜传》。
2 《魏书》卷24《崔玄伯传》附崔道固。
3 《魏书》卷43《刘休宾传》。
4 《魏书》卷43《房崇吉传》。
5 《魏书》卷70《傅永传》。

建威将军等职[1]。

刘休宾当了三年怀宁县令，死于延兴二年（472 年）。其子文晔曾直接向孝文帝鸣不平，被赐爵都昌子，“深见待遇”，先后任协律中郎、羽林监、高阳太守[2]。

房崇吉任归安县令不久即辞职，在平城停留了半年，就化装为沙门投奔南朝。房景伯之父也被迁入平齐郡，“景伯生于桑干，少丧父，以孝闻。家贫，佣书自给”。以后受尚书卢渊、李冲赏识，先后在朝廷和地方任职。其弟景先，“幼孤贫，无资从师，其母自授《毛诗》、《曲礼》”，“昼则樵苏，夜诵经史”。以后任太常博士，兼著作佐郎，修国史和《世宗起居注》，著有《五经疑问》等。到孝文帝时，房氏子孙出仕者已很多[3]。

崔道固的侄孙崔亮十岁时迁入平齐，“居家贫，佣书自业”，后经李冲推荐任中书博士等职。孝文帝刚迁洛阳时，“欲创革旧制，选置百官”，“驰驿征亮兼吏部郎”，不久迁中书舍人，兼尚书左丞，主持吏部选举近十年，以后历任内外要职，官至尚书仆射，子三人“并强干善于当世”，世代显贵[4]。

崔光 17 岁时随其父、宋长广太守崔灵延北迁，“家贫好学，昼耕夜诵，佣书以养父母”。太和六年（481 年）任中书博士，转著作郎，与秘书丞李彪参撰国书。又不断升迁，甚得孝文帝知遇，被称赞为“孝伯（崔光原名）之才，浩浩如黄河东注，固今日之文宗也”，参与迁都计划。孝文帝还常对群臣说：“以崔光之高才大量，若无意外咎谴，二十年后当作司空。”以后历任中书监、侍中、司徒等要职，事宣武帝、孝明帝，成为职爵最高、任职最久的汉族官员。子孙众多，世代显贵[5]。

高聪和蒋少游因出身低微或家境衰落，连迁入平齐的资格也没有。高聪之父虽做过刘宋的员外郎，但早卒，他靠祖父抚养；被北迁平城后，分配至云中（治盛乐）作兵户，“窘困无所不至”。蒋少游先迁平

1 《魏书》卷 24《崔玄伯传》附崔道固。
2 《魏书》卷 43《刘休宾传》。
3 《魏书》卷 43《房法寿传》附房崇吉、房景伯等。
4 《魏书》卷 66《崔亮传》。
5 《魏书》卷 67《崔光传》。

齐，不久也被配为云中兵户，因有文才，寄居平城，卖文抄书为业，但名字还留在军中。以后得到高聪族祖高允的举荐，他们都被任为炽书博士。高聪渐为孝文帝所知，此人虽品行不佳，但历任内外要职。蒋少游受命与李冲等制定衣冠式样，到洛阳丈量魏晋宫殿旧址，在平城建筑太庙和太极殿，主持营船船舶和皇家宫室苑林的建筑；还曾出使江南，秘密考察建康的宫殿，为平城和洛阳的建筑提供蓝本，在南北物质文明的交流中起了特殊作用[1]。

刘芳由梁邹迁平齐时才 16 岁，他祖母是崔浩的姑母，而几次上门，崔浩都拒不见面。刘芳“虽处穷窘之中，而业尚贞固，聪敏过人，笃志坟典。昼则佣书，以自资给，夜则读诵，终夕不寝，至有易衣并日之弊，而澹然自守”。他写得一笔好字，就为僧人写经维持生计。后任中书博士、中书侍郎，授太子读经，“于是礼遇日隆，赏赉丰渥”，孝文帝的丧礼和宣武帝继位均由他主持，历任国子祭酒、侍中、中书令、青州刺史、太常卿，对北魏律令、仪制、教育、音乐的发展起了重大作用[2]。

傅永与崔道固一起投降，迁入平齐后，“父母并老，饥寒十数年，赖其强于人事，戮力佣丐，得以存立”。后被召为治礼郎，升至尚书左丞，因作战机智勇敢，常受孝文帝赞扬：“上马能击贼，下马作露布，唯傅脩期（傅永字）耳。”[3]

被北迁的另一些人，如沈文秀、袁翻之父袁宣、成淹[4]等，虽未安置在平齐，也有大致相同的经历。

平齐郡的存在时间不长，原因是多方面的。设置之初，由于连年受灾，移民生计无着，士人不受重视，所以有不少人逃亡，见于《崔道固传》记载的有房崇吉之弟叔玉、刘休宾堂弟法凤和法武等。一部分人又被配为边镇兵户，如高聪、蒋少游等。到孝文帝时重用平齐人士，不少人已合法外迁，平齐郡已无存在的必要。太和年间允许移民返回故乡，估计就是平齐郡最终撤销的结果。

---

1 《魏书》卷 68《高聪传》、卷 91《艺术传·蒋少游》；《南齐书》卷 57《魏虏传》。
2 《魏书》卷 55《刘芳传》。
3 《魏书》卷 70《傅永传》。
4 《魏书》卷 61《沈文秀传》、卷 69《袁翻传》、卷 79《成淹传》。

此外，在北南的战争中，还有几次人数较多的掠夺性迁移。太和五年（481 年），魏军自上年来屡攻齐淮南失败，退兵时将三万余口掠回平城[1]，以其中万余口班赐群臣[2]。永平元年十二月（509 年），魏将邢峦攻占悬瓠（今河南汝南县），俘虏梁军三千余人，迁回洛阳后由魏帝分赐王公以下群臣[3]。

4. 京师人口的外迁

前面已经提到，有好几次"徙京师"的移民实际并不限于京畿地区，更不在平城一城之中，有的只是先到平城集中，然后分配至各地定居。这类人显然不属于由京师外迁人口的范围。

一些朝廷官员或居住京城的居民出任地方官职，一些人被迁往军镇（详见本节前文），一些人因犯罪而被迁往军镇、边疆等流放地，但这些人中除了一般罪犯和迁入军镇的人员很少有返回的机会外，其他人并不一定就此迁居，有的人家还在京城，有的人以后又会调回。总之，这类迁出人口的数量是有限的，与大量迁入的人口相比可以说是微不足道的。到孝文帝迁都洛阳以前，真正导致京师人口外迁的主要因素还是粮食供应的困难。

平城的人口基本上都是移民（含其后裔），但由于史料中关于人口数量的记载既不完整又不精确，我们无法直接计算平城极盛时期究竟有过多少人口。不过有两项数字可以作为推测平城人口的参考：一是孝文帝迁洛阳的人口，估计已超过 100 万（详见下节）；另一项是平城的规模。

北魏天赐三年（406 年）六月，"规立外城，方二十里，分置市里，经涂洞达"[4]。但到了泰常七年（422 年）九月，"筑平城外郭，周回三十二里"[5]，已经突破了原来的规划。平城只有建造宫城和外城的记载，可见宫城即内城，外城应为主要的居民区。作为对比，东汉的洛阳城东城墙长约 4 200 米，南城墙长约 2 400 米，西城墙长约 2 700 米，北城大

1 《资治通鉴》卷 135《齐纪》。
2 《魏书》卷 7《高祖纪上》。
3 《魏书》卷 8《世宗纪》。
4 《魏书》卷 2《太祖纪》。
5 《魏书》卷 3《太宗纪》。

部长约 2 700 米，总长合计汉里约 31 里；曹魏、西晋和北魏洛阳城的规模大致相同[1]。那就是说，平城的范围还略大于汉魏洛阳城，如果考虑到平城的宫殿和公共建筑不比洛阳大，则能容纳的居民不会比洛阳少。

但平城的位置已经处于当时中国农业区的北缘，附近只有桑干河谷地有比较适宜的农田，气候偏冷，降雨量不足，灌溉面积有限。西北的河套平原在西汉时已经得到农业开发，自东汉以来长期为游牧民族所据，农业区已不复存在。所以要在当地解决如此众多的人口的粮食供应是完全不可能的，而地理环境又限制了粮食的大量输入。当时北魏境内主要的产粮区是山东河北，即太行山以东、黄河以北，但无论从哪一条路线输向平城，都要翻越恒山、太行山、燕山，运输条件困难，每年的输送量有限。如果山东河北本身粮食歉收，无法输出足够的粮食，平城的正常供应就无法维持。

永兴三年(411 年)，就因“频有水旱”，明元帝下令裁减宫女和宫中工匠，将裁出宫女配给鳏夫，并派官员外出视察。到神瑞二年(415 年)，秋粮又歉收，平城出现了第一次粮食危机，只能安排一部分最贫穷的居民到山东三州就地解决食粮[2]，这暴露了平城作为首都的严重缺陷。不过由于第二年丰收，临时迁出的百姓可能又返回了。

由于平城的供应系统相当脆弱，这类临时性的迁出应该不止一次。但到了太和年间，频繁而严重的天灾终于使这一系统无法再维持下去了。这一阶段正是中国北方又一次周期性寒冷的谷底(见第九章第四节)，气候偏旱，灾害频繁，灾情严重，受灾范围大，《魏书·高祖纪》及《世宗纪》的记载就反映了这一形势：

> 太和元年(477 年)春，正月……云中饥，开仓赈恤。……三月……丙午，诏曰：“……去年牛疫，死伤太半，耕垦之利，当有亏损。……”十有二月……诏以州郡八水旱蝗，民饥，开仓赈恤。……

1 《汉魏洛阳遗址》，《中国大百科全书·考古学》，中国大百科全书出版社 1986 年版，第 161—162 页。

2 《魏书》卷 3《太宗纪》、卷 110《食货志》。

二年……四月……京师旱。甲辰，祈天灾于北苑，亲自礼焉。减膳，避正殿。……是岁，州镇二十余水旱，民饥，开仓赈恤。……

三年……五月丁巳，帝祈雨于北苑……六月辛未，以雍州民饥，开仓赈恤。……

四年……二月……癸巳，诏曰："……今东作方兴，庶类萌动，品物资生，膏雨不降，岁一不登，百姓饥乏，朕甚惧焉。……"四月己卯……诏曰："……今农时要月，百姓肆力之秋，而愚民陷罪者甚众。宜随轻重决遣，以赴耕耘之业。"……六月丁卯，以澍雨大洽，曲赦京师。……是岁，诏以州镇十八水旱，民饥，开仓赈恤。……

五年……四月……甲寅，诏曰："时雨不霑，春苗萎悴。……有神祇之所，悉可祷祈。"……五月庚申朔，诏曰："……农时要月，民须肆力，其敕天下，勿使有留狱久囚。"……十有二月癸巳，诏以州镇十二民饥，开仓赈恤。……

六年……八月癸未朔，分遣大使，巡行天下遭水之处，丐民租赋，贫俭不自存者，赐以粟帛。庚子，罢山泽之禁。……十有二月丁亥，诏曰："……去秋淫雨，洪水为灾，百姓嗷然，朕用嗟愍，故遣使者循方赈恤。而牧守不思利民之道，期于取办，爱毛反裘，甚无谓也。今课督未入及将来租算，一以丐之。……"

七年春正月……丁卯，诏青、齐、光、东徐四州之民，户运仓粟二十石，送瑕丘、琅邪，复租算一年。三月甲戌，以冀定二州民饥，诏郡县为粥于路以食之，又弛关津之禁，任其去来。……六月，定州上言，为粥给饥人，所活九十四万七千余口。……九月……冀州上言，为粥给饥民，所活七十五万一千七百余口。……十有二月……庚午，开林虑山禁，与民共之。诏以州镇十三民饥，开仓赈恤。

八年……五月己卯，诏赈赐河南七州戍兵。……六月……戊辰，武州水泛滥，坏民居舍。……十有二月，诏以州镇十五水旱，民饥，遣使者循行，问所疾苦，开仓赈恤。

九年……八月……庚申，诏曰："数州灾水，饥馑荐臻，致有卖鬻男女者。……今自太和六年已来，买定、冀、幽、相四州饥民良口者，尽还所亲，虽娉为妻妾，遇之非理，情不乐者亦离之。"……是年，京师及州镇十三水旱伤稼。……

十年……十有二月……乙酉，诏以汝南、颍川大饥，丐民田租，开仓赈恤。

十有一年……二月甲子，诏以肆州之雁门及代郡民饥，开仓赈恤……六月辛巳，秦州民饥，开仓赈恤。癸未，诏曰："春旱至今，野无青草……"七月己丑，诏曰："今年谷不登，听民出关就食，遣使者造籍，分遣去留，所在开仓赈恤。"……辛巳，罢山北苑，以其地赐贫民。……九月庚戌，诏曰："去夏以岁旱民饥，须遣就食，旧籍杂乱，难可分简，故依局割民，阅户造籍，欲令去留得实，赈贷平均。然乃者以来，犹有饿死衢路，无人收识。……"冬十月辛未，诏罢起部无益之作，出宫人不执机杼者。……十有一月……戊申，诏曰："……又岁既不登，民多饥窘，轻系之囚，宜速决了……"是岁大饥，诏所在开仓赈恤。

十有二年……五月丁酉，诏六镇、云中、河西及关内六郡，各修水有田，通渠灌溉。……十有一月，诏以二雍、豫三州民饥，开仓赈恤。……

十有三年……夏四月……己丑……州镇十五大饥，诏所在开仓赈恤。……八月……戊子，诏诸州镇有水田之处，各通溉灌，遣匠者所在指授。……九月丁未……出宫人以赐北镇人贫鳏无妻者。……

十五年……自正月不雨，至于(四月)癸酉。……

十有七年……五月……丁丑，以旱撤膳。……

二十年……七月……戊寅，帝以久旱，咸秩群神，自癸未不食至于乙酉。……十有二月甲子，以西北州郡旱俭，遣侍臣循察，开仓赈恤。乙丑，开盐池之禁，与民共之。……戊辰，置常平仓。……

二十三年……州镇十八水，民饥，分遣使者开仓赈恤。……

景明元年(500年)……五月甲寅,以北镇大饥,遣兼侍中杨播巡抚赈恤。……是岁,十七州大饥,分遣使者开仓赈恤。……

二年……三月……青、齐、徐、兖四州大饥,民死者万余口。……

在太和元年至景明二年这25年间,没有灾情记录的只有六年,集中在太和十四年至二十二年间。这些灾害尽管并没有都发生在京师,但大部分与京师有关,即发生在向京师提供粮食的地区,所以同样给京师造成很大困难。

太和十一年正是灾害最严重的阶段,大旱和牛疫直接发生在京师,所以导致大量人口外迁。由于外迁人口数量多,就遇到了如何加以控制的难题:

高祖、文明太后引见公卿于皇信堂,太后曰:"今京师旱俭,欲听饥贫之人出关逐食。如欲给过所,恐稽延时日,不救灾窘,若任其外出,复虑奸良难辨。卿等可议其所宜。"(拓跋)丕议:"诸曹下大夫以上,人各将二吏,别掌给过所,州郡亦然,不过三日,给之便讫,有何难也?"高祖从之,四日而讫。[1]

由于采取了加快发放"过所"(通行证)的措施,结果京都百姓"行者十五六,道路给粮禀,至所在,三长赡养之。遣使者时省察焉。留业者,皆令主司审核,开仓赈贷。其有特不自存者,悉检集,为粥于术衢,以救其困。然主者不明牧察,郊甸间甚多馁死者"[2]。

这是平城最大的一次人口外迁,因为"行者十五六"不同于一般文人的夸大或仅凭印象作出的主观判断,而是建立在"过所"发放登记的基础上的。可以肯定,平城及其郊区的人口至少外迁了一半,加上死亡,减少的人口更多。外迁人口在理论上说应在灾害过后返回平城,但此后几年内灾情仅稍有缓解,到太和十七年又迁都洛阳,迁回的外流人口可能只是少数。

---

1 《魏书》卷14《神元平文诸帝子孙列传·东阳王丕》。
2 《魏书》卷110《食货志》。

四、其他地区人口的迁移

1. 关中、陇东

泰常二年(417年,晋义熙十三年),刘裕灭后秦,千余家秦雍人由寇赞率领投魏。寇赞被任为魏郡太守(治今河北临漳县西南),这些人很可能也安置在魏郡。在晋军东撤、夏军攻入长安之际,数万户秦雍百姓迁入魏国境内的河南、荥阳和河内一带(今河南洛阳市及其以东北地),为此新设立了南雍州,根据流民在雍州原籍设置郡县,以寇赞为刺史,治于洛阳,负责安抚,因此又吸引了近三倍的流民[1]。当时的做法与东晋时的侨州郡相仿,只是存在的时间不长,具体情况已无法了解。其中氐族首领徐骇奴、齐元子所率三万部众,原来聚集在雍(今陕西凤翔县西南),经联络后,魏帝派将军王洛生及河内太守杨声等西行接应[2]。天水冀(今甘肃甘谷县东)人杨伏恩举家奔洛阳,可能也在此时[3]。

这批流人的数量很多,估计有数十万,但因其中极少上层人物(如杨伏恩只是郡功曹),以后的下落已毫无踪迹可寻。但十几年后北魏即占有关中和陇东,秦雍流民,特别是其中的氐人有可能重返故乡。

延和三年(434年),氐王杨难当将在汉中的雍州流民7 000家迁至长安[4]。杨难当在上一年趁乱占有汉中,当年被宋军击败退出。这些流民估计是此前数年间,魏、夏反复争夺长安和关中时逃往汉中的,对他们来说只是返回故乡。但在武力胁逼下,其中完全可能有一些汉中土著,但数量不会很多。

2. 北燕

从泰常三年(418年)起,魏军不断袭击北燕,经常从北燕掠回人口,还大量招诱降附。延和元年(432年)又迁营丘、辽东、乐浪、带方、

1 《魏书》卷42《寇赞传》。
2 《魏书》卷3《太宗纪》。
3 《魏书》卷77《杨机传》。
4 《魏书》卷4《世祖纪上》。

玄菟六郡(约相当于今辽西一带)民三万家于幽州(约相当于今北京市及河北东北部)[1],其中朝鲜县(治今辽宁义县北)连同其居民被迁至肥如(今河北迁安市东北)[2]。二年、三年和太延元年(435年)都曾从北燕境内掠迁人口。太延元年六月,魏军4万伐北燕,七月至和龙(今辽宁朝阳市),徙男女6 000口而还[3],直到太延二年北燕主东走高丽,北燕亡。这几次迁移,除第一次有具体数量和迁入地点外,其余几次的迁入地均不详,估计有一部分会安置在京师,但从第一次的情况看,安置在附近地区的应是多数,尤其是在北燕败局已定之时。

3. 南朝

在与南朝的对峙中,北魏也不时驱掠对方人口。如太平真君六年(445年,宋元嘉二十二年)出动二万骑兵,"南略淮泗以北,徙青徐之民以实河北"。七年,"略金乡、方与(今山东金乡、鱼台一带),迁其民五千家于河北";"至济南东平陵(今山东章丘市境),迁其民六千余家于河北"[4]。十一年,将宋淮北降民七千余户,"迁之于兖豫之南"(今河南东南部、安徽西北部、山东西南部)[5]。太和元年(477年),"汉川民泉会、谭酉等相率内属,处之并州"[6],是从汉中迁至今山西南部。

4. 高车、蠕蠕(柔然)

在对高车、蠕蠕(柔然)等北方游牧民族的战争中,北魏不断掠回人口。如永兴五年(413年)奚斤等破越勤倍泥部落于跋那山(在今内蒙古乌拉特前旗东南)西,获马5万匹,牛20万头,徙2万余家于大宁。奚斤班师时,魏帝在白登山(今山西大同市西北)观看降民,统计战利品,然后将这些"新民"安置在大宁川(今河北怀安至张家口南洋河谷地),发给农具,计口授田[7]。这是一次将游牧民族转变为农耕的尝试,但看来并没有成功,因为在《魏书·地形志》中已无大宁县和大宁郡的建置,说明在武定(543—550年)前已废,那么这些移民的后裔

1 《魏书》卷97《海夷冯跋传·冯文通》。
2 《魏书》卷106《地形志》。
3 《魏书》卷4《世祖纪上》。
4 《魏书》卷4《世祖纪下》。
5 《魏书》卷53《李孝伯传》。
6 《魏书》卷7《高祖纪上》。
7 《魏书》卷3《太宗纪》。

不是又迁走了，就是所剩无几了。

神䴥二年(429年)，太武帝伐蠕蠕首领大檀，大檀闻讯，“将其族党，焚烧庐舍，绝迹西走，莫知所至”。魏帝于六月到达兔园水(今蒙古国博格多乌拉一带)，在“东至瀚海，西接张掖水，北渡燕然山，东西五千余里，南北三千里”的范围内分军搜讨。“高车诸部杀大檀种类，前后归降三十余万，俘获首虏及戎马百余万匹。”八月，魏帝得知东部高车屯于巳尼陂，“人畜甚众”，“遂遣左仆射安原等往讨之。暨巳尼陂，高车诸部望军降者数十万”，“获马牛羊亦百余万”。安原所率军队中还有“新附高车”，显然就是在此前进军途中收编的高车人[1]。这些高车人被安置在漠南，“东至濡源，西暨五原、阴山，竟三千里”的范围内，派司徒平阳王长孙翰、尚书令刘洁、左仆射安原、侍中古弼加以镇抚[2]。

这次军事行动的主要目的是打击蠕蠕大檀，在出师前魏帝曾说：“若不先灭蠕蠕，便是坐待寇至，腹背受敌，非上策也。”但在迁回的人口中居然没有蠕蠕人，《魏书》提及此事的有关纪、传中都只提高车(敕勒)而不及蠕蠕，看来蠕蠕的主力的确已经逃脱，魏军俘获的大多是毫无戒备的高车人。俘虏的数量显然并没有精确的统计，且不无夸大，所以不能拘泥于具体数字。

高车人的安置区大致在今河北沽源、滦河源至内蒙古包头市西北阴山之间。但不久，因受到监护将吏的侵夺，“新民”准备在牛马长肥后逃往漠北。负责镇抚的刘洁、安原趁黄河冰封时将他们遣送河西，到解冻后就无法渡河北逃了。开始太武帝不同意，在刘洁的坚持下才批准分迁三万户于河西。新民们认为将他们圈在河西，是要杀他们，因此准备西奔凉州。刘洁、安原驻守在五原河北(今内蒙古包头市西北黄河以北)和悦拔城(今伊金霍洛旗西北)北戒备，但到次年三月，仍有数千骑北逃。在刘洁的追击下，这些人都因断粮而死[3]。四月，

---

1 《魏书》卷103《蠕蠕传》《高车传》。《高车传》作“数十万落”，似太多，故不取。

2 《魏书》卷4《世祖纪上》。

3 《魏书》卷28《刘洁传》。

又有万余落敕勒逃亡，在尚书封铁的追击下大多被杀[1]。在这样的高压下，其余的敕勒就在河西定居，他们的分布范围逐渐扩大到陇西。

这样的逃亡事件估计不止一次，但大部分高车人还是在漠南定居了，他们“乘高车，逐水草，畜牧蕃息”，依然保持着游牧习惯。由于每年可从高车人获得大量畜产品，以至北魏的马牛羊价大跌，皮货贮备充足。另一方面，高车人“数年之后，渐知粒食”，对粮食有了需求，可能也有了一定的农业生产能力。文成帝时(452—465 年)，“五部高车合聚祭天，众至数万。大会，走马杀牲，游绕歌吟忻忻，其俗称自前世以来无盛于此”。祭天是高车大事，至少成年男子都应参加，据此估计漠南的高车人总数至多二三十万。孝文帝太和十七年(493 年)召高车人随他南伐，高车不愿，推袁纥树者为首领，相率北迁，并击败了追击的宇文福。树者率众投奔蠕蠕，但以后一些部众又陆续降附北魏[2]。继续居留在北部缘边的即是这些东部敕勒，如北齐大臣斛律金家族就是朔州(治盛乐，辖有今大青山以南内蒙古地)敕勒[3]。

高车人迁至漠南已有六十余年，至此大部北迁，重新归附的人被安置在何处，未见记载，即使仍在这一带，集中的高车游牧区显然已不再存在。在这六十多年间，肯定会有人因各种原因内迁，如被零星征入军队，首领迁居京师，或被监护者掠为奴隶等，只是这类分散、少量的迁移已无从复原。

被迁至黄河以西的高车人，按计划应有三万落，但在大量叛逃的情况下，真正留下的可能只有一半。不过经过数十年的繁衍，人数还是会有较大增长。太平真君六年(445 年)，卢水胡盖吴在杏城起事，关中告急，“于是诏发高平敕勒骑赴长安”[4]。这类征调可能不止这一次。延兴元年(471 年)初，河西敕勒(高车)全面反抗，结集西迁。孝文帝遣源贺追讨，收降了二千余落。又在枹罕(今甘肃临夏县西南)追及郁朱的部众，“斩首五千余级，虏男女万余口，杂畜三万余头”。统万

1 《魏书》卷 4《世祖纪上》。
2 《魏书》卷 103《高车传》。
3 《北齐书》卷 17《斛律金传》。
4 《魏书》卷 4《世祖纪》。

(今陕西靖边县东北)、高平(今宁夏固原市原州区)、上邽(今甘肃天水市秦州区)三镇的敕勒已逃至金城(今青海民和县东南),也被追杀三千人[1]。除了被杀和逃跑的外,由源贺追回的有一万多人,其中属沃野(今内蒙古五原县北)、统万二镇的被迁至冀、定、相三州为营户。但统万敕勒尚未迁尽,至二月,“谋叛,徙配青、徐、齐、兖四州为营户”[2]。这四镇高车西迁时,孝文帝还曾派了一位精通高车语言的孟威去“晓喻祸福,追还逃散”[3]。高车人被迁入的地区大致相当于今河北南部、山东西部、河南东北,是北魏的内地,也被编为营户,在军事管辖之下,逃亡的可能不大,只会被日渐同化。

经过这次变乱,河西的高车人损失惨重,到次年正月,统万镇“胡民相率北叛”[4],值得注意的是,这些叛民已被称为“胡”,证明已不包括高车人了。北魏后期所称的西部高车(敕勒),其活动范围已大大缩小。

蠕蠕人较大的一次内迁发生在献文帝皇兴四年(470 年),这年九月,魏帝北伐,结果“斩首五万级,降者万余人,戎马器械不可称计”[5]。据《魏书・杨播传》,这批降附的蠕蠕有万余户,被安置在高平(驻今宁夏固原市原州区)、薄骨律(驻今宁夏灵武市西南)二镇,散布在今贺兰山两侧和宁夏南部。但到太和末年,叛走略尽,只剩下一千余家。太中大夫王通、高平镇将等要求将他们迁至淮北,以防止再逃跑,虽有杨椿反对,朝廷还是采纳了这一建议,将其迁至济州(今山东西南)黄河南岸。至永平元年(508 年)冀州刺史、京兆王元愉叛乱时,这些蠕蠕人都渡河投奔,“所在钞掠”。但元愉之乱当年就被平定,本来就不多的蠕蠕人或死或逃,不知所终。

5. 军镇和边疆

为防御蠕蠕(柔然)的侵扰,北魏初就在平城以北、阴山以南设置了六个军镇,即沃野(今内蒙古五原县北)、怀朔(今固阳县西南)、武川

---

1 《魏书》卷 41《源贺传》。
2 《魏书》卷 7《高祖纪上》。
3 《魏书》卷 44《孟威传》。
4 《魏书》卷 7《高祖纪上》。
5 《魏书》卷 103《蠕蠕传》。

(今武川县西土城)、抚冥(今四子王旗东南土城子)、柔远(今兴和县台基庙东北)和怀荒(今河北张北县境)。此外,还有一些军镇设在边疆或其他要地,如统万(今陕西靖边县东北)、高平(今宁夏固原市原州区)等。镇守这些军镇的官员和将士都来自内地,在设置之初和某些阶段必定有过较集中的迁移。

在见于记载的迁入边镇的对象中,较多的是"良家子"的身份:

> 独孤信,云中人也。……祖俟尼,和平(460—465年)中,以良家子自云中镇武川,因家焉。[1]
>
> 寇洛,上谷昌平人也。累世为将吏。父延寿,和平中,以良家子镇武川,因家焉。[2]
>
> 赵贵字元贵,天水南安人也。祖仁……以良家子镇武川,因家焉。[3]
>
> 贺拔胜,字破胡,神武尖山人。祖尔逗,选充北防,家于武川。[4]
>
> 王盟……其先乐浪人。……父罴,伏波将军,以良家子镇武川,因家焉。[5]

也有些人没有明确的"良家子"身份:

> 杨忠,弘农华阴人也。小名奴奴。高祖元寿,魏初,为武川镇司马,因家于神武(今山西山阴县东南)树颓焉。[6]
>
> 李贤,字贤和,其先陇西成纪人也。……祖斌,袭领父兵,镇于高平,因家焉。[7]
>
> 蔡祐,字承先,其先陈留圉人也。曾祖绍为夏州镇将,徙居高平,因家焉。[8]

---

1 《周书》卷16《独孤信传》。
2 《周书》卷15《寇洛传》。
3 《周书》卷16《赵贵传》。
4 《魏书》卷80《贺拔胜传》。
5 《周书》卷20《王盟传》。
6 《周书》卷19《杨忠传》。
7 《周书》卷25《李贤传》。
8 《周书》卷27《蔡祐传》。

窦泰，字世宁，大安（治今内蒙古乌审旗西南）捍殊（确地无考）人也。本出清河观津胄。祖罗，魏统万镇将，因居北边。[1]

段永，字永宾，其先辽西石城人，晋幽州刺史匹磾之后也。曾祖畏，仕魏，黄龙镇将，因徙高陆（今陕西西安市高陵区）之河阳焉。[2]

奚康生……其先代人也，世为部落大人。祖直，平远将军、柔玄镇将，入为镇北大将军，内外三都大官。[3]

任延敬，广宁人也。伯父桃，太和初为云中军将，延敬随之，因家焉。[4]

潘乐，字相贵，广宁石门人也。本广宗大族，魏世分镇北边，因家焉。[5]

段荣，字子茂，姑臧武威人也。祖信，仕沮渠氏，后入魏，以豪族徙北边，仍家于五原郡。[6]

孙腾，字龙雀，咸阳石安人也。祖通，仕沮渠氏为中书舍人，沮渠灭，入魏，因居北边。[7]

司马子如，字遵业，河内温人也。八世祖模，晋司空、南阳王。模世子保，晋乱出奔凉州，因家焉。魏平姑臧，徙居于云中，其自序云尔。[8]

司马子如为司马保之后的可靠性，是很值得怀疑的，但自北凉灭后被迁至云中当是事实。

耿豪的曾祖是巨鹿人，可能也是因驻守军镇而迁移："其先避刘、石之乱，居辽东，因仕于燕。曾祖超，率众归魏，遂家于神武川（今山西山阴县东北一带）。"[9]

---

1 《北齐书》卷15《窦泰传》。
2 《周书》卷36《段永传》。
3 《魏书》卷73《奚康生传》。
4 《北齐书》卷19《任延敬传》。
5 《北齐书》卷15《潘乐传》。
6 《北齐书》卷16《段荣传》。
7 《北齐书》卷18《孙腾传》。
8 《北齐书》卷18《司马子如传》。
9 《周书》卷29《耿豪传》。

在这些迁移对象中，只有独孤信和寇洛二人是有明确的时间，即和平年间迁入的，其余迁入时间均不详。据此，我们最多只能肯定，和平年间有过一次规模较大的迁移，却不能断定上列人物都是在和平年间迁入，或者北魏时仅此一次迁移。根据正光五年（524 年）废镇改州的诏书，对六镇和边镇的移民主要在两个阶段：一是献文帝时“差割强族，分卫方镇”，迁移的对象主要是地方豪强和大族；一是孝文帝时，“选良家酋肦，增戍朔垂”，以“良家子”及部族首领为主[1]。罪犯则是经常性的迁移对象，并无明显的阶段性。

至于和平年间迁良家子于武川或其他军镇的原因，文献中未发现直接记载，唯一能供推断的是《魏书·高宗纪》太安五年（460 年）冬十二月的一道诏书：“……而六镇、云中、高平、二雍、秦州，遍遇灾旱，年谷不收。其遣开仓廪以赈之。有流徙者，谕还桑梓。欲市籴他界，为关傍郡，通其交易之路。……”由于六镇及云中、高平等镇灾情严重，只能容许百姓外迁，必定会有人口流失，所以在稍后的和平年间征集“良家子”镇守，以弥补人口的不足。

上述四位有良家子身份的人都是迁于武川镇，但这并不意味着良家子的迁入地只限于武川一地，只是由于北周主宇文泰出身武川镇，北周将帅大臣中多武川出身者，所以载入史册的较多。实际上，迁入六镇及其他军镇的大量普通将士、平民和罪犯是不会见于记载的，如：

太平真君六年（445 年），“徙诸种杂人五千余家于北边。令民北徙畜牧至广漠，以饵蠕蠕”[2]。

延兴四年（475 年）十二月，“诏西征吐谷浑兵在句律城初叛军者斩，次分配柔玄、武川二镇。斩者千余人”[3]。既然被斩者有千余人，分配二镇的就应数倍于此数。

另外已经迁至京师者，也可能再迁至边镇，如前面提到过平齐民中的一部分，又如宇文泰的先人宇文陵是迁至代郡武川（武周）县的，

1 《魏书》卷 9《肃宗纪》。
2 《魏书》卷 4《世祖纪》。
3 《魏书》卷 7《高祖纪上》。

但至迟在宇文泰的上一代已迁至武川镇了，所以其兄颢之妻阎氏在武川镇生了三个儿子[1]。宇文氏为何迁武川镇，《周书》只字未见，甚至连过程都未提及，可以肯定绝不是以良家子身份，否则是不必隐讳的。这就使我们不得不猜测，宇文氏可能是获罪被迁的，这类例子倒非个别，如崔僧渊，因受其兄谋反被杀的牵连，"徙于薄骨律镇，太和初得还"[2]。刘文晔，因从兄闻慰南叛，"与二弟文颢、季友被徙北边，高祖特听还代"[3]。

至于《北齐书·神武纪》叙高洋家世称："及慕容宝败，国乱，(高)湖率众归魏，为右将军。湖生四子，第三子谧，仕魏位至侍御史，坐法徙居怀朔镇。谧生皇考树。"这完全是伪托的，因为高湖《魏书》有传，明确记载其第三子谧，"以功臣子召入禁中，除中散，专典秘阁。……寻转治书，掌摄内外……延兴二年九月卒"，根本没有因犯法而被迁怀朔。其子树生倒与怀朔有关：曾在怀朔镇将元颐率领下征蠕蠕立功；孝昌初授大都督，第二年就死了。高洋是高湖的曾孙虽非事实，但他的先人是因为犯了罪而被迁至怀朔镇倒是毫无疑问的。

被迁至边镇和边疆的人口是不许自由迁回的，以上二例都是经孝文帝特许的结果。太安五年尽管灾情严重，朝廷已无力维持六镇的基本粮食需求，但也只是容许灾民暂时离开，对迁出者还有"谕还桑梓"的要求。太和十二年(488年)，孝文帝下诏："镇戍流徙之人，年满七十，孤单穷独，虽有妻妾而无子孙，诸如此等，听解名还本。诸犯死刑者，父母、祖父母年老，更无成人子孙，旁无期亲者，具状以闻。"宽大的对象只限于70岁以上人员中的少数人，死刑犯的父母、祖父母的困难只能上报，结果如何不得而知。十八年八月一道对"诸北城人"宽大为怀的诏书，更从反面证实了这种法律的严酷性：

> 年满七十以上及废疾之徒，校其元犯，以准新律，事当从坐者，听一身还乡，又令一子扶养，终命之后，乃遣归边；自余之处，

1 《周书》卷11《晋荡公护传》。
2 《魏书》卷24《崔玄伯传》附崔僧渊。
3 《魏书》卷43《刘休宾传》附刘文晔。

如此之犯，年八十以上，皆听还。[1]

这是孝文帝巡视北方诸镇后作出的一项德政，但除了 80 岁以上的可以无条件返回故乡外，70 岁以上及残疾人中只有被确定为从犯的才容许本人回乡，随归的一个儿子在他死后仍须遣送北边。可见能享受到优待的人是非常有限的。正因为如此，即使以良家子等身份迁入边镇的例子中，除了像奚康生之祖奚直这样升任朝廷职务的外，也未见到迁回故乡的记录。

直至正光四年(523 年)，怀荒镇和沃野镇兵民首先发难，六镇之乱爆发，六镇和其他边镇的兵民才摆脱了这种歧视性法律的枷锁，以各种形式外迁。尽管在次年颁发的诏书中规定“诸州镇军贯，元非犯配者，悉免为民”[2]，对因犯罪而被迁的人员依然没有赦免，但北魏朝廷已经没有能力再作这样的限制了。由于军镇的兵民中绝大多数人已不是第一代移民，不少人已在边镇生活了好几代，所以已无故乡可归，他们的迁移只是为了取得正常的平民身份，为了求生或在乱世中发展。大部分人随各镇起事的首领攻城略地进入内地，一部分人避乱迁入内地，以后又经魏军的镇压、各首领和将领间的争斗，在种种人祸天灾的影响下，出现了极其复杂的迁移。

如破六韩拔陵在沃野镇起兵后，攻下怀朔、武川二镇，又连败魏军。孝昌元年(525 年)，柔然阿那瓌助魏攻拔陵，拔陵兵败渡河南移，部众二十余万先后为魏广阳王元深收编。元深等建议在恒州以北建立郡县，安置降户，朝廷不从，遣黄门侍郎杨昱将这些降人分散至冀、定、瀛三州就食。但不久内迁的柔远镇民杜洛周在上谷起兵，五原降民鲜于脩礼等率北镇流民反于定州，一部分降民还滞留在恒州[3]。至武泰元年(528 年)尔朱荣破葛荣，镇压了历时多年的反抗后，又将大批降俘人员迁往他的基地晋阳(今山西太原市西南)[4]。

1 《魏书》卷 7《高祖纪》。
2 《魏书》卷 9《肃宗纪》。
3 《资治通鉴》卷 150—151《梁纪》。《魏书》卷 18《太武五王传 • 广阳王深》。
4 《周书》卷 1《文帝纪》;《北齐书》卷 1《神武纪》、卷 19《韩赞传》等。

对绝大多数镇民来说，迁移过程是异常艰险的，宇文泰的大嫂阎氏在给其子宇文护的信中描述了当时的情景：

> 鲜于修礼起日，吾之阖家大小，先在博陵郡住。相将欲向左人城，行至唐河之北，被定州官军打败。汝祖及二叔，时俱战亡。汝叔母贺拔及儿元宝，汝叔母纥干及儿菩提，并吾与汝六人，同被擒捉入定州城。未几间，将吾及汝送与元宝掌。贺拔、纥干，各别分散。……经停三日，宝掌所掠得男夫、妇女，可六七十人，悉送向京。吾时与汝同被送限。至定州城南，夜宿同乡人姬库根家。茹茹奴望见鲜于修礼营火，语吾云："我今走向本军。"既至营，遂告吾辈在此。明旦日出，汝叔将兵邀截，吾及汝等，还得向营。汝时年十二……于后，吾共汝在受阳住。[1]

经过这次变乱，六镇彻底废弃，其他军镇所在地也人口锐减，移民成果不复存在。

在与南朝的对峙中，北魏也曾将北方人口迁至边防要地。如景明四年(503年)六月，"发冀、定、瀛、相、并、济六州(今河北中、南部，山东西北隅，河南东北部，山西西南部)二万人，马千匹，增配寿春(今安徽寿县)"[2]。

6. 其他

对于境内的反抗势力或具有潜在威胁的人口，一般也强制迁至指定地点或配入军队。如太平真君五年(444年)，"北部民杀立义将军、衡阳公莫孤，率五千余落北走。追击于漠南，杀其渠帅，余徙居冀、相、定三州(今河北西南、河南东北、山东北部)为营户"。六年，"西至吐京(今山西石楼县)，讨徙叛胡，出配郡县"。八年，"高阳易县(今河北雄县西北)民不从官命，讨平之，徙其余烬于北地"[3]。文成帝初年，陇西屠各王景文等"恃险窃命，私署王侯"，命于洛拔与南阳王惠寿督四州之众讨平之，"徙其恶党三千余家于赵魏(今河北西南及毗邻的河

1 《周书》卷11《晋荡公护传》。
2 《魏书》卷8《世宗纪》。
3 《魏书》卷4《世祖纪》下。

南东北)”[1]。

必须说明,史料中还有很多次北魏境外的部族或军民“内属”的记载,但所谓“内属”的情况相当复杂,有的只是管辖权的归属,甚至只是名义上的归属,根本没有引起人口迁移,至多只是派遣了若干联络人员或人质;有的虽有迁移,但距离很短,或者只是临时迁移,不久就迁回原地;也有一些是真正的迁移,不仅距离较长,并且形成了定居移民。这最后一种类型是肯定存在的,但在多数情况下,我们还无法判断“内属”属于哪一类型,所以一般都没有列入论述。

北魏迁都洛阳前的移民大势见图 13-1。

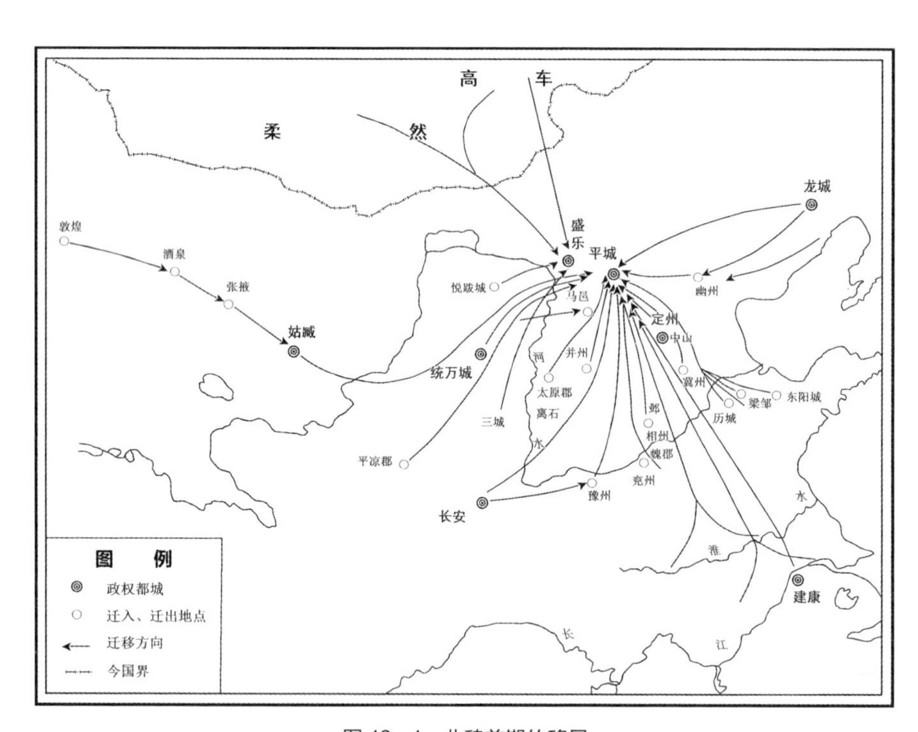

图 13-1 北魏前期的移民

1 《魏书》卷 31《于栗磾传》附于洛拔。

第三节

南迁洛阳

孝文帝迁都洛阳是北魏发展过程的一个重要里程碑,也是中国历史上的一件大事,但进行的过程却颇有戏剧性。

一、迁都过程

由于孝文帝迁都的意见受到绝大多数宗室和大臣的反对,所以只能以“南伐”为名,在太和十七年(493 年)八月率百万大军南下。参与策划的仅少数大臣,但多数人也心照不宣,“外名南伐,其实迁也。旧人怀土,多所不愿,内惮南征,无敢言者”。九月行至洛阳,孝文帝不顾“霖雨不霁,仍诏六军发轸”,自己也“戎服执鞭,御马而出”,摆出一副继续南下的架势,于是“群臣稽颡于马前,请停南伐”。首先由李冲等文臣以天雨为由劝阻,孝文帝大怒,加以斥责,“策马将出”。接着安定王休、任城王澄等宗室“殷勤泣谏”,孝文帝才表示:“今者兴动不小,动而无成,何以示后?苟欲班师,无以垂之千载。”“若不南銮,即当移都于此,光宅土中,机亦时矣,王公等以为如何?”他要赞成迁都的站在左边,不赞成的站在右边。安定王等纷纷向右站,因贪污而被革去爵位的前南安王桢却抓住机会扭转了形势,他说:“夫愚者闇于成事,智者见于未萌。行至德者不议于俗,成大功者不谋于众,非常之人乃能建非常之事。廓神都以延王业,度土中以制帝京,周公启之于前,陛下行之于后,故其宜也。且天下至重,莫若皇居,人之所贵,宁如遗体?请上安圣躬,下慰民望,光宅中原,辍彼南伐。此臣等愿言,苍生幸甚。”群臣高呼“万岁”,迁都即成定局[1]。以后这位前南安王也因“议

1 《魏书》卷 53《李冲传》、卷 7《高祖纪》下。

定迁都”的功劳而被恢复王爵[1]。这很可能是李冲等与孝文帝事先精心策划，但史料中没有具体记载，只能留给我们想象了。

因当时洛阳还无宫殿可居，孝文帝暂住金墉城和邺城的行宫，一面征召司空穆亮等修建洛阳，一面派安定王休率从官回平城迎迁家属。太和十八年二月，孝文帝回到平城，谒祖陵，祭天，正式部署迁都，并巡视北方边疆。十月，孝文帝离平城至洛阳[2]。平城的官员百姓也开始南迁，因为当年朝廷已规定“优复代迁之户租赋三岁”。洛阳的新宫也在加紧建筑，“于是宫殿初构，经始务广，兵民运材，日有万计”，运送物资都要经过伊水、洛水，非常不便，经成淹建议，在河上建了浮桥[3]。十九年六月，“诏不得以北俗之语言言于朝廷，若有违者，免所居官”。七月，“诏迁洛之民，死葬河南，不得北还。于是代人南迁者，悉为河南洛阳人”。“九月庚午，六宫及文武尽迁洛阳。”[4]至此，历时两年的南迁基本上完成了。

但是出于习惯势力和家族私利，就是在孝文帝在洛阳宣布了迁都决定后，还有人继续反对，“人情恋本，多有异议”。孝文帝曾征求过鲜卑重臣于烈的意见，于烈答：“陛下圣略渊远，非愚管所测。若隐心而言，乐迁之与恋旧，唯中半耳。”孝文帝说：“卿既不唱异，即是同，深感不言之益。”立即委任他负责平城的留守，以后又命他与高阳王雍奉迁神主于洛阳[5]。可见在鲜卑大臣中，完全拥护迁都的人极少，能半心半意赞成，不公开反对的也已屈指可数了。

在孝文帝返回平城部署迁都时，在太极殿召见留守官员听取意见，燕州刺史穆罴提出了两条反对理由，一是“四方未平，九区未定”，一是洛阳不产马。孝文帝说，马固然产在北方，但我的马厩还设在这里，何必担心没有马？“代在恒山之北，为九州之外”，所以要迁中原。穆罴又说，黄帝住在涿鹿，古代圣王也不一定都住在中原。孝文帝回答，黄帝得天下后也迁到了河南。尚书于果、东阳王丕也以百姓安土

---

1 《魏书》卷19下《景穆十二王传·南安王桢》。
2 《魏书》卷7《高祖纪》下。
3 《魏书》卷79《成淹传》。
4 《魏书》卷7《高祖纪》。
5 《魏书》卷31《于栗磾传》附于烈。

重迁、祖宗开都于此、迁都未经过占卜为由反对，孝文帝列举平文帝迁出故土，昭成帝迁于盛乐和道武帝迁都平城的事实予以驳斥。但仍有前怀州刺史青龙、前秦州刺史吕受恩等坚持反对意见[1]。反对派最终发展到策动叛乱，太尉、东阳王丕父子都不愿迁洛，企图留住太子后“举兵断关，规据陉北”，参与的有恒州刺史穆泰、定州刺史陆叡等重臣，“代乡旧族，同恶者多”[2]。太子恂“不好书学，体貌肥大，深忌河洛暑热，意每追乐北方”，竟在孝文帝外出时企图奔回平城，并杀了劝阻他的中庶子高道悦[3]。这些阴谋都被及时觉察，太子也因此被废。经过这几番较量，反对势力终于被镇压下去了。

孝文帝为了缓和“在位旧贵”的对立态度，曾下诏同意他们“冬则居南，夏则居北”，以便在生活上逐渐适应。但这不过是权宜之计，实际并未真正实行。不料到宣武帝即位(499年)后，左右以此为借口提出要求，皇帝认为既然有先皇的许诺，就准备“聿遵成诏”。于是洛阳出现了将要迁回北方的流言，有人甚至开始出卖田宅。给事黄门侍郎元晖向宣武帝作了解释，使他在实际上取消了这一诏令，安定了人心[4]。不过还有少数鲜卑人坚持留在平城，到熙平二年(517年)，孝明帝下诏允许他们不再迁洛，但规定“门才术艺，应于时求者，自别征引，不在斯例”[5]。可见，获准破例免迁的只限于对朝廷没有什么用处的人，看来数量也是很少的。

二、南迁的主要原因

实际上首都南迁是北魏政权的必然选择，有其深刻的内在原因。谭其骧先生对中国古代选择都城的条件作过全面论述，他指出：

> 选择都城主要是根据经济、军事、地理位置三方面的条件来考虑的。经济条件要求都城附近是一片富饶的地区，足以在较大

1 《魏书》卷14《神元平文诸帝子孙传·东阳王丕》。以下同。
2 《魏书》卷31《于栗磾传》附于烈、卷40《陆俟传》附陆叡。
3 《魏书》卷22《孝文五王传·废太子恂》。
4 《魏书》卷14《昭成子孙传·元晖》。
5 《魏书》卷9《肃宗纪》。

程度上解决统治集团的物质需要，只需少量仰给于远处。军事条件要求都城所在地既便于制内，即镇压国境以内的叛乱，又利于御外，即抗拒境外敌人的入侵。地理位置要求都城大致位于王朝全境的中心地区，距离全国各地都不太远，道里略均，便于都城与各地区之间的联系。设若地理位置并不居中，但具有便利而通畅的交通路线通向四方，特别是重要的经济中心和军事要地，则不居中也就等于居中。当然，历史上任何时期都不存在完全符合理想，三方面条件都十分优越的首都，所以每一王朝的宅都，只能根据当时的主要矛盾，选择比较最有利的地点。[1]

用这三方面的标准来衡量，到了孝文帝时代的平城，就北魏全境及面临的形势而言，除了便于控制北方游牧民族的优点之外，其他几方面都已无优势可言了。前人对北魏迁都的论述大多着眼于政治和军事形势，这无疑也是正确的，但对地理环境的影响似乎还没有引起足够的重视。那就是平城周围的地理条件本来就不适宜建设一个当时标准下的特大城市，在气候转向寒冷和干燥的阶段更是如此。

这样的地理条件并不是突然形成的，所以早就引发了统治者迁都的念头，只因受到其他因素的制约才未能实行。拓跋珪一度想定都于邺，这是他比较了盛乐与邺的条件后产生的想法，但当时北魏刚灭后燕，对新占领区的控制远未巩固，自然不能离开自己的基地去冒险，所以还是选择了在盛乐稍南的平城。

神瑞二年(415 年)的歉收又引起了迁都的争论：

太史令王亮、苏垣因华阴公主等言谶书国家当治邺，应大乐五十年，劝太宗迁都。(崔)浩与特进周澹言于太宗曰："今国家迁都于邺，可救今年之饥，非长久之策也。东州之人，常谓国家居广漠之地，民畜无算，号称牛毛之众。今留守旧都，分家南徙，恐不满诸州之地。参居郡县，处榛林之间，不便水土，疾疫死伤，情见事露，则百姓意沮。四方闻之，有轻侮之意，屈丐、蠕蠕必提挈而来，云中、平城则有危殆之虑，阻隔恒代千里之险，虽欲救援，赴之

1 《〈中国七大古都〉序》，陈桥驿主编：《中国七大古都》，中国青年出版社 1991 年版。

甚难，如此则声实俱损矣。今居北方，假令山东有变，轻骑南出，耀威桑梓之中，谁知多少？百姓见之，望尘震服。此是国家威制诸夏之长策也。至春草生，乳酪将出，兼有菜果，足接来秋，若得中熟，事则济矣。”太宗深然之，曰：“唯此二人，与朕意同。”复使中贵人问浩、澹曰：“今既糊口无以至来秋，来秋或复不熟，将如之何？”浩等对曰：“可简穷下之户，诸州就谷，若来秋无年，愿更图也，但不可迁都。”太宗从之，于是分民诣山东三州食，出仓谷以禀之。来年遂大熟。[1]

可见对平城不利的地理环境和粮食供应的困难，崔浩等反对迁都者也不否认，他们的着眼点在政治和军事形势：鲜卑人口太少，分散后无法统治广大的中原地区，反而有失去根据地的危险；鲜卑人不习惯中原水土，会降低战斗力；柔然和赫连夏等的威胁尚未解除。但到孝文帝时，这三条理由已经都不存在了：北魏的统治已经发展为以鲜卑人为主、包括汉族在内的多民族联盟，中原士族和地方豪强的代表人物大多已被吸收，在人数和势力上都已不是少数。经过近百年的征战、驻守、任职、迁移、通婚，多数新一代鲜卑人已经适应了中原的自然环境和农业文明。赫连夏和北方其他政权都已被消灭，柔然、高车等游牧民族已不能构成对北魏的军事威胁。至此，平城本身的自然环境就成了主要矛盾。太和年间的恶劣气候使迁都势在必行，十一年的大旱使孝文帝最终下了决心，只是由于守旧贵族大臣的反对，孝文帝又不愿过分强调粮食供应方面的困难，才不得不采取了这种特殊手段。

尽管《魏书》没有直接记载孝文帝迁都的原因，但还是有所表露的，如他曾对成淹说：“朕以恒代无运漕之路，故京邑民贫。今移都伊洛，欲通运四方。”[2]他决定迁都后经邺城返回平城时，曾对李冲说过他的宏伟计划：“朕欲从此通渠于洛，南伐之日，何容不从此入洛，从洛入河，从河入汴，从汴入清，以至于淮？下船而战，犹出户而斗，此乃军

1 《魏书》卷35《崔浩传》。
2 《魏书》卷79《成淹传》。

国之大计。今沟渠若须二万人以下、六十日有成者,宜以渐修之。”[1]可见以洛阳为枢纽的水路交通网是孝文帝梦寐以求的目标,以便一劳永逸地解决首都的粮食供应和南伐的运输困难。南朝人也认为,北朝迁都的主要原因是气候和自然条件,《南齐书·魏虏传》称:“平城南有干水,出定襄界,流入海,去城五十里,世号为索干(桑干)都。土气寒凝,风砂恒起,六月雨雪,议迁都洛京。”

三、南迁的规模

南迁既然是北魏都城的迁移,移民的范围自然应该包括平城及其周围的京畿地区,还应包括鲜卑及其他归附于北魏的部族首领。迁至洛阳的鲜卑等族以后的确以洛阳为籍贯了,由拓跋改姓的元氏自不用说,其他各家族也都如此。如《魏书》卷81中载有几例:

綦儁,字擳显,河南洛阳人,其先代人。祖辰,并州刺史。

山伟,字仲才,河南洛阳人,其先代人。祖强……位内行长。

刘仁之,字山静,河南洛阳人。其先代人,徙于洛。

宇文忠之,河南洛阳人也。其先南单于远属,世据东部,后入居代都。

此外,如宇文福,“其先南单于之远属,世为拥部大人”[2];奚康生,“其先代人也,世为部落大人”[3];侯刚,“其先代人也”[4];房谟,“其先代人,本姓屋引氏”[5]。但在史传中这些人都已书为“河南洛阳人”了。

还有一位孟威,也称河南洛阳人,但却“尤晓北土风俗。……时四镇高车叛投蠕蠕,高祖诏威晓喻祸福,追还逃散,分配为民。后以明解北人之语,敕在著作,以备推访”[6],必定是南迁的北人无疑。

这样的对象应该是很多的,但因当时普遍更改,不足为奇,史书中

1 《魏书》卷53《李冲传》。
2 《魏书》卷44《宇文福传》。
3 《魏书》卷73《奚康生传》。
4 《魏书》卷93《恩幸传·侯刚》。
5 《北史》卷55《房谟传》。
6 《魏书》卷44《孟威传》。

反而不会一一记载。鲜卑等非汉族的乡土观念本来就不如汉人强，文字记录又不全面，所以他们的后裔大多只记南迁后的籍贯洛阳了。而其中一部分产生了显贵后裔的氏族，尽管在他们的谱牒中往往免不了要附会作伪，却还是保留了由代迁洛的记载，据姚薇元《北朝胡姓考》所收氏族，明确是由代迁洛（含河南）的，除了以上几例外，还有：

周氏。《隋书》卷55《周摇传》："其先与后魏同源，初为普乃氏，及居洛阳，改为周氏。"

刘氏。《旧唐书》卷179《刘崇望传》："其先代郡人，随元魏孝文帝徙洛阳，遂为河南人。"

于氏。《孝文帝吊比干碑阴题名》有"司卫监臣河南万忸于劲"。万忸于劲即于劲。

连氏。《古今姓氏书辩证》："代北是连氏，随魏南徙，孝文太和中改为连氏，望出河南。"

贺若氏。《元和姓纂·三十八箇》贺兰氏："代居元朔，随魏南迁河洛。"贺兰为贺若之误。

莫氏。《通志·氏族略》五有莫多娄氏："代人，随魏徙洛阳。"《孝文吊比干文碑阴题名》有"监御令臣河南郡莫耐娄悦"。

石氏。韩愈《唐石洪墓志铭》："其先姓乌石兰。九氏祖猛，始从拓跋氏入夏，居河南。遂去乌与兰，独姓石氏。"

陈氏。《孝文帝吊比干文碑阴题名》有"羽林中郎将臣河南郡侯莫陈益"。

缑氏，本渴侯氏，原居渴侯山。《唐缑纲墓志》："君讳纲。洛州洛阳人也。若乃疏源合氏，开国承家，禀山岳以降生，仰智仁以垂范。盖备史册，可得而言者矣。"

朱氏，本可足浑、可朱浑氏。《元和姓纂·十二蟹》："可朱浑氏，出自代北，又居怀朔，随魏南徙河南。"

闾氏，本郁久闾氏。《孝文帝吊比干文碑阴题名》有"给事中臣河南郡郁久闾麟""散骑侍郎臣河南郡郁久闾敏"。

王氏。《姓氏辨证》卷14："河南王氏，其先代人，姓拓王，随魏南徙居中国，始改为王氏。"

斛斯氏。《魏书》卷80《斛斯椿传》作广牧富昌人,《周书》卷26《斛斯征传》之斛斯征即其子,作河南洛阳人。

尔朱氏。本北秀容人,唐时已称河南洛阳人,见《文苑英华》卷964《唐彭城公夫人尔朱氏墓志》等。

此外,我们还可在文献中发现一些其他姓氏的例子,概述如下:

独孤氏。《隋书》卷36《后妃传》:"文献独孤皇后,河南洛阳人,周大司马、河内公信之女也。"

贺若氏。《隋书》卷39《贺若谊传》:"河南洛阳人也。祖伏连,魏云州刺史。"卷52《贺若弼传》:"河南洛阳人也。父敦,以武烈知名,仕周为金州总管。"

长孙氏。《隋书》卷46《长孙平传》:"河南洛阳人也。父俭,周柱国。"卷51《长孙览传》:"河南洛阳人也。祖稚,魏太师,假黄钺、上党文宣王。"《旧唐书》卷65《长孙无忌传》:"河南洛阳人,其先出自后魏献文帝第三兄。初为拓跋氏……后更跋氏,为宗室之长,改姓长孙氏。"

源氏。《隋书》卷66《源师传》:"河南洛阳人也。父文宗,有重名于齐。"《唐故使持节随州诸军事随州刺史河南源公墓志铭并序》:"河南洛阳人也。……公即(南凉)景王之七代也。高祖子恭,后魏侍中尚书左仆射司空文献公。"[1]

可那氏。《唐上轻车都尉张君故夫人可那氏墓志》:"夫人洛阳人也。……故八姓盛于中夏,将相溢于魏朝。祖贞,周龙骧将军。"[2]

安氏。《大唐故处士安君墓志铭并序》:"河南洛阳人也。昔夏后承天,派隆基于朔北;魏皇统历,胤华胄于周南。……祖嶷,齐河阳镇将。"[3]

尉迟氏。《大唐故开府仪同三司鄂国公尉迟君墓志并序》:"河南洛阳人也。……自幽北徙,弱水西浮,派别枝分,承家启祚。曾祖本

---

1 周绍良主编:《唐代墓志汇编》,第1257页。
2 同上书,第255页。
3 同上书,第267—268页。

真，后魏西中郎将，冠军将军。”[1]

呼延氏。《唐故白州龙豪县令呼延府君墓志铭并序》：“其先出自帝颛顼，有裔孙封于鲜卑山……与国迁徙，宅于河南。”[2]

娄氏。《唐故朝散大夫守吉州刺史上柱国娄府君墓志铭并序》：“河南洛阳人也。其先出自北裔，代居阴山，随魏文南迁，因为此土著姓。”[3]

贺娄氏。《唐故藤州感义县令韦府君墓志文并序》：“夫人贺娄氏。燕山北指，昔燕代之名家；河水东流，今河南之盛族。”[4]

豆卢氏。《大唐故银青光禄大夫太仆卿驸马都尉中山郡开国公豆卢公墓志铭并序》：“河南人也。其先与前燕同祖，赫矣帝王之族；至后魏赐姓，蔚为公侯之家。”[5]

纥干氏。《唐故李氏夫人河南纥干氏墓志并序》：“初，官氏志有纥干，与后魏同出于武川，孝文南迁洛阳，改为干氏，遂周室之赐。”[6]

总之，这的确是一次北方各族的集中迁移，并且对此后的民族融合、人口分布产生了重大影响。

当时平城的人口绝大部分南迁洛阳了，但史料中未记载具体数字。到天平元年（534 年）从洛阳迁都邺城时，号称有“四十万户”[7]；如以每户平均 4 口计，应有 160 万人。自太和二十年至此的 38 年间，一方面还继续有移民迁入洛阳，另一方面也有人迁出。特别是在建义元年（528 年）尔朱荣入洛以后，已有大量人口外流。若以迁入与迁出相抵，此期间的人口年平均增长率以 7‰计，则太和二十年洛阳应有 128 万人口。

在刚南迁的太和十九年，孝文帝曾“诏选天下武勇之士十五万人为羽林、虎贲，以充宿卫”。其中的一部分，可能就是从平城移民中挑

1 《唐代墓志汇编》，第 290—291 页。
2 同上书，第 913 页。
3 同上书，第 1302 页。
4 同上书，第 1375 页。
5 同上书，第 1565 页。
6 同上书，第 2453 页。
7 《魏书》卷 12《孝静纪》。

选出来的，因为次年十月，“以代迁之士皆为羽林、虎贲”[1]。如在这15万人中来自平城以外地区的以10万计，考虑到这些充当军人的人所携家属极少，总数估计为15万。洛阳原有人口相当有限，大概不会超过5万。这样计算的结果是：由平城迁入洛阳的人口约108万，由其他地区迁入洛阳的约15万。

由于北魏后期迁出洛阳的人口实际上肯定比太和二十年后迁入的要多，这30多年间的人口年平均增长率也不一定有这样高，迁邺时也在洛阳留下了一些人口，所以这108万可以视为下限。

直到延昌二年（513年），也即迁洛后的八年，宣武帝还下令“以苑牧之地赐代迁民无田者”，这当然与当年灾情严重有关[2]，但也说明由于移民数量多，洛阳一带耕地已显得不足，只能开放皇家的苑牧之地了。

四、移民城市洛阳

在十六国时期，洛阳屡经战乱，破坏极其严重，所以在晋义熙十二年（415年）刘裕率晋军进入洛阳时，见到的景象是：“伊洛榛莽，津涂久废……山川无改，城阙为墟，宫庙隳顿，钟虡空列，观宇之余，鞠为禾黍，廛里萧条，鸡犬罕音。”[3]尽管在北魏占据后有所恢复，但人口增加有限。

洛阳建为首都以后，除了上百万的南迁人口外，还吸引了北魏各地和境外的大批移民。在此期间，南朝经历了齐、梁鼎革，又与北魏发生过多次大规模的战争，因此南朝既有不少逃亡宗室、贵族和文武官员，也有大批降、俘人员定居或被安置在洛阳（详见第十一章第三节一）。如宋文帝刘义隆第九子刘昶于和平六年（465年）出逃至平城，以后随迁洛阳[4]。景明元年（500年，南朝齐永元二年），齐豫州刺史裴

1 《魏书》卷7《高祖纪》。
2 《魏书》卷8《世宗纪》。
3 傅季友：《为宋公至洛阳谒五陵表》，《昭明文选》卷38。
4 《魏书》卷59《刘昶传》。

叔业以寿阳(今安徽寿县)降魏,大批部属迁往洛阳[1]。二年,齐主萧宝卷之弟宝夤逃至魏境,被送至洛阳后备受礼遇[2]。洛阳城南的归正里是南方上层移民集中的住宅区,俗称吴人坊,“所卖口味,多是水族”[3]。到北魏后期,洛阳的“南人”估计近1万人[4]。

对洛阳移民之盛,《洛阳伽蓝记》卷3有十分传神的记述:

> 永桥以南,圜丘以北,伊、洛之间,夹御道有四夷馆。道东有四馆:一名金陵,二名燕然,三名扶桑,四名崦嵫。道西有四馆:一曰归正,二曰归德,三曰慕化,四曰慕义。吴人投国者处金陵馆,三年已后,赐宅归正里。……北夷来附者处燕然馆,三年已后,赐宅归德里。……东夷来附者处扶桑馆,赐宅慕化里。西夷来附者处崦嵫馆,赐宅慕义里。自葱岭已西,至于大秦,百国千城,莫不欢附,商胡贩客,日奔塞下,所谓尽天地之区已。乐中国土风,因而宅者,不可胜数。是以附化之民,万有余家。门巷修整,阊阖填列,青槐荫陌,绿树垂庭,天下难得之货,咸悉在焉。[5]

可见当时的洛阳不仅是一个国内各族人民聚居的大城市,也是一个各国人民汇集的国际大都会(详见第十二章第九节)。正因为如此,洛阳的物质文明和精神文明都达到了空前的高度,远远超过了南方的建康。永安二年(529年),梁武帝派陈庆之护送元颢归洛阳,失败后只身逃归南方。当时北魏国力大衰,洛阳经历河阴之变后也远非全盛时可比,但陈庆之回国后却说了一段发人深省的话:

> 自晋、宋以来,号洛阳为荒土,此中谓长江以北,尽是夷狄。昨至洛阳,始知衣冠士族,并在中原。礼仪富盛,人物殷阜,目所不识,口不能传。所谓帝京翼翼,四方之则。始(如)登泰山卑培塿,涉江海者小湘、沅。北人安可不重?[6]

---

1 《魏书》卷71《裴叔业传》。
2 《魏书》卷59《萧宝夤传》。
3 《洛阳伽蓝记》卷2《城东》,《洛阳伽蓝记校注》,上海古籍出版社1978年版,第127页。
4 《梁书》卷32《陈庆之传》。
5 《洛阳伽蓝记》卷3《城南》,《洛阳伽蓝记校注》,第160—161页。
6 《洛阳伽蓝记》卷2《城东》,《洛阳伽蓝记校注》,第119页。

第四节

北朝后期的移民

正光四年(523年),怀荒镇(在今河北张北)、沃野镇(在今内蒙古五原)兵民首先起事,“六镇之乱”爆发,此后战乱遍及北方,边区人口大量内迁,各地百姓为避战祸,迁移十分频繁。但由于“六镇之乱”平息后安定的时间不多,这些迁移并没有形成明显的移民成果。永熙三年(534年),孝武帝奔关中,高欢另立孝静帝,魏分裂为东、西二部。东、西魏和以后的北齐、北周之间相互投奔、掳掠,也造成不少新移民。

一、北方人口的频繁迁移

东魏天平元年(534年),高欢逼魏孝静帝迁都于邺(今河北临漳县西南),“诏下三日,户四十万狼狈就道”。为了安置如此众多的移民,还将邺城以西百里之内的原有居民迁出[1]。洛阳的宫殿、寺庙大多被拆毁,拆下的木材从水路运往邺城[2],用于新宫和其他建筑的建造。诸寺僧尼也被迁移,洛阳原有1 367所寺庙,至此只剩下421所[3]。

如以每户4口计,迁入邺城和周围各县的人口应有160万,但《魏书·地形志》所载包括邺和其他12县在内的魏尹仅有12万余户、43万余口。《地形志》以武定年间(543—550年)户口为准,离迁都不过十来年,户口减少如此之多,颇不可思议。武定年间户口隐漏很大,实际人口应该更多。如由于战事频仍,劳役繁重,百姓以当僧尼为避役

1 《魏书》卷12《孝静纪》、卷47《常景传》。
2 《魏书》卷79《张熠传》。
3 《洛阳伽蓝记》卷2《城东》。

手段，当时僧尼有 200 万[1]，邺城寺庙众多，僧尼不会少，这些人口都不纳入户口登记。对其余的差距，我们只能推测。最大的可能，一是死亡，这几年间东、西魏间战争不断，双方都有惨重损失，少不得要不断征兵。一是迁移，如高欢以晋阳为基地，为加强自己的势力，将一些需要的人口迁至晋阳；百姓抗拒迁离洛阳而迁往其他地方等。

到了北周大象元年（579 年），周宣帝下令修复旧都洛阳，次年又将原来驻在相州（邺城）的六府迁至洛阳，称为东京六府。还没有等到洛阳修复，周宣帝规定“凡是元迁之户，并听还洛州”，允许原来从洛阳迁至邺的居民自愿返回洛阳[2]。但在邺的洛阳移民已经居住了四十多年，第一代移民留下的已经不多，大多是移民后裔，要他们自愿放弃习惯了的城市生活迁到尚未修复的洛阳，如没有强制措施的话，是不会有多少人响应的。但第二年尉迟迥在相州起兵讨杨坚被镇压后，相州迁治安阳，邺城的宫室民居全部被毁，邺城居民也被迁安阳，此时可能会有部分人选择迁回洛阳。

北魏永熙三年（534 年），孝武帝奔关中依宇文泰，成为宇文泰控制下的西魏。高欢另立孝静帝，史称东魏。以后，北周、北齐又分别取代了西魏和东魏。东、西魏和北齐、北周间互相掠夺人口，双方人员因被俘、归附、投降等种种原因的迁移始终不断。但因北周最终战胜北齐，并为统一了南北的隋朝所承继，所以迁入西魏、北周或由西魏、北周进行的迁移留下了较多的移民。

孝武帝西迁后，一些宗室和文武大臣陆续投奔，如广陵王欣、录尚书事长孙稚、颍川王斌之、安昌王子均及建宁、江夏、陇东诸王，百官及其家属[3]，还有并州水曹参军冯迁、直阁将军冯灵豫[4]、高阳郡守狄峙[5]、前襄城郡守刘志[6]、龙骧将军高宾[7]、左仆射辛雄之子[8]等。西魏

1 《魏书》卷 114《释老志》。
2 《周书》卷 7《宣帝纪》。
3 《周书》卷 43《李延孙传》。
4 《周书》卷 11《冯迁传》。
5 《周书》卷 33《狄峙传》。
6 《周书》卷 36《刘志传》。
7 《周书》卷 37《高宾传》。
8 《魏书》卷 77《辛雄传》等。

大统三年(537 年),西魏军在沙苑(今陕西大荔县)获胜,俘虏甲士二万,献俘长安[1]。东魏大都督叱列伏龟等降于西魏[2]。作为西魏的政治中心,关中和长安也是主要的人口迁入区,如大统十二年(546 年)独孤信平凉州后,将二千余家迁入长安[3]。

北周明帝二年(558 年)下诏:“三十六国,九十九姓,自魏氏南徙,皆称河南之民。今周室既都关中,宜改称京兆人。”[4]这是仿照魏孝文帝做法,从此西迁关中的非汉族人口大多改为京兆籍贯。

北周建德五年(576 年),周军攻克晋阳,俘获甲士 8 000 人,送往关中。六年,灭北齐;十二月,将并州军民 4 万户迁往关中[5]。周武帝还将一些北齐名流,如陆爽、阳休之、袁叔德等人征召入关[6]。相州(邺城)迁往关中的人口也很多,“衣冠士人多迁关内,唯技巧、商贩及乐户之家移实州郭”,据说相州因此而民风大坏,成为难治之地[7]。

东魏、北齐在对北方和东北诸族用兵时,曾获得不少人口迁至内地。如东魏武定二年(544 年),俘获山胡三万余户,被分散安置在各州[8]。北齐天保元年(550 年),讨库莫奚于代郡,将俘获的奚人迁至山东;四年,讨辽东契丹,获十余万口,又于青山破契丹别部,所虏人口分置于各州;五年与六年,俘获茹茹(柔然)人五万[9]。另一方面,突厥已在蒙古高原崛起,北周、北齐间的战争给了突厥人以可乘之机。如北周保定三年(563 年),突厥出动十万骑助攻北齐。次年初在晋阳城(今山西太原市)下被齐军击败,“突厥于是纵兵大掠,自晋阳至平城七百余里人畜无孑遗”[10];大批人口被掠往突厥。北周对突厥和亲,对在长安的突厥人给予优待,“衣锦食肉者,常以千数”[11];为以后突厥人大

---

1 《周书》卷 2《文帝纪》。
2 《周书》卷 20《叱列伏龟传》。
3 《周书》卷 2《文帝纪》。
4 《周书》卷 4《明帝纪》。
5 《周书》卷 6《武帝纪》。
6 《隋书》卷 58《陆爽传》。
7 《隋书》卷 73《循吏传·梁彦光》。
8 《魏书》卷 12《孝静纪》。
9 《北齐书》卷 4《文宣纪》。
10 《周书》卷 19《杨忠传》。
11 《周书》卷 50《异域传·突厥》。以下同。

批移居中原开了先河。北齐灭后，其定州刺史、范阳王高绍义投奔突厥，所率三千余家中仅小部分相随，突厥可汗将在那里的齐人都拨归他管辖[1]，可见当时北迁汉人已有不少。以后突厥不断南侵掳掠，范围东起幽州（今北京市），西至酒泉（今甘肃酒泉市），被掠人口虽无记载，但可肯定数量很多。

二、南朝人口的北迁

南朝经历了侯景之乱和陈霸先代梁建陈，梁宗室、官僚和难民北迁避难的为数不少。梁承圣三年（554 年，西魏恭帝元年），西魏军攻破梁元帝的都城江陵（今湖北荆州市荆州区），“乃选百姓男女数万口，分为奴婢，驱入长安，小弱者皆杀之”[2]。梁的王公、百官及士民被没为奴婢的共十余万，被免的仅二百余家[3]。以后成为周武帝皇后的李娥姿，家中就是江陵的籍没对象，李氏被掠至长安后赐给周武帝[4]。直到保定五年（565 年），周武帝才下令：“江陵人年六十五以上为官奴婢者，已令放免。其公私奴婢有年至七十以外者，所在官司，宜赎为庶人。”建德元年（572 年），“诏江陵所获俘虏充官口者，悉免为民”[5]。但充当私人奴婢的便永远无法解脱了。《周书》卷 40 记载乐运“年十五而江陵灭，运随例迁长安。其亲属等多被籍，而运积年为人佣保，皆赎免之”，这实在是罕见的事例了。文学家王褒与王克、刘璠、宗懔、殷不害等数十位名流都在移民之列；为梁元帝出使的文学家庾信也被留在长安（见表 13 - 1）。北周初，与南朝陈一度和好，约定在双方境内的流寓人士，都允许返回本国，陈提出要求放还王褒、庾信等十余人，但北周只放了王克、殷不害等，王褒、庾信等即终老北方[6]。这在客观上成为南北文学合流的重大事件。

---

1 《北齐书》卷 12《文宣四王传・范阳王绍义》。
2 《梁书》卷 5《元帝纪》。
3 《周书》卷 2《文帝纪》。
4 《周书》卷 9《皇后传・武帝李皇后》。
5 《周书》卷 5《武帝纪》。
6 《周书》卷 41《王褒传》《庾信传》。

表 13－1　江陵北迁人物

姓　名	原　籍	在梁任职	在北任职	资料来源
鲍宏	东海郯	通直散骑常侍	均州刺史	隋 66. 1547
柳裘	河东解	尚书郎驸马都尉	曹州刺史	隋 38. 1138
裴政	河东闻喜	镇南府长史	左庶子	隋 66. 1548
司马暠*	河内温	太子庶子	?	陈 33. 429
司马延义*	河内温	（司马暠子）	?	陈 33. 430
王褒	琅邪临沂	尚书右仆射	小司空	周 41. 730
颜之仪	琅邪临沂	（无）	御正中大夫	周 40. 719
萧该	兰陵	攸侯	国子博士	隋 75. 1715
萧吉	兰陵	梁长沙王孙	仪同	隋 78. 1774
庾季才	南郡江陵	太史	通直散骑常侍	隋 78. 1764
宗懔	南阳涅阳	吏部尚书	车骑大将军	周 42. 760
庾信	南阳新野	御史中丞	司宗中大夫	周 41. 733
乐运	南阳淯阳	（年十五）	京兆郡丞	周 40. 721
刘榖	沛国	御史中丞	?	梁 41. 584
刘祥	沛国沛	记室参军	仪同大将军	周 42. 765
何妥	郫县	（无）	国子祭酒	隋 75. 1709
何稠	郫县	（无）	少府监	隋 68. 1596
王颁	太原祁	王僧辨子	?	梁 45. 636
沈炯*	吴兴武康	尚书左丞	仪同三司	陈 19. 254

说明：姓名后有*者后得返回。书名缩写：梁即《梁书》，陈即《陈书》，周即《周书》，隋即《隋书》，旧唐即《旧唐书》；书名缩写后面的两位数是卷数，其后的数字为页数，下表同。

实际掌握西魏大权的宇文泰对这批学者是相当重视的，曾说："昔平吴之利，二陆（陆机、陆云兄弟）而已。今定楚之功，群贤毕至。可谓过之矣。"周明帝、武帝都爱好文学，对王褒、庾信的才华特别赞赏，使他们的作品在北方风行一时。北迁学者的人数虽不很多，但影响之大却出乎人们想象。在《颜氏家训》中有这样一个例子：璠字应该念烦，而江南人念成藩屏的藩；岐山的岐应念奇，而江南人念成神祇的祇。但在江陵人北迁后，这两个字的江南读法就流行于关中了[1]。

南朝的最后一个朝代陈朝国势不振，疆土日蹙，与北方的战争大多以失败告终，人口北迁渐成主要趋势。隋文帝开皇九年（589 年）灭陈，陈后主及王公百司全部迁于长安，仅见于记载的大臣名士就有数十人（见表 13－2）。从表 13－2 收录的人物看，迁移的对象不仅有中原移民后裔，也有南方土著。隋朝的迁移大概是以现职或在建康的为主，因此像出身名门，本人又当过湘州刺史、始兴王谘议参军的何之元，因为此前已经隐退，得以在建康陷后移居常州晋陵县终老[2]。陈诸主子孙众多，至长安后，隋文帝将他们安置在陇右和河西诸州，“各给田业以处之”。大业二年（606 年），炀帝纳后主第六女为贵人，“绝爱幸，因召陈氏子弟尽还京师，随才叙用，由是并为守宰，遍于天下”（详见表 13－3）[3]。由于这次迁移主要是出于政治目的，估计不会涉及普通百姓。但长期作为南朝都城的建康城被彻底毁坏，城中的居民自然不得不迁往他乡了。

表 13－2　陈亡入隋人物

姓　名	原　籍	在陈任职	入隋任职	资料来源
阮卓	陈留尉氏	招远将军	（入隋途中卒）	陈 34. 471
袁宪	陈郡阳夏	尚书仆射	昌州刺史	陈 24. 314
袁充	陈郡阳夏	散骑常侍	秘书令	隋 69. 1610
徐仪	东海郯	东宫学士	学士、著作郎	陈 26. 336
徐孝克	东海郯	散骑常侍	国子博士	陈 26. 338
徐僧珍	高平	梁鄱阳王谘议参军	?	墓志 350
许智藏	高阳	散骑常侍	员外散骑侍郎	隋 78. 1783
裴蕴	河东闻喜	直阁将军兴宁令	御史大夫	隋 67. 1574
江总	济阳考城	尚书令	上开府	陈 27. 343
江溢	济阳考城	太子中庶子	秦王文学	陈 27. 347
江漼	济阳考城	秘书郎	直秘书省学士	陈 27. 347

1 王利器：《颜氏家训集解》卷 7《音辞》，上海古籍出版社 1980 年版，第 487 页。
2 《陈书》卷 34《文学传 · 何之元》。
3 《陈书》卷 23《世祖九王传》。

续 表

姓　名	原　籍	在陈任职	入隋任职	资料来源
蔡征	济阳考城	权知中领军	尚书给事郎	陈 29. 392
蔡翼	济阳考城	德教学士	东宫学士	陈 29. 392
韦宏	京兆杜陵	永嘉王府谘议参军	?	陈 18. 250
褚亮	会稽钱塘	尚书殿中侍郎	太常博士	旧唐 72. 2578
虞世基	会稽余姚	尚书左丞	金紫光禄大夫	隋 67. 1569
虞世南	会稽余姚	西阳王友	起居舍人	旧唐 72. 2566
虞绰	会稽余姚	太学博士	著作佐郎	隋 76. 1738
萧允	兰陵	光禄大夫	（以老疾辞）	陈 21. 288
萧摩诃	兰陵	侍中南徐州刺史	开府仪同三司	陈 31. 409
王胄	琅邪临沂	东阳王文学	朝散大夫	隋 76. 1741
王昚	琅邪临沂	太子洗马中舍人	秘书郎	隋 76. 1742
樊毅	南阳湖阳	侍中护军将军	（入关，顷卒）	陈 31. 415
樊猛	南阳湖阳	南豫州刺史	?	陈 31. 418
张讥	清河武城	国子博士	（终于长安）	陈 33. 444
任中	汝阴	吴兴内史	开府仪同三司	陈 31. 414
王元规	太原晋阳	散骑常侍	秦王府东阁祭酒	陈 33. 448
潘徽	吴郡	州博士	京兆郡博士	隋 76. 1743
孙训	吴郡吴	高唐太守	?	陈 25. 332
陆从典	吴郡吴	司徒掾东宫学士	著作郎	陈 30. 398
沈君道	吴兴	吏部侍郎	（家于长安）	隋 64. 1513
姚察	吴兴武康	吏部尚书	秘书丞	陈 27. 348
沈志道	吴兴武康	新蔡王记室参军	?	陈 33. 448
沈德威	?	祠部郎	秦王府主簿	陈 33. 442
庾自直	颍川	宣惠记室	著作佐郎	隋 76. 1742

说明：陈即《陈书》，隋即《隋书》，旧唐即《旧唐书》，墓志即《唐墓志铭汇编》；《墓志》后数字为页数，其余同上表。

表 13－3　陈宗室入隋后状况

姓名、封爵	入 隋 任 职	所 属 今 省
南康王方泰（南康愍王昙朗长子）	掖令	山东
鄱阳王伯山（世祖第三子）子君范	温令	河南

续 表

姓名、封爵	入隋任职	所属今省
晋安王伯恭（世祖第六子）	成州刺史、太常卿	甘肃、陕西
庐陵王伯仁（世祖第八子）	卒于长安	陕西
长子番	资阳令	四川
江夏王伯义（世祖第九子）	迁于瓜州，卒于道	
长子元基	谷熟县令	河南
武陵王伯礼（世祖第十子）	散骑侍郎、临洮太守	陕西、甘肃
永阳王伯智（世祖第十二子）	岐州司马、国子司业	陕西
桂阳王伯谋（世祖第十三子）子丰	番禾令	甘肃
豫章王叔英（高宗第三子）	涪陵太守	四川
长沙王叔坚（高宗第四子）	遂宁郡太守	四川
建安王叔卿（高宗第五子）	都官郎、上党通守	山西
宜都王叔明（高宗第六子）	鸿胪少卿	陕西
河东王叔献（高宗第九子）	汶城令	?
新蔡王叔齐（高宗第十一子）	尚书主客郎	陕西
晋熙王叔文（高宗第十二子）	开府、宜州刺史	湖北
淮南王叔彪（高宗第十三子）	卒于长安	陕西
始兴王叔重（高宗第十四子）	太府少卿	陕西
寻阳王叔俨（高宗第十五子）	卒于长安	陕西
义阳王叔达（高宗第十七子）	绛郡通守	山西
巴山王叔雄（高宗第十八子）	卒于长安	陕西
武昌王叔虞（高宗第十九子）	高苑令	山东
湘东王叔平（高宗第二十子）	湖苏令	?
临贺王叔敖（高宗第二十一子）	仪同三司	陕西
阳山王叔宣（高宗第二十二子）	泾城令	陕西?
西阳王叔穆（高宗第二十三子）	卒于长安	陕西
南安王叔俭（高宗第二十四子）	卒于长安	陕西
南郡王叔澄（高宗第二十五子）	灵武令	宁夏
沅陵王叔兴（高宗第二十六子）	给事中	陕西
岳山王叔韶（高宗第二十七子）	卒于长安	陕西
新兴王叔纯（高宗第二十八子）	河北令	山西

续 表

姓名、封爵	入隋任职	所属今省
巴东王叔谟（高宗第二十九子）	岍阳令	陕西
临江王叔显（高宗第三十子）	鹑觚令	甘肃
新会王叔坦（高宗第三十一子）	涉令	河南
新宁王叔隆（高宗第三十二子）	卒于长安	陕西
新昌王叔荣（高宗第三十三子）	内黄令	河南
太原王叔匡（高宗第三十四子）	寿光令	山东
后主太子深（后主四子）	枹罕太守	甘肃
吴光王胤（后主长子）	卒于长安	陕西
南平王嶷（后主第二子）	卒于长安	陕西
永嘉王彦（后主第三子）	襄武令	甘肃
南海王虔（后主第五子）	涿令	河北
信义王祗（后主第六子）	通议郎	陕西
邵陵王兢（后主第七子）	国子监丞	陕西
会稽王庄（后主第八子）	昌隆令	四川
东阳王恮（后主第九子）	通议郎	陕西
吴郡王蕃（后主第十子）	涪城令	四川
钱塘王恬（后主第十一子）	卒于长安	陕西

资料来源：《陈书》卷 14《南康愍王昙朗传》、卷 28《世祖九王、高宗二十九王、后主十一子传》。

参考文献

一、古代文献

司马迁:《史记》,中华书局 1959 年点校本。

班固:《汉书》,中华书局 1962 年点校本

范晔:《后汉书》,中华书局 1965 年点校本。

陈寿:《三国志》,中华书局 1982 年点校本。

房玄龄等:《晋书》,中华书局 1974 年点校本。

沈约:《宋书》,中华书局 1974 年点校本。

萧子显:《南齐书》,中华书局 1972 年点校本。

姚思廉:《梁书》,中华书局 1972 年点校本。

姚思廉:《陈书》,中华书局 1972 年点校本。

魏收:《魏书》,中华书局 1974 年点校本。

李百药:《北齐书》,中华书局 1972 年点校本。

令孤德棻:《周书》,中华书局 1972 年点校本。

魏徵:《隋书》,中华书局 1973 年点校本。

李延寿:《北史》,中华书局 1962 年点校本。

宋祁等:《新唐书》,中华书局 1975 年点校本。

欧阳修:《新五代史》,,中华书局 1974 年点校本。

杜预:《春秋左传集解》,上海人民出版社 1977 年版。

严可均辑:《全汉文》卷 53,中华书局 1991 年影印本。

方诗铭:《古本竹书纪年辑证》,上海古籍出版社 1981 年版。

崔述:《丰镐考信录》,《丛书集成初编》本,中华书局 1985 年版。

张仲景:《伤寒论》,《丛书集成》本。

司马光:《资治通鉴》,中华书局 1956 年版。

任乃强校注:《华阳国志校补图志》,上海古籍出版社 1987 年版。

长孙无忌:《唐律疏义》,中华书局 1983 年版。

郑樵:《通志》,中华书局《四部备要》本。

高亨:《商君书注译》,中华书局 1974 年版。

李昉:《太平御览》,上海古籍出版社 1994 年版。

释慧皎:《高僧传》,汤用彤校注,中华书局 1992 年版。

释道宣:《续高僧传》,郭绍林点校,中华书局 2014 年版。

《全前汉文》,中华书局 1991 年影印本。

杨衒之:《洛阳伽蓝记》,上海古籍出版社 1978 年版。

王利器:《颜氏家训集解》,上海古籍出版社 1980 年版。

王充:《论衡》,上海人民出版社 1974 年版。

许嵩:《建康实录》,中华书局 1986 年版。

王通:《中说》,中华书局《四部备要》本。

周绍良主编:《唐代墓志汇编》,上海古籍出版社 1992 年版。

徐震堮:《世说新语笺校》,中华书局 1984 年版。

杨守敬:《水经注疏》,江苏古籍出版社 1989 年版。

李泰:《括地志》,贺次君辑校本,中华书局 1980 年版。

陈桥驿点校:《水经注》,上海古籍出版社 1990 年版。

张澍:《三辅旧事》,《丛书集成》本,中华书局 1985 年版。

阚骃:《十三州志》,《十三州志辑本》,《丛书集成》本。

《越绝书》,乐祖谋点校本,上海古籍出版社 1985 年版。

乐史:《太平寰宇记》,光绪八年(1882 年)金陵书局刊本。

王谟辑:《汉唐地理书钞》,中华书局 1961 年影印本。

杜佑:《通典》,中华书局 1988 年版。

二、近代以来论著

马长寿:《乌桓与匈奴》,上海人民出版社1962年版。

睡虎地秦墓竹简整理小组编:《睡虎地秦墓竹简》,文物出版社1978年版。

李亚农:《李亚农史论集》,上海人民出版社1978年版。

杨宽:《战国史》,上海人民出版社1980年版。

王利器:《风俗通义校注》,中华书局1981年版。

《中国自然地理·历史自然地理》,科学出版社1982年版。

谭其骧主编:《中国历史地图集》第二册,中国地图出版社1982年版。

马非百:《秦集史·迁民表》,中华书局1982年版。

林剑鸣:《秦史稿》,上海人民出版社1982年版。

蒙文通:《越史丛考》,人民出版社1983年版。

马长寿:《碑铭所见前秦至隋初的关中部族》,中华书局1985年版。

周一良:《魏晋南北朝史札记·南齐书札记》,中华书局1985年版。

葛剑雄:《西汉人口地理》,人民出版社1986年版。

董楚平:《吴越文化新探》,浙江人民出版社1988年版。

周振鹤:《西汉政区地理》,人民出版社1987年版。

唐长孺:《北魏南境诸州的城民》,《山居存稿》,中华书局1990年版。

陈桥驿主编:《中国七大古都》,中国青年出版社1991年版。

葛剑雄:《中国历代疆域的变迁》,中共中央党校出版社1991年版。

葛剑雄:《中国人口发展史》,福建人民出版社1991年版。

卢云:《汉晋文化地理》,陕西人民教育出版社1991年版。

田余庆:《东晋门阀政治》,北京大学出版社1991年版。

徐中舒:《先秦史论稿》,巴蜀书社1992年版。

葛剑雄、曹树基、吴松弟:《简明中国移民史》,福建人民出版社

1993 年版。

满志敏：《中国历史时期气候变化研究》，山东教育出版社 2009 年版。

谭其骧：《晋永嘉丧乱后之民族迁徙》，原载《燕京学报》第 15 期，1934 年 6 月；收入《长水集》上册，人民出版社 1987 年版。

谭其骧：《西汉地理杂考》，原载《益世报》1942 年 3 月 24 日；收入《长水集》上册，人民出版社 1987 年版。

谭其骧：《羯考》，原载《益世报》1947 年 1 月 9 日；收入《长水集》上册，人民出版社 1987 年版。

谭其骧：《秦郡新考》，原载《浙江学报》第 2 卷第 1 期，1948 年；收入《长水集》上册，人民出版社 1987 年版。

谭其骧：《何以黄河在东汉以后会出现一个长期安流的局面》，原载《学术月刊》1962 年第 2 期；收入《长水集》下册，人民出版社 1987 年版。

谭其骧：《历史时期渤海湾西岸的大海侵》，《人民日报》1965 年 10 月 8 日。

王国维：《说自契至于成汤八迁》，《观堂集林》卷 12，中华书局 1959 年版。

冯汉骥、童恩正：《岷江上游的石棺葬》，《考古学报》1973 年第 2 期。

谢雁翔：《四川郫县犀浦出土的东汉残碑》，《文物》1974 年第 4 期。

云梦秦墓朱简整理小组：《云梦秦简释文（一、二、三）》，《文物》1976 年第 6、7、8 期。

金景芳：《商文化起源于我国北方说》，《中华文史论丛》第 7 辑，上海古籍出版社 1978 年版。

内蒙古文物工作队、内蒙古博物馆：《内蒙古文物考古工作三十年》，《文物考古工作三十年》，文物出版社 1979 年版。

顾颉刚：《从古籍中探索我国的西部民族羌》，《社会科学战线》

1980 年第 1 期。

张维华：《汉张掖骊靬县得名之由来及犁靬眩人来华之经过》，《汉史论集》，齐鲁书社 1980 年版。

米文平：《鲜卑石室的发现与初步研究》，《文物》1981 年第 2 期。

葛剑雄：《秦汉的上计和上计吏》，《中华文史论丛》1982 年第 2 辑，上海古籍出版社 1982 年版。

马雍：《东汉后期中亚人来华考》，《新疆大学学报(哲学社会科学版)》1984 年第 5 期。

谭其骧：《浙江各地区的开发过程与省界、地区界的形成》，《历史地理研究》第 1 辑，复旦大学出版社 1986 年版。

林梅村：《敦煌出土粟特文古书信的断代问题》，《中国史研究》1986 年第 1 期。

赵永复：《关于卢水胡的族源及迁移》，《西北史地》1986 年第 4 期。

谭其骧：《自汉至唐海南岛历史政治地理——附论梁隋间高凉冼夫人功业及隋唐高凉冯氏地方势力》，《历史研究》1988 年第 5 期。

唐长孺：《晋代北境各族"变乱"的性质及五胡政权在中国的统治》，《魏晋南北朝史论丛》，三联书店 1962 年版。

陈可畏：《拓跋鲜卑南迁大泽考》，《黑龙江民族丛刊》1989 年第 4 期。

林梅村：《洛阳所出东汉佉卢文井栏题记——兼论东汉洛阳的僧团与佛教》，《中国历史博物馆馆刊》1989 年第 13—14 期。

陈桥驿：《吴越文化和中日两国的史前交流》，《浙江学刊》1990 年第 4 期。

史念海：《西周与春秋时期华族与非华族的杂居及其地理分布》，《中国历史地理论丛》1990 年第 1 辑。

胡阿祥：《东晋南朝侨州郡县的设置及其地理分布》(上、下)，《历史地理》第 8、9 辑，上海人民出版社 1990 年版。

林梅村：《贵霜大月氏人流寓中国考》，《敦煌吐鲁番学研究论文集》，汉语大词典出版社 1990 年版。

吴刚：《秦汉至南朝时期南方农业经济的开发》，《上海社会科学院学术季刊》1991年第1期。

林汀水：《福建政区建置的过程及其特点》，《历史地理》第10辑，上海人民出版社1992年版。

叶文宪：《周人起源与周文化渊源研究述评》，《中国史研究动态》1992年第8期。

罗新：《青徐豪族与宋齐政治》，《原学》第1辑，中国广播电视出版社1994年版。

张勋燎、袁曙光：《四川省博物馆藏汉代吕后族人墓葬石刻文字及其相关问题》，四川大学历史系编：《中国西南的古代交通与文化》，四川大学出版社1994年版。

安介生：《"代郡武川"辨析》，《历史地理》第13辑，上海人民出版社1996年版。

卷后记

本卷的初稿完成于1993年，这次发稿前又作了一些局部的修改。此前在《简明中国移民史》(福建人民出版社1993年版)的撰写中，先秦至南北朝时期部分也是由我承担的，本书即在《简明中国移民史》的基础上写成。

我从事研究最久的是西汉部分，开始于1981年。我于1983年完成的博士论文《西汉人口地理》(人民出版社1986年版)中，就有人口迁移这一部分，此后又写过几篇更深入具体的论文，所以这次撰写比较顺利。秦朝的移民虽未在《西汉人口地理》中列为专篇，但作为西汉人口分布的背景也已论及，所以资料大体齐备。东汉部分则是在撰写《中国人口发展史》和《简明中国移民史》时才着手进行的，但两书的篇幅都有限，所以资料的收集和研究都未及深入。

不过，我在《西汉人口地理》和《中国人口发展史》两书所论述的都是人口迁移，与《简明中国移民史》和本书的对象移民有联系也有区别。关于这一点，我在导论中已经有过说明。具体地说，我在本书中只能涉及迁移人口中最终成为移民的那部分，而不是要写全部迁移人口，所以像戍卒、刑徒、流民、游学、游宦、行商、灾民等各种流动人口是否应该作为本书的论述对象，就要看他们是否在迁入地定居，即成为本书所界定的移民。尽管这种区别往往非常困难，但对于肯定不属于移民范围的流动人口还是应该予以排除。以往发表的论著大多是以人口迁移为研究对象的，即并不区分流动人口与移民，所以很难直接加以引用。根据同样的理由，一些概念模糊的史料也只能割爱。

秦汉时期的文献资料不是很丰富，要搜集齐全并不困难，关键还在于如何分析认识，以及发掘间接的记载作为证据。正因为文献资料有限，考古发现的原始资料和实物就极其珍贵，如秦汉的简牍、碑刻、文书、地图等，都能在很大程度上填补长期存在的空白，或者印证文献记载。如秦国后期至西汉前期对巴蜀的移民，文献记载语焉不详，能找到的西汉时的实例很少。但自从秦简出土后，我们对有关的法律、行政措施和移民实例就有了比较具体的了解。本书对西汉初迁移对象的论证也是以两种碑刻文字为依据的；而在汉长城遗址发现的一封粟特文信件残片，对证实东汉末年西域移民的迁移具有决定性的作用。

我对秦汉时期文献资料的搜集虽不敢说已经穷尽，但不大可能有重大的遗漏，要想继续深入，主要就得依靠考古发现了。但考古成果的发表往往需要很长的时间，有的早有所闻，但正式的报告却迟迟不见踪影。更有甚者，近年在报刊上常看到一些“惊人”发现，以后就无声无息了；或者只有耸人听闻的报道，却从来不见结果。尽管这些都令人遗憾，但我还是寄希望于未来的考古发现。

我在撰写《简明中国移民史》晋、南北朝部分时，还没有完成系统的研究，所以不仅内容简略，而且往往因循陈说。有时只是指出了前人研究存在的问题，却没有找到正确的答案。这一时期的史料数量虽比秦汉时期多，但与变化纷纭的史实相比，依然是远远不足的，很多重大的移民活动在史籍中往往只有片言只语。从最初的史书到当代的论著，人们主要关注的是政治事件和典章制度，如北魏孝文帝拓跋（元）宏迁都洛阳是一次数量超过百万人的大移民，但以往很少从移民史的角度进行研究。另一个难题是，某些阶段、某些地区的迁移极其频繁，但真正成为移民的数量却很少，或者根本不得而知。如后赵时由各地强制迁至首都襄国（今河北邢台市）一带的数百万人口，在后赵亡后就荡然无存，一部分迁回故乡，另一部分就不知所终了。又如河西各政权间曾经有过激烈频繁的人口掳掠，有限的居民往往在短短几年间被反复迁移，最终结果虽不得而知，最大的可能倒是回到了原地。这类迁移毫无积极意义可言，也没有留下具体结果，在移民史中不必多费笔墨。如果不将它们与真正的移民相区别，还会造成读者的误解。

以往的学者注意到了永嘉之乱后的人口南迁和自东汉以来的少数民族内迁，但在写完本卷后，我才认识到，实际情况要复杂得多，移民史的内容也比原来想象的更为丰富。如永嘉之乱后，北方的人口既有南迁，也有西迁、东迁，甚至北迁；而南迁后的人口，既有继续南迁，也有重新北迁。迁入中原的少数民族人口有非常复杂的迁移和定居过程，他们的定居地也不限于北方。在《简明中国移民史》中我曾指出，没有移民就没有中华民族，这一阶段是最有力的证明。经过了魏、晋、南北朝，无论南方还是北方，“汉人”已经不是原来意义上的“汉人”，而是以原来的“汉人”为基础融合各民族的共同体。很多少数民族从此不存在了，但他们并没有消失，而是成了“汉族”的一员。有些人一味强调中国人出于炎夏一系，不知是否注意到了这些移民史实？

自从罗香林提出客家人的五次南迁说后，一般论著都将本阶段的几次人口南迁作为客家人的来源。我在撰写《简明中国移民史》时已经发现包括永嘉南迁在内的这前几次南迁并不是客家人的源头，本卷的研究进一步证明，尽管不能绝对排除早期的南迁中有北方移民迁入南方今赣南、福建、广东等地的可能性，但与客家人并没有直接联系。可以肯定，到本阶段结束时为止，客家人还没有形成。坚持或发挥罗香林说的论著所持根据大多出于地方志和家谱，就我见到的而言，没有一条能够成立，常识性错误和与史实不符之处比比皆是，明显是出于后人的附会和伪造。限于篇幅，本卷没有过多地引用和批驳这类资料，但所列事实已足以否定罗氏旧说。

先秦部分是本卷最薄弱的部分，尽管比《简明中国移民史》已有所增加。原因之一当然是我本身的问题，另一方面则是客观条件的限制。先秦的文献记载更少，要复原移民史实更离不开考古成果。近年来惊人的考古发现层出不穷，但迄今为止要作出比较科学的解释为时尚早。南方一些早期文化遗址如良渚、河姆渡、三星堆等都在一个辉煌的发展后突然消失，这些文化的主人哪里去了？是灭绝还是迁移？至今还是难解之谜。所以我想先秦部分目前还只能以文献记载为主作一概括性的简介，等条件具备时再作更全面、更具体的论述。

葛剑雄

1997 年 5 月 8 日校后记

此次再版，我对第一卷、第二卷没有作全面修订，但尽可能作了必要的增补和修改。例如，曾有同行在批评本书的评论中指出我在列举见于《高僧传》的内迁西域僧人时，漏了《续高僧传》。这的确是我当初处理原始资料时的疏忽，现在有了弥补机会，自然必须补充。还有些错字是我自己在翻阅时发现的，或者是认真的读者（包括我的研究生）发现后告诉我的。利用这个机会，谨向他们表示衷心的感谢。还得特别感谢责任编辑史立丽女士，她除了极其认真仔细地做了编校工作外，在本书发排前又详细地核对了古地名括注的今地名所属的行政区划。

葛剑雄

2021 年 10 月 8 日

图书在版编目(CIP)数据

中国移民史. 第二卷,先秦至魏晋南北朝时期/葛剑雄主编;葛剑雄著. —上海:复旦大学出版社,2022.1
ISBN 978-7-309-15222-7

Ⅰ. ①中… Ⅱ. ①葛… Ⅲ. ①移民-历史-研究-中国-先秦时代-魏晋南北朝时代
Ⅳ. ①D632.4

中国版本图书馆 CIP 数据核字(2020)第 138107 号

审图号:GS(2021)5081 号

中国移民史 第二卷 先秦至魏晋南北朝时期
葛剑雄 主编 葛剑雄 著

出 品 人/严 峰
责任编辑/史立丽
装帧设计/袁银昌

复旦大学出版社有限公司出版发行
上海市国权路 579 号 邮编:200433
网址:fupnet@fudanpress.com http://www.fudanpress.com
门市零售:86-21-65102580 团体订购:86-21-65104505
出版部电话:86-21-65642845
上海盛通时代印刷有限公司

开本 890×1240 1/32 印张 17.625 字数 491 千
2022 年 1 月第 1 版第 1 次印刷

ISBN 978-7-309-15222-7/D·1051
定价:98.00 元